D1664192

Praxishandbuch
des Amts- und Staatshaftungsrechts

Christoph Stein · Peter Itzel
Karin Schwall

Praxishandbuch des Amts- und Staatshaftungsrechts

 Springer

Christoph Stein
Dr. Peter Itzel
Stresemannstraße 1
56068 Koblenz

christoph.stein@ko.jm.rlp.de
peter.itzel@ko.jm.rlp.de

Karin Schwall
Adamsstraße 2
56068 Koblenz
info@l-s-r.de

ISBN 3-540-20400-8 Springer Berlin Heidelberg New York

Bibliografische Information Der Deutschen Bibliothek
Die Deutsche Bibliothek verzeichnet diese Publikation in der Deutschen Nationalbibliografie; detaillierte bibliografische Daten sind im Internet über <http://dnb.ddb.de> abrufbar.

Springer ist ein Unternehmen von Springer Science+Business Media

springer.de

© Springer-Verlag Berlin Heidelberg 2005
Printed in Germany

Umschlaggestaltung: Erich Kirchner, Heidelberg

SPIN 10968888   64/3130-5 4 3 2 1 0 – Gedruckt auf säurefreiem Papier

Vorwort

Amts- und Staatshaftungsrecht ist Richterrecht, in erster Linie – auch für Politik und Presse – interessantes Fallrecht.

Dieses Praxishandbuch versucht, ausgehend von den entschiedenen Fällen, die zugrundeliegenden Leitlinien, Voraussetzungen und Grenzen der Ansprüche klar und eingehend darzustellen. Hierbei kann und darf nicht verschwiegen werden, dass es sich bei dem Amts- und Staatshaftungsrecht um ein höchst anspruchsvolles, komplexes und auch kompliziertes Rechtsgebiet handelt, das dem darin tätigen Praktiker einiges an Können und Wissen abverlangt. So wirken ganz verschiedene Rechtsbereiche wie Zivil-, Straf-, Sozial- und vor allem das allgemeine und besondere Verwaltungsrecht bei Haftungsfällen auf deren Lösung ein. Zunehmend mit der „Europäisierung" vieler Lebensbereiche gewinnt auch das europäische Recht an Bedeutung im Amts- und Staatshaftungsbereich.

Um dies dem Praktiker in Kommunen, Verwaltungen, Verbänden, Versicherungen, dem mit Haftungsfragen befassten Anwalt und Richter systematisch, konzentriert, umfassend und eingängig darzustellen, finden sich im ersten Teil des Praxishandbuchs die gesetzlichen Grundlagen, die Grundprobleme und gesetzlichen Leitlinien, jeweils verdeutlicht mit Beispielen aus der Rechtsprechung. Dieser Teil kann auch durchaus als Lehrbuch des Amts- und Staatshaftungsrechts verstanden werden.

Im zweiten Teil finden sich dann die einzelnen praktisch relevanten Fallgruppen und Problemfelder mit zahlreichen durch Obergerichte entschiedenen Fällen. Bei der Auswahl und Darstellung wurde besonders die jeweilige Bedeutung für die Praxis berücksichtigt.

Der zunehmende Einfluß des europäischen Rechts gerade auch auf Haftungsfragen und der „gemeinschaftsrechtliche Staatshaftungsanspruch" werden im 3. Teil dargestellt, gefolgt von der Behandlung weiterer prozessualer und materiell-rechtlicher Fragestellungen (Verjährung, Rechtsweg, Konkurrenzen usw.).

Hinzuweisen ist auch auf die volkswirtschaftliche Bedeutung dieses Haftungsbereichs. So wurde bereits Anfang der 90er Jahre ein Schadensvolumen in Amts- und Staatshaftungssachen in Höhe von rund 700–800 Mio. DM bei steigender Tendenz festgestellt[1]. Jedes Jahr kommt es zu knapp 70.000 Schadensfällen, bei denen in über 75 % eine Regulierung abgelehnt wird. Allein hieraus lässt sich unschwer auch der gesellschaftliche Konfliktstoff dieses Haftungsbereichs, in dem die Interessen von „Bürger" und „Verwaltung" meist massiv aufeinandertreffen, unschwer ablesen. Die gesellschaftlichen und wirtschaftlichen Rahmenbedingungen sprechen eher für eine Zunahme des Streitpotentials und damit der zu lösenden Fälle der Amts- und Staatshaftung.

Dieses Praxishandbuch soll die mit Haftungsfragen in Kommunen, Verwaltungen, Verbänden und Versicherungen Befassten, die auf diesem Bereich tätigen Anwälte

---

[1] s. MK-Papier, § 839 Rn. 117 f.

und Richter schnell, umfassend und kompetent über alle relevanten Problembereiche, Lösungsansätze und vergleichbare Entscheidungen informieren. Es stellt eine praxisnahe Hilfestellung gerade auch zur Lösung einzelner Fälle dar. Aus diesem Grunde wurden für weiterführende Literaturhinweise (Zeitschriften, Standardwerke) und Rechtsprechungsnachweise (amtliche Sammlungen, verbreitete Zeitschriften) vorwiegend solche ausgewählt, die im Regelfall für den Praktiker vor Ort im allgemeinen verfügbar sind.

Die Autoren, selbst lange Jahre im Amts- und Staatshaftungsrecht als Rechtsanwältin und Richter tätig, hoffen, dass sowohl dem erstmals mit diesen Haftungsfragen Konfrontierten wie auch dem erfahreneren Kollegen eine effektive Hilfestellung durch das Buch gegeben wird und zumindest ein Großteil der tagtäglich anfallenden Probleme ohne aufwändige und kostenintensive Sucharbeit und Rückgriff auf Spezialliteratur hierdurch überzeugend gelöst werden kann.

Für Anregungen und Hinweise aus dem Kreis der Nutzer dieses Praxishandbuchs des Amts- und Staatshaftungsrechts sind wir, die Autoren, sehr aufgeschlossen und dankbar.

Koblenz, im Mai 2004

Christoph Stein   Peter Itzel   Karin Schwall

Inhaltsverzeichnis

Abkürzungsverzeichnis

a.A.	anderer Ansicht
a.a.O.	am angegebenen Ort
Abs.	Absatz
AG	Amtsgericht, Aktiengesellschaft
AGB	Allgemeine Geschäftsbedingungen
allg.	allgemein, allgemeine
Alt.	Alternative
a.M.	anderer Meinung
Anm.	Anmerkung
Art.	Artikel
AtomG	Atomgesetz
Aufl.	Auflage
AUR	Agrar- und Umweltrecht
ausdr.	ausdrücklich
BADK	Bundesarbeitsgemeinschaft Deutscher Kommunalversicherer
BauGB	Baugesetzbuch
BAnz.	Bundesanzeiger
BayOLG	Bayerisches Oberstes Landesgericht
BB	Betriebs-Berater
BBesG	Bundesbesoldungsgesetz
BBodSchG	Bundes-Bodenschutzgesetz
Bd.	Band
BDSG	Bundesdatenschutzgesetz
BeamtVG	Beamtenversorgungsgesetz
Bem.	Bemerkung
Beschl.	Beschluß
bestr.	bestritten
BGB	Bürgerliches Gesetzbuch
BGBl.	Bundesgesetzblatt
BGH	Bundesgerichtshof
BGHZ	Entscheidungen des Bundesgerichtshofs in Zivilsachen
Bl.	Blatt
BRAK-Mitt.	Mitteilungen der Bundesrechtsanwaltskammer
Bsp.	Beispiel
BVerfG	Bundesverfassungsgericht
BVerwG	Bundesverwaltungsgericht
bzw.	beziehungsweise
ca.	cirka
c.i.c.	culpa in contrahendo; Verschulden bei, vor Vertragsschluß
CR	Computer und Recht (Zeitschrift für die Praxis des Rechts der Informationstechnologien)

d.h.	das heißt
Diss.	Dissertation
Drucks.	Drucksache
e.V.	eingetragener Verein
EG	Europäische Gemeinschaft (-en), Einführungsgesetz
EGBGB	Einführungsgesetz zum Bürgerlichen Gesetzbuch
EGV	Vertrag zur Gründung der Europäischen Gemeinschaft
Einl.	Einleitung
EMRK	Europäische Menschenrechtskonvention
etc.	et cetera
EU	Europäische Union
EuGH	Europäischer Gerichtshof
evtl.	eventuell
f., ff.	(fortlaufend) folgende (Seiten)
Fn.	Fußnote
FS	Festschrift
FStrG	Bundesfernstraßengesetz
GBO	Grundbuchordnung
GbR	Gesellschaft bürgerlichen Rechts
gem.	gemäß
GewO	Gewerbeordnung
GG	Grundgesetz
ggf.	gegebenenfalls
GmbH	Gesellschaft mit beschränkter Haftung
GMG	Gesundheitsmodernisierungsgesetz 2003
GoA	Geschäftsführung ohne Auftrag
GPSG	Gesetz über technische Arbeitsmittel und Verbraucherprodukte (Geräte- und Produktsicherheitsgesetz)
GWB	Gesetz gegen Wettbewerbsbeschränkungen
HaftPflG	Haftpflichtgesetz
h.M.	herrschende Meinung
Halbs.	Halbsatz
HGB	Handelsgesetzbuch
h.L.	herrschende Lehre
Hrsg.	Herausgeber
i.Allg.	im Allgemeinen
IBR	Immobilien- & Baurecht (Zeitschrift)
i.d.R.	in der Regel
IfSG	Gesetz zur Verhütung und Bekämpfung von Infektionskrankheiten beim Menschen

i.S.	im Sinne
i.ü.	im übrigen
i.V.m.	in Verbindung mit
JR	Juristische Rundschau
JuS	Juristische Schulung
JZ	Juristenzeitung
Kfz	Kraftfahrzeug
KG	Kammergericht
lfd.	laufend, laufende
LBauO	Landesbauordnung
LG	Landgericht
LStrG	Landesstraßengesetz
LuftVG	Luftverkehrsgesetz
LWG	Landeswassergesetz
m.E.	meines Erachtens
MedR	Medizinrecht
MDK	Medizinischer Dienst der Krankenkassen
MDR	Monatsschrift für Deutsches Recht
m.w.N.	mit weiteren Nachweisen
Nachw.	Nachweis
n.F.	neue Fassung
NJW (-RR)	Neue Juristische Wochenschrift (Rechtsprechungs-Report)
Nr.	Nummer
NZS	Neue Zeitschrift für Sozialrecht
NZV	Neue Zeitschrift für Verkehrsrecht
OLG	Oberlandesgericht
OLGR	OLG Report – bei der Belegstelle wird von der Wiederholung der Gerichtsbezeichnung abgesehen
OLGZ	Entscheidungen der Oberlandesgerichte in Zivilsachen
OVG	Oberverwaltungsgericht
OwiG	Gesetz über Ordnungswidrigkeiten
pFV	positive Forderungsverletzung
PKH	Prozesskostenhilfe
POG	Polizei- und Ordnungsbehördengesetz
ProdSG	Produktsicherheitsgesetz
PsychKG	Landesgesetz für psychisch kranke Personen
pVV	positive Vertragsverletzung

Richtl.	Richtlinie
RGBl.	Reichsgesetzblatt
Rn.	Randnummer
RuP	Recht und Psychiatrie
s.	siehe
S.	Seite, Satz
SG	Soldatengesetz
SGB	Sozialgesetzbuch
s.o.	siehe oben
sog.	sogenannt
st. Rechtspr.	ständige Rechtsprechung
StGB	Strafgesetzbuch
str.	streitig
s.u.	siehe unter, unten
SV	Sachverständiger
SVG	Soldatenversorgungsgesetz
TierSG	Tierseuchengesetz
u.	und
u.a.	unter anderem
u.Ä.	und Ähnliche, Ähnliches
umstr.	umstritten
unstr.	unstreitig
Urt.	Urteil
usw.	und so weiter
u.U.	unter Umständen
UVEG	Unfallversicherungseinordnungsgesetz v. 7.8.1996
v.	von, vom
VA	Verwaltungsakt
v.A.w.	von Amts wegen
Verf.	Verfassung, Verfahren
Vfg.	Verfügung
VG	Verwaltungsgericht
vgl.	vergleiche
VKS	Verkehrssicherungspflicht
VO	Verordnung
Vorschr.	Vorschrift
VwGO	Verwaltungsgerichtsordnung
VwVfG	Verwaltungsverfahrensgesetz
WertV	Wertermittlungsverordnung
wg.	wegen

WHG	Wasserhaushaltsgesetz
WM	Wertpapier-Mitteilungen, Zeitschrift für Wirtschaft- und Bankrecht
zahlr.	zahlreich, zahlreiche
z.B.	zum Beispiel
ZfS	Zeitschrift für Schadensrecht
ZPO	Zivilprozessordnung
z.T.	zum Teil
zutr.	zutreffend
z.Z.	zur Zeit

1. Teil
Grundlagen der Amts- und Staatshaftung

A. Amtshaftung

I. Historische Grundlagen

1. Tatbestand und Haftungsmodelle

Der gesetzliche Tatbestand des § 839 BGB sowie der des Art. 34 S. 1 GG ist abstrakt weit und zugleich komplex. Dies und die historische Entwicklung bringen es mit sich, dass die Anwendung dieses Haftungsrechts nicht zuletzt vor dem Hintergrund gesellschaftlicher Veränderungen und damit einhergehender Änderungen im gesetzten Recht außerordentlich erschwert ist[1]. **1**

Wie kaum eine andere positiv-rechtlich geregelte Rechtsmaterie ist der Amtshaftungsanspruch richterrechtlich geprägt, so dass für den Anwender Rechtsprechungskenntnisse unerlässlich sind. Auch wenn, wie Wurm zutreffend anmerkt[2], die Entwicklung der Staatshaftung in der Zeit vor 1900 und die dabei zu Tage getretenen Reformbestrebungen für die Auslegung des jetzt geltenden Rechts ohne unmittelbare Bedeutung sind, erschließt sich das Amtshaftungsrecht dem, der es anzuwenden hat, nur im Wege der Besinnung auf seine historische Entwicklung.

Bei dieser Betrachtung zeigt sich die Verschiedenheit der Haftungsmodelle in Bezug auf den Haftenden: **2**

- Bei der **unmittelbaren** Staatshaftung haftet der Staat ausschließlich und zwar primär. Eine persönliche Haftung des Beamten findet nicht statt. Die Haftung knüpft nur an das Außenverhältnis zwischen Staat und dem Geschädigten an wie beispielsweise im Falle des enteignungsgleichen Eingriffs.
- Die **Beamtenhaftung** ist dadurch gekennzeichnet, dass nur der Beamte als Privatperson für die von ihm begangenen unerlaubten Handlungen herangezogen werden kann, nicht aber die öffentlich-rechtliche Körperschaft.
- Im Falle der **Haftungsverbindung** können Staat und Beamte nebeneinander haften, so z.B. bei privatrechtlicher Tätigkeit von Bediensteten (§§ 823, 831 BGB).
- Bleibt die persönliche Haftung des Beamten grundsätzlich bestehen und wird diese auf den Staat verlagert, handelt es sich um **Amtshaftung**. Dieser ist wegen eines pflichtwidrigen Verhaltens seines Bediensteten verantwortlich (Fremdhaftung).

2. Staatsdiener und Mandatstheorie

Die Haftung des Beamten geht zurück auf das Recht der Staatsdiener gegen Ende des 18. Jahrhunderts. Das Verhältnis zwischen Landesherr und Staatsdiener wurde als ein privatrechtliches Vertragsverhältnis („Mandatskontrakt") angesehen[3]. Han- **3**

---

[1] siehe zu diesem Aspekt Tremml/Karger, Rn. 1 ff.
[2] Staudinger/Wurm, § 839 Rn. 1
[3] ausführlich und instruktiv Heidenhain, Folgen rechtswidrigen hoheitlichen Verwaltungshandelns, JZ 1968, 487 ff. mit weiter führenden rechtsgeschichtlichen Nachweisen

delte der Staatsdiener rechtmäßig, wurde sein Verhalten dem Landesherrn zugerechnet; verhielt er sich jedoch contra mandatum, so wurde sein amtspflichtwidriges Verhalten ihm selbst angelastet.

Auch wenn das Beamtenverhältnis nach und nach nicht mehr als privatrechtlicher Mandatskontrakt, sondern als ein öffentlich-rechtliches Rechtsverhältnis verstanden wurde, hielt man an der persönlichen Haftung des Beamten fest[4].

Die persönliche Haftung des Beamten war gesetzlich geregelt im II. Teil, 10. Titel, §§ 88, 89 des preußischen ALR von 1794[5] und in § 1507 des sächsischen BGB von 1865[6].

Im Verlauf des 19. Jahrhunderts schwankten die Auffassungen zwischen einer originären und einer abgeleiteten Staatshaftung; letztlich kehrte man wieder zum Mandatskontrakt zurück[7].

Die Rechtsprechung lehnte eine unmittelbare Staatshaftung überwiegend ab[8]. Danach konnte eine Haftung des Staates für das deliktische Fehlverhalten seiner Amtswalter nur eintreten, wenn sie positiv-rechtlich durch Gesetz besonders angeordnet war[9].

3. Umgestaltung der Haftung zur Ersatzverbindlichkeit

4 § 839 Abs. 1 BGB regelte die Haftung des Beamten im staatsrechtlichen Sinne in Anlehnung an die Mandatstheorie und an das ALR und zwar für hoheitliche und privatrechtliche Amtspflichtverletzungen. Die Bestimmung schwächte die früher weitergehende Haftung zum Schutz des Beamten bei lediglich fahrlässiger Pflichtwidrigkeit zu einer subsidiären Ersatzverbindlichkeit ab[10]. Durch § 89 BGB war die Haftung des Fiskus für seine Organe abgedeckt.

---

[4] vgl. Heidenhain a.a.O. S. 488 m.w.N.
[5] § 88: Wer ein Amt übernimmt, muss auf die pflichtmäßige Führung desselben die genaueste Aufmerksamkeit wenden. § 89: Jedes dabei begangene Versehen, welches bei gehöriger Aufmerksamkeit und nach den Kenntnissen, die bei der Verwaltung des Amtes erfordert werden, hätte vermieden werden können und sollen, muss er vertreten
[6] § 1507: Von dem Staate oder von Gemeinden angestellte Verwaltungsbeamte haften für den Schaden, welchen sie bei der Behandlung der ihnen obliegenden Geschäfte absichtlich oder durch grobe Fahrlässigkeit verursachen, ausgenommen, wenn der Beschädigte unterlassen hat, die gesetzlichen Mittel zu gebrauchen, durch welche er die Schadenszufügung hätte abwenden können
[7] vgl. Heidenhain a.a.O. S. 489; Bender Rn. 129–131; Soergel/Vinke, § 839 Rn. 1 mit weiteren Fundstellen
[8] vgl. z.B. RGZ 11, 206/209 (Gerichtsvollzieher)
[9] entgegen Bender, Rn. 131, wohl keine Regelung durch Art. 1384 code civil, der nur die persönliche Lehrerhaftung betrifft; siehe Ferid/Sonnenberger, Das Französische Zivilrecht, 2. A., Band 2, S. 485 ff.
[10] BGH GZS 13, 88/ 100 (Gebäudeabbruch); BGHZ 68, 217/222 = NJW 1977, 1238 (dienstliche Teilnahme am Straßenverkehr)

Art. 77 EG BGB überließ es den Ländern, Vorschriften über die Haftung des Staates, der Gemeinden und anderer Kommunalverbände für den von ihren Beamten in Ausübung der ihnen anvertrauten öffentlichen Gewalt einem Dritten zugefügten Schaden zu erlassen, wie auch die Haftung des Beamten selbst zu regeln, sofern eine Haftung eingeführt war[11]. Manche Länder sahen in Ausführungsgesetzen eine Haftung des Staates an Stelle des Beamten vor, andere normierten einen Schuldbeitritt oder eine Art Ausfallhaftung. Wieder andere beließen es bei dem bisherigen Rechtszustand[12].

Die Weimarer Reichsverfassung von 1919 übernahm in Art. 131 die mittelbare **5** Haftung des Staates und billigte dem Rechtsinstitut der Amtshaftung erstmals Verfassungsrang zu[13]. Die Bestimmung führte die unmittelbar geltende Überleitung der persönlichen deliktischen Haftung des Beamten auf den Staat für das gesamte Reichsgebiet sowie für alle Dienstkörperschaften ein. Art. 34 GG schließt sich Art. 131 WRV an.

> **Da die den Beamten treffende Verantwortlichkeit vom Staat lediglich übernommen wird, gibt es – anders, als bei der Organhaftung – keine unmittelbare Staatshaftung für hoheitlich begangene Amtspflichtverletzungen.**

II. Heutige Rechtslage und Normenstruktur

Die die Amtshaftung bestimmenden Normen lauten wie folgt:

> **§ 839 BGB** **6**
>
> I Verletzt ein Beamter vorsätzlich oder fahrlässig die ihm einem Dritten gegenüber obliegende Amtspflicht, so hat er dem Dritten den daraus entstehenden Schaden zu ersetzen. Fällt dem Beamten nur Fahrlässigkeit zur Last, so kann er nur dann in Anspruch genommen werden, wenn der Verletzte nicht auf andere Weise Ersatz zu erlangen vermag.
>
> II Verletzt ein Beamter bei dem Urteil in einer Rechtssache seine Amtspflicht, so ist er für den daraus entstehenden Schaden nur dann verantwortlich, wenn die Pflichtverletzung in einer Straftat besteht. Auf eine pflichtwidrige Verweigerung oder Verzögerung der Ausübung des Amtes findet diese Vorschrift keine Anwendung.
>
> III Die Ersatzpflicht tritt nicht ein, wenn der Verletzte vorsätzlich oder fahrlässig unterlassen hat, den Schaden durch Gebrauch eines Rechtsmittels abzuwenden.

---

[11] vgl. RGRK/Kreft, § 839 Rn. 18 und die dort aufgeführten Gesetze

[12] siehe Bender, Rn. 133 und zur weiteren preußischen und reichsrechtlichen Gesetzgebung RGRK/Kreft, § 839 Rn. 18 und 19

[13] BVerfGE 61, 149/190 = NJW 1983, 25 (Aufhebung des Staatshaftungsgesetzes)

> **Art. 34 GG**
>
> Verletzt jemand in Ausübung eines ihm anvertrauten öffentlichen Amtes die ihm einem Dritten gegenüber obliegende Amtspflicht, so trifft die Verantwortlichkeit grundsätzlich den Staat oder die Körperschaft, in deren Dienst er steht. Bei Vorsatz oder grober Fahrlässigkeit bleibt der Rückgriff vorbehalten. Für den Anspruch auf Schadensersatz und für den Rückgriff darf der ordentliche Rechtsweg nicht ausgeschlossen werden.

7 Ein Amtshaftungsanspruch besteht, wenn folgende Voraussetzungen gegeben sind:

- Handeln oder Unterlassen eines Amtsträgers in Ausübung eines öffentlichen Amtes
- Verletzung einer Amtspflicht, die drittbezogen ist
- Verschulden
- Kausalität der Pflichtverletzung für den Schaden
- Fehlender Haftungsausschluss und keine Haftungsbeschränkungen
- Keine durchgreifende Einrede der Verjährung

1. Heutige Gesetzeslage

8 Nach dem heutigen Rechtsverständnis ist § 839 BGB die vorgelagerte deliktisch haftungsbegründende Bestimmung, während Art. 34 S. 1 GG die haftungsverlagernde Norm darstellt[14].

Art. 34 S. 1 GG setzt also vom System her ein Verhalten voraus, das nach § 839 BGB eine persönliche Schadensersatzpflicht des Beamten begründen würde.

Daher besteht die Haftung des öffentlich-rechtlichen Dienstherren nur aus dem Grund und in den Grenzen der Schadensersatzpflicht des Beamten.

Aus der Verbindung des Art. 34 GG mit § 839 BGB folgt, dass nicht nur die einzelnen Haftungsvoraussetzungen – wie z.B. auch das Verschulden – gelten, sondern dass dem Staat grundsätzlich auch die die Verantwortlichkeit des Amtswalters ausschließenden Haftungsbestimmungen zugute kommen wie die Subsidiaritätsklausel des § 839 Abs. 1 S. 2 BGB[15], das Richterspruchprivileg nach Abs. 2[16], der Haftungsfortfall nach Abs. 3[17] sowie das Mitverschulden gem. § 254 BGB, sofern nicht § 839 Abs. 1 S. 2 BGB und Abs. 3 eingreifen[18].

---

[14] Überleitungsnorm, Zuweisungsnorm im Sinne einer verfassungsrechtlich niedergelegten befreienden Schuldübernahme – vgl. BVerfGE 61, 149/198 = NJW 1983, 25 (Aufhebung des Staatshaftungsgesetzes); BVerfG NVwZ 1998, 271/272 = NJW 1998, 1218 (entgangene Verdienstmöglichkeit/keine unmittelbare Staatsunrechtshaftung); Staudinger/Wurm, § 839 Rn. 21; kritisch Detterbeck/Windthorst/Sproll/Windthorst, § 8 Rn. 3–5

[15] BGHZ 68, 217 = NJW 1977, 1238 (dienstliche Teilnahme am Straßenverkehr)

[16] BGHZ 64, 347 = NJW 1979, 1829 (Einstellungsbeschluss im Strafverfahren)

[17] BGH GZS 13, 88/97 (Gebäudeabbruch); BVerwGE 25, 138/145 = ZBR 1967, 151 (Verletzung der Fürsorgepflicht)

[18] RGZ 156, 220/239 (Gemeindebeamter); BGHZ 28, 104 = NJW 1958, 1532 (Rechtsmittel in Grundbuchsachen)

Auch wenn Art. 34 GG im Wesentlichen an § 839 BGB festgemacht ist[19], sind die Normen hinsichtlich der Regelungsbereiche nicht deckungsgleich. So löst sich Art. 34 GG von dem in § 839 BGB niedergelegten staatsrechtlichen Beamtenbegriff. Die Haftung der Körperschaft wird erweitert auf die Inanspruchnahme für das Handeln jedweden Amtswalters. Andererseits verlangt Art. 34 S. 1 GG für die Haftungsverlagerung, dass die Amtspflichtverletzung in Ausübung eines öffentlichen Amtes im Sinne **hoheitlicher** Tätigkeit stattgefunden haben muss. Die Abweichung vom Wortlaut des Art. 131 WRV, der von der Ausübung öffentlicher Gewalt spricht, stellt nur klar, dass von der Amtshaftung nicht alleine die Eingriffsverwaltung, sondern auch die schlicht-hoheitliche Leistungsverwaltung erfasst sein soll[20].

2. Vergleich mit dem französischen Haftungsrecht

Die Entwicklung der Haftung der öffentlichen Hand in Frankreich war dadurch gekennzeichnet, dass sie von der prinzipiellen Haftungsfreistellung des Staates zu Anfang des 19. Jahrhunderts wegführte und in ein System einmündete, das eine weitgehende Absicherung bietet gegen die von den zahlreichen juristischen Personen des öffentlichen Rechts verursachten Schäden[21].   9

Jede Verwaltungsmaßnahme, die gegen ein Gesetz oder andere Vorschriften verstößt, soll die Haftung der öffentlichen Hand auslösen können, und die Justiz- und Verwaltungsbehörden sollen verpflichtet sein, die dadurch entstandenen Schäden zu ersetzen[22].

Das französische Recht unterscheidet zwischen der „faute personnelle" (persönliche Pflichtverletzung) des Beamten, die seine persönliche Haftung nach Privatrecht herbeiführt, und der „faute de service", die eine von der Amtsausübung nicht zu trennende Handlung darstellt und die Haftung des Verwaltungsträgers zur Folge hat[23].   10

Die persönliche Haftung des öffentlichen Bediensteten kann auch heute noch vor den ordentlichen Gerichten geltend gemacht werden. Der Erfolg einer Klage unmittelbar gegen ihn setzt die persönliche Begehung einer Pflichtverletzung voraus (faute personnelle), die entweder ohne jeden Bezug zum Dienst erfolgte oder zwar bei der Wahrnehmung dienstlicher Aufgaben stattfand, der Pflichtverstoß aber besonders schwerwiegend war oder in Schädigungsabsicht begangen wurde[24].

Die schuldhafte Pflichtverletzung durch die Verwaltung (la faute de l'administration), die haftungsrechtlich zur Zuständigkeit der Verwaltungsgerichte gehört, ist entweder durch einen bestimmten Bediensteten begangen (faute **de** service) oder, wenn die Ursache nicht festgestellt werden kann, durch die Verwaltung selbst (faute **du** service).

---

[19] „angeseilt" – vgl. Jellinek, Schadensersatz aus Amtshaftung und Enteignungsentschädigung, JZ 1955, 147/149
[20] vgl. RGRK/Kreft, § 839 Rn. 21 m.w.N.
[21] Sonnenberger/Autexier, Einführung in das französische Recht, 3. A., § 7 S. 101
[22] Sonnenberger/Autexier, a.a.O. m.w.N. in Fn. 136/137
[23] Hübner/Constantinesco, Einführung in das französische Recht, 4. A., § 16 S. 121 f.
[24] Sonnenberger/Autexier, a.a.O. § 7 S. 101

Dem Geschädigten ist die Wahl eingeräumt, ob er den Beamten oder die öffentliche Körperschaft in Anspruch nehmen will[25].

Da die französische Rechtsprechung ein persönliches Verschulden des Beamten immer dann als „faute de service" bewertet, wenn sie nicht ohne jede Verbindung zur Diensttätigkeit ist, geht der Begriff weiter als der der Amtspflichtverletzung in § 839 BGB[26]. Des weiteren fehlt es an einem § 839 Abs. 1 S. 2 BGB vergleichbaren Verweisungsprivileg, als auch einer Art. 34 S. 1 GG vergleichbaren Schuldübernahme im Falle hoheitlichen Handelns des Bediensteten.

11 **Kurz zusammengefasst lässt sich das französische Haftungssystem wie folgt darstellen[27]:**

> „Staatshaftung" greift ein bei hoheitlicher Tätigkeit, wozu im Sinne der deutschen Terminologie auch schlicht-hoheitliche Tätigkeit gehört.
>
> Handlungen bei der Verwaltung des „domaine privé"[28] lösen nur die privatrechtliche Haftung nach Art. 1382 ff. code civil aus.
>
> „Actes de gouvernement" – Maßnahmen im politischen Bereich – begründen keine „Staatshaftung"; das gilt grundsätzlich auch für „actes du pouvoir legislatif" (Rechtsetzungsakte).
>
> Bei Schädigungen Dritter durch öffentliche Arbeiten (travaux publics) und öffentliche Einrichtungen (services publics), können privatrechtliche Haftung und Staatshaftung zusammentreffen. Hierbei entstehen ähnliche Probleme wie im deutschen Haftungsrecht, wenn die öffentliche Hand sich privater Unternehmer bedient[29].
>
> Die unmittelbare Haftung des Beamten bei persönlicher Pflichtverletzung (faute personnelle) bleibt bestehen[30]

3. Unterschiedliche Rechtsfolgen bei hoheitlicher und privatrechtlicher Betätigung der öffentlichen Hand

12 Die Abgrenzung der **hoheitlichen Tätigkeit** mit der Folge der **Schuldübernahme** von der privatrechtlichen Tätigkeit des Bediensteten oder Organs der öffentlichen Hand zeigt in Bezug auf das Bürgerliche Recht verschiedene Haftungsfolgen auf.

---

[25] „cumul des responsabilités" – vgl. Ferid/Sonnenberger, Das Französische Zivilrecht, 2. A., Band 2, Rn. 2 O 256

[26] Hübner/Constantinesco, a.a.O. § 16 S. 122

[27] gem. Ferid/Sonnenberger, a.a.O. Rn. 2 O 244 ff.

[28] Sachen im öffentlichen Eigentum, die nicht zum „domaine public" gehören – Fiskusvermögen

[29] siehe unten Rn. 20, 21

[30] vgl. zu den weiteren Voraussetzungen der Haftung und weiteren Haftungsgrundlagen Ferid/Sonnenberger, a.a.O. Rn. 2 O 247 ff.; Hübner/Constantinesco, a.a.O. § 16 S. 122 f.; Sonnenberger/Autexier, a.a.O. § 7 S. 102 ff.

Nach § 89 Abs. 1 BGB[31] soll die juristische Person des öffentlichen Rechts unter den Voraussetzungen des § 31 BGB für das Handeln ihrer Organpersonen wie eine juristische Person des Zivilrechts haften, wenn sie sich zivilrechtlich betätigt.

Liegt das vor, ist zu unterscheiden, ob der Handelnde als Organperson zu qualifizieren ist, d.h. als Vorstand oder verfassungsmäßig berufener Vertreter, oder ob eine sonstige Person tätig geworden ist, für die die öffentliche Hand nach § 278 BGB (Zurechnungshaftung) oder § 831 BGB (schuldhafte Eigenhaftung) einzustehen hat. Ob es sich um einen Beamten im staatsrechtlichen Sinne oder um einen Nichtbeamten handelt, ist für die Haftung der juristischen Person des öffentlichen Rechts bei privatrechtlicher Betätigung nicht von Bedeutung, wohl aber für die Eigenhaftung des Handelnden.

Wegen der Gleichstellung der juristischen Person des öffentlichen Rechts mit der des Zivilrechts kommt eine deliktische Haftung nur dann in Betracht, wenn ein allgemeiner Deliktstatbestand der §§ 823 ff. BGB erfüllt ist.

Älteres aber instruktives **Beispiel**:

RGZ 162, 129 – Reichspost/unwirksame Rechtsgeschäfte –

Der Sachbearbeiter für Wohnungsfürsorgeangelegenheiten, Oberpostrat Wi., zeichnete pflichtwidrig Verpflichtungserklärungen in Millionenhöhe; sie waren unwirksam. Die Post wurde für dieses fiskalische Handeln[32] aus den verschiedensten rechtlichen Gesichtspunkten in Anspruch genommen.

Das Reichsgericht hat zur Haftung der Post aus Amtspflichtverletzung und unerlaubter Handlung ausgeführt[33], sie hafte aus Amtshaftung (§ 839 BGB i.V.m. Art. 131 WR) an Stelle des Wi., wenn dieser „öffentliche Gewalt" ausgeübt habe. Sofern sich seine Handlungen aber auf bügerlich-rechtlichem Gebiete bewegten, könne die Schadensersatzpflicht der Reichspost auf den Bestimmungen über die Organhaftung in §§ 30, 31, 89 BGB beruhen, falls Wi. zugleich den Tatbestand unerlaubter Handlungen gem. §§ 823, 826 BGB verwirklicht hätte. Endlich komme noch eine Haftung nach § 831 BGB in Betracht.

Hinsichtlich des Verhältnisses der Haftungsarten stünden gem. der ständigen Rechtsprechung[34] die öffentlich-rechtlichen Körperschaften bei der außervertraglichen Haftung für Verschulden ihrer nicht in Ausübung öffentlicher Gewalt handelnden Beamten völlig den nicht öffentlich-rechtlichen Personenvereinigungen gleich, so dass auf beide die Bestimmungen über die Organhaftung oder die Haftung für Verrichtungsgehilfen anzuwenden seien, während § 839 BGB insoweit ausgeschlossen sei. Die Körperschaft könne, anders als der Beamte, nicht die Haftungsbeschränkung des § 839 Abs. 1 S. 2 BGB für sich in Anspruch nehmen. § 839 BGB könne auch nicht in der Bedeutung eines Schutzgesetzes

---

[31] zu Abs. 2 siehe die Erläuterungen von Soergel/Hadding, § 89 Rn. 70 ff.

[32] a.a.O. S. 162

[33] a.a.O. S. 160 – 162

[34] RGZ 78, 325/329 (Arzt in Strafanstalt); RGZ 131, 239/249 (Haftung einer Sparkasse); RGZ 155, 257/266 (Holzwirtschaft)

> *(§ 823 Abs. 2 BGB) herangezogen werden, ebenso wenig wie etwa schon der Tatbestand einer Amtspflichtverletzung mit dem der widerrechtlichen Schadenszufügung des § 831 BGB zusammenfalle.*

Soweit also eine privatrechtliche[35] Tätigkeit in Frage steht, ist die Anwendung des § 839 BGB – mittelbar oder unmittelbar – in Bezug auf die Haftung der öffentlichen Hand ausgeschlossen[36]

---

13   Für die juristische Person des öffentlichen Rechts gilt, wie allgemein im bürgerlichen Recht, die Trennung zwischen deliktischer Haftung und der Haftung auf Grund vertraglicher Rechtsverhältnisse, eingeschlossen § 280 BGB (n.F.), der die culpa in contrahendo und positive Vertragsverletzung umfasst[37].

Streitig ist, ob im vertraglichen Haftungsbereich nur § 278 BGB, nicht aber §§ 89, 31 BGB Anwendung finden, weil § 31 BGB eine Haftungszurechnung nur für deliktische Handlungen vorsehe[38].

Der Bundesgerichtshof[39] hält jedenfalls im außerdeliktischen Bereich eine Haftung des Dienstherren für verfassungsmäßig berufene Vertreter nach §§ 89, 31 BGB auch innerhalb der positiven Vertragsverletzung für möglich, so dass dies auch für die unmittelbare Vertragshaftung gelten muss[40].

Für Amtspflichtverletzungen im fiskalischen Bereich haftet der Beamte im staatsrechtlichen Sinn[41] persönlich nach § 839 BGB und kann das Verweisungsprivileg für sich in Anspruch nehmen[42].

Danach lässt sich folgende grundsätzliche Übersicht herstellen[43]:

---

14   Haftung der öffentlich-rechtlichen Körperschaft:

Sie haftet bei hoheitlichem Handeln unabhängig davon, ob ein Beamter oder ein sonstiger Bediensteter tätig geworden ist (§ 839 Abs. 1 BGB i.V.m. Art. 34 S. 1 GG).

---

[35]   fiskalische und erwerbswirtschaftliche – vgl. Wolff/Bachof/Stober, VerwR Bd. 1, § 23 Rn. 18–20

[36]   dazu auch Staudinger/Wurm, § 839 Rn. 117–120 m.w.N.; Staudinger/Belling/Eberl-Borges, § 831 Rn. 41 m.w.N.

[37]   vgl. Palandt/Heinrichs, § 280 Rn. 5 und § 311 Rn. 21

[38]   siehe dazu Soergel/Hadding, § 89 Rn. 5 und § 31 Rn. 4

[39]   BGHZ 147, 381 = NJW 2001, 2626 (Bürgermeister)

[40]   Soergel/Hadding, § 31 Rn. 4: § 31 BGB verdrängt in seinem Anwendungsbereich als lex specialis § 278 BGB

[41]   § 5 BRRG und § 6 BBG

[42]   BGHZ 85, 393 = NJW 1983, 1374 (beamteter Chefarzt)

[43]   vgl. Soergel/Hadding, § 89 Rn. 6; Maurer, VerwR AT, § 25 Rn. 65

Bei privatem Handeln haftet sie für verfassungsmäßige Vertreter nach §§ 89, 31 BGB i.V.m. der maßgeblichen Anspruchsgrundlage. Für andere Personen haftet sie bei vertraglichem Verschulden (im weiteren Sinn – §§ 280, 311 BGB n.F.) nach § 278 BGB.

Bei unerlaubter Handlung, auch wenn der Handelnde Beamter ist und mit der deliktischen Handlung zugleich eine Amtspflichtverletzung gegenüber dem Geschädigten begangen wurde, haftet sie nach § 831 BGB.

Haftung des Handelnden persönlich:

Bei hoheitlicher Tätigkeit haftet er in der Regel nicht, da die Haftung der Körperschaft die persönliche Haftung ausschließt (Art. 34 S. 1 GG). Das gilt nicht bei speziellen sondergesetzlichen Haftungsbeschränkungen[44].

Bei privatrechtlichem Handeln und soweit eine vertragliche Pflichtverletzung (in weiterem Sinn) in Frage steht, haftet der Handelnde in der Regel nicht, da die Körperschaft alleine berechtigt und verpflichtet wird.

Die deliktische Haftung richtet sich bei privatrechtlicher Tätigkeit nach §§ 823 ff. BGB. Ist der Handelnde Beamter, haftet er nur nach § 839 BGB.

III. Die Wahrnehmung eines öffentlichen Amtes

Die Amtshaftung setzt voraus, dass der handelnde Amtswalter beim Pflichtenverstoß ein öffentliches Amt wahrgenommen hat.

1. Der Amtswalter

Als „jemand", der nach Art. 34 S. 1 GG in Ausübung eines öffentlichen Amtes tätig wird, sind im Sinne des haftungsrechtlichen Beamtenbegriffs die in einem öffentlich-rechtlichen Dienstverhältnis stehenden Personen[45], die von einem öffentlich-rechtlichen Dienstherrn in einem privatrechtlichen Dienstverhältnis Beschäftigten[46], diejenigen, die sich in einem bloßen öffentlich-rechtlichen Amtsverhältnis befinden[47] und solche, die als Private in der Ausübung eines öffentlichen Amtes eingeschaltet sind[48].

15

---

[44] z.B. Ausländer, Gebührenbeamte, siehe unten Rn. 226, 228

[45] Beamte, Richter, Soldaten; Zivildienstleistende – vgl. BGHZ 146, 385 = BGHReport 2001, 326 mit Anm. Itzel

[46] Angestellte und Arbeiter im öffentlichen Dienst – BGHZ 2, 350/354

[47] BGHZ 56, 40 = NJW 1971, 1172 (Regierungsmitglieder); BGH NJW 1977, 713 = MDR 1977, 476 (Minister); BGHZ 75, 384 = NJW 1980, 780 (Abgeordnete); BGHZ 121, 65 = NJW 1993, 933 und BGHZ 147, 381 = NJW 2001, 2626 (Ortsbürgermeister); BGHZ 110, 1 = NJW 1990, 1042 und BGHZ 103, 323 = NJW 1989, 976 (Gemeinderatsmitglieder); OLG Koblenz, AktZ. 1 U 1122/90, Urteil vom 03. März 1993 (Beigeordnete gem. § 50 GemO von Rheinland-Pfalz)

[48] z.B. Beliehene, Verwaltungshelfer oder sonst privatrechtlich Beauftragte; siehe unten Rn. 23 ff.

2. Abgrenzung

Die Abgrenzung zwischen öffentlich-rechtlicher („hoheitlicher") und privater Aufgabenwahrnehmung ist oft schwer vorzunehmen.

a) Gesetzliche Zuordnung

16 Keine Probleme bestehen, wenn der Gesetzgeber abschließende Regelungen getroffen und darüber befunden hat, welches Recht einschlägig ist[49].

So bestimmt z.B. § 48 Abs. 2 LStrG von Rheinland-Pfalz[50], dass die dort niedergelegten Aufgaben einschließlich der „Überwachung der Verkehrssicherheit" als
Amtspflichten in Ausübung öffentlicher Gewalt wahrzunehmen sind[51].

b) Fehlende gesetzliche Zuordnung

17 Fehlen besondere Zuordnungsregeln, muss die Abgrenzung nach anderen Kriterien
erfolgen.

Ihren Ausgang nimmt die verwaltungsrechtliche Rechtsprechung wohl immer noch
auf dem Boden der **Subordinationstheorie**, die auf das Verhältnis der Beteiligten
abstellt. Danach wird das öffentliche Recht durch das Verhältnis der Über- und Un-
terordnung, das Privatrecht durch das der Gleichordnung gekennzeichnet[52].

Die Subordinationstheorie hat Schwächen.

Auch im Privatrecht gibt es Über- und Unterordnungsverhältnisse und ebenso bestehen im öffentlichen Recht innerhalb vertraglicher Beziehungen Gleichordnungs-
verhältnisse. Darüber hinaus können die Rechtsbeziehungen im Bereich der Leistungsverwaltung nicht hinreichend erklärt werden[53].

c) Funktionelle Betrachtung

18 Nach der Rechtsprechung des Bundesgerichtshofs ist die Wahrnehmung des öffentlichen Amtes nicht organisatorisch-institutionell, sondern **funktionell** im Sinne von
hoheitlichem Handeln zu verstehen.

Das richtet sich daran aus, ob die eigentliche Zielsetzung, in deren Sinn der Amtswalter tätig wurde, hoheitlicher Tätigkeit zuzurechnen ist, und ob bejahendenfalls
zwischen dieser Zielsetzung und der schädigenden Handlung ein so enger äußerer
und innerer Zusammenhang besteht, dass die Handlung ebenfalls noch als dem Bereich hoheitlicher Betätigung zugehörig angesehen werden kann. Dabei ist nicht auf
die Person des Handelnden, sondern auf seine Funktion, d.h. auf die Aufgabe, deren
Wahrnehmung die im konkreten Fall ausgeübte Tätigkeit dient, abzustellen[54].

---

[49] vgl. Wolff/Bachof/Stober, § 22 Rn. 10
[50] ähnlich in den meisten Bundesländern – siehe Nachweise bei Kodal/Krämer/Grote, Stra-
      ßenrecht, S.1341
[51] weitere Regelungen dargestellt bei Wolff/Bachof/Stober a.a.O. m.w.N.
[52] vgl. zu allem Woff/Bachof/Stober, § 22 Rn. 8 ff. und Eyermann, VwGO, § 40 Rn. 41–44
      mit umfangreichen Nachweisen
[53] vgl. auch Zöller/Gummer, ZPO, § 13 GVG Rn. 12–20 mit umfangreichen Nachweisen
[54] Fundstellen bei Staudinger/Wurm, § 839 Rn. 85

Diese allgemein umschreibende Formel lässt, wie bei der Prüfung der Drittbezogenheit der verletzten Amtspflicht, Raum für mancherlei Deutung und bietet keine der Rechtssicherheit genügende Griffigkeit vor allem dann, wenn man bedenkt, in welch vielfältigen Erscheinungsformen Verwaltungshandeln durch die verschiedensten Verwaltungsträger stattfindet.

d) Praktische Leitlinien

Insgesamt lassen sich zur Fallbearbeitung folgende **Leitlinien** herausstellen: **19**

Die Handlungsform:

Beim Einsatz eines öffentlich-rechtlichen Instrumentariums wie etwa eines Verwaltungsakts nach § 35 VwVfG macht die öffentliche Verwaltung gegenüber dem Privaten von ihrem Sonderrecht Gebrauch[55]. Das lässt den Rückschluss auf den hoheitlichen Charakter der dabei verfolgten Aufgabe zu[56].

Hierzu zählt der Erlass von Gesetzen[57] sowie von Satzungen[58]. Kraft Satzung wird auch häufig eine öffentlich-rechtliche Sonderverbindung geschaffen etwa in Form eines Anstalts-Benutzungsverhältnisses[59].

Die nicht durch Satzung vorgegebene Sonderverbindung etwa im Rahmen eines öffentlich-rechtlichen Schuldverhältnisses oder Vertrages erhält ihre formelle Zuordnung durch das öffentliche Recht[60].

Der Handlungs- und Funktionszusammenhang entsprechend der vom Bundesgerichtshof geprägten Formel.

Die Vermutungsregel:

Mit dieser Abgrenzungsregel soll das Verhalten der öffentlichen Hand erfasst werden, wenn andere Kriterien eine eindeutige Zuordnung nicht gestatten[61].

Hierzu hat der Bundesgerichtshof in der Subventionsentscheidung folgendes ausgeführt[62]:

„Grundsätzlich steht es dem Staat frei, zu wählen, ob er die von ihm bewilligte Subvention, Dotation oder andere Förderung dem Empfänger, nachdem er sie ihm durch Verwaltungsakt bewilligt hat, auch wieder durch

---

[55] Münchener Kommentar/Papier, § 839 Rn. 144, 145
[56] so im Ansatz auch BGHZ 129, 23/24 = NJW 1995, 1830 (Deutscher Wetterdienst)
[57] BGHZ 102, 350/367 = NJW 1988, 478 (Haftung für Waldschäden/kein Individual-Drittschutz)
[58] BGHZ 106, 323/325 = NJW 1989, 976 (Bebauungsplan und Altlasten)
[59] BGHZ 61, 7 = JR 1973, 514 und BGH NJW 1974, 1816 = VersR 1974, 1102 (Schlachthof)
[60] vgl. dazu Kopp/Ramsauer, VwVfG, § 54 Rn. 27 ff.: Gegenstand des Vertrages, Zuordnung, Schwerpunkttheorie, Subordination
[61] vgl. Münchener Kommentar/Papier, § 839 Rn. 148 m.w.N.; Wolff/Bachof/Stober, VerwR Bd. 1, § 22 Rn. 42, 43
[62] BGHZ 57, 130/134 f. = NJW 1972, 210 (Rechtswegfrage)

> **Verwaltungsakt, nämlich kraft hoheitlicher Gewalt („Daseinsvorsorge") zuwenden will, oder ob er sich für diesen Abschnitt seines Handelns der Mittel des Privatrechts bedienen will ...**
>
> **In der Regel ist anzunehmen, dass sich eine Behörde bei der Erfüllung einer ihr aufgetragenen öffentlichen Aufgabe öffentlich-rechtlicher Maßnahmen bedient und sich nicht auf das Gebiet des Privatrechts begeben will".**

Auch dieser Regel fehlt es an hinreichender Schärfe. Insbesondere ist der Schluss von der öffentlichen Aufgabe und der hoheitlichen Kompetenz auf eine hoheitsmäßige Ausführung gerade im Hinblick auf die schlicht-hoheitliche Leistungsverwaltung wenig tragfähig[63].

3. Hoheitliches Handeln, das privatrechtlich „eingekleidet" ist

a) Eingriffsverwaltung

20   Im Bereich der **Eingriffsverwaltung** kann sich die öffentliche Hand der Haftung für fehlerhaftes Verhalten ihrer Bediensteten grundsätzlich nicht dadurch entziehen, dass sie die Durchführung einer von ihr angeordneten Maßnahme durch privatrechtlichen Vertrag auf einen privaten Unternehmer überträgt.

Beispiel:

BGHZ 121, 161 = NJW 1993, 1258 – Abschleppfall –[64]

Im vom Bundesgerichtshof entschiedenen Abschleppfall war der Fahrer des privatrechtlich beauftragten Abschleppunternehmens damit betraut, ein verunglücktes Fahrzeug zu bergen. Die Geschädigte fuhr mit ihrem PKW in das nicht ausreichend gesicherte Abschleppseil. Sie nahm den Fahrer und die Haftpflichtversicherung des Abschleppunternehmens in Anspruch.

*Für die Haftung des Fahrers war entscheidend, ob wegen **hoheitlicher** Tätigkeit eine Haftungsverlagerung gem. Art. 34 S. 1 GG stattfand. Das bejahte der Bundesgerichtshof. Er stellte nicht auf das Rechtsverhältnis zwischen Polizei und privatem Unternehmer, sondern auf das Außenverhältnis zur Geschädigten und auf den vollstreckungs- und polizeirechtlichen Charakter der Maßnahme ab. Die Haftpflichtversicherung haftete jedoch, weil die Halterhaftung als Gefährdungshaftung nach § 7 StVG nicht durch § 839 BGB verdrängt werde.*

---

[63] Wolff/Bachof/Stober a.a.O. m.w.N. aus der verwaltungsrechtlichen Rechtsprechung; siehe auch Detterbeck/Windthorst/Sproll/Windthorst, § 9 Rn. 45

[64] dazu Würtenberger, Zur Geltung von Amtshaftungsregeln bei der Schädigung eines Verkehrsteilnehmers durch einen aufgrund privatrechtlichen Vertrages für eine Polizeibehörde tätigen Abschleppfahrer, JZ 1993, 1003; vgl. auch OLG Hamm NJW 2001, 375

b) Leistungsverwaltung

Für den Bereich der **Leistungsverwaltung** birgt die so genannte „**Werkzeugtheo-**   **21**
rie" des Bundesgerichtshofs erhebliche Schwierigkeiten.

Beispiel:

> OLG Koblenz, Urteil vom 22. November 1995, 1 U 594/92 – Straßen- und Ka-
> nalisationsausbau –
>
> *Die geschädigte Klägerin war Anliegerin einer Ortsstraße der Bekl. zu 1), einer*
> *Ortsgemeinde in Rheinland-Pfalz. Diese ließ durch die Bekl. zu 2), ein privates*
> *Bauunternehmen, Straßenerneuerungsarbeiten vornehmen. Die Bekl. zu 3), die*
> *Verbandsgemeinde, der die Ortsgemeinde angehört, hatte das Bauunternehmen*
> *zugleich mit der Neuherstellung der Abwasserkanalisation beauftragt. Infolge*
> *der Baumaßnahmen kam es zu Setzungsschäden am Wohnhaus der Klägerin, die*
> *sie von den Bekl. zu 1) bis zu 3) ersetzt verlangt.*

Gegen Orts- und Verbandsgemeinde kommen öffentlich-rechtliche Ansprüche aus
enteignendem Eingriff, aus enteignungsgleichem Eingriff, aus Amtshaftung und –
gegen die Ortsgemeinde – außerdem ein nachbarrechtlicher Ausgleichsanspruch
entspr. § 906 Abs. 2 BGB in Betracht, wenn die Maßnahmen hoheitlich zu bewerten
sind[65].

Die Errichtung einer **Kanalisation** sowie deren Um- und Ausbau stellen ebenso wie
der Bau, die Unterhaltung und der Ausbau von Strassen als Teil der öffentlichen Daseinsvorsorge grundsätzlich hoheitliche Maßnahmen der damit betrauten Körperschaften dar[66].

Nach der herkömmlichen Rechtsprechung des Bundesgerichtshofs[67] ist in einem
solchen Fall die Erfüllung der Aufgabe auf die Ebene des Privatrechts verlagert mit
der Folge, dass sich die Haftung nur privatrechtlich beurteilen lässt. Etwas anderes
könne nur dann gelten, so der Bundesgerichtshof, wenn die Verwaltung durch die
Art ihres Vorgehens, insbesondere durch Weisungen und andere starke Einflussnah-
men, sich in einer Form des Privaten bedient hätte, dass sie dessen Verhalten wie eigenes gegen sich gelten lassen müsse, weil es so angesehen werden könnte, als habe
sie eine hoheitliche Maßnahme durch ein Werkzeug oder einen Mittler ausführen
lassen[68].

Diese zur schlicht-hoheitlichen Verwaltung ergangene Rechtsprechung[69] hat   **22**
grundsätzlich zur Folge, dass die Körperschaft für ein Fehlverhalten des von
ihr beauftragten Unternehmens nur nach bürgerlichem Recht einzustehen

---

[65] vgl. BGHZ 117, 240 = NJW 1992, 3229 (Überschwemmung); BGHZ 147, 45 = NJW
    2001, 1865 (Vertiefung); BGHZ 72, 289 = NJW 1979, 164 (Vertiefung)
[66] vgl. hier § 48 Abs. 2 LStrG und §§ 46, 52 LWG Rheinland-Pfalz; BGH MDR 1988,
    214 = NJW-RR 1988, 136 (Baugrund); BGH VersR 1967, 859/860 (Stromkabel)
[67] vgl. auch BGHZ 70, 212 = NJW 1978, 373 (Großbaustelle und Gewerbebetrieb)
[68] BGH NJW-RR 1988, 137 – rechte Spalte
[69] siehe auch BGHZ 125, 19 = NJW 1994, 1468 (Abwasserpumpwerk und planende Inge-
    nieure) mit Anm. Ossenbühl, JZ 1994, 786; Staudinger/Wurm, § 839 Rn. 107

hat[70]**, während der private Unternehmer ebenfalls nach privatem Deliktsrecht haftet.**

Die Rechtsprechung hat Kritik erfahren. Durch die „Flucht ins Privatrecht" dürfe sich die öffentliche Hand ihrer grundrechtlichen und rechtsstaatlichen Bindungen nicht teilweise entledigen[71].

Geht man mit der in der Rechtsprechung vertretenen Auffassung für die Haftung der Gemeinden von einem zivilrechtlichen Ansatz aus, müsste das Bauunternehmen, das fehlerhaft gearbeitet hat, **Verrichtungsgehilfe** im Sinne des § 831 BGB sei. Nach ganz h.M. sind aber **selbständige Handwerker und Unternehmer** in der Regel **keine Verrichtungsgehilfen** des Auftraggebers, da sie nicht in dem Maße seinen Weisungen unterworfen sind, dass sie als dessen Hilfspersonen angesehen werden müssten[72].

Scheidet eine Haftung deswegen aus, könnte nur ein **bürgerlich-rechtlicher Entschädigungsanspruch** nach dessen speziellen Anspruchsvorsaussetzungen weiterhelfen[73].

Es bleibt abzuwarten ob der Bundesgerichtshof, insbesondere nach seiner Entscheidung vom 29. Februar 1996[74], auch für den Bereich der Leistungsverwaltung an der **Werkzeugtheorie** festhält.

4. Hoheitliche Maßnahmen durch Beliehene

23   Allgemein anerkannt ist, dass bei Vorliegen einer Beleihung ein öffentliches Amt ausgeübt wird.

Beliehene sind natürliche oder juristische Personen des Privatrechts, denen durch Gesetz oder auf Grund Gesetzes, etwa durch Verwaltungsakt oder Verwaltungsvertrag, konkrete hoheitliche Kompetenzen zur Wahrnehmung im eigenen Namen übertragen werden[75].

Sie sind statusmäßig[76] Privatpersonen und werden innerhalb des begrenzten Umfangs der Beleihung selbständig und in eigenem Namen tätig.

---

[70] wohl kaum aus einem Vertrag mit Schutzwirkung für die Anlieger, wie OLG Koblenz, NJW-RR 2000, 54, annimmt

[71] vgl. die Nachweise bei Detterbeck/Windthorst/Sproll/Windthorst, § 9 Rn. 17 und Fn. 37

[72] vgl. Nachweise bei Palandt/Sprau, § 831 Rn. 6–8; BGH NJW 1994, 2756/2757 = MDR 1994, 1119 (Subunternehmer); zu Ansprüchen wegen der Vertiefung von Grundstücken siehe auch BGHZ 147, 45 = NJW 2001, 1865; OLG München OLGR München 1999, 183 = BauR 1999, 1058; OLG Düsseldorf NJW-RR 1997, 146 = BauR 1996, 906

[73] vgl. BGHZ 147, 45 = NJW 2001, 1865 (Vertiefung); BGH NJW 1999, 1029 = MDR 1999, 351 (Erschütterungen); BGH NJW 2003, 1732 = MDR 2003, 802 (Baum); BGH NJW 2003, 2377 = WM 2003, 1969 (Bruch einer Wasserversorgungsleitung)

[74] NJW 1996, 2431 = VersR 1996, 976 (Truppenarzt)

[75] Wolff/Bachof/Stober/Kluth, VerwR Bd. 2, § 67 Rn. 20; Ossenbühl S. 15

[76] staatsrechtlich

Beispiel:

> BGH MDR 2003, 727 = BGHReport, 2003, 726 – TÜV/Verlust von Kfz-Brie-   **24**
> fen –
>
> *Die Klägerin nimmt das Bundesland Niedersachsen auf Schadensersatz in An-*
> *spruch, weil der TÜV pflichtwidrig Kfz-Briefe erteilt habe, was zum Verlust des*
> *Eigentums an importierten Kraftfahrzeugen geführt habe.*
>
> *Der Bundesgerichtshof nahm seine bisherige Rechtsprechung zum Prüfingeni-*
> *eur des TÜV auf und leitete aus § 21 StVZO (Betriebserlaubnis für Einzelfahr-*
> *zeuge) die hoheitliche Tätigkeit ab, die eigenverantwortlich stattfinde[77].*
>
> *Anders als bei dem freiberuflich tätigen Prüfingenieur, der zur Prüfung der Sta-*
> *tik eines Bauvorhabens durch die Baugenehmigungsbehörde erst durch den ihm*
> *jeweils erteilten Prüfungsauftrag in die öffentliche Verwaltung einbezogen*
> *werde[78], seien die hoheitlichen Aufgaben des Kfz-Sachverständigen gesetzlich*
> *festgelegt; er werde hierdurch unmittelbar und allgemein zum **Glied der Verwal-***
> ***tung** bestimmt[79].*

Dem gegenüber ist die Stellung der anerkannten **Beschäftigungsstelle**[80] und des **Zi-**   **25**
vildienstleistenden abzugrenzen.

Beispiel:

> OLK Koblenz OLGR 2000, 186 – Zivildienstleistender –
>
> *Der Beklagte war als Zivildienstleistender in einer privaten Klinik beschäftigt.*
> *Bei einem Betriebsfest hantierte er unsachgemäß mit einem Grillanzünder.*
> *Durch eine Stichflamme erlitt der Kläger schwerste Verletzungen.*
>
> *Für die Haftung des Zivildienstleistenden persönlich kommt es darauf an, ob er*
> *bei der Ausübung eines öffentlichen Amtes – also hoheitlich – mit der Folge der*
> *Schuldübernahme nach Art. 34 S.1 GG gehandelt hat. War das nicht der Fall, er-*
> *gibt sich seine Haftung aus § 823 BGB, denn er kann sich nicht auf das Verwei-*
> *sungsprivileg des § 839 Abs. 1 S. 2 BGB berufen. Er ist kein Beamter im staats-*
> *rechtlichen Sinn, sondern erfüllt als Kriegsdienstverweigerer durch die Leistung*
> *des Zivildienstes seine Wehrpflicht. Insofern ist seine Stellung mit der des Wehr-*
> *pflichtsoldaten zu vergleichen[81].*
>
> *Der Bundesgerichtshof geht davon aus, die bei isolierter Betrachtung dem Pri-*
> *vatrecht zuzuordnende Tätigkeit werde auf Grund ihrer Einbindung in das Zivil-*
> *dienstverhältnis durch die hoheitliche Zielsetzung überlagert.*

---

[77] BGH VersR 2002, 96 = MDR 2001, 214 (Weisungswidriges Aushändigen eines Kfz-
      Briefs)
[78] BGHZ 39, 358/361 = NJW 1963, 1821 (Statik)
[79] BGHZ 147, 169 = MDR 2001, 868 (Nachprüfung der Lufttüchtigkeit eines Luftfahrtgeräts
      durch einen genehmigten luftfahrttechnischen Betrieb)
[80] vgl. BGHZ 87, 253 = NJW 1984, 118 (Schädigung des Deutschen Roten Kreuzes durch
      einen Zivildienstleistenden)
[81] vgl. Boehm/Tettelbach, WehrpflichtG, § 3 Rn. 3/3a WehrpflG und Rn. 42 vor § 1 KDVG

Mit dem Einsatz bei einem privaten Unternehmen trete der Zivildienstleistende aus dem öffentlich-rechtlichen Dienstverhältnis nicht heraus; vielmehr bleibe seine Tätigkeit im privatrechtlichen Bereich Dienst im Interesse des Gemeinwohls[82].

*Im Unterschied zu den **Beliehenen**[83] werde die anerkannte Beschäftigungsstelle nicht zur hoheitlichen Einrichtung. Die Tätigkeit des Zivildienstleistenden, sei hoheitlich, weil sie haftungsrechtlich dem öffentlichen Dienstverhältnis eines Soldaten gleichzustellen sei.*

Damit entfernt sich der Bundesgerichtshof – m.E. ergebnisorientiert – von der funktionalen Betrachtungsweise. Er stellt personal auf das Dienstverhältnis ab, das gemeinwohlbezogen sei. Über diesen Umweg findet er dann in die hoheitliche Zielsetzung zurück.

26   Weitere Beispiele für **Beliehene**:

- **Schiffskapitäne** (§§ 75, 101, 106 SeemannsG)
- **Luftfahrzeugführer** (§ 29 Abs. 3 LuftVG)
- **Jagdaufseher** (§ 25 Abs. 2 BJagdG)
- **Feld- und Forstaufseher** (§§ 16 ff. FFSchG NRW)
- **Fischereiaufseher** (§ 54 FischG NRW)
- BGHZ 62, 372 u. BVerwGE 84, 244 = NVwZ-RR 1990, 439 = NJW 1974, 1507, **Bezirksschornsteinfeger**
- BGH WM 2002,96 = MDR 2002, 275, Verbände der Ersatzkassen
- BVerwGE 17,41, **anerkannte Ersatzschulen**
- BGHZ 87, 253 = NJW 1984, 118 u. BGHZ 118, 304 = NJW 1992, 2882, nach § 4 ZDG anerkannte Beschäftigungsstellen für den Zivildienst
- BGHZ 20, 290, **freiwillige Feuerwehr**
- BVerfGE 19, 253 u. 66, 1 = NJW 1984, 2401 = NJW 1966, 150, **Besteuerung durch Kirchen**
- BGHZ 34, 20, **Religionsunterricht**.

5. Der Einsatz von Verwaltungshelfern

27   Der Verwaltungshelfer unterstützt die Behörde bei der Durchführung bestimmter Verwaltungsaufgaben. Im Unterschied zum Beliehenen wird er nicht selbständig tätig; er erfüllt nur eine **Hilfsfunktion**. Sein Handeln wird ohne weiteres der Behörde zugerechnet, für die er tätig wird[84].

---

[82]   vgl. vor allem die Begründung in MDR 2000, 955 = VersR 2001, 585; BGHZ 146, 385 = MDR 2001, 563; BGH NJW 1997, 2109 = VersR 1997, 967; BGHZ 118, 304 = NJW 1992, 2882; BGHZ 152, 380 = NJW 2003, 348 mit Anm. Itzel BGHReport 2003, 170; zum Dienst im Interesse des Gemeinwohls siehe auch Boehm/Tettelbach, Rn. 33 vor § 1 KDVG u. § 1 ZDG

[83]   so der BGH NJW 2003, 348 = MDR 2003, 266

[84]   vgl. Wolff/Bachof/Stober/Kluth, VerwR Bd. 2, § 67 Rn. 22

Zu fragen ist, ob der private Helfer hoheitlich tätig geworden ist, und welche Anforderungen an den Übertragungsakt zu stellen sind[85].

Entscheidend dürfte sein, dass das Anvertrauen des öffentlichen Amtes als rein tatsächlicher Vorgang zu verstehen ist, so dass es auf die Art, Zulässigkeit und rechtliche Wirksamkeit der Übertragung nicht ankommt[86].

Für eine Haftung aus Amtpflichtverletzung dürfte nicht ausschlaggebend sein, wenn lediglich unselbständige Hilfsdienste untergeordneter Art von Personen geleistet wurden, die nur als Gehilfen von Beamten im haftungsrechtlichen Sinne tätig wurden.

Zwar ist Wurm, der sich auf die Rechtsprechung des Reichsgerichts und des Bundesgerichtshofs beruft, darin beizupflichten[87], dass – sprachlich – zum Begriff des Amtsträgers im Sinne des Art. 34 S. 1 GG eine Tätigkeit gehört, die den Betreffenden als „Träger öffentlicher Machtbefugnisse" erscheinen läßt[88].

Amtshaftung ist jedoch eine **Funktionshaftung**[89]. Wird die Person funktional im hoheitlichen Bereich eingesetzt und tätig, kann es auf die – schwer abschätzbare – Bedeutung der Tätigkeit nicht ankommen.

Ansonsten wäre beim Einsatz des privaten Unternehmers aus diesem Grunde – da dieser kein Beliehener und Träger öffentlicher Machtbefugnisse ist – eine Amtshaftung, unabhängig von der Bedeutung der Tätigkeit dieses „Helfers", ausgeschlossen.

Beispiele für Verwaltungshelfer   28

- OLG Köln NJW 1968, 655 (Schülerlotse)
- LG Rottweil NJW 1974, 474 (Ordnungsschüler)
- BGH MDR 1958, 752 = VersR 1958, 705
  (Schüler/Hilfestellung im Turnunterricht)
- BGH NJW 1992, 1227 = MDR 1992, 944 (Begleiter bei Unternehmungen).

- **Ärzte** sind keine Verwaltungshelfer[90]: Es ist zwar ein Amt übertragen. Auf der   29
  Grundlage eines privatrechtlichen Vertrages wird aber nicht nur eine bloße verwaltungsmäßige **Hilf**stätigkeit ausgeübt, wie sie für den einfachen Verwaltungshelfer typisch ist[91].
- **Notärzte** im rettungsdienstlichen Einsatz

---

85 vgl. Wolff/Bachof/Stober/Kluth, a.a.O. R. 22 m.w.N
86 Ossenbühl S.19; str. – vgl. dort die weiteren Nachweise in Fn. 45 u. 46 sowie Staudinger/
    Wurm, § 839 Rn. 51
87 Staudinger/Wurm, § 839 Rn. 51
88 vgl. BGH LM BVG § 81 Nr. 2 Bl. 4 R
89 Ossenbühl S. 12/13
90 entgegen Ossenbühl S. 18, Fn. 41, 42
91 BGH NJW 1996, 2431 (Soldaten/Behandlung durch Privatarzt); BGH NJW 1992, 1329
    (Gefangene/Behandlung durch Privatarzt); kritisch Detterbeck/Windthorst/Sproll/
    Windthorst, § 9 Rn. 15–22

Ist die Wahrnehmung rettungsdienstlicher Aufgaben **öffentlich-rechtlich geregelt**, ist der gesamte Tätigkeitsbereich als Einheit zu beurteilen und darf nicht in Einzelakte teils hoheitlicher, teils bürgerlich-rechtlicher Art aufgespalten werden[92]. Die mit Rettungsdienstaufgaben betrauten privaten Hilfsorganisationen handeln hoheitlich und können Beliehene oder (nur) Verwaltungshelfer sein. Der Bundesgerichtshof hat ausdrücklich seine frühere Rechtsprechung aufgegeben, nach der die Tätigkeit des Notarztes im Verhältnis zum Notfallpatienten auch dann auf einem privatrechtlichen Rechtsverhältnis gründet, wenn in dem betreffenden Bundesland der Rettungsdienst öffentlich-rechtlich geregelt ist[93].

> **Der Begriff des Amtswalters ist haftungsrechtlich kaum noch von Bedeutung, denn es muss – hoheitlich-funktional – nur „irgendjemand" tätig werden, dessen Verhalten der Behörde zugerechnet wird[94].**

6. Handeln oder Unterlassen „in Ausübung" eines öffentlichen Amtes

30   Der Schaden darf nicht nur **„bei Gelegenheit"** der Amtsausübung zugefügt worden sein.

Dieses Tatbestandsmerkmal hat z.B. auch Bedeutung bei der vertraglichen Haftung für den Erfüllungsgehilfen nach § 278 BGB sowie der deliktisch bürgerlich-rechtlichen Haftung für den Verrichtungsgehilfen nach § 831 BGB. In beiden Fällen muss ein innerer sachlicher Zusammenhang mit der Vertragserfüllung bzw. der aufgetragenen Verrichtung bestehen, um eine Haftung auszulösen[95].

Für die Amtshaftung ist es nach der Rechtssprechung des Bundesgerichtshofs[96] erforderlich, dass zwischen der hoheitlichen Zielsetzung und dem schädigenden Verhalten ein hinreichend enger äußerer und innerer Zusammenhang besteht.

Der äußere Zusammenhang bezieht sich auf den objektiven Geschehensablauf, wie er im hoheitlichen Funktionskreis stattgefunden hat.

Besteht nur eine lose äußere Verbindung zum hoheitlichen Aufgabenbereich, findet eine Zurechnung nicht statt[97].

Das Erfordernis des inneren Zusammenhangs verlangt eine innere Beziehung zwischen Schädigung und Aufgabenerfüllung, die vom hoheitlichen Charakter der Aufgabe bestimmt ist[98].

Die Überschreitung der Zuständigkeit unterbricht den inneren Zusammenhang nicht.

---

[92] BGH NJW 2002, 3172/3173 = MDR 2002, 1368 (Polizei/Mobbing)
[93] BGHZ 153, 268 = NJW 2003, 1184 (Bayern)
[94] vgl. dazu Meysen, Der haftungsrechtliche Beamtengriff am Ziel?, JuS 1998, 404 ff.
[95] vgl. Palandt/Heinrichs, § 278 Rn. 20 u. Palandt/Sprau § 831 Rn. 11 jeweils m.w.N.
[96] z.B. BGHZ 69, 128/132 f. = NJW 1977, 1875 (Fluglotsenstreik)
[97] vgl. das Beispiel bei Detterbeck/Windthorst/Sproll/Windthorst § 9 Rn. 42
[98] siehe BGH NJW 1992, 1227/1228 = MDR 1992, 944 (Schulfahrt); NJW 1992, 1310 = MDR 1992, 760 (Hochschulprofessor/Seminarkopien)

Er entfällt nur, wenn die zuständigkeitswidrige Betätigung ihrer Art nach dem Aufgabengebiet des Amtswalters völlig wesensfremd ist oder überhaupt nicht innerhalb des Kompetenzbereichs der Körperschaft liegt[99].

Beispiel:

BGHZ 124, 15 = NJW 1994, 660 – Schwarzfahrt –   **31**

Ein Beamter entwendete ein Dienstfahrzeug und nahm eine Schwarzfahrt vor, bei der sich ein schwerer Verkehrsunfall ereignete (hier ging es um die Frage des Rückgriffs).

Nach der Rechtsprechung bereits des Reichsgerichts sowie des Bundesgerichtshofs[100] fehlt bei Schwarzfahrten mit Dienstwagen die innere Beziehung zur Amtsausübung von Anfang an oder durch spätere Aufgabe der dienstlichen Zielsetzung (erhebliche Umwege, zeitliche Ausdehnung zu persönlichen Zwecken).

Anders liegt es aber, wenn einen Beamten gerade die dienstliche Pflicht trifft, dafür zu sorgen, dass das betreffende Fahrzeug nicht in einer Weise verwendet wird, die mit dienstlichen Zwecken nichts zu tun hat oder durch die andere zu Schaden kommen können. Dann obliegt ihm die auch jedem Verkehrsteilnehmer gegenüber bestehende dienstliche Verpflichtung, einen missbräuchlichen Gebrauch – etwa eine Privatfahrt – zu verhindern und selbst zu unterlassen.

Eine solche Stellung hatte der Beamte inne[101].

In der Rechtsprechung ist jedenfalls die Tendenz zu erkennen, **den Zusammenhang zwischen Fehlverhalten und hoheitlicher Zielsetzung** zum Schutz des Geschädigten **auszuweiten**.

In der Regel geht die Prüfung der „Ausübung" in der Prüfung der „hoheitlichen Tätigkeit" des Amtswalters auf[102].   **32**

Nur in den sog. Missbrauchs- und Exzessfällen, d.h. wenn der Beamte aus dem Bereich seiner Obliegenheiten heraustritt und gewissermaßen nur als Privatmann und aus persönlichen Gründen – tätig wird[103], ist ein Handeln „bei Gelegenheit" gesondert zu prüfen und anzunehmen.

---

[99] Soergel/Vinke, § 839, Rn. 75 m.w.N.

[100] RGZ 167, 367; BGH NJW 1969, 421; BGHZ 124, 15/18 und w.N. bei Staudinger/Wurm § 839 Rn. 97/102/103

[101] die im Beispielsfall gegen die Witwe des Beamten gerichtete Rückgriffsklage hatte nur deshalb keinen Erfolg, weil der Bundesgerichtshof die beamtenrechtliche Fürsorgepflicht als Einwendung hat durchgreifen lassen – vgl. die Anm. von Schmidt in LM Nr. 71 PflVG 1965; siehe auch BGHZ 1, 388 (Wachhabender/Dienstfahrt); RG DR 1940, 509 (Unteroffizier/Spazierfahrt); RG DR 1941, 440 (Dienstwaffe); BVerwGE 70, 296 = NJW 1985, 2602 (§ 24 SoldatenG/Abweichung von Fahrbefehl)

[102] BGH NJW 1992, 1227/1228 = MDR 1992, 944 (Schulfahrt)

[103] Staudinger/Wurm, § 839 Rn. 103; vgl. BGHZ 11, 181 (Tötung aus Rache)

IV. Die Amtspflicht und ihre Verletzung

1. Struktur der Amtspflichten

33   Unter Amtspflichten versteht man öffentlich-rechtliche Verhaltenspflichten, die sich auf die Wahrnehmung eines öffentlichen Amtes beziehen.

Entsprechend der Struktur der Amtshaftung, die erst durch die **Schuldübernahme** gem. Art. 34 S. 1 GG zur mittelbaren Staatshaftung wird, richten sich die Verhaltenspflichten an den **Amtswalter**. Dieses **Innenverhältnis** erhält dadurch **Außenwirkung**, dass der Amtswalter gerade und auch die Amtspflicht hat, bei der Wahrnehmung seiner Aufgaben die den Staat bindenden Rechtspflichten zu beachten[104] und zwar in Form von **Verhaltenspflichten**[105].

Bindende Vorschriften Im **Außenverhältnis** sind die geschriebenen und ungeschriebenen Normen des Bundes-, Landes- oder Gemeinschaftsrechts **unabhängig davon, ob die Regelungen dem öffentlichen oder dem privaten Recht zuzuordnen sind**[106].

34   Beim Scheitern oder bei Nicht- oder Schlechterfüllung eines **öffentlich-rechtlichen Vertrages** sind nach der Rechtsprechung des Bundesgerichtshofs[107] die Grundsätze der Amtshaftung nicht anzuwenden, „weil andernfalls die besonderen Regeln, die sich für die gegenseitigen Leistungen aus dem öffentlich-rechtlichen Leistungsverhältnis ergeben, und die gerichtliche Zuständigkeit dort, wo über den Erfüllungsanspruch nicht die Zivilgerichte zu entscheiden haben, umgangen werden könnten"[108].

35   Weisungen und Verwaltungsvorschriften sind für die Amtsträger bestimmt und entfalten ihre Wirkung von daher gesehen im **Innenverhältnis**. Kraft **Selbstbindung der Verwaltung** kann den Verwaltungsvorschriften aber mittelbare Außenwirkung zukommen[109].

Der Bundesgerichtshof geht haftungsrechtlich, wie schon zuvor das Reichsgericht, von einer Außenwirkung administrativer Vorschriften aus, ohne das weiter zu erörtern[110].

36   § 839 BGB, der als deliktischer Tatbestand keine Aussage über das Erfordernis der Rechtswidrigkeit enthält, lässt eine Unterscheidung zwischen **Amtspflichtwidrigkeit** und **Rechtswidrigkeit** zu[111].

---

[104] Wolff/Bachof/Stober/Kluth, VerwR Bd. 2, § 67 Rn. 48: Dogmatischer Bruch

[105] Handlungs-, Unterlassung- und Duldungspflichten – Ossenbühl S. 42

[106] so Detterbeck/Windthorst/Sproll/Windthorst, § 9 Rn. 57/58 – auch Richterrecht und Gewohnheitsrecht; siehe Münchener Kommentar/Papier, § 839 Rn. 193: Satzungsrecht

[107] BGHZ 87, 9/18 = NJW 1983, 2311 (Eignungsprüfung)

[108] BGHZ 120, 184/188 = NJW 1993, 1526 (Kassenärztliche Vereinigung/Notarztdienst); a.A. Münchener Kommentar/Papier § 839 Rn. 197

[109] siehe Maurer, VerwR AT, § 24 Rn. 24 ff. mit umfangreichen Nachweisen; vgl. auch BVerwGE 72, 300/320 = DVBl 1986, 190 (Strahlenschutz)

[110] BGH NJW 1990, 505 = MDR 1990, 224 (Dienstanweisung für Standesbeamte); BGH VersR 1961, 512 (Anweisung für Dienstfahrten); RGZ 145, 204/215 (Dienstanweisung für Gerichtsvollzieher – GVGA)

[111] Münchener Kommentar/Papier, § 839 Rn. 207; Ossenbühl, S. 55/56

Damit stellt sich die Frage, ob bei Verstoß gegen Innenrecht Amtspflichtwidrigkeit und Rechtswidrigkeit **gegensätzlich** beurteilt werden können.

Wird **zugleich** Innen- und Außenrecht verletzt, handelt der Amtswalter amts- und rechtswidrig[112]. Dieser Fall ist unproblematisch.

Bei amtspflichtwidrigem aber rechtmäßigem Verhalten entscheidet – wie oben angeführt – die **Außenwirkung**.

Widersetzt sich z.B. ein Beamter einer bindenden Weisung und erlässt im Verhältnis zum Bürger gleichwohl einen rechtmäßigen Verwaltungsakt, so hat er **intern pflichtwidrig**, aber **extern pflichtgemäß** gehandelt[113]. **37**

Für den Amtshaftungsanspruch fehlt es an der Verletzung einer nach außen wirkenden Amtspflicht, denn es findet kein **rechtswidriger Eingriff in den Rechtskreis eines anderen statt**[114].

Im anderen Fall, wenn der Beamte der innerdienstlichen Weisung folgt und einen hierauf beruhenden **rechtswidrigen Verwaltungsakt** erlässt, verletzt er eine **interne Dienstpflicht** nicht, wohl aber verhält er sich **extern pflichtwidrig**.

> **Für die Amtshaftung ist der extern wirkende Rechtspflichtverstoß entscheidend. In jedem Fall sind die Drittbezogenheit des Verstoßes und die Passivlegitimation der Körperschaft gesondert zu prüfen**[115].

2. Die verschiedenen Amtspflichten

Ein Katalog der Amtspflichten, deren Verletzung eine Amtshaftung auszulösen vermag, ist nirgendwo aufzufinden. Der Amtshaftungstatbestand setzt das Bestehen solcher (externer) Amtspflichten im Sinne von Rechtspflichten voraus. Sie können sich aus allen denkbaren **Rechtsquellen** ergeben und sind weitgehend durch die **Rechtsprechung konkretisiert**. **38**

---

[112] Detterbeck/Windthorst/Sproll/Windthorst, § 9 Rn. 88
[113] BGH NJW 1959, 1629 = DVBl 1959, 623 mit Anm. Arndt (Weisung); BGHZ 63, 319 = NJW 1975, 491 (Einfuhrschutzmaßnahmen); BGH NJW 1977, 713 = MDR 1977, 476 (Weisung und Passivlegitimation); BGH NVwZ-RR 1991, 171 = MDR 1991, 416 (rechtswidrige Weisung und Bauvorbescheid); BGHZ 113, 17/21 = NJW 1991, 1168 (Verwaltungsakt und Außenwirkung); OLG Düsseldorf NVwZ-RR 1991, 171 = OLGR 1991, 6 (Befreiung vom Wehrdienst) sowie VersR 1994, 1065 (Weisung und Haftung der übergeordneten Behörde)
[114] Detterbeck/Windthorst/Sproll/Windthorst, § 9 Rn. 90
[115] in den „Anweisungsfällen" verlagert sich bei unterschiedlichen Rechtsträgern die Verantwortlichkeit auf die Stelle, der der anweisende Amtswalter angehört BGH NJW 1977, 713 = MDR 1977, 476: „… denn dieser Beamte übernimmt mit der Anweisung auch die beamtenrechtliche Verantwortung (§ 56 Abs. 1 BBG) für die Gesetzmäßigkeit des Verwaltungshandelns"

39   Die **allgemeine Rechtspflicht zu rechtmäßigem Handeln** folgt aus der Bindung der vollziehenden Gewalt und der Rechtsprechung an Gesetz und Recht gem. Art. 20 Abs. 3 GG.

Darunter fallen:

a) Amtspflicht zur Unterlassung unerlaubter Handlungen[116]

40   Ein Amtswalter, der in Ausübung eines öffentlichen Amtes eine unerlaubte Handlung begeht, verletzt damit zugleich eine ihm dem Träger des Rechts oder des Rechtsguts gegenüber obliegende Amtspflicht.

Beispiele aus der Rechtsprechung:

- BGHZ 16, 111/113 = NJW 1955, 458 (Bundespost/Eigentum)
- BGHZ 23, 36/47 = NJW 1957, 539 (§ 826 BGB)
- BGHZ 34, 99/104 = NJW 1961, 658 (Ehre)
- BGHZ 69, 128/138 = NJW 1977,1875 (Gewerbebetrieb)
- BGH NJW 1981, 675 = MDR 1981, 388 (Persönlichkeitsrecht)
- BGH NJW 1992, 1310 = MDR 1992, 760 (Urheberrecht)
- • BGH NJW 1994, 1950 = MDR 1994, 773 (Pressemitteilung der StA)
- BGHZ 118, 368 = NJW 1992, 2476 (Verkehrssicherungspflicht)
- BGH NVwZ 1990, 898 = MDR 1990, 904 (Verkehrsregelungspflicht)

b) Amtspflicht, keine rechtswidrigen Rechtsakte zu erlassen

41   Unter Rechtsakte sind sowohl Verwaltungsakte, als auch formelle und materielle Gesetze zu verstehen[117].

Im Zusammenhang mit dem Erlass eines **formellen** Gesetzes, besteht die Amtspflicht, rechtmäßig zu handeln und vor allem die Grundrechte als höherrangiges Recht zu beachten.

Der Abgeordnete des Bundestags hat ein Amt inne (Art. 48 Abs. 2 S. 1 GG) und übt als Mandatsträger öffentliche Gewalt aus. Er ist Teil des Verfassungsorgans „Bundestag" und gehört nicht zum öffentlichen Dienst i.S.d. Art. 33 Abs. 4 und 5 GG[118].

Amtspflichten dieser Amtsträger sind auf das **Allgemeininteresse** bezogen; sie begründen keine Beziehungen zum einzelnen[119].

Das alles ist letztlich eine Frage des auf den Einzelfall bezogenen Drittschutzes[120].

---

[116]   „absolute Amtspflicht"

[117]   Stichwort: Legislatives Unrecht; vgl. dazu Ossenbühl S. 103–108 und unten Rn. 107 ff. im Zusammenhang mit der Drittbezogenheit

[118]   BVerfGE 76, 256/341 = DVBl 1988, 191 (Beamtenversorgung); BVerwG NVwZ 1998, 501 = DÖD 1998, 206 (Landesabgeordneter)

[119]   BGHZ 134, 30 = NJW 1997, 123 (Brasserie du Pêcheur); BGH NJW 1993, 1224 = EuZW 1993, 226 (Brasserie du Pêcheur – Vorlagebeschluss); BayObLG NJW 1997, 1514 = BayObLGZ 1997, 31 (Herabsetzung der Höchstaltersgrenze durch Verordnungsgeber; zu Einzelfallgesetzen vgl. BayObLG a.a.O. m.w.N.)

[120]   siehe Detterbeck/Windthorst/Sproll/Windthorst, § 9 Rn. 75

c) Amtspflicht zu zuständigkeits- und verfahrensgemäßem Verhalten

Der Zweck der Zuständigkeitsbestimmungen zielt darauf ab, dass der jeweils fach- **42**
kompetente Entscheidungsträger eine sachlich richtige Entscheidung trifft.

Zu beachten sind bei der Rüge der Verletzung von Zuständigkeits- und Verfahrensvorschriften die Möglichkeit der Heilung von Mängeln nach § 45 VwVfG sowie die
Rechtsfolgen solcher Mängel nach § 46 VwVfG.

Nach dessen Neufassung ist entscheidend, ob sich der Fehler auf die Entscheidung
ausgewirkt hat[121].

Ein Amtshaftungsanspruch ist bei Anwendung des § 46 VwVfG als Sekundäran-
spruch entweder deshalb ausgeschlossen, weil keine Rechtsposition verletzt ist, oder
deswegen, weil es an der Kausalität der Rechtsverletzung für den Schaden fehlt. Die
Regelung und Folge des § 46 VwVfG lässt die Rechtswidrigkeit des Verwaltungsakts unberührt[122].

Beispiele aus der Rechtsprechung:

- BGHZ 117, 240/ 244 = NJW 1992, 3229 (Überschreitung der Zuständigkeit)
- BGHZ 127, 223/228 = NJW 1995, 394 (Beitragssatzung und Heilung)
- BGH NVwZ 1988, 283/284 = MDR 1988, 127 (ordnungsgemäße Sachverhaltser-
  mittlung)
- BGH NJW 1989, 99 = MDR 1988, 1035 (Privatschule/Sachverhaltsermittlung)
- BGHZ 128, 346 = NJW 1995, 865 (Vermeidung widersprüchlicher Entscheidun-
  gen)
- BVerwG NVwZ 1993, 979 = NJW 1993, 3282 (prozessuale Erledigung durch
  „Heilung")

*d) Amtspflicht zur fehlerfreien Ermessensausübung und zur Ausfüllung eines Be-
urteilungsspielraums*

Die Pflicht zur Ermessensausübung setzt voraus, dass dem Amtswalter bei der **43**
Wahrnehmung seiner öffentlichen Aufgaben ein Ermessen eingeräumt ist[123]. Das
lässt sich oft am Wortlaut des Gesetzes ablesen[124]. In Zweifelsfällen ist die Einräu-
mung des Ermessens durch Auslegung zu ermitteln[125].

Hinsichtlich der Ermessens- und Beurteilungsfehler werden unterschieden[126]:

- **Ermessensüberschreitung** **44**
  Sie liegt vor, wenn die im Ermessenswege verhängte Rechtsfolge von der gesetzlichen Grundlage nicht gedeckt ist[127].

---

[121] Kopp/Ramsauer, VwVfG, § 46 Rn. 25 ff.
[122] Kopp/Ramsauer, VwVfG, § 46 Rn. 1 und 47 m.w.N.
[123] § 40 VwVfG und § 114 VwGO
[124] „kann", „darf", „ist befugt" – vgl. Eyermann/Rennert, VwGO, § 114 Rn. 14
[125] siehe die umfangreichen Nachweise bei Eyermann/Rennert, VwGO, § 114 Rn. 14 und 15
[126] siehe ausführlich Wolff/Bachof/Stober, VerwR Bd. 1, § 31 Rn. 31 ff.
[127] BVerwGE 34, 241 = MDR 1970, 533 (straßenrechtliche Mittel und verkehrsrechtliche
Zwecke)

45   • **Ermessensunterschreitung und Ermessensnichtgebrauch**
Die Behörde ist zur Ausübung des ihr eingeräumten Ermessens verpflichtet.
Kommt sie dieser Pflicht nicht nach, ist eine Ermessensunterschreitung oder ein
Nichtgebrauch gegeben[128].
Diese Ermessensfehler sind nach der Rechtsprechung des Bundesverwaltungsge-
richts nicht nachträglich heilbar[129].

46   • **Ermessensfehlgebrauch**
Die Behörde gebraucht ihr Ermessen fehlerhaft, wenn sie nicht die gesetzlichen
Zielvorstellungen beachtet oder wenn sie die für die Ausübung des Ermessens-
maßgeblichen sachlichen Gesichtspunkte unzureichend in ihre Erwägungen ein-
bezieht[130].
Lässt sich die Behörde von sachfremden Erwägungen leiten, spricht man von
Ermessens**missbrauch**[131].

47   • **Ermessensreduzierung** (auf Null)
Das Recht auf eine ermessensfehlerfreie Entscheidung kann dahin gehen, dass nur
eine einzige Entschließung in Betracht kommt. Die Behörde ist dann verpflichtet,
diese ihr noch verbliebene Entscheidung zu treffen[132].

48   • Amtspflicht zu **verhältnismäßigem** Handeln
Da die gesetzlichen Grenzen des Ermessens auch vom Verfassungsrecht bestimmt werden, folgt aus einem Verstoß gegen den Verhältnismäßigkeitsgrund-
satz ein Ermessensfehler. Dieser Grundsatz ist verletzt, wenn das Ermessen eine
zwar abstrakt zulässige, im konkreten Fall aber nicht nur unzweckmäßige, sondern ungeeignete, nicht erforderliche oder unangemessene Rechtsfolge gewährt
hat[133].

49   **Die haftungsrechtliche Rechtsprechung des Bundesgerichtshofs** zur Beurteilung
der Ermessensfehler ging ursprünglich davon aus, dass eine Verletzung der Pflicht,
das Ermessen fehlerfrei auszuüben nur dann anzunehmen sei, wenn das Vorgehen
des Amtswalters „mit den an eine ordnungsgemäße Verwaltung zu stellenden An-

---

[128] Eyermann/Rennert,VwGO, § 114 Rn. 17 – 19 unterscheiden zwischen Ermessensunterschreitung und Nichtgebrauch und zwar danach, ob eine Ermessensverkennung stattgefunden hat

[129] BVerwGE 48, 81/84 = NJW 1975, 2309 (Bodenverkehrsgenehmigung)

[130] BVerwGE 22, 215/219 = DÖV 1966, 137 (Beamter); BVerwGE 31, 241/ 247 (Neben-
tätigkeit/Beamter)

[131] BVerwGE 26, 135/140 = NJW 1967, 1191 (öffentliche Versammlung); BVerwG NJW
1988, 783 = DVBl 1988, 687 (Beamter/Nichtraucher und Umsetzung)

[132] BVerwGE 84, 86/89 = NJW 1990, 1059 (Presse und Sonntagsbeschäftigung); BVerwGE
84, 322/334 = NVwZ 1990, 755 (Bauvorbescheid).

[133] Wolf/Bachof/Stober, VerwR Bd. 1, § 31 Rn. 50 m.w.N.; umfangreiche Nachweise aus der
öffentlich-rechtlichen Rechtsprechung bei Kopp/Ramsauer, § 40 Rn. 29, Fn. 60 und 61;
siehe haftungsrechtlich BGHZ 12, 206 = NJW 1954, 715 (poliz. Gefahrenabwehr);
BGHZ 18, 366/368 = NJW 1956, 57 (Eingriff von hoher Hand); BGH NJW 1973, 894 =
VersR 1973, 622 (Zwangsversteigerung/Verhältnismäßigkeit)

forderungen **schlechterdings unvereinbar ist**"[134]. Diese Formel hat der Bundesgerichtshof als zu eng erkannt und aufgegeben[135].

Die genannten Ermessensfehler sind danach **gerichtlich voll überprüfbar und begründen eine Amtspflichtverletzung**[136].

Während das Ermessen auf der **Rechtsfolgenseite** steht, sind die unbestimmten Rechtsbegriffe und der Beurteilungsspielraum Teil des gesetzlichen Tatbestands, d.h., der Beurteilungsspielraum betrifft den **Subsumtionsschluss** auf der **Tatbestandsebene**[137]. Zu fragen ist, ob unbestimmte Rechtsbegriffe[138] im Erkenntnisvorgang der Verwaltungsbehörde dieser einen Beurteilungsspielraum einräumen, der gerichtlich nicht oder nur nach bestimmten Kriterien nachgeprüft werden kann, und wann das Ergebnis dieses Vorgangs amtshaftungsrechtliche Relevanz zu erlangen vermag.

Das **Bundesverwaltungsgericht** geht im Grundsatz davon aus, dass unbestimmte Rechtsbegriffe gerichtlich voll überprüfbar sind, die Verwaltung also keinen Beurteilungsspielraum hat[139].

Ein Beurteilungsspielraum besteht nach der Rechtsprechung[140] jedoch bei Prüfungsentscheidungen und prüfungsähnlichen Entscheidungen[141], im Zusammenhang mit beamtenrechtlichen Beurteilungen[142], bei Prognoseentscheidungen im

50

---

[134] BGHZ 45, 143/146 = NJW 1966, 1162: Keine Erwägungen angestellt, sachfremde Beweggründe, rechtliche Schranken überschritten (Warnpflicht der Polizei)

[135] BGHZ 74, 144/156 = NJW 1979, 1354 (genehmigungspflichtige Bankgeschäfte)

[136] BGHZ 75, 120 = NJW 1979, 1879 (Kreditwesen/Aufsicht); BGH MDR 1986, 33 = NVwZ 1985, 682/683 (Bedeutung Widerspruchsbescheid/Ermessen); BGHZ 110, 253/257 = NJW 1990, 2675 (Konkursantrag); BGHZ 118, 263/271 = NJW 1992, 2691 (gesicherte Erschließung)

[137] Eyermann/Rennert, VwGO, § 114 Rn. 55/56

[138] z.B. § 4 Abs. 1 Nr. 1 GaststG: „Zuverlässigkeit"; § 6 Abs. 2 S. 2 LuftVG: „Ungeeignetheit"; siehe die weiteren Nachweise bei Wolff/Bachof/Stober, VerwR Bd. 1, § 31 Rn. 14 ff.

[139] z.B. BVerwGE 100, 221 = NVwZ 1997, 179 (Heilpraktikeranwärter/Kenntnisse und Fähigkeiten); weitere umfangreiche Nachweise aus der Rechtsprechung bei Maurer, VerwR AT, § 7 Rn. 35

[140] umfangreiche Nachweise bei Wolff/Bachof/Stober, VerwR 1, § 31 Rn. 19–23 und bei Eyermann/Rennert, VwGO, § 114 Rn. 59 ff.

[141] BVerfGE 84, 34 = NJW 1991, 2005 (juristische Staatsprüfung); BVerfGE 84, 59 = NJW 1991, 2008 (ärztliche Prüfung); BVerwGE 99, 74 = NJW 1996, 942 (zweite juristische Staatsprüfung); BVerwGE 104, 203 = NJW 1997 3104 (ärztliche Prüfung); BVerwGE 8, 272 = NJW 1959, 1842 (Versetzungszeugnis); BVerwGE 75, 275 = NVwZ 1987, 318 (Zulassung privater Grundschule)

[142] BVerwGE 97, 128 = NVwZ-RR 1995, 340 (Dienstliche Beurteilung/Gesamtnote); BVerwGE 92, 147 = NJW 1993, 2546 (Probebeamter/Übernahme in das Beamtenverhältnis auf Lebenszeit); BVerwGE 80, 224 = NJW 1989, 1297 (Eignungsurteil); BVerwGE 60, 245/246 ff. = DVBl 1981, 497 (tatsächliche Grundlagen dienstlicher Beurteilungen)

Umwelt- und Wirtschaftsrecht[143], bei Wertungsentscheidungen weisungsfreier Ausschüsse[144] sowie bei Entscheidungen „verwaltungspolitischer" Art[145].

51 Die verwaltungsrechtliche Problematik liegt in der beschränkten gerichtlichen Überprüfbarkeit. Hierdurch wird die Rechtschutzgarantie des Art. 19 Abs. 4 GG verkürzt.

Die Beurteilungsentscheidungen sind nach den Kriterien der **Beurteilungsüberschreitung, der Beurteilungsunterschreitung und des Beurteilungsmissbrauchs** zu überprüfen[146].

Wird ein Beurteilungsfehler festgestellt, ist die Entscheidung der Behörde aufzuheben und diese ist zu einer erneuten Bescheidung zu verpflichten[147], es sei denn, dass kein Raum für eine „Einschätzung" bleibt[148]. Dann kann das Gericht die Behörde zum Erlass der beantragten Entscheidung verpflichten.

Die neuere Rechtsprechung des Bundesgerichtshofs hält die **relevanten Ermessensfehler** für haftungsrechtlich durch die Gerichte voll überprüfbar; dasselbe muss dann auch für die aufgeführten **Beurteilungsfehler** gelten.

Bewegt sich der Beamte innerhalb des eingeräumten Beurteilungsspielraums, kann es an einer Pflichtwidrigkeit fehlen[149].

Jedenfalls ist aber „bei der Schwierigkeit der zu entscheidenden Fragen und der weiten Fassung des anzuwendenden unbestimmten Rechtsbegriffs"[150] ein Verschulden des Beamten zu verneinen, wenn die Entscheidung **vertretbar** ist.

Beispiel:

52 BGH NJW 2000, 2672 = MDR 2000, 952 – Staatsanwaltschaft/Anklageerhebung –

Im Amtshaftungsprozess war darüber zu befinden, ob hinreichender Tatverdacht i.S.d. § 170 Abs. 1 StPO vorgelegen und die Anklageerhebung der Staatsanwaltschaft gerechtfertigt hatte.

---

[143] BVerwGE 81, 185 = DVBl 1989, 517 (Schutz einer kerntechnischen Anlage); BVerwGE 82, 295 = NJW 1990, 1376 (Taxengenehmigung); BVerwGE 79, 208 = NJW 1988, 3221 (Taxengenehmigung)

[144] BVerwGE 59, 213 = GewArch 1980, 172 (Eintragung in die Architektenliste); BVerwGE 91, 211 = NJW 1993, 1491 (Bundesprüfstelle für jugendgefährdende Schriften); BVerwGE 99, 371 = DVBl 1996, 515 (Richterwahlausschuss); BVerwGE 62, 330 = DVBl 1982, 29 (Sortenausschuss des Bundessortenamts)

[145] BVerwGE 26, 65 = DÖD 1967, 132 (Versetzung/dienstliches Bedürfnis); BVerwGE 39, 291 = DÖD 1972, 195 (Beurlaubung zu gewerkschaftlichen Veranstaltungen)

[146] Wolff/Bachof/Stober, VerwR Bd. 1, § 31 Rn. 25–28 mit umfangreichen Nachweisen aus der Rechtsprechung des Bundesverwaltungsgerichts

[147] „Bescheidungsurteil" gem. § 113 Abs. 5 S. 2 VwGO – vgl. Eyermann/Schmidt, VwGO, § 113 Rn. 42

[148] BVerwGE 79, 208/214 = NJW 1988, 3221 (Taxengenehmigung)

[149] BGH NJW 1968, 2144/2145 = MDR 1968, 1000 (FernstraßenG); das entspricht in der Rechtsfolge der fehlerfreien Ermessensausübung

[150] BGH NJW 1968, 2144/2145 = MDR 1968, 1000 (§ 9 BFernstrG)

*Der Bundesgerichtshof hält den „hinreichenden Tatverdacht" für einen unbe-stimmten Rechtsbegriff, der einen nicht unerheblichen Prognose- und Beurtei-lungsspielraum lasse und vom Tatrichter nicht auf die „**Richtigkeit**" sondern (nur) auf die „**Vertretbarkeit**"[151] überprüft werden müsse.*

*Beruhe die Erhebung der Anklage auf einer ungesicherten tatsächlichen Grund-lage, widerspreche das der Strafprozessordnung und sei daher **amtspflichtwid-rig**. Dann sei nach dem objektivierten Sorgfaltsmaßstab auch von einem **Ver-schulden** auszugehen.*

Grundsätzlich wird also, wenn ein **Beurteilungsfehler** festzustellen ist, die **Amts-pflichtverletzung bejaht** und hieraus der **Schluss auf ein Verschulden** gezogen.

e) Amtspflicht zu rascher Sachentscheidung

Das **Zügigkeitsgebot** wurde 1996 in § 10 S. 2 VwVfG aufgenommen[152]. Es war je-doch schon bisher ein wichtiger Grundsatz des Verwaltungsverfahrens[153].

53

Nach dem Rechtsstaatsgrundsatz ist die Behörde verpflichtet, Anträge mit der ge-botenen Beschleunigung zu bearbeiten und, sobald ihre Prüfung abgeschlossen ist, unverzüglich zu bescheiden[154]. Das umfasst die Pflicht aller staatlichen Stellen, da-ran mitzuwirken, dass die zur Sachentscheidung berufene Stelle in den Stand gesetzt wird, die Sachentscheidung zu fällen[155].

Fristen für die Bescheidung sind in verschiedenen Sachgebieten niedergelegt[156].

Aus der Frist des § 75 S. 2 VwGO lässt sich nicht entnehmen, dass eine Pflichtver-letzung erst bei einer Verzögerung von mindestens drei Monaten angenommen wer-den könnte. Diese Frist stellt lediglich eine besondere Prozessvoraussetzung dar[157] und ist notwendiges Gegenstück zu § 68 VwGO[158].

Dies schließt vor allem nicht die Möglichkeit aus, dass auch ein kürzerer Fristablauf zu einer Schädigung des Bürgers führen kann, für die die Verwaltung einzustehen hat, soweit die sonstigen Voraussetzungen einer schuldhaften Pflichtverletzung er-füllt sind[159].

---

[151] daher auch keine Anwendung der „Kollegialitätsrichtlinie"; siehe unten Rn. 150 ff.

[152] siehe Kopp/Ramsauer, VwVfG, § 10 Rn.17

[153] BVerfGE 69, 161/169 f. = NJW 1985, 2019 (Urlaubsantrag Gefangener/rechtzeitige Ent-scheidung)

[154] BGHZ 30, 19/26 = NJW 1959, 1219 (Wiedereinbürgerung)

[155] BGHZ 15, 305/309 = NJW 1955, 297 (Einheitlichkeit des Verwaltungshandelns/Führer-schein)

[156] z.B. § 6 Abs. 1 GrdstVG; § 66 Abs. 4 LBO Rheinland-Pfalz

[157] BGH NVwZ 1993, 299 = VersR 1992, 1354 (Bauantrag)

[158] Eyermann/Rennert, VwGO, § 75 Rn. 1 und 2 m.w.N. auch zu Sondervorschriften

[159] vgl. BGHR BGB § 839 Abs 1 S 1 Baugenehmigung 1; zu §§ 2 und 6 GrdstVG siehe BGHZ 123, 1 = NJW 1993, 3061 (Zwischenbescheid); auch BGH NJW 1990, 505 = FamRZ 1989, 1048 mit Anm. Bosch S. 1049/1275 und zum weiteren Fortgang Staudin-ger/Wurm, § 839 Rn. 741 (Standesbeamter)

Die Pflicht zu raschen Sachentscheidung hat vor allem im Baugenehmigungsverfahren Bedeutung erlangt[160].

Sie ist auch wesentlich im staatsanwaltschaftlichen Ermittlungsverfahren, wenn es um die Einleitung, die Fortführung und den Abschluss des Verfahrens geht.

f) Amtspflicht zu konsequentem Verhalten und die Pflicht, keine ungesicherten Vertrauenstatbestände zu schaffen

54   Sie gebietet staatlichen Stellen, eine in bestimmter Weise **geplante und begonnene Maßnahme entsprechend durchzuführen**. Das gilt insbesondere dann, wenn die Behörde in zurechenbarer Weise einen **Vertrauenstatbestand** geschaffen und der Bürger im Vertrauen hierauf Vermögensdispositionen getroffen hat[161].

Ist eine Verlässlichkeitsgrundlage geschaffen etwa durch eine positive Baugenehmigung[162] oder eine atomrechtliche Anlagengenehmigung[163], ist nach der Rechtsprechung des Bundesgerichtshofs die Schutzwürdigkeit des Vertrauens bereits im objektiven Tatbestand angelegt[164].

g) Amtspflicht zur Erteilung ordnungsgemäßer Auskünfte und Belehrungen

55   Nach h.M. besteht grundsätzlich kein allgemeiner Anspruch des Bürgers auf Auskünfte, Belehrungen usw., soweit nicht spezielle Vorschriften solche Rechte bzw. Verpflichtungen vorsehen[165].

Die verfahrensrechtliche Bestimmung des § 25 S. 2 VwVfG bezieht sich nur auf die **Beteiligten des Verwaltungsverfahrens**[166] im Sinne von § 13 VwVfG; sie begründet keine allgemeine Auskunftspflicht.

Der Bundesgerichtshof greift zur Begründung eines Auskunftsanspruchs auf die **Grundsätze von Treu und Glauben** (§ 242 BGB) zurück und bejaht ihn bei einem Rechtsverhältnis, „dessen Wesen es mit sich bringt, dass der Berechtigte entschuldbarerweise über Bestehen und Umfang seines Rechts im Ungewissen, der Verpflichtete hingegen in der Lage ist, unschwer solche Auskünfte zu ertei-

---

[160] BGH MDR 1993, 48 = NVwZ 1992, 1119 (Bausperre); BGH NVwZ 1993, 299 = VersR 1992, 1354 (Bauantrag); BGH NJW 1994, 2091 = MDR 1994, 555 (Grundstückseigentümer/ Dritter); siehe Schlick/Rinne, Die Rechtsprechung des BGH zum Staatshaftungsrecht, NVwZ 1997, 1065/1070; Bullinger, Verwaltung im Rhythmus von Wirtschaft und Gesellschaft, JZ 1991, 53/57 f.

[161] BGHZ 76, 343/350 = NJW 1980, 1683 (Erschließung und Abbruch von Vertragsverhandlungen/ culpa in contrahendo); BGHZ 87, 9/18 = NJW 1983, 2311 (Eignungsprüfung/ Amtspflicht und öffentlich-rechtlicher Vertrag); BGHZ 137, 344 = NJW 1998, 1944 (Widerspruchspflicht/ Bürgermeister)

[162] z.B. BGHZ 60, 112 = NJW 1973, 616 (Bauherr und Baugenehmigung

[163] BGHZ 134, 268 = NVwZ 1997, 714 (Kernkraftwerk Mülheim-Kärlich)

[164] siehe ausführlich unten Rn. 120 ff.

[165] Kopp/Ramsauer, VwVfG, § 25 Rn. 20 und m.w.N. in Fn. 12

[166] zum Beteiligtenkreis Kopp/Ramsauer, VwVfG, § 25 Rn. 4 m.w.N.; zur materiell-rechtlichen Bedeutung siehe BVerwGE 84, 375/376 = NJW 1990, 2761 (Recht auf informationelle Selbstbestimmung)

len"[167]. Diesen im Zivilrecht allgemein geltenden Grundsatz hat der Bundesgerichtshof auf den Bereich der Amtshaftung übertragen[168].

Da der Amtshaftungsanspruch deliktischer Art ist, besteht als weitere Voraussetzung **56** für den Auskunftsanspruch, der als Nebenanspruch etwa zur Vorbereitung von Schadensersatzansprüchen aus Amtspflichtverletzung dienen soll[169], dass bis auf die Entstehung des Schadens alle Anspruchsvoraussetzungen feststehen[170]. Dient die Auskunft der Vorbereitung des Amtshaftungsanspruchs, bejaht der Bundesgerichtshof auch den **Rechtsweg zu den ordentlichen Gerichten**, indem er auf die erstrebte Rechtsfolge abstellt[171].

Auskünfte und Belehrungen sind **richtig, klar, unmissverständlich, eindeutig und** **57** **vollständig** zu erteilen, so dass der um sie nachsuchende Bürger entsprechend disponieren kann. Entscheidend ist der **Empfängerhorizont**[172]. Diese Anforderungen gelten unabhängig davon, ob der Beamte zur Auskunft verpflichtet war[173] oder befugt bzw. unbefugt Auskunft erteilt hat[174].

Die **Zusage** fällt in den genannten Pflichtenbereich. Für die Zusagen, die nicht von § 38 Abs. 1 VwVfG erfasst sind[175], gelten die Grundsätze des allgemeinen Verwaltungsrechts[176].

Die Zusage führt zur **Verpflichtung für ein künftiges Verhalten**, während die Auskunft auf gegenwärtige, nicht von einer Willensentschließung abhängenden Gegebenheiten bezogen ist.

Beispiel:

BGHZ 117, 83 = NJW 1992, 1230 – Zusage/Bauvorbescheid – **58**

*Ein Bauwerber erhielt den **Entwurf** eines positiven Bauvorbescheids vom Sachbearbeiter der Behörde ausgehändigt mit dem Bemerken, die Bauvoranfrage werde positiv beschieden. Im Vertrauen hierauf tätigte der Bauwillige erhebliche Investitionen. Die Bauvoranfrage wurde später abschlägig beschieden.*

*Der Bundesgerichtshof hat in amtshaftungsrechtlicher Sicht unterschieden zwischen **Zusicherung** und **Zusage**. Eine Auskunft könne äußerlich auch in die Form einer Zusage gekleidet sein. Der Umstand, dass die Erklärung des Amts-*

---

[167] BGHZ 10, 385/387 (Vertragspartner); weitere Nachweise. bei Palandt/Heinrichs, § 261 Rn. 8–11
[168] BGHZ 78, 274 = NJW 1981, 675 (Rechtsweg/Nebenanspruch)
[169] BGHZ 81, 21/24 = NJW 1981, 2000 (Kassenärztliche Vereinigung)
[170] BGH NJW 1990, 1358/1359 = MDR 1990, 529 (zu § 823 BGB)
[171] BGHZ 78, 274 = NJW 1981, 675 m.w.N. auch aus der verwaltungsrechtlichen Rechtsprechung
[172] BGH MDR 1987, 298 = VersR 1987, 50 (Schulaufsicht/Auskunft)
[173] Staudinger/Wurm, § 839 Rn. 152
[174] BGH, MDR 1986, 33 = VersR 1985, 492 (Zusage)
[175] siehe im einzelnen Kopp/Ramsauer, VwVfG, § 38 Rn. 4–6
[176] ausführliche Darstellung bei Wolff/Bachof/Stober, VerwR Bd. 2, § 53

trägers als Zusicherung unwirksam gewesen sei[177], *schließe es nicht aus, dass sie zugleich eine tatsächliche Mitteilung über gegenwärtige Gegebenheiten enthalten habe.*

Die Auskunft sei unrichtig gewesen, denn sie habe den Stand der Meinungsbildung innerhalb des Bauamts nicht zutreffend wiedergegeben. Das Vertrauen des Bauwilligen sei aber nicht geschützt. Er habe sich nicht auf die Zusage des nicht entscheidungsbefugten Sachbearbeiters verlassen dürfen, sondern habe den Ausgang des förmlichen Verwaltungsverfahrens abwarten müssen.

Rechtliche Belehrungen sind nicht geschuldet. Auch in dieser Hinsicht hängt vieles vom Einzelfall ab[178].

59   **Beispiele** aus der Rechtsprechung:

- BGH NVwZ 2002, 373 = BauR 2001, 1404 (Erschließungskosten/Falschauskunft)
- BGHZ 137, 344 = NJW 1998, 1944 (Bürgermeister/Widerspruch)
- BGH NVwZ 1997, 1243 = VersR 1997, 745 (Rentenantrag/Auskunft)
- BGH NJW 1993, 3204 = MDR 1994, 724 (Rechtskraft/Auskunft)
- BGH NJW 1991, 3027 = MDR 1992, 237 (Vorstrafen/Auskunft)
- BGH MDR 1987,298 = VersR 1987, 50 (Schulaufsicht/Anfrage)
- BGHZ 71, 386 = NJW 1978, 1802 (Information über Bauleitplanung)
- BGH NJW 1970, 1414 = MDR 1970, 746 (künftige Entscheidung/Auskunft)
- BGH VersR 1964, 919 = ZfS 1965, 56 (Rechtsfragen/Auskunft)

h) Pflicht zur Behebung von Fehlern

60   Der Amtsträger hat die Pflicht, begangene Fehler zu beheben und im Rahmen des Zumutbaren deren nachteiligen Folgen zu beseitigen[179].

Nach der Rechtsprechung des Bundesgerichtshofs besteht „in der Regel" die Pflicht, als rechtswidrig erkannte oder erkennbare Verwaltungsakte zurückzunehmen[180].

Das bedarf im Lichte der Rechtseinheit öffentlichen und zivilen (Haftungs-) Rechts näherer Betrachtung:

61   § 48 VwVfG regelt die **Rücknahme** eines **rechtswidrigen** Verwaltungsaktes, während sich § 49 VwVfG auf den **Widerruf** eines **rechtmäßigen** Verwaltungsaktes bezieht. Trotz der unterschiedlichen Regelungen der Rücknahme und des Widerrufs findet § 49 VwVfG auch auf rechtswidrige Verwaltungsakte Anwendung, wenn

---

[177] § 38 VwVfG von Nordrhein-Westfalen entspr. § 38 VwVfG des Bundes (Schriftformerfordernis für eine auf einen Verwaltungsakt gerichtete Zusage)

[178] vgl. die bei Staudinger/Wurm, § 839 Rn. 158–169, dargestellte Kasuistik

[179] BGH NJW 1986, 2952/2953 = MDR 1986, 649 (rechtswidriger Arrest); BGHZ 43, 34/38 = NJW 1965, 442 (öffentlich-rechtlicher Vertrag)

[180] BGHZ 56, 57 = NJW 1971, 1694 (Rücknahme eines belastenden Verwaltungsakt); BGH NJW 1986, 2952/2953 = MDR 1986, 649 (rechtswidriger Arrest)

diese nicht nach § 48 VwVfG zurückgenommen werden können oder sollen, für die aber jedenfalls die Voraussetzungen des Widerrufs gegeben sind[181].

Nach § 48 Abs. 1 S. 1 VwVfG kann die Behörde einen belastenden rechtswidrigen Verwaltungsakt grundsätzlich jederzeit zurücknehmen. Hierbei hat sie eine ermessensfehlerfreie Entscheidung zu treffen[182].

In haftungsrechtlicher Sicht ist von Bedeutung die Frage, ob und wann eine **Pflicht zur Rücknahme** besteht.   **62**

Der Bürger, der durch einen fehlerhaften Verwaltungsakt in seinen Rechten betroffen ist, hat, auch soweit die rechtlichen Voraussetzungen gem. § 48 VwVfG für eine Rücknahme vorliegen, **grundsätzlich keinen Anspruch hierauf**, sondern nur ein formelles subjektives Recht auf **fehlerfreie Ermessensausübung** hinsichtlich der Entscheidung über die Ausübung der Rücknahmebefugnis[183]. Etwas anderes gilt nach **§ 51 VwVfG**[184] sowie bei einer **Reduzierung des Ermessens auf Null**. Die bloße Rechtswidrigkeit führt jedoch noch nicht zu einer Ermessensreduzierung[185].

Eine Ermessensreduzierung auf Null ist angenommen worden, wenn sich bei Dauer-Verwaltungsakten die Sach- oder Rechtslage so geändert hat, dass ein **Festhalten am Verwaltungsakt nicht mehr zumutbar ist**[186].

Das gilt auch im Fall der **Selbstbindung**, wenn in anderen Fällen einem Antrag auf   **63**
Rücknahme stattgegeben wurde und Art. 3 GG die **Gleichbehandlung verlangt**[187]
oder wenn aus anderen Gründen ein Bestehenbleiben des Verwaltungsaktes schlechthin **unerträglich wäre**[188].

Die Rechtsprechung des **Bundesverwaltungsgerichts** zu § 49 VwVfG scheint im   **64**
übrigen von einem so genannten „**intendierten Ermessen**" auszugehen[189] in dem Sinne, dass bei der Erfüllung der Tatbestandsvoraussetzungen die Entscheidung für den Regelfall intendiert ist, der Verwaltungsakt also widerrufen oder – auf den Tatbestand des § 48 VwVfG bezogen – zurückgenommen werden **muss**, es sei denn, dass besondere Umstände eine andere Beurteilung oder Entscheidung rechtfertigen[190].

---

[181] Kopp/Ramsauer, VwVfG, § 49 Rn. 12 mit umfangreichen Nachweisen aus der Rechtsprechung in Fn. 11, 12
[182] Kopp/Ramsauer, VwVfG, § 48 Rn. 49 mit umfangreichen Nachweisen in Fn. 68
[183] vgl. Kopp/Ramsauer, VwVfG, § 48 Rn. 51 und die Nachweise in Fn. 69, 70
[184] Wiederaufgreifen des Verfahrens
[185] so Kopp/Ramsauer, VwVfG, § 48 Rn. 51
[186] BVerwGE 59, 148 = DVBl 1980, 641 (nachträglich Rechtsänderung)
[187] BVerwGE 44, 333/336 = MDR 1974, 783 (Wiederaufgreifen des Verwaltungsverfahrens); BVerwG NVwZ 1985, 265 (Wiederaufgreifen des Verwaltungsverfahrens)
[188] vgl. die Fälle und weiteren Nachweise bei Kopp/Ramsauer, VwVfG, § 48 Rn. 54, 55
[189] BVerwGE 72, 1 = NJW 1986, 738 (Wohnberechtigungsbescheinigung/Begründungspflicht); BVerwGE 105, 55 = NJW 1998, 2233 (Subventionsbewilligung/Widerruf); Kopp/Ramsauer, VwVfG, § 40 Rn. 45 und 46 m.w.N.
[190] vgl. Kopp/Ramsauer, VwVfG, § 40 Rn. 45 m.w.N.

65 Der Grundsatz der freien Rücknehmbarkeit von Verwaltungsakten bezieht sich ohne Einschränkungen nur auf **belastende** Verwaltungsakte.

Für begünstigende Verwaltungsakte gelten im Hinblick auf die Grundsätze der Rechtssicherheit und des Vertrauensschutzes die wesentlichen Einschränkungen nach § 48 Abs. 2 bis 4 VwVfG, die eine Rücknahme abweichend von Abs. 1 in vielen Fällen ausschließen oder von einem Ausgleich der Nachteile abhängig machen[191].

Daraus lässt sich folgender Grundsatz herleiten:

Bei einem rechtswidrigen belastenden Verwaltungsakt, um dessen Rücknahme es geht, verhält sich die Behörde amtspflichtwidrig, wenn sie den Verwaltungsakt nicht zurücknimmt, obwohl die Ermessensausübung oder eine Reduzierung des Ermessens auf Null das geboten hätten oder weil die Rücknahmeentscheidung intendiert war[192].

---

i) Verschwiegenheitspflicht[193]

66 Sie erstreckt sich auf die Angelegenheiten, die der Beamte anlässlich seiner dienstlichen Tätigkeit erfahren hat. Sie besteht gegenüber allen Personen, denen durch eine Verletzung dieser Pflicht Schaden entstehen kann.

Die Pflicht gilt nicht für Mitteilungen im dienstlichen Verkehr oder über Tatsachen, die offenkundig sind oder ihrer Bedeutung nach keiner Geheimhaltung bedürfen[194].

j) Gehorsamspflicht[195]

67 Sie besteht als Amtspflicht gegenüber Dritten, außer dem gesetzten Recht auch die allgemeinen oder im Einzelfall erlassenen verbindlichen Weisungen der Vorgesetzten oder übergeordneten Stellen zu befolgen. Dazu liegt eine umfangreiche von der Rechtsprechung geschaffene Kasuistik vor[196], auf die verwiesen wird.

k) Amtspflicht zur Beachtung der höchstrichterlichen Rechtsprechung

68 Eine solche Amtspflicht besteht dann, wenn der Rechtsprechung gesetzesgleiche Bindungswirkung zukommt wie etwa bei richterlicher Rechtsfortbildung, die zu Gewohnheitsrecht erstarkt und damit als Recht im Sinne des Art. 20 Abs. 3 HS. 2 GG anzusehen ist[197].

---

[191] Kopp/Ramsauer, VwVfG, § 48 Rn. 48

[192] zu beachten ist in diesen Fällen insbesondere die Schadensabwendungspflicht nach § 839 Abs. 3 BGB

[193] siehe § 61 BBG und § 39 BRRG

[194] BGHZ 78, 274/281 = NJW 1981, 675 (Auskunft und Verschwiegenheitspflicht); BGHZ 58, 370/379 = NJW 1972, 1615 (Weitergabe von Prüfberichten); BGHZ 34, 184/186 = NJW 1961, 918 (polizeiliche Ermittlungen und Geheimhaltung)

[195] vgl. § 61 Abs. 1 S. 2 BBG

[196] im einzelnen Staudinger/Wurm, § 839 BGB Rn. 143 m.w.N.

[197] Detterbeck/Windthorst/Sproll/Windthorst, § 9 Rn. 85; siehe auch BVerfGE 34, 269/291 = NJW 1973, 1221 (Verletzung des Persönlichkeitsrechts/Rechtsfortbildung)

Die **richterliche Gesetzesauslegung** hat zwar keine gesetzesgleiche Bindungswirkung gegenüber der vollziehenden Gewalt. Wegen der Leit- und Orientierungsfunktion der obergerichtlichen Rechtsprechung muss sich der Beamte aber mit ihr **auseinandersetzen, sie nicht notwendig befolgen**[198].

l) Amtspflicht zu gemeinschaftskonformem Verhalten

Diese kann nur dann von Bedeutung sein, wenn die nationalstaatliche Amtshaftung **69** neben dem gemeinschaftsrechtlichen Staatshaftungsanspruch besteht und die einzelnen Tatbestandsvoraussetzungen gegeben sind.

Die Mehrheit der Anspruchsgrundlagen soll aber keine Ausweitung des Haftungsumfangs bewirken[199].

> Das Vorhandensein von Amtspflichten ist vorab aus dem „einfachen" Recht zu ermitteln. Sie ergeben sich letztlich aus dem Verfassungsrecht und der Ausprägung durch die höchstrichterliche Rechtsprechung. Entscheidend ist, dass der Amtspflicht **Außenwirkung** zukommt.

3. Die Feststellung der Amtspflichtverletzung durch das Zivilgericht und die Frage der Bindungswirkung von Verwaltungsakten und (verwaltungs-) gerichtlichen Entscheidungen

a) Verwaltungsakte

aa) Die in § 43 VwVfG[200] geregelte Wirksamkeit des Verwaltungsakts ist grundsätz- **70** lich nicht unmittelbar mit seiner Rechtmäßigkeit verbunden. Auch der rechtwidrige Verwaltungsakt ist nach heute allgemeiner Auffassung – wenn auch anfechtbar, so doch – zunächst wirksam, es sei denn, er ist nichtig[201].

Während der Wirksamkeit des Verwaltungsakts ist die mit ihm getroffene Regelung ungeachtet seiner Rechtmäßig- oder Rechtswidrigkeit rechtlich maßgebend[202].

---

[198] BGHZ 84, 285/288 = NJW 1983, 222 (Amtspflichten des Rechtspflegers); ausführlich unter dem Blickwinkel des Verschuldens Staudinger/ Wurm, § 839 Rn. 209–213; siehe auch BGH NJW 1994, 3158/3159 = MDR 1994, 1090 (vertretbare Rechtsmeinung); BGHZ 119, 365/369 = NJW 1993, 530 (Ablehnung Bauantrag/Verschulden)

[199] so Detterbeck/Windthorst/Sproll/Windthorst, § 9 Rn. 68

[200] Die Bestimmung hat folgenden Wortlaut:
(1) Ein Verwaltungsakt wird gegenüber demjenigen, für den er bestimmt ist oder der von ihm betroffen wird, in dem Zeitpunkt wirksam, in dem er ihm bekannt gegeben wird. Der Verwaltungsakt wird mit dem Inhalt wirksam, mit dem er ihm bekannt gegeben wurde.
(2) Ein Verwaltungsakt bleibt wirksam, solange und soweit er nicht zurückgenommen, widerrufen, anderweitig aufgehoben oder durch Zeitablauf oder auf andere Weise erledigt ist.
(3) Ein nichtiger Verwaltungsakt ist unwirksam

[201] Stelkens/Bonk/Sachs, VwVfG, § 43 Rn. 168

[202] BVerwGE 105, 370/372 = NVwZ 1998, 734 (Wirkung der Feststellung gem. § 113 Abs. 1 S. 4 VwGO)

Demgegenüber ist der nichtige Verwaltungsakt[203] von Anfang an unwirksam. Er braucht weder vom Adressaten noch von einem Dritten, weder von der erlassenden noch von einer anderen Behörde beachtet werden. Ferner ist ein Gericht, dessen Entscheidung von den Rechtswirkungen eines Verwaltungsakts abhängt, an diesen im Fall seiner Nichtigkeit nicht gebunden[204].

Der durch eine nichtige Genehmigung scheinbar Begünstigte genießt keinen Vertrauensschutz dahingehend, dass der mit dem nichtigen Verwaltungsakt erzeugte Rechtsschein aufrechterhalten oder nur gegen einen Schadensausgleich zerstört werde. Denn fehlt es an einer Rechtsposition, besteht keine Grundlage für schützenswertes Vertrauen[205].

71   bb) Von der allgemeinen Frage der unmittelbaren Bindungswirkung des Verwaltungsakts und der hierauf gegründeten Vertrauenshaftung[206] ist die vorgelagerte Frage zu unterscheiden, ob das mit dem Amtshaftungsprozess befasste Zivilgericht auch schon insoweit gebunden sein kann, dass es im Zusammenhang mit der Frage nach der Rechtmäßigkeit einer Amtshandlung (Amtspflichtverletzung) einen – insbesondere bestandskräftigen – Verwaltungsakt nicht mehr hierauf überprüfen und gegebenenfalls als rechtswidrig oder nichtig „verwerfen" darf[207].

Beispiel:

72   BGHZ 113, 17 = NJW 1991, 1168 – Beitragsbescheid/Bestandskraft -

Die im Amtshaftungsprozess Beklagte hatte die Klägerin zu Kanalausbaubeiträgen herangezogen. Die Klägerin ließ den Bescheid bestandskräftig werden und zahlte den festgesetzten Betrag. Sie beanspruchte Schadensersatz, weil sie zu hoch veranschlagt worden sei.

Der Bundesgerichtshof bezog sich auf seine ständige Rechtsprechung und die in der Literatur vorherrschende Auffassung, dass die Zivilgerichte, wenn es um den Erlass eines Verwaltungsakts gehe, die Rechtmäßigkeit dieses Verwaltungsakts ohne Rücksicht auf seine Rechtswirksamkeit zu überprüfen hätten. Die Bestandskraft werde durch die in die Vorfragenkompetenz der Zivilgerichte fallende Beurteilung der Rechtswidrigkeit des Verwaltungsakts nicht berührt[208]. Die Beseitigung eines belastenden Verwaltungsakts knüpfe nicht an einen persönlichen Pflichtenstatus des Amtsträgers an, sondern an die öffentlich-rechtlichen Pflichten des Staates im Außenverhältnis zum Bürger. Dementsprechend bestehe zwischen der (unterbliebenen) Anfechtung des belastenden Verwaltungsakts und der Amtshaftung auch keine Identität des Streitgegenstands, die es

---

[203] § 44 VwVfG

[204] Wolff/Bachof/Stober, VerwR Bd. 2, § 49 Rn. 44

[205] BVerwG NJW 1981, 363/364 = MDR 1981, 255 (Kernkraftwerk Mülheim-Kärlich)

[206] auch der Bundesgerichtshof dürfte im Falle eines begünstigenden aber nichtigen Verwaltungsakts keinen Vertrauensschutz und damit keinen Schadensausgleich nach Amtshaftungsgrundsätzen gewähren

[207] siehe dazu Stelkens/Bonk/Sachs, VwVfG, § 43 Rn. 115 ff. m.w.N. aus der verwaltungsrechtlichen Rechtsprechung Rn. 118, Fn. 297

[208] BGHZ 113, 18 ff.; auch BGH NJW 1979, 2097/2098 = MDR 1979, 825 (Bardepotpflicht)

rechtfertigen könnte, dem Eintritt der Bestandskraft eine über die dargelegten Grundsätze hinausgehende Bindungswirkung zuzuerkennen[209]. *Der Bundesgerichtshof begründet die fehlende Bindungswirkung des weiteren damit, anders als bei einem rechtskräftigen Urteil werde bei einem bestandskräftigen Verwaltungsakt das erforderliche Maß an Richtigkeitsgewähr grundsätzlich verneint, weil der Verwaltungsakt in einem Verfahren ergangen sei, „welches etwaige Fehlerquellen auf ein solches Maß zurückführt, dass sie von dem betroffenen Bürger hingenommen werden müssten"*[210].

Immerhin scheint es nach der Rechtsprechung des Bundesgerichtshofs offen, ob die **Planfeststellung** im **Straßenrecht**[211] und im **Flurbereinigungsverfahren**[212] nicht gerichtlichen Rechtsschutzstandards nahe kommt, so dass hieraus eine Bindung hergeleitet werden könnte[213]. **73**

cc) Das Spannungsverhältnis zwischen Primärrechtsschutz und Sekundärrechtsschutz, das regelmäßig im Fall eines vom Amtshaftungsgericht zu überprüfenden bestandskräftigen Verwaltungsakts eintritt, löst der Bundesgerichtshof – letztlich – auf der Ebene des § 839 Abs. 3 BGB. **74**

Dem Verletzten stehe nicht etwa ein Wahlrecht derart zu, dass er von einer Anfechtung ihn rechtswidrig belastender Maßnahmen folgenlos absehen und sich auf einen Schadensersatzanspruch wegen Amtspflichtverletzung beschränken dürfe. Der Schadensersatzanspruch werde aber nicht bereits durch den Eintritt der Unanfechtbarkeit des Verwaltungsakts ausgeschlossen; sonst würde § 839 Abs. 3 BGB insoweit gegenstandslos werden[214].

b) Gerichtliche Entscheidungen

Hinsichtlich der Frage der Prüfung gerichtlicher Entscheidungen durch das mit der Amtshaftungsklage befasste Gericht und dessen Bindung, ist zu unterscheiden: **75**

---

[209] BGHZ 113, 17/21; vgl. auch BGHZ 127, 223/225 = NJW 1995, 394 (Heilung eines rechtswidrigen Verwaltungsakts); kritisch: Detterbeck/Windthorst/Sproll/Windthorst, § 11 Rn. 26–29 m.w.N. aus der Literatur in Fn. 76; Stelkens/Bonk/Sachs, VwVfG, § 43 Rn. 118 m.w.N.; Axer, Primär- und Sekundärrechtsschutz im öffentlichen Recht, DVBl 2001, 1322/1326; vgl. auch Wißmann, Amtshaftung als Superrevision der Verwaltungsgerichtsbarkeit, NJW 2003, 3455/3457, Besprechung von BGHZ 154, 54 = NJW 2003, 1308 (Sektenbeauftragter); dazu auch Wilms, Amtshaftung der Kirchen für ihre Sektenbeauftragten, NJW 2003, 2070
[210] BGHZ 113, 17/23 = NJW 1991, 1168 (Gebührenbescheid)
[211] BGHZ 140, 285 = NJW 1999, 1247 (Planfeststellungsbeschluss); vgl. dazu Kodal/Krämer/Dürr, StraßenR, Kap. 34 und 35
[212] BGHZ 98, 85/88 = NJW 1987, 491 (Flurbereinigungsplan); siehe Seehusen/Schwede, FlurberG, 7. A., §§ 58 ff.
[213] zur Tatbestands- und Feststellungswirkung Stelkens/Bonk/Sachs, VwVfG, § 43 Rn. 126 ff.; BGHZ 122, 1/5 = NJW 1993, 1580 (rechtsgestaltende Auflage im Genehmigungsbescheid)
[214] BGHZ 113, 17/22 = NJW 1991, 1168 (Gebührenbescheid)

- Welche Gerichte haben (vor-) entschieden?
- Welche Entscheidungen sind in welcher Verfahrensart getroffen worden?
- Was war Streitgegenstand?
- Welche Beteiligten sind betroffen und von der Rechtskraft erfasst?

76   aa) Jede Entscheidung ist von Anfang an oder wird später unanfechtbar. Sie erlangt dann die **formelle** Rechtskraft. Das bedeutet, dass die Entscheidung unangreifbar ist[215].

Die **materielle** Rechtskraft[216] betrifft die Auswirkungen des formell rechtskräftigen Urteils auf andere, in der Regel nachfolgende Verfahren oder Prozessteile. Nach der überwiegend vertretenen **prozessualen** Rechtskrafttheorie entfaltet das Urteil bindende Wirkung ungeachtet der materiellen Rechtslage.

Objektiv hat die materielle Rechtskraft zur Folge, dass im Falle der Identität des Streitgegenstands von Erst- und Zweitprozess nicht nur eine abweichende Entscheidung, sondern dass schon das neue Verfahren und eine Entscheidung darin unzulässig sind[217].

In der Mehrzahl der Fälle, in denen die im Vorprozess entschiedene Rechtsfolge nur Vorfrage für die Entscheidung des nachfolgenden Rechtsstreits ist, erschöpft sich nach h.M. die Wirkung der Rechtskraft in der Bindung des später entscheidenden Gerichts an die Vorentscheidung[218]. Diese Bindung ist zwar in § 121 VwGO nicht ausdrücklich angeordnet. Sie folgt aber aus dem Sinn und Zweck der Rechtskraft und damit aus dem Rechtsstaatsprinzip[219]. Die Bindung besteht rechtswegübergreifend. Das ergibt sich aus der Gleichordnung aller Gerichtszweige[220].

Die subjektive Rechtskraft bezieht sich auf die Parteien oder sonst Beteiligten (§§ 325 ZPO, 121 VwGO) und ihre Rechtsnachfolger.

76   bb) Nicht nur Urteile der allgemeinen Verwaltungsgerichtsbarkeit binden das Zivilrecht, sondern auch Entscheidungen über Justizverwaltungsakte gem. §§ 23 ff. EGGVG.

Beispiel:

> BGH NJW 1994, 1950 = MDR 1994, 773 – Staatsanwalt/Presseinformation –[221]
>
> *Der Kläger nimmt das beklagte Land auf Ersatz materiellen und immateriellen Schadens in Anspruch mit der Begründung, wegen einer fehlerhaften Presseinformation der Staatsanwaltschaft sei er durch einen Zeitungsartikel in seinem Persönlichkeitsrecht verletzt worden. Ein Strafsenat des Oberlandesgerichts hatte festgestellt, dass die Bestätigung der Presseinformation durch den Oberstaatsanwalt rechtswidrig gewesen war.*

---

[215] § 705 ZPO für Entscheidungen des ordentlichen Gerichts und § 173 VwGO i.V.m. § 705 ZPO für Entscheidungen des Verwaltungsgerichts

[216] § 322 ZPO; § 121 VwGO

[217] Zöller/Vollkommer, ZPO, 24. A., Vor § 322 Rn. 19; BGHZ 123, 30/34 = NJW 1993, 2942 (Warenzeichen-Löschungsverfahren)

[218] Zöller/Vollkommer, a.a.O., Rn. 19 m.w.N.

[219] BVerwG NJW 1996, 737 = NVwZ 1996, 473 (Rechtskraft eines Bescheidungsurteils)

[220] Eyermann/Rennert, VwGO, § 121 Rn. 8 m.w.N.

[221] Anmerkung Lüke, JuS 1995, 393

Der Bundesgerichtshof legte dem Feststellungsausspruch im Verfahren nach
§§ 23 ff. EGGVG dieselbe materielle Rechtskraftwirkung bei wie einem inhalts-
gleichen verwaltungsgerichtlichen Urteil[222]*. Die §§ 23 bis 30 EGGVG seien den*
Regelungen der VwGO nachgebildet und wegen dieses Regelungszusammen-
hangs erwachse der Feststellungsausspruch – wenn auch in Beschlussform –
nach § 28 Abs. 1 S. 4 EGGVG ebenso in Rechtskraft, wie ein unanfechtbar ge-
wordenes Feststellungsurteil des Verwaltungsgerichts nach § 113 Abs. 1 S. 4
VwGO[223].

Auch Entscheidungen der **Sozialgerichte** binden, so weit die Rechtskraft der Ent-   **78**
scheidung (Streitgegenstand) reicht[224].

Wird vom Sozialgericht aber über einen **sozialrechtlichen Herstellungsan-**
spruch[225], der ein rechtswidriges Verhalten der Behörde voraussetzt, entschieden
und der Anspruch verneint, weil ein pflichtwidrige Verhalten nicht gegeben war, so
erstreckt sich die Rechtskraft der Entscheidung nicht hierauf. Das pflichtwidrige
Verhalten des Beamten ist lediglich eine Vorfrage, die von der Rechtskraft nicht erfasst wird[226].

Eine Bindung des mit der Amtshaftungs- und Entschädigungsklage befassten Zivil-   **79**
gerichts an eine Entscheidung des Landwirtschaftsgerichts in Sachen nach dem
Grundstücksverkehrsgesetz nahm der Bundesgerichtshof ohne weitere Begründung
an[227].

Verwaltungsgerichtlichen **Eilentscheidungen** nach § 80 Abs. 5 VwGO kommt zwar   **80**
eine materielle Bindungswirkung zu[228].

Da das Verwaltungsgericht Beschlüsse über Anträge nach § 80 Abs. 5 VwGO jedoch gem. § 80 Abs. 7 Satz 1 VwGO jederzeit nach seinem pflichtgemäßen Ermessen ändern oder aufheben kann, ist die Rechtskraftwirkung, so der Bundesgerichts-

---

[222] zur Gegenmeinung die Nachweise NJW 1994, 1951

[223] siehe auch Kissel, GVG, 3. A., § 28 EGGVG Rn. 19 und bei Rn. 20 zur Frage des Erfor-
dernisses eines Rechtsschutzinteresses im Hinblick auf die Erfolgsaussichten einer Amtshaftungsklage

[224] vgl. den bei Staudinger/Wurm, § 839 Rn. 442 mitgeteilten Fall, in dem es um die Feststellung einer Wehrdienstbeschädigung ging

[225] er ist darauf gerichtet, denjenigen Zustand herzustellen, der bestünde, wenn sich die Sozialverwaltung rechtmäßig verhalten hätte – vgl. BSGE 57, 288 (Pflichtverletzung anderer
Behörden); BSGE 49, 76 (unrichtige Rechtsauskunft)

[226] BGH NVwZ 1997, 1243/1244 = VersR 1997, 745 (Übernahme von Heilbehandlungs-
kosten/Hinweispflicht); BGHZ 103, 242/245 = NJW 1988, 1176 (Verjährungsunterbrechung)

[227] BGH WM 1997, 1669 = BGHZ 136, 182 (insoweit in BGHZ nicht abgedruckt; Versagung der Genehmigung nach dem GrdstVG und enteignungsgleicher Eingriff); zur
materiellen Rechtskraft von Entscheidungen des Landwirtschaftsgerichts vgl. Barnstedt/
Steffen, Gesetz über das gerichtliche Verfahren in Landwirtschaftssachen, 6. A., § 30
Rn. 19 ff.

[228] Eyermann/Jörg Schmidt, VwGO, § 80 Rn. 98 m.w.N.

hof[229], derart eingeschränkt, dass die Zivilgerichte hinsichtlich der Rechtmäßigkeit der Anordnung der sofortigen Vollziehung nicht gebunden sind.

81 Nach der ständigen Rechtsprechung des Bundesgerichtshofs enthält das rechtskräftige Urteil eines Verwaltungsgerichts, durch das ein **Verwaltungsakt aufgehoben** worden ist, die **Feststellung** der **Rechtswidrigkeit** dieses Verwaltungsakts[230]. Das gilt erst recht, wenn auf verwaltungsgerichtliche **Feststellungsklage** die Rechtswidrigkeit einer Maßnahme ausgesprochen wird[231]. Das Zivilgericht ist an diese Entscheidungen gebunden und umgekehrt auch dann, wenn die rechtskräftige Entscheidung des Verwaltungsgerichts nach **sachlicher Prüfung** die Wirksamkeit und Rechtmäßigkeit eines Verwaltungsakts bejaht und die Anfechtungsklage abweist[232]

Ist die Verpflichtung zum Erlass eines Verwaltungsakts ausgesprochen, steht auch für den Amtshaftungsprozess fest, dass der Betroffene einen Anspruch auf Erlass des begehrten Verwaltungsakts hatte[233]. Das gilt umgekehrt bei Abweisung der Verpflichtungsklage[234].

82 Das Zivilgericht ist aber an die **Begründung** des Verwaltungsgerichts nicht gebunden[235].

83 Die materielle Rechtskraftwirkung richtet sich **subjektiv** nach § 121 VwGO. Es ist daher zu prüfen, ob sich die Beteiligung im Verwaltungsprozess rechtskraftmäßig mit der Beteiligung im Haftungsprozess zur Deckung bringen lässt.

Durch die Rechtskraft gebunden sind in erster Linie Kläger und Beklagter (Hauptbeteiligte). Die Bindung beteiligter Behörden gem. § 61 Nr. 3 VwGO[236] gilt auch für ihre Rechtsträger. Gebunden sind Rechtsträger der Widerspruchsbehörde sowie Rechtsträger der Ausgangsbehörde bei Klagen gegen die Widerspruchsbehörde[237].

---

[229] BGH NVwZ 2001, 352/354 = VersR 2002, 357 (Amtspflichtwidrigkeit der Anordnung des sofortigen Vollzugs)

[230] BGHZ 113, 17/20 = NJW 1991, 1168 (Gebührenbescheid); BGHZ 118, 263/268 = NJW 1992, 2691 (Baugenehmigung); weitere Nachweise aus der Rechtsprechung des Bundesgerichtshofs bei Staudinger/Wurm, § 839 Rn. 440 und Münchener Kommentar/Papier, § 839 Rn. 383, Fn. 1326

[231] BGHZ 93, 87/90 = NJW 1985, 2817 (Rechtswidrigkeit der Versagung des gemeindlichen Einvernehmens)

[232] BGHZ 97, 97/103 = NJW 1986, 2310; weitere Nachweise bei Staudinger/Wurm, § 839 Rn. 442 und Münchener Kommentar/Papier, § 839 Rn. 383, Fn. 1327

[233] BGH NJW 1994, 1358/1359 = MDR 1994, 1090 (Nutzung/Verlängerungsantrag/Verschulden);

[234] BGH NJW 1998, 1398 = WM 1998, 832 (Befreiung von Vermarktungsverbot für Elfenbein)

[235] BGHZ 134, 268/273 = NVwZ 1997, 714 (Kernkraftwerk Mülheim-Kärlich)

[236] dazu Eyermann/Jörg Schmidt, VwGO, § 61 Rn. 12

[237] BGH MDR 1962, 968/969 = DVBl 1962, 753: Art Prozessstandschaft für unterstellte Behörde

Eine Bindung des Bundes aus rechtskräftigen Urteilen über den Gesetzesvollzug eines Landes wird angenommen, wenn das Land zugleich materielle Interessen des Bundes wahrnimmt – zumal im Falle der **Bundesauftragverwaltung**[238].

Die Wirkungen der materiellen Rechtskraft erstrecken sich auch auf **Beigeladene**[239], wobei sich die Reichweite der Rechtskraft nach der Beziehung des Beigeladenen zum Streitgegenstand bestimmt[240]. Schließlich findet eine Rechtskrafterstreckung auf **Rechtsnachfolger** statt[241].

Hat das **Zivilgericht** im Amtshaftungsprozess über die Rechtmäßigkeit oder Rechtswidrigkeit befunden, bindet diese Entscheidung das Verwaltungsgericht aber nicht, da nur eine Vorfrage betroffen ist[242].   **84**

Ein **nichtiger** Verwaltungsakt ist unbeachtlich. Er kann keine Vertrauenshaftung begründen.

Der **bestandskräftige** Verwaltungsakt bindet das Zivilgericht grundsätzlich nicht. Dieses kann ihn auf seine Rechtmäßigkeit überprüfen.

Gerichtliche Vorentscheidungen binden das Zivilgericht im Rahmen materieller Rechtskraftwirkung betreffend die Feststellung der Rechtmäßigkeit oder Rechtswidrigkeit staatlichen Verhaltens. Die **Begründung** bindet nicht. Die subjektive Rechtskraft hängt von der **Beteiligung** am Vor- und Folgeprozess ab.

4. Die Drittbezogenheit der verletzten Amtspflicht

Sowohl § 839 Abs. 1 S. 1 BGB als auch Art. 34 S. 1 GG setzen voraus, dass eine Amtspflicht verletzt wird, die dem Amtsträger einem Dritten gegenüber obliegt.

a) Bedeutung und Struktur

Bereits die Überlegungen zum Verhältnis der auf das **Innenrecht** bezogenen   **85**
Amtspflichtwidrigkeit und der auf das **Außenverhältnis** bezogenen **Rechtswidrigkeit** des schädigenden Verhaltens[243] zeigen auf, dass zur Begründung eines Schadensersatzanspruchs aus Amtshaftung die Amtspflichtverletzung als solche nicht genügt.

Das Erfordernis der Drittbezogenheit ist **anspruchsbegründendes** Tatbestandsmerkmal. Aus ihr folgt die **Sachbefugnis** des Anspruchstellers; nur der geschützte Dritte kann Gläubiger des Amtshaftungsanspruchs sein.

---

[238] BVerwG NVwZ 1999, 870/871 = NJW 1999, 2981 (Atomrecht); BVerwG NVwZ 1993, 781/782 = DVBl 1993, 1025 (Feststellung der Staatsangehörigkeit)
[239] § 65 VwGO
[240] BVerwG NVwZ 1990, 1069 (Staatsangehörigkeit)
[241] im einzelnen Eyermann/Rennert, VwGO, § 121 Rn. 43/44
[242] Münchener Kommentar/Papier, § 839 Rn. 386 m.w.N.
[243] siehe oben Rn. 33, 36

Die Notwendigkeit einer drittbezogenen Amtspflichtverletzung hat aber – im Übrigen vergleichbar mit anderen staatshaftungsrechtlichen Ansprüchen[244] – auch **haftungseingrenzende** Funktion.

86   Das betrifft die **individuelle Entstehung** des Anspruchs und den **sachlichen Umfang** der Haftung.

Im Gegensatz zum Deliktstatbestand des § 823 Abs. 1 BGB, der Vermögensschutz nur bietet, wenn eines der genannten Rechtsgüter verletzt ist[245], bietet § 839 Abs. 1 BGB **reinen Vermögensschutz**, der der **Eingrenzung** durch die **Drittbezogenheit der verletzten Amtspflicht** unterliegt.

Ähnlich bietet § 823 Abs. 2 BGB in Verbindung mit einem Schutzgesetz (auch) bloßen Vermögensschutz, wenn nur die Rechtsnorm, gegen die verstoßen wurde, den Vermögensschutz einzelner oder einzelner Personenkreise bezweckt[246].

87   Aus der vom **Bundesgerichtshof verwendeten Formel** geht die Unterscheidung zwischen dem **personalen** und **sachlichen** Element der Drittbezogenheit hervor[247]:

„Der Geschädigte ist dann Dritter, wenn die Amtspflicht – wenn auch nicht notwendig allein, so doch auch – den Zweck hat, gerade sein Interesse wahrzunehmen.

Nur wenn sich aus den die Amtspflicht begründenden und sie umreißenden Bestimmungen sowie aus der besonderen Natur des Amtsgeschäfts ergibt, dass der Geschädigte zu dem Personenkreis zählt, dessen Belange nach dem Zweck und der rechtlichen Bestimmung des Amtsgeschäfts geschützt oder gefördert werden sollen, besteht ihm gegenüber bei schuldhafter Pflichtverletzung eine Schadensersatzpflicht. Hingegen ist anderen Personen gegenüber, selbst wenn die Amtspflichtverletzung sich für sie mehr oder weniger nachteilig ausgewirkt hat, eine Ersatzpflicht nicht begründet.

Anderseits hat ein Dritter im Sinne des § 839 Abs. 1 BGB nicht ohne weiteres Anspruch auf Ausgleich aller ihm durch die Amtspflichtverletzung zugefügten Nachteile. Vielmehr ist jeweils zu prüfen, ob gerade das im Einzelfall berührte Interesse nach dem Zweck und der rechtlichen Bestimmung des Amtsgeschäfts geschützt werden soll"[248].

---

[244]   Erfordernis der Unmittelbarkeit des Eingriffs im haftungsbegründenden Tatbestand beim Folgenbeseitigungsanspruch – vgl. BVerwGE 69, 366 = NJW 1985, 817 und beim enteignungsgleichen Eingriff – vgl. Nachweise bei Detterbeck/Windthorst/Sproll, § 17 Rn. 31 f. sowie Fn. 61 und 62; unten Rn. 336

[245]   BGHZ 41, 123/127 (betriebsbezogener Eingriff)

[246]   vgl. Palandt/Sprau § 823 Rn. 56 ff. sowie Palandt/Bassenge, § 903 Rn. 15 ff. m.w.N.

[247]   BGH NVwZ 2002, 1276 = DVBl 2002, 1115 (pflanzenschutzdienstliche Beratung); BGHZ 134, 268 = NVwZ 1997, 714 (Kernkraftwerk Mülheim-Kärlich); BGHZ 126, 386 = NJW 1994, 3012 mit Anm. von Mühlendahl (Impfschaden); BGHZ 129, 17 = NJW 1995, 1828 (Deutscher Wetterdienst)

[248]   Bezugnahme auf BGHZ 140, 380 = NVwZ 1999, 689 (Entwässerung/Niederschlagswasser/Bauleitplanung); BGH MDR 2001, 1350 = VersR 2002, 97 (Zwangsversteigerung und Zuschlagsbeschluss); kritisch gegenüber der Formel Ossenbühl S. 57–59; Blankennagel, Die Amtspflicht gegenüber einem Dritten- Kasuistik ohne Systematik?, DVBl 1981, 15/16

Beispiel (persönliche Betroffenheit):

BGHZ 129, 17 = NJW 1995, 1828 – Deutscher Wetterdienst/Hagelwarnung – **88**

Der Kläger ist Kaskoversicherer eines Verkehrsflugzeugs, welches beim Lande-vorgang durch Hagelschlag schwer beschädigt wurde. Er lastet dem Deutschen Wetterdienst eine verspätete Hagelwarnung an.

*Zu prüfen war unter anderem, ob – **personal** – Drittschutz gegenüber den Eigen-tümern oder Haltern der Flugzeuge bestand.*

*Der Bundesgerichtshof zog den den Deutschen Wetterdienst betreffenden Aufga-bekatalog heran und nahm die Abgrenzung von individuell geschützten Interes-sen einerseits und Allgemeininteressen andererseits vor allem vor dem Hinter-grund der sog. **Altlastenrechtsprechung** vor[249].*

*Er lehnte einen Drittschutz mit der Begründung ab, der Beitrag des Wetterdiens-tes zur meteorologischen Sicherung der Luftfahrt beschränke sich – jedenfalls soweit es um allgemeine Warnungen gehe – auf die Rahmenbedingungen für eine ordnungsgemäße Funktionsfähigkeit der Luftfahrt. Für die Bediensteten des Wetterdienstes sei der Kreis der Teilnehmer der Luftfahrt nicht überschau-bar. Wollte man sie alle in den Kreis der geschützten „Dritten" einbeziehen, so würde das **haftungsbegrenzende** Kriterium der Drittgerichtetheit nahezu jede Kontur verlieren[250].*

Beispiel (sachliche Betroffenheit):

BGH MDR 2001, 1350 = VersR 2002 – Versteigerungsverfahren – **89**

*Im Versteigerungsfall geht es wesentlich um die **sachliche** Begrenzung der Haf-tung.*

*Der Kläger hatte in einem Versteigerungsverfahren ursprünglich den Zuschlag erhalten. Diese Entscheidung wurde auf Erinnerung aufgehoben. Später erhielt ein anderer den Zuschlag. Der Kläger beansprucht Ersatz **entgangenen Ge-winns**.*

*Der Bundesgerichtshof bejahte **personalen** Drittschutz. Die Amtspflichten des das Versteigerungsverfahren leitenden Beamten zur Einhaltung der gesetzlichen Vorschriften bestünden auch gegenüber dem Meistbietenden; er sei Dritter im Sinne des § 839 BGB[251].*

Der Dritte habe jedoch nicht ohne weiteres Anspruch auf Ausgleich aller ihm durch die Amtspflichtverletzung zugefügten Nachteile.

*Nach dem Schutzzweck der im Zwangsversteigerungsverfahren zu beachtenden Amtspflichten seinen grundsätzlich nur die im **Vertrauen auf die Gesetzmäßig-***

---

[249] BGHZ 109, 380 = NJW 1990, 1038 („Dortmund-Dorstfeld"); Bezugnahme darüber hin-aus auf BGHZ 120, 184 = NJW 1993, 1526 (Notarzt) und BGH NJW 1994, 2415 = MDR 1994, 889 (Amtsarzt)

[250] BGHZ 129, 17/19

[251] BGH MDR 2001, 1351 = VersR 2002, 60 m.w.N.: die nach § 9 ZVG förmlich Beteiligten, Bieter und Meistbietende

> *keit des bisherigen **Verfahrens** vorgenommenen – nutzlosen – Aufwendungen erfasst, nicht jedoch die an das Meistgebot außerdem geknüpften **Gewinn**erwartungen. Diese fielen in den alleinigen Risiko- und Verantwortungsbereich des Meistbietenden.*

90   Damit wendet der Bundesgerichtshof im Rahmen des § 839 Abs. 1 BGB zur Haftungsbegrenzung letztlich die **allgemeine** Schutzzwecklehre (Rechtswidrigkeitszusammenhang) an, wonach eine Schadensersatzpflicht nur dann besteht, wenn der geltend gemachte Schaden nach Art und Entstehungsweise unter den Schutzzweck der verletzten Norm fällt[252].

Die Rechtsprechung zur Drittbezogenheit ist wesentlich auf den Einzelfall bezogen und lässt keine dogmatisch begründeten allgemein geltenden Aussagen zu[253].

Dennoch soll die Frage **personaler und sachlicher Drittbetroffenheit** wie folgt systematisiert und nach Sach- und Fallgruppen dargestellt werden:

b) Personaler Drittbezug

91aa)   Bei der Verletzung **absoluter** Amtspflichten also solcher Amtspflichten, die es, an jedermann gerichtet, gebieten, keine unerlaubten Handlungen nach §§ 823 ff. BGB zu begehen, sind geschützte Dritte die Inhaber der in den Bestimmungen genannten Rechte und Rechtsgüter, die durch das hoheitliche Handeln unmittelbar verletzt werden[254].

Das gilt im Rahmen des § 823 Abs. 1 BGB auch, soweit **sonstige Rechte**, wie sie die Rechtsprechung entwickelt und anerkannt hat, betroffen sind[255].

So ist der in seinem **allgemeinen Persönlichkeitsrecht** Verletzte geschützter Dritter[256] und ebenso der Inhaber des **eingerichteten und ausgeübten Gewerbebetriebs**, wenn unmittelbare betriebsbezogene Eingriffe stattfinden[257]. Wird eine den Schutz eines anderen bezweckende Norm verletzt[258], ist amtshaftungsrechtlich der **personale** Drittschutz aus dieser gesetzlichen Bestimmung herzuleiten[259].

Nicht nur die Rechtsgüter des § 823 Abs. 1 BGB, sondern auch die **Schutzgesetze** des § 823 Abs. 2 BGB müssen beachtet werden.

Steht der **Amtsmissbrauch** eines Beamten in Frage, ist dieser stets, aber nicht nur, bei Verwirklichung des Tatbestandes des § 826 BGB gegeben. Die Pflicht, sich jeg-

---

[252]   vgl. Palandt/Heinrichs, Vorbem. § 249 Rn. 62 ff. m.w.N.; siehe auch BGHZ 111, 272 = NJW 1990, 2615 (Haftung für Fehler der Kfz-Zulassungsstelle bei Unfall nur bis zur Höhe der gesetzlich vorgeschriebenen Mindestversicherungssummen)

[253]   vgl. Ossenbühl S. 59, 60 und Detterbeck/Windthorst/Sproll/Windthorst, § 9 Rn. 97–109

[254]   vgl. Münchener Kommentar/Papier, § 839 Rn. 232 m.w.N.

[255]   siehe den Überblick bei Palandt/Sprau, § 823 Rn. 11 ff. m.w.N.

[256]   BGHZ 78, 274/279 = NJW 1981, 675 (Mitteilung personenbezogener Daten)

[257]   BGHZ 86, 152/ 156 f = NJW 1983, 2313 (Sperrung einer Bundeswasserstrasse)

[258]   zur Abgrenzung BGHZ 116, 7/9 = NJW 1992, 241 (zu § 264 a StGB)

[259]   BGHZ 97, 97/102 = NJW 1986, 2309 (§ 906 BGB und Immissionen durch Kläranlage)

lichen Amtsmissbrauchs zu enthalten, obliegt allen Beamten gegenüber jedem, der durch den Missbrauch geschädigt werden könnte[260].

bb) **Relative** nicht gegenüber jedermann wirkende Amtspflichten bestehen auf der Grundlage und im Rahmen **öffentlich-rechtlicher Sonderverbindungen** wie z.B. verwaltungsrechtliche Verträge, öffentlich-rechtliche Verwahrungs-, Benutzungs- und Erstattungsverhältnisse, Beamten- und Zivildienstverhältnisse sowie öffentlich-rechtliche Geschäftsführung ohne Auftrag[261]. **92**

Derartige Verhältnisse sind dadurch gekennzeichnet, dass der einzelne in der Nähe öffentlicher Gewalt dieser intensiver ausgesetzt ist, wie wenn die Sonderverbindung nicht besteht. Unabhängig davon, dass nach der Rechtsprechung des Bundesgerichtshofs[262] beim Scheitern oder bei Nicht- oder Schlechterfüllung eines öffentlich-rechtlichen Vertrages[263] die Grundsätze der Amtshaftung nicht anzuwenden sind[264], bleibt im Übrigen für die relativen Amtspflichten ein breiter amtshaftungsrechtlicher Anwendungsbereich[265].

Die genannten Sonderverbindungen schaffen die für einen personalen Drittbezug erforderliche **besondere Beziehung** zwischen der verletzten Amtspflicht und dem Dritten.

cc) Zur Ermittlung der Drittbetroffenheit greift der Bundesgerichtshof – ergänzend – auf die in **§ 42 Abs. 2 VwGO geregelte Klagebefugnis** zurück, wenn sich die Amtspflichtverletzung im **Erlass eines rechtswidrigen belastenden Verwaltungsakts oder in der Unterlassung eine begünstigenden Verwaltungsakts verwirklicht haben soll**[266]. Insofern fällt die materiell-rechtliche **Drittbezogenheit** mit der verwaltungsprozessualen **Klagebefugnis** zusammen, die das Bestehen eines subjektiven Rechts und geschützter rechtlicher Interessen voraussetzt[267]. **93**

§ 42 Abs. 2 VwGO hat aber wohl nur **indizielle Bedeutung**[268]. Es ist zu sehen, dass die Feststellung eines prozessual die Klagebefugnis begründenden subjektiven Rechts in Zweifelsfällen auf dieselben Schwierigkeiten stößt, wie die Ermittlung der personalen Betroffenheit nach Schutzzwecküberlegungen[269], und außerdem, dass nicht notwendig eine Kongruenz zwischen Klagebefugnis und Drittbetroffenheit bestehen muss.

---

[260] vgl. die differenzierende Darstellung bei Staudinger/Wurm, § 839 Rn. 176 m.w.N. aus der Rspr.; zum Amtsmissbrauch und Vertrauensschutz BGH MDR 2003, 1113 = VersR 2003, 1306 (Erteilung einer Genehmigung nach dem GüKG)
[261] Windthorst, Das öffentlich-rechtliche Schuldverhältnis, JuS 1996, 605
[262] BGHZ 87, 9/18 = NJW 1983, 2311 (Eignungsprüfung); BGHZ 120, 184/188 = NJW 1993, 1526 (Kassenärztliche Vereinigung/Notarztdienst); Staudinger/Wurm, § 839 Rn. 122, 178
[263] § 54 VwVfG
[264] a.A. Ossenbühl S. 60, 61
[265] hierzu Ossenbühl , S. 60–62
[266] BGHZ 125, 258/268 = NJW 1994, 1647 (rechtswidrige Ablehnung einer Bauvoranfrage)
[267] vgl. Eyermann/Happ, VwGO, § 42 Rn. 83 ff.
[268] so Detterbeck/Windthorst/Sproll/Windthorst, § 9 Rn. 116
[269] Münchener Kommentar/Papier, § 839 Rn. 234

Immerhin kann aber die umfangreiche öffentlich-rechtliche Rechtsprechung zur Klagebefugnis kraft subjektiven Rechts[270] als Orientierungshilfe herangezogen werden. Besteht dieses Recht, folgt hieraus der **rechtlich fundierte Hinweis** auf den amtshaftungsrechtlich geschützten Dritten.

94   dd) § 42 Abs. 2 VwGO bietet dann aber keine Beurteilungsgrundlage, wenn der Schaden durch einen rechtswidrigen **begünstigenden Verwaltungsakt**[271] hervorgerufen ist.

Das spielt vor allem im Baugenehmigungsverfahren eine erhebliche Rolle.

Mit der Erteilung der rechtswidrigen Baugenehmigung entsteht zunächst noch kein Schaden. Erst wenn die Genehmigung ausgenutzt und das Bauwerk errichtet wird, schließlich aber nicht fertig gestellt werden kann oder sogar beseitigt werden muss, entsteht der Schaden durch das Handeln des begünstigten Genehmigungsempfängers. Dieser war in verwaltungsprozessualer Hinsicht zu keiner Zeit **durch den Genehmigungsbescheid beschwert**, so dass eine **Klagebefugnis** nicht vorhanden ist.

In einem solchen Fall greifen haftungsrechtlich die Grundsätze der so genannten „Vertrauenshaftung" ein[272].

95   ee) Unter **personalen** Schutzzweckgesichtspunkten ist fraglich, inwieweit **Hoheitsträger geschützte Dritte** sein können.

In der Rechtsprechung ist anerkannt, dass „Dritter" im Sinne des § 839 Abs. 1 S. 1 BGB auch eine juristische Person des öffentlichen Rechts sein kann.

Dies gilt jedoch nur dann, so der Bundesgerichtshof in ständiger Rechtsprechung[273], „wenn der für die haftpflichtige Behörde tätig gewordene Beamte der geschädigten Körperschaft bei Erledigung seiner Dienstgeschäft in einer Weise gegenübertritt, **wie sie für das Verhältnis zwischen ihm und seinem Dienstherrn einerseits und dem Staatsbürger andererseits charakteristisch ist**.

Wirken hingegen der Dienstherr des Beamten und eine andere Körperschaft des öffentlichen Rechts bei der Erfüllung einer ihnen gemeinsam übertragenen Aufgabe **gleichsinnig und nicht in Vertretung einander widerstreitender Interessen** derart zusammen, dass sie im Rahmen dieser Aufgabe als Teil eines **einheitlichen Ganzen** erscheinen, dann können jene Pflichten, die dem Beamten im Interesse der Förderung des gemeinsam angestrebten Ziels obliegen, nicht als drittgerichtete Amtspflichten angesehen werden, deren Verletzung außenrechtliche Amtshaftungsansprüche der geschädigten Körperschaft auslöst".

96   Mit anderen Worten: Ein Verwaltungsträger kann dann nicht als amtshaftungsrechtlicher Dritter qualifiziert werden, wenn er mit der Anstellungskörperschaft des schä-

---

[270]   vgl. nur die Zusammenstellung („Einzelfälle") bei Eyermann/Happ, VwGO, § 42 Rn. 113, S. 295–313

[271]   § 48 Abs. 1 S. 2 VwVfG und dazu Kopp/Ramsauer, VwVfG, § 48 Rn. 59, 60

[272]   unten Rn. 120 ff.

[273]   BGHZ 153, 198 = NJW 2003, 1318 (kommunale Rechtsaufsicht)

digenden Amtswalters dergestalt **verzahnt** ist, dass seine Beziehung zu dieser Außenstehenden als ein Internum erscheint[274].

Der **Bundesgerichtshof**[275] hat sich z.b. mit folgenden Konstellationen zu befassen gehabt:

- BGHZ 153, 198 = NJW 2003, 110 (Gemeinde/Rechtsaufsicht)
- BGHZ 148, 139 = NJW 2001, 2799 (Bundesland/Bundesland/Amtshilfe)
- BGHZ 116, 312 = NJW 1992, 972 (Rentenversicherungsträger/Krankenkasse)
- BGH MDR 1987, 387 = NVwZ 1987, 531 (Land/Stadtgemeinde/Vergleichsmitteilung Ortszuschlag)
- BGH MDR 1977, 1003 = VersR 1977, 765 (Gemeinde/gesetzliche Krankenversicherung/Rentenantrag)
- BGH MDR 1974, 566 = VersR 1974, 666 (Gewerbeaufsichtsamt/Berufsgenossenschaft/Sozialversicherungsträger)
- BGHZ 60, 371 = NJW 1973, 1461 (Stadt/Land/Schaden am Gebäude durch Lehrer)
- BGH MDR 1960, 827 = VersR 1960, 750 (Gemeinde/Land/Meldebehörde)
- BGHZ 26, 232 = NJW 1958, 629 (Versicherungsämter/Versicherungsträger)

Nach der Rechtsprechung dürfte der Drittschutz des Hoheitsträgers – entsprechend **Einzelfallgesichtspunkten** – eher die **Ausnahme** sein[276].

ff) Art. 104 a bis 109 GG in der Fassung von 1969[277] enthalten die so genannte **97** **bundesstaatliche Finanzverfassung** des Grundgesetzes[278].

Kosten für die Haftung im Bund-Länder-Verhältnis gehören zu den Verwaltungsausgaben[279]. Sie sind Kosten für die Unterhaltung und den Betrieb des Verwaltungsapparats[280].

Art. 104 a Abs. 5 S. 1 HS. 2 GG stellt nach der Rechtsprechung des Bundesverwaltungsgerichts[281] eine unmittelbare **Anspruchsgrundlage** für Bund und Länder dar

---

[274] „Verzahnungstheorie" – vgl. v. Komorowski, Gemeindliche Amtshaftungsansprüche gegen das Land bei Fehlern der Finanzämter im Gewerbe- und Grundsteuerverfahren, DÖV 2002, 67/68; ders., Amtshaftungsansprüche von Gemeinden gegen andere Verwaltungsträger, VerwArch 2002, 62 ff.; grundsätzlich ablehnend Stelkens, Zum Erfordernis einer Staatshaftung gegenüber juristischen Personen des öffentlichen Rechts, DVBl 2003, 22 ff.; vgl. auch Quantz, Anm. zu BGHZ 148, 139, DVBl 2001, 1613 ff.

[275] weitere Nachweise bei Staudinger/Wurm, § 839 Rn. 191–194; vgl. auch OLG Koblenz NVwZ 2000, 1080 = OLGR Koblenz 2000, 311 (Land/Gemeinde/Organleihe bei Nassholzlagerung)

[276] Maurer, VerwR AT, § 25 Rn. 54, verweist zu Recht darauf, dass die Frage, ob und welche Schadensersatz- oder Entschädigungsansprüche im Verhältnis zwischen Körperschaften des öffentlichen Rechts bestehen, bislang wenig geklärt ist

[277] BGBl I 359

[278] Grundlegend: Stelkens, Verwaltungshaftungsrecht, 1998

[279] dazu BVerwG Buchholz 11 Art 120 GG Nr. 5 = Buchholz 11 Art 104 a GG Nr. 17 (Kosten der Kampfmittelräumung)

[280] Jarass/Pieroth, GG, Art. 104 a Rn. 12, 13

[281] BVerwGE 96, 45/50 ff. = NVwZ 1995, 56; BVerwGE 104, 29/32 = NVwZ 1997, 885

betreffend die jeweils vom anderen Verwaltungsträger verursachten Schäden[282]. Auf das in S. 2 vorgesehene, aber bisher nicht ergangene (einfache) Gesetz, kommt es nicht an. Damit S. 2 aber nicht leer läuft, ist die Haftung aus S. 1 auf schwerwiegende Verletzungen des Kernbereichs dienstlicher Pflichten begrenzt.

Beispiel:

BVerwGE 96, 45 = NVwZ 1995, 56 – BaföG/Veruntreuung von Mitteln –

Die Bundesrepublik Deutschland begehrt von dem beklagten Land Schadensersatz wegen des Fehlverhaltens eines beim Landkreis angestellten Bediensteten in Angelegenheiten der Ausbildungsförderung (Veruntreuung von Geldern).

*Das Bundesverwaltungsgericht bejahte eine öffentlich-rechtliche Streitigkeit **nichtverfassungsrechtlicher** Art und leitete seine unmittelbare Zuständigkeit aus § 50 Abs. 1 Nr. 1 VwGO ab[283].*

*Ansprüche aus **Amtshaftung** bestünden nicht, denn der Bund sei nicht **Dritter**. Auch gebe es keine Ansprüche aus öffentlich-rechtlicher Erstattung sowie – mangels vertraglicher oder vertragsähnlicher Beziehungen – aus positiver Forderungsverletzung[284].*

Die aus Art. 104 a Abs. 5 GG begründete Haftung sei in Anlehnung an Art. 34 S. 1 GG auf Pflichtverletzungen zu beschränken, die ein Verwaltungsbediensteter „in Ausübung eines ihm anvertrauten öffentlichen Amtes" begehe. Die Pflichtverletzung sei hier im Hinblick auf die leitende Stellung des Bediensteten nicht nur „bei Gelegenheit" der Ausübung erfolgt. Die unmittelbare Haftung gelte zumindest für die gesteigerten Verschuldensgrade der groben Fahrlässigkeit und des Vorsatzes[285].

In einer späteren Entscheidung[286] hat das Bundesverwaltungsgericht den unmittelbaren Kernbereich der Haftungsregelung des Art. 104 a Abs. 5 S. 1 HS. 2 GG auf **vorsätzliche Pflichtverletzungen** eingeengt und zwar im Hinblick darauf, dass die Haftung vom Gesetzgeber noch keine nähere Ausgestaltung erfahren habe[287].

98   Ist eine Gemeinde geschädigt, kann der Schaden vom Land im Wege der **Drittschadensliquidation** geltend gemacht werden. Begeht die Gemeinde die Pflichtverletzung, haftet das Land für die Gemeinde[288].

---

[282]   streitig – vgl. Nachweise bei Jarass/Pieroth, GG, Art. 104 a Rn. 12; siehe ausführlich Schwenke, Haftung der Länder gegenüber dem Bund aus Art. 104 a Abs. 5 S. 1 GG, NVwZ 2003, 1430

[283]   dazu auch BVerfG, Beschluss vom 7. Oktober 2003, AktZ. 2 BvG 1/02 und 2/02 – JuS 2004, 434 LS; BVerfGE 99, 361 = NVwZ 1999, 865 (Veruntreuung von Haushaltsmitteln) mit Besprechung Stelkens, DVBl 2000, 609

[284]   BVerwGE 96, 45/50

[285]   Besprechung Selmer, JuS 1995, 747

[286]   BVerwGE 104, 29 = NVwZ 1997, 885 (Strassenbau/Auftragsverwaltung)

[287]   vgl. Anmerkung Selmer, JuS 1997, 949 m.w.N.

[288]   Jarass/Pieroth, GG, Art. 104 a Rn. 14 m.w.N.

Für den Regressanspruch des Landes gegenüber der Gemeinde ist eine **spezial-gesetzliche Grundlage** erforderlich[289].

c) Sachlicher Drittbezug

Ist der geschädigte Anspruchsteller zum Kreis der geschützten Dritten zu rechnen, **99** muss außerdem geprüft werden, ob der geltend gemachte Schaden vom sachlichen Bereich der verletzten Amtspflicht erfasst ist. Das hat zur Folge, dass bereits auf der **Ebene der Drittbezogenheit** die die in Frage stehenden Schadenspositionen schadensrechtlich zu qualifizieren und gegeneinander abzuschichten sind.

Die Schäden, die nicht in den sachlichen Schutzbereich fallen, sind von vorne herein nicht erstattungsfähig. Für sie sind unter dem Gesichtspunkt des Anspruchsinhalts keine weiteren Überlegungen mehr anzustellen.

Hinsichtlich der sachlichen Betroffenheit stellt die Rechtsprechung maßgeblich auf den **Schutzzweck der verletzten Amtspflicht** ab und bemüht überdies das Kriterium des Vertrauensschutzes auch hier, um den sachlich-gegenständlichen Schutzbereich abzustecken, wie etwa bereits im so genannten „Bau-Statik-Fall"[290].

d) Sonderfragen des Drittschutzes

Unter Drittschutzgesichtspunkten ist noch auf folgende dem öffentlichen Recht entspringende Problemkreise einzugehen:

aa) **Im mehrstufigen Verwaltungsverfahren** ist das durch außenverbindliche **100** **Abschnittsentscheidungen** geprägte Verwaltungsverfahren von dem Verfahren zu unterscheiden, das durch **Mitwirkungshandlungen** verschiedener Behörden bestimmt wird.

Im **gestuften Verfahren mit Außenwirkung** wird das Verfahren in mehrere Teilabschnitte zerlegt. Diese sind zwar formal verselbständigt; sie stehen aber zueinander in einem sachlichen Zusammenhang, bauen aufeinander auf und sind am Ziel der abschließenden Entscheidung ausgerichtet. Die nicht nur die Verwaltung, sondern auch den Kläger bindende **Vorwirkung der einen Stufe** auf die nächste Stufe vermittelt die verwaltungsrechtliche **Klagebefugnis**[291].

bb) Beispiele für abschnittsweise durch Vorbescheid und Teilgenehmigung bewältigte **101** Verfahren sind vor allem solche, die die Genehmigung von **Großprojekten** wie Industrieanlagen und Kernkraftwerke betreffen[292].

So wird das einer atomrechtlichen ersten Teilgenehmigung zugrunde liegende vorläufige **positive Gesamturteil** in den nachfolgenden Teilgenehmigungen im Um-

---

[289] BVerwGE 100, 56/61 = NVwZ 1996, 595 mit Anmerkung Bauer und Zirbes, JuS 1997, 511
[290] BGHZ 39, 358/364 = NJW 1963, 1821
[291] Eyermann/Happ, VwGO, § 42 Rn. 103
[292] vgl. auch das Planfeststellungsverfahren nach § 38 ff BauGB für Vorhaben von überörtlicher Bedeutung und zu den privilegierten Fachplanungen Battis/Krautzberger/Löhr, BauGB, 8. A., § 38 Rn. 9–29 a

fang von deren Gestattung in eine neue, detaillierte und auf den neuesten Stand von Wissenschaft und Technik aktualisierte endgültige Feststellung umgewandelt und dadurch verfestigt[293]. Der „stufenweise" begünstigte Kraftwerksbetreiber ist **haftungsrechtlich gesichert, soweit sein Vertrauen objektiv geschützt und subjektiv schützenswert ist**[294].

Für den einzelnen außerhalb stehenden Dritten ist jeweils zu prüfen, ob durch die Teilakte bzw. die endgültige Entscheidung, welche regelmäßig Außenwirkung haben, in subjektive drittgeschützte Rechte eingegriffen wird[295].

102   Findet eine Mitwirkung verschiedener Behörden im Verwaltungsverfahren statt[296], sind **Vorbereitungshandlungen**, die von einer anderen Behörde für ein Verfahren der federführenden Behörde getroffen werden, keine Verwaltungsakte, selbst wenn sie dem Betroffenen zur Kenntnis gelangen[297].

Darunter fallen z.B. **Gutachten** und **Bescheinigungen** anderer Behörden[298], Gutachten der Rechtsanwaltskammer zur Frage der Zulassung als Rechtsanwalt[299], Gutachten eines Gutachterausschusses nach dem BauGB[300] oder z.b. die **Stellungnahme** des Arbeitsamtes im Verfahren über den Sonderkündigungsschutz nach dem SchwbhG[301].

Allen diesen Mitwirkungsakten ist gemein, dass sie keine Feststellungen mit Bindungswirkung gegenüber der anderen Behörde und dem Bürger treffen.

103   cc) Wenn die Mitwirkungshandlung der anderen Behörde für die federführende Behörde **jedoch bindend** ist, fällt es im Hinblick auf die Außenwirkung im Verhältnis zum einzelnen schwer, eine Abgrenzung vorzunehmen.

Die Rechtsprechung des **Bundesverwaltungsgerichts** stellt maßgeblich auf die Ausgestaltung des Verwaltungshandelns durch das **materielle** Recht ab[302]. Kommt der Mitwirkung nach ihrer gesetzlichen Ausgestaltung und ihrem Sinn unmittelbare Außenwirkung zu, liegt ein selbständig anfechtbarer Verwaltungsakt vor[303]; das gilt vor allem dann, wenn der mitwirkenden Behörde die ausschließliche Wahrnehmung

---

[293] BVerwGE 92, 185/189f = NVwZ 1993, 578 (Kernkraftwerk Mülheim-Kärlich); BVerwGE 88, 286 = NVwZ 1993, 177 (Kernkraftwerk Obrigheim); BVerwGE 72, 300 = NVwZ 1986 208 (Kernkraftwerk Whyl); BGHZ 134, 268 = NVwZ 1997, 714 (Kernkraftwerk Mülheim-Kärlich)

[294] siehe im einzelnen unten Rn. 120 ff.

[295] zum AtG Eyermann/Happ, VwGO, § 42 Rn. 113 „Atomrecht"

[296] das wäre ein anderer Aspekt des atomrechtlichen Genehmigungsverfahrens

[297] Stelkens/Bonk/Sachs, VwVfG, 6. A., § 35 Rn. 89

[298] BVerwG NJW 1985, 1302 = NVwZ 1985, 411 (Bescheinigung für Einfuhr)

[299] BVerwGE 2, 95 = NJW 1955, 1530

[300] BVerwGE 57, 87/95 = NJW 1979, 2578

[301] BVerwGE 91, 7/9 = DVBl 1992, 1604

[302] BVerwG NJW 1978, 1820/1821 = DVBl 1978, 638 (Weisung der Aufsichtsbehörde)

[303] BVerwGE 34, 65/68 = MDR 1970, 172 (Negative Mitteilung über Grunderwerbssteuerfreiheit)

bestimmter Aufgaben und die alleinige Geltendmachung besonderer Gesichtspunkte übertragen sind[304].

Nach dieser Rechtsprechung ist es unerheblich, ob die nach außen in Erscheinung tretende Behörde an die Mitwirkungshandlung gebunden ist[305].

dd) Die **Drittbezogenheit von Amtspflichten** beim **Zusammenwirken mehrerer** **104** **Behörden** ergibt nach der Rechtsprechung des **Bundesgerichtshofs** ein uneinheitliches auf den Einzelfall bezogenes Bild, abgesehen von dem an anderer Stelle zu erörternden gemeindlichen Einvernehmen[306].

In der Entscheidung zur Mitwirkung des Gewerbeaufsichtsamts hinsichtlich immis- **105** sionsschutzrechtlicher Gesichtspunkte im Baugenehmigungsverfahren[307] hat der Bundesgerichtshof ausgeführt, die Bauaufsichtsbehörde sei einer eigenen Prüfpflicht nicht enthoben und sei insbesondere nicht an die Auffassung des Gewerbeaufsichtsamts gebunden gewesen. Dessen Einflussnahme wirke sich allenfalls als bloßer Reflex zugunsten (oder zu Lasten) des Bauherrn aus, ohne ihm die Stellung eines geschützten Dritten zu verschaffen. Somit werde ein Schutzverhältnis nur zu dem nach außen in Erscheinung tretenden Hoheitsträger hergestellt[308].

In zwei weiteren Entscheidungen[309] hat der Bundesgerichtshof zum Ausdruck gebracht, dass bei der Mitwirkung einer Behörde in einem Verwaltungsverfahren, das auf Antrag oder im Interesse eines Bürgers nach außen hin von einer anderen Behörde durchgeführt werde, die mitwirkende Behörde **dann drittgerichtete Amtspflichten wahrzunehmen habe, wenn ihre Äußerung oder ihr Verhalten rechtliche Bindungen für die dem Bürger gegenüber in Erscheinung tretende Behörde erzeugten.**

In der Entscheidung über die Mitwirkung des **Gutachterausschusses** im Rahmen des sanierungsrechtlichen Genehmigungsverfahrens gemäß §§ 144, 145 BauGB[310] wurde die **verwaltungsinterne Mitwirkung** zur Ermittlung von Grundstückswerten nicht mehr als bloßer Reflex eingestuft.

Die von der zuständigen Behörde eingeschaltete Fachbehörde bringe ihr überlegenes Fachwissen in die zu treffende Entscheidung ein. Ihre Mitwirkung gewinne im Verhältnis zum Bürger eine über die innerbehördliche Beteiligung hinausgehende

---

[304] BVerwG NJW 1959, 590 = WM 1959, 90 (Bedürfnisprüfung/Bankenaufsicht); BVerwGE 26, 31/39 = NJW 1967, 1434 (Bundespersonalausschuss)

[305] BVerwGE 34, 68 m.w.N.; a.A. Wolff/Bachof/Stober, VerwR Bd. 2, § 45 Rn. 66; vgl. auch Kopp/Ramsauer, VwVfG, § 35 Rn. 65 ff. und die Einzelfälle bei Stelkens/Bonk/Sachs, VwVfG, § 35 Rn. 95 ff.

[306] siehe unten Rn. 338, 586

[307] BGH NVwZ 1991, 707 = MDR 1991, 228

[308] Vorteil: Einfache Klärung des einzig in Betracht kommenden Haftungsadressaten

[309] BGH MDR 1994, 558 = NVwZ 1994, 825 (Schulausschuss); BGHZ 139, 200 = NJW 1998, 2738 (Institut für medizinische Prüfungsfragen)

[310] BGHZ 146, 365 = MDR 2001, 631; siehe auch BGH MDR 2003, 628 = WM 2003, 2053 (drittgerichtete Amtspflichten des mit der Wertermittlung im Zwangsversteigerungsverfahren beauftragten Gutachterausschusses)

Qualität. Damit zieht der Bundesgerichtshof die Parallele zu der vertragsrechtlichen Rechtsprechung, wonach die Beauftragung eines Sachverständigen Schutzwirkung zugunsten eines Dritten entfalten kann, gegenüber dem der Auftraggeber von dem Gutachten Gebrauch machen will[311]. Das hat der Bundesgerichtshof für die Beratungstätigkeit der Handwerkskammer ebenso gesehen[312].

Aus dieser Rechtsprechung ist nicht zu entnehmen, dass beim „gestuften" Verwaltungsverfahren jegliches Fehlverhalten irgendeiner Behörde zur Haftung führt, wenn nur zwischen Bürger und Ausgangsbehörde die von § 839 BGB verlangte besondere Beziehung besteht[313]. Jedenfalls kann im Einzelfall das ausschließliche Fehlverhalten einer mitwirkenden Behörde zur Haftung führen, auch wenn die nach außen tätige Behörde in ihrer Entschließung nicht gebunden ist.

Die erörterten Fallgestaltungen zeigen, dass die Drittbezogenheit der verletzten Amtspflicht nicht nur die **Sachbefugnis** des Anspruchstellers und den **Haftungsumfang** bestimmt, sondern gerade auch für die **Passivlegitimation** von Bedeutung ist.

106   ee) Keine Verwaltungsakte sind **verwaltungsinterne Weisungen**. Sie wirken sich unmittelbar nur im **Innenbereich** der Verwaltung aus, selbst wenn sie im weiteren Folgerungen für den einzelnen nach sich ziehen. Eine Rechtsverletzung ist deshalb in der Regel allenfalls auf Grund des späteren Verhaltens der angewiesenen Behörde möglich[314].

ff) Weisungen des Bundes im Rahmen der **Auftragsverwaltung**[315] und bei landeseigenem Vollzug von Bundesgesetzen[316] sind Maßnahmen auf dem Gebiet des Verfassungsrechts[317], die nicht zur **rechtlich geschützten Drittbetroffenheit des einzelnen führen**.

gg) Die Planungs- und Linienführungsbestimmung des Bundesministers des Verkehrs gem. § 16 FStrG ist ebenfalls nur eine verwaltungsinterne Regelung, mag sie auch für die Auftragsverwaltung verbindlich sein. Die Rechtsverletzung einzelner Dritter kann erst mit dem **Erlass des Planfeststellungsbeschlusses eintreten**[318].

---

[311] BGHZ 127, 378 = NJW 1995, 392; BGH NJW 2001, 514 = MDR 2001, 623; vgl. auch Rohlfing, Drittbezogenheit und Dritthaftung, MDR 2002, 254/256 f.

[312] BGH NVwZ-RR 2001, 441 = MDR 2001, 749

[313] siehe in diesem Zusammenhang zum Verschulden und zur Anwendung des § 278 BGB die Entscheidung betreffend den Gutachterausschuss BGHZ 146, 365 = MDR 2001, 631

[314] BVerwG NVwZ-RR 1992, 529/530 = UPR 1992, 234 (Gemeinde/Einvernehmen); BVerwG NJW 1987, 2318 = NVwZ 1987, 889 (Krankenhausplan); vgl. im einzelnen Kopp/Ramsauer, VwVfG, § 35 Rn. 80 und Stelkens/Bonk/Sachs, VwVfG, § 35 Rn. 100 ff.

[315] Art. 85 Abs. 3 GG

[316] Art. 84 GG

[317] vgl. dazu BVerfGE 81, 310/332 f. = NVwZ 1990, 995 (Kernkraftwerk Kalkar)

[318] BVerwGE 62, 342 = NJW 1981, 2592; im einzelnen Kodal/Krämer/Rinke, Straßenrecht, S. 970 ff.

hh) Bei **rechtswidrigem Normerlass** (legislatives Unrecht)[319]besteht nach der Auffassung des Bundesgerichtshofs grundsätzlich **keine personale Drittgerichtetheit** der verletzten Amtspflicht. Gesetze und Verordnungen enthielten durchweg generelle und abstrakte Regelungen, und dementsprechend nehme der Gesetzgeber – bei Tätigwerden und Untätigbleiben – in der Regel ausschließlich Aufgaben gegenüber der Allgemeinheit wahr, denen die Richtung auf bestimmte Personen oder Personenkreise fehle[320]. **107**

ii) Der Bundesgerichtshof verneint darüber hinaus grundsätzlich eine Drittbezogenheit normativen Unrechts im Falle von **Grundrechtsverletzungen.**

In der Literatur wird das zum Teil anders gesehen.

Die Grundrechte gewährten öffentlich-rechtliche Unterlassungsansprüche auch gegenüber der Gesetzgebung (Art. 1 Abs. 3 GG). Verletze der Gesetzgeber durch Erlass eines grundrechtswidrigen Gesetzes subjektive öffentliche Abwehransprüche der betroffenen Grundrechtsinhaber, so würden deshalb auch drittbezogene Amtspflichten verletzt. **Entscheidend sei die Betroffenheit subjektiver öffentlicher Rechte, nicht aber die Rechtsform des eingreifenden Hoheitsaktes**[321].

Der Bundesgerichtshof stellt demgegenüber die haftungsbegrenzende Funktion des Merkmals der Verletzung einer **drittgerichteten** Amtspflicht in den Vordergrund.

Nicht in jedem Grundrechtsverstoß liege die Verletzung einer drittgerichteten Amtspflicht. Gerade bei einem Verstoß der öffentlichen Hand gegen Art. 2 Abs. 1 GG, der die allgemeine Handlungsfreiheit umfassend schütze, würde das eingrenzende Merkmal des „Dritten" weitgehend leer laufen. Das sei umso weniger tragbar, als der Verstoß gegen die allgemeine Handlungsfreiheit sich gerade aus der Verletzung von Vorschriften ergeben könne, die ausschließlich im **Allgemeininteresse** erlassen worden seien[322].

jj) Die Rechtsprechung erkennt eine Ausnahme vom fehlenden Drittbezug bei so genannten **Maßnahme- oder Einzelfallgesetzen** an. **108**

Durch ihren Regelungscharakter könnten Belange bestimmter einzelner unmittelbar berührt werden, so dass diese als Dritte im Sinne des § 839 BGB anzusehen seien[323].

---

[319] das normative Unrecht erfasst sämtliche Rechtsakte – vgl. Detterbeck/Windthorst/Sproll/ Windthorst, § 9 Rn. 150

[320] BGHZ 134, 30/32 = NJW 1997, 123 (gemeinschaftsrechtlicher Staatshaftungsanspruch); vgl. auch BGHZ 102, 350, 367 f. = NJW 1988, 478 (Waldschäden); BGHZ 87, 321/335 = NJW 1984, 561 (Grenzvertrag/ZustimmungsG); BGHZ 84, 292/299 f. = NJW 1983, 215 (Bebauungsplan); BGHZ 56, 40/46 = NJW 1971, 1172 (Wohnraumbewirtschaftung/ Untätigkeit des Gesetzgebers); BGH NJW 1989, 101 f. = MDR 1989, 46 (Verfassungswidrigkeit des Investitionshilfegesetzes)

[321] Maunz/Dürig/Herzog/Papier, GG, 34. Lieferung, Art. 34 Rn. 195 m.w.N.; Münchener Kommentar/Papier, § 839 Rn. 261; ebenso Detterbeck/Windthorst/Sproll/Windthorst, § 9 Rn. 157, 158; vgl. auch Maurer, VerwR AT, § 25 Rn. 51, 52

[322] BGH NJW 1989, 101/102; Staudinger/Wurm, § 839 Rn. 182 m.w.N.

[323] BGH NJW 1989, 101 (Investitionshilfe); BGHZ 134, 30/32 = NJW 1997, 123 (gemeinschaftsrechtlicher Staatshaftungsanspruch)

Ein **Einzelfallgesetz** ist dadurch gekennzeichnet, dass es sich wegen des nicht wiederholbaren Sachverhalts in seiner einmaligen Anwendung erschöpft[324]. Dazu zählt das **Einzelpersonengesetz**[325].

Das **Maßnahmegesetz** ist zwar nach Anlass und Inhalt zweck- und situationsgebunden, soll aber eine unbestimmte Vielzahl von Fällen regeln, auch wenn möglicherweise nur ein Anwendungsfall gegeben ist[326].

Unabhängig von der Frage, inwieweit diese Gesetze verfassungsrechtlichen Ansprüchen genügen[327], erfassen sie mit ihren Regelungen einen persönlich und sachlich bestimmten Bereich, der die Belange einzelner beeinträchtigen kann.

kk) Die für die **formellen** Gesetze dargestellten Grundsätze wendet der Bundesgerichtshof auch auf **Rechtsverordnungen** an[328], wobei er aber – wenn die Norm der Rechtsverordnung an einem eigenen Nichtigkeitsgrund leidet[329] – Ansprüche aus enteignungsgleichem Eingriff zuerkennt, sofern die weiteren Voraussetzungen vorliegen.

Beispiel:

109   BGHZ 111, 349 = MDR 1990, 903 – KakaoVO –

Der Kläger, ein Süßwarenhersteller, begehrte von der Bundesrepublik Deutschland und dem Freistaat Bayern Entschädigung mit der Begründung, das Verkehrsverbot nach der KakaoVO sei verfassungswidrig und nichtig. Wegen der – erzwungenen – Befolgung der Verordnung seien ihm Mehrkosten in Höhe von 6,6 Mio. DM entstanden.

*Der Bundesgerichtshof führte aus, die Bundesrepublik hafte nicht für die Auswirkungen eines verfassungswidrigen **formellen Gesetzes** und seines Vollzugs unter dem Gesichtspunkt des **enteignungsgleichen Eingriffs**[330]. **Rechtsverordnungen** und **Satzungen** gehörten aber nicht zur **Gesetzgebung** im formellen Sinn, sondern seien der vollziehenden Gewalt zuzuordnen. Es sei anerkannt, dass sich das Haftungsinstitut des enteignungsgleichen Eingriffs auch auf Eingriffe durch derartige rechtswidrige Rechtsakte beziehe.*

Der Bundesgerichtshof verneinte jedoch Entschädigungsansprüche, weil nicht in die Substanz des eingerichteten und ausgeübten Gewerbebetriebs eingegriffen worden sei[331].

Im Fall betreffend die **Milchreferenzmengen**[332] verneinte das Gericht entgegen der Revision der Klägerin (eine Milcherzeugerin) einen **Amtshaftungsanspruch** unter

---

[324] BayObLG NJW 1997, 1514/1515 = BayObLGZ 1997, 31 (Amtshaftung/Zulassung zur staatlichen Schule)
[325] BVerfGE 25, 371/396 = NJW 1969, 1203 (Rheinische Stahlwerke/Mitbestimmungsrecht)
[326] so Detterbeck/Windthorst/Sproll/Windthorst, § 9 Rn. 153 m.w.N.
[327] siehe Jarass/Pieroth/Jarass, GG, Art. 19 Rn. 1a m.w.N.
[328] z.B. BGH DVBl 1993, 718 = VersR 1994, 309 (Milchreferenzmengen)
[329] etwa unmittelbarer Grundrechtsverstoß
[330] siehe zu diesem Fragenkomplex unten Rn. 339 f.
[331] BGHZ 111, 356
[332] DVBl 1993, 718

Hinweis auf den **fehlenden Drittbezug** der MGVO[333] und bejahte entgegen der Revision der Bundesrepublik einen Anspruch aus enteignungsgleichem Eingriff wegen eines Eingriffs in den Kernbereich des geschützten Eigentums[334].

ll) Auf den Drittschutz bei Satzungen und Allgemeinverfügungen ist gesondert einzugehen. **110**

Öffentlich-rechtliche **Satzungen** sind in der Regel **abstrakte und generelle** in bestimmter Form hoheitlich einseitig erlassene Rechtssetzungen eigenständiger, dem Staat eingeordneter **Verbände**, insbesondere der unterstaatlichen Körperschaften[335] zur Regelung ihrer eigenen (also nicht unmittelbar staatlichen) Angelegenheiten im Rahmen der ihnen verliehenen Autonomie für die ihnen angehörigen und unterworfenen Personen[336].

Die Satzung unterscheidet sich dadurch vom formellen Gesetz, dass sie nicht vom staatlichen Gesetzgeber (Parlament), und von der Rechtsverordnung, dass sie nicht vom staatlichen Exekutivorgan stammt, **sondern von rechtlich selbständigen[337], wenn auch dem Staat eingefügten Organisationen erlassen werden.**

Von der Satzung als Rechtssetzungsakt abzugrenzen ist die Allgemeinverfügung im **111** Sinne des § 35 S. 2 VwVfG, der einen Unterfall des Verwaltungsakts im Sinne von S. 1 darstellt. Dieser richtet sich an einen nach **allgemeinen Merkmalen bestimmten oder bestimmbaren Personenkreis** oder betrifft die öffentlich-rechtliche Eigenschaft einer Sache oder ihre Benutzung durch die Allgemeinheit[338].

mm) Der verwaltungsrechtliche Rechtsschutz – **verwaltungsrechtliche Klage-** **112** **befugnis bei (behaupteter) Verletzung subjektiver Rechte als rechtlich fundierter Hinweis betreffend den Drittschutz im amtshaftungsrechtlichen Sinn** – kann in diesem Zusammenhang nur ansatzweise dargestellt werden.

Die **verwaltungsgerichtliche Normenkontrolle** ist kraft Bundesrechts nur für Satzungen nach dem BauGB unmittelbar eingeführt. Alle anderen untergesetzlichen Rechtsvorschriften – und so auch autonome Satzungen – sind einer **abstrakten** Kontrolle nur dann unterworfen, wenn der Landesgesetzgeber von der Ermächtigung in § 47 Abs. 1 Nr. 2 VwGO Gebrauch gemacht hat[339].

Die Antragsbefugnis nach § 47 Abs. 2 VwGO (n.F.) setzt voraus, dass der Antragsteller geltend macht, durch die Rechtsvorschrift oder deren Anwendung in seinen Rechten verletzt zu sein oder in absehbarer Zeit verletzt zu werden[340].

---

[333] MilchgarantiemengenVO
[334] BGH DVBl 1993, 720: Ersatz nur des Vertrauensschadens!
[335] z.B. Gemeinden, Gemeindeverbände, Landkreise, Universitäten, Kammern, Sozialversicherungsträger, öffentlich-rechtliche Rundfunkanstalten
[336] Wolff/Bachof/Stober, VerwR Bd. 1, § 25 Rn. 46
[337] eigene Rechtssetzungsautonomie und keine Delegation staatlicher Rechtssetzungsgewalt – vgl. Wolff/Bachof/Stober, VerwR Bd. 1, § 25 Rn. 50 m.w.N.
[338] siehe im einzelnen Stelkens/Bonk/Sachs, VwVfG, § 35 Rn. 200 ff.
[339] im einzelnen Eyermann/Schmidt, VwGO, 11. A., § 47 Rn. 10/29/30 m.w.N.
[340] Zur Geltendmachung der Rechtsverletzung und § 42 Abs. 2 VwGO vgl. BVerwGE 107, 215/217 = NJW 1999, 592 (Abwägungsgebot nach BauGB)

Da die Satzung in der Regel abstrakte und generelle Regelungen enthält, fragt sich, ob schon durch den **Erlass** der Satzung haftungsrechtliche Betroffenheit des einzelnen ausgelöst werden kann, auch wenn die Antragsbefugnis (z.B. „Rechtsverletzung in absehbarer Zeit") nach § 47 Abs. 2 VwGO gegeben sein mag[341].

Ungeachtet der verwaltungsgerichtlichen Antragsbefugnis bleibt haftungsrechtlich gesondert zu prüfen, ob durch die Satzungsnorm **bereits unmittelbar** in geschützte Individualrechte des einzelnen eingegriffen wird. Das zeigt sich insbesondere im Zusammenhang mit der Bauleitplanung, auf die noch gesondert eingegangen wird.

Dem verfassungsrechtlichen Ansatz von Schmidt[342], Satzungen konkretisierten die allgemeine Handlungsfreiheit der Normadressaten und seien Rechtsgrundlage für belastende Verwaltungsakte, so dass die Möglichkeit einer Rechtsverletzung wegen Art. 2 Abs. 1 GG auf der Hand liege, hat der Bundesgerichtshof für die Beurteilung des Drittschutzes in amtshaftungsrechtlicher Sicht bei normativem Unrecht eine Absage erteilt.

Die Indizwirkung der Antragsbefugnis im Normenkontrollverfahren reicht daher nicht weit.

113   Das ist anders zu sehen, wenn auf der Grundlage der Satzung ein den einzelnen **belastender Verwaltungsakt** ergeht und die Klagebefugnis nach § 42 Abs. 2 VwGO besteht. Das muss in gleicher Weise für die **Allgemeinverfügung** als belastenden Verwaltungsakt gelten[343].

114   nn) Zu prüfen ist auch der Drittschutz bei der Anwendung von **Verwaltungsvorschriften**.

Solche sind **Anordnungen** einer Behörde an **nachgeordnete Behörden** oder eines **Vorgesetzten** an die ihm **unterstellten Bediensteten** der Verwaltung, wie **allgemein** in bestimmten Fällen oder gegenüber bestimmten Personen zu verfahren oder auch die innere Ordnung einer Behörde zu organisieren ist[344].

Als **generelle Weisungen** regeln sie eine unbestimmte Vielzahl von Fällen[345]. **DIN-Vorschriften** sind daher keine Verwaltungsvorschriften in diesem Sinne[346] und ebenso wenig **zuständigkeitsregelnde** Organisationserlasse[347].

---

[341]   Normenkontrollverfahren als subjektives Rechtsschutzverfahren und objektives Beanstandungsverfahren – vgl. BVerwGE 64, 77/79 = NVwZ 1982, 104 (Carricularrichtwert); BVerwGE 82, 225/230 = NVwZ 1990, 157 (Bebauungsplan/Planbetroffenheit)

[342]   Eyermann/Happ, VwGO, § 47 Rn. 53

[343]   zur personenbezogenen Allgemeinverfügung Kopp/Ramsauer, VwVfG, § 35 Rn. 103; zum dinglichen Verwaltungsakt Rn. 106 ff.

[344]   Stelkens/Bonk/Sachs, VwVfG, § 35 Rn. 110

[345]   vgl. BVerwGE 75, 109/113 = NVwZ 1987, 315 (Subventionsrichtlinien)

[346]   BVerwG NVwZ-RR 1997, 214 = BauR 1997, 290; BGHZ 139, 16/19 f = NJW 1998, 2814; siehe auch BVerfG NJW 1999, 414/416 = GRUR 1999, 226

[347]   Stelkens/Bonk/Sachs, VwVfG, § 35 Rn. 110 und 121 b

Die Befugnis zur Rechtsetzung durch Verwaltungsvorschriften ergibt sich aus der **115** Weisungskompetenz der vorgesetzten Instanz vor allem dann, wenn sie einen raschen und gleichmäßigen Gesetzesvollzug erreichen will[348].

Verwaltungsvorschriften entfalten ihre Rechtswirkungen im **staatlichen Innenbereich** und begründen für die Bürger grundsätzlich keine Rechte und Pflichten. Sie erhalten jedoch dadurch, dass sie von der Behörde angewendet werden, **mittelbar rechtliche Außenwirkung**[349].

Über die **Selbstbindung der Verwaltung**[350] durch Verwaltungsvorschriften kann zugunsten des einzelnen Drittschutz hergestellt sein. Eine im Einzelfall von der – wirksamen – Selbstbindung der Behörde abweichende Entscheidung ist rechtswidrig.

Für den **Drittschutz bei Ermessensermächtigungen**[351] kommt es auf ihren indivi- **116** duellen Begünstigungszweck an. Dieser fehlt namentlich bei Vorschriften, die – trotz günstiger Reflexwirkungen – ausschließlich **öffentlichen Interessen** zu dienen bestimmt sind[352]. Eine große Bedeutung öffentlicher Interessen schließt jedoch einen **daneben stehenden individuellen Begünstigungszweck nicht aus**[353]. Damit bewegt man sich innerhalb der vom Bundesgerichtshof für den personalen und sachlichen Drittschutz ständig herangezogenen Formel.

Zur Rechtsprechung des **Bundesgerichtshofs** betreffend die Außenwirkung von Verwaltungsvorschriften ein

Beispiel:

BGHZ 91, 243 = NJW 1984, 2216 – Höchstsätze von Wildbestand/Waldschä- **117** den –

Die Klägerin ist Eigentümerin größerer Waldgebiete. Sie verlangte vom beklagten Land (Rheinland-Pfalz) Schadensersatz mit der Begründung, der Runderlass der Obersten Jagdbehörde betreffend die Höchstsätze der Rotwilddichte sei rechtswidrig, da nicht mit dem BJG und dem Landesrecht zu vereinbaren. Die Höchstsätze seien zu hoch angesetzt. Das habe zu nicht hinnehmbaren Waldschäden geführt.

Rahmenerlasse wie der Runderlass, so der Bundesgerichtshof[354], ähnelten stark internen Auslegungshilfen und -anweisungen, die dazu bestimmt seien, die

---

[348] BVerfG NVwZ 1994, 475 = BB 1993, 2068 (OFD-Verfügung)
[349] siehe zu den dogmatisch verschiedenen Begründungsansätzen Maurer, VerwR AT, § 24 Rn. 21–26
[350] vgl. Stelkens/Bonk/Sachs, VwVfG, § 40 Rn. 103 ff.
[351] Hauptanwendungsbereich: Ermessenslenkende und gesetzesvertretende Verwaltungsvorschriften – siehe Maurer, VerwR AT, § 24 Rn. 31
[352] Einzelnachweise bei Stelkens/Bonk/Sachs, VwVfG, § 40 Rn. 141, 142
[353] BVerfGE 96, 100/115 = NJW 1997, 3013 (Strafvollstreckung/Entschließung); BVerwGE 92, 153/156 f. = NJW 1993, 2065 (rechtswidrige Erlasse des BMV); BVerwGE 75, 86 = NJW 1987, 856 (Einbürgerung)
[354] BGHZ 91, 249

Rechtsanwendungstätigkeit der Verwaltung der Allgemeinheit gegenüber zu vereinheitlichen. Beim Erlass derartiger Verwaltungsvorschriften handle die Behörde in aller Regel im öffentlichen Interesse. Im Hinblick auf die Selbstbindung der Verwaltung könne **Verwaltungsvorschriften** *de facto die gleiche Wirkung wie* **formellen Gesetzen** *zukommen. Jene seien daher in der Frage der Drittbezogenheit nicht anders zu beurteilen als Gesetze und Verordnungen*[355]. *Da von einer fehlerhaften Festsetzung der Rotwilddichte fast alle in Rheinland-Pfalz tätigen Land- und Forstwirte berührt würden, sei nur die Allgemeinheit betroffen.*

118   Das sei im „Getreide-Importfall"[356] anders gewesen, denn dort habe man die durch die **ministerielle Weisung** Betroffenen **individuell** bestimmen können. Darüber hinaus sei der Einfuhrstelle kein eigener Ermessensspielraum geblieben; sie habe gleichsam als „verlängerter Arm" des Ministers gehandelt.

Der Bundesgerichtshof stellt also – ähnlich wie bei „Maßnahme- oder Einzelfallgesetzen" – auf die individuelle Regelungswirkung der Verwaltungsvorschrift selbst ab, ohne weiter auf die zugrunde liegenden Ermächtigungsnormen und deren drittschützenden Intentionen einzugehen.

119   **In allen Fällen normativen Unrechts ist unabhängig von der Frage der Drittbetroffenheit jedenfalls immer zu prüfen, ob mit dem Normerlass bereits ein Schaden entstanden ist, oder ob dieser erst aus dem Normvollzug resultiert**[357].

e) Das schutzwürdige Vertrauen als Merkmal der Drittbezogenheit der verletzten Amtspflicht

120   aa) Wie dargestellt, ist das Erfordernis der Drittbezogenheit – hergeleitet aus dem gesetzlichen Tatbestand sowohl des § 839 Abs. 1 BGB als auch des Art. 34 S. 1 GG[358] – **anspruchsbegründendes** Tatbestandsmerkmal. Aus ihm folgt die **Sachbefugnis**, so dass für dessen Voraussetzungen den Anspruchsteller die Darlegungs- und Beweislast trifft.

Das Merkmal hat zugleich **haftungseingrenzende** Funktion betreffend die individuelle Entstehung des Anspruchs und den sachlichen Umfang der Haftung.

Ergeht im Verhältnis zum Bürger ein **begünstigender Verwaltungsakt**, etwa eine Baugenehmigung, und kann das Bauvorhaben letztlich nicht realisiert werden, fragt sich, wie aus dem rechtswidrigen Verwaltungsakt eine drittbezogene Amtspflichtverletzung hergeleitet werden kann.

---

[355]   Bezugnahme auf BGHZ 84, 292/300 = NJW 1983, 215 (Bebauungsplan), BGHZ 87, 321/ 335 =NJW 1984, 560 (Grenzvertrag/ZustimmungsG)

[356]   BGHZ 63, 319/324 f. = NJW 1975, 491; vgl. auch BGH NJW 1971, 1699/1700 (gutachterliche Äußerungen des BFH)

[357]   Maunz/Dürig/Herzog/Papier, GG, 34. Lieferung, Art. 34 Rn. 195 zum verfassungswidrigen Gesetz

[358]   ... „einem Dritten gegenüber obliegende Amtspflicht"

Durch den Akt wird dem Anspruchsteller weder etwas genommen, noch wird in bestehende Rechte eingegriffen[359]. Der Antragsteller erhält genau das, was er begehrt hat. Er wird durch einen begünstigenden, wenn auch **rechtswidrigen, Verwaltungsakt nicht beschwert** und ist deshalb auch **nicht klagebefugt** im Sinne des § 42 Abs. 2 VwGO. Wird beispielsweise eine rechtswidrige Baugenehmigung vom Nachbarn mit Erfolg angefochten, entsteht der Schaden des Bauherrn nicht unmittelbar durch einen staatlichen Hoheitsakt oder dessen Unterlassung oder Verzögerung, sondern durch die eigene Handlung des Betroffenen, der – allerdings veranlasst durch einen staatlichen Akt – Vermögensdispositionen trifft, die sich wegen der Rechtswidrigkeit des Akts als nutzlos erweisen.

bb) Hier setzt die vom Bundesgerichtshof entwickelte Rechtsprechung vom (schutzwürdigen) Vertrauen als **Teil des objektiven amtshaftungsrechtlichen Tatbestands** an.

Aus dem Gesichtspunkt, dass die **Amtspflicht** besteht, den Bürger nicht durch unrichtige, unvollständige oder missverständliche Zusagen zu nachteiligen Dispositionen zu veranlassen, erschließt sich, dass der **Staat** grundsätzlich **einzustehen** hat, wenn das **Vertrauen enttäuscht** wird und der einzelne hierdurch Vermögensnachteile erleidet[360].

121

Diese Pflicht hat der Bundesgerichtshof – anfänglich nur für das Baugenehmigungsverfahren – unter Drittschutzgesichtspunkten allgemein in den Tatbestand des § 839 BGB eingebettet[361]:

„… *Denn wenn dem Bauherrn die Baugenehmigung erteilt wird, fällt für ihn das bis zur Genehmigungserteilung bestehende Bauverbot, und er ist nunmehr befugt, mit dem Bauen entsprechend der Genehmigung zu beginnen. Es wird sonach für den Bauherrn mit der Baugenehmigung ein* **Vertrauenstatbestand** *dahin geschaffen, dass er nunmehr davon ausgehen darf, dass der der Baugenehmigung entsprechenden Durchführung seines Bauvorhabens (öffentlich-) rechtliche Hindernisse nicht entgegenstehen und dass er dementsprechend wirtschaftlich disponieren kann … dann kann es nicht zweifelhaft sein, dass den dafür zuständigen Beamten im Rahmen des Genehmigungsverfahrens dem Bauherrn gegenüber auch Amtspflichten dahin obliegen, eine den einschlägigen bauordnungsrechtlichen Vorschriften widersprechende Baugenehmigung, die den Bauherrn in Gefahr bringt, einen vorschriftswidrigen Bau auszuführen und gegebenenfalls wieder beseitigen zu müssen, nicht zu erteilen"*[362].

cc) Das Kriterium des Vertrauensschutzes hat der Bundesgerichtshof über das Baurecht hinaus weiterentwickelt[363]. **Alle begünstigenden Verwaltungsakte, die im**

---

[359] Detterbeck/Windthorst/Sproll/Windthorst, § 9 Rn. 128 m.w.N.
[360] BGHZ 117, 83/88 = NJW 1992, 1230 (Zusage/Bauvorbescheid); Münchener Kommentar/Papier, § 839 Rn. 218, 219 m.w.N.
[361] so schon BGHZ 60, 112/116 ff = NJW 1973, 616 (Baugenehmigung)
[362] BGHZ 60, 116/117 f. und Abgrenzung zur „Statikentscheidung" BGHZ 39, 358
[363] siehe Detterbeck/Windthorst/Sproll/Windthorst, § 9 Rn. 135 Fn. 315–317

Rahmen einer präventiven Eröffnungskontrolle ergehen, kommen als eine – unter Umständen die Amtshaftung auslösende – **Vertrauensgrundlage in Betracht**, so etwa auch im atomrechtlichen und immissionsrechtlichen Genehmigungsverfahren[364].

122 dd) **Personal** steht demjenigen Vertrauensschutz zu, der nach Schutzzweck- und Schutznormgesichtspunkten in den sachlichen Schutzbereich einbezogen ist.

So können im Zusammenhang mit der objektbezogenen positiv erteilten Baugenehmigung[365] drittgeschützt sein **Investoren**[366], **künftige Käufer**[367] und **Nachbarn**. Letztere sind aber nur geschützt, wenn die rechtwidrig erteilte Baugenehmigung auf der Verletzung **nachbarschützender** Vorschriften beruht[368].

123 Ist der Anspruchsteller nach Schutzzweck- und Schutznormgesichtspunkten – personal – geschützter Dritter, ist weiterhin zu prüfen, **ob im Einzelfall schutzwürdiges Vertrauen begründet worden ist.**

ee) **Objektiv** muss die öffentliche Hand einen **Vertrauenstatbestand** dadurch gesetzt haben, dass sie einen Akt erlassen hat, an den sie gebunden ist, den sie also nicht ohne weiteres aufheben oder von ihm abweichen kann[369].

Die **Versagung** einer Genehmigung bietet keine Vertrauensgrundlage. Schon nach ihrem Ausspruch schafft sie kein Vertrauen für Investitionen zur Durchführung eines Vorhabens und ist in der Bindungswirkung beschränkt[370].

Die **Wirksamkeit** des Verwaltungsakts reicht aus, die **Bindungswirkung** herbeizuführen[371], so dass **nicht wirksam bekannt gegebene**[372] (§§ 43 Abs. 1, 41 Abs. 1 VwVfG) oder **nichtige Verwaltungsakte** (§§ 43 Abs. 3, 44 VwVfG) **als Vertrauensgrundlage ausscheiden**[373].

124 ff) Seit der Entscheidung vom 16. Januar 1997[374] ist vom Bundesgerichtshof endgültig die Frage, ob der Betroffene im Einzelfall und für seine Person schutzwürdiges Vertrauen für sich in Anspruch nehmen kann, **aus der Mitverschuldensebene des § 254 BGB herausgenommen und in den objektiven Tatbestand des § 839**

---

[364] grundlegend BGHZ 134, 268 = NVwZ 1997, 714 (Kernkraftwerk Mülheim-Kärlich)

[365] vgl. BGH NJW 1994, 130 = MDR 1993, 1180; BGH NJW 1994, 2091 = MDR 1994, 555

[366] vgl. BGHZ 134, 268 = NVwZ 1997, 714; BGHZ 122, 317 = NJW 1993, 2303

[367] vgl. BGH NJW 1994, 130 = MDR 1993, 1180

[368] vgl. BGHZ 86, 356 = NJW 1983, 1795

[369] siehe im einzelnen Kopp/Ramsauer, VwVfG, § 43 Rn. 14 ff.

[370] BGH NJW 1994, 2091/2092: Keine Feststellungswirkung gegenüber anderen als dem Antragsteller; Kopp/Ramsauer, VwVfG, § 43 Rn. 14 zum belastenden Verwaltungsakt durch Ablehnung und § 48 Abs. 1 VwVfG

[371] Kopp/Ramsauer, VwVfG, § 43 Rn. 14, 15

[372] zu Existenz und Wirksamkeit vgl. Kopp/Ramsauer, § 43 Rn. 3 ff.

[373] BVerwG NJW 1981, 363 = MDR 1981, 255 (Kernkraftwerk Mülheim-Kärlich/Nichtigkeitsklage)

[374] BGHZ 134, 268 (Kernkraftwerk MülheimKärlich)

BGB beim Merkmal der Drittgerichtetheit der verletzten Amtspflicht vorverlagert worden[375].

Der Bundesgerichtshof hat (zusammenfassend) ausgeführt:

*Nach Auffassung des Senats muss der amtshaftungsrechtliche Vertrauensschutz generell dort…. schon im Vorfeld des § 254 BGB seine Grenzen finden, wo bereits nach allgemeinem Verwaltungsrecht grundsätzlich von vorneherein jeder Vertrauensschutz für den Adressaten des Verwaltungsakts ausscheidet … Der Bürger darf zwar grundsätzlich von der „Rechtmäßigkeit der Verwaltung" ausgehen und demgemäß darauf vertrauen, dass die Behörden das ihnen Obliegende richtig und sachgemäß tun. **Solches Verhalten ist aber in dem Maß nicht schutzwürdig, in dem der Bürger selbst erkennt oder es sich ihm aufdrängen muss, dass der erteilte Verwaltungsakt geltendes Recht verletzt** … Dies wird etwa in den Fällen des § 48 Abs. 2 S. 3 VwVfG in Betracht kommen, insbesondere bei arglistiger Täuschung der Behörde durch den Begünstigten oder bei Kollusion zwischen Behörde und Begünstigtem, aber auch schon dann, wenn der Begünstigte die Rechtswidrigkeit des Verwaltungsakts kannte oder ohne Mühe hätte erkennen können …Der Grundsatz, dass ein mit einem Makel im Sinne des § 48 Abs. 2 S. 3 VwVfG behafteter begünstigender Verwaltungsakt als Vertrauensgrundlage für den Begünstigten regelmäßig ausscheidet, **gilt unabhängig davon, ob und inwieweit der Verwaltungsakt … mit der Anordnung der sofortigen Vollziehung versehen worden ist (vgl. §§ 80, 80 a VwGO)".**

Damit besteht nach Ansicht der Kritiker die Gefahr, dass das flexible Instrumentarium des § 254 BGB zugunsten eines „Alles-und-Nichtsprinzips" aufgegeben und der objektive Tatbestand zusätzlich mit subjektiven Momenten angereichert wird[376].

An seiner Rechtsprechung hält der Bundesgerichtshof fest, so dass sich die Praxis hieran wird ausrichten müssen[377].

gg) Das Vertrauen ist darüber hinaus in seinem **sachlichen Drittbezug** eingegrenzt: **125**

Der Begünstigte muss im Vertrauen auf den Bestand des begünstigenden Verwaltungsakts sein Vertrauen ins Werk gesetzt haben und erhält nach wertenden Gesichtspunkten Ausgleich nur für die Schäden, **die hierdurch angefallen** sind wie die (nutzlosen) Aufwendungen zur Durchführung des Vorhabens.

Dagegen liegen z.B. Aufwendungen, die auf **wesentlichen Abweichungen** von der genehmigten Planung beruhen, grundsätzlich nicht mehr im Schutzbereich der verletzten Amtspflicht[378].

---

[375] im Anschluss an de Witt/Burmeister, Amtshaftung für rechtwidrig erteilte Genehmigungen, NVwZ 1992, 1039; siehe schon BGHZ 117, 83 = NJW 1992, 1230 (Zusage/Bauvorbescheid)

[376] so auch die Vorinstanz, das OLG Koblenz; vgl. Bömer, „Amtshaftung und Vertrauensschutz", NVwZ 1996, 749; Ossenbühl, JZ 1992, 1074 zu BGHZ 116, 215 (Abrundungssatzung)

[377] BGH MDR 2003, 571 = VersR 2003, 1039 (rechtswidrige Baugenehmigung/arglistige Täuschung)

[378] BGH NVwZ 2003, 376 = MDR 2003, 152 (baubehördliche Falschauskunft)

Auch die Amtspflicht der Bauaufsichtsbehörde, die Baugenehmigung für ein Wohnhaus nur dann zu erteilen, wenn eine ausreichende Trinkwasserversorgung gesichert ist, hat nicht den Schutzzweck, den Bauherrn vor (vermeidbaren) **Mehraufwendungen** zu bewahren, die durch die spätere Sanierung eines ursprünglich ungeeigneten Trinkwasseranschlusses verursacht werden[379]. Dieselbe Zielrichtung hatte bereits die **Statikentscheidung**[380], wonach die Prüfung der Statik im Baugenehmigungsverfahren dem Bauherrn nicht die **Verantwortung** für die einwandfreie **Durchführung** und **Durchführbarkeit** seines Bauvorhabens abnimmt.

126   hh) Nach der so genannten **Altlastenrechtsprechung** des Bundesgerichtshofs[381] sind im Hinblick auf die Überplanung kontaminierter Flächen (§ 1 Abs. 5 S. 2 Nr. 1 BauGB) **Gesundheitsschäden** und darüber hinaus **Vermögensschäden** erfasst, die aus der Errichtung oder dem Kauf nicht bewohnbarer Gebäude entspringen. Ausgenommen sind nach der Rechtsprechung aber bislang solche Aufwendungen, die mit der **mangelnden Standfestigkeit eines Gebäudes** zusammenhängen. Es sei nicht Zweck der allgemeinen Bauleitplanung, den Begünstigten von **Baugrundrisiken** freizustellen[382]. Dasselbe gelte für das bloße Vermögensinteresse, das darin bestehe, dass ein von Altlasten freies Grundstück einen höheren Marktwert habe, als ein belastetes[383].

Die Drittbezogenheit verletzter Amtspflichten entscheidet darüber, ob der Anspruchsteller **sachbefugt** ist (Aktivlegitimation) und – bei Mitwirkung mehrerer Behörden – **wen die Haftung trifft** (Passivlegitimation). Auch **Hoheitsträger** können im Einzelfall personalen Drittschutz beanspruchen.

Die **sachliche** Drittbezogenheit bestimmt den **Umfang der Haftung**.

Bei der Verletzung **absoluter Amtspflichten** sind geschützte Dritte die Rechtsinhaber. Geht es um die Verletzung relativer Amtspflichten, gibt die **Klagebefugnis des § 42 Abs. 2 VwGO** einen rechtlich fundierten Hinweis auf dessen Drittschutz.

Im mehrstufigen Verwaltungsverfahren sind die **stufenweisen** Entscheidungen mit Außenwirkung von interner behördlicher Mitwirkung, die im Einzelfall drittschützende Außenwirkung haben kann, zu unterscheiden.

Unrecht durch Rechtsetzung ist in der Regel nicht einzelfallbezogen.

Schutzwürdiges Vertrauen in personaler und sachlicher Hinsicht ist im **objektiven Tatbestand** des § 839 BGB **festgemacht**.

---

[379] BGH NVwZ 1995, 620 = MDR 1995, 469
[380] BGHZ 39, 358 = NJW 1963, 1821
[381] siehe unten Rn. 569, 571 ff.
[382] BGHZ 121, 65/68 = NJW 1993, 933; BGHZ 123, 363/367 = NJW 1994, 253; vgl. auch BGHZ 142, 259/268 = NJW 2000, 427 (Bergschäden)
[383] BGH NVwZ 1998, 318/319 = BauR 1998, 90

V. Die haftende Körperschaft (Passivlegitimation)

1. Schuldübernahmeprinzip

Art. 34 S. 1 GG ordnet eine **Schuldübernahme** mit der Rechtsfolge an, dass statt   **127**
des Amtsträgers die Verantwortlichkeit grundsätzlich den Staat oder die Körperschaft trifft, in deren Dienst der Amtsträger steht.

„Körperschaft" ist nach h.M. eine solche des öffentlichen Rechts, nicht aber eine natürliche oder juristische Person des **Privatrechts**, denn dem Geschädigten soll ein
leistungsfähiger Schuldner zur Verfügung stehen[384].

Damit scheiden **Beliehene**, wie etwa der TÜV, als Haftungssubjekte aus, auch wenn
ihnen konkrete hoheitliche Kompetenzen im eigenen Namen übertragen sind[385].

2. Dienstherrenfähigkeit

Die **beamtenrechtliche Dienstherrenfähigkeit**[386] bietet ein Zurechnungskriterium   **128**
für die Bestimmung des Haftungssubjekts; sie ist aber nicht konstitutiv[387].

3. Anvertrauenstheorie

Die neuere Rechtsprechung des Bundesgerichtshofs stellt zur Beantwortung der   **129**
Frage, welche Körperschaft haftet, darauf ab,

„*wer dem Amtsträger das Amt, bei dessen Ausnutzung er fehlsam gehandelt hat,*
anvertraut *hat, wer mit anderen Worten dem Amtsträger die Aufgaben, bei de-*
ren Wahrnehmung die Amtspflichtverletzung vorgekommen ist, **übertragen**
hat"[388].

Die „**Anvertrauenstheorie**" stellt nicht wie die „**Funktionstheorie**"[389] auf die
wahrgenommenen Aufgaben und deren zuständigkeitsmäßige Zuordnung ab. Sie
geht wie die „**Anstellungstheorie**"[390] vom Anstellungsverhältnis aus, greift aber
auf eine **funktionale Betrachtung** zurück, wenn das Kriterium der Anstellung versagt. Das ist dann der Fall, wenn kein Dienstherr vorhanden ist oder wenn es meh-

---

[384] RGZ 142, 190/194 f; BGHZ 49, 108/116 = NJW 1968, 443 (TÜV); BGH NVwZ 1994,
823 = MDR 1994, 776 (Katastrophenschutz/DRK); a.A. Ossenbühl S. 114, Fn. 15

[385] BGHZ 99, 326/330 = NVwZ 1987, 1020 (Zulassungsbehörde/Hessen); BGHZ 118, 304/
311 = NJW 1992, 2882 (Zivildienstleistender/private Beschäftigungsstelle); BGHZ 122,
85/87 f = NJW 1993, 1784 (TÜV/DruckbehälterVO)

[386] vgl. § 121 BRRG

[387] vgl. BGH NVwZ 1992, 298/299 = MDR 1991, 1145 (Architektenkammer/Dienstherren-
eigenschaft)

[388] BGHZ 53, 217/219 = NJW 1970, 750 (Schiedsmann); siehe auch BGH NVwZ 1994, 823
= MDR 1994, 776 (hessischer Katastrophenschutz)

[389] RGZ 158, 95/99 (Feld- und Forsthüter/privatrechtlich von der Gemeinde angestellt und
vom Landrat bestätigt)

[390] BGHZ 2, 350/352 (Auftragsangelegenheiten); BGHZ 6, 215/219 (Kreisverwaltung);
BGHZ 7, 75/76 (Kreisverwaltung/Viehwirtschaftsverband)

rere Dienstherren gibt. In solchen Fällen ist **entscheidend, wer dem Amtsträger die konkrete Aufgabe anvertraut hat**[391].

130   So stehen Beliehene, Verwaltungshelfer und selbständige Privatunternehmer in keinem Dienstverhältnis zu einem Hoheitsträger. Das gilt auch für den Gutachterausschuss[392], der gem. § 192 Abs. 1 BauGB selbständig und unabhängig ist, wie es auch die Umlegungsausschüsse[393] sind (§§ 45 ff BauGB).

Hier haftet die **Körperschaft**, die die **hoheitlichen Befugnisse** – funktional hinsichtlich der konkreten Aufgabe – **anvertraut** hat[394].

4. Mehrere Ämter

131   Auf das Anvertrauen des Amts wird gleichsam abgehoben, wenn der Amtswalter mehrere Ämter oder Dienstherrn hat.

In diesem Zusammenhang kann unterschieden werden, dass der Bedienstete ein **Amt bei mehreren Körperschaften** innehat, ein **Nebenamt** bei einem anderen Dienstherren ausübt, sich in einem Abordnungsverhältnis befindet oder eine **institutionelle Doppelstellung** bekleidet, d.h. zwei Dienstherren hat[395].

a) Anstellungskörperschaft

132   In der Regel kommt aber die **Anstellungskörperschaft** als haftendes Rechtssubjekt in Betracht, weil in der Mehrzahl aller Fälle sie es ist, die dem Amtsträger die von ihm wahrzunehmenden Aufgaben überträgt und anvertraut[396].

b) Auftragsverwaltung

133   Für den Bereich der **Bundesauftragsverwaltung**[397], die Landesverwaltung darstellt[398], haften die **Länder** für Amtspflichtverletzungen ihrer Bediensteten[399].

---

[391] BGHZ 99, 326/330 = NVwZ 1987, 1020 (Zulassungsbehörde/Hessen); BGH NVwZ 1992, 298 = MDR 1991, 1145 (Architektenkammer/Dienstherreneigenschaft); BGH NVwZ 1994, 823 = MDR 1994, 776 (hessischer Katastrophenschutz)

[392] für Fehler der Gutachter haftet das Land – BGH NVwZ 1982, 395 = MDR 1982, 734 (betr. Rheinland-Pfalz); siehe auch BGHZ 146, 365 = NVwZ 2001, 1074 betr. die Haftung des Landes Schleswig-Holstein bei interner Befassung des Gutachterausschusses (Drittschutz des einzelnen)

[393] Haftung der kommunalen Körperschaft – BGH NJW 1981, 2122 = MDR 1981, 998 (betr. Nordrhein-Westfalen);

[394] siehe die weiteren Nachweise bei Staudinger/Wurm, § 839 Rn. 66 ff.

[395] umfangreiche Rechtsprechungsnachweise bei Staudinger/Wurm, § 839 Rn. 60–65

[396] Ossenbühl S. 113

[397] Art. 85 GG; obligatorische oder fakultative Bundesauftragsverwaltung nach Art. 87 b Abs. 2, 87 d Abs. 2, Art. 89 Abs. 2 und Art. 90 Abs. 2 GG

[398] BVerfGE 81, 310/331 = MDR 1990, 1091 (Weisung)

[399] Deshalb (Art. 87 c GG i.V.m. Art. 74 Nr. 11 a GG und § 24 Abs. 1 AtomG) war die Schadensersatzklage im Fall des Kernkraftwerks Mülheim-Kärlich – BGHZ 134, 268 – gegen das Land Rheinland-Pfalz gerichtet

Nimmt ein **gemeindlicher Amtsträger** staatliche Auftragsangelegenheiten wahr, haftet die Kommune und nicht der Staat. Das gilt grundsätzlich auch für Amtspflichtverletzungen von Bediensteten des Landkreises[400].

Andererseits, so der Bundesgerichtshof[401], haftet für Amtspflichtverletzungen von **staatlichen Bediensteten beim Landrat das Land**, „...unabhängig davon, ob die Amtspflichtverletzung bei kommunalen oder bei staatlichen Aufgaben erfolgte".

c) Verschiedene Zuständigkeiten

Die auf Landkreisebene eng verzahnten Zuständigkeiten und Verantwortlichkeiten von Bediensteten – möglicherweise – verschiedener Rechtsträger ist für den Geschädigten misslich und führt zu Rechtsunsicherheit[402]. Immerhin hat aber schon das Reichsgericht zum Ausdruck gebracht[403], es sei nur recht und billig und deshalb selbstverständlich, dass, soweit es nötig werde, der Staat, der ja seine Beamten kenne, dem durch ihr Verhalten Geschädigten **Auskunft über die Persönlichkeit der beteiligten Beamten** gebe, nicht umgekehrt der Geschädigte dem Staat. Ob dieser Auskunftsanspruch dem Geschädigten im Einzelfall viel nützt, mag bezweifelt werden[404].

Es ist in diesem Zusammenhang aber darauf hinzuweisen, dass verschiedene **landesrechtliche Sonderregelungen für die Passivlegitimation auf den Funktionszusammenhang abstellen**[405]. **134**

Beispiel:

BGH MDR 1981, 566 = VersR 1981, 353 – Landkreis/Bauaufsicht -

Unter der Geltung der alten Landkreisordnung von Rheinland-Pfalz hat der Bundesgerichtshof für Amtspflichtverletzungen der in der Bauaufsicht tätigen Bediensteten des Landkreises nicht das Land, sondern den Kreis einstehen lassen; dieser habe die Bediensteten damit **betraut**, die staatlichen Auftragsangelegenheiten durchführen zu lassen[406].

---

[400] BGHZ 2, 350/354 (Wohnungsamt/Angestellte); BGHZ 6, 215/219 (Fahrbereitschaftsleiter/Landkreis); BGHZ 16, 95 (Verkehrssicherung von Bundesstraßen/Bundesauftragsverwaltung/ Anwendung von § 823 Abs. 1 BGB); vgl. auch BGH LM GG Art. 34 Nr. 24 (Kreiskommunalbeamter/Landrat)

[401] BGHZ 99, 326/332 = NJW 1987, 2737 (Hessische LKO)

[402] vgl. Lang, Die Haftung der öffentlichen Hand bei Verkehrsunfällen, VersR 1988, 324/ 325; Besprechung von BGHZ 99, 326

[403] RGZ 100, 102/103; siehe auch BGHZ 116, 312/314 f. = NJW 1992, 972 (Rentenversicherungsträger): Es ist ausreichend, wenn feststeht, dass irgendein Amtsträger in seiner Person den gesamten Haftungstatbestand verwirklicht hat

[404] so auch Lang a.a.O.

[405] z.B. § 56 Abs. 2 LKO von Baden-Württemberg; Art. 37 Abs. 3 i.V.m. Art. 35 Abs. 3 LKO von Bayern; § 55 Abs. 6 LKO von Rheinland-Pfalz

[406] BGH MDR 1981, 566 = VersR 1981, 353

Der Landesgesetzgeber hat sich sodann[407] zur **Funktionstheorie** bekannt in dem Sinne, **dass bei der Erfüllung von Aufgaben der Kreisverwaltung als untere Behörde der allgemeinen Landesverwaltung das Land, im Übrigen der Landkreis haftet.**

d) Weisungen

135 Trifft ein Beamter auf **Weisung** einer vorgesetzten Stelle eine – objektiv – rechtswidrige Maßnahme, **verletzt** nach der Rechtsprechung des Bundesgerichtshofs[408] der Angewiesene **seine Amtspflichten nicht**, wenn er die ihn bindende Anordnung befolgt. Das wird damit begründet[409], das geltende Recht binde den Amtsträger grundsätzlich auch dann an die Weisung seines Vorgesetzten, wenn die Verwirklichung diese Befehls eine Außenpflicht des Staates verletze. Mit der Weisung gehe jedoch ein Stück Zuständigkeit und ein Teil von Amtspflichten auf die anweisende Behörde und deren Beamten über.

Folge der genannten Rechtsprechung ist, dass es schon an einem **amtspflichtwidrigen und schuldhaften Verhalten des Angewiesenen fehlt**, so dass seine Anstellungskörperschaft keine Haftung trifft, wohl aber die Körperschaft des **Anweisenden**[410].

e) Amtshilfe

136 Wird **Amtshilfe** geleistet[411], haftet für Amtspflichtverletzungen, die bei der Durchführung der Amtshilfe unterlaufen, **die Körperschaft, in deren Dienst** der die Amtshilfe ausführende **Beamte** steht[412].

Im Übrigen wird zum Zusammenwirken mehrerer Behörden auf die Ausführungen zum Drittschutz[413] und auf Staudinger/Wurm[414] verwiesen.

---

[407] GVBl 1990, 332

[408] BGH NJW 1959, 1629 = MDR 1959, 734 (Weisung/Regierungspräsident); BGH NJW 1977, 713 = MDR 1977, 746 (Weisung/Bundesminister); BGH NVwZ-RR 1991, 171 = BauR 1991, 69 (Weisung im Baugenehmigungsverfahren); siehe auch OLG Düsseldorf VersR 1994, 1065 = OLGR 1994, 270 (Weisung im Baugenehmigungsverfahren)

[409] BGH NJW 1977, 713 f.

[410] vgl. dagegen Ossenbühl, S. 56; siehe zur Lückenproblematik Staudinger/Wurm, § 839 Rn. 74

[411] §§ 4–8 VwVfG; zur Abgrenzung zwischen Amtshilfe und eigener Pflichtaufgabe der ersuchten Behörde BGH NJW 2001, 2799 = LM § 839 BGB Cb Nr. 106 mit Anm. Ossenbühl (Körperschaft/ Körperschaft und Drittschutz); kritisch Quantz, DVBl 2001, 1613

[412] ausführlich Staudinger/Wurm, § 839 Rn. 76

[413] oben Rn. 85 ff.

[414] § 839 Rn. 77–83

Die **Passivlegitimation** bestimmt sich grundsätzlich danach, welcher **Anstellungskörperschaft** der pflichtwidrig handelnde Bedienstete angehört.

Ist ein Dienstherr nicht vorhanden oder gibt es mehrere Dienstherren, ist nach der „Anvertrauenstheorie" zu prüfen, wer den Beamten mit der konkreten Aufgabe funktional betraut hat.

Bei der Mitwirkung mehrerer Behörden folgt die Passivlegitimation aus **Drittschutzgesichtspunkten**.

Führt die **Weisung** einer vorgesetzten Stelle zu einer Rechtsverletzung durch die angewiesene Stelle im Außenverhältnis, haftet die Körperschaft, der der Anweisende angehört.

VI. Das Verschulden

Die Amtshaftung nach § 839 BGB ist als ein Sonderfall deliktischer Haftung verschuldensabhängig. Tatbestandsmäßig muss ein Beamter vorsätzlich oder fahrlässig im Sinne des § 276 Abs. 1 BGB eine Amtspflicht verletzt haben[415]. **137**

Gem. Art. 34 S. 1 GG, der das Verschulden unmittelbar als Haftungsvoraussetzung nicht nennt, wird nur die persönliche Haftung des Amtswalters bei hoheitlichem Verhalten auf den Staat oder die sonstige Körperschaft übergeleitet. Diese haftet, von Ausnahmen abgesehen, nicht, wenn den Amtswalter kein Verschulden trifft.

1. Bedeutung im Tatbestand

Für die Praxis darf das Verschuldenserfordernis nicht zu hoch veranschlagt werden. **138**

Durch die **Objektivierung des Fahrlässigkeitsbegriffs**[416] im Sinne normativen Verschuldens[417] sind die Sorgfaltsanforderungen, die an den einzelnen Amtsträger zu stellen sind, erhöht worden; der Amtsträger ist in seiner Person „anonymisiert"[418].

Der **Verzicht** auf die **Feststellung des individuell verantwortlichen Amtsträgers**[419] zeigt sich gerade auch in der Anerkennung des Organisationsverschul-

---

[415] ganz h.M. zum derzeit geltenden Rechtszustand; Ossenbühl, S. 72 m.w.N.; Staudinger/Wurm, § 839 Rn. 195

[416] vgl. BGHZ 129, 226/232 = NJW 1995, 2344 (Stellenbesetzung)

[417] Münchener Kommentar/Papier, § 839 Rn. 283 m.w.N.

[418] BGHZ 116, 312/314 f = NJW 1992, 972 (Mitteilung Rentenversicherungsträger); BGH NJW 1960, 2334/2335 = MDR 1961, 34 (Ausschreibung/Pflicht zu konsequentem Verhalten); siehe auch Detterbeck/Windthorst/Sproll/Windthorst, § 9 Rn. 173

[419] steht die Passivlegitimation in Frage oder sind mit der Person des Amtsträgers besondere Rechtsfragen verbunden, kann diese nicht offen bleiben

dens[420]. Außerdem kommen hinsichtlich des Verschuldens des Amtsträgers für den Geschädigten **Beweiserleichterungen** in Betracht. Er trägt zwar grundsätzlich die volle Darlegungs- und Beweislast für das Verschulden des Beamten. Jedoch kann sich aus der Amtspflichtverletzung ein Verschulden des Beamten ergeben und hierfür kann im Einzelfall auch der **Beweis des ersten Anscheins** sprechen[421].

Das ist hier kaum anders als beim Tatbestand des § 823 Abs. 1 BGB, bei dem von der Verletzung der äußeren Sorgfaltspflicht (Verletzung des Schutzguts) auf das Fehlen der inneren Sorgfalt, d.h. auf Fahrlässigkeit geschlossen wird.

139 Darüber hinaus ist zu sehen, dass unter dem Blickwinkel mehrerer sich nicht ausschließender Anspruchsgrundlagen – etwa aus enteignungsgleichem Eingriff oder aus sonstigen verschuldensunabhängigen Sondertatbeständen wie etwa den des Polizeirechts, des Haftpflichtgesetzes oder der Verkehrsgesetze – Ansprüche gerechtfertigt sein können[422].

Schließlich – hierauf weist Papier besonders hin[423] – ist nach rechtstatsächlichen Erhebungen das Verschulden kein wesentliches Hindernis bei der gerichtlichen Durchsetzung von Amtshaftungsansprüchen. Das Schwergewicht gerichtlicher Ablehnungsgründe habe zu mehr als 4/5 bei den objektiven Anspruchsvoraussetzungen gelegen.

2. Ausschluss der Verantwortlichkeit

140 Die haftungsrechtlich auf den Amtswalter bezogene Konstruktion der Amtshaftung als Verschuldenshaftung hat zur Folge, dass bei **Ausschluss der Verantwortlichkeit** gem. §§ 827[424], 828 BGB (auch) keine Haftung des Staates oder der sonstigen Körperschaft eintritt.

Ob und inwieweit außerhalb des bürgerlichen Rechts normierte oder sonst bestehende Schuldausschließungsgründe für das zivilrechtliche Verschulden von Bedeutung sind, ist im die Einzelnen umstritten[425].

---

[420] BGH NJW 1964, 41/44 = MDR 1964, 33 (Post/Telefonsperre); BGH NJW 1961, 600 = VersR 1960, 909 (Röntgenreihenuntersuchung);BGH VersR 1963, 975 (Land/Organisationsmangel); im Ansatz BGH NJW 1990, 245/246 f = MDR 1990, 31 (Planungskonzeption); BGHZ 113, 367/371 = NJW 1991, 2701 (Organisationsmangel/Erfassung Altlastenstandort)

[421] siehe im einzelnen Baumgärtel/Laumen, Handbuch der Beweislast, 2. A., Bd. 1, § 839 Rn 5, 6 m.w.N.; zur Vermutung des § 836 BGB vgl. BGHR § 839 Abs. 1 S. 1 Versch. 17 = MDR 1991, 228 (Verkehrssicherungspflicht/Autobahn/Regenfallrohr)

[422] wobei vom Anspruchsinhalt und Anspruchsumfang her gesehen natürlich keine Deckungsgleichheit bestehen muss

[423] Münchener Kommentar/Papier, § 839 Rn. 282

[424] vgl. dazu und zur Beweislast beim Anspruch aus § 823 Abs. 1 BGB BGHZ 98, 135 = NJW 1987, 121 (Verkehrsunfall) sowie BGHZ 111, 372 = NJW 1990, 2387 (Beweislast bei Unzurechnungsfähigkeit nach § 827 S. 1 BGB im Rahmen von § 152 VVG und § 3 Nr. 1 PflVG)

[425] siehe die präzise Darstellung in Münchener Kommentar/Grundmann, BGB, § 276 Rn. 164–170 m.w.N.

3. Haftung aus Billigkeitsgründen

Die **Billigkeitshaftung** entsprechend § 829 BGB für die Amtshaftung fruchtbar zu **141**
machen, ist offenbar noch nicht erwogen worden, auch wenn die Bestimmung über
die Verletzungstatbestände hinaus Anwendung findet, sofern es sich nur um Sonderfälle des § 823 Abs. 1 BGB handelt[426].

Ein solcher Sonderfall könnte darin gesehen werden, dass die Straßenverkehrssicherungspflicht[427] verletzt ist. Diese macht der Bundesgerichtshof, auch wenn sie landesrechtlich als Amtshaftungtatbestand ausgestaltet ist[428], haftungsbeschränkend
am Rechtsgüterschutz des § 823 Abs. 1 BGB fest. Wäre die Regelung des § 839
BGB insoweit daher nur ein „Sonderfall" der allgemeinen deliktischen Haftung
nach § 823 BGB, wie im übrigen regelmäßig bei der Verletzung absoluter Amtspflichten, ließe sich daran denken, § 829 BGB entsprechend heranzuziehen.

Diese Überlegung bedarf jedoch keiner Vertiefung; nicht selten dürften in Fällen
fehlender Verantwortlichkeit ein Organisations-, Auswahl- oder Aufsichtsverschul-
den anderer Amtsträger vorliegen[429].

Eine **Billigkeitshaftung** ist im Übrigen verschiedentlich durch gesetzliche Anordnung geregelt.

So sieht § 1 Abs. 2 über die Haftung des „Reichs" für seine Beamten[430] (im staats- **142**
rechtlichen Sinn) im Falle des Ausschlusses der Verantwortlichkeit des Beamten
eine Ersatzpflicht vor, „wie wenn dem Beamten Fahrlässigkeit zur Last fiele, jedoch
nur insoweit, als die Billigkeit die Schadloshaltung erfordert".

Vergleichbare Regelungen gibt es z.B. in Nordrhein-Westfalen[431], Rheinland-
Pfalz[432] und im Saarland[433].

Alle diese Bestimmungen dürften wegen Art. 34 S. 1 GG auch wegen der Verantwortlichkeit nicht beamteter Bediensteter entsprechende Anwendung finden[434].

---

[426] Staudinger/Oechsler, BGB, Neubearb. 2003, § 829 Rn. 20 m.w.N.
[427] siehe unten Rn. 513 ff.
[428] Nachweise bei Kodal/Krämer/Grote, Straßenrecht, S. 1341
[429] Münchener Kommentar/Papier, § 839 Rn. 294
[430] RBHG vom 22. 05. 1910, RGBl 798; BGBl I 1993, 1394 (Änderung)
[431] § 1 Abs. 2 PrBHaftG
[432] § 18 a AGBGB
[433] § 1 Abs. 1 Gesetz über die Haftung des Staates und anderer Verbände für die Amtspflichtverletzungen von Beamten bei Ausübung öffentlicher Gewalt
[434] Münchener Kommentar/Papier § 839 Rn. 294

4. Schuldformen

Nach § 276 Abs. 1 S. 1 BGB sind **Schuldformen** der Vorsatz und die Fahrlässig-keit[435].

a) Bedeutung der Schuldform

143   Die Feststellung der Schuldform ist von Bedeutung für das **Verweisungsprivileg** (§ 839 Abs. 1 S. 2 BGB), welches nur bei Fahrlässigkeit greift, für das **Spruchrichterprivileg** (§ 839 Abs. 2 S. 1 BGB), das nur bei Vorsatz ausgeschlossen ist und für den **Rückgriff** gegen den Beamten, der nur stattfinden kann, wenn diesen Vorsatz oder grobe Fahrlässigkeit trifft[436]. Auch die Haftungsbeschränkungen nach § 91 Abs.1 S. SVG[437] sowie § 46 Abs. 2 BeamtVG[438] beurteilen sich danach, ob Vorsatz oder Fahrlässigkeit gegeben ist.

144   Der Verschuldensgrad hat aber darüber hinaus, wie allgemein außerhalb des Amtshaftungsrechts, Gewicht bei der Verschuldensabwägung im Rahmen des § 254 BGB.

Liegt eine Mitverantwortlichkeit vor, ist bei der Abwägung in erster Linie auf das Maß der beiderseitigen **Verursachung** abzustellen[439]. Daneben und in zweiter Linie ist das Maß des auf beiden Seiten festzustellenden **Verschuldens** zu bewerten, was dazu führen kann, dass bei Vorsatz des Schädigers ein fahrlässiges Mitverschulden des Geschädigten in der Regel zurücktritt[440].

Auf die – spezifische – Bedeutung des § 254 BGB für den Amtshaftungsanspruch wird an anderer Stelle gesondert eingegangen[441].

b) Vorsatz

145   Vorsatzarten sind der **unmittelbare** Vorsatz und der **bedingte** Vorsatz[442].

Nach der Rechtsprechung des Bundesgerichtshofs muss der Maßstab für die Prüfung der Frage, ob Vorsatz vorgelegen hat, aus § 839 BGB entnommen werden[443]. Danach handelt ein Amtsträger vorsätzlich, **wenn er sich bewusst über die verletzte Amtspflicht hinwegsetzt.**

Zum Vorsatz gehört nicht nur die Kenntnis der Tatsachen, aus denen die Pflichtverletzung sich objektiv ergibt, sondern auch das Bewusstsein der Pflichtwidrigkeit, d.h. das Bewusstsein, gegen die Amtspflicht zu verstoßen[444].

---

[435] in ihren jeweiligen Abstufungen

[436] Art. 34 S. 2 GG; vgl. § 46 Abs. 2 BRRG

[437] dazu BGHZ 120, 176/182 f = NJW 1993, 1529 (Truppenarzt)

[438] dazu BGHZ 121, 131 = NJW 1993, 707 (Dienstunfall/Bindungswirkung dessen Feststellung)

[439] BGH MDR 2000, 40 = VersR 2001, 771 (Bank/Überweisungsverkehr); BGH NJW 1998, 1137 = MDR 1998, 532 (Anschnallpflicht)

[440] BGHZ 98, 148/158 = NJW 1986, 2941 (Gesamtvertretung); BGH NJW 1984, 921 = MDR 1984, 436 (Auskunft Sparkasse)

[441] unten Rn. 203 ff.

[442] dolus directus und dolus eventualis

[443] BGHZ 120, 176/181 = NJW 1993, 1529 (Truppenarzt)

[444] BGH a.a.O.

Zumindest muss der Amtswalter, um **bedingten** Vorsatz annehmen zu können, mit der Möglichkeit eines solchen Verstoßes rechnen und diesen billigend in Kauf nehmen[445].

Geht es um das Wissen vom Amtspflichtverstoß, stellt sich die Frage, wie ein **Irrtum** des Amtsträgers einzustufen ist.

Nach der im Zivilrecht h.M. findet die Vorsatztheorie – zum Vorsatz gehört das Bewusstsein der Rechtswidrigkeit – Anwendung[446]. Das bedeutet, dass der Vorsatz, bezogen auf die Amtspflichtverletzung, sowohl durch **Tatsachen**irrtum als auch durch **Rechts**irrtum ausgeschlossen sein kann[447]. Ein objekt- oder personenbezogener Irrtum ist in Bezug auf die Amtspflichtverletzung und den hierdurch geschädigten Dritten unerheblich[448].

Entfällt wegen Irrtums der Vorsatz, bleibt es beim Vorwurf des Verschuldens in Form der Fahrlässigkeit[449].

Für die Umstände, die den Vorsatz ausschließen, ist die in Anspruch genommene Körperschaft **darlegungs- und beweispflichtig**[450].

c) Fahrlässigkeit

Fahrlässig handelt, wer die im Verkehr erforderliche Sorgfalt außer acht lässt, § 276 Abs. 1 S. 2 BGB.   **146**

Anders als im Strafrecht gilt im bürgerlichen Recht kein individueller, sondern ein auf die allgemeinen Verkehrsbedürfnisse ausgerichteter objektivierter und typisierter Fahrlässigkeitsmaßstab[451].

Die Objektivierung dient dem Schutz des Verkehrs. Jeder darf grundsätzlich darauf vertrauen, dass der andere über die für die Erfüllung seiner Pflichten erforderlichen Kenntnisse und Fähigkeiten verfügt.

Für die Beurteilung, ob ein **Amtspflichtverstoß** fahrlässig begangen worden ist, kommt es auf die Kenntnisse und Fähigkeiten an, die für die Führung des übernommenen Amtes **im Durchschnitt** erforderlich sind. Dabei gilt als Maßstab der des

---

[445] BGH NVwZ 1992, 911 = MDR 1992, 648 (Vorsatz/Baugenehmigungsverfahren); BGHZ 104, 139 = NJW 1988, 2037 (Grundbuch)

[446] vgl. Nachweise bei Palandt/Heinrichs, § 276 Rn. 11

[447] BGHZ 69, 128/142 = NJW 1977, 1875: Tatsachenirrtum erörtert (Fluglotsen); BGH VersR 1966, 875 (Lehrer/Züchtigungsrecht/Rechtsirrtum); BGH MDR 1973, 488 = VersR 1973, 443 (Notar/Rechtsirrtum)

[448] error in objecto vel in persona non nocet; BGH, Urteil vom 13. 04. 2000, AktZ. III ZR 120/99, S. 8, nicht veröffentlicht (Tritte durch Polizeibeamte gegen einen als solchen nicht erkannten Zivilfahnder)

[449] Detterbeck/Windthorst/Sproll/Windthorst, § 9 Rn. 176 m.w.N.

[450] BGHZ 69, 128/143 f = NJW 1977, 1875 (Fluglotsen); Baumgärtel/Laumen, Handbuch der Beweislast, § 839 Rn. 10

[451] bereits RGZ 95, 17; RGZ 127, 315; BGHZ 106, 323 = NJW 1989, 976 (Altlasten); BGH NJW 2000, 2812 = WM 2000, 1304 (Erklärung/Unternehmer); BGH NJW 1988, 909 = MDR 1988, 306 (Kraftfahrer/Fahrtüchtigkeit)

„pflichtgetreuen Durchschnittsbeamten". Dieser muss die zur Führung seines Amtes notwendigen Rechts- und Verwaltungskenntnisse besitzen oder sich verschaffen[452]. Ist ein Amtsinhaber nicht genügend rechtskundig, hat er sich beraten zu lassen[453]. Die Mitglieder kommunaler Vertretungskörperschaften (Gemeinderäte, Kreisräte) können keine milderen Sorgfaltsmaßstäbe für sich in Anspruch nehmen. Soweit ihnen eigene Sachkunde fehlt, müssen sie den Rat der Verwaltung oder sonstiger Fachbehörden einholen oder sich sogar von außerhalb der Verwaltung stehenden Sachverständigen beraten lassen[454].

Für die Annahme von **Fahrlässigkeit** im Bereich der Amtshaftung gilt folgender **Grundsatz**:

Fahrlässigkeit ist gegeben, wenn der Beamte bei Beachtung der für seinen Pflichtenkreis erforderlichen Sorgfalt hätte erkennen können und müssen, dass er seiner Amtspflicht zuwider handelt[455].

---

5. Verschulden und Schaden

147 Ist eine Amtspflichtverletzung **vorsätzlich** begangen, braucht sich das Wissen und Wollen des Amtsträgers nicht auf den eingetretenen Schaden zu beziehen[456], so dass die Schadensersatzpflicht fahrlässige oder noch nicht einmal verschuldete Folgen der Amtspflichtverletzung erfasst.

Beispiel:

BGHR BGB § 839 Abs 1 S 1 Vorsatz 3 – Lagerung von Munition –

Ein Soldat lagerte Munition entgegen den einschlägigen Dienstvorschriften. Der Pflichtverstoß erfolgte vorsätzlich und war ursächlich für die Verletzung des Klägers, der von der Bundesrepublik Deutschland Schmerzensgeld und die Feststellung des Ausgleichs von Zukunftsschäden beanspruchte.

Der Bundesgerichtshof hat hier (wiederholt) darauf hingewiesen, das Verschulden brauche sich grundsätzlich nur auf die Verletzung der Amtspflicht, nicht aber auf die Vorhersehbarkeit des Schadens beziehen. Das gelte, soweit es um

---

[452] BGH MDR 1992, 648 = NVwZ 1992, 911 (Bedienstete/Baugenehmigung); BGH NJW 1998, 1307 = MDR 1998, 346 (Bemessung einer Kanalisation); BGHZ 136, 182 = NJW 1997, 3432 (Grundstücksverkehrsgesetz); BGH NVwZ 1998, 1329 = ZfBR 1998, 321 (Bauvoranfrage/Prüfung der Rechtslage); BGHZ 147, 381 = NJW 2001, 2626 (Bürgermeister/Verpflichtungserklärung)

[453] so schon RG JW 1932, 3767

[454] BGHZ 106, 323/330 = NJW 1989, 976 (Überplanung von Altlasten); BGH MDR 1985, 123 = NVwZ 1986, 504/505 (Einvernehmen/Abweichen von Fachbehörden)

[455] Staudinger/Wurm, § 839 Rn. 203 mit umfangreichen Nachweisen aus der Rechtsprechung des Bundesgerichtshofs

[456] BGH MDR 1981, 32 = VersR 1980, 924 (Dienstwaffe); weitere Nachweise bei Palandt/ Heinrichs, § 276 Rn. 10; zu Ausnahmen Münchener Kommentar/Papier, § 839 Rn. 286 m.w.N.

die Verletzung von Pflichten gehe, die den Schutz des Lebens und der Gesundheit Dritter bezweckten, auch für den Schmerzensgeldanspruch.

Es genügt also, dass das Schadensereignis mit seinen Folgen der schuldhaften Amtspflichtverletzung nach den **Grundsätzen des adäquaten Kausalzusammenhangs zugerechnet werden kann**[457].

Das gilt in gleicher Weise für die nur fahrlässig begangene Amtspflichtverletzung[458].

6. Sach- und Fallgruppen zum Verschulden

a) Gesetzesauslegung, vertretbare Rechtsansicht und gerichtliche Entscheidung

Nach der Rechtsprechung des Bundesgerichtshofs zum Verschulden des Amtsträgers bei der Gesetzesauslegung und Rechtsanwendung hat dieser die Gesetzes- und Rechtslage unter Zuhilfenahme der ihm zu Gebote stehenden Hilfsmittel sorgfältig und gewissenhaft zu prüfen und sich danach auf Grund vernünftiger Überlegungen eine Rechtsmeinung zu bilden[459].   **148**

Verstößt die Auslegung gegen den klaren, bestimmten und völlig eindeutigen Wortlaut des Gesetzes, liegt eine schuldhafte Amtspflichtverletzung vor[460]; das gilt nach der Rechtsprechung gleichermaßen, wenn der Beamte mit seiner Auslegung im **Gegensatz** zu einer gefestigten **höchstrichterlichen Rechtsprechung** steht[461].

Damit ist die Frage der faktischen Bindung der Verwaltung an die höchstrichterliche Rechtsprechung[462] auf zwei Ebenen angesprochen:

Die eine ist die der Pflichtwidrigkeit.

Der Bundesgerichtshof sieht es (wohl) als **Amtspflicht** an, dass sich der Beamte mit der höchstrichterlichen Rechtsprechung nicht nur auseinandersetzt, sondern dass er sie im Einzelfall auch „befolgt"[463].

Die andere Ebene ist die des objektivierten Verschuldens in dem Sinne, dass die Pflichtverletzung vom Amtsträger zu vertreten ist[464].   **149**

Nicht jeder Rechtsirrtum vermag einen Schuldvorwurf zu begründen.

---

[457] BGH MDR 1981, 32 = VersR 1980, 924 (Dienstwaffe)

[458] BGH VersR 1969, 425/427 (Notar)

[459] BGH NVwZ 1998, 1329 = ZfBR 1998, 321 (nichtiger Bebauungsplan)

[460] siehe Staudinger/Wurm, § 839 Rn. 209 mit umfangreichen Nachweisen aus der Rechtsprechung des Bundesgerichtshofs

[461] Staudinger/Wurm, § 839 Rn. 210 mit umfangreichen Nachweisen

[462] vgl. Staudinger/Wurm, § 839 Rn. 211 a.E.; kritisch Detterbeck/Windthorst/Sproll/Windthorst, § 9 Rn. 180–183

[463] BGHZ 84, 285/288 f. = NJW 1983, 222 (Amtspflichten des Rechtspflegers); siehe auch BGHZ 130, 332 = NJW 1995, 2918 (Einweisung Obdachloser); BGH NJW 1994, 3158 = MDR 1994, 1090 (unwirksamer Bebauungsplan)

[464] vgl. auch Detterbeck/Windthorst/Sproll/Windthorst, § 9 Rn. 182 und 183, die unter dem Blickwinkel der „Bindung" auf die Ein- oder Mehrdeutigkeit der Rechtslage abstellen und darauf, ob in dieser Hinsicht Zweifel durch die Rechtsprechung ausgeräumt sind

Wenn die nach sorgfältiger tatsächlicher und rechtlicher Prüfung gewonnene Rechtsansicht als vertretbar angesehen werden kann, dann kann aus der (nachträglichen) Missbilligung dieser Rechtsauffassung durch die Gerichte ein Schuldvorwurf nicht hergeleitet werden[465].

Beispiel:

> BGH NVwZ 1998, 1329 = ZfBR 1998, 321 – nichtiger Bebauungsplan –
>
> *Der Kläger beantragte den Erlass eines Bauvorbescheids zur Errichtung eines größeren Wohnhauses. Den Antrag wies die Behörde mit der Begründung zurück, das Vorhaben entspreche nicht den Festsetzungen des Bebauungsplans. Dieser war jedoch nichtig und **die hierauf** gestützte Ablehnung rechtswidrig, was sich erst im verwaltungsgerichtlichen Berufungsverfahren herausgestellt hatte (fehlende Ausfertigung).*
>
> *Unter diesen Umständen – die Wirksamkeit des Bebauungsplans war auch in vorausgegangenen verwaltungsrechtlichen Streitigkeiten nie in Zweifel gezogen worden – verneinte der Bundesgerichtshof einen Schuldvorwurf[466].*

b) Die Kollegialgerichts-Rechtsprechung des Bundesgerichtshofs und des Bundesverwaltungsgerichts

150   aa) Bereits nach der Rechtsprechung des Reichsgerichts, an der der **Bundesgerichtshof** – wenigstens im Prinzip – festgehalten hat, trifft den Beamten in der Regel kein Verschulden, wenn ein mit mehreren Berufsrichtern besetztes **Kollegialgericht** die Amtstätigkeit als objektiv rechtmäßig angesehen hat[467]. Das wird damit begründet, dass von einem Beamten keine bessere Rechtseinsicht verlangt werden könne als von einem Gericht, das seine Entscheidung nach sorgfältiger Prüfung der Sach- und Rechtslage treffe[468].

Dieser Grundsatz gilt nicht für die Haftung des Beamten oder einer Körperschaft nach allgemeinem Deliktsrecht[469]. Darüber hinaus hat der Bundesgerichtshof die Anwendbarkeit der „Richtlinie" auf weitere Haftungsformen entweder ausdrücklich verneint oder offen gelassen[470].

---

[465] ständige Rechtsprechung des Bundesgerichtshofs – vgl. Staudinger/Wurm, § 839 Rn. 203 und 209 a.E. m.w.N.

[466] vgl. auch BGH NVwZ-RR 1996, 65 = BGHR § 839 Abs. 1 S. 1 Verschulden 29 (Irrtum über die Befugnis zur Aussetzung eines Baugenehmigungsverfahrens); BGHZ 136, 182 = NJW 1997, 3432 (Versagung der Grundstücksverkehrsgenehmigung); BGH NJW 1994, 3158 = MDR 1994, 1090 (nichtiger Bebauungsplan)

[467] vgl. Nachweise bei Staudinger/Wurm, § 839 Rn. 216

[468] RGZ 106, 406/410; BGH VersR 1963, 628/629 (Verwaltungsakt/Güterverkehrsgenehmigung); BGH NVwZ 1998, 878 = BGHR § 839 Abs. 1 S. 1 Verschulden 32 (Aufrechterhalten der Zwangsvollstreckung)

[469] BGH VersR 1967, 226/228 (allgemeine Straßenverkehrssicherungspflicht)

[470] vgl. Schmidt, Der Irrtum des Kollegialgerichts als Entschuldigungsgrund?, NJW 1993, 1630, mit Nachweisen aus der Rechtsprechung in Fn. 9–15

bb) Die Anwendbarkeit des Grundsatzes ist von besonderen Voraussetzungen ab- **151** hängig und mit erheblichen Einschränkungen verbunden.

Das Gericht, das vom rechtmäßigen Verhalten[471] ausgeht, muss grundsätzlich mit mehreren **Berufsrichtern** besetzt sein[472].

Verfahrensrechtlich darf es sich nicht um **vorläufigen summarischen Rechtsschutz** handeln[473].

Auch eine Entscheidung im **Prozesskostenhilfeverfahren** reicht nicht aus[474].

Andererseits ist es nicht erforderlich, dass das Kollegialgericht auf Grund mündlicher Verhandlung im Urteilsverfahren entschieden hat; ein **Gerichtsbeschluss** (§ 84 VwGO) genügt[475].

cc) Geht es um die Maßnahme einer **zentralen Dienststelle**, die über besonderes Fachwissen verfügt und regelmäßig bedeutsame Entscheidungen trifft, ist diese Behörde dem Gericht gegenüber eher überlegen, so dass in diesen Fällen die Richtlinie keine Geltung haben kann[476].

Das gilt auch, wenn der **einzelne Beamte** spezielle Kenntnisse hat und sich insoweit dem Gericht gegenüber im Vorteil befindet[477].

dd) Von erheblicher Bedeutung ist, wie das Kollegialgericht den **Prozessstoff** tat- **152** sächlich und rechtlich **bearbeitet** und **gewürdigt** hat.

Liegt der Feststellung der Rechtmäßigkeit eine **fehlerhafte Sachverhaltsermittlung** zu Grunde[478], hat das Gericht den **rechtlichen Ausgangspunkt verkannt**[479] oder eine völlig verfehlte **Auslegung** vorgenommen[480], entbehrt der Grundsatz ebenso einer tragfähigen Grundlage wie in dem Fall, dass das Gericht **einschlägige Rechtsprechung heranzieht**, ihr aber, ohne sich weiter damit auseinanderzusetzen, **nicht folgt**[481].

---

[471] Trennung von Rechtmäßigkeit und Amtspflichtwidrigkeit
[472] BGHZ 132, 181 = NJW 1996, 2422 (Kassenärztliche Vereinigung); BGH VersR 1968, 371 (unvollständige Auskunft)
[473] BGH NJW 1986, 2954 (§ 123 VwGO); BGHZ 117, 240 = NJW 1992, 3229 (§ 123 VwGO)
[474] BGHR GG Art. 34 S. 1 Universität 1
[475] BGH NVwZ 1998, 1329 = ZfBR 1998, 321 (Bauvoranfrage/Verzögerung)
[476] BGHZ 150, 172 = NJW 2002, 1793 (Kassenärztliche Vereinigung); BGHZ 134, 268 = NVwZ 1997, 714 (Kernkraftwerk Mülheim-Kärlich)
[477] BGH MDR 1982, 555 = NVwZ 1982, 269 (Kreditwesen)
[478] BGH NVwZ 1994, 825 = MDR 1994, 558 (Schulausschuss/Beförderung); BGHZ 117, 240/250 = NJW 1992, 3229 (Hochwasserschutz)
[479] BGH NJW 1989, 96 = MDR 1988, 938 (Staatsanwalt/Beurteilungsspielraum); BGH VersR 1967, 602/604 (Verkehrsregelung); BGH MDR 1966, 661 = VersR 1966, 562 (Verkehrssicherungspflicht/Autobahnparkplatz)
[480] BGHZ 27, 338/343 = MDR 1958, 665 (Staatsanwalt/Pressemitteilung)
[481] im Hinblick auf die Bindungswirkung fraglich – BGH MDR 2001, 1112 = NVwZ 2002, 124 (Rechtsprechung des Bundesverwaltungsgerichts zum nicht verkündeten Planfeststellungsbeschluss)

153   ee) Die Richtlinie, dass den Beamten in der Regel kein Verschulden trifft, wenn ein Kollegialgericht die Amtstätigkeit als objektiv rechtmäßig angesehen hat, erfährt eine (weitere) Ausnahme im Fall der Überprüfung der „**Vertretbarkeit**" der Maßnahme des **Staatsanwalts**[482].

Der Bundesgerichtshof unterscheidet hier zwischen rechtmäßig und amtspflichtgemäß. Wenn der Beamte vertretbar gehandelt habe, könne das zwar amtspflichtgemäß, müsse aber nicht rechtmäßig gewesen sein[483]. Nur auf die Feststellung der Rechtmäßigkeit könne daher die allgemeine Richtlinie der Kollegialrechtsprechung Anwendung finden[484].

154   ff) Die Richtlinie setzt entsprechend ihrem Sinn und Zweck voraus, dass das Gericht das Verhalten des Amtsträgers als **rechtmäßig** beurteilt und nicht als **unverschuldet**[485]. Nur im ersten Fall kann, wenn die übrigen Voraussetzungen gegeben sind, die Entschuldigung greifen und die Richtlinie Bindungswirkung für die Gerichte auch im **Instanzenzug des Amtshaftungsprozesses**[486] herbeiführen[487].

155   gg) Auch das **Bundesverwaltungsgericht** wendet im Zusammenhang mit der Amtshaftung die Kollegialrichtlinie an.

Das Prinzip des Vorrangs des Primärrechtsschutzes (§ 839 Abs. 3 BGB)[488] gebietet, dass der Betroffene sich gegen das aus seiner Sicht rechtswidrige Verwaltungshandeln zur Wehr setzt[489].

Ergeht ihm gegenüber z.b. ein belastender Verwaltungsakt, hat er grundsätzlich nach – soweit erforderlich – (erfolglosem) Widerspruchsverfahren (§§ 68 ff VwGO) Anfechtungsklage zu erheben und kann auf die Fortsetzungsfeststellungsklage (§ 113 Abs. 1 S. 4 VwGO) übergehen, wenn sich der angefochtene Verwaltungsakt erledigt hat[490]. Er ist nicht darauf verwiesen, den Rechtsstreit in der Hauptsache für

---

[482] BGH NJW 1998, 751 = MDR 1998, 43; vgl. auch BGH NJW 1989, 96 = MDR 1988, 938 (§§ 152 Abs. 2, 170 Abs. 2 StPO)

[483] Reduzierter Prüfungsmaßstab: Der Beurteilungsspielraum wird nur überschritten, wenn bei voller Würdigung auch der Belange einer funktionstüchtigen Strafrechtspflege das Vorgehen der Staatsanwaltschaft nicht mehr verständlich ist – siehe BGH NJW 1989, 96 = MDR 1988, 938 (Einleitung und Einstellung des Ermittlungsverfahrens)

[484] BGH NJW 1998, 751/752 = MDR 1998, 43 (Haftbefehlsantrag); BGH NJW 2000, 2672 = MDR 2000, 952 (Anklageerhebung/hinreichender Tatverdacht)

[485] BGHZ 97, 97/107 = NJW 1986, 2309 (Kläranlage/Nachbarschutz)

[486] vgl. BGH NVwZ 1998, 878/879 = BGHR § 839 Abs. 1 S. 1 Verschulden 32 (Fortsetzung der Zwangsvollstreckung)

[487] Schmidt, NJW 1993, 1630/1631, fragt sich, ob dies nicht eine faktische Rechtsmittelbeschränkung darstellt; kritisch ebenfalls Detterbeck/Windthorst/Sproll/Windthorst, § 9 Rn. 187/188 (Richtlinie aufgeben) und Ossenbühl, S. 76 (Haftungsbegrenzung durch eigenständige Vertretbarkeitserwägung des jeweiligen Obergerichts ersetzt)

[488] vgl. ausführlich Axer, Primär- und Sekundärrechtsschutz im öffentlichen Recht, DVBl 2001, 1322

[489] BGHZ 113, 17/ 21ff = NJW 1991, 1168 (Verwaltungsakt/Primärrechtsschutz); BGH MDR 2001, 29 = VersR 2001, 1424 (Widerspruch/Verjährung)

[490] BVerwG NVwZ 1991, 570/572 ff.

erledigt zu erklären; vielmehr kann er beantragen, die Rechtswidrigkeit des erledigten Verwaltungsakts festzustellen. Für eine hierauf gerichtete Sachentscheidung bedarf der Feststellungsantrag eines besonderen berechtigten Interesses, das darin liegen kann, einen Amtshaftungs- oder sonstigen Entschädigungsprozess vor den ordentlichen Gerichten vorzubereiten[491].

Das Verwaltungsgericht prüft sodann im Rahmen des notwendigen Feststellungsinteresses vorab, „ob sich das Nichtbestehen des behaupteten zivilrechtlichen Anspruchs ohne eine ins Einzelne gehende Würdigung aufdrängt"[492].

Damit „berühren" sich Primär- und Sekundärrechtsschutz in der Frage des Verschuldens.

Das Bundesverwaltungsgericht wendet, wenn es um das Verschulden des Amtsträgers bei der Amtspflichtverletzung geht, ebenfalls die Kollegialrichtlinie an[493], im Wesentlichen nach den Voraussetzungen und mit den Einschränkungen, wie sie der Bundesgerichtshof in ständiger Rechtsprechung vertritt[494].

Darauf hinzuweisen bleibt, dass die Beurteilung des Verschuldens durch das Verwaltungsgericht im Rahmen des Feststellungsinteresses nach einem herabgesetzten Prüfungsmaßstab erfolgt[495]. Außerdem wird das Zivilgericht im Amtshaftungsprozess nicht von der eigenständigen Prüfung des Verschuldens enthoben[496].   **156**

c) Organisationsverschulden

Wenn das Verschulden eines oder einzelner Amtsträger nicht festgestellt werden   **157**
kann, führt das nicht notwendig zum Ausschluss der Amtshaftung.

Hier greift – als Auffangtatbestand – das Organisationsverschulden ein, wobei allgemein-zivilrechtlich zwischen dem betrieblichen[497] und dem körperschaftlichen[498] Organisationsverschulden unterschieden wird[499].

---

[491] Eyermann/Schmidt, VwGO, § 113 Rn. 83, 87 ff. m.w.N.; BVerwGE 100, 83/ 92 = NJW 1997, 71; vgl. insbesondere auch BVerwGE 111, 306 = NVwZ 2000, 1411 (Subsidiarität der Feststellungsklage gegenüber der beim Zivilgericht anhängigen Schadensersatzklage) und BVerwGE 81, 226 = NJW 1989, 2486 (Erledigung vor Klageerhebung/Amtshaftungsklage)

[492] BVerwGE 100, 83/92 = NJW 1997, 71 (Abgeschlossenheitsbescheinigung)

[493] z.B. BVerwG NVwZ 1999, 404 = JZ 1999, 89 (Berufungsgericht als Kollegialgericht)

[494] BVerwG VIZ 1996, 396 (falscher Sachverhalt); BVerwG NVwZ 1991, 270 = DVBl 1991, 51 (falscher Sachverhalt); BVerwG NZV 1995, 246 = DÖV 1996, 617 (nicht vertretbare Auslegung); BVerwG NVwZ 1992, 378 = DÖV 1992, 1069 (Wissensvorsprung des Beamten); BVerwG NVwZ 1989, 1156 = NJW 1990, 931 (Ermessen); vgl. aber auch BVerwG 2 ZB 28/93, Beschluss vom 23. März 1993: Je nach Einzelfall und Umfang der Prüfung können Entscheidungen im summarischen Verfahren als Richtlinie herangezogen werden (entg. der Rspr. des Bundesgerichtshofs) – unveröffentlicht

[495] BVerwGE 100, 92: Keine ins Einzelne gehende Würdigung

[496] BVerwG NVwZ 1985, 265 = NJW 1985, 990

[497] vgl. Palandt/Sprau, § 831 Rn. 16 m.w.N.

[498] vgl. Palandt/Heinrichs, § 31 Rn. 7, 8 m.w.N.

[499] siehe im einzelnen Hassold, Die Lehre vom Organisationsverschulden, JuS 1982, 583

Der Bundesgerichtshof setzt im Bereich des Amtshaftungsrechts die Amtspflicht voraus, den Dienstbetrieb so einzurichten, zu organisieren und zu überwachen, dass aus dessen Ablauf keine Schädigungen Dritter entstehen können.

Eine Überlastung oder Überforderung der in concreto handelnden Amtsträger, Ausfälle wegen Krankheit oder Urlaubs oder Nichteinstellung bzw. Nichtzurverfügungstellung des zur Aufgabenerfüllung notwendigen Personals schließen also über die Rechtsfigur des Organisationsverschuldens den schuldhaften Amtspflichtverstoß nicht aus, auch wenn ein persönlicher Schuldvorwurf gegenüber individuellen Amtsträgern nicht möglich ist[500].

d) Verschulden bei dienstlichen Weisungen und Anordnungen

158 Es ist an anderer Stelle dargestellt, dass rechtswidrigen Anordnungen und Weisungen im Verhältnis zum Bürger Bedeutung zukommt bei der Beantwortung der Frage, wen die Haftung trifft (Passivlegitimation)[501], ob das Verhalten des Angewiesenen eine Amtspflichtverletzung darstellt[502] und ob nach Drittschutzgesichtspunkten („Betroffenheit") bereits durch die Anweisung die Rechtssphäre des einzelnen verletzt sein kann[503].

Darüber hinaus ist hinsichtlich des Verschuldens der Beteiligten (Anweisender und Angewiesener) zu unterscheiden:

Die Gehorsamspflicht (§ 55 BBG) des angewiesenen Beamten entfällt, wenn das ihm aufgetragene Verhalten strafbar oder ordnungswidrig und die Strafbarkeit oder Ordnungswidrigkeit für ihn erkennbar ist oder das ihm aufgetragene Verhalten die Würde des Menschen verletzt (§ 56 Abs. 2 S. 3 BBG)[504].

Befolgt er dennoch eine solche Anweisung, begeht er einem Dritten gegenüber eine schuldhafte Amtspflichtverletzung[505].

Die Gehorsamspflicht besteht grundsätzlich auch bei rechtswidrigen Anordnungen.

Dies ergibt sich daraus, dass der Beamte nach erfolgloser Durchführung des **Remonstrationsverfahrens** im Sinne des § 56 Abs. 2 BBG eine von ihm als rechtswidrig angesehene Anordnung grundsätzlich ausführen muss, **er aber von der eigenen Verantwortung für die Rechtmäßigkeit des ihm dienstlich aufgetragenen Verhaltens befreit ist**[506].

---

[500] Münchener Kommentar/Papier, § 839 Rn. 293; vgl. auch Staudinger/Wurm, § 839 Rn. 228 m.w.N.; BGH VersR 1960, 909 (Röntgenreihenuntersuchung); BGHZ 66, 302/ 308/312 = WM 1976, 1093 (FernmeldeO); BGH MDR 1978, 296 = DVBl 1978, 146 (Amtspflicht zum Hinweis auf Baustufenordnung)

[501] Haftung der anweisenden Stelle – oben Rn. 135

[502] siehe oben Rn. 37

[503] siehe oben Rn. 106

[504] vgl. auch § 38 Abs. 2 S. 2 BRRG; abgewandelt § 11 Abs. 2 SoldatenG

[505] Staudinger/Wurm, § 839 Rn. 208

[506] BVerwG DÖD 2002, 217/219 = ZBR 2002, 139 (Postzusteller); nach Staudinger/Wurm, § 839 Rn. 208; vgl. auch BVerfG NVwZ 1995, 680 = DVBl 1995, 192 (Remonstration/ Evidenzfälle)

Entfällt daher beim Angewiesenen das Verschulden, kommt es auf das Verschulden des Anweisenden an, auf den „ein Stück Zuständigkeit" und „ein Teil von Amtspflichten" übergehen[507]. Fehlt dessen Verschulden, kommen nur noch verschuldensunabhängige Ansprüche wie etwa aus enteignungsgleichem- oder aufopferungsgleichem Eingriff in Betracht[508].

Grundsätze zum Verschulden:

Amtshaftung ist (formalisierte) **Verschuldenshaftung**.

Entfällt (ausnahmsweise) ein Verschulden, kann eine sondergesetzlich vorgesehene **Billigkeitshaftung** eingreifen.

Ist ein **Vorsatzausschluss** wegen Irrtums eingetreten, bleibt es bei einer **fahrlässig** begangenen Amtspflichtverletzung.

Das Verschulden muss sich nicht auf den **Schadenseintritt** beziehen (adäquater Kausalzusammenhang).

Der Amtsträger hat bei der Gesetzesauslegung und Rechtsanwendung die Gesetzes- und Rechtslage sorgfältig zu prüfen und die **höchstrichterliche Rechtsprechung im Einzelfall zu befolgen**.

Die **Richtlinie der Kollegialrechtsprechung** gilt nur unter bestimmten Voraussetzungen und mit erheblichen Einschränkungen.

Auch im Amtshaftungsrecht ist das **Organisationsverschulden** als Haftungsgrund anerkannt.

Rechtswidrige Anordnungen und Weisungen haben Bedeutung für die **Passivlegitimation**, stellen in der Person des Angewiesenen **keine Amtspflichtverletzung** dar und lassen bei ihm in der Regel das **Verschulden** entfallen.

VII. Kausalität und Schaden

1. Kausalität

Die Amtspflichtverletzung muss für den eingetretenen Schaden ursächlich sein.

a) Haftungsbegründende Kausalität

Die **haftungsbegründende** Kausalität ist für die Beantwortung der Frage von Bedeutung, ob eine konkrete Handlung eines Amtsträgers den Anspruchsteller **betroffen** hat.

159

Allerdings gibt es keine haftungsbegründende Kausalität zwischen Verletzungshandlung und Rechtsgutverletzung in § 839 Abs. 1 BGB, da, anders als im Tatbestand des § 823 Abs. 1 BGB, reiner Vermögensschutz über die Verletzung drittschützender Amtspflichten gewährt wird.

---

[507] BGH NJW 1977, 713 = MDR 1977, 476 (Weisung/Einfuhrstelle)
[508] Staudinger/Wurm, § 839 Rn. 208

Von daher gesehen beschränkt sich die Kausalitätsprüfung auf die **haftungsausfüllende** Kausalität[509].

b) Haftungsausfüllende Kausalität

Sie beurteilt sich wie auch im sonstigen Schadensersatzrecht nach den Grundsätzen des adäquaten Kausalzusammenhangs[510]. Es kommt darauf an, welchen Verlauf die Dinge bei pflichtgemäßem Verhalten des Beamten genommen hätten, und wie sich die Vermögenslage des Betroffenen in diesem Fall stellen würde[511]. Nur soweit die Vermögenslage des Verletzten bei pflichtgemäßem Verhalten des Beamten günstiger als die tatsächliche sein würde, hat die Amtspflichtverletzung den Schaden verursacht[512].

c) Adäquater Kausalzusammenhang

Der **adäquate Kausalzusammenhang** besteht, wenn die Amtspflichtverletzung im Allgemeinen und nicht nur unter besonders eigenartigen, ganz unwahrscheinlichen oder nach dem regelmäßigen Verlauf der Dinge außer Betracht zu lassenden Umständen zur Herbeiführung des Schadens geeignet war[513].

160   aa) Besteht die Amtspflichtverletzung in einem **Unterlassen**, dann kann ein Ursachenzusammenhang zwischen Pflichtverletzung und Schaden nur bejaht werden, wenn der Schadenseintritt bei pflichtgemäßem Handeln **mit an Sicherheit grenzender Wahrscheinlichkeit vermieden worden wäre**; eine bloße Möglichkeit, ebenso eine gewisse Wahrscheinlichkeit genügt nicht[514].

bb) Steht in Frage, welche Maßnahme oder Entscheidung bei amtspflichtgemäßem Verhalten getroffen worden wäre, ist für die **Entscheidung des Gerichts** (außerhalb des § 839 Abs. 2 BGB) nicht darauf abzustellen, wie es – etwa seiner Übung entsprechend – entschieden hätte, sondern wie es nach Auffassung des mit dem Amtshaftungsprozess befassten Gerichts richtiger Weise hätte entscheiden **müssen**.

Beispiel:

161   BGHZ 36, 144/154 f. = NJW 1962, 583 – Streitwertfestsetzung –

Im Verfahren der Streitwertfestsetzung entschied ein Senat des Kammergerichts nicht in der mit drei Richtern vorgesehenen Besetzung (§ 122 GVG). Die Streitwertfestsetzung benachteiligte den Kläger. Er machte Amtshaftungsansprüche geltend. Das Berufungsgericht des Amtshaftungsprozesses verneinte die Kausa-

---

509 Detterbeck/Windthorst/Sproll/Windthorst, § 9 Rn. 164
510 BGHZ 96, 157/172 = NJW 1986, 576 (Notarhaftung)
511 BGHZ 129, 226/232 f. = NJW 1995, 2344 (Stellenbesetzung); BGH NJW 1988, 1262/1263 = MDR 1988, 492 (Notarhaftung)
512 BGH VersR 1966, 286/289 (Ermessensentscheidung)
513 BGH MDR 1994, 558 = NVwZ 1994, 825 (Schulausschuss/Stellenbesetzung)
514 BGH MDR 1994, 776 = NVwZ 1994, 823 (Katastrophenschutz); BGHZ 34, 206/215 = NJW 1961, 868 (Verkehrssicherungspflicht); BGH NJW 1974, 453/455 = MDR 1974, 388 (Verkehrssicherungspflicht); weitere Beispiele aus der Rechtsprechung bei Staudinger/Wurm, § 839 Rn. 232

lität der Amtspflichtverletzung für den Schaden, weil auch bei richtiger Beset-
zung keine andere Entscheidung ergangen wäre.

*Dem hielt der Bundesgerichtshof entgegen, das Berufungsgericht habe **aus sei-***
***ner Sicht** zu prüfen und zu entscheiden, wie der Senat des Kammergerichts die*
*Streitwertsache **richtig hätte entscheiden müssen.***

cc) Geht es um die Maßnahme einer **Verwaltungsbehörde**, ist vorab zu klären, ob **162**
es sich um eine **Ermessensentscheidung** handelt oder nicht.

Für die Feststellung der Ursächlichkeit einer Amtspflichtverletzung ist, soweit es
nicht um eine Ermessensentscheidung geht[515], die Frage darauf zu richten, wie die
Behörde **nach Auffassung des über den Ersatzanspruch urteilenden Gerichts**
richtigerweise hätte entscheiden müssen[516]. Das ist hier nicht anders, wie wenn es
sich um die Überprüfung der vom Gericht zu treffenden Entscheidung handelt.

Kann die Behörde nach **Ermessen** entscheiden, darf das mit dem Amtshaftungs- **163**
anspruch befasste Zivilgericht sein Ermessen nicht an die Stelle des Ermessens der
Behörde setzen. Es wird geprüft, wie die Behörde bei fehlerfreiem Vorgehen entschieden hätte.

Die Kausalität zwischen Amtspflichtverletzung und Schaden ist danach nur dann
gegeben, wenn **feststeht**, dass eine andere den Schaden vermeidende Ermessensausübung vorgenommen worden wäre[517].

Kann (lediglich) nicht **ausgeschlossen** werden, dass die Behörde bei fehlerfreier
Ausübung des ihr eingeräumten Ermessens zu demselben Ergebnis gelangt wäre, ist
für einen Anspruch auf Schadensersatz kein Raum[518].

Bedeutsam für die Beurteilung fehlerfreier Ermessensausübung ist unter anderem, wie die Verwaltungsbehörde **nach ihrer sonstigen Übung** in gleichen oder
in ähnlichen Fällen ihr Ermessen auszuüben pflegte und demgemäß entschieden
hätte[519].

dd) Am haftungsrechtlichen **Zurechnungszusammenhang** zwischen schädigen- **164**
dem Ereignis und Schaden kann es fehlen, wenn der Geschädigte (oder ein Dritter)
in völlig ungewöhnlicher oder unsachgemäßer Weise in den schadensträchtigen Geschehensablauf eingreift und eine weitere Ursache setzt, die den Schaden endgültig
herbeiführt[520].

Eine Unterbrechung des adäquaten Zusammenhangs hat der Bundesgerichtshof
verneint, wenn das Tätigwerden eines Dritten (Kündigung eines Vertrages) gerade

---

[515] vor allem im Zusammenhang mit Rechtsfragen, bei gebundenem Verwaltungshandeln und
auch bei einer Ermessensreduzierung auf Null
[516] siehe z.B. BGH NVwZ 1988, 283 = MDR 1988, 127 (Genehmigung nach § 24 Abs. 2
LuftVG/Drachenflug); weitere Nachweise bei Staudinger/Wurm, § 839 Rn. 234
[517] BGH VersR 1982, 275 (Jagdschein)
[518] BGH VersR 1985, 887 (Ablehnung eines Bauantrags)
[519] Staudinger/Wurm, § 839 Rn. 234 m.w.N.
[520] BGHZ 137, 11 = NJW 1998, 138 (falsche Auskunft des Rentenversicherungsträgers)

darauf beruht, dass der Schädiger ihn **vorsätzlich veranlasst**, in die Rechtsstellung des Geschädigten einzugreifen[521].

Der Zurechnungszusammenhang kann unterbrochen sein, wenn der Geschädigte von der Möglichkeit, den Schadenseintritt durch Inanspruchnahme gerichtlichen Schutzes zu verhindern, keinen Gebrauch macht, vielmehr mit dem Abschluss eines Vergleichs den Schaden verwirklicht[522].

Der Bejahung des adäquaten Zusammenhangs steht grundsätzlich nicht entgegen, dass der Schaden letztlich erst durch eine **unrichtige Gerichtsentscheidung** eingetreten ist[523].

Keine Unterbrechung des haftungsrechtlichen Zusammenhangs sieht der Bundesgerichtshof, wenn im **gestuften atomrechtlichen Genehmigungsverfahren** Mängel des bisherigen Verfahrens behoben werden sollen und beim Wechsel im Genehmigungssystem weitere Fehler gemacht werden[524].

165 ee) Den Einwand des **rechtmäßigen Alternativverhaltens** berücksichtigt der Bundesgerichtshof schon nach allgemeinem Schadensersatzrecht[525].

Das gilt auch für den Bereich des Amtshaftungsrechts, wenn Ansprüche auf fehlerhaft zustande gekommenen behördlichen Entscheidungen beruhen und der Einwand dahin geht, dass bei ordnungsgemäßem Verfahren eine gleich lautende behördliche Entschließung hätte stattfinden müssen, der Schaden also auch bei pflichtgemäßem Verhalten eingetreten wäre.

Das rechtmäßige Alternativverhalten wird nicht dem Kausalzusammenhang im Sinne der Äquivalenz zugeordnet; vielmehr, so der Bundesgerichtshof[526], geht es um die der Bejahung des Kausalzusammenhangs nachfolgende Frage, inwieweit einem Schadensverursacher die Folgen seines pflichtwidrigen Verhaltens bei wertender Betrachtung billiger Weise zugerechnet werden können. Das bestimmt sich nach dem Schutzzweck der jeweils verletzten Norm[527].

---

[521] BGH NJW 1989, 1924 = MDR 1989, 522 (Kündigung eines Detektivvertrages); siehe auch BGH NJW 1992, 2086 = MDR 1992, 650 (verfrühte Zwangsvollstreckung); BGH NJW 1988, 1262 = MDR 1988, 492 (Zweithandlung des Geschädigten/Herausforderung)

[522] Frage des Einzelfalls – BGH NJW 1989, 99 = MDR 1988, 1035 (Kündigung des Arbeitsverhältnisses hervorgerufen durch amtspflichtwidriges Handeln); vgl. auch BGHR BGB § 839 Abs 1 S 1 Zurechnungszusammenhang 4 (Amtspflichtverletzung und Kündigung eines Mandatsverhältnisses)

[523] BGHZ 137, 11 = NJW 1998, 138 (Falsche Auskunft des Rentenversicherungsträgers und Entscheidung des Familiengerichts)

[524] BGHZ 134, 268/300 ff. = NVwZ 1997, 714 (Kernkraftwerk Mülheim-Kärlich)

[525] BGH NJW 2000, 661/663 = MDR 2000, 1008 (Ausschreibung und Zuschlag)

[526] BGHZ 96, 157 = NJW 1986, 576 (Notarhaftung)

[527] Detterbeck/Windthorst/Sproll/Windthorst, § 9 Rn. 170, verweisen deshalb darauf, dass der Einwand des rechtmäßigen Alternativverhaltens schon im Rahmen der Drittbezogenheit zu prüfen sei

Beispiel:

BGHR BGB § 839 Abs 1 S 1 Kausalität 10 – Entsorgung giftiger Abfälle –

Eine Behörde hatte sich geweigert, mit giftigen Gegenständen (Kühlschränke) durchsetzte Shredderabfälle zur Entsorgung auf einer Deponie entgegenzunehmen. Die Ausschließung der Klägerin war verwaltungsrechtlich nicht korrekt vorgenommen[528] worden.

Der Bundesgerichtshof ließ den Einwand rechtmäßigen Alternativverhaltens durchgreifen, denn die vergifteten Abfälle waren zur Entsorgung auf der Deponie ungeeignet. Daher musste das Lagerungsverbot sofort durchgesetzt und nicht erst der Abschluss eines möglicherweise langwierigen Widerspruchsverfahrens abgewartet werden[529].

Liegen Eingriffe in Grundrechtspositionen vor wie z.B. in das Eigentum in Form der Baufreiheit[530], sind diese nur unter den gesetzlichen Voraussetzungen zulässig, zu denen die Einhaltung der für etwaige Beschränkungen erforderlichen **formellen Wirksamkeitsvoraussetzungen** gehört[531]. **166**

Wie bereits erörtert – und das gilt auch für den Einwand des rechtmäßigen Alternativverhaltens – kommt es auf die Rechtsauffassung des mit dem Amtshaftungsanspruch befassten Gerichts an, wie richtiger Weise hätte entschieden werden müssen. Bei Ermessensentscheidungen ist maßgebend, wie die Behörde bei fehlerfreiem Vorgehen entschieden hätte[532].

Der Einwand des rechtmäßigen Alternativverhaltens kann nur durchgreifen, wenn das jeweilige Ergebnis **rechtmäßig** hätte herbeigeführt werden können oder müssen[533]. Schließlich entfällt eine Haftung nicht, wenn der Beamte eine andere zu demselben Ergebnis führende – rechtswidrige – Maßnahme hätte treffen können, **ohne sich einem Schuldvorwurf auszusetzen** (schuldloses Alternativverhalten)[534]. **167**

---

[528] der Verwaltungsakt war nicht mit der Anordnung sofortiger Vollziehung verbunden, so dass dem Widerspruch der Klägerin aufschiebende Wirkung zukam

[529] siehe auch BGHZ 143, 362 m.w.N. = NVwZ 2000, 1206 (Widerruf einer wasserrechtlichen Erlaubnis); BGH NJW 1998, 1307 = MDR 1998, 346 (Kanalisation/Berechnungsregen); BGH MDR 2001, 1232 = VersR 2002, 1237 (Zurückstellung eines Baugesuchs); BGH MDR 2001, 1212 = VersR 2002, 714 (Verzögerte Behandlung einer Bauvoranfrage); BGH NJW 1995, 2778 = MDR 1995, 1122 (Vollzug eines unrichtigen Steuerbescheids)

[530] vgl. BGH MDR 2001, 1232 = VersR 2002, 1237 (Zurückstellung eines Baugesuchs)

[531] hier – BGH MDR 2001, 1232 – § 15 BauGB und aufschiebende Wirkung des Widerspruchs. Fehlende Anordnung des Sofortvollzugs; siehe auch BGH MDR 2001, 1112: Zurückstellung eines Baugesuchs und unwirksamer Planaufstellungsbeschluss nach § 2 BauGB

[532] vgl. Staudinger/Wurm, § 839 Rn. 240 m.w.N., ob die Frage der – hypothetischen – rechtmäßigen Ausübung des Ermessens eine solche der Kausalität ist oder in den Rahmen des rechtmäßigen Alternativverhaltens gehört

[533] Staudinger/Wurm, § 839 Rn. 242

[534] BGH NJW 1986, 2952 = MDR 1986, 649 (Vollzug eines Steuerarrests); BGH VersR 1993, 1521 = NVwZ 1994, 409 (Genehmigung nach § 15 StBauFG); OLG Köln VersR 1996, 456 (§ 15 BauGB – im Nichtannahmebeschluss des Bundesgerichtshofs – NVwZ-RR 1996, 65 – wird die Frage des schuldlosen Alternativverhaltens nicht weiter erörtert)

Grundsätze zur Kausalität:

Da, anders als in § 823 Abs. 1 BGB, reiner Vermögensschutz gewährt wird, stellt sich in dieser Hinsicht grundsätzlich nicht die Frage der **haftungsbegründenden Kausalität.**

Im Rahmen der **haftungsausfüllenden Kausalität** kommt es auf den **adäquaten Kausalzusammenhang** zwischen Pflichtverletzung und Schaden an.

Besteht die Pflichtverletzung in einem **Unterlassen**, ergibt sich ein Ursachenzusammenhang nur, wenn **feststeht**, dass der Schaden bei pflichtgemäßem Handeln nicht eingetreten wäre. Das gilt auch für (fehlerhafte) Ermessensentscheidungen; dabei darf das Gericht aus seiner Sicht nicht das **Ermessen der Behörde ersetzen.**

Der Zurechnungszusammenhang kann bei „**ungewöhnlichen**" Eingriffen **unterbrochen** sein.

Der Einwand **rechtmäßigen Alternativverhaltens** kann – dem Kausalzusammenhang nachfolgend – die **Zurechnung von Schadensfolgen** entfallen lassen.

Schuldloses – rechtswidriges – **Alternativverhalten** findet keine Berücksichtigung.

2. Schaden

Art und Umfang des Schadensersatzes richten sich nach §§ 249 ff. BGB.

a) Schadensausgleich

168 Der Ausgleich durch Schadensersatz hat das Ziel, die Vermögenslage herzustellen, die bei pflichtgemäßem Verhalten des Beamten eingetreten wäre[535].

Da die Haftung aus § 839 BGB nicht wie die aus § 823 Abs. 1 BGB einen Eingriff in bestimmte Rechtsgüter voraussetzt, sondern nur allgemein einen Vermögensschaden verlangt, muss (lediglich) die wirtschaftliche Güterlage einer Person beeinträchtigt sein[536].

169 Handelt es sich jedoch um Amtspflichtverletzungen, die die **Straßenverkehrssicherungspflicht** betreffen, orientiert sich der Bundesgerichtshof am Rechtsgüterschutz des § 823 Abs. 1 BGB.

---

[535] BGH MDR 1973, 35 = VersR 1973, 54 (Schadensersatz der Ehefrau/betriebliche Beteiligung)

[536] BGH MDR 1980, 126 = VersR 1979, 1053 (Fluglotsen/Amtsmissbrauch/entgangener Gewinn)

Beispiel:

> BGHZ 60, 54 = NJW 1973, 463 – Straßenverkehrssicherungspflicht –
>
> *Die geschädigte Klägerin betrieb ein Fuhrunternehmen. Ein von ihr beförderter Container wurde wegen Verletzung der Verkehrssicherungspflicht beschädigt. Die Klägerin beanspruchte u.a. Ersatz des Schadens, der darin bestand, dass sie wegen des nicht erfüllten Beförderungsvertrages Schadensersatzansprüchen ihres Vertragspartners ausgesetzt war (**Haftungsinteresse**).*
>
> *Der Bundesgerichtshof[537] verwies darauf, dass ohne gesetzliche Ausgestaltung der Verkehrssicherungspflicht als Amtspflicht[538] ein Ersatz nur nach § 823 Abs. 1 BGB zu leisten gewesen wäre. Dies würde die Verletzung eines darin genannten Schutzgutes voraussetzen. Ein solches sei hier nicht verletzt, sondern allgemein das Vermögen (ohne den „Filter" der Schutzgutverletzung). Dem Landesgesetz sei nicht zu entnehmen, dass das Land den Kreis der geschützten Drittinteressen habe erweitern und die Verkehrsteilnehmer auch als Träger anderer als der in § 823 Abs. 1 BGB genannten Rechtsgüter mit der Folge habe schützen wollen, dass jeder Vermögensschaden ersetzt werde[539].*

b) Geldersatz und Naturalrestitution

Die Amtshaftung gewährt grundsätzlich nur einen Anspruch auf **Geldersatz. Natu**   **170**
ralrestitution (§ 249 Abs. 1 BGB) ist ausgeschlossen.

Die Amtshaftung ist aus der persönlichen Haftung des Amtswalters abgeleitet und wird (lediglich) durch Art. 34 GG auf den Staat oder die sonstige haftpflichtige Körperschaft **übergeleitet**, deren Haftung im Außenverhältnis zum Geschädigten mithin an die Stelle der Eigenverantwortlichkeit des Beamten tritt. Das bedeutet, dass § 839 BGB einen Anspruch nur auf solche Leistungen begründet, die, wie Geldersatz, von dem Beamten auch persönlich erbracht werden können[540]. Dieser kann (könnte) nicht mit Hilfe eines gegen ihn persönlich gerichteten Schadensersatzanspruchs zu einer bestimmten weiteren Amtsführung gezwungen werden[541].

Aus der **Konnexität** von Haupt- und Nebenanspruch[542] folgt, dass Nebenansprüche   **171**
auf Auskunftserteilung und Abgabe der eidesstattlichen Versicherung, die der Durchsetzung von Geldersatzansprüchen dienen, nach § 839 BGB verfolgt und durchgesetzt werden können, auch wenn solche Erklärungen amtliches Handeln darstellen[543].

---

[537] erörtert wird auch anderweitiger Ersatz
[538] Landesregelungen aufgeführt bei Kodal/Krämer/Grote, Straßenrecht, S. 1341 und bei Staudinger/Wurm, § 839 Rn. 669
[539] sehr streitig – vgl. Kodal/Krämer/Grote, Straßenrecht, 6. A., S. 153 f. m.w.N.
[540] BGHZ 121, 367/374 = NJW 1993, 1799 (Bachlauf/Wiederherstellung des Grundstücks) – Rechtswegentscheidung
[541] BGH GSZ 34, 99/104 = NJW 1961, 658 (Widerruf ehrenkränkender Behauptungen); BGHZ 67, 92/100 = NJW 1976, 2303 (Widerruf eines Befehls) – Rechtswegentscheidung
[542] BGH NJW 1990, 1358 = MDR 1990, 529 (Auskunft/Herausgabe); BGH GSZ 67, 81/91 = NJW 1976, 1941 (Auskunft/Verwaltungshandeln) – Rechtswegentscheidung
[543] BGHZ 78, 274/276 f. = NJW 1981, 675 (Amtshaftung/Nebenansprüche)

Der Bundesgerichtshof begründet das letztlich damit, andernfalls würden die besonderen Regeln, die sich für die gegenseitigen Leistungen aus dem öffentlich-rechtlichen Leistungsverhältnis ergeben, und die **gerichtliche Zuständigkeit** dort, wo über den Erfüllungsanspruch **nicht die Zivilgerichte zu entscheiden haben**, umgangen werden können[544].

c) Schadensarten

172 Ersatzfähig können als adäquat verursachte Vermögensschäden sein Aufwendungen für **erfolglose Prozesse** sowie schadensmindernde **Aufwendungen für berichtigende Darstellungen und Gegenerklärungen**[545], **entgangener Gewinn**[546], entgangenes Einkommen im Zusammenhang mit einer öffentlich-rechtlichen Dienststellung, aber nur, wenn es um die **Zusicherung der Einstellung** oder um eine hierauf bezogene **sittenwidrige Schädigung** geht[547].

173 Der Verlust oder die Vorenthaltung einer tatsächlichen oder rechtlichen Position, auf die der Geschädigte nach der Rechtsordnung keinen Anspruch hat, stellt keinen ersatzfähigen Schaden dar. So ist ein tatsächlich zu erwartender Gewinn nicht zu erstatten, wenn er nur durch **Verletzung eines gesetzlichen Verbots** hätte erzielt werden können[548].

d) Immaterielle Schäden

174 Schon nach bisheriger Gesetzes- und Rechtslage war im Falle der Verletzung des Körpers oder der Gesundheit sowie im Falle der Freiheitsentziehung eine billige Entschädigung in Geld zu gewähren, wenn durch eine schuldhafte Amtspflichtverletzung diese Schutzgüter verletzt worden sind (§ 847 Abs. 1 BG a.F. i.V.m. § 253 BGB a.F.)[549].

Daran hat der neu gefasste § 253 Abs. 2 BGB, der § 847 BGB a.F. aufgenommen hat, für das Amtshaftungsrecht nichts geändert[550].

---

[544] BGHZ 87, 9/18 f. = NJW 1983, 2311 (öffentlich-rechtlicher Vertrag/Eignungsprüfung); vgl. auch BGHZ 11, 212/213 (Beamter/Trennungsentschädigung); BGHZ 27, 73 = NJW 1958, 1183 (Treuhandfonds)

[545] BGHZ 78, 274 = NJW 1981, 675 (Persönlichkeitsverletzung)

[546] BGH MDR 1993, 48 = NVwZ 1992, 1119 (faktische Bausperre)

[547] fraglich – BGHZ 23, 36/46/49 = NJW 1957, 539 (Rechtswegentscheidung); vgl. noch RGZ 103, 429/430 zur Rechtsprechung des Reichsgerichts in Bezug auf den Eingriff des ordentlichen Gericht in öffentlich-rechtliche Rechtsverhältnisse (Rechtswegentscheidung)

[548] BGHZ 125, 27/34 = NJW 1994, 858 (Irak-Embargo); zu weiteren Einzelfällen aus der Rspr. betr. erstattungsfähige Schäden Staudinger/Wurm, § 839 Rn. 250

[549] BGHZ 12, 278/282 (Schmerzensgeld und BundesentschG); BGH NJW 1964, 1177 = MDR 1964, 298 (Freiheitsentziehung); BGHZ 122, 363/368 = NJW 1993, 2173 (militärische Tiefflüge)

[550] die sexuelle Selbstbestimmung ist als Schutzgut generell einbezogen – vgl. Däubler, Die Reform des Schadensersatzrechts, JuS 2002, 625/626

Im Bereich der öffentlich-rechtlichen Ersatzleistungen ist hingegen von erheblicher Bedeutung, dass Schmerzensgeld[551] auch bei dem Anspruchsgrund der **öffentlich-rechtlichen Vertragshaftung**, der **Gefährdungshaftung** und möglicherweise auch der **Aufopferung** geschuldet sein kann[552].

e) Verletzung des Persönlichkeitsrechts und Schmerzensgeld

Anerkannt ist, dass ein Amtshaftungsanspruch wegen der **Verletzung des Persönlichkeitsrechts** auch die Zahlung einer Entschädigung in Geld (Schmerzensgeld) für immaterielle Nachteile zum Gegenstand haben kann, wenn es sich um einen schwerwiegenden Eingriff in das Persönlichkeitsrecht handelt und die Beeinträchtigung des Betroffenen nicht in anderer Weise befriedigend ausgeglichen werden kann[553]. **175**

In § 253 Abs. 2 BGB n.F. ist das allgemeine Persönlichkeitsrecht zwar nicht aufgeführt. Im Hinblick auf die Rechtsprechung des Bundesgerichtshofs, der das allgemeine Persönlichkeitsrecht verfassungsrechtlich durch Art. 1 GG und Art. 2 GG garantiert und zugleich zivilrechtlich nach § 823 Abs. 1 BGB geschützt sieht[554], bedurfte es keiner Verankerung in § 253 Abs. 2 BGB n.F.[555].

f) Sonstige schadensersatzrechtliche Grundsätze

Im Übrigen gelten im Amtshaftungsrecht die allgemeinen schadensersatzrechtlichen Grundsätze unter Berücksichtigung dessen, dass reiner Vermögensschutz geboten wird und eine Eingrenzung unter Drittschutzgesichtspunkten erfolgt[556].

Letzteres bedeutet, dass die Schäden, die nicht vom **sachlichen Schutzbereich der verletzten Amtspflicht** erfasst sind, von vornherein keine Berücksichtigung finden können.

Grundsätze zum Schaden:

Art und Umfang des Schadens bestimmen sich nach **§§ 249 ff. BGB**.

Naturalrestitution ist grundsätzlich ausgeschlossen.

Im Übrigen gelten die allgemeinen schadensersatzrechtlichen Grundsätze.

Zu achten ist darauf, ob geltend gemachte Schäden nach den Gesichtspunkten **sachlichen Drittschutzes** überhaupt erstattungsfähig sind.

---

[551] zur Terminologie siehe Anm. Jaeger zu BGH VersR 2004, 332,336 f. = NVwZ 2004, 510 LS (Freiheitsentzug/Persönlichkeitsverletzung)

[552] Dötsch, Öffentlich-rechtlicher Schmerzensgeldanspruch?, NVwZ 2003, 185/186; siehe unten Rn. 804, 805

[553] BGH VersR 2004, 332, 335 f. (Freiheitsentzug/Persönlichkeitsverletzung); BGHZ 143, 214/218 = NJW 2000, 2195 („Marlene Dietrich"); BGH NJW 1994, 1950/1952 = MDR 1994, 773 (Pressemitteilung der Staatsanwaltschaft);

[554] BGHZ 143, 214/218 = NJW 2000, 2195 („Marlene Dietrich")

[555] Palandt/Heinrichs, § 253 Rn. 10 m.w.N.

[556] vgl. Staudinger Wurm zur Ein-Mann-Gesellschaft § 839 Rn. 243, zur Drittschadensliquidation Rn. 244, zur Schadensentstehung Rn. 251 und zum Grundsatz der Vorteilsausgleichung Rn. 253 jeweils m.w.N. aus der Rspr.

VIII. Einschränkung der Amtshaftung

1. Das Verweisungsprivileg des § 839 Abs. 1 S. 2 BGB

a) Subsidiarität

176 Für die Haftung des Beamten ist gesetzlich die Subsidiarität vorgesehen. Fällt dem amtspflichtwidrig handelnden Beamten (lediglich) **Fahrlässigkeit** zur Last, so kann er nur in Anspruch genommen werden, wenn der Verletzte nicht auf andere Weise Ersatz zu erlangen vermag.

Der Grundsatz dieser Subsidiarität sollte nach dem ursprünglichen gesetzgeberischen Anliegen dem **Schutz des Beamten** dienen. Dieser sei ständig genötigt, im allgemeinen Interesse zu handeln und könne durch eine zu weit gehende Verschuldenshaftung in seiner **Entschlussfreiheit** gehemmt sein[557].

Da das Verweisungsprivileg entsprechend der damaligen Rechtslage im Zusammenhang mit der **persönlichen Haftung des Beamten** zu sehen ist, andererseits der Staat oder die sonst haftende Körperschaft im Falle ihrer Eigenhaftung (Art. 34 S. 1 GG) auch auf die Möglichkeit anderweitigen Ersatzes verweisen kann[558], läuft der ursprüngliche Schutzzweck leer. Das hat erhebliche Kritik hervorgerufen[559].

Der **Bundesgerichtshof** hat den Anwendungsbereich der Subsidiaritätsregel im Laufe der Zeit **zunehmend eingeschränkt** aber nur punktuell und ohne sie grundsätzlich in Frage zu stellen, da ein Ausschalten der Verweisungsklausel nicht der gegenwärtigen gesetzlichen Lage entspreche[560].

Im Anschluss an Wurm[561] ist aufbaumäßig zu prüfen, ob das Verweisungsprivileg **überhaupt anwendbar ist** und, wenn ja, ob **bestimmte anderweitige Ansprüche** Ersatzmöglichkeiten im Sinne des § 839 Abs. 1 S. 2 BGB darstellen.

b) Subsidiarität und Teilnahme am Straßenverkehr

177 Das Verweisungsprivileg bei der dienstlichen Teilnahme eines Amtsträgers am **allgemeinen Straßenverkehr** entfällt schlechthin, soweit **keine Sonderrechte** in Anspruch genommen werden.

Das begründet der Bundesgerichtshof damit, für den allgemeinen Straßenverkehr habe sich ein eigenständiges Haftungssystem entwickelt, in dem der **Grundsatz**

---

[557] BGH GSZ 13, 88/100 m.w.N. (Amtshaftung/Enteignungsentschädigung); BGHZ 49, 267/277 f. = NJW 1968, 696 (Stationierungsschaden/Sozialversicherung)

[558] st. Rspr. – BGHZ 113, 164/166 f. = NJW 1991, 1171 (Teilnahme am Straßenverkehr); BGHZ 120, 124/125 f. = NJW 1993, 1647 (Durchsetzbarkeit eines Anspruchs)

[559] Ossenbühl, S. 79 m.w.N; Detterbeck/Windthorst/Sproll/Windthorst, § 10 Rn. 8: § 839 Abs. 1 S. 2 BGB ist vom Beamtenprivileg zum Fiskusprivileg mutiert

[560] BGH MDR 1992, 648/649 = NVwZ 1992, 911 (Architekt/anderweitiger Ersatz); vgl. zum Sinn der Klausel im Zusammenhang mit Außenhaftung und Rückgriff BGHZ 79, 26/31 = NJW 1981, 623 (gesetzliche Krankenversicherung) sowie Staudinger/Wurm, § 839 Rn. 267 m.w.N. und Detterbeck/Windthorst/Sproll/Windthorst, § 10 Rn. 9 m.w.N.

[561] Staudinger/Wurm, § 839 Rn. 269

haftungsrechtlicher Gleichbehandlung aller Verkehrsteilnehmer gelte. In diesem Ordnungssystem gebe es keine Rechtfertigung für die haftungsrechtliche Benachteiligung etwaiger Mitschädiger, die bei Geltung des Verweisungsprivilegs den auf den Beamten/Staat entfallenden Haftungsanteil sonst mittragen müssten[562].

Nimmt der Beamte im Straßenverkehr jedoch **Sonderrechte** nach § 35 Abs. 1 StVO in Anspruch[563], ist sein Verhalten nicht das eines jeden sonstigen Verkehrsteilnehmers, denn der Amtsträger beansprucht Rechte, die diesem nicht zustehen. Hierdurch könnten, so der Bundesgerichtshof[564], Gefahren herbeigeführt werden, die für den allgemeinen Verkehr nicht typisch seien.		**178**

In derartigen Fällen der Geltung des Verweisungsprivilegs bleibt daher zu prüfen, ob eine anderweitige Ersatzmöglichkeit etwa in Form von **Versicherungsansprüchen** besteht[565].

c) Subsidiarität und Straßenverkehrssicherungspflicht

Bis auf das Land Hessen ist in den anderen Bundesländern die **Pflicht zur Sicherung der öffentlichen Wege und Straßen** den damit betrauten Beamten als **Amtspflicht** auferlegt[566]. Die Haftung für hierauf bezogene Pflichtverletzungen richtet sich daher nach § 839 BGB und nicht nach § 823 BGB.		**179**

Nachdem der Bundesgerichtshof ursprünglich die Anwendung des Verweisungsprivilegs bejaht hatte[567], übernahm er später[568] die für die Teilnahme am allgemeinen Straßenverkehr geltenden Haftungsgrundsätze auch für die öffentlich-rechtliche Verkehrssicherungspflicht und zwar aus der Erwägung, die Pflicht zur Sorge für die Sicherheit einer öffentlichen Straße stehe in einem engen Zusammenhang mit den Pflichten, die einem Teilnehmer am öffentlichen Straßenverkehr obliegen würden[569].

---

[562] dazu auch Krohn, Zum Stand des Rechts der staatlichen Ersatzleistungen nach dem Scheitern des Staatshaftungsgesetzes, VersR 1991, 1085/1088 f.

[563] § 35 Abs. 1 StVO: Von den Vorschriften dieser Verordnung sind die Bundeswehr, der Bundesgrenzschutz, die Feuerwehr, der Katastrophenschutz, die Polizei und der Zolldienst befreit, soweit das zur Erfüllung hoheitlicher Aufgaben dringend geboten ist

[564] BGHZ 113, 164/168 = NJW 1991, 1171 (Wartungsfahrzeug/ § 35 Abs. 6 S. 1 StVO); BGHZ 85, 225/228 f. = NJW 1983, 1667 (Streifenwagen/§ 35 Abs. 1 StVO)

[565] siehe unten Rn. 180, 190 ff.

[566] Zusammenstellung der Länderregelungen bei Staudinger/Wurm, Rn. 669

[567] BGHZ 60, 54/63 = NJW 1973, 460 (§ 67 VVG/§ 3 PflichtVersG); BGH NJW 1973, 463 = MDR 1973, 299 (Containerfall) mit Bespr. Mayer, NJW 1973, 1918

[568] BGHZ 75, 134/138 = NJW 1979, 2043 (Kanaldeckel)

[569] BGHZ 118, 368/371 f. m.w.N. = NJW 1992, 2476 (Streu- und Räumpflicht/Abwälzung auf Anlieger); BGHZ 123, 102 = NJW 1993, 2612 (Straßenbaum/Anliegerschutz); zu weiteren Fällen der Außerkraftsetzung des Verweisungsprivilegs durch gesetzliche Regelungen vgl. Staudinger/Wurm, § 839 Rn. 274

d) Weitere Einschränkung des Verweisungsprivilegs

180 Gilt das Verweisungsprivileg, so wird dessen Reichweite durch den Grundsatz eingeschränkt, dass der Geschädigte nicht auf solche Ersatzmöglichkeiten verwiesen werden darf, die er sich **unter Aufwendung eigener Mittel verschafft oder die er durch von ihm verdiente Leistungen Dritter erlangt hat**[570]. Dabei darf es sich nicht um Leistungen handeln, die mit dem Ziel gewährt werden, **endgültig Schäden aufzufangen**, die ihren Grund in der unerlaubten Handlung eines außerhalb des Leistungsverhältnisses stehenden Dritten hatten[571].

190 **Beispiele fehlender anderweitiger Ersatzmöglichkeit im Hinblick auf Versicherungsleistungen und Bezüge:**
- BGHZ 70, 7 = NJW 1978, 495 (französische gesetzliche Unfallversicherung)
- BGHZ 79, 26 = NJW 1981, 623 (gesetzliche Krankenversicherung)
- BGH NJW 1983, 2191 = MDR 1983, 825 (gesetzliche Unfallversicherung/Rentenversicherung)
- BGHZ 79, 35 = NJW 1981, 626 (private Krankenversicherung)
- BGHZ 100, 313 = NJW 1987, 2664 (private Feuerversicherung)
- BGHZ 85, 230 = NJW 1983, 1668 (Kaskoversicherung)
- BGHZ 129, 23 = NJW 1995, 1830 (Kaskoversicherung)
- BGH MDR 2000, 212 = VersR 2000, 356 (Kaskoversicherung)
- BGHZ 62, 380 = NJW 1974, 1767 (Lohnfortzahlung)
- BGHZ 62, 394 = NJW 1974, 1769 (Erhöhung der Grundrente)

e) Verweisung und Haftung aus anderem Rechtsgrund

191 Soweit der Beamte oder die haftende Körperschaft außer aus Amtspflichtverletzung auch aus einem **anderen Rechtsgrund** ersatzpflichtig ist – Ansprüche also auf einer anderen rechtlichen Grundlage beruhen, aber gegen denselben in Anspruch Genommenen gerichtet sind – kann auf diesen anderen Rechtsgrund nicht verwiesen werden, soweit er selbständig neben der Amtshaftung besteht[572].

Die Frage des Verhältnisses mehrerer Ansprüche bzw. mehrerer Anspruchsgrundlagen wird bei der Anspruchskonkurrenz erörtert[573].

f) Verweisung auf andere Hoheitsträger

192 Im Unterschied zur Haftung eines **einzigen Hoheitsträgers** wegen desselben Lebenssachverhalts aus **verschiedenen Rechtsgründen** kann sich die Frage der Verweisung aufwerfen, wenn zugleich **andere Hoheitsträger** wegen einer Amtspflichtverletzung haften, die aus demselben Tatsachenkreis entspringt[574].

---

[570] beginnend mit BGHZ 70, 7/8 f. = NJW 1978, 495 (Leistungen der gesetzlichen – französischen – Unfallversicherung)

[571] BGHZ 91, 48/54 = NJW 1984, 2097 (Leistung der Haftpflichtversicherung des Kfz-Halters oder Kfz-Führers)

[572] BGH GSZ 13, 88/104 (Amtshaftung/Enteignungsentschädigung); BGHZ 49, 267/275 = NJW 1968, 696 (Stationierungsschaden); BGHZ 50, 271/273 = NJW 1968, 1962 (§ 839 BGB/§§ 7 ff. StVG); anders noch BGHZ 4, 10/45 (ReichsleistungsG)

[573] siehe unten Rn. 811 ff.

[574] Staudinger/Wurm, § 839 Rn. 279: Vermögensrechtliche Einheit der öffentlichen Hand

Ließe man eine derartige Subsidiarität zu, könnte der durch eine Amtspflichtverletzung Geschädigte von einer Stelle der öffentlichen Hand an eine andere verwiesen und hierdurch rechtlos gestellt werden. Um dies zu vermeiden, hat die Rechtsprechung den Grundsatz entwickelt, dass bei fahrlässiger Herbeiführung eines Schadens durch mehrere Beamte verschiedener Körperschaften, die Amtspflichten verletzt haben, keine der haftenden Körperschaften[575] sich darauf berufen kann, dass der Geschädigte ja von der anderen Körperschaft Ersatz verlangen könne[576].

Beispiel:

BGHZ 118, 263 = MDR 1992, 875 – Bauvoranfrage –

Der Kläger stellte eine Bauvoranfrage betr. den Abbruch bestehender Gebäude und die Neuerrichtung eines Wohnhauses. Die Gemeinde versagte das Einvernehmen. Der – rechtswidrige – ablehnende Bescheid der Bauaufsichtsbehörde war in erster Linie darauf gestützt worden, bei dem geplanten Vorhaben sei die Erschließung nicht gesichert. Das war, nach außen erkennbar, das Ergebnis einer eigenen Sachprüfung und Überzeugungsbildung der Baubehörde. Die Versagung des Einvernehmens der Gemeinde war lediglich als zusätzlicher Grund für die Ablehnung angeführt. Die Entscheidung der Behörde war also auf zwei nebeneinander bestehende Gründe gestützt, von denen aus der Sicht der Behörde jeder für sich allein genommen bereits geeignet war, das ablehnende Ergebnis zu tragen.

Der Bundesgerichtshof lehnte eine wechselseitige Verweisung ab und rechnete die ablehnende Entscheidung der Gemeinde sowie der Bauaufsichtsbehörde in gleicher Weise haftungsrechtlich mit der Konsequenz zu, dass, bei Rechtswidrigkeit beider Versagungsgründe Gesamtschuldnerschaft gem. § 840 Abs. 1 BGB eintritt[577].

g) Verweisung und Verlust des Anspruchs

Der Grundsatz der Haftungseinheit der öffentlichen Hand schlägt auch insoweit **193** durch, als die eine Stelle nicht mit Erfolg einwenden kann, der Geschädigte habe den anderweitigen Anspruch gegen die andere Stelle verloren. Sofern die verschiedenen Ansprüche demselben Tatsachenkreis entspringen, gilt das Verweisungsprivileg selbst dann nicht, wenn der Anspruch – sei es auch aus Verschulden des Geschädigten – nicht mehr durchsetzbar ist[578].

---

[575] oder Beamten – vgl. schon RGZ 141, 283/286 sowie RGZ 169, 317/320

[576] Rechtsprechungsnachweise bei Staudinger/Wurm, § 839 Rn. 280

[577] kritisch Ossenbühl, S. 115, 116 im Hinblick auf die Kausalität; vgl. auch BGHZ 134, 316 = NJW 1997, 1229 (gemeindliches Einvernehmen/enteignungsgleicher Eingriff); BGH NJW 1993, 3065 = MDR 1993, 1182 (gemeindliches Einvernehmen)

[578] BGH NJW 1962, 791 = MDR 1962, 379 (Gemeinde/Landkreis/Straßenverkehrssicherungspflicht: nach heutiger Rechtsauffassung stellt sich die Frage des anderweitigen Ersatzanspruch schon vom Ansatz her nicht mehr, da das Verweisungsprivileg – unabhängig vom Anspruch – in dem Fall nicht gilt); siehe auch BGH VersR 1960, 994/995 (Ferienhilfswerk)

h) Staat und Notar

194   Verweisungsprobleme können auch auftreten zwischen dem Staat und sonstigen öffentlich-rechtlichen Körperschaften einerseits und Notaren – auch untereinander – andererseits.

Der Notar ist Inhaber eines ihm vom Staat übertragenen Amtes und steht dabei zum Staat nicht wie der Beamte in einem öffentlich-rechtlichen Dienstverhältnis, wohl aber in einem persönlichen öffentlich-rechtlichen Treueverhältnis[579].

Seine **persönliche** Haftung wegen der Verletzung einer einem anderen gegenüber obliegenden Amtspflicht folgt aus § 19 Abs. 1 S. 1 BNotO mit der (eingeschränkten[580]) Verweisungsmöglichkeit nach § 19 Abs. 1 S. 2 BNotO.

195   Bei Amtspflichtverletzungen der Notare im Landesdienst von Baden-Württemberg[581] haftet gem. § 839 Abs. 1 BGB i.V.m. Art. 34 S. 1 GG jedoch das Land an Stelle des Notars[582]; das Land kann uneingeschränkt den Subsidiaritätseinwand nach § 839 Abs. 1 S. 2 BGB für sich in Anspruch nehmen[583]. In allen Fällen ist eine gegenseitige Verweisung unstatthaft[584].

196   Hieran ändert sich auch nichts, wenn der Notar ein Amtsgeschäft nach §§ 23, 24 BNotO wahrgenommen hat. Zwar entfällt dann die Haftungssubsidiarität zwischen Notar und Auftraggeber. Das soll den Auftraggeber aber nur begünstigen. Daher wird dessen Recht, „sich ohne Darlegung des Fehlens einer anderweitigen Ersatzmöglichkeit wahlweise an den Notar oder den anderen Amtsträger (bzw. an die für diesen haftende Körperschaft) zu halten, durch § 19 Abs. 1 S. 2, Halbs. 2 BNotO nicht eingeschränkt"[585].

Damit lässt sich im Falle fahrlässiger Pflichtverletzung auch hier der Grundsatz zum Ausdruck bringen, dass im Verhältnis der „Beteiligten" keine Verweisung aber eine gesamtschuldnerische Haftung stattfindet[586].

---

[579] BVerfGE 17, 371/377 = NJW 1964, 1516 (Württemberg)
[580] Amtsgeschäfte nach § 23 BNotO (Verwahrungsgeschäfte) und § 24 BNotO (notarielle Rechtsbetreuung)
[581] vgl. zu den landesrechtlichen Besonderheiten Arndt/Lerch/Sandkühler, BNotO, 4. A., § 3 Rn. 24–39
[582] BGH MDR 1995, 823 = VersR 1995, 168
[583] Rechtslage nach dem 25. November 1985 – siehe Haug, Amtshaftung des Notars, 2. A., Rn. 375/376
[584] BGHZ 135, 354/367 = NJW 1998, 142 (Untreue des Notars/Vertrauensschadensanspruch); BGHZ 123, 1/7 = NJW 1993, 3061 (Grundstücksverkehrsrecht); BGH NJW 1984, 1748/1749 = MDR 1984, 656 (Grundbuchamt); BGHZ 31, 5/13 = NJW 1960, 33 (Testament)
[585] BGH NJW 1984, 1748/1749 = MDR 1984, 656 (Grundbuchamt/Notar als Erfüllungsgehilfe); vgl. auch BGH VersR 1964, 320/323 (Verwahrungstätigkeit)
[586] BGHZ 135, 354/367 = NJW 1998, 142 (Untreue des Notars) mit Anm. Ossenbühl, JZ 1998, 45, insbesondere zur Aufsichtspflicht, zum Drittschutz, zur Verweisung und zur Vertrauensschadensversicherung als anderweitigem Ersatz; vgl. auch Haug, Rn. 182/183 und Arndt/Lerch/Sandkühler, § 19 Rn. 14–16, 172

i) Möglichkeit anderweitigen Ersatzes

Es muss die **Möglichkeit** bestehen, anderweitigen Ersatz zu erlangen. **197**

Die Susidiaritätsklausel stellt nicht allein darauf ab, ob ein auf anderweitigen Schadensausgleich gerichteter Anspruch des Geschädigten besteht oder bestanden hat. Vielmehr muss der Ersatzanspruch auch durchsetzbar und die Rechtsverfolgung zumutbar sein. Beide Erfordernisse gehen ineinander über.

aa) An der **Durchsetzbarkeit** fehlt es, wenn der Dritte vermögenslos ist oder wenn eine Rechtsverfolgung oder Zwangsvollstreckung im Ausland stattfinden müsste und **deshalb** keine begründete Aussicht auf baldige Verwirklichung besteht[587]. Überhaupt kann der Geschädigte nicht auf zukünftige, ungewisse Möglichkeiten verwiesen werden und auch nicht auf solche Ersatzmöglichkeiten, die ihm nur nach und nach eine Befriedigung in kleineren Beträgen verschaffen[588].

bb) Das neben die Durchsetzbarkeit tretende Kriterium der **Zumutbarkeit** bezieht **198** sich auf die Anstrengungen, die dem Geschädigten zur Verwirklichung des Anspruchs angesonnen werden können.

Unzumutbar ist die Rechtsverfolgung nicht schon allein aus dem Grund, weil der Ersatzanspruch gegen den Ehegatten oder gegen einen Angehörigen gerichtet ist[589].

Die Unzumutbarkeit kann – je nach Einzelfall – bejaht werden, wenn hinsichtlich des anderweitigen Ersatzes schwierige Rechtsfragen geklärt werden müssen[590].

Bei der Beurteilung der Zumutbarkeit ist grundsätzlich der Zeitpunkt der Erhebung der Amtshaftungsklage maßgebend[591]. Der Beklagte kann sich sodann nicht darauf berufen, dass sich für den Geschädigten nach Klageerhebung die Möglichkeit ergeben habe, anderweitigen Ersatz zu erhalten[592].

cc) Die Versäumung, eine früher vorhandene Ersatzmöglichkeit wahrzunehmen, be- **199** freit den Geschädigten nicht von der Verweisung jedenfalls dann, wenn die Unterlassung schuldhaft[593] erfolgt ist[594]. Das setzt die positive Kenntnis des Verletzten

---

[587] BGH NJW 1976, 2074 = MDR 1977, 124 (Testamentsvollstreckerzeugnis); BGH VersR 1961, 653/655 = BGHZ 35, 111/116 (Verkehrssicherungspflicht bzgl. Nord-Ostseekanal/ Rechtsstellung der Lotsen); BGH VersR 1969, 422/423 (Notarhaftung); BGHZ 209/218 (Ortspolizeibehörde)

[588] BGH VersR 1966, 237/238 (Verkehrsunfall); BGH NJW 1982, 988/989 = MDR 1982, 210 (Verkehrsunfall/Rückgriff Mutter-Sohn)

[589] BGHZ 61, 101/109 ff. = NJW 1973, 1654 (Ehegatten/Schmerzensgeld); BGH NJW 1979, 1600/1601 = MDR 1979, 826 (Vater-Sohn/Hoferbe); BGHZ 75, 134/136 = NJW 1979, 2043 (Ehegatten/materieller Schaden)

[590] BGH NJW 1997, 2109/2110 = VersR 1997, 967 (Zivildienstleistender/Einsatzfahrt); siehe in diesem Zusammenhang auch BGHZ 146, 385 = MDR 2001, 563 (Zivildienstleistender/Einsatzfahrt/§ 10 AKB)

[591] BGHZ 120, 124/131 = NJW 1993, 1647 (Ansprüche gegen Bauunternehmer/Bauherr); BGH VersR 1964, 732/734 (Architekt/Verkehrssicherungspflicht)

[592] so schon RGZ 100, 128/129

[593] entsprechend dem Grundsatz des § 254 Abs. 2 BGB

[594] BGH NJW 1999, 2038/2040 m.w.N. = MDR 1999, 641 (§ 19 BNotO und § 839 BGB)

von der Entstehung dieses Schadens voraus[595] und des weiteren, dass der Anspruchsteller von einer ihm zumutbaren Möglichkeit, seinen Schaden zu decken, keinen Gebrauch gemacht hat[596].

Beispiel:

> BGH MDR 1992, 648 = VersR 1992, 698 – verjährte Ersatzansprüche –
>
> *Der Bauherr machte gegen die Bauaufsichtsbehörde einen Amtshaftungsanspruch geltend, weil ihm für ein von seinem Architekten geplanten Bauvorhaben*[597] *eine rechtswidrige Baugenehmigung erteilt worden war. Ersatzansprüche gegen den Architekten waren verjährt.*
>
> *Der Bundesgerichtshof hat das Verweisungsprivileg durchgreifen lassen, denn schuldhafte Säumnis liege in der Regel vor, wenn der Geschädigte den Ersatzanspruch gegen den Dritten habe verjähren lassen.*

201 Als **nicht verschuldet** ist es angesehen worden, dass der Geschädigte nach der (fehlerhaften) Verweigerung des Armenrechts (der Prozesskostenhilfe) von einem weiteren Vorgehen gegen den Drittschädiger Abstand genommen hatte[598]. Schuldlos verhält sich der Geschädigte auch, wenn er eine erstinstanzliche Abweisung der Klage hinnimmt, es sei denn, die Fehlerhaftigkeit der Entscheidung ist ohne weiteres erkennbar[599].

202 dd) Besteht oder bestand eine anderweitige – durchsetzbare und zumutbare – Ersatzmöglichkeit, **entsteht schon kein Amtshaftungsanspruch.**

Die Unmöglichkeit, anderweitig Ersatz zu erlangen, bildet einen Teil des Tatbestands, aus dem der Amtshaftungsanspruch hergeleitet wird. Ist das negative Tatbestandsmerkmal nicht gegeben[600], fällt nicht etwa die Einstandspflicht weg; sie kommt vielmehr gar nicht zur Entstehung[601].

Daher kann auch die Eigenhaftung des Beamten nicht „aufleben". Er kann nur im Rahmen des nach Art. 34 S. 2 GG möglichen Rückgriffs vom Dienstherrn in Anspruch genommen werden.

ee) Es kann auch nicht zu einem gesamtschuldnerischen Ausgleich gem. §§ 840, 426 Abs. 1 BGB kommen, weil wegen des Ausschlusses nach § 839 Abs. 1 S. 2 BGB

---

[595] RGZ 145, 258/261

[596] BGH VersR 1958, 373/375 (Notar)

[597] der Bundesgerichtshof stellt in bauplanerischer Sicht erhebliche Leistungsanforderungen an den Architekten – vgl. BGH NJW-RR 1999, 1105 = BauR 1999, 1195; auch BGH NJW 2001, 3054 = MDR 2001, 1293 (Immissionsschutz); zur genehmigungsfähigen Bauplanung und zur Architektenhaftung siehe die Zusammenstellung der Rechtsprechung bei Löffelmann/Fleischmann, Architektenrecht, 4. A., Rn. 212–214

[598] BGH VersR 1957, 612/614 (Gemeinde/Land)

[599] Staudinger/Wurm, § 839 Rn. 300 m.w.N.

[600] vom Kläger als Anspruchsvoraussetzung darzulegen und notfalls zu beweisen – instruktiv BGH NJW 2002, 1266 = VersR 2002, 1024 (Baugenehmigung/Anspruch gegen Baufirma); unter Beweisgesichtspunkten siehe unten Rn. 288

[601] BGHZ 91, 48/51 = NJW 1984, 2097 (Lichtzeichenanlage)

kein Amtshaftungsanspruch und damit auch kein Gesamtschuldverhältnis begründet wird[602].

Grundsätze zur anderweitigen Ersatzmöglichkeit:

Im Falle einer fahrlässigen Amtspflichtverletzung hat der Geschädigte **darzulegen** und zu **beweisen**, dass keine anderweitige Ersatzmöglichkeit besteht oder bestand (negative Anspruchsvoraussetzung).

Hinsichtlich der Anwendung des Verweisungsprivilegs ist vorab zu prüfen, **ob dieses überhaupt Anwendung findet.** Ist das der Fall, kann nicht auf solche Ersatzmöglichkeiten verwiesen werden, die sich der Geschädigte **unter Aufwendung eigener Mittel verschafft oder die er durch von ihm verdiente Leistungen Dritter erlangt hat.** Dabei darf es sich nicht um Leistungen handeln, **die Schäden endgültig auffangen sollen.**

Eine Verweisung findet nicht statt bei **verschiedenen selbständigen Ansprüchen gegen einen Hoheitsträger** und auch dann nicht, wenn Ansprüche gegen **verschiedene Hoheitsträger** bestehen (vermögensrechtliche Einheit der öffentlichen Hand). In der Regel tritt eine **gesamtschuldnerische Haftung** ein.

Der Anspruch gegen den Dritten muss **durchsetzbar** und die Rechtsverfolgung **zumutbar** sein.

Ist eine **frühere Ersatzmöglichkeit schuldhaft versäumt worden,** befreit das den Geschädigten nicht von der Verweisung.

Greift die Subsidiarität, **entsteht schon kein Amtshaftungsanspruch** und somit auch **kein Gesamtschuldverhältnis.**

---

2. Der Einwand mitwirkenden Verschuldens nach § 254 BGB

§ 254 BGB beschränkt die Ersatzpflicht des Schädigers, wenn bei der Entstehung (Abs. 1) oder der Entwicklung (Abs. 2) des Schadens ein Verschulden des Geschädigten mitgewirkt hat.

a) Allgemeines

Der Vorschrift liegt der allgemeine Rechtsgedanke zugrunde, dass der Geschädigte für jeden Schaden mitverantwortlich ist, bei dessen Entstehung er in zurechenbarer Weise mitgewirkt hat[603]. Die Bestimmung gilt, soweit keine Sondervorschriften bestehen[604] – § 839 Abs. 3 BGB ist eine solche Sonderregelung des mitwirkenden Verschuldens, das ohne Abwägung zum völligen Anspruchsverlust

203

---

[602] BGHZ 61, 351/358 = NJW 1974, 360: Denn nach § 426 Abs. 1 S. 1 BGB findet ein Ausgleich zwischen den Gesamtschuldnern nur statt, „soweit nicht ein anderes bestimmt ist". Hier schließt § 839 Abs. 1 S. 2 BGB schon die Entstehung eines Anspruchs und damit ein Gesamtschuldverhältnis überhaupt aus

[603] BGHZ 52, 166/168 = NJW 1969, 1899 (Schiffskollision)

[604] vgl. Palandt/Heinrichs, § 254 Rn. 10

führt[605] – gegenüber allen Schadensersatzansprüchen unabhängig davon, auf welchem Rechtsgrund sie beruhen.

204   So wird § 254 BGB entsprechend angewandt auf öffentlich-rechtliche Ansprüche[606].

Er findet Anwendung sowohl auf die (übergeleitete) Amtshaftung als auch auf die persönliche Haftung des Beamten im statusrechtlichen Sinn.

Tatbestandlich ist in jedem Fall vorab zu prüfen, ob der Geschädigte nach dem Schutzzweck der behördlichen Maßnahme überhaupt schützenswertes Vertrauen für sich in Anspruch nehmen kann, denn es ist nicht erst eine Frage des mitwirkenden Verschuldens im Sinne des § 254 BGB, sondern bereits eine solche der objektiven Reichweite des dem Betroffenen durch das Amtshaftungsrecht oder die Ordnungsbehördenhaftung gewährten Vermögensschutzes, ob die in Rede stehende begünstigende Maßnahme (etwa: Auskunft, Verwaltungsakt[607]) ihrer Art nach überhaupt geeignet ist, eine „Verlässlichkeitsgrundlage" für auf sie gestützte Aufwendungen, Investitionen und dergleichen zu bilden.

Besteht grundsätzlich Vertrauensschutz, bleibt Raum für die Anwendbarkeit der Grundsätze des Mitverschuldens. Diese spielen vor allem eine Rolle im Baugenehmigungsverfahren, wenn eine Baugenehmigung erteilt ist, der Bau begonnen wird und dann von der rechtswidrig erteilten Baugenehmigung kein weiterer Gebrauch mehr gemacht werden kann[608].

b) Sonderverbindung

205   § 254 Abs. 2 S. 2 BGB, der die entsprechende Anwendung des § 278 BGB (Verschulden des Erfüllungsgehilfen) vorsieht, ist zwar sowohl im Fall des Verschuldens bei der Schadensabwendung und Schadensminderung, als auch im Fall des Verschuldens bei der Entstehung des Schadens anzuwenden[609].

Bei unerlaubten Handlungen ist aber das Verschulden gesetzlicher Vertreter und Erfüllungsgehilfen bei der **Entstehung** eines Schadens dem Geschädigten nicht nach

---

[605] BGH NJW 1997, 2327 = MDR 1997, 790 (Notar/Erinnerung an Testamentserrichtung)

[606] BGHZ 90, 17/32 ff. = NJW 1984, 1169 (enteignungsgleicher Eingriff); BGHZ 63, 240 = NJW 1975, 384 (BauGB/Übernahmeanspruch); BGHZ 56, 57/64 f. = NJW 1971, 1694 (enteignungsgleicher Eingriff); BGHZ 45, 290/294 ff. = NJW 1966, 1859 (Aufopferung); BVerwGE 82, 24 = NJW 1989, 2484 (Folgenbeseitigung); BVerwGE 50, 102/108 = MDR 1976, 784 und BVerwGE 34, 123/130 = MDR 1970, 443 (Regress/Mitverschulden des Dienstherren)

[607] BGHZ 149, 50/53 m.w.N. = NJW 2002, 432 (Baugenehmigung)

[608] BGH NVwZ 2002, 122 = DVBl 2001, 1439 (Baustilllegung); BGH NJW 1985, 1692 = MDR 1986, 30 (voreiliger Baubeginn/Architekt); BGH NJW 1985, 265 = WM 1984, 1139 (sofortige Vollziehbarkeit/Nachbarwiderspruch); BGH NJW 1975, 1968 = DVBl 1976, 176 (Nachbarwiderspruch); siehe unten zum Baugenehmigungsverfahren Rn. 578 ff.

[609] BGHZ 1, 248/249 (gesetzlicher Vertreter); Staudinger/Schiemann, BGB, 13. Bearb., § 254 Rn. 95 m.w.N.

§ 278 BGB zuzurechnen, denn Voraussetzung ist, so die Rechtsprechung, dass eine Verbindlichkeit oder das einer Verbindlichkeit Ähnliche zwischen Schädiger und Geschädigtem zur Zeit der fraglichen Handlung(en) bereits bestanden haben muss[610].

Die Rechtsprechung wertet daher § 254 Abs. 2 S. 2 BGB als **Rechtsgrundverweisung**[611].

Sind Leistungsbeziehungen des öffentlichen Rechts vorhanden wie etwa das Schulbenutzungsverhältnis, öffentlich-rechtliche Treuhandverhältnisse, Verwaltungsverhältnisse oder das Beamtenverhältnis, die förmlich und eng ausgestaltet sind, ist § 278 BGB ohne weiteres anwendbar[612]. **206**

Eine relevante Sonderverbindung ist angenommen worden, wenn im Baugenehmigungsverfahren nach Erteilung der Baugenehmigung monatelange Verhandlungen für den Bauherrn durch seinen Architekten und Steuerberater stattgefunden haben[613]. **207**

Nicht ausreichend ist die gegenüber dem Verletzten bestehende allgemeine Verkehrssicherungspflicht[614]. Des weiteren hat der Bundesgerichtshof eine Sonderverbindung abgelehnt im Fall der Benutzung eines öffentlichen Kinderspielplatzes[615] oder des Besuchs eines Friedhofs durch die Angehörigen des dort beigesetzten Toten[616].

Nach Vorliegen des schädigenden Ereignisses und zwar schon für die Zeit zwischen der Begehung der Amtspflichtverletzung und dem Schadenseintritt ist die erforderliche Sonderverbindung gegeben, so dass eine uneingeschränkte Zurechnung stattfindet[617].

Die Frage mitwirkenden Verschuldens über §§ 254, 278 BGB stellt sich jedoch dann nicht, wenn der geschädigte Ersatzansprüche gegen Dritte hat[618].

---

[610] BGHZ 1, 248/249 ff. unter Bestätigung der st. Rspr. des Reichsgerichts; vgl. auch BGHZ 33, 136 (Mündel)
[611] siehe die Ausführungen von Staudinger/Schiemann, a.a.O. § 254 Rn. 95 ff.
[612] BGH NJW 1964, 1670/1671 = MDR 1964, 658 (Schulbenutzungsverhältnis); weitere Nachweise bei Palandt/Heinrichs, § 254 Rn. 65
[613] BGH NJW 1994, 2087/2089 = MDR 1994, 1215 (Vertrauen) – m.E. ein nicht verallgemeinerungsfähiger Sonderfall! Vgl. auch BGH MDR 1995, 823 = NJW-RR 1995, 248 (Notar) mit der fragwürdigen Aussage, ein Mitverschulden der Rechtsanwälte als Verrichtungsgehilfen komme in Betracht – siehe BGH BB 1957, 306
[614] BGH VersR 1959, 729/732 (Ortsdurchfahrt)
[615] BGHZ 103, 338/342 = NJW 1988, 2667
[616] BGH NJW 1977, 1392/1394 = MDR 1977, 829
[617] BGHZ 33, 136/140 (Mündel); BGHZ 9, 316/319 (Bahnunfall/HaftpflG)
[618] Staudinger/Wurm, § 839 Rn. 258 m.w.N.

c) Rechtsprechungsgrundsätze zu mitwirkendem Verschulden im Zusammenhang mit der Amtshaftung

208   aa) Der Bürger darf grundsätzlich von der „Rechtmäßigkeit der Verwaltung" ausgehen. Er darf darauf **vertrauen**, dass die Behörden das ihnen Obliegende richtig und sachgemäß tun, und braucht – selbst in schwieriger Lage – zunächst nicht in Betracht zu ziehen, dass die Behörde falsch handeln werde, so lange er nicht hinreichenden Anlass zu Zweifeln hat[619].

Vertrauen darf der Bürger vor allem in dienstliche Auskünfte einer Behörde[620], und regelmäßig ist auch ein Schuldvorwurf gegen ihn nicht begründet, wenn er nicht klüger ist als die mit der Sache befassten Beamten[621].

Insgesamt liegt ein Mitverschulden nicht vor, wenn der Betroffene das ihm zumutbare Maß an Aufmerksamkeit und Sorgfalt bei der Besorgung seiner Angelegenheiten aufgewandt hat[622].

209   bb) Im allgemeinen ist eine schuldhafte Mitverursachung des Schadens durch den Geschädigten nicht darin zu sehen, dass er selbst durch sein **Verhalten** Anlass zu dem Verfahren oder sonstigen Maßnahmen gegeben hat, in deren Rahmen die Amtspflichtverletzung vorgekommen ist. Selbst wenn der Geschädigte sich gesetzeswidrig verhalten hat, behält er das Recht darauf, dass gegen ihn nur dem Gesetz gemäß verfahren wird[623].

cc) Auch wenn man sich einer rechtswidrigen Verwaltungspraxis **widersetzt**, vermag das keinen Mitverschuldensvorwurf zu begründen[624].

dd) Ein **konkreter Schadenshinweis** kann vom Bürger erst dann verlangt werden, wenn er erkennt, dass die Behörde allgemeine Mitteilungen nicht ernst nimmt[625].

210   ee) Bei **Vorsatz** des Schädigers tritt ein fahrlässiges Mitverschulden des Geschädigten in der Regel zurück[626]. Das gilt auch für den Bereich der Amtshaftung[627]. Wird aber die **Schadensminderungspflicht** des § 254 Abs. 2 BGB verletzt, gibt es dieses Zurücktreten nicht und es ist abzuwägen[628].

---

[619] BGH WM 1968, 1167/1168 = BB 1968, 1264 (Vollziehungsbeamter/Sparkassenbuch)
[620] BGH VersR 1959, 919/923 (Rentenauskunft)
[621] BGHZ 108, 224/230 = NJW 1990, 381 (Altlasten)
[622] Staudinger/Wurm, § 839 Rn. 261 m.w.N.
[623] BGHR BGB § 254 Abs 1 Amtshaftung 1 (Amtspflichtverletzung durch Sozialamt); BGH VersR 1963, 748 (Entziehung der Kassenzulassung)
[624] BGH MDR 1980, 38/39 = VersR 1979, 1056 (fehlerhafte Anwendung von Prüfungsbestimmungen)
[625] BGH MDR 1965, 467/468 (Einweisung); kritisch dazu Staudinger/Wurm, § 839 Rn. 263 a.E.; siehe auch BGH MDR 1982, 554/555 = VersR 1982, 293 (Bedenken gegen Vollstreckung)
[626] BGHZ 98, 148/159 = NJW 1986, 2941 (Juristische Person)
[627] RGZ 156, 220/239 (Invalidenversicherung)
[628] vgl. RGZ 148, 48/58 f.; Palandt/Heinrichs, § 254 Rn. 53 m.w.N.

> Hinsichtlich des Mitverschuldens ist vorab zu prüfen, ob der Geschädigte – personal und sachlich – überhaupt schützenswertes Vertrauen in Anspruch nehmen kann.
>
> Fremdverschulden kann nach § 278 BGB erst nach Entstehen einer Sonderverbindung zugerechnet werden.
>
> Der Bürger darf grundsätzlich auf die Rechtmäßigkeit des Verwaltungshandelns vertrauen.
>
> Bei Vorsatz des Schädigers tritt ein fahrlässiges Mitverschulden des Geschädigten in der Regel zurück. Das gilt nicht für die Schadensminderungspflicht.

3. Primärrechtsschutz

a) Einlegung eines Rechtsmittels

Die Ersatzpflicht tritt gemäß § 839 Abs. 3 BGB nicht ein, „wenn der Verletzte vorsätzlich oder fahrlässig unterlassen hat, den Schaden durch Gebrauch eines Rechtsmittels abzuwenden". **211**

Diese Bestimmung geht – als besondere Ausprägung des § 254 BGB – davon aus, dass (nach Treu und Glauben) nur demjenigen Schadensersatz zuerkannt werden kann, der sich in gehörigem und ihm zumutbaren Maße für seine eigenen Belange eingesetzt und damit den Schaden abzuwenden bemüht hat[629].

Der Vorrang des Primärrechtsschutzes vor dem des Sekundärrechtsschutzes ist für alle Rechtsbereiche anerkannt[630]. Vor allem hat der Betroffene kein freies Wahlrecht zwischen dem primären Rechtsschutz durch Geltendmachung primärer Rechtsbehelfe und der sekundären Geltendmachung von Entschädigungsansprüchen[631].

b) Vollständiger Haftungsausschluss

Während § 254 BGB erlaubt, Einzelfallumstände zu berücksichtigen und gegeneinander abzuwägen, was zu einer Anspruchsminderung b.z.w. Schadensteilung führen kann, besteht diese Möglichkeit im Rahmen des § 839 Abs. 3 BGB nicht. **212**

Auch eine leicht fahrlässige Mitverursachung des Schadens führt selbst dann zum vollständigen Haftungsausschluss, wenn die Amtspflichtverletzung grob fahrlässig und sogar vorsätzlich begangen worden ist[632].

---

[629] BGHZ 56, 57/63 = NJW 1971, 1694 (Eingriff in Gewerbebetrieb)
[630] BGHZ 138, 247/251 = NJW 1998, 2051 (Staatsanwalt/Amtspflichtverletzung)
[631] BVerfG NJW 2000, 1401/1402 = DVBl 2000, 350 (Enteignungsgleicher Eingriff)
[632] Münchener Kommentar/Papier, § 839 Rn. 329 m.w.N.

c) Schutzzweck

213   § 839 Abs. 3 BGB und die subsidiäre Haftung nach § 839 Abs. 1 S. 2 BGB hatten die ursprüngliche Zielrichtung, den – leistungsschwachen – Beamten vor einer Inanspruchnahme zu schützen[633].

Der Haftungsausschluss zugunsten der öffentlichen Hand hat deshalb im Hinblick auf die ursprüngliche Zielsetzung vor allem deshalb erhebliche Kritik erfahren[634], weil die Rechtsprechung den Begriff „Rechtsmittel" sehr weit auslegt.

d) Unmittelbarkeit des Rechtsmittels

Das Tatbestandsmerkmal „Rechtsmittel" soll nach der Rechtsprechung des Bundesgerichtshofs alle Rechtsbehelfe umfassen, die sich **unmittelbar** gegen die schädigende Amtshandlung oder Unterlassung selbst richten und nach gesetzlicher Ordnung ihre Beseitigung oder Berichtigung bezwecken und ermöglichen[635].

e) Arten der Rechtsbehelfe

214   Von der Rechtsprechung als Rechtsmittel anerkannt sind z.B. folgende Rechtsbehelfe:

Förmliche Rechtsbehelfe

- Widerspruch nach § 69 VwGO[636]
    - Anfechtungsklage nach § 42 Abs.1 1. Alt. VwGO[637]
    - Verpflichtungsklage nach § 42 Abs. 1 2. Alt. VwGO[638]
    - Untätigkeitsklage nach § 75 VwGO[639]
    - Antrag nach § 80 Abs. 5 VwGO[640]
    - einstweilige Anordnung nach § 123 VwGO[641]
    - Antrag auf Aussetzung der Vollziehung nach § 361 Abs. 2 AO i.V.m. § 69 Abs. 2 FGO[642]

Zu weiteren förmlichen Rechtsbehelfen siehe Nachweise bei Staudinger/Wurm[643].

---

[633] vgl. BGHZ 56, 57/63 = NJW 1971, 1694 (Eingriff in Gewerbebetrieb)
[634] Münchener Kommentar/Papier, § 839 Rn. 330: das Haftungsprivileg bei einer den Staat treffenden Amtshaftung ist sinnlos und rechtspolitisch untragbar; Detterbeck/Windthorst/Sproll, § 10 Rn. 48: Zielsetzung im Falle einer Haftungsübernahme des Staates unhaltbar
[635] z.B. BGHZ 123, 1/7 = NJW 1993, 3061 (Veräußerungsgenehmigung/Fristverlängerung)
[636] BGH NVwZ 2001, 468 = MDR 2001, 29
[637] BGHZ 113, 17/20 = NJW 1991, 1168
[638] BGHZ 90, 17/23 = NJW 1984, 1169
[639] BGH NVwZ 1992, 298/299 = MDR 1991, 1145
[640] BGHZ 96, 1 = NJW 1986 1107 (insoweit in BGHZ nicht abgedruckt)
[641] BGH VersR 1997, 238 = MDR 1997, 357; BGHZ 130, 332/338 = NJW 1995, 2918
[642] BGH VersR 1984, 947 = WM 1984, 1276
[643] § 839 Rn. 351

Formlose Rechtsbehelfe

- Dienstaufsichtsbeschwerde, Gegenvorstellung und Erinnerung an Erledigung eines Antrages[644]
  - Einwendungen im familienrechtlichen Verfahren[645]
  - Antrag eines Beamten auf Beförderung[646]

Zu weiteren nicht förmlichen Rechtsbehelfen siehe Nachweise bei Staudinger/Wurm[647].

Fraglich ist, ob der **sozialrechtliche Herstellungsanspruch**[648] ein Rechtsmittel darstellt. **215**

Die Geltendmachung dieses Anspruchs hat nach einer Entscheidung des Bundesgerichtshofs zwar eine die Verjährung unterbrechende Wirkung[649]. Da dieser Anspruch aber wie der Folgenbeseitigungsanspruch auf die **Beseitigung** von öffentlichen Unrechtslasten abzielt, mithin die Eingriffsfolgen betrifft[650], dürfte es am Erfordernis der **Verhinderung** der Schadensfolgen fehlen[651].

f) Gebrauch eines Rechtsmittels

Der „Gebrauch" eines Rechtsmittels – zumindest im förmlichen Sinn – ist nur dessen verfahrensmäßig ordnungsgemäße Einlegung. **216**

Die Unvollständigkeit oder Unrichtigkeit der Begründung rechtfertigt die Anwendung des § 839 Abs. 3 BGB nicht[652]. Fehlt aber jede Begründung und ist das Rechtsmittel nur „formell" eingelegt, also nicht, um einen sachlichen Erfolg zu erzielen, gilt der Haftungsausschluss[653].

g) Verschuldeter Nichtgebrauch

§ 839 Abs. 3 BGB knüpft den Anspruchsverlust an ein **Verschulden** des Geschädigten. Dieser muss es vorsätzlich oder fahrlässig unterlassen haben, den Schaden durch Gebrauch eines Rechtsmittels abzuwenden. **217**

---

[644] BGHZ 28, 104/106 = NJW 1958, 1532; BGH NJW 1974, 639/640 = MDR 1974, 479; BGH WM 1960, 982/984 f.; BGHZ 123, 1/7 = NJW 1993, 3061

[645] sehr speziell – vgl. BGHZ 137, 11/23 ff. = NJW 1998, 138

[646] BGH NVwZ 2003, 502/503 = DVBl 2003, 609

[647] § 839 Rn. 352

[648] siehe dazu unten Rn. 414

[649] BGHZ 103, 242/245 ff. = NJW 1988, 1776

[650] dann würde auch nicht die Inanspruchnahme von Primärrechtsschutz die Verjährung unterbrechen

[651] vgl. Detterbeck/Windthorst/Sproll/Windthorst, § 10 Rn. 51/57–60 m.w.N.; siehe auch Staudinger/Wurm, § 839 Rn. 349 a.E.; zu „Wiedergutmachungsmaßnahmen" und zur Anwendung von § 254 im Baugenehmigungsverfahren in diesem Zusammenhang Staudinger/Wurm, § 839 Rn. 354/355

[652] Münchener Kommentar/Papier, § 839 Rn. 331 a.E.

[653] BGHZ 56, 57/59 = NJW 1971, 1694 (Eingriff in Gewerbebetrieb) unter Bezugnahme auf RGZ 138, 309/311

Vorgeworfen wird nicht die Verletzung von Rechten anderer, sondern das Zuwider-handeln gegen eigene Interessen[654]. Das Versäumnis liegt also in einem **Verschulden gegen sich selbst**[655].

aa) Nach der ständigen Rechtsprechung des Bundesgerichtshofs ist bei der Prüfung, ob der Verletzte es schuldhaft unterlassen hat, ein Rechtsmittel einzulegen, unter Be-rücksichtigung der Umstände des Einzelfalls auf die Verhältnisse des Verkehrskrei-ses, dem der Verletzte angehört, mithin darauf abzustellen, welches Maß an Umsicht und Sorgfalt von Angehörigen dieses Kreises verlangt werden muss.

Beispiel:

BGH NVwZ 1991, 915 = BGHR BGB § 839 Abs 3 Zwangsversteigerung 1
– Zwangsversteigerung –

Der Kläger, ein Steuerberater, stützt seine Schadensersatzforderung gegen das beklagte Land darauf, der Rechtspfleger habe im Zwangsversteigerungsverfah-ren den Verkehrswert seiner Eigentumswohnung zu niedrig festgesetzt.

Der Bundesgerichtshof hat dem Kläger angelastet, nicht mit der befristeten Er-innerung gem. § 74 a Abs. 5 S. 3 ZVG i.V.m. § 11 Abs. 1 RpflG gegen die seiner Auffassung nach zu niedrige Wertfestsetzung vorgegangen zu sein. Bei einem Steuerberater könne und müsse ein gewisses Maß an wirtschaftlicher Erfahrung und wirtschaftlichem Verständnis vorausgesetzt werden. Schon im Hinblick auf den Erwerbspreis hätte dringender Anlass bestanden, die gerichtliche Wertfest-setzung überprüfen zu lassen.

218   bb) Auf **Belehrungen** und **Erklärungen** eines Beamten ihm gegenüber darf der Staatsbürger grundsätzlich **vertrauen**, und es kann ihm in der Regel nicht zum Ver-schulden gereichen, wenn er nicht klüger ist, als der Beamte.

Beispiel:

BGHZ 130, 332 = NJW 1995, 2918 – Obdachloser/Einweisung –

Der Kläger, Eigentümer eines Einfamilienhauses, verlangt Schadensersatz, weil die Einweisungsbehörde nach Ablauf der Einweisungsfrist ihrer Pflicht zur Freimachung der Wohnung nicht nachgekommen war. Bedienstete der Beklag-ten hatten ihm ausdrücklich erklärt, er müsse selbst für die Räumung sorgen. Das tat der Kläger, ohne zuvor um verwaltungsgerichtlichen Rechtsschutz nach-gesucht zu haben.

Der Bundesgerichtshof[656] *verneinte – letztlich- eine schuldhafte Versäumnis, denn selbst ein Rechtsanwalt hätte in der damaligen Situation nicht sicher vor-aussagen können, innerhalb welchen Zeitraums der Freimachungsanspruch ge-*

---

[654] Detterbeck/Windthorst/Sproll/Windthorst, § 10 Rn. 68

[655] BGHZ 113, 17/22 = NJW 1991, 1168 (Beitragsbescheid/bestandskräftiger Verwaltungs-akt)

[656] vgl. auch BGH MDR 1985, 1000 = VersR 1985, 358: der Geschädigte ist nicht gehalten, sich zur Schadensabwendung auf Rechtsstreitigkeiten einzulassen, deren Erfolgsaussich-ten höchst zweifelhaft sind

gen die Beklagte auf dem Verwaltungsrechtsweg durchzusetzen gewesen wäre. Dem in Wohnungsverwaltungen erfahrenen Kläger sei es nicht zumutbar gewesen, sich auf eine so unsichere Verfahrensweise einzulassen.

cc) **Mangelnde Rechtskenntnis** allein ist nicht in jedem Fall ein ausreichender Entschuldigungsgrund. So muss ein Rechtsunkundiger Rechtsrat einholen, wenn er sich nicht allein über die Möglichkeit der Anfechtung einer Entscheidung unterrichten kann[657]. Das Verschulden dabei eingeschalteter Personen wie z.b. eines Rechtsanwalts ist dem Geschädigten unter den Voraussetzungen des § 278 BGB zuzurechnen[658].   **219**

dd) In jedem Fall müssen Anhaltspunkte vorliegen, die die Annahme einer Amtspflichtverletzung „dringlich" nahe legen[659]. Der Bürger ist nicht angehalten, jeden ihn betreffenden Verwaltungsakt gleichsam „auf Verdacht" anzugreifen[660].   **220**

Ausreichend ist, auf einen Rechtsbehelf **eine** Entscheidung herbeizuführen und von weiteren Schritten abzusehen, es sei denn, dem Geschädigten muss sich nach dem Inhalt der Entscheidung aufdrängen, dass diese nicht richtig sein kann[661].

h) Ursachenzusammenhang

Zwischen der Nichteinlegung des Rechtsmittels und dem Eintritt des Schadens muss ein **Ursachenzusammenhang** bestehen.   **221**

Der Einwand[662], Primärrechtsschutz sei schuldhaft versäumt worden, ist unbeachtlich, wenn nicht dessen Erfolg feststeht.

Beispiel:

BGHZ 122, 363 = NJW 1993, 2173 – Tiefflüge –

Die Klägerinnen nehmen die Bundesrepublik Deutschland auf Zahlung von Schmerzensgeld in Anspruch wegen Gesundheitsstörungen, die durch – unzulässige – Tiefflüge der Nato-Streitkräfte hervorgerufen sind.

Der Bundesgerichtshof hat einen Haftungsausschluss nach § 839 Abs. 3 BGB verneint. Zwar hätten sie keine gerichtlichen Schritte unternommen, die rechtswidrigen Tiefflüge zu unterbinden. Sie hätten jedoch mit einer Klage gegen die Bundesrepublik Deutschland[663] oder mit dem Antrag auf Erlass einer einstweiligen Anordnung nicht erreichen können, dass diese ihren Nato-Vertragspartnern die unzulässigen Tiefflüge verbietet.

---

[657] Frage des Einzelfalls – vgl. RGZ 166, 249/256 (Teilungsplan)
[658] Detterbeck/Windthorst/Sproll/Windthorst, § 10 Rn. 68 m.w.N. aus der Rechtsprechung des Bundesgerichtshofs; vgl. auch BGH NJW 1984, 1748/1749 = MDR 1984, 656 (Notar als Erfüllungsgehilfe); BGHZ 33, 136/141 (Mündel und Vormund)
[659] BGHZ 28, 104/106 = NJW 1958, 1532 (Grundbuchamt)
[660] BGHZ 113, 17/24 = NJW 1991, 1168 (bestandskräftiger Verwaltungsakt)
[661] RGZ 150, 323/329; vgl. unter dem Gesichtspunkt des „stärkeren Rechtsbehelfs" Staudinger/Wurm, § 839 Rn. 357 a.E.
[662] zur Beweislast siehe unten Rn. 290
[663] BVerwGE 81, 95 = NVwZ 1989, 750 (Hubschrauberlandeplatz Minden)

222　aa) Im Bereich des § 839 Abs. 3 BGB hat der Bundesgerichtshof den Grundsatz, dass es allein auf die sachlich richtige, nicht auf die tatsächliche Entscheidung der zuständigen Stelle über den Rechtsbehelf ankommt, eingeschränkt, soweit es um eine Entscheidung über eine **Dienstaufsichtsbeschwerde oder Gegenvorstellung** geht.

Ist die Feststellung möglich, dass die Dienstaufsichtsbeschwerde die zur Entscheidung berufene Stelle nicht veranlasst hätte, das Fehlverhalten des ihrer Dienstaufsicht unterstehenden Beamten zuzugeben und zu korrigieren, so ist es nicht gerechtfertigt, trotzdem den Ursachenzusammenhang zwischen Nichteinlegung des Rechtsbehelfs und Schadenseintritt zu bejahen[664].

223　bb) Zu beachten ist im Hinblick auf Entstehung und Umfang des Schadens die **Reichweite** des versäumten Rechtsmittels.

Die schuldhafte Nichteinlegung eines Rechtsbehelfs lässt den Schadensersatzanspruch **nur insoweit** entfallen, als der **Schaden** durch die Einlegung des Rechtsbehelfs **hätte vermieden werden können**. Hätte er den Schaden nur teilweise abwenden können, dann entfällt auch der Amtshaftungsanspruch nur zu einem entsprechenden Teil. Das ist insbesondere dann der Fall, wenn der Schaden bereits während des Laufs des Rechtsmittelverfahrens ganz oder zum Teil entstanden wäre oder sich in dieser Zeit vergrößert hätte[665].

i) Kosten des Rechtsmittels

224　Nach Wurm[666] sind die Kosten eines erfolglosen Rechtsmittels, das der Verletzte ergriffen hat, um dem Vorwurf aus § 839 Abs. 3 BGB zu entgehen, wegen der Sicherstellung des Vorrangs des Primärrechtsschutzes ersatzfähige Schadenspositionen; dem ist zuzustimmen.

Allerdings geht es in der zitierten Entscheidung des Reichsgerichts[667] um den – erfolglosen – Deckungsprozess gegen den Notar und nicht um den Versuch der Schadensabwendung[668].

---

[664]　BGH NJW 1989, 96/99 = MDR 1988, 938 (Entscheidung der Staatsanwaltschaft); BGHR BGB § 839 Abs. 3 Kausalität (Bauaufsichtsbehörde); BGH NJW 1986, 1924/1925 = MDR 1986, 650 (Staatsanwaltschaft/Pressemitteilung); vgl. auch BGH MDR 1959, 784 = VersR 1959, 736 (Auskunft der vorgesetzten Behörde)

[665]　BGHR BGB § 839 Abs. 3 Verschulden 1; zum Verhältnis des § 839 Abs. 3 BGB zu § 254 BGB siehe Ossenbühl, S. 93/94. Er hält den Weg über § 254 BGB für praktikabler, weil er eine differenzierte Abwägungsentscheidung und damit eine fallgerechtere Schadensverteilung ermögliche

[666]　Staudinger/Wurm, § 839 Rn. 363

[667]　RG WarnR 1912 Nr. 390 (Grundbuchamt/Notar)

[668]　vgl. RG a.a.O. a.E.; BGHZ 117, 363/367 = NJW 1992, 1953 betrifft Prozesskosten aus einem Prozess mit dem Käufer für den Verkauf eines mit Altlasten behafteten Grundstücks

> Der Begriff „Rechtsmittel" ist weit zu verstehen und umfasst förmliche wie formlose Rechtsbehelfe. Hinsichtlich des Verschuldens an der Versäumung, Primärrechtsschutz in Anspruch zu nehmen, kommt es auf den Einzelfall und die Verhältnisse der Verkehrskreise an, denen der Verletzte angehört.
>
> Zwischen der Nichteinlegung des Rechtsmittels und dem Eintritt des Schadens muss ein Ursachenzusammenhang bestehen.
>
> Die schuldhafte Versäumung von Primärrechtsschutz führt – soweit kausal – zum völligen Anspruchsverlust.

4. Sonstige Einschränkungen der Amtshaftung

a) Haftungsbeschränkungen

Die Haftungsverlagerung nach Art. 34 S. 1 GG findet (nur) „**grundsätzlich**" auf den Staat oder die Körperschaft statt, in deren Dienst der Amtsträger steht.   **225**

Diese Bestimmung des Grundgesetzes hat die mittelbare Staatshaftung nicht zum lückenlosen Prinzip verdichtet, sondern lässt Raum für Regelungen, die den Umfang der öffentlich-rechtlichen Haftungsübernahme modifizieren[669].

Haftungsbeschränkungen können nur durch oder auf Grund formellen Gesetzes erfolgen. Solche Beschränkungen sind Ausnahmen vom Verfassungsgrundsatz der Haftungsübernahme. Sie sind eng auszulegen und nur insoweit zulässig, als sie sachlich gerechtfertigt sind. Sie dürfen nicht willkürlich getroffen werden, müssen auf sachgerechten Erwägungen beruhen und sich an der Grundentscheidung der Verfassung ausrichten[670].

Eine Haftungsbeschränkung im verwaltungsrechtlichen Schuldverhältnis ist entsprechend den angeführten Grundsätzen möglich.

Die **Amtshaftung** kann durch **Ortssatzung** aber nicht dahingehend beschränkt werden, dass die Gemeinde auch für amtspflichtwidriges leicht fahrlässiges Verhalten ihrer hoheitlich tätigen Bediensteten nicht einstehen solle. Hierfür reicht die Satzungsgewalt der Gemeinden nicht aus[671].

---

[669] BVerfGE 61, 149/199 = NJW 1983, 25 (StHG 1981)

[670] Ossenbühl, S. 96/97; vgl. BGHZ 99, 62/64 = NJW 1987, 1696 (§ 1542 RVO/Ausländer); BGHZ 62, 372/377 f. = NJW 1974, 1507 (Schornsteinfeger/Gebührenbeamte); BGHZ 25, 231/237 = NJW 1957, 1925 (unfallgeschädigte Gefangene)

[671] BGHZ 61, 7/14 = NJW 1984, 615 (kommunaler Schlachthof)

b) Gebührenbeamte

226   Nach § 5 Nr. 1 des Gesetzes über die Haftung des Reichs für seine Beamten (RBHG)[672] und vergleichbaren Landesgesetzen[673] haftet der Staat nicht für diejenigen Beamten, die, „abgesehen von der Entschädigung für Dienstaufwand, auf den Bezug von Gebühren angewiesen sind".

Solche **Gebührenbeamte** sind z.B. die **Notare**, für die in § 19 BNotO eine haftungsrechtliche Sonderregelung getroffen ist. Eine Haftung des Staates an Stelle des Notars ist durch § 19 Abs. 1 S. 4 BNotO ausdrücklich ausgeschlossen[674].

Entscheidend für den Begriff des Gebührenbeamten ist, ob die Gebühren danach bemessen und bestimmt sind, dass die amtliche Tätigkeit abgegolten wird. Das hat der Bundesgerichtshof verneint für die „Aufwandsentschädigung" des **Schiedsmanns**[675] und bejaht für die „Gebühren" des **Bezirksschornsteinfegers** bei der Feuerstättenschau unbeachtlich dessen, dass er das Entgelt unmittelbar vom Kunden erhält[676].

Keine Gebührenbeamten sind **Gerichtsvollzieher**[677], **Ortsgerichtsvorsteher** und **Schöffen** in Hessen[678] sowie im Baugenehmigungsverfahren herbeigezogene **Prüfingenieure**[679].

c) Auswärtiger Dienst

227   Nach § 5 Abs. 2 RBHG ist eine Staatshaftung ausgeschlossen, „soweit es sich um das Verhalten eines mit **Angelegenheiten des auswärtigen Dienstes befassten Beamten** handelt und dieses Verhalten nach einer amtlichen Erklärung des Reichskanzlers[680] politischen oder internationalen Rücksichten entsprochen hat". Nach überwiegender Auffassung soll diese Bestimmung weiter gelten[681].

Da dem Verhalten eines Beamten, das politischen oder internationalen Rücksichten entsprochen hat, die **Pflichtwidrigkeit fehlt**, scheidet sowohl eine Eigenhaftung des Beamten als auch eine Haftung des Staates aus[682].

---

[672] abgedruckt in Sartorius I, Verfassung- und Verwaltungsgesetze der Bundesrepublik, Nr. 210

[673] Nachweise bei Staudinger/Wurm, § 839 Rn. 365 sowie Ossenbühl, S. 97

[674] BGHZ 135, 354/356 = NJW 1998, 142 (ungetreuer Notar/Dienstaufsicht/Verfassungsmäßigkeit des Haftungsausschlusses)

[675] BGHZ 36, 193/195 = NJW 1962, 485

[676] BGHZ 62, 372/379 = NJW 1974, 1507

[677] BGHZ 146, 17/22 ff. = NJW 2001, 434 m.w.N.

[678] BGHZ 113, 71/79 ff. = NJW 1991, 3271: Pauschale Aufwandsentschädigung

[679] BGHZ 39, 358/361 f. = NJW 1963, 1821; siehe auch noch die weiteren bei Staudinger/Wurm, § 839 Rn. 367 zitierten Nachweise: RGZ 93, 35 (Revierlotsen); BGH LM § 839 (Ff) BGB und RG JW 1938, 810 erörtern jedoch nicht die Frage des Gebührenbeamten

[680] „Bundeskanzlers" - str., vgl. Ossenbühl, S. 97 Fn. 114 m.w.N.

[681] vgl. Nachweise bei Staudinger/Wurm, § 839 Rn. 268

[682] Ossenbühl, S. 97/98

d) Ausländer

§ 7 RBHG betrifft einen Haftungsausschluss gegenüber **Ausländern**; die Bestimmung ist durch Gesetz vom 28. Juli 1993 neu gefasst worden[683].

228

Nach der jetzigen Bestimmung sind Ausländer, die in der Bundesrepublik Deutschland ihren Wohnsitz und ständigen Aufenthalt haben, den Inländern staatshaftungsrechtlich gleichgestellt. Im Übrigen gilt ein Haftungsausschluss zugunsten der Bundesrepublik nur dann, wenn dies durch eine Rechtsverordnung besonders bestimmt wird.

Auf die entsprechenden speziellen und weiter führenden Kommentierungen wird verwiesen[684].

e) Versorgungsgesetze

§§ 46 Abs. 1 S. 1 Beamtenversorgungsgesetz (BeamtVG), 91 a Soldatenversorgungsgesetz (SVG) und §§ 104, 105 Sozialgesetzbuch VII (SGB VII)[685] stellen sondergesetzliche Haftungsausschlüsse dar, die verfassungsrechtlich Bestand haben[686].

229

Die Beschränkungen – insbesondere auch der Ausschluss von Schmerzensgeld – finden ihre innere Rechtfertigung darin, dass der Dienstherr Versorgungsansprüche unabhängig vom Verschulden der beteiligten Personen (Ausnahme: Vorsatz des Verletzers) zu gewähren hat, dass ihre Höhe infolge der Pauschalierung leicht und sofort errechenbar ist und dass der Geschädigte ohne Verzögerung in den Genuss der Leistungen kommt[687].

aa) Eine **vorsätzlich** Amtspflichtverletzung, die die Haftungsbeschränkungen entfallen lässt, ist auch dann gegeben, wenn sich der Vorsatz nur auf die Pflichtverletzung bezieht. Nicht erforderlich ist, dass der Beamte einen oder gar den konkret aus der Pflichtverletzung entstehenden Schaden voraussah oder voraussehen konnte. Insoweit genügt es, dass das Schadensereignis mit seinen Folgen der schuldhaften Amtspflichtverletzung nach den Grundsätzen des adäquaten Kausalzusammenhangs zugerechnet werden kann[688].

230

bb) Hat sich der Dienstunfall „**bei der Teilnahme am allgemeinen Verkehr**" ereignet[689], findet eine Haftungsbeschränkung ebenfalls nicht statt.

231

---

[683] BGBl I 1394; Text bei Staudinger/Wurm, § 839 Rn. 371
[684] Staudinger/Wurm, § 839 Rn. 370–379; kritisch Münchener Kommentar/Papier, § 839 Rn. 344–351; Ossenbühl, S. 98–100, alle jeweils m.w.N.
[685] früher §§ 636, 637 RVO
[686] BVerfGE 31, 212, 218 ff. = NJW 1971, 1837 (§ 91 a SVG); BVerfGE 85, 176/184 ff. = NJW 1992, 1091 (§ 46 Abs. 2 S. 1 BeamtVG); BVerfG NJW 1995, 1607 = NVwZ 1995, 783 (§§ 636, 637 RVO); BGHZ 120, 176/182 ff. = NJW 1993, 1529 (§ 91 a SVG)
[687] BGHZ 120, 176/182 f. = NJW 1993, 1529 (§ 91 a SVG)
[688] BGH MDR 1981, 32 = VersR 1980, 924 (Dienstwaffe); BGHR BGB § 839 Abs 1 S 1 Vorsatz 3 (Dienstvorschriften); BGHZ 34, 375/381 = NJW 1961, 1157 (Dienstunfall); zur Kausalität siehe oben Rn. 159 ff.
[689] § 1 des Gesetzes über die erweiterte Zulassung von Schadensersatzansprüchen bei Dienst- und Arbeitsunfällen – vgl. Staudinger/Wurm, § 839 Rn. 380

Entscheidend ist, ob nach der besonderen Lage des Einzelfalles der Verletzte den Unfall in einem Gefahrenkreis erlitten hat, für den seine Zugehörigkeit zum Organisationsbereich des für den Unfall verantwortlichen Dienstherren im Vordergrund steht, oder ob der Unfall nur in einem losen, äußerlichen Zusammenhang mit dem dienstlichen Organisationsbereich verbunden ist, der Verletzte also wie ein normaler Verkehrsteilnehmer verunglückt ist[690].

Beispiel:

BGH MDR 1990, 520 = VersR 1990, 222 – Panzerringstraße –

Ein Panzer der Bundeswehr stieß mit einem entgegenkommenden Bundeswehrbus auf der außerhalb des Bundeswehrgeländes liegenden „Panzerringstraße" zusammen. Die Fahrzeuge waren im Rahmen verschiedener militärischer Übungen unterwegs, die organisatorisch in keiner Verbindung standen.

*Der Bundesgerichtshof hat eine Teilnahme am allgemeinen Verkehr angenommen. Es fehle an einem **einheitlichen Betriebsvorgang**[691] und an einem **lediglich für den Betriebsverkehr vorgesehenen Betriebsbereich**[692].*

231 cc) Gesundheitsschäden, die ein Soldat bei einer truppenärztlichen Heilbehandlungsmaßnahme erleidet, sind im Regelfall eine Wehrdienstbeschädigung i.S.d. § 81 Abs. 1 SVG[693]. Die in einem solchen Falle eintretende Beschränkung des Amtshaftungsanspruchs gem. § 91 a SVG gilt auch, wenn die Behandlung eines Soldaten im Auftrag der Bundeswehr auf Weisung des Bundeswehrarztes **im zivilen Krankenhaus durchgeführt wird**[694].

233 dd) Zu beachten ist, dass (schon) der **Bescheid** über die Anerkennung als Dienstunfall Behörden und Gerichte **bindet**. Das ergibt sich aus der förmlichen Art von Untersuchung und Entscheidung, wie sie in der gesetzlichen Regelung angelegt ist[695]. Eine gerichtliche Überprüfung des bestandskräftigen Verwaltungsakts findet also entgegen der sonstigen Rechtsprechung des Bundesgerichtshofs nicht statt[696].

---

[690] BGHZ 121, 131 f. = NJW 1993, 1643 m.w.N. (Bindung des Zivilgerichts an behördliche Feststellung des Dienstunfalls)

[691] vgl. BAG NJW 1967, 1925 = VersR 1967, 656 (zwei Fahrzeuge desselben Betriebs bei einem gemeinsamen Transport)

[692] BGH MDR 1979, 209 = VersR 1979, 32 (Panzerstrasse innerhalb des Truppenübungsplatzes); vgl. auch: BGH NJW 1995, 1558/1559 = MDR 1995, 472 (Behördenparkplatz); BGH NJW 1983, 2021/2022 = MDR 1983, 826 (Schülerunfall an Schulbushaltestelle); BGH VersR 1992, 1514/1515 = BGHR BeamtVG § 46 Abs 2 S 2 Verkehr, allgemeiner („ausgeweitete" Schulaufsicht); BGHZ 145, 311 = NJW 2001, 442 (Schülerbeförderung); zur Haftungsprivilegierung nach § 106 Abs. 3 SGB VII: BGHZ 151, 198 = NJW 2002, 3096; BGHZ 148, 209 = NJW 2001, 3127

[693] BGHZ 120, 176/179 ff. = NJW 1993, 1529 und BGH NJW 1992, 744/745 = NVwZ 1992, 405: Innere Beziehung zwischen Behandlungsmaßnahme und dem soldatischen Sozialbereich

[694] BGH NJW 1996, 2431/2432 = VersR 1996, 976 : Ausübung eines öffentlichen Amtes

[695] BGHZ 121, 131/134 ff. = NJW 1993, 1790; BGH MDR 2004, 275 = NJW-RR 2004, 234 (Beamter, Dienststelle, Verkehrssicherungspflicht/Teilnahme am allgemeinen Verkehr)

[696] zur Bindungswirkung siehe oben Rn. 70 ff.

ee) Ist an einem schädigenden Ereignis neben einem gem. §§ 46 BeamtVG, 91 a **234**
SVG privilegierten Erstschädiger noch ein weiterer nicht privilegierter **Zweitschä-**
diger beteiligt, finden die Grundsätze des **gestörten Gesamtschuldnerausgleichs**
Anwendung[697].

> **Beschränkungen der Amtshaftung sind nur gesetzlich und nicht durch Sat-**
> **zung möglich. Sie müssen sachlich gerechtfertigt sein.**
>
> **Der Staat haftet grundsätzlich nicht für „Gebührenbeamte".**
>
> **Weitere sondergesetzliche Beschränkungen lassen vor allem Ansprüche**
> **auf Schmerzensgeld entfallen. Das gilt nicht bei Vorsatz des Verletzers und**
> **wenn sich ein Dienstunfall bei der Teilnahme am allgemeinen Verkehr er-**
> **eignet hat.**
>
> **Der Bescheid über die Anerkennung als Dienstunfall bindet Behörden und**
> **Gerichte.**

IX. Verjährung des Amtshaftungsanspruchs

Das Schuldrechtsmodernisierungsgesetz (SMG) vom 26 November 2001[698] hat das
im BGB enthaltene Verjährungsrecht neu geregelt. Gem. Art. 229 § 6 Abs. 1 EG-
BGB finden die neuen Regelungen Anwendung auf die am 1. Januar 2002 bestehenden und noch nicht verjährten Ansprüche[699].

Trotz der gesetzlichen Neugestaltung behält die bisherige Rechtsprechung des Bundesgerichtshofs zur Verjährung von Amtshaftungsansprüchen aber weitgehend ihre
Bedeutung.

1. Bisherige Gesetzes- und Rechtslage

a) Deliktische Ansprüche

Die Verjährung eines deliktischen Anspruchs gegen den Beamten im statusrecht- **235**
lichen Sinn nach § 839 Abs. 1 BGB oder eines Amtshaftungsanspruchs gegen den
Staat gem. § 839 Abs. 1 BGB i.V.m. Art. 34 S. 1 GG richtete sich nach § 852
BGB.

---

[697] Staudinger/Wurm, § 839 Rn 385; siehe auch Palandt/Heinrichs, § 426 Rn. 19–20 b;
BGHZ 94, 173 = NJW 1985, 2261 – LS.: Bei einer Dienstfahrt kann der verletzte Beamte
einen außerhalb des Dienstverhältnisses stehenden Schädiger nur insoweit auf Schmerzensgeld in Anspruch nehmen, als dieser im Verhältnis zu dem im öffentlichen Dienst
beschäftigten Mitschädiger für den Schaden verantwortlich ist (Fortführung von BGHZ
61, 51)

[698] BGBl I 3138

[699] zu den Übergangsregelungen siehe die umfassende Kommentierung von Staudinger/
Peters, BGB, Neubearbeitung 2003, zu Art. 229 § 6 EGBGB

Die Ansprüche verjährten nach Abs. 1 in drei Jahren von dem Zeitpunkt an, in dem der Verletzte von dem Schaden und der Person des Ersatzpflichtigen Kenntnis erlangte, ohne Rücksicht auf diese Kenntnis in dreißig Jahren von der Begehung der Handlung an.

Für die Hemmung der Verjährung galten § 852 Abs. 2 BGB sowie §§ 202 bis 207 BGB. Die Unterbrechung der Verjährung regelten die § 208 bis 217, 220 BGB.

b) Beginn der Verjährung

236   Gem. § 198 S. 1 BGB beginnt die Verjährung grundsätzlich mit der Entstehung des Anspruchs. Entstanden ist der Anspruch, sobald er im Wege der Klage geltend gemacht werden kann. Voraussetzung hierfür ist regelmäßig die Fälligkeit des Anspruchs[700].

aa) Dieser Grundsatz behält seine Bedeutung für die dreijährige Frist des § 852 Abs. 1 BGB. Wenn das Gesetz auf die Kenntnis des Verletzten von dem Schaden und der Person des Ersatzpflichtigen abstellt, so geht es von dem Bestehen des Ersatzanspruchs aus. Der Beginn der dreijährigen Verjährung setzt daher die Entstehung des Anspruchs und außerdem die vom Gesetz geforderte Kenntnis voraus[701].

237   bb) Für das Bestehen des Ersatzanspruchs ist der Schadenseintritt erforderlich. Das darf in objektiver Hinsicht nicht übersehen werden.

Bei einer Amtspflichtverletzung, **die sich allgemein gegen das Vermögen richtet**, ist ein Schaden entstanden, wenn die Vermögenslage des Betroffenen infolge der Handlung im Vergleich mit dem früheren Vermögensstand schlechter geworden ist. Hierzu genügt es, dass die Verschlechterung sich wenigstens dem Grunde nach verwirklicht hat, mag ihre Höhe auch noch nicht beziffert werden können; in diesem Fall ist gegebenenfalls eine Feststellungsklage zu erheben. Ferner muss nicht feststehen, ob der Nachteil auf Dauer bestehen bleibt und damit endgültig wird. Ist dagegen noch offen, ob pflichtwidriges, ein Risiko begründendes Verhalten zu einem Schaden führt, ist ein Ersatzanspruch nicht entstanden, so dass eine Verjährungsfrist nicht in Lauf gesetzt wird[702].

Die dreißigjährige Verjährungsfrist des § 852 Abs. 1 HS. 2 BGB stellt hingegen allein auf das „Begehen" der unerlaubten Handlung ab, d. h. auf den Zeitpunkt, in dem die die Verletzung herbeiführende Ursache (die Schadensursache) gesetzt wird, mag auch der Schaden – und damit auch der Ersatzanspruch selbst – noch gar nicht entstanden sein[703].

238   cc) Für den Verjährungsbeginn genügt es im allgemeinen, dass der Verletzte die tatsächlichen Umstände kennt, die eine schuldhafte Amtspflichtverletzung als nahe

---

[700] Palandt/Heinrichs, § 199 (n.F.) Rn. 3 m.w.N.

[701] BGH NJW 1957, 1926 (Schadensersatzanspruch aus § 717 Abs. 2 ZPO)

[702] BGH NJW 1993, 648/650 = MDR 1993, 693 auch zu der Frage, wenn eine in sich abgeschlossene Verletzungshandlung mehrere Schadensfolgen auslöst (Notarhaftung)

[703] BGHZ 117, 87/292 = NJW 1992, 1884 (Pflichten des Grundbuchamts); BGHZ 98, 77/82 = NJW 1986, 2827 (steuerliche Mehrbelastung)

liegend, mithin eine Amtshaftungsklage – sei es auch nur als Feststellungsklage – als so aussichtsreich erscheinen lassen, dass dem Verletzten die Klage zugemutet werden kann[704]. Dagegen setzt § 852 Abs. 1 BGB aus Gründen der Rechtssicherheit und Billigkeit grundsätzlich nicht voraus, dass der Geschädigte aus den ihm bekannten Tatsachen auch die zutreffenden rechtlichen Schlüsse zieht, wobei die Rechtsunkenntnis im Einzelfall bei unsicherer oder zweifelhafter Rechtslage den Verjährungsbeginn hinausschieben kann[705].

Erforderlich ist nur die Kenntnis des **Schadens** dem Grunde nach[706]. Wer sie erlangt, dem gelten auch solche Folgezustände als bekannt, die im Zeitpunkt der Erlangung jener Kenntnis nur als möglich voraussehbar waren[707]. **239**

dd) Der Grundsatz der **Schadenseinheit** gilt bei einer abgeschlossenen unerlaubten Handlung nicht für solche Nachteile, mit denen zunächst nicht zu rechnen war. Für diese läuft die Verjährungsfrist ab dem Zeitpunkt, in dem der Verletzte von ihnen und ihrem Kausalzusammenhang mit der unerlaubten Handlung Kenntnis hatte[708].

ee) Hinsichtlich der Kenntnis von der **Person** des amtspflichtwidrigen und ausgleichspflichtigen Schädigers kann sich der Verletzte nicht nachträglich darauf berufen, er habe keine Kenntnis davon gehabt, dass der Beamte nicht persönlich hafte, sondern an seiner Stelle der Staat oder die sonstige öffentlich-rechtliche Körperschaft, denn eine gegenteilige Auslegung des § 852 BGB würde dazu führen, dass der Ersatzanspruch eines nicht rechtskundigen Geschädigten in den meisten Fällen überhaupt nicht verjährte[709]. **240**

ff) Ist fraglich und ungewiss, **welche öffentlich-rechtliche Körperschaft** für einen Bediensteten einzutreten hat, liegt die zu fordernde Kenntnis von der Person des Ersatzpflichtigen erst dann vor, „wenn jene Rechtsfrage eine gewisse Klärung gefunden hat, so dass die Erhebung der Schadensersatzklage gegen eine bestimmte Körperschaft eine hinreichende Aussicht auf Erfolg verspricht … und vernünftigerweise zugemutet werden kann"[710].

gg) Beim **Übergang des Anspruchs** auf einen Dritten löst den Verjährungsbeginn bereits die Kenntnis des Geschädigten bis zum Übergang der Forderung aus und zwar ohne Rücksicht auf die Kenntnis des neuen Forderungsinhabers[711]. **241**

---

[704] BGHZ 138, 247/252 = NJW 1998, 2051 (Staatsanwalt/pflichtwidrige Erhebung der öffentlichen Klage)

[705] BGH NJW 1994, 3162/3164 = MDR 1994, 1190 (Bußgeldverfahren/Durchsuchung)

[706] Bamberger/Roth/Henrich, § 199 Rn. 27

[707] BGH NJW 2000, 861/862 = MDR 2000, 270 (Körperschäden); BVerwG NJW 1999, 2737/2739 = DVBl 1999, 1425 unter Bezugnahme auf die Rechtsprechung des Bundesgerichtshofs: bei Körperschäden ist die Sicht der medizinischen Fachkreise entscheidend (Dienstpflicht/Körperverletzung)

[708] Bamberger/Roth/Henrich, § 199 Rn. 28 m.w.N. aus der Rechtsprechung

[709] BGH VersR 1966, 632/634 (Kriegsfolgen) unter Bezugnahme auf RGZ 142, 348/350

[710] BGH VersR 1961, 274/275 (amtliche Zusage); vgl. auch BGH VersR 1960, 515/516 (Einredeverzicht/unzulässige Rechtsausübung); Staudinger/Wurm, § 839 Rn. 390

[711] Bamberger/Roth/Henrich, § 199 Rn. 40; siehe BGH NJW-RR 2001, 1168/1169 = MDR 2001, 936 (Verjährungshemmung deliktischer Ansprüche)

Geht der Ersatzanspruch sofort mit **Entstehen**[712] auf einen Versicherungs- oder Leistungsträger über, kommt es für den Beginn der Verjährung nur auf dessen Kenntnis an[713].

hh) Sind innerhalb der regressbefugten Körperschaft des öffentlichen Rechts **mehrere Stellen** für die Bearbeitung des Schadensfalls **zuständig**, kommt es für den Beginn der Verjährung von Regressansprüchen grundsätzlich auf den Kenntnisstand der Bediensteten der Regressabteilung und nicht der der Leistungsabteilung an[714].

242   ii) Wenn – wie in der Regel – die Amtspflichtverletzung nur fahrlässig begangen worden ist, beginnt die Verjährung erst mit der Kenntnis des Geschädigten, dass er auf andere Weise **keinen Ersatz** erlangen kann (§ 839 Abs. 1 S. 2 BGB), oder in dem Zeitpunkt, in dem der Geschädigte sich im Prozessweg oder auf andere Weise hinreichende Klarheit verschaffen konnte, ob und in welcher Höhe ihm ein anderer Ersatzanspruch zusteht[715]. Das hängt damit zusammen, dass das Fehlen der anderweitigen Ersatzmöglichkeit zum **haftungsbegründenden Tatbestand** gehört.

243   jj) Die neuere Rechtsprechung des Bundesgerichtshofs wendet §§ 209, 211 BGB analog an, wenn Primärrechtsschutz in Anspruch genommen wird[716]. Bis dahin hatte er einer Klage nur dann verjährungsunterbrechende Wirkung beigemessen, wenn sie vor den Zivilgerichten erhoben wurde und auf Befriedigung oder Feststellung des Amtshaftungsanspruchs selbst gerichtet war[717].

Fehlt es wie z.B. bei einer rechtswidrigen Baugenehmigung an einer Beschwer und scheidet die Inanspruchnahme von (echtem) Primärrechtsschutz aus, stellt der Bundesgerichtshof für den Beginn der Verjährung auf die im anderweitigen Verfahren vermittelte Kenntnis des Geschädigten ab[718]. Ebenso verhält es sich bei Amtspflichtverletzungen der **Staatsanwaltschaft** im Zusammenhang mit der Erhebung der öffentlichen Klage. Hier hat der Bundesgerichtshof im Hinblick auf die Kennt-

---

[712]   z.B. § 116 SGB X, § 81 a BVG, § 87 a BBG, § 52 BRRG, § 5 OEG

[713]   BGHZ 48, 181/184 ff. = NJW 1967, 2199 (§ 1542 RVO): eine erst künftige Leistung des Versicherungsträgers genügt; anders z.B. im Fall des § 67 VVG – BGH VersR 1962, 734/735 (Einsicht in Ermittlungsakten); vgl. auch OLG Koblenz NJW 1999, 224 = VersR 1998, 1397 (§ 5 OEG)

[714]   BGH NJW 2000, 1411/1412 = MDR 2000, 698 (Berufsgenossenschaft); dazu auch Marburger, Schadensersatzansprüche nach § 116 SGB X: Zweifelsfragen zur Verjährung nach neuem Recht, VersR 2003, 1232/1235

[715]   BGHZ 121, 65/71 = NJW 1993, 933 (Altlasten); BGHZ 102, 246/248 = NJW 1988, 1146 (Notarhaftung)

[716]   erstmals BGHZ 95, 238/241 ff. = NJW 1985, 2324 (Widerspruch und Anfechtungsklage); BGHZ 97, 97/109 f. = NJW 1986, 2309 (Widerspruch und Anfechtungsklage gegen Planfeststellungsbeschluss); BGHZ 103, 242/245 ff. = NJW 1988, 1776 (sozialrechtlicher Herstellungsanspruch); BGH NJW 1995, 2778/2779 = MDR 1995, 1122 (finanzgerichtliche Klage)

[717]   BGH VersR 1957, 429 (Verfassungsbeschwerde)

[718]   BGHZ 122, 317/323 ff. = NJW 1993, 2303 (rechtswidriger positiver Bauvorbescheid); BGH NVwZ 2001, 468/469 = MDR 2001, 29 (unrichtige Auskunft); siehe auch Staudinger/Wurm, § 839 Rn. 397–400

nis des Verletzten die Rechtskraft der Entscheidung, das Hauptverfahren (§§ 199, 204 StPO) nicht zu eröffnen, als maßgeblich erachtet, weil die Erkenntnisse und Einschätzungen des Angeschuldigten in Richtung auf Amtspflichtverletzungen der Anklagebehörde bis zu diesem Zeitpunkt „nicht genügend gesichert" erschienen[719].

kk) Der positiven Kenntnis wird gleichgestellt, wenn der Geschädigte es unterlassen **244** hatte, eine gleichsam auf der Hand liegende Erkenntnismöglichkeit, die ihm die erforderlichen Kenntnis ohne nennenswerte Mühe und ohne besondere Kosten eröffnet hätte, zu nutzen. Damit soll – dem Rechtsgedanken des § 162 BGB folgend – dem Geschädigten die sonst bestehende Möglichkeit genommen werden, die Verjährungsfrist missbräuchlich dadurch zu verlängern, dass er die Augen vor einer sich aufdrängenden Kenntnis verschließt[720].

2. Neue Gesetzes- und Rechtslage durch das Schuldrechtsmodernisierungsgesetz

a) Regelverjährung

Das Schuldrechtsmodernisierungsgesetz hat § 852 BGB mit Wirkung vom 1. Januar **245** 2002 als eigenständigen deliktsrechtlichen Tatbestand der Verjährung beseitigt.

Die **regelmäßige Verjährung** beträgt nicht mehr dreißig, sondern gem. § 195 BGB **drei Jahre**.

b) Beginn der Verjährung

Für den Beginn der Verjährung ist nach § 199 Abs. 1 Nr. 1 BGB erforderlich, dass der Anspruch entstanden ist und gem. Nr. 2, dass der Gläubiger von den den Anspruch begründenden Umständen und der Person des Schuldners Kenntnis erlangt oder ohne grobe Fahrlässigkeit erlangen müsste.

Aus Abs. 1 ergibt sich darüber hinaus, dass die Verjährung nicht sofort beginnt, sobald diese Voraussetzungen erfüllt sind, sondern erst mit dem Schluss des Jahres, in dem sie erstmals beide vorlagen („Ultimoverjährung").

In § 199 BGB sind darüber hinaus absolute Höchstfristen enthalten, die je nach der Art des verletzten Rechtsguts zehn oder dreißig Jahre betragen.

So verjährt gem. Abs. 5 jeder der regelmäßigen Verjährung unterliegende Anspruch, der sich nicht auf Schadensersatz richtet, unabhängig von Kenntnis oder grobfahrlässiger Unkenntnis in zehn Jahren von seiner Entstehung an.

Diese Frist sieht der Gesetzgeber als zu kurz an, wenn es sich um Schadensersatzansprüche handelt, die aus der Verletzung besonders wertvoller Rechtsgüter hergeleitet sind. Daher gilt die kurze Frist nicht für Schadensersatzansprüche, die auf der

---

[719] BGHZ 138, 247/255 = NJW 1998, 2051 (Schutzschrift).
[720] BGHZ 133, 192/199 = NJW 1996, 2933 (Übergang des Direktanspruchs gegen Haftpflichtversicherer auf Sozialhilfeträger); BGH NJW 2000, 953/954 = MDR 2000, 582 (Verstopfung/Abwasserrohr).

Verletzung des Lebens, des Körpers, der Gesundheit oder der Freiheit beruhen. Diese verjähren gem. § 199 Abs. 2 BGB unabhängig von ihrer Entstehung und unabhängig von Kenntnis oder grob fahrlässiger Unkenntnis in dreißig Jahren von der Begehung der Handlung, der Pflichtverletzung oder dem sonstigen, den Schaden auslösenden Ereignis an.

Im **Vordergrund** steht für das Amtshaftungsrecht die Regelung des **§ 195 iVm. § 199 Abs. 1 BGB**[721].

c) Neubeginn der Verjährung

246   Der **Neubeginn** – früher Unterbrechung – der Verjährung[722]hat nach § 212 Abs. 1 BGB zur Folge, dass die bereits angelaufene Verjährungszeit unbeachtlich ist und dass die Verjährungsfrist in voller Länge erneut zu laufen beginnt. Einen Neubeginn sieht das Gesetz aber nur noch bei einem Anerkenntnis des Anspruchs durch den Schuldner gem. § 212 Abs. 1 Nr. 1 BGB sowie bei einer Vollstreckungshandlung vor.

Die Wirkung der **Hemmung**statbestände ist unverändert geblieben. Bis auf die beiden in § 212 BGB geregelten Fälle des Neubeginns sind alle früheren Unterbrechenstatbestände der §§ 194 ff. BGB a.F. im neuen Recht Hemmungstatbestände[723].

Die **Rechtsfolgen** der Verjährung sind nunmehr in den §§ 214 bis 218 BGB geregelt[724]. Sie entsprechen der bisherigen Gesetzeslage.

d) Entstehung des Anspruchs und Verwertung der bisherigen Rechtsprechung

247   § 199 Abs. 1 Nr. 1 BGB setzt die Entstehung des Anspruchs voraus. Das entspricht § 198 S. 1 BGB a.F. Auf die hierzu ergangene Rechtsprechung kann verwiesen werden[725]. Das gilt auch für die (positive) Kenntnis von den den Anspruch begründenden Umständen und der Person des Schuldners[726].

e) Grobfahrlässige Unkenntnis

248   Gesetzlich neu eingeführt ist, dass auch die **grob fahrlässige Unkenntnis** von den anspruchsbegründenden Tatsachen die Verjährung auszulösen vermag. Wie dargelegt, hatte bereits die Rechtsprechung das Merkmal der Kenntnis in § 852 Abs. 1 BGB a.F. aufgeweicht, ohne aber eine grob fahrlässige Unkenntnis genügen zu lassen[727].

---

[721] vgl. wegen der weiteren Regelungen die Kommentierung bei Bamberger/Roth/Henrich sowie ausführlich Mansel, Die Neuregelung des Verjährungsrechts, NJW 2002, 89

[722] Bamberger/Roth/Henrich, § 212 Rn. 1: § 212 entspricht inhaltlich den Vorschriften der §§ 208, 209 Abs. 2 Nr. 5, 216, 217 BGB a.F.

[723] siehe im einzelnen Mansel a.a.O. S. 97/98

[724] vgl. Mansel a.a.O. S. 99

[725] siehe die Nachweise bei Bamberger/Roth/Henrich, § 199 Rn. 12 ff.

[726] umfangreiche Nachweise bei Bamberger/Roth/Henrich, § 199 Rn. 17–40

[727] Mansel a.a.O. S. 91

Grob fahrlässige Unkenntnis ist in der Regel anzunehmen, wenn sich dem Anspruchsinhaber förmlich die **anspruchsbegründenden Umstände aufdrängen müssen und er leicht verfügbare Informationsquellen nicht nützt**[728].

f) Hemmung durch Verhandlungen

Neu im Allgemeinen Teil des BGB ist der Tatbestand der Hemmung der Verjährung bei **Verhandlungen**. Gem. § 203 S. 1 BGB[729] ist für den Fall, dass zwischen Schuldner und Gläubiger Verhandlungen über den Anspruch oder die den Anspruch begründenden Umstände schweben, die Verjährung gehemmt, bis eine der Seiten die Fortsetzung der Verhandlungen verweigert.

Von einer gesetzlichen Festlegung des Beginns und des Endes der der Verhandlungen hat der Gesetzgeber abgesehen. Als Anhaltspunkte für die Auslegung kann die bisherige Rechtsprechung herangezogen werden.

„**Verhandeln**" ist weit zu verstehen. Verhandlungen schweben schon dann, wenn der in Anspruch Genommene Erklärungen abgibt, die dem Geschädigten die Annahme gestatten, der Verpflichtete lasse sich auf Erörterungen über die Berechtigung von Schadensersatzansprüchen ein[730]. Nicht erforderlich ist, dass dabei eine Vergleichsbereitschaft oder eine Bereitschaft zum Entgegenkommen signalisiert wird[731].

Ein **Abbruch der Verhandlungen** muss durch klares und eindeutiges Verhalten zum Ausdruck gebracht werden[732].

Nach dem Ende der Verhandlungen tritt gem. § 203 S. 2 BGB eine **besondere Ablaufhemmung** ein, so dass die Verjährung frühestens drei Monate nach Beendigung der eigentlichen Verjährungshemmung eintreten kann[733].

Die kurze Verjährung beginnt grundsätzlich mit der Entstehung des Anspruchs. Entscheidend ist seine Fälligkeit.

Erforderlich ist die Kenntnis des Schadens nur dem Grunde nach. Es gilt das Prinzip der Schadenseinheit. Bei mehreren in Frage kommenden Körperschaften muss die Erhebung einer Klage gegen eine bestimmte Körperschaft gewisse Aussicht auf Erfolg haben.

---

[728] Bamberger/Roth/Henrich, § 199 Rn.18/19 m.w.N.: der Begriff der grobfahrlässigen Unkenntnis geht über die Kriterien hinaus, die die die Rechtsprechung (im Zusammenhang mit der Gleichsetzung) zur positiven Kenntnis entwickelt hat; vgl. zur Abgrenzung auch BGH NJW 1994, 3092/3093 (Warentermingeschäfte)

[729] vgl. §§ 852 Abs. 2, 639 Abs. 2 und 651 g Abs. 2 BGB a.F.

[730] BGH NJW-RR 2001, 1168/1169 = MDR 2001, 936 (Rückstände von Pflanzenschutzmitteln); BGHZ 145, 358/362 = NJW 2001, 108 (Person des Ersatzpflichtigen)

[731] BGH NJW 2001, 1723/1724 = MDR 2001, 688 (Körperverletzung); vgl. die weiteren Nachweise bei Bamberger/Roth/Henrich, § 203 Rn. 4

[732] BGH NJW 1998, 2819/2820 = MDR 1998, 1101 (Verkehrsunfall)

[733] Bamberger/Roth/Henrich, § 203 Rn. 7

> **Bei fahrlässiger Pflichtverletzung liegt Kenntnis erst vor, wenn kein anderweitiger Ersatz verlangt werden kann.**
>
> **Die Inanspruchnahme von Primärrechtsschutz unterbrach nach altem Recht die Verjährung.**
>
> **Nach neuem Recht gilt für die kurze Verjährung die „Ultimoverjährung". Die grob fahrlässige Unkenntnis vermag die Verjährung auszulösen. Die Klageerhebung kann keinen Neubeginn der Verjährung herbeiführen.**
>
> **Die zum alten Recht ergangene Rechtsprechung kann weitgehend herangezogen werden.**

X. Der Rückgriff gegen den Amtswalter

Nach Art. 34 S. 2 GG bleibt der Rückgriff bei Vorsatz oder grober Fahrlässigkeit „vorbehalten".

249   Die befreiende Schuldübernahme nach Art. 34 S. 1 GG hat keine endgültige Haftungsfreistellung des Amtsträgers zur Folge. Er ist – bei hoheitlichem Handeln – nur im Außenverhältnis geschützt. Art. 34 S.2 GG begründet keine Verpflichtung des Gesetzgebers, eine Rückgriffshaftung des Amtsträgers gesetzlich festzuschreiben. Er enthält nur einen inhaltlich limitierten Vorbehalt, den der Staat oder die sonstige Körperschaft nicht auszuschöpfen brauchen[734].

1. Innenregress und Innenhaftung

250   Dem Innenregress liegt der Fall zu Grunde, dass der Beamte seinen Dienstherrn **mittelbar schädigt**, indem dieser einem Dritten ersatzpflichtig wird. Nimmt der Dienstherr Rückgriff, macht er sein „Haftungsinteresse" geltend.

Die Innenhaftung betrifft die **unmittelbare Schädigung** des Dienstherrn durch den Bediensteten. Sie setzt einen Eingriff in geschützte Rechtsgüter voraus[735].

2. Bundesrechtliche den Innenregress regelnde Bestimmungen

251
- § 46 Abs. 1 BRRG
  - § 78 Abs. 1 BBG
  - § 24 Abs. 1 SG
  - § 34 Abs. 1 ZDG[736]

---

[734] Münchener Kommentar/Papier, § 839 Rn. 369 m.w.N.

[735] vgl. z.B. BVerwGE 37, 192 = DÖV 1971, 565 (Kassenfehlbestand); BVerwGE 100, 280 = NJW 1996, 2175 (Rückgriffshaftung/unwirksame Beamtenernennung/Haftungsbeschränkung/Verjährung)

[736] vgl. BVerwG NVwZ 1996, 182 = DVBl 1995, 201: Keine Anwendung des § 34 Abs. 1 ZDG auf Beschäftigungsstellen

Für Beamte finden sich entsprechende landesrechtliche Bestimmungen[737].

§ 14 BAT erklärt bei **Angestellten** die für die Beamten des Arbeitgebers jeweils geltenden Vorschriften für entsprechend anwendbar. Für **Arbeiter** entscheidet das Dienst- oder sonstige Rechtsverhältnis, für **Beliehene** und **Verwaltungshelfer** das verwaltungsrechtliche Schuldverhältnis (Haftungsgrund pVV)[738].

Für **Abgeordnete** folgt aus der Indemnität (Art. 46 Abs. 1 GG), dass ein Rückgriff ausgeschlossen ist[739].

3. Einheitliche Regelung

Innenregress und Innenhaftung sind seit dem 1. Januar 1993[740] in § 46 BRRG und § 78 BBG **einheitlich geregelt**. Danach haftet der Beamte gegenüber dem Dienstherrn nur noch bei Vorsatz und grober Fahrlässigkeit unabhängig davon, ob eine unmittelbare oder mittelbare Schädigung vorliegt oder ob der Beamte im hoheitlichen oder fiskalischen Bereich gehandelt hat[741].   **252**

Die Schuldformen **Vorsatz** und grobe **Fahrlässigkeit** entsprechen den anderer gesetzlicher Vorschriften[742].   **253**

Zu weiteren speziellen Einzelfragen und zur Durchsetzung des Rückgriffsanspruchs vgl. Staudinger/Wurm[743].

> Innenregress und Innenhaftung sind (heute) weitgehend bundesweit einheitlich geregelt und zwar hinsichtlich des Verschuldens und unabhängig davon, ob hoheitlich oder fiskalisch gehandelt wurde.

---

[737] Nachweise bei Ossenbühl, S. 119
[738] Ossenbühl, S. 119; Staudinger/Wurm, § 839 Rn. 405
[739] Jarass/Pieroth, GG, Art. 46 Rn. 4 m.w.N.
[740] BGBl I 1030
[741] siehe Ossenbühl, S 119/120; zur unterschiedlichen Verjährung vgl. Staudinger/Wurm, § 839 Rn. 404 und BVerwGE 100, 280 = NJW 1996, 2175; wegen der im BRRG vorgenommenen Änderung mussten die Länder ihre Rückgriffsvorschriften anpassen: ausführlich Simianer, Vermögensrechtliche Haftung des Beamten dem Dienstherrn gegenüber, ZBR 1993, 33
[742] §§ 276, 277 BGB – Palandt/Heinrichs, § 276 Rn. 10/11 m.w.N. (Vorsatz) und § 277 Rn. 4 ff. m.w.N. (grobe Fahrlässigkeit)
[743] § 839 Rn. 407–416; auch Ossenbühl, S. 120/121

XI. Die Darlegungs- und Beweislast im Amtshaftungstatbestand[744]

1. Allgemeines

a) Verfahrensgrundsätze

254 Über Amtshaftungsansprüche ist gemäß der verfassungsrechtlichen Zuweisung des Art. 34 S. 3 GG i.V.m. § 13 GVG und § 40 Abs. 2 S. 1 VwGO von den Gerichten der ordentlichen Gerichtsbarkeit zu befinden.

Diese entscheiden nach der Zivilprozessordnung und den dort geltenden prozessualen Grundsätzen.

255 Anders als im Bereich des Primärrechtsschutzes vor den Verwaltungsgerichten, findet im Amtshaftungsprozess der **Amtsermittlungsgrundsatz**[745] keine Anwendung. Vielmehr gilt grundsätzlich der **Verhandlungsgrundsatz** (Beibringungsgrundsatz), der die Beschaffung des Prozessstoffs betrifft und zur Folge hat, dass das Gericht Tatsachen, die nicht von einer Partei vorgetragen sind, bei seiner Entscheidung nicht berücksichtigen darf[746].

Der **Verfügungsgrundsatz** (Dispositionsmaxime) bezieht sich auf die Verfügungsfreiheit der Parteien über den Streitgegenstand und damit über Gang und Inhalt des Verfahrens[747].

b) Darlegung und Beweisführung

256 Für die Praxis entsprechen sich Darlegungslast und Beweislast.

Beweislast ist das eine Partei treffende Risiko des Prozessverlusts wegen Nichterweislichkeit der ihren Sachvortrag tragenden Tatsachenbehauptungen[748].

Auf dieser Ebene ist nach der Rechtsprechung des Bundesgerichtshofs von folgenden **Grundsätzen** auszugehen[749]:

„Das Bestehen eines Rechts ist dem Beweis nicht zugänglich. Die privatrechtlichen Normen gliedern die Bedingungen, von denen die Existenz eines Rechts abhängt, in rechtsbegründende, rechtserhaltende, rechtshindernde, rechtsvernichtende und rechtshemmende Tatbestände, die jeweils nur einen Teil dieser Bedingungen umschreiben. Das Bestehen eines Rechts lässt sich nur folgern aus dem Vorliegen von Tatsachen, die nach den rechtlichen Normen rechtsbegründend und rechtserhaltend wirken, und dem Fehlen rechtshindernder, rechtsvernichtender und rechtshemmen-

---

[744] grundlegend Baumgärtel, Handbuch der Beweislast im Privatrecht, 2. A., Bd. 1, Anm. zu § 839 BGB; Baumgärtel, Beweislastpraxis im Privatrecht (Die Schwierigkeiten der Beweislastverteilung und die Möglichkeiten ihrer Überwindung); Tremml/Karger, Rn. 860 ff.

[745] § 86 Abs. 1 VwGO – dazu Eyermann/Geiger, VwGO, § 86 Rn. 2 ff.

[746] Thomas/Putzo/Reichold, ZPO, Einl. I Rn. 2 m.w.N.

[747] Thomas/Putzo/Reichold, ZPO, a.a.O. Rn. 5

[748] Zöller/Greger, ZPO, vor § 284 Rn. 18 a.E.

[749] BGH NJW 1986, 2426/2427 = MDR 1986, 752 (Pfandgläubiger)

der Tatsachen. Nur diese Tatsachen können Gegenstand des Beweises sein. Um die Durchsetzung der Rechte nicht von vornherein unzumutbar zu erschweren, geht das Gesetz von einer Verteilung der Beweislast für diese Tatsachen auf die Parteien des Rechtsstreits aus.

Für das Gebiet privatrechtlicher Beziehungen ist folgende Grundregel anerkannt:

Wer ein Recht geltend macht, hat die tatsächlichen Voraussetzungen der rechtsbegründenden und rechtserhaltenden Tatbestandsmerkmale zu beweisen.

Wer demgegenüber das Bestehen eines Rechts leugnet, trägt die Beweislast für die tatsächlichen Voraussetzungen der rechtshindernden, rechtshemmenden und rechtsvernichtenden Tatbestandsmerkmale"[750].

c) Beweiserleichterungen

aa) **§ 287 ZPO** gewährt dem beweisbelasteten Anspruchsteller eine wichtige **Beweiserleichterung.** **257**

Die Bestimmung gilt für Schadensersatzansprüche[751], gleichgültig ob vertragliche oder gesetzliche, Verschuldens- oder Gefährdungshaftung, ferner für Entschädigungsansprüche wegen Aufopferung und Enteignung[752].

Durch § 287 ZPO wird schon die **Darlegungslast** gemildert, d.h. die Substantiierung des Vorbringens erleichtert[753]. Auch liegt eine Erleichterung darin, dass die Anforderungen an die richterliche Überzeugungsbildung durch Senkung des Beweismaßes vermindert werden.

Bei der Entscheidung über die Höhe des Schadens reicht für die richterliche Überzeugungsbildung eine erhebliche Wahrscheinlichkeit aus, sofern das Wahrscheinlichkeitsurteil auf gesicherten Grundlagen beruht[754].

bb) Der **konkrete Haftungsgrund** und die **haftungsbegründende Kausalität** unterfallen der Beweisregel des § 286 ZPO[755]. **258**

Nach h.M. ist Haftungsgrund die durch eine Handlung eines anderen verursachte Verletzung eines absoluten Rechts oder Rechtsguts oder, wie im Fall des § 839 BGB, des (bloßen) Vermögens[756]. Erst die Frage, ob hieraus ein in Geld bewertbarer Schaden entstanden ist, unterliegt der erleichterten Feststellung nach § 287 ZPO[757].

---

[750] BGH a.a.O. S. 2427 m.w.N. aus Rechtsprechung und Literatur
[751] und sonstige Ansprüche nach den Voraussetzungen des Absatzes 2
[752] Thomas/Putzo/Reichold, ZPO, § 287 Rn. 2 m.w.N.
[753] BGH MDR 1992, 1129 = NJW-RR 1992, 792 (unfallbedingter Mehrbedarf)
[754] BGH NJW 1993, 734/735 = MDR 1993, 1125 (Anwaltshaftung/Schaden); BGH NJW-RR 1993, 795/796 = VersR 1993, 1274 (Mindestschaden/Schätzung); BGH NJW 1991, 1412/1413 = MDR 1991, 423 (§ 287 ZPO/Ermessen/keine Bindung an Beweisanträge)
[755] BGH NJW 1998, 3417 = MDR 1998, 1165 (Arzthaftung/Primärschaden); BGH NJW 2000, 1572/1573 = MDR 2000, 732 (Prozessverlust/Schaden)
[756] „Betroffensein" – vgl. Zöller/Greger, ZPO, § 287 Rn. 3 a.E.
[757] haftungsausfüllende Kausalität – vgl. BGH NJW 1987, 705/706 = MDR 1987, 43 (Arzthaftung/Erstverletzungserfolg); vgl. dagegen BGH NJW 2000, 1572/1573 (Anwaltshaftung/Prozessverlust/Schaden)

Der Kausalzusammenhang zwischen der ersten haftungsauslösenden Verletzung und einer weiteren späteren Schädigung (Folgeschaden) kann nach § 287 ZPO festgestellt werden[758].

259 cc) Die wichtige beweisrechtliche Funktion des § 287 ZPO nämlich die Feststellung der Höhe des Schadens wird ergänzt durch **§ 252 S. 2 BGB.**

Da der Nachweis des infolge eines schädigenden Ereignisses verursachten Gewinnentgangs schwer zu erbringen ist, braucht der Geschädigte nur in den Grenzen des § 287 ZPO die Umstände darlegen und beweisen, aus denen sich eine Wahrscheinlichkeit für den als Schaden geltend gemachten Gewinnentgang ergibt[759].

Die Bestimmung des § 252 S. 2 BGB stellt eine Beweiserleichterung mit einer Beweismaßreduzierung dar und mindert schon die Darlegungslast der Partei, die entgangenen Gewinn fordert[760].

260 dd) Eine bedeutsame Beweiserleichterung ist auch der **Anscheinsbeweis.**

Voraussetzung ist der typische Geschehensablauf[761]. Ist dieser – als Anscheinsbeweisgrundlage – unstreitig oder bewiesen, kann von einer feststehenden Ursache auf einen bestimmten Erfolg oder umgekehrt geschlossen werden[762].

Der Anscheinsbeweis stellt keine Umkehrung der Beweislast dar, denn ist der Anscheinsbeweis durch konkrete Tatsachen, die notfalls zu beweisen sind, erschüttert, kann die beweisbelastete Gegenpartei ihrerseits vollen Beweis erbringen[763].

Der Anscheinsbeweis betrifft danach die haftungsbegründende Kausalität. Er hat im übrigen erhebliche Bedeutung im Zusammenhang mit Schutzgesetzverletzungen, Unfallverhütungsvorschriften und der Verletzung von Verkehrssicherungspflichten[764].

Aus der **Pflichtverletzung** wird schließlich „prima facie" das **Verschulden hergeleitet**, d.h. von der Verletzung der äußeren Sorgfaltspflicht kann auf das Fehlen der „inneren" Sorgfalt in Form von Fahrlässigkeit geschlossen werden[765].

261 ee) **Tatsächliche Vermutungen** werden in der Rechtsprechung häufig herangezogen, um schwierige Beweisführungen zu erleichtern. Sie sind abzugrenzen von den Tatsachenvermutungen i.S.d. § 292 ZPO, die Beweislastnormen darstellen.

---

[758] BGH NJW-RR 1987, 339 = VersR 1987, 310 (Unfallverletzung/Hirnschädigung)

[759] Palandt/Heinrichs, BGB, § 252 Rn. 5 mit umfangreichen Nachweisen aus der Rechtsprechung

[760] vgl. BAG NJW 1972, 1437/1438 = DB 1972, 1299 (entgangener Gewinn/Schätzung); BGH NJW 1988, 2234/2236 = MDR 1988, 668 (Handelskauf/Abnehmer)

[761] vgl. Thomas/Putzo/Reichold, ZPO, § 286 Rn. 12 und 13 m.w.N.

[762] vgl. BGH NJW 1997, 528/529 = MDR 1997, 242 (Heizgerät/Brandschaden)

[763] Thomas/Putzo/Reichold, ZPO, § 286 Rn. 13 m.w.N.

[764] siehe ausführlich und m.w.N. Zöller/Greger, ZPO, vor § 284 Rn. 30–32

[765] Baumgärtel, Handbuch der Beweislast, § 823 Rn. 28 m.w.N.

Nach der Rechtsprechung des Bundesgerichthofs[766] wirkt sich die tatsächliche Vermutung auf die Beweislastverteilung aus[767]. Die Abgrenzung zum Anscheinsbeweis ist unklar[768].

2. Die Verletzung einer drittbezogenen Amtspflicht durch einen hoheitlich handelnden Amtswalter

a) Hoheitliche Handlung

Einigkeit besteht darüber, dass zum Tatbestand der vom Anspruchsteller zu beweisenden Amtspflichtverletzung der Umstand gehört, dass der Bedienstete **hoheitlich** gehandelt hat[769]. Nur wenn das der Fall ist, kann die in Frage stehende Körperschaft aus **Amtshaftung** herangezogen werden[770]. **262**

aa) Entscheidend ist die funktionale Betrachtungsweise[771]. Danach sind Tatsachen vorzutragen und ggfs. zu beweisen, dass die eigentliche Zielsetzung, in deren Sinn die Person tätig wurde, hoheitlicher Tätigkeit zuzurechnen ist, und ob bejahendenfalls zwischen dieser Zielsetzung und der schädigenden Handlung ein so enger äußerer und innerer Zusammenhang besteht, dass die Handlung ebenfalls noch dem Bereich hoheitlicher Betätigung angehörend angesehen werden muss[772].

bb) Werden **Rechtshandlungen** unter Einsatz eines öffentlich-rechtlichen Instrumentariums vorgenommen[773], lässt dies den Rückschluss auf den hoheitlichen Charakter der dabei verfolgten Aufgabe zu.

cc) Nicht so einfach ist es mit **Realakten** der öffentlichen Verwaltung. **263**

Hier kommt es auf Tatsachen an, die nach Funktion und Zweck die Folgerung einer hoheitlichen Zielsetzung und damit hoheitlicher Tätigkeit zulassen[774].

Einen **Anscheinsbeweis** für eine hoheitliche Dienstfahrt mit bestimmten Fahrzeugen[775] hat der Bundesgerichtshof mit der Begründung abgelehnt, dass die eine Mög-

[766] Beispiel BGHZ 98, 174/178 = NJW 1986, 2564: Bei einem auffälligen Missverhältnis zwischen Leistung und Gegenleistung besteht eine tatsächliche Vermutung, dass die kreditgebende Bank subjektiv sittenwidrig i.S.d. § 138 BGB gehandelt hat

[767] siehe BGH NJW 2002, 3165/3166 = MDR 2002, 1242 (Grundstückskauf/verwerfliche Gesinnung/Gegenbeweis)

[768] Zöller/Greger, ZPO, vor § 284 Rn. 33/35

[769] Baumgärtel/Laumen, Handbuch der Beweislast, § 839 Rn. 2; Tremml/Karger, Rn. 863; Palandt/Sprau, § 839 Rn. 84; hiervon geht auch BGH NJW 1963, 1263/1264 aus (Problem: Anscheinsbeweis)

[770] siehe oben Rn. 12–14 und Rn. 15 ff.

[771] oben Rn. 18

[772] BGHZ 147, 169/171 = MDR 2001, 868 (Prüfung von Luftfahrtgerät); BGH NJW 1992, 1227/1228 = MDR 1992, 944 (Privatfahrzeug/Dienstfahrt)

[773] z.B. Verwaltungsakt, Gesetz, Satzung, öffentlich-rechtliches Benutzungsverhältnis – siehe oben Rn. 19

[774] vgl. BGHZ 42, 176/179 = NJW 1964, 1895 (Teilnahme am Straßenverkehr); BGH MDR 1983, 824 = NVwZ 1983, 763 (Müllabfuhr/kommunaler Eigenbetrieb)

[775] Militär, Feuerwehr, Polizei u.s.w.

lichkeit (hoheitlich) erheblich wahrscheinlicher sei als die andere (fiskalisch), noch nicht genüge, um den Anscheinsbeweis anzuwenden[776].

dd) In Zweifelsfällen soll die so genannte **Vermutungsregel** weiter helfen. Nach ihr ist das Verhalten des Amtswalters so lange nach öffentlichem Recht zu beurteilen, wie der entgegenstehende Wille, nach Maßgabe des Privatrechts zu handeln, nicht eindeutig in Erscheinung tritt[777]. Der Anspruchsteller genügt der Darlegungs- und Beweislast, dass der Hoheitsträger eine Aufgabe erfüllt, die in der Regel dem öffentlichen Recht zuzuordnen ist. Es ist dann Sache der Körperschaft, die damit verbundene Vermutung hoheitlicher Tätigkeit zu widerlegen[778].

b) In Ausübung und bei Gelegenheit

264   Geht es – lediglich – um die Frage, ob in **Ausübung** eines öffentlichen Amts oder nur bei **Gelegenheit** der Amtsausübung ein Schaden zugefügt worden ist, ob also ein **innerer Zusammenhang** zwischen Amtsausübung und Schädigung besteht, bietet sich aus einer tatsächlichen Vermutung heraus an, vom äußeren auf den inneren Zusammenhang zu schließen, soweit kein Exzess offenkundig ist[779].

c) Nennung des Amtwalters

265   Die Nennung der Einzelpersönlichkeit des oder der verantwortlichen Bediensteten ist nicht erforderlich, wenn nur feststeht, dass die in Anspruch genommene Körperschaft für diese(n) einzustehen hat[780].

d) Amtspflichtwidrigkeit

266   Die **Amtspflichtwidrigkeit** im Sinne des extern wirkenden Rechtspflichtverstoßes[781] hat der Anspruchsteller zu beweisen. Das folgt nach der Rechtsprechung des Bundesgerichtshofs schon daraus, dass Maßnahmen der Verwaltungsbehörden die **Vermutung der Rechtmäßigkeit** für sich haben[782].

aa) Welche Tatsachen der Betroffene für das Vorliegen einer Amtspflichtverletzung im Einzelnen darlegen und beweisen muss, bestimmt sich nach den für die Beurteilung der Amtspflichtverletzung maßgeblichen Rechtsnormen[783].

Führt das Verhalten des Amtsträgers zu einer Verletzung von Rechtsgütern, die den Schutz des § 823 Abs. 1 BGB genießen, und wird geltend gemacht, die Rechtswidrigkeit entfalle wegen eines **Rechtfertigungsgrundes**, ist das von demjenigen zu

---

[776] BGH NJW 1963, 1263/1264 (militärisches Transportfahrzeug); a.A. wohl Tremml/Karger, Rn. 863: Tatsächliche Vermutung

[777] Münchener Kommentar/Papier, § 839 R, 149 m.w.N.; siehe oben Rn. 19

[778] Tremml/Karger, Rn. 864

[779] vgl. entsprechend zu § 831 BGB Baumgärtel, Handbuch der Beweislast, § 831 Rn. 11

[780] BGH VersR 1960, 1082/1083 (Vormund); RGZ 159, 283/290 (zu § 831 BGB); RGZ 100, 102/103 (Grundbuchamt)

[781] siehe oben Rn. 36/37

[782] BGH VersR 1960, 248/249 (Verletzungen durch Pistolenschuss eines Polizeibeamten); Baumgärtel/Laumen, Handbuch der Beweislast, § 839 Rn. 4

[783] Staudinger/Wurm, § 839 Rn. 417 m.w.N.

beweisen, der sich darauf beruft. Das gilt schon grundsätzlich, wenn gegenüber einer tatbestandsmäßigen unerlaubten Handlung ein Rechtfertigungseinwand erhoben wird[784].

Beispiel zur Beweisverteilung:

BGHZ 37, 336 = NJW 1962, 1769 – Sonderrechte –

Der Kläger befuhr mit seinem PKW eine bevorrechtigte Straße und stieß auf einer Kreuzung mit einem sich im Einsatz befindlichen Rettungswagen der Feuerwehr zusammen. Streitig war, ob der Rettungswagen unter Betätigung des Martinshorns und des blauen Blinklichts unterwegs war.

Dem Kläger stand nach § 8 Abs. 1 Nr. 1 StVO der Vorrang zu. Durch § 35 Abs. 1 StVO wird dem Einsatzfahrer zwar kein Vorfahrtsrecht verliehen; er ist aber unter bestimmten Voraussetzungen berechtigt, das Vorfahrtsrecht des anderen zu „missachten"[785]. Für die Ausübung dieses Rechts ist u.a. erforderlich, dass den übrigen Verkehrsteilnehmern gegenüber – und so insbesondere gegenüber Vorfahrtberechtigten – deutlich und rechtzeitig zur Kenntnis gebracht wird, dass ein Fahrer naht, der Sonderrechte in Anspruch nimmt. Der beklagten Körperschaft oblag daher die Beweislast für die Tatsachen, aus denen sich ergibt, dass sich der Fahrer des Einsatzfahrzeugs über das Vorfahrtsrecht hinwegsetzen durfte, ohne seine Amtspflicht zum verkehrsgerechten Verhalten zu verletzen, und dass er diese Befugnis erkennbar dem Kläger gegenüber in Anspruch genommen hatte[786].

bb) Eine Erleichterung der Darlegungslast hat der Bundesgerichtshof in einem Fall angenommen, in dem es um die Amtspflichtwidrigkeit durch eine **unrichtige Auskunft**[787] ging[788].   **267**

Der Geschädigte habe lediglich darzulegen, inwiefern die Auskunft unrichtig, unvollständig oder missverständlich gewesen sei. Wenn hierfür bereits die äußeren Umstände sprächen und es sich um interne Vorgänge der Behörde handele, habe diese darzutun, aus welchen Gründen die Auskunft trotzdem richtig und vollständig gewesen sei[789].

cc) Beweiserleichterungen sieht der Bundesgerichtshof im Zusammenhang mit Amtspflichtverletzungen bei der **Besetzung einer Behördenstelle** vor, weil mit   **268**

---

[784] Baumgärtel/Laumen, Handbuch der Beweislast, § 839 Rn. 4 m.w.N.; vgl. auch BGH NJW 1985, 2028/2029 = MDR 1985, 493 (Notarhaftung); RGZ 159, 235/240 (Notwehr)

[785] BGHZ 37, 339 (§ 48 StVO a.F.); BGHZ 26, 69/71 (§ 48 StVO a.F.)

[786] vgl. zur Beweislast in einem ähnlichen Fall auch OLG Düsseldorf VersR 1992, 1129/1131 m.w.N.

[787] dazu oben Rn 55–59

[788] BGH NJW 1978, 371/372 = MDR 1978, 122 (Auskunft über Fertigstellung des U-Bahnbaus)

[789] m.E. und entgegen Tremml/Karger, Rn 868, wohl eine nicht zu verallgemeinernde Einzelfallentscheidung – siehe die Erwägungen NJW 1978, 372 unter 2c; siehe auch RGRK/Kreft, § 839 Rn. 547 zum Nachschieben einer anderen Begründung

Rücksicht auf den weiten Ermessens- und Beurteilungsspielraum des Dienstherren es sich ohne entsprechende Aufklärung regelmäßig der Kenntnis des erfolglosen Bewerbers entzieht, nach welchen Kriterien die konkrete Auswahlentscheidung getroffen wurde[790].

e) Drittschutz

269 Der Anspruchsteller trägt schließlich die Darlegungs- und Beweislast dafür, dass die verletzte Amtspflicht in **personaler und sachlicher Hinsicht**[791] gegenüber dem Geschädigten bestanden hat[792].

Entscheidend sind – wie bei der Amtspflichtverletzung – Tatsachen, die die den maßgeblichen Drittschutz gewährenden Rechtsnormen ausfüllen[793].

f) Verschulden

270 Grundsätzlich hat der Geschädigte die volle Darlegungs- und Beweislast dafür, dass das Verhalten des Amtswalters schuldhaft war[794]. Es gilt § 286 ZPO, da das Verschulden zum Haftungsgrund gehört.

Die Rechtsprechung lässt jedoch in vielen Haftungslagen Darlegungs- und Beweis-**erleichterungen** gelten, wobei nicht immer ganz klar ist, wo diese **beweisrechtlich** einzuordnen sind.

271 (aa) Wegen der **Objektivierung des Sorgfaltsmaßstabs** im Rahmen des Fahrlässigkeitsbegriffs[795] sind die Sorgfaltsanforderungen erhöht und deren Bemessung ist vom individuellen Amtswalter „abgelöst". Es kommt zur Beurteilung des Verschuldens in Form von Fahrlässigkeit auf die Kenntnisse und Fähigkeiten an, die für die Führung des übernommenen Amtes **im Durchschnitt** erforderlich sind[796]. Hieran hat sich der – erforderlichenfalls – zu beweisende Tatsachenvortrag auszurichten[797], wobei keine Notwendigkeit dafür besteht, Tatsachen darzutun, dass sich das **Verschulden auf den Schaden bezogen** hat; es genügt allgemein, dass das Schadensereignis mit seinen Folgen der schuldhaften Amtspflichtverletzung

---

[790] BGHZ 129, 226/234 f. = NJW 1995, 2344 (hauptsächlich zum Ursachenzusammenhang und m.w.N. aus der Rechtsprechung zu Fürsorgepflichtverletzungen des Dienstherrn); BGH MDR 1978, 735/736 = VersR 1978, 281 (Stellenbesetzung)

[791] ausführlich oben Rn. 85 ff.

[792] Baumgärtel/Laumen, Handbuch der Beweislast, § 839 Rn. 2

[793] das ist hier nicht anders als bei der Darlegungs- und Beweislast im Falle einer Schutzgesetzverletzung nach § 823 Abs. 2 BGB – vgl. Baumgärtel, Handbuch der Beweislast, § 823 Rn. 38 m.w.N.

[794] Baumgärtel/Laumen, Handbuch der Beweislast, § 839 Rn. 5 m.w.N.; Tremml/Karger, Rn 871 m.w.N.

[795] vgl. oben Rn. 138/139, Rn. 148 ff.

[796] oben Rn. 146; Staudinger/Wurm, § 839 Rn. 203: die Anforderungen an amtspflichtgemäßes Verhalten sind am Maßstab des pflichtgetreuen Durchschnittsbeamten zu messen

[797] Staudinger/Wurm, § 839 Rn. 418 m.w.N.: Darlegung eines Sachverhalts, der nach dem regelmäßigen Ablauf der Dinge die Folgerung begründet, dass ein Beamter schuldhaft seine Amtspflicht verletzt hat

nach den Grundsätzen des adäquaten Kausalzusammenhangs zugerechnet werden kann[798].

(bb) Liegen die Voraussetzungen der sog. „**Kollegialrichtlinie**" vor, steht in der Regel fest, dass den Beamten kein Verschulden trifft[799].   **272**

(cc) Wird der **Verschuldensausschluss** eingewandt etwa wegen Rechtsirrtums, sind von dem in Anspruch Genommenen entsprechende Tatsachen darzulegen und zu beweisen[800].   **273**

(dd) **Gesetzliche** Schuldvermutungen wirken im Tatbestand des § 839 BGB.   **274**

Hat der Beamte als Führer eines Kraftfahrzeugs bei der Teilnahme am öffentlichen Verkehr eine Amtspflichtverletzung begangen, ist von seiner Seite aus die **Verschuldensvermutung des § 18 StVG** zu widerlegen[801]. Dasselbe gilt für die Schuldvermutung zu Lasten **des Tierhalters**[802] nach § 833 S. 2 BGB und zu Lasten des **Gebäudebesitzers**[803] nach § 836 Abs. 1 BGB, soweit durch die behauptete Amtspflichtverletzung der Tatbestand dieser Vorschriften verwirklicht worden ist[804].

(ee) **§ 280 Abs. 1 S. 2 BGB n.F.** (§ 282 BGB a.F.)[805] findet auf den Verschuldensnachweis grundsätzlich keine Anwendung[806], weil die Unterschiede zwischen Vertragshaftung und deliktischer Amtshaftung eine entsprechende Anwendung auf den Amtshaftungsanspruch nicht zulassen[807]. Das gilt in allen Fällen des § 839 BGB[808].   **275**

§ 280 Abs. 1 S. 2 BGB kann entsprechende Anwendung nur dann finden, wenn eine vertragliche Anspruchsgrundlage oder sonstige Sonderverbindung den geltend ge-

---

[798] oben Rn. 147

[799] oben Rn. 150–156

[800] oben Rn. 145; Baumgärtel/Laumen, Handbuch der Beweislast, § 839 Rn. 10 m.w.N.; BGHZ 69, 128/143 = NJW 1977, 1875 (Fluglotsen)

[801] BGH NJW 1959, 985 = MDR 1959, 481; BGH VersR 1966, 732 (Begegnungsverkehr/ Schadensteilung)

[802] BGH VersR 1972, 1047/1048 (Diensthund/Entlastung)

[803] BGH MDR 1991, 228 = NJW-RR 1990, 1500 (Regenfallrohr)

[804] zur Anwendung von § 831 BGB vgl. Baumgärtel/Laumen, Handbuch der Beweislast, § 839 Rn. 8 und RGRK/Kreft, § 839 Rn. 208/552

[805] § 280 Abs. 1 BGB lautet wie folgt: Verletzt der Schuldner eine Pflicht aus dem Schuldverhältnis, so kann der Gläubiger Ersatz des hierdurch entstehenden Schadens verlangen. Dies gilt nicht, wenn der Schuldner die Pflichtverletzung nicht zu vertreten hat. Vgl. dazu Palandt/Heinrichs, § 280 Rn. 40 m.w.N.

[806] Baumgärtel/Laumen, Handbuch der Beweislast, § 839 Rn. 9

[807] BGH VersR 1986, 765/766 = MDR 1986, 924 (zur Verkehrssicherungspflicht aus § 823 Abs. 1 BGB)

[808] Missverständlich daher Baumgärtel/Laumen, Handbuch der Beweislast, § 839 Rn. 9, eine Anwendung komme ausnahmsweise bei Amtspflichtverletzungen innerhalb eines quasivertraglichen öffentlich-rechtlichen Verhältnisses in Betracht; an sich zutreffend Tremml/ Karger, Rn. 876/877 – aber keine Ausnahme von diesem Grundsatz, da es sich gerade nicht um deliktische Ansprüche handelt. Das ist von der Verschuldensvermutung im Tatbestand des § 839 BGB etwa durch § 18 StVG zu unterscheiden

machten Anspruch tragen soll. Das gilt beispielsweise im Fall der **Verwahrung**[809], wenn es um **Kassenfehlbestände** geht („Mankohaftung")[810], wenn eine Körperschaft nach öffentlichem Recht (verschmutztes) **Wasser liefert**[811] oder wenn im Zusammenhang mit einer auf öffentlichem Recht beruhenden **mitgliedschaftlichen Sonderverbindung** das Mitglied geschädigt wird[812].

In dem vom Bundesgerichtshof entschiedenen Fall, in dem es um die Frage ging, wer die Ungewissheit trägt, ob die für einen Inhaftierten bestimmten Waren diesen tatsächlich erreicht haben, hat § 282 BGB a.F. ausweislich der Urteilsgründe im Rahmen des Anspruchs aus § 839 BGB keine Bedeutung gehabt. Der Bundesgerichtshof ist allgemein nach **Gefahrenkreis- und Organisationsgesichtspunkten** davon ausgegangen, dass die Nichtaufklärbarkeit des Verschwindens der Sendung zu Lasten der Strafvollzugsanstalt geht und dass dies auf einer schuldhaften Amtspflichtverletzung beruhe[813].

Die **Fürsorgepflicht** schließlich begründet kein Rechtsverhältnis, das die Anwendung des § 280 BGB rechtfertigen könnte[814].

276   (ff) Darauf hinzuweisen ist, dass gem. **§ 62 S. 2 VwVfG** die Vorschriften des bürgerlichen Gesetzbuchs in entsprechender Anwendung „ergänzend gelten", so dass schon hierdurch § 280 Abs. 1 BGB für **öffentlich-rechtliche Sonderverbindungen** Geltung beansprucht[815].

277   (gg) Im Einzelfall kann für das Vorliegen eines schuldhaften Verhaltens der **Beweis des ersten Anscheins** sprechen. Das wird von der Rechtsprechung dann angenommen, wenn als Folge des Verhaltens des Amtswalters ein ordnungswidriger Zustand festgestellt wird, der nach der Lebenserfahrung nur auf eine Vernachlässigung der erforderlichen Sorgfalt zurückgeführt werden kann[816].

Ist eine objektive und extern wirkende Amtspflichtverletzung festgestellt, kann – insbesondere wenn eine **Fachbehörde** auf ihrem Fachgebiet eine unrichtige Maßnahme getroffen hat – eine **tatsächliche Vermutung** für die Außerachtlassung der erforderlichen Sorgfalt sprechen[817].

---

[809] BGH NJW 1990, 1239/1231 = MDR 1990, 416 (Fundsache/öffentliche Verwahrung); BGHZ 3, 162/174; BGHZ 4, 192/196

[810] BGHZ 5, 23/26; BVerwGE 52, 255/259 f. = NJW 1978, 1540 (Schalterbeamter/Post); BGH NJW 1986, 54/55 = MDR 1986, 562 (Mankohaftung eines GmbH-Geschäftsführers)

[811] BGHZ 59, 303/309 = NJW 1972, 2300

[812] BGH VersR 1987, 768/769 = BGHR BGB § 282 Beweislast 1 (Wasser- und Bodenverband)

[813] BGH VersR 1982, 438/439 = MDR 1982, 649 (auch zur Frage, ob der Warenlieferant Drittschutz genießt)

[814] Baumgärtel/Laumen, Handbuch der Beweislast, § 839 Rn. 9 a.E. m.w.N.

[815] vgl. Stelkens/Bonk/Sachs, VwVfG, § 62 Rn. 33 m.w.N. in Fn. 34

[816] BGH VersR 1963, 856/857 (chemisches Untersuchungsamt); BGH WM 1960, 1150/1151 Notar/Warnung); BGHZ 54, 165/173 = NJW 1970, 1877 (Hochwasserschutz); BGH VersR 1976, 760/762 a.E. = MDR 1976, 740 (Überschwemmung)

[817] BGH NJW 1964, 198/199 = MDR 1964, 119 (Straßensperrung); BGH VersR 1969, 539/541 (Verkehrsregelung); vgl. Baumgärtel/Laumen, Handbuch der Beweislast, § 839 Rn. 6

Rechtswidrige Eingriffe in die Schutzgüter des § 823 Abs. 1 BGB „legen die Annahme eines Verschuldens des Amtsträgers nahe"[818].

3. Mitverschulden gem. § 254 BGB

Ein Mitverschulden des Geschädigten an der Entstehung oder Minderung des Schadens ist von dem zu beweisen, der die Einwendung erhebt[819]. Das folgt aus den allgemeinen Grundsätzen der Beweislast. Er muss beweisen, dass der Verletzte in Erfüllung des Tatbestands des § 254 Abs.1 bzw. Abs. 2 BGB vorwerfbar gehandelt oder eine gebotene Handlung unterlassen hat. Das beurteilt sich nach § 286 ZPO, während über den **Grad** der Mitverursachung mit Hilfe des § 287 ZPO zu entscheiden ist[820].

278

4. Ursachenzusammenhang zwischen Amtspflichtverletzung und Schaden

a) Grundsatz

Dem Grundsatz nach hat der Anspruchsteller die Darlegungs- und Beweislast für den Kausalzusammenhang zwischen der Amtspflichtverletzung des Bediensteten und dem behaupteten Schaden[821].

279

Es kommt nach der Tatsachenlage darauf an, welchen Verlauf die Dinge bei pflichtgemäßem Verhalten des Beamten genommen hätten und wie sich die Vermögenslage in diesem Fall stellen würde. Nur soweit sie bei pflichtgemäßem Verhalten günstiger als die tatsächliche sein würde, hat die Amtspflichtverletzung den Schaden verursacht[822].

b) Betroffenheit

Für die so genannte **Betroffenheit** des einzelnen ist gem. § 286 ZPO voller Beweis zu erbringen[823].

280

c) Haftungsausfüllende Kausalität

Steht der **konkrete Haftungsgrund** fest, fällt der nicht hierzu gehörende Eintritt eines **Schadens**[824] einschließlich möglicher Spätfolgen in den Bereich der **haf-**

---

[818] BGH NJW 1955, 258/259 (Eigentumseingriff/Ermessen/Verhältnismäßigkeit); RG JW 1932, 3767/3768 (Eingriff in Kohlebergbau)

[819] BGHZ 90, 17/32 f. = NJW 1984, 1169 (enteignungsgleicher Eingriff/Rechtsmittel)

[820] Baumgärtel/Laumen, Handbuch der Beweislast, § 839 Rn. 21 m.w.N.; Baumgärtel/Strieder, Handbuch der Beweislast, § 254 Rn. 2 ff. m.w.N.; Tremml/Karger, Rn. 950

[821] BGH NJW 1986, 2829 = MDR 1987, 32 (Vormundschaftsrichter); BGHZ 129, 226/232 f. = NJW 1995, 2344 (Stellenausschreibung)

[822] siehe oben Rn. 159

[823] oben Rn. 159; BGH NJW 1963, 1828/1829 = MDR 1963, 747 (Alternative Ursachen); BGHZ 4, 192/197 (Alternativereignis)

[824] oben Rn. 159, 168; BGH VersR 1975, 540/541 (Beurkundung)

tungsausfüllenden Kausalität, die sich nach § 287 ZPO beurteilt[825]. Das führt schon zur Verringerung der Darlegungslast[826].

aa) Das Gericht kann die haftungsausfüllende Kausalität bereits dann bejahen, wenn die ermittelten Tatsachen nach freier Überzeugung mit deutlich überwiegender auf gesicherter Grundlage beruhender **Wahrscheinlichkeit** für den kausalen Zusammenhang sprechen[827].

281 (bb) Dem Verletzten kann auch eine Beweiserleichterung in Form einer **tatsächlichen Vermutung** zu gute kommen[828].

Ist eine Amtspflichtverletzung und der Eintritt eines zeitlich nachfolgenden Schadens unstreitig oder bewiesen, ist der Beweis für den ursächlichen Zusammenhang geführt; es ist Sache des Gegners, nachzuweisen, dass der Schaden nicht auf die Amtspflichtverletzung des Amtsträgers zurückzuführen ist[829]. Dieser Grundsatz gilt aber nur, wenn nach der Lebenserfahrung eine **tatsächliche Vermutung** oder eine **tatsächliche Wahrscheinlichkeit** für den Ursachenzusammenhang spricht[830]. Soweit das nicht der Fall ist, bleibt der Nachweis des Ursachenzusammenhangs nach der Beweisregel des § 287 ZPO Sache des Geschädigten[831].

282 (cc) Besteht die Amtspflichtverletzung darin, das die Verkehrssicherungspflicht nicht (genügend) erfüllt wurde, hilft dem Geschädigten der **Beweis des ersten Anscheins** für den Beweis der haftungsausfüllenden Kausalität, wenn sich gerade diejenige Gefahr verwirklicht hat, der durch die Auferlegung bestimmter Sicherungspflichten begegnet werden soll[832].

---

[825] BGHZ 58, 343/349 = NJW 1972, 1422 (Notar/Aufklärung); BGH MDR 1974, 747 = VersR 1974, 782 (Notar/Aufklärung); BGH NJW 1992, 3237/3241 = MDR 1993, 282 (Notar/Prüfung und Belehrung)

[826] BGHZ 129, 226/232 f. = NJW 1995, 2344 (Stellenausschreibung)

[827] BGH NJW-RR 1996, 781 = WM 1996, 1333 (Notar/Belehrungspflicht); BGH NJW 1992, 2694/2695 = MDR 1992, 1186 (Anwaltshaftung); BGH NJW 1993, 734 = MDR 1993, 1125 (Anwaltshaftung)

[828] vgl. BGH NJW 1989, 2945/2946 = MDR 1990, 31: Beweiserleichterung unterhalb der Schwelle einer völligen Beweislastumkehr (Krankenhaus/Organisation)

[829] RGRK/Kreft, § 839 Rn. 553 m.w.N.; Baumgärtel/Laumen, Handbuch der Beweislast, § 839 Rn. 13 m.w.N.

[830] so – terminologisch unklar – BGH NJW 1989, 2945/2946 = MDR 1990, 31 (Krankenhaus/Organisation)

[831] RGRK/Kreft, § 839 Rn. 553 m.w.N.; zur Beweisführung bei der Verletzung von Aufsichtspflichten und Fürsorgepflichten in diesem Zusammenhang Baumgärtel/Laumen, Handbuch der Beweislast, § 839 Rn. 14 m.w.N.; Tremml/Karger, Rn. 908–913 m.w.N.

[832] bei dem Verstoß gegen Schutzgesetze und Unfallverhütungsvorschriften besteht eine entsprechende Beweislage – vgl. BGH NJW 1994, 945/946 = MDR 1994, 613 (Treppensturz); zur Streupflicht ausführlich Baumgärtel/Laumen, Handbuch der Beweislast, § 839 Rn. 25–28 m.w.N.

d) Beurteilungssicht

Bei gerichtlichen Entscheidungen[833] und bei Entscheidungen der Verwaltungs- **283**
behörde, die **keine Ermessensentscheidungen** darstellen[834], kommt es für die
Ursächlichkeit der Amtspflichtverletzung darauf an, wie nach Auffassung des über
den Ersatzanspruch urteilenden Gerichts richtigerweise hätte entschieden werden
müssen. Der Anspruchsteller hat die hierfür maßgeblichen Tatsachen gegenüber
dem entscheidenden Gericht darzulegen und notfalls zu beweisen.

Handelt es sich hingegen um eine **Ermessensentscheidung**[835], darf das mit dem
Amtshaftungsanspruch befasste Gericht sein Ermessen nicht an die Stelle des
Ermessens der Behörde setzen. Die Vortrags- und Beweislast richtet sich darauf,
dass bei richtiger Handhabung des Ermessens der Schaden nicht eingetreten wäre
Hierbei kommt es auf die **Verwaltungsübung**, also darauf an, wie die Behörde unter
Berücksichtigung der zu beachtenden Ermessensschranken[836] entschieden hätte,
nicht wie sie hätte entscheiden müssen[837].

e) Unterlassen

Besteht der Vorwurf der Amtspflichtverletzung in einem **Unterlassen**[838], dann kann **284**
ein Ursachenzusammenhang zwischen Pflichtverletzung und Schaden nur bejaht
werden, wenn der Schadenseintritt bei pflichtgemäßem Handeln mit an **Sicherheit**
grenzender Wahrscheinlichkeit vermieden worden wäre; eine bloße Möglichkeit,
ebenso eine gewisse Wahrscheinlichkeit, genügt nicht. Der Geschädigte hat darzulegen und ggfs. zu beweisen, in welcher für ihn günstigen Weise das Geschehen bei
Vornahme der gebotenen Amtshandlung verlaufen wäre[839].

Begründet der Sachverhalt eine **tatsächliche Wahrscheinlichkeit** dafür, dass der
Schaden bei der gebotenen Amtshandlung nicht eingetreten wäre, kommt aber auch
hier eine Beweiserleichterung in Betracht[840].

f) Unterbrechung des Kausalverlaufs

Ein in den **Kausalverlauf eingreifendes Fehlverhalten** des Geschädigten oder **285**
Dritter[841] unterbricht den Zusammenhang regelmäßig nicht.

---

[833] oben Rn. 161
[834] oben Rn. 162
[835] oben Rn. 163 und zum Ermessen Rn. 43 ff.
[836] oben Rn 47 und Rn. 61 ff.
[837] BGH VersR 1985, 588/589 a.E. = MDR 1986, 33 (Rücknahme einer Baugenehmigung)
[838] oben Rn. 160
[839] BGH MDR 1994, 776 f. = NVwZ 1994, 823 m.w.N. (Katastrophenschutz); BGHZ 34,
206/215 (umstürzender Grabstein); BGH NJW 1974, 453/455 a.E. = MDR 1974, 388
(Verkehrssicherungspflicht)
[840] BGH VersR 1984, 333/335 = MDR 1984, 647 (Belehrung über Rentenansprüche); Baum-
gärtel/Laumen, Handbuch der Beweislast, § 839 Rn 15 a.E.: Beweiserleichterung in Form
einer tatsächlichen Vermutung
[841] oben Rn. 164

Anders liegt es nur dann, wenn der weitere Schaden durch ein völlig ungewöhnliches und unsachgemäßes Verhalten ausgelöst worden ist, da unter solchen Voraussetzungen zwischen den beiden Schadensbeiträgen bei wertender Betrachtung nur ein äußerlicher, gleichsam „zufälliger" Zusammenhang besteht[842].

g) Reserveursache

Hat der Betroffene gem. § 287 ZPO den adäquaten Kausalzusammenhang bewiesen, ist es – nicht anders als bei der so genannten **„Reserveursache"**[843] – Sache des Schädigers, die Unterbrechung des adäquaten Kausalverlaufs bzw. die Erheblichkeit der Reserveursache zu beweisen[844].

h) Rechtmäßiges Alternativverhalten

286   Die tatsächlichen Voraussetzungen, die den Einwand **rechtmäßigen Alternativverhaltens** tragen sollen[845], sind vom Schädiger zu beweisen[846].

Beispiel:

> BGH NJW 1998, 1307 = MDR 1998, 346 – Kanalisation –
>
> *Infolge starker Niederschläge, die von der Kanalisation nicht mehr bewältigt wurden, drang durch Lichtschächte Wasser in den Keller des klägerischen Hauses ein und verursachte Sachschäden. Der Kläger behauptete eine unzulänglich dimensionierte Kanalisation. Die beklagte Körperschaft hat unter dem Gesichtspunkt rechtmäßigen Alternativverhaltens eingewandt, der Schaden wäre auch bei einer auf einen fünfjährigen Berechnungsregen[847] ausgelegten Kanalisation entstanden.*
>
> *Der unzureichende Zustand der Anlage und die Kausalität für den Schaden waren bewiesen. Hierfür hatte der Kläger die Beweislast. Nunmehr war es Sache der Beklagten, zu beweisen, dass die Folgen pflichtwidrigen Verhaltens ihr deshalb nicht zugerechnet werden konnten, weil auch das Fassungsvermögen einer auf einen fünfjährigen Berechnungsregen ausgelegten Leitung überschritten worden wäre[848].*

---

[842] BGH NJW 2000, 947/948 = MDR 2000, 262 (Erstschädiger/Zweitschädiger)

[843] die Unterbrechung des Kausalzusammenhangs negiert die Zurechnung des Schadens wegen eines ungewöhnlichen Eingriffs, der Einwand der hypothetischen Kausalität zielt darauf ab, dass der verursachte Schaden auf Grund eines anderen Ereignisses (Reserveursache) ohnehin eingetreten wäre

[844] BGHZ 78, 209/214 = NJW 1981, 628 (Arzthaftung/Reserveursache); Baumgärtel/Strieder, Handbuch der Beweislast, § 249 Rn. 10 m.w.N. in Fn. 18

[845] oben Rn. 165 ff.; allgemein Palandt/Heinrichs, Vorb. vor § 249 Rn. 104–107 m.w.N.

[846] instruktiv Staudinger/Wurm, § 839 Rn. 238/241 m.w.N.

[847] zum Berechnungsregen – Wiederkehrzeit oder reziproker Wert der Regenhäufigkeit – vgl. auch BGHZ 140, 380 = BGH NVwZ 1999, 689; Pecher, BADK-Informationen 1990, 535 ff.

[848] BGH NJW 1998, 1308 rechte Spalte

5. Schaden

Der Geschädigte hat den **Eintritt**, den **Umfang** und die **Höhe** des Schadens darzu-   **287**
legen und zu beweisen. Das entspricht den allgemeinen Beweisregeln des Schadensersatzrechts.

Zu seinen Gunsten greifen die **Beweiserleichterungen** des § 287 ZPO und – auch
im Rahmen des § 839 BGB[849] – des § 252 S. 2 BGB[850].

6. Die anderweitige Ersatzmöglichkeit (§ 839 Abs. 1 S. 2 BGB)

a) Negatives klagebegründendes Merkmal

Bei einem – nur – fahrlässigen Verhalten des Amtsträgers trägt der Geschädigte die   **288**
Darlegungs- und Beweislast für das Fehlen einer anderweitigen Ersatzmöglichkeit.
Diese bildet einen Teil des Tatbestands, aus dem der Amtshaftungsanspruch hergeleitet wird. Ist das negative Tatbestandsmerkmal nicht gegeben, fällt nicht etwa
die Einstandspflicht weg; **sie kommt vielmehr gar nicht zur Entstehung**[851].

Der Betroffene hat daher schon nach den allgemeinen Regeln des Beweisrechts diesen Teil des klagebegründenden Tatbestands darzulegen (Schlüssigkeit) und zu
beweisen[852]. Er hat zu beweisen, dass zum Zeitpunkt der Erhebung der Amtshaftungsklage keine anderweitige Ersatzmöglichkeit vorhanden war und dass er, soweit
die anderweitige Ersatzmöglichkeit bei Klageerhebung **nicht mehr** vorhanden war,
diese nicht schuldhaft versäumt hat[853].

b) Negativbeweis

Da es sich im Rahmen des rechtsbegründenden Tatbestands um die Führung eines
Negativbeweises handelt[854], ist die Darlegungs- und Beweislast erleichtert. Der
Geschädigte muss nicht alle denkbaren Möglichkeiten anderweitigen Ersatzes ausschließen. Er kann sich zunächst damit begnügen, die sich aus dem von ihm vorge-
tragenen Sachverhalt folgenden anderweitigen Ersatzmöglichkeiten zu widerlegen[855]. Ergeben sich aus dem Sachverhalt keine Anhaltspunkte, ist es Sache der
Gegenseite, substantiiert Tatsachen vorzutragen, aus denen der Schluss gezogen
werden kann, dass eine solche Möglichkeit besteht oder bestanden hat[856]. Diese
Umstände hat dann der **Geschädigte** zu widerlegen[857].

---

[849] BGH VersR 1978, 281/282 = MDR 1978, 735 (Stellenausschreibung)
[850] auf die einschlägige Kommentarliteratur wird verwiesen
[851] oben Rn. 202
[852] vgl. Baumgärtel/Laumen, Handbuch der Beweislast, § 839 Rn. 17 m.w.N. in Fn. 63 und 64
[853] BGH MDR 1992, 648/649 = NVwZ 1992, 911 (Architekt/Verjährung des Schadensersatzanspruchs); vgl. auch BGH NJW 2002, 1266/1267 f. = VersR 2002, 1024 (Bau-
firma/Liquidität): Anwendung des Grundsatzes aus § 254 Abs. 2 BGB
[854] dazu Baumgärtel, Beweislastpraxis im Privatrecht, Rn. 331–351
[855] Baumgärtel/Laumen, Handbuch der Beweislast, § 839 Rn. 18 m.w.N. in Fn. 68
[856] BGH MDR 1967, 753 (Verjährung/Zumutbarkeit der Inanspruchnahme anderweitigen
Ersatzes)
[857] Baumgärtel/Laumen, Handbuch der Beweislast, § 839 Rn. 18 a.E.

Steht die Durchsetzbarkeit des Ersatzanspruchs in Frage, so ist die **Nichtdurchsetzbarkeit** vom Geschädigten zu beweisen[858].

Die **schuldhafte** Versäumung der Ersatzmöglichkeit setzt die Kenntnis des Geschädigten von der Entstehung seines Schadens voraus. Diese Kenntnis hat der Beamte bzw. die Körperschaft zu beweisen[859].

7. Passivlegitimation

289   Schlüssig ist eine Amtshaftungsklage nur, wenn Tatsachen vorgetragen sind, aus denen sich die **sachliche Verpflichtung** des in Anspruch Genommenen ergibt.

Das ist hinsichtlich der Haftung einer Körperschaft nicht immer einfach zu beurteilen[860].

Es muss ausreichen, dass der Geschädigte allgemein dartut, woraus sich funktional nach der gesetzlichen Aufgabenverteilung die Zuständigkeit und Verantwortlichkeit der Körperschaft ergibt. Von der Regel abweichende und die Haftung einer anderen Körperschaft begründende Umstände sind von der in Anspruch genommenen Körperschaft darzulegen[861].

8. Versäumung von Primärrechtsschutz (§ 839 Abs. 3 BGB)[862]

290   § 839 Abs. 3 BGB ist eine **rechtsvernichtende** Einwendung. Der Beamte bzw. die Körperschaft ist deshalb darlegungs- und beweispflichtig dafür, dass der Schaden durch die Einlegung eines Rechtsmittels hätte abgewendet werden können und dass der Geschädigte diese Möglichkeit **schuldhaft** versäumt hat[863]. Auch ist der Beweis zu führen, dass ein Kausalzusammenhang zwischen der Nichteinlegung des Rechtsbehelfs und dem Eintritt des Schadens besteht[864].

9. Verjährung[865]

291   Nach allgemeinem Beweisrecht hat die Voraussetzungen der Verjährung des Anspruchs der zu beweisen, der sich darauf beruft[866].

---

[858]   im einzelnen Baumgärtel/Laumen, Handbuch der Beweislast, § 839 Rn. 19 m.w.N.

[859]   RGRK/Kreft, § 839 Rn. 509 m.w.N.; zur „Vorausklage" und zur Zumutbarkeit vgl. Baumgärtel/Laumen, Handbuch der Beweislast, § 839 Rn. 20 m.w.N.

[860]   siehe oben Rn 127–136; unter Drittschutzgesichtspunkten Rn. 103 ff.

[861]   vgl. z.B. den Fall der Zurückübertragung von Aufgaben der Verbandsgemeinde auf die Ortsgemeinde gem. § 68 Abs. 2 S. 3 GemO Rheinland-Pfalz

[862]   oben Rn. 211–224

[863]   BGHJ WM 1962, 206/207 (Befolgung eines verwaltungsgerichtlichen Urteils durch die Behörde)

[864]   BGH NJW 1986, 1924/1925 = MDR 1986, 650 (Dienstaufsichtsbeschwerde); oben Rn. 221 und 222 sowie Baumgärtel/Laumen, Handbuch der Beweislast, § 839 Rn. 24 m.w.N.

[865]   oben Rn. 235 ff.

[866]   vgl. zu § 852 BGB a.F. die Kommentierung von Baumgärtel/Laumen, Handbuch der Beweislast; Palandt/Heinrichs, Überbl. vor § 194 Rn. 23; § 199 Rn. 46

B. Eingriffe in das Eigentum und in sonstige Rechtspositionen

I. Entschädigung für Beeinträchtigungen des Eigentums

Die Entschädigung für Eingriffe in das Eigentum oder sonstige Beeinträchtigungen   **292**
des Eigentums lässt sich aus praktischer Sicht wie folgt gliedern:

(1) Entschädigung für Enteignungen gem. Art. 14 Abs. 3 GG (**Formalenteignung**)

(2) Entschädigung wegen rechtswidriger – nicht abwehrbarer und beseitigungsfähiger[1] – Eigentumsverletzungen (**enteignungsgleicher Eingriff**)

(3) Entschädigung für besondere Belastungen im Rahmen der gesetzlichen Bestimmung des Inhalts und der Schranken des Eigentums nach Art. 14 Abs. 1 S. 2 GG (**ausgleichspflichtige Inhaltsbestimmung**)

(4) Entschädigung für enteignend wirkende Nebenfolgen rechtmäßigen Verwaltungshandelns (**enteignender Eingriff**)

1. Entschädigung für Enteignungen gem. Art. 14 Abs. 3 GG

Diese Bestimmung lautet:

> „Eine Enteignung ist nur zum Wohle der Allgemeinheit zulässig. Sie darf nur durch Gesetz oder auf Grund eines Gesetzes erfolgen, das Art und Ausmaß der Entschädigung regelt. Die Entschädigung ist unter gerechter Abwägung der Interessen der Allgemeinheit und der Beteiligten zu bestimmen. Wegen der Höhe der Entschädigung steht im Streitfalle der Rechtsweg vor den ordentlichen Gerichten offen."

a) Enteignung und (geschichtlich) Aufopferung

Die Enteignung stellt sich als Sonderfall der allgemeinen Aufopferung dar, die in   **293**
den §§ 74, 75 Einl. ALR ihren Ausdruck fand[2].

---

[1] Wolff/Bachof/Stober/Kluth, VerwR Bd. 2, § 71 Rn. 4

[2] § 74: Einzelne Rechte und Vortheile der Mitglieder des Staats muessen den Rechten und Pflichten zur Befoerderung des gemeinschaftlichen Wohls, wenn zwischen beiden ein wirklicher Widerspruch (Collision) eintritt, nachstehen. § 75: Dagegen ist der Staat demjenigen, welcher seine besonderen Rechte und Vortheile dem Wohle des gemeinen Wesens aufzuopfern genoethigt wird, zu entschaedigen gehalten. Für rechtsgeschichtlich Interessierte: Ossenbühl, S. 124–149; Detterbeck/Windthorst/Sproll, § 16 Rn. 1–16; Maurer, VerwR AT, § 26 Rn. 1–11

Dieser gesetzlich geregelte Aufopferungsanspruch erstreckte sich nach und nach auf das gesamte Gebiet Preußens und auf die anderen Staaten des Reichs[3].

Der Anspruch enthielt die Befugnis des Staates in Konfliktslagen – bei einem Widerstreit zwischen Allgemeininteresse und Individualrechten[4]- in „wohlerworbene Rechte des einzelnen" gegen Entschädigung einzugreifen[5].

Mit der Herausbildung des Prinzips der **Gesetzmäßigkeit der Verwaltung**, die nach heutigem Verständnis auf den Vorrang des Gesetzes im Sinne der Bindung der Verwaltung an geltendes Recht, auf den Vorbehalt des Gesetzes und die Bestimmtheit von Ermächtigungen zielt[6], verselbständigte sich die Enteignung.

Sie wurde als entschädigungspflichtige Übertragung von Grundeigentum durch gesetzlich zugelassenen Verwaltungsakt auf ein im öffentlichen Interesse liegendes Unternehmen angesehen und zwar nach folgenden **Kriterien**[7]:

- die Entziehung von Grundeigentum und dinglichen Rechten durch die Verwaltung
  - Übertragung auf einen anderen Rechtsträger (Güterbeschaffung durch Rechtsübertragung[8])
  - Rechtsentzug durch Verwaltungsakt auf Grund eines Gesetzes
  - Enteignung nur zum Zweck des Gemeinwohls
  - Zwingende Entschädigung für den Rechtsverlust

294   Art. 153 WRV[9] gewährleistete sodann verfassungsrechtlich folgenden **Eigentums-schutz**:

> „Eine Enteignung kann nur zum Wohle der Allgemeinheit und auf gesetzlicher Grundlage vorgenommen werden. Sie erfolgt gegen angemessene Entschädigung, soweit nicht ein Reichsgesetz etwas anderes bestimmt. Wegen der Höhe der Entschädigung ist im Streitfalle der Rechtsweg bei den ordentlichen Gerichten offenzuhalten, soweit Reichsgesetze nichts anderes bestimmen. Enteignung durch das Reich gegenüber Ländern, Gemeinden und gemeinnützigen Verbänden kann nur gegen Entschädigung erfolgen. Eigentum verpflichtet. Sein Gebrauch soll zugleich Dienst sein für das gemeine Beste."

Unter der Geltung von Art. 153 WRV öffnete sich der klassische Enteignungsbegriff durch Einbeziehung sonstiger vermögenswerter Privatrechte in die Eigentumsgarantie[10].

---

[3]   Vgl. Maurer, VerwR AT, § 26 Rn. 6; RGZ 145, 107/109
[4]   Maurer, VerwR AT, § 26 Rn. 5
[5]   „dulde und liquidiere", ein Grundsatz, der dem Amtshaftungsanspruch wegen § 839 Abs. 3 BGB entgegensteht
[6]   Jarass/Pieroth/Jarass, GG, Art. 20 Rn. 31 m.w.N.
[7]   siehe Ossenbühl, S. 128; Detterbeck/Windthorst/Sproll, § 16 Rn. 8; Maurer, VerwR AT, § 26 Rn. 7
[8]   Detterbeck/Windthorst/Sproll, § 16 Rn. 8
[9]   Weimarer Reichsverfassung
[10] Detterbeck/Windthorst/Sproll, § 16 Rn. 13

Als Enteignung galt fortan nicht nur der hoheitliche Zugriff auf das Grundeigentum im sachenrechtlichen Sinne und auf beschränkt dingliche Rechte, sondern auf jedes **vermögenswerte Privatrecht**[11].

Da ein „Zuordnungswechsel"[12] nicht mehr erforderlich war, genossen auch bloße Nutzungsbeschränkungen verfassungsrechtlichen Eigentumsschutz[13].

Schließlich fiel unter die Enteignung auch der unmittelbar durch das Gesetz bewirkte Eigentumszugriff[14].

§ 153 WRV deckte nach der Rechtsprechung des Reichsgerichts sowohl die Enteignung im klassischen Sinn als auch den Aufopferungsanspruch gem. § 75 Einl. ALR ab[15]. Der Schutz des Eigentums beschränkte sich allerdings nur auf eine **Wertgarantie**, da gerichtlicher Rechtsschutz gegen die enteignende Maßnahme nicht bestand[16], das Reichsgericht entsprechend seinen Kompetenzen nur Vermögensschutz durch Entschädigung gewährte[17].

b) Theorie des Sonderopfers

Die Nachkriegsrechtsprechung des Bundesgerichtshofs übernahm den weiten Enteignungsbegriff des Reichsgerichts und entwickelte die sogenannte „**Sonderopfertheorie**"[18].   **295**

In Abgrenzung zur entschädigungslosen Eigentumsbindung nach Art. 14 Abs. 1 S. 2 GG war nach der anfänglichen Rechtsprechung des Bundesgerichtshofs Enteignung der gesetzlich zulässige zwangsweise staatliche Eingriff in das Eigentum, sei es in der Gestalt der Entziehung oder der Belastung, der die betroffenen Einzelnen oder Gruppen im Vergleich zu anderen ungleich, besonders trifft und sie zu einem besonderen, den übrigen nicht zugemuteten Opfer für die Allgemeinheit zwingt: „**Der Verstoß gegen den Gleichheitssatz kennzeichnet die Enteignung**"[19].

Das Bundesverwaltungsgericht nahm die Abgrenzung nach materiellen Gesichtspunkten vor. Es stellte auf die **Schwere und Tragweite** des Eingriffs ab[20].

---

[11] RGZ 109, 310/319: Alle subjektiven Privatrechte einschließlich der Forderungsrechte
[12] Detterbeck/Windthorst/Sproll, § 16 Rn. 14
[13] RGZ 116, 268/272: eine Enteignung ist schon dann anzuerkennen, wenn das Recht des Eigentümers, mit seiner Sache gem. § 903 BGB nach Belieben zu verfahren, zugunsten eines Dritten beeinträchtigt wird
[14] RGZ 111, 320/325 f. (Aufwertungsgesetz)
[15] Ossenbühl, S. 149 m.w.N.
[16] Detterbeck/Windthorst/Sproll, § 16 Rn. 16 m.w.N.
[17] Maurer, VerwR AT, § 26 Rn. 11
[18] die Entwicklung prägnant dargestellt bei Detterbeck/Windthorst/Sproll, § 16 Rn. 17–51
[19] BGHZ 6, 270/280 (Entzug eines Mietrechts)
[20] z.B. BVerwGE 15, 1 = NJW 1962, 2171 (Wasserverband)

In der Folgezeit hat der Bundesgerichtshof auch zunehmend materielle Kriterien herangezogen und die sachliche Bindung aus der **Situationsgebundenheit** des Eigentums abgeleitet[21].

Der ausgeweitete Enteignungsbegriff umfasste als Enteignung im engeren Sinne die **rechtmäßigen Eingriffe** in das Eigentum, die **rechtswidrigen Beeinträchtigungen** als enteignungsgleiche Eingriffe und die **enteignend wirkenden** Nebenfolgen **rechtmäßigen Verwaltungshandelns** als enteignende Eingriffe.

War der Eingriff rechtswidrig, war schon aus diesem Grund das „Sonderopfer" zu bejahen.

c) Enteignungsbegriff nach der Rechtsprechung des Bundesverfassungsgerichts

296 Im – weithin bekannten – „Nassauskiesungsbeschluss"[22] vertrat das Bundesverfassungsgericht einen engeren Enteignungsbegriff.

Danach ist Enteignung nur die vollständige oder teilweise Entziehung vermögenswerter Rechtspositionen i.S.d. Art. 14 Abs. 1 S. 1 GG durch gezielten hoheitlichen Rechtsakt zur Erfüllung bestimmter öffentlicher Aufgaben[23].

Diese Begriffsbestimmung ist heute weitgehend zur Kennzeichnung der Enteignung anerkannt.

Begriffliche Merkmale sind danach[24]:

- eine als Eigentum geschützte Rechtsposition (aa)
- vollständiger oder teilweiser Entzug dieser Rechtsposition (bb)
- hierauf gerichteter (gezielter) hoheitlicher Akt (cc)
- Ziel der Erfüllung öffentlicher Aufgaben (dd)

297 aa) Der Eigentumsbegriff des Grundgesetzes ist erheblich weiter als der des bürgerlichen Rechts.

Art. 14 Abs.1 S. 1 GG erfasst alle vermögenswerten Rechte des Privatrechts und, unter gewissen Voraussetzungen, vermögenswerte Rechte des öffentlichen Rechts.

Hauptkriterien für die Qualifizierung eines Rechts als Eigentum sind seine **Privatnützigkeit** und die grundsätzliche **Verfügungsbefugnis des Inhabers**[25], nicht aber

---

[21] BGHZ 23, 30/32 ff. (Siedlungsverband Ruhrkohlebezirk); BGHZ 72, 211/216 ff. = NJW 1979, 210 (Denkmalschutz); BGHZ 87, 66/71 ff. = NJW 1983, 1657 (Kiesabbau/Wasserstraße); BGHZ 90, 17/24 ff. = NJW 1984, 1169 (Sandabbau/enteignungsgleicher Eingriff); ausführlich und mit umfangreichen Nachweisen Bartlsperger, Öffentlich-rechtliche Eigentumsbeschränkung im situationsbedingten Gemeinschaftsinteresse, DVBl 2003, 1473

[22] BVerfGE 58, 300 = NJW 1982, 745

[23] vgl. im einzelnen Maurer, VerwR AT, § 26 Rn. 26–36; Wolff/Bachof/Stober/Kluth, VerwR Bd. 2, § 71 Rn. 30–48; siehe auch Staudinger/Wurm, § 839 Rn. 445–450

[24] entspr. Maurer, VerwR AT, § 26 Rn. 41

[25] BVerfGE 52, 1/30 = NJW 1980, 985 (Kleingartenpacht/fehl. Kündigungsmöglichkeit); BVerfGE 82, 6/16 = NJW 1990, 1593 (nichteheliche Gemeinschaft/Gesetzesanalogie); BVerfGE 88, 366/377 = NJW 1993, 2599 (Tierzuchtgesetz); BVerfGE 89, 1/6 = NJW 1993, 2035 (Besitzrecht des Mieters)

notwendigerweise die uneingeschränkte **Verkehrsfähigkeit** oder **Übertragbarkeit** des Rechts[26].

Als eigentumsmäßig geschützte **privatrechtliche** Rechtspositionen sind enteignungsrechtlich anerkannt:

– Anteilseigentum[27]
– Erbbaurecht[28]
– Besitzrecht des Mieters[29]
– Aktienbesitz[30]
– Urheberrechte[31]
– Bergbauberechtigungen[32]
– Patentrechte[33]
– Warenzeichenrechte[34]
– Schuldrechtliche Forderungen (Kaufpreisanspruch)[35]
– Jagdausübungsrechte[36]
– Verlegung und Unterhaltung von Leitungen[37]
– Vorkaufsrecht[38]
– Anliegergebrauch[39]

Besondere Fragen stellen sich, wenn ein Eingriff in den „**eingerichteten und aus-**   **298**
geübten Gewerbebetrieb" geltend gemacht wird.

Als Sach- und Rechtsgesamtheit ist der eingerichtete und ausgeübte Gewerbebetrieb[40] – entsprechend dem deliktsrechtlichen Schutz des § 823 Abs. 1 BGB als

---

[26] BVerfGE 83, 201/209 = NJW 1991, 1807 (Berggesetz/Vorkaufsrecht); BVerfGE 89, 1/7 = NJW 1993, 2035 (Besitzrecht des Mieters)
[27] BVerfGE 50, 290/341 = NJW 1979, 833
[28] BVerfGE 79, 174/191 = NJW 1989, 1271
[29] BVerfGE 89, 1/5 = NJW 1993, 2035
[30] BVerfGE 14, 263/276 = NJW 1962, 1667; BVerfGE 25, 371/407 = NJW 1969, 1203
[31] BVerfGE 49, 382/392 = NJW 1979, 2029
[32] BVerfGE 77, 130/136 = NJW 1988, 1076
[33] BVerfGE 36, 281/290 = GRUR 1974, 142
[34] BVerfGE 51, 193/216 = NJW 1980, 383
[35] BVerfGE 45, 142/179 = NJW 1977, 2024
[36] BGHZ 112, 392/399 f. = NJW 1991, 1421; vgl. auch BGH RdL 2004, 13 = BGHReport 2004, 90 (Jagdausübung und Vergleich zur Abwendung der Enteignung/Regeln des bürgerlichen Rechts); BGHZ 145, 83 = NJW 2000, 3638 (Verkehrsweg/Jagdausübungsrecht); BGHZ 143, 321 = NJW 2000, 1720 (Bahnstrecke/Jagdbezirk/Hessen); BGHZ 132, 63 = NJW 1996, 1897 (Planfeststellung/Verkleinerung Jagdbezirk)
[37] BGHZ 117, 236/237 = MDR 1992, 583; BGHZ 123, 166/169 = NJW 1993, 3131; BGHZ 125, 293/298 f. = NJW 1994, 3156
[38] BVerfGE 83, 201/209 = NJW 1991, 1807
[39] BVerwG NVwZ 1999, 1341 = DVBl 1999, 1513; BVerwGE 54, 1 = NJW 1977 1789: Soweit angemessene Benutzung eine Verbindung erfordert
[40] der Gewerbebetrieb muss kein solcher im Sinne der Gewerbeordnung sein; geschützt sind etwa auch land- und forstwirtschaftliche Betriebe, Praxen, Kanzleien, Büros freier Berufe

sonstiges Recht[41] – in der Rechtsprechung des Bundesgerichtshofs als grundsätzlich unter Art 14 GG fallend anerkannt[42]; dem ist das Bundesverwaltungsgericht gefolgt[43].

Das Bundesverfassungsgericht hat bislang noch nicht darüber entschieden, „ob und inwieweit der eingerichtete und ausgeübte Gewerbebetrieb als tatsächliche Zusammenfassung der zum Vermögen eines Unternehmens gehörenden Sachen und Rechte von der Gewährleistung des Art. 14 Abs. 1 GG erfasst wird"[44].

299 Zu beachten ist, dass der Eigentumsschutz des eingerichteten und ausgeübten Gewerbebetriebs als **Bestandsschutz** nur die vorhandenen konkreten Vermögenswerte des Unternehmens umfasst.

Außerhalb des durch die Eigentumsgarantie geschützten Gewerbebetriebs verbleiben **Interessen, Chancen und Verdienstmöglichkeiten**. Sie sind zwar für das Unternehmen von erheblicher Bedeutung, denn sie entscheiden mit über das Risiko eines Unternehmens, seine Leistungen und Erzeugnisse rentabel abzusetzen. Sie werden aber von der Rechtsordnung nicht dem geschützten Bestandswert des einzelnen Unternehmens zugeordnet[45].

Der Schutz nur des Bestandes gilt **allgemein**.

Tatsächliche Einwirkungen, die die Rechte in den Grenzen der geschützten Rechtsposition beeinträchtigen, reichen zwar aus[46]. Jedoch sind nur solche Nachteile und Beeinträchtigungen von Bedeutung, die den Rechtsträger in seiner konkreten subjektiven **Rechts**position betreffen, hingegen nicht Chancen und Aussichten.

Beispiel:

BGHZ 92, 96 – Durchschneidung durch Autobahnbau –

Im Zusammenhang mit dem Bau einer Autobahn wurden Flächen eines landwirtschaftlichen Betriebs in Anspruch genommen. Für die Grundstücke war in Zukunft eine Bebaubarkeit zu erwarten, so dass der Grund und Boden im Grundstücksverkehr entsprechend höher bewertet wurde als reines Ackerland.

Der Bundesgerichtshof lehnte eine diesen Umständen Rechnung tragende höhere Bewertung und Enteignungsentschädigung ab.

---

[41] betriebsbezogener Eingriff erforderlich !

[42] BGHZ 111, 349/355 ff. = NJW 1990, 3260 (KakaoVO); BGHZ 23, 157/163 ff. (Gaststättenbetrieb); BGHZ 92, 34/37 = NJW 1984, 2516 (Bebauungsplan); zur Rechtsprechung des Bundesgerichtshofs siehe Rinne, Entschädigungsfragen beim eingerichteten und ausgeübten Gewerbebetrieb, DVBl 1993, 869

[43] BVerwGE 62, 224/227 = NJW 1982, 63 (Abfallbeseitigung)

[44] BVerfG NJW 1992, 36 = DVBl 1991, 1253

[45] BVerfGE 45, 142/173 = NJW 1977, 2024 (Agrarmarktregelung); BVerfGE 74, 129/148 = WM 1987, 440 (betriebliche Altersversorgung); vgl. auch BGHZ 81, 21/32 ff. = NJW 1981, 2000 (Kassenarzt); BGHZ 132, 181/186 = NJW 1996, 2422 (Kassenärztliche Vereinigung); BGHZ 127, 57/67 = NJW 1994, 2684 (Kanzlei eines Rechtsanwalts); BGHZ 97, 204/209 NJW 1986, 2499 (Kanzlei eines Rechtsanwalts)

[46] BGHZ 84, 261/266 = NJW 1982, 2183 (Jagdgenossenschaft)

Die Qualität eines Grundstücks, die zwischen der von reinem Ackerland ohne jede Bebauungserwartung und der von Baugelände liege, gründe sich auf mehr oder weniger konkrete Erwartungen und Aussichten auf eine – zeitlich näher oder ferner liegende – künftige Bebaubarkeit. Hierin sei der Eigentümer aber **nicht rechtlich abgesichert.** *Er habe nicht die Rechtsposition, dass er gegen eine Minderung des Verkehrswertes – Abnahme der Bauerwartung – geschützt sei*[47].

Art 14 GG enthält **keine Geldwertgarantie.** Er schützt auch nicht vor der Auferlegung von Steuern und Geldleistungspflichten, soweit dadurch die Vermögenswerte des Eigentümers nicht grundlegend beeinträchtigt werden oder ein Eingriff in die Kapitalsubstanz vorliegt[48].   **300**

Vermögenswerte **öffentliche** Rechte fallen dann unter den Eigentumsbegriff des Art. 14 Abs. 1 S. 1 GG, wenn sich die Rechtsposition als Äquivalent der eigenen Leistung erweist und deren ersatzlose Entziehung dem Rechtsstaatsprinzip widerspräche. Weiteres Kriterium ist das existenzielle Angewiesensein auf die Leistungen und deren privatnützige Zuordnung.   **301**

Enteignungsrechtlich anerkannt sind:

- sozialversicherungsrechtliche Ansprüche und Anwartschaften[49]
  - Anspruch auf Arbeitslosengeld[50]
  - Anspruch auf Erstattung überbezahlter Steuern[51]
  - Versorgungsanspruch des Berufssoldaten[52]

Keinen Eigentumsschutz genießen:

- Fürsorgeansprüche[53]
  - Wohnungsbauprämien für Bausparer[54]
  - Subventionen, zinsverbilligte Wohnungsbaudarlehen[55]

---

[47] vgl. auch BGHZ 111, 349/357 f. = NJW 1990, 3260 (Möglichkeit der Gewinnerzielung); BGH MDR 1986, 736 = NVwZ 1986, 736 (Leitungsrecht); weitere Nachweise bei Staudinger/Wurm, § 839 Rn. 452/453

[48] BVerfGE 50, 57/104 f. = NJW 1979, 1151 (Ertragszinsbesteuerung); BVerfGE 63, 343/368 = NJW 1983, 2757 (Rechtshilfe/Vollstreckung); BVerfGE 82, 159/190 = NVwZ 1991, 53 (Sonderabgaben); BVerfGE 93, 121/137 = NJW 1995, 2615 (Vermögenssteuer); BVerfGE 95, 267/300 f. = NJW 1997, 1974 (Altschuldenregelung); BVerfGE 105, 17 = NJW 2002, 3009 (Zinsbesteuerung)

[49] BVerfGE 53, 257/289 ff. = NJW 1980, 692 (Versorgungsausgleich); BVerfGE 69, 272/300 ff. = NJW 1986, 39; BVerfGE 76, 256/293 f. = NVwZ 1988, 329; BVerfGE 87, 348/355 f. = NJW 1993, 1057; BVerfGE 97, 271/283 = NJW 1998, 3109

[50] BVerfGE 72, 9/18 ff. = NJW 1986, 1159; BVerfGE 74, 203/213 f. = NJW 1987, 1930

[51] BVerfGE 70, 278/285 = NJW 1986, 1603

[52] BVerfGE 83, 182/195 = NJW 1991, 1878

[53] BVerfGE 2, 380/399 ff. = DÖV 1953, 666

[54] BVerfGE 48, 403/412 f. = NJW 1978, 2024

[55] BVerfGE 72, 175/ 193 ff. = NJW 1986, 2561; BVerfGE 88, 384/401 f. = DVBl 1993, 831

- Anspruch auf Hinterbliebenenversorgung aus der gesetzlichen Rentenversicherung[56]
- Ansprüche auf Leistungen nach dem LAG[57]

Besoldung und Versorgung in öffentlich-rechtlichen Dienstverhältnissen von Beamten und Versorgungsempfängern unterstehen der Sonderregelung des Art. 33 Abs. 5 GG[58], so dass die Eigentumsgarantie für sie nicht gilt[59]. Da hierdurch der Vermögens**bestand** aber in gleicher Weise gesichert wird, besteht praktisch kein Unterschied[60].

302   bb) Enteignung ist die vollständige oder teilweise **Entziehung** der als Eigentum geschützten vermögenswerten Rechtsposition[61].

Während die vollständige Entziehung unproblematisch erscheint, fragt sich, wie ein **teilweiser** Entzug enteignungsrechtlich einzuordnen ist[62].

Liegt ein **tatsächlicher** Teilentzug vor, wird z.B. nur ein herauszumessender Teil eines Grundstücks in Anspruch genommen, dürften keine Zuordnungsprobleme bestehen. Die **rechtliche** Teilentziehung betrifft dagegen rechtlich selbständige oder nach objektivem Recht verselbständigungsfähige Teile der als Eigentum geschützten Rechtsposition[63]. So können nach § 86 Abs. 1 Nr. 2 BauGB auch Gegenstand der Enteignung sein Dienstbarkeiten, dingliche Vorkaufsrechte, Reallasten, Grund- und Rentenschulden[64], die, vom Vollrecht Eigentum umfasst, aus diesem herausgelöst werden.

Ist eine solche „Trennung" nicht möglich[65], was vor allem bei sonstigen Nutzungs- und Verfügungsbeschränkungen der Fall ist, besteht das Problem der Abgrenzung der entschädigungspflichtigen von der entschädigungslosen Einwirkung auf das Eigentum.

Das ist im Rahmen der ausgleichspflichtigen Inhaltsbestimmung näher darzustellen[66].

303   cc) Begrifflich muss die Enteignung durch einen **gezielten hoheitlichen Rechtsakt** erfolgen.

---

[56] BVerfGE 97, 271/283 ff. = NJW 1998, 3109
[57] BVerfGE 32, 111/128 = DÖV 1972, 232
[58] zur „Alimentation" siehe Jarass/Pieroth, GG, Art. 33 Rn. 41 ff.
[59] BVerfGE 67, 1/14 = NJW 1984, 2567; BVerfGE 71, 255/271 f. = NVwZ 1986, 369
[60] vgl. BVerfGE 16, 94/112 f./114 f. = NJW 1963, 1395; BVerfGE 22, 387/421 f. = NJW 1968, 757
[61] BVerfGE 56, 249/260 = NJW 1981, 1257 (Gondelfall/Dienstbarkeit)
[62] siehe dazu Ossenbühl, S. 168; Wolff/Bachof/Stober/Kluth, VerwR Bd. 2, § 71 Rn. 41
[63] Maurer, VerwR AT, § 26 Rn. 47
[64] Battis/Krautzberger/Löhr/Battis, BauGB, § 86 Rn. 4
[65] zu diesem Aspekt Wolff/Bachof/StoberKluth, VerwR Bd. 2, § 71 Rn. 41 m.w.N. aus der Literatur
[66] siehe unten Rn. 346 ff.

Im Gegensatz zum **Realakt**, der nicht auf einen rechtlichen, sondern auf einen tatsächlichen Erfolg gerichtet ist, muss es sich um eine rechtserhebliche und verbindliche Maßnahme handeln, die dem öffentlichen Recht angehört und bewusst und gewollt auf den Entzug der vermögenswerten Rechtsposition gerichtet ist[67].

Die Enteignung durch Verwaltungsakt ist die häufigste Form des Eigentumsentzugs; sie kann aber auch unmittelbar durch das Gesetz erfolgen.

Diese Legal- oder Legislativenteignung[68] hat Administrativcharakter[69] und schließt den nach Art. 19 Abs. 4 GG garantierten Rechtsweg zu den zuständigen Gerichten aus, weil die Gesetzgebung nicht zur „öffentlichen Gewalt" im Sinne dieser Verfassungsvorschrift gehört[70]. Schon aus diesem Grund ist die förmliche Enteignung durch Gesetz nach dem System des Grundgesetzes nur in **eng begrenzten** Fällen zulässig[71].

dd) Die Enteignung wird durch ihre **Zweckrichtung** bestimmt.   **304**

Sie hat der Erfüllung öffentlicher Aufgaben und somit dem Allgemeinwohl zu dienen.

Entscheidend für den Enteignungsbegriff ist jedoch nur, dass dieses Ziel typischer Weise dem Eingriff zu Grunde liegt. Ob die konkrete Maßnahme damit zu vereinbaren ist, ist eine Frage der Zulässigkeit und Rechtmäßigkeit der Enteignung[72].

d) Zulässigkeitsvoraussetzungen der Enteignung

aa) Art. 14 Abs. 3 S. 2 GG verlangt, dass der enteignende Eingriff eine Ermächtigung in einem **formellen** Gesetz findet. Der Gesetzgeber ist verpflichtet, die Gründe des Gemeinwohls anzuführen, zu deren Verwirklichung die Enteignung eingesetzt werden darf. Dieser hat gesetzlich festzulegen, für welche Vorhaben und unter welchen Voraussetzungen und für welche Zwecke eine Enteignung zulässig sein soll[73].   **305**

Das förmliche Gesetz muss schon die Entschädigungsregelung nach Art. 14 Abs. 3 S. 2 und S. 3 GG enthalten. Die Anordnung selbst kann auf verschiedene Weise erfolgen[74]:

Entweder bestimmt das förmliche Gesetz die Enteignung selbst oder es ermächtigt die Exekutive, sei es durch Verwaltungsakt, durch Rechtsverordnung oder auf

---

67 vgl. Maurer, VerwR AT, § 26 Rn. 50
68 kritisch zum Begriff „Legalenteignung" Maurer, VerwR AT, § 26 Rn. 51
69 „Maßnahme-Einzelfallgesetz"
70 BVerfGE 24, 367/401 = NJW 1969, 309 (Hamburger Deichordnungsgesetz)
71 BVerfGE 24, 402/403: Flutkatastrophe von 1962 und Neuaufbau des Deichsystems; zur „Legalenteignung ausführlich Maunz/Dürig/Papier, GG, Art. 14 Rn. 555 ff.
72 zu der – die Entschädigungspraxis kaum betreffende – Frage, ob die Rechtmäßigkeit des Eingriffs in den Enteignungsbegriff einbezogen ist, vgl. Detterbeck/Windthorst/Sproll, § 16 Rn. 39–41; Maurer, VerwR AT, § 26 Rn. 54
73 BVerfGE 74, 264/285 = NJW 1987, 1251 (Bebauungsplan/„Sondergebiet Prüfgelände"); BVerwGE 87, 241/246 = NVwZ 1991, 987 (bergrechtliche Grundabtretung)
74 entspr. Maunz/Dürig/Herzog/Papier, GG, Art. 14 Rn. 551

Grund einer zu erlassenden Ausführungsverordnung durch Einzelakt, die Enteignung vorzunehmen. Entsprechendes gilt für eine auf gesetzlicher Grundlage ergangene Satzung[75].

306   bb) Die Enteignung ist gem. Art. 14 Abs. 3 S. 1 GG nur zum Wohl der Allgemeinheit zulässig.

Dazu das Bundesverfassungsgericht[76]:

„Mit der Aussage, dass eine Enteignung nur „zum Wohle" der Allgemeinheit zulässig ist, hat das Grundgesetz deutlich zum Ausdruck gebracht, dass die Enteignung nicht schon dann vorgenommen werden darf, wenn das Unternehmen dem Gemeinwohl „dient"; sie kann auch nicht „aus Gründen des öffentlichen Interesses" und auch nicht zu jedem von der öffentlichen Hand verfolgten Zweck vorgenommen werden. Es genügt auch nicht, dass die Enteignung „geeignet" ist, das beabsichtigte Vorhaben zu verwirklichen. Die Verfassung verlangt vielmehr, dass die Enteignung zum Zwecke der Verwirklichung eines vom Gemeinwohl geforderten Vorhabens **notwendig** ist, mit dem eine staatliche Aufgabe erledigt werden soll".

307   Die Enteignung muss dem allgemeinen Verhältnismäßigkeitsgebot genügen.

Eine Enteignung ist danach – generell und im konkreten Fall – nur zulässig, wenn sie bezogen auf den legitimen Enteignungszweck geeignet, erforderlich und angemessen ist. Das Enteignungsgesetz muss diesen Anforderungen Rechnung tragen, der konkrete Enteignungsakt ihnen genügen[77].

308   Die Voraussetzungen der Enteignung insbesondere unter dem Blickwinkel des Allgemeinwohls und der Verhältnismäßigkeit können durch vorangegangene Entscheidungen der Verwaltung abgegrenzt und bestimmt sein.

Rechtliche Bindungen werden hierdurch nur hervorgerufen, wenn durch die vorhergehende Entscheidung die Zulässigkeit der Enteignung von Grundstücken, die für das Vorhaben benötigt werden, verbindlich festgestellt wird (enteignungsrechtliche Vorwirkung); dann sind die Voraussetzungen der Enteignung bereits im ersten Verfahren zu prüfen und hierüber ist zu entscheiden.

Die enteignungsrechtliche Vorwirkung findet im Planungsverfahren aber nur statt, wo dies ausdrücklich durch Gesetz vorgesehen ist[78].

---

[75] zu Enteignungsgesetzen von Bund und Ländern siehe Maunz/Dürig/Herzog/Papier, GG, Art. 14 Rn. 552/553 m.w.N.

[76] BVerfGE 56, 249/278 = NJW 1981, 1257 (Dienstbarkeit/Gondelfall)

[77] Maurer, VerwR AT, § 26 Rn. 58; zur Baulandumlegung als milderem Mittel gegenüber der Enteignung BGHZ 113, 139/146 = NJW 1991, 2011

[78] z.B. § 19 Abs. 1 und Abs. 2 FStrG (n.F.), § 44 Abs. 2 WaStrG, § 28 Abs. 2 LuftVG, § 30 S. 2 PBefG

Beispiel:

BVerwG NVwZ 1993, 477 = NJW 1993, 2698 LS – Straßentunnel/Verkehrsumleitung –

In einem Planfeststellungsbeschluss betreffend die Errichtung eines Straßentunnels und einer Verkehrsumleitungsstrecke war vorgesehen, Teilflächen des Klägers in Anspruch zu nehmen.

Das Bundesverwaltungsgericht hat zur **Vorwirkung** *des § 19 Abs. 2 FStrG (a.F.)[79] ausgeführt, auch wenn der festgestellte Plan den Zugriff auf privates Eigentum eröffne, bewirke er für den Betroffenen noch* **keinen Rechtsverlust**. *Vielmehr bedürfe es noch einer weiteren Eingriffsregelung. Der Eigentümer erleide den Rechtsverlust erst, wenn in dem anschließenden Enteignungsverfahren eine Enteignungsentscheidung getroffen wurde[80], in der notwendigerweise auch die Höhe der Entschädigung festzusetzen sei. Die rechtliche Regelung des Planfestsetzungsbeschlusses erschöpfe sich darin, den Rechtsentzug zuzulassen. Im übrigen könne sich die Planfeststellungsbehörde darauf beschränken, den Betroffenen auf das Enteignungsverfahren zu verweisen[81].*

Die mit der Bindung herbeigeführte Vorwirkung der Unterwerfung des Grundstücks unter die Enteignung hat also zur Folge, dass das Vorliegen der sich aus Art. 14 Abs. 3 GG ergebenden Voraussetzungen für die verfassungsrechtliche Zulässigkeit der Enteignung bereits bei der Planfeststellung zu prüfen und der Plan in Übereinstimmung mit diesen Voraussetzungen zu gestalten ist. Das betrifft die **Rechtfertigung** des Vorhabens und der mit dem Plan verbundenen **Eingriffswirkung** durch das **Wohl der Allgemeinheit**, die **Erforderlichkeit** der Enteignung, das Gebot der **Verhältnismäßigkeit** und des **geringstmöglichen Eingriffs** sowie die Einbeziehung des Eigentums als **abwägungserheblicher Belang** in die Abwägung[82].

Eine enteignungsrechtliche Vorwirkung kommt dem **Bebauungsplan** jedoch nicht zu. Die Rechtsbindung für ein sich anschließendes Enteignungsverfahren entsteht nicht, da sich das Bundesbaurecht einer hierauf gerichteten gesetzlichen Regelung gerade enthält[83].

Eine Enteignung kommt auch **zugunsten Privater** in Betracht.   **309**

---

[79] § 19 Abs. 1 S. 2 und Abs. 2 lauten in der neuen Fassung: „Die Enteignung ist zulässig, soweit sie zur Ausführung eines nach § 17 festgestellten oder genehmigten Bauvorhabens notwendig ist. Einer weiteren Feststellung der Zulässigkeit der Enteignung bedarf es nicht. Der festgestellte oder genehmigte Plan ist dem Enteignungsverfahren zugrunde zu legen und für die Enteignungsbehörde bindend."

[80] vgl. beim Einverständnis jetzt § 19 Abs. 2 a FStrG

[81] siehe auch BVerwGE 72, 282/283 = NJW 1986, 1508 (§ 19 FStrG); BGHZ 100, 329/332 ff. = NJW 1987, 3200 (Planfeststellung/vertragliche Einigung); BVerfGE 95, 1/21 = NJW 1997, 383 (Südumfahrung Stendal); BVerwG, Beschluss vom 01. 07. 2003, AktZ. 4 VR 1/03, Buchholz 406.400 § 61 BNatSchG 2002 Nr 3 (Fernstraßenplanung/Naturschutzverein)

[82] Kodal/Krämer/Dürr, StraßenR, S. 1028 m.w.N.

[83] BVerwG NVwZ 1991, 873/874 = BauR 1991, 299 (Aufstellung von Bebauungsplänen)

Wenn das Gemeinwohl eine Enteignung erfordert, so ist sie auch dann zulässig, wenn sie zugunsten eines privatwirtschaftlich organisierten Unternehmens erfolgt.

Beispiel:

> BVerfGE 66, 248 = NJW 1984, 1872 – vorzeitige Besitzeinweisung –
>
> *Ein privatrechtlich organisiertes Energieversorgungsunternehmen plante den Bau einer Hochspannungsfreileitung mit Masten, die über das Grundstück eines Eigentümers geführt wurde. Gem. § 11 Abs. 1 EnWG wurde die Zulässigkeit der Beschränkung und Entziehung von Grundeigentum festgestellt.*
>
> *Der Eigentümer wandte sich gegen die vorzeitige Besitzeinweisung.*
>
> *Auf Vorlage des Verwaltungsgerichts entschied das Bundesverfassungsgericht, dass die Enteignung zulässig sei. Entscheidend sei, dass sie zu einem bestimmten, im öffentlichen Nutzen liegenden Zweck geschehe. Die Energieversorgung sei eine öffentliche Aufgabe von größter Bedeutung. Die besondere Zielrichtung des Unternehmens „überlagere" dessen privatrechtliche Struktur sowie den auf Gewinn gerichteten Zweck und lasse diese unter dem Blickwinkel des Enteignungsrechts in den Hintergrund treten[84].*

310 **Mittelbar gemeinwohlorientiert** sind Enteignungsmaßnahmen zugunsten privater Unternehmen, die der Verbesserung der regionalen Wirtschaftsstruktur bzw. der Schaffung und Sicherung von Arbeitsplätzen dienen.

Erforderlich ist jedoch nach Art. 14 Abs. 3 S. 2 GG ein Gesetz, das den nur mittelbar verwirklichten Enteignungszweck deutlich umschreibt, die grundlegenden Enteignungsvoraussetzungen und das Verfahren zu ihrer Ermittlung festlegt sowie Vorkehrungen zur Sicherung des verfolgten Gemeinwohlziels regelt[85].

311 cc) Das durch Art. 14 Abs. 3 S. 1 GG geschaffene **Junktim** zwischen Enteignungsermächtigung und Entschädigungsregelung dient dem **Schutz** des Bürgers, erfüllt eine **Warnfunktion** für den Gesetzgeber und dient der **Kompetenzwahrung** des Parlaments[86].

Fehlt eine Entschädigungsregelung im enteignenden Gesetz oder entspricht sie nicht den Anforderungen des Art. 14 Abs. 3 GG ist das ganze Gesetz und nicht nur die Entschädigungsregelung verfassungswidrig[87]; auch dürfen Verwaltungsbehörden und Gerichte die Verfassungswidrigkeit **nicht „heilen"** und unter Rückgriff auf

---

[84] BVerfGE 66, 248/257 f.

[85] BVerfGE 74, 264/285 f. = NJW 1987, 1251 (Daimler Benz/„Boxberg"); siehe auch: BVerwGE 117, 138 = NJW 2003, 1336 (Transitpipeline/Prinzip der guten Nachbarschaft mit anderen Staaten als Gemeinwohlbelang); BVerwGE 116, 365 = NJW 2003, 230 (privates Energieversorgungsunternehmen); BVerwG NVwZ 1999, 407 = DVBl 1998, 1294 („Durchgangsenteignung"); BVerwGE 87, 241 = NVwZ 1991, 987 (bergrechtliche Grundabtretung); Ramsauer/Bieback, Planfeststellung von privatnützigen Vorhaben, NVwZ 2002, 277

[86] Wolff/Bachof/Stober/Kluth, VerwR Bd. 2, § 71 Rn. 54 m.w.N.

[87] BVerfGE 24, 367/418 = NJW 1969, 309 (Deichordnung von Hamburg)

Art. 14 Abs. 3 GG Entschädigung gewähren[88]. Das Gesetz bietet schlicht keine ausreichende Grundlage für die Enteignung[89].

Die rechtliche Bedeutung der so genannten „salvatorischen Entschädigungsklauseln" ist in der Rechtsprechung umstritten. Sie werden bei der ausgleichspflichtigen Inhaltsbestimmung näher erörtert[90].

e) Die Enteignungsentschädigung

Der Gesetzgeber muss nach Art. 14 Abs. 3 S. 2 GG Art und Ausmaß der Entschädigung regeln. Die Entschädigung ist nach S. 3 „unter gerechter Abwägung der Interessen der Allgemeinheit und der Beteiligten zu bestimmen".

Anspruchsgrundlage ist das jeweils in Betracht kommende Enteignungsgesetz und nicht Art. 14 Abs. 3 GG.

aa) Entschädigung ist kein Schadensersatz im Sinne der Vorschriften des bürgerlichen Rechts. Dieser zielt im Sinne der „**Totalreparation**" darauf ab, jede Einbuße auszugleichen, die jemand infolge eines bestimmten Ereignisses an seinen Lebensgütern erleidet[91]. Insbesondere sind auch künftige Schadensfolgen zu beheben.   **312**

Die Enteignungsentschädigung orientiert sich demgegenüber an dem Wert des dem Betroffenen mit der enteignenden Maßnahme Abverlangten, an dem Wert des ihm „**Genommenen**"[92] und nicht an einer gedachten künftigen Entwicklung[93].

In der Regel ist die Entschädigung in Geld vorzunehmen. In der Praxis wird die Entschädigung aus Gründen der Praktikabilität und Billigkeit nach dem **Verkehrswert** bemessen[94].

bb) Von erheblicher praktischer Bedeutung für die Verkehrswertermittlung ist die auf der Ermächtigungsgrundlage des § 199 Abs. 1 BauGB ergangene **Wertermittlungsverordnung (WertV)**[95]. Diese findet nicht nur im Rahmen des Baugesetzbuches Anwendung, sondern z.B. auch bei der Bemessung von Entschädigungen nach § 85 Abs. 3 BBergG. Darüber hinaus wird die Anwendung der WertV in einer Reihe bundes- und landesrechtlicher Verwaltungsanweisungen nachgeordneten Dienststellen vorgeschrieben[96].   **313**

Für die Verkehrswertermittlung von Rechten an Grundstücken enthält die WertV keine unmittelbar geltenden Vorschriften. Die für Grundstücke maßgeblichen

---

[88] BVerfGE 4, 219/233 = NJW 1955, 1268 („Gesetz Nr. 917")
[89] Maurer, VerwR AT, § 26 Rn. 61 m.w.N.
[90] unten Rn. 346 ff.
[91] Palandt/Heinrichs, Vorbem. vor § 249 Rn. 6 und 7
[92] BGHZ 91, 243/257 = NJW 1984, 2216 (Schaden des Waldeigentümers/Festsetzung von Abschussplänen)
[93] Detterbeck/Windthorst/Sproll, § 16 Rn. 145
[94] zur Entschädigung nach dem BauGB vgl. Battis/Krautzberger/Löhr/Battis, BauGB, § 93 Rn. 2 mit umfangreichen Nachweisen
[95] WertV 88, BGBl I 2209 in der Fassung vom 18. August 1997, BGBl I 2081
[96] vgl. Nachweise bei Kleiber/Simon/Weyers/Kleiber, Verkehrswertermittlung von Grundstücken, § 1 Rn. 3/4 WertV

Grundsätze finden vielmehr nur entsprechende Anwendung. Teil II der Wertermittlungsrichtlinien schließt diese Lücke. Für die Verkehrswertermittlung grundstücksgleicher Rechte sowie für eine Reihe ausgewählter Rechte an Grundstücken sind dort weiterführende Grundsätze zu finden[97].

Nach der Rechtsprechung des Bundesgerichtshofs[98] enthält die WertV allgemein anerkannte Grundsätze für die Ermittlung des Verkehrswerts von Grundstücken; ihre Anwendbarkeit ist nicht auf die Wertermittlung durch Gutachterausschüsse beschränkt[99].

Die sich an die entschädigungsrechtlichen Bestimmungen des Baugesetzbuchs anlehnenden Enteignungsgesetze der Länder knüpfen an den Verkehrswertbegriff des § 194 BauGB an[100].

cc) Wie dargestellt, umfasst der Schutzbereich des Art. 14 GG des Art. 14 GG nicht nur das Sacheigentum im engeren Sinne und beschränkte dingliche Rechte, sondern grundsätzlich jede „wohlerworbene" vermögenswerte Rechtsstellung, gleich, ob sie aus privatem oder öffentlichem Recht herrührt.

Die Rechtsprechung des Bundesgerichtshofs hat sich mit der Entschädigung vor allem obligatorischer Nutzungsrechte in einer Vielzahl von Entscheidungen befasst.

314 **– Miet- und Pachtrechte –**[101]

Die Rechtsstellung eines nur auf Zeit obligatorisch Nutzungsberechtigten ist bedeutend schwächer als die eines Grundeigentümers.

Jener muss sich im Grundsatz mit der Entschädigung für seinen **Substanzverlust** begnügen; er kann nicht vollen Ersatz des wirtschaftlichen Schadens beanspruchen, der sich als Folge der Grundstücksenteignung eingestellt haben mag. Der Anspruch des Mieters oder Pächters beschränkt sich vielmehr auf den Betrag, der ihn zur Zeit der Enteignung in den Stand setzt, ein entsprechendes Miet- oder Pachtverhältnis unter den nämlichen Bedingungen einzugehen.

Weder der Reinertrag des Gewerbes noch der Wert des Betriebes sind maßgebend[102]. Hierfür ist also keine Entschädigung zu leisten[103].

Außer Betracht zu bleiben hat der Gesichtspunkt, wie lange das Miet- oder Pachtverhältnis tatsächlich gedauert hätte. Beim vorzeitigen Entzug eines Mietrechts bestimmt sich die Enteignungsentschädigung für Folgeschäden nur nach dem, was der

---

[97] Kleiber/Simon/Weyers/Kleiber, a.a.O., Rn. 10 und Vorbem. WertV Rn. 50 ff.

[98] BGH MDR 2001, 625 = NJW-RR 2001, 732 (§§ 192, 193 BauGB)

[99] vgl. auch BGH MDR 1982, 734 = NVwZ 1982, 395 (Haftung der Gutachterausschüsse)

[100] Kleiber/Simon/Weyers/Kleiber, a.a.O., § 194 BauGB Rn. 160 m.w.N. zu den Landesenteignungsgesetzen in Fn. 104

[101] im Anschluss an Kapsa, Aus der neueren Rechtsprechung des BGH zur Enteignungsentschädigung, insbesondere bei Drittrechten, NVwZ 2003, 1423

[102] BGH WM 1967, 297/299 (Speditionsgeschäft)

[103] siehe BGH NJW 1967, 1085/1086 = MDR 1967, 313 (Pächter); BGH WM 1989, 1154 = MDR 1989, 797 (Tankstellenpächter)

Mieter von seinem **Recht**, d.h. von seiner rechtlich gesicherten und geschützten Nutzungsmöglichkeit hat abgeben müssen[104].

Der Entschädigungsanspruch ist **zeitlich begrenzt** durch die rechtlich zulässige Beendigung des Vertrages, sei es, dass das Vertragsverhältnis von Anfang an befristet gewesen ist, sei es, dass es zu einem näheren oder ferneren Termin durch Kündigung zu beenden gewesen wäre.

Kann das Vertragsverhältnis **nach Ablauf von 30 Jahren** (§ 567 BGB a.F. = § 544 BGB n.F.) gekündigt werden, wird durch diese Kündigungsmöglichkeit die Rechtsposition des (hier) Pächters begrenzt. Er kann daher nicht die Erstattung der Kosten verlangen, die ihm durch die notwendige Betriebsverlegung entstehen, sondern lediglich die Nachteile, die ihm dadurch entstehen, dass er seinen Betrieb **schon vor Ablauf der 30 Jahre** verlegen muss[105].

Der Bundesgerichtshof hat in einer neuen Entscheidung („Spargelfall")[106] demgegenüber zum Ausdruck gebracht:

„Bei der Enteignung eines verpachteten und in den landwirtschaftlichen Betrieb des Pächters eingegliederten Grundstücks kann die (Substanz-)Entschädigung des Pächters einen Ausgleich für den – an dem entgangenen „Deckungsbeitrag" ausgerichteten – Erwerbsverlust umfassen" (LS. 1).

„Der Umfang der Rechtsposition, die im Falle der Enteignung eines Pachtgrundstückes dem Pächter (hier: Betreiber einer „Spargelanlage") genommen wird, richtet sich nach der bürgerlich-rechtlichen Vertragslage; es kommt darauf an, ob und bis zu welchem Zeitpunkt der Pächter sich ohne den Enteignungsvorgang gegen eine Kündigung des Pachtvertrages durch den Verpächter – unter Umständen auch mit dem Einwand des § 242 BGB – erfolgreich hätte zur Wehr setzen können" (LS. 2)[107].

– Ausbeuteverträge – (Sand, Kies, Bims, Basalt o.ä.)   **315**

Das Bundesberggesetz unterscheidet zwischen grundeigenen und bergfreien Bodenschätzen[108].

Grundeigene Bodenschätze stehen zwar im Eigentum des Grundeigentümers; das Aufsuchen und Gewinnen dieser Bodenschätze unterfällt aber den Regelungen des Bundesbergesetzes.

---

[104] BGHZ 83,1 / 3 ff. = NJW 1982, 2181 (Ladenlokal); BGH WM 1982, 517/518 f. = NJW 1982, 2183 LS (Pacht/Grabmalgeschäft)

[105] BGHZ 121, 73/86 = NJW 1993, 1255 (Bodendenkmal); vgl. auch BGHZ 117, 236/237 ff. = MDR 1992, 583 (Stromleitung)

[106] BGH NJW 2004, 281 = BauR 2004, 306

[107] damit wird beim landwirtschaftlichen Pachtgrundstück die „Restbetriebsbelastung" entschädigungsrechtlich anerkannt, allerdings zeitlich auf ein Kündigungsrecht des Verpächters – auch nach § 242 BGB – abgestellt, vgl. BGH NJW 2004, 282 m.w.N. u. 283 ff.; zu Folgekosten: BGHZ 83, 1/6 = NJW 1982, 2183 (Ladenlokal); BGH NVwZ 1999, 1022 = WM 1999, 2078 (Kiesabbau/Zwischenzins); siehe insbesondere auch Ossenbühl, S. 210/211 m.w.N.

[108] § 3 Abs. 2 – 4 BBergG

Das Grundeigentum erstreckt sich nicht auf **bergfreie** Bodenschätze. Der Abbau-
berechtigte hat dafür ein Aneignungsrecht[109].

Grundeigentümerbodenschätze wie z.B. Kies, Sand o.ä.[110] sind normale Boden-
bestandteile. Sie unterliegen nicht dem Bergregal und werden gem. § 905 BGB vom
Herrschaftsrecht des Eigentümers erfasst[111].

Der **Eigentümer** eines Grundeigentümerbodenschatzes erhält Entschädigung für
Grund und Boden einschließlich etwa vorhandenen Aufwuchses. Darüber hinaus ist
als Teil der Grundstückssubstanz der Wert eines nach Lage, Güte und Menge abbau-
würdigen Vorkommens zu entschädigen, soweit dessen Ausbeutung rechtlich zulässig war oder in absehbarer Zeit zulässig werden konnte[112].

Stehen relevante Gesichtspunkte des Natur- und Landschaftsschutzes einer Aus-
beute entgegen, können Ausgleichsansprüche im Rahmen der Inhaltsbestimmung
des Eigentums gegeben sein.

f) Die Wertermittlung

316   Die Ermittlung des entzogenen Wertes kann nach verschiedenen Verfahren erfolgen[113].

Das **Vergleichswertverfahren** ist eine anerkannte Schätzmethode[114]. Der Einfluss
vorhandener Vorkommen (Mineralien[115]) und der Zustandsmerkmale der Oberfläche auf den Wert des Grundstücks werden in einem Zuge gemeinsam erfasst; dem
werden Vergleichspreise/Bodenrichtpreise entgegengestellt[116].

Das **Ertragswertverfahren** eignet sich für die Verkehrswertermittlung von Grundstücken, die üblicherweise dem Nutzer zur Ertragserzielung dienen[117]. Entnimmt
der Eigentümer Bodenschätze, ist der in eine Geldsumme umgerechnete Reinertrag
jedoch nicht der Verkehrswert. In der Regel wird der Reinertrag, d.h. der Rohertrag

---

[109] zur Rechtslage in den neuen Bundesländern Kapsa, NVwZ 2003, 1425/1426 f. und Klei-
ber/Simon/Weyers/Kleiber, a.a.O., § 4 WertV Rn. 326 ff.

[110] vgl. den „Katalog" des § 3 BBergG

[111] BGHZ 90, 17 = BGH NJW 1984, 1169 (Abbaugenehmigung/Bindungswirkung/Rechts-
mittel)

[112] BGH NVwZ 1999, 1022 = WM 1999, 2078 (Pächter/Kiesgrundstück); BGH MDR 1988,
1034 = NVwZ-RR 1989, 170 (Basalt/Gesamtabbau); BGH NVwZ 1982, 644 = MDR
1982, 988 (Kies/landwirtschaftliches Grundstück); BGHZ 98, 341 = NJW 1987, 1256
(Betriebsausdehnung); BGHZ 87, 66 = NJW 1983, 1657 (Nassauskiesung/Restbesitz);
vgl. auch BVerfG NVwZ 1998, 947 (LandbeschaffungsG); BVerfG NJW 1998, 367 = JuS
1998, 852 LS (Kiesabbau); BVerwG NVwZ 1998, 969 (Torfabbau); Gaentzsch, Rechtliche Fragen des Abbaus von Kies und Sand, NVwZ 1998, 889

[113] diese Bewertungsverfahren werden natürlich nicht nur für Grundstücke herangezogen;
sie finden allgemein Anwendung

[114] BGHZ 98, 341/343 f. = NJW 1987, 1256 (Betriebsausdehnung)

[115] Art, Qualität und Volumen des Abbaustoffs

[116] im einzelnen Kleiber/Simon/Weyers/Kleiber, a.a.O., § 4 WertV Rn. 352 ff.

[117] zu diesem Verfahren ausführlich Kleiber/Simon/Weyers/Kleiber, a.a.O., Vorbem.
§§ 15–20 WertV

aus dem Vorkommen abzüglich Bewirtschaftungskosten einschließlich Werbungskosten und Zwischenzinsen unter Berücksichtigung der Zahl der Ausbeutungsjahre kapitalisiert und führt zum festzustellenden Wert des Vorkommens[118].

Im Rahmen der Verkehrswertermittlung von Teilflächen, die aus einem Stammgrundstück herausgetrennt werden, kann das **Differenzwertverfahren** herangezogen werden. Der Teilflächewert wird aus dem Unterschied des Verkehrswerts eines Stammgrundstücks zum Restgrundstück ermittelt ggf. unter Einbeziehung der Entschädigung für weitere Vermögensnachteile, die das Restgrundstück durch die Abtretung erfährt[119].

Unter dem **Proportionalverfahren** versteht man die Wertermittlung eines Grundstücks, eines Rechts an einem Grundstück, einer Wertminderung eines Grundstücks und dergleichen auf der Grundlage eines (proportionalen) Verhältnisses dieses Teils zum Gesamtwert. Es ist nur in seltenen Fällen geeignet, findet aber auch Anwendung, wenn der Abbau von Bodenschätzen durch einen Verkehrsweg abgeblockt wird[120].

Bei **Verpachtung**[121] des Grundstücks, in dem abbauwürdige Vorkommen enthalten sind, muss sich der Pächter mit dem Betrag zufrieden geben, den er im Verkehr für den Erwerb eines gleichartigen Pachtrechts aufwenden müsste[122]. Anspruch auf den Sachwert des abbaufähigen Vorkommens hat der Pächter nicht[123]. Das gilt unabhängig davon, ob gleichwertige Objekte **tatsächlich** verfügbar sind[124].   **317**

– Jagd und Jagdausübung –   **318**

Handelt es sich um einen **Eigenjagdbezirk**[125], fallen also Eigentümer und Jagdausübungsberechtigter zusammen, genießt das Jagdausübungsrecht als subjektives Recht den Schutz von Art. 14 GG[126].

Wird der Eigenjagdbezirk beispielsweise durch den Neubau einer Strasse betroffen, wird der Eigentümer nicht nur für den Verlust von Grund und Boden entschädigt,

---

[118] BGH NJW 1980, 39/40 = MDR 1979, 561 (forstwirtschaftliches Grundstück/Kiesvorkommen)

[119] Kleiber/Simon/Weyers/Kleiber, a.a.O., § 7 WertV Rn. 10

[120] Kleiber/Simon/Weyers/Kleiber, a.a.O., § 7 WertV Rn. 159/160; zur Berechnung BGH III ZR 57/89; vgl. weitere Nachweise aus der Rechtsprechung bei Kleiber/Simon/Weyers/Kleiber, a.a.O., § 4 WertV Fn. 203

[121] Verträge über den Abbau von Bodenbestandteilen werden in der Regel als Grundstückspachtverträge qualifiziert – Staudinger/Emmerich, BGB, Vorbem. zu § 581 Rn. 26–32 mit umfangreichen Nachweisen aus der Rechtsprechung

[122] BGH NVwZ 1996, 930/ 933 = MDR 1996, 912 (Bimsabbau); BGH NVwZ 1999, 1022 = WM 1999, 2078 (Pächter/Kiesgrundstück)

[123] BGH NVwZ 1999, 1022 = WM 1999, 2078 (Pächter/Kiesgrundstück)

[124] BGH WM 1989, 1154 = MDR 1989, 797 (Tankstelle)

[125] § 7 Abs. 1 BJagdG: Zusammenhängende Grundflächen mit einer land-, forst- oder fischereiwirtschaftlich nutzbaren Fläche von 75 ha an, die im Eigentum ein und derselben Person oder einer Personengemeinschaft stehen, bilden einen Eigenjagdbezirk

[126] siehe oben Rn. 297

sondern auch für das beeinträchtigte bzw. verlorene Jagd- und Jagdausübungsrecht unter Einschluss einer Wertminderung für die Restfläche.

Instruktives **Beispiel:**

BGHZ 117, 309 = NJW 1992, 2078 – Eigenjagdbezirk –

Ein Grundeigentümer war Inhaber eines Eigenjagdbezirks. Das Jagdausübungsrecht war verpachtet. Die Bundesrepublik Deutschland nahm für den Bau einer Umgehungsstraße Teilflächen in Anspruch, wonach der Jagdbezirk kleiner als 75 ha wurde. Später gelang es ihm durch Zukauf von Flächen den Grundbesitz wieder auf eine Größe von 75, 6 ha zu bringen.

Der Bundesgerichtshof nahm einen Rechtsverlust mit Besitzüberlassung an. Der Grundbesitz habe die Qualität eines Eigenjagdbezirks verloren unbeschadet dessen, dass das Pachtverhältnis fortbestanden habe. Da ein Marktpreis für vergleichbare Grundstücke kaum zu ermitteln sei, müsse das Pachtwertdifferenzverfahren zu Grunde gelegt werden.

Maßgebend sei der Zeitpunkt der Entscheidung über den Enteignungsantrag. Zu ermitteln sei derjenige Betrag, um den der Wert des Restbesitzes als Teil einer Eigenjagd den Wert des Restbesitzes als Teil einer Genossenschaftsjagd übersteige. Entschädigungsrechtlich liege eine endgültige Rechtsbeeinträchtigung vor, denn es sei nicht abzusehen gewesen, dass der Grundbesitz wieder die für eine Eigenjagd vorgeschriebene Mindestgröße erreichen würde. Zu berücksichtigen sei aber, dass der betroffene Eigentümer bis zum Auslaufen des Pachtverhältnisses Pachtzins erhalten habe (Bereicherungsverbot). Damit werde die Ertragsminderung als Pachtzinseinbuße erst mit dem Auslaufen des Pachtvertrages fühlbar.

319 Sind die enteigneten Flächen Teil eines **gemeinschaftlichen Jagdbezirks,** so hat der Eigentümer Anspruch auf Entschädigung für den verlorenen Grund und Boden.

Die Jagdgenossenschaft – und nicht der Eigentümer – kann für den Eingriff in das Jagdausübungsrecht hinsichtlich der entzogenen Flächen und des restlichen gemeinschaftlichen Jagdbezirks Entschädigung verlangen.

Der Jagdgenossenschaft ist ein Ausgleich für die nachteiligen Folgen zuzuerkennen, die durch die **Verkleinerung** des Jagdbezirks um die entzogenen Flächen eingetreten sind. Die Jagdgenossenschaft verfolgt dabei wirtschaftlich einen Anspruch des Grundeigentümers. Dabei ist nur sicher zu stellen, dass keine Doppelentschädigung erfolgt.

Darüber hinaus liegen in dem Verlust von Flächen durch Trassendurchschneidungen auch jagdlich nachteilige Einwirkungen auf den **Restbezirk** vor, die zu entschädigen sind[127].

---

[127] vgl. Kapsa NVwZ 2003, 1428 mit umfangreichen Nachweisen auch zu Meinungen in der Literatur; BGHZ 145, 83 = NJW 2000, 3638 (gemeinschaftlicher Jagdbezirk/Berechnungsmethoden/Ewigkeitsschaden); BGHZ 143, 321 = NJW 2000, 1720 (gemeinschaftlicher Jagdbezirk/Planfeststellung); BGHZ 132, 63 = NJW 1996, 1897 (gemeinschaftlicher Jagdbezirk/Planfeststellung/Pachtanrechnung)

Dem Jagdpächter ist nur die Jagd**nutzung** verpachtet. Er hat keinen Besitz an den Grundflächen, auf denen er die Jagd ausüben darf[128]. Fraglich ist daher, ob er enteignungsrechtlich entschädigt werden kann[129].

– Leitungsrechte –   **320**

Für den Neubau einer Bundesstraße und die straßenbaubedingte Änderung einer Fernwasserleitung, die auf der Grundlage eines Leihverhältnisses betrieben wurde, lehnte der Bundesgerichtshof unter Hinweis auf die Kündigungsmöglichkeit des § 605 Nr. 1 BGB eine Entschädigung ab, da es an einer enteignungsrechtlich erheblichen Rechtsposition fehle[130].

Bei dem Um- oder Ausbau einer bestehenden Straße und einer dadurch notwendig werdenden Änderung verlegter Leitungen wird (ebenfalls) zwischen dinglichen und obligatorischen Leitungsrechten unterschieden unabhängig davon, ob der Straßenbaulastträger die Maßnahme veranlasst hat oder ob es sich um drittverursachte Folgekosten handelt[131].

Es ist von folgendem **Grundsatz** auszugehen: **321**

Die Frage der Kostentragungspflicht bei durch eine Dienstbarkeit (§§ 1018, 1090 BGB) dinglich gesicherten (vgl. § 1023 BGB) und (bloß) obligatorischen (entgeltlichen) Nutzungsverhältnissen wie Miete und Pacht ist grundsätzlich zugunsten, bei (jederzeit kündbaren) Leih- oder ähnlichen Verträgen, die keine nach Art. 14 GG geschützte Rechtsposition vermitteln, grundsätzlich zum Nachteil des Versorgungsunternehmens zu beantworten[132].

g) Vorteilsausgleichung

Bei der Bemessung der Enteignungsentschädigung sind die Regeln der **Vorteilsaus-**   **322**
gleichung heranzuziehen[133].

Eie Vorteilsausgleichung ist nur dann vorzunehmen, wenn der Vorteil ohne die Enteignung nicht entstanden wäre und zwischen der Enteignung als dem schädigenden

---

[128] BGHZ 112, 392/395 f. = NJW 1991, 1421 (§ 78 BLG)

[129] BGHZ 112, 396 f.: Keine Entschädigung wegen Minderung des Pachtzinses, wenn auf Rückzahlungsanspruch wegen überzahlten Zinses verzichtet worden ist; vgl. zu dem Eingriff in das Jagdausübungsrecht und zum Schadensersatzanspruch aus § 823 Abs. 1 BGB BGH NJW-RR 2004, 100 = BGHReport 2004, 90

[130] Stichwort: rechtlich geschützter obligatorischer Anspruch – BGHZ 125, 293/300 ff. = NJW 1994, 3156; vgl. auch BGHZ 123, 166/171 f. = NJW 1993, 3131 : Nur Nachteile vorzeitiger Beendigung auszugleichen (Erdölleitung/Mietvertrag und § 567 BGB)

[131] BGHZ 125, 293/296 f. = NJW 1994, 3156 (Fernwasserleitung)

[132] BGHZ 144, 29/51 m.w.N. = NJW 2000, 1490 (Ferngasleitung/Beitrittsgebiet); BGH BauR 2002, 1071/1072 = WM 2002, 1135 (Abwasserleitung/Beitrittsgebiet); siehe auch BGHZ 148, 129 = NJW 2001, 3057 (Straßenbrücke/Trinkwasserleitung/Beitrittsgebiet) und BGH NVwZ 2003, 1018 = DVBl 2003, 817 LS (Telekommunikationslinie/Autobahnbrücke) sowie Kapsa NVwZ 2003, 1430

[133] siehe z.B. § 93 Abs. 3 BauGB; § 17 Abs. 2 LBschG; § 13 Abs. 1 SchutzbereichsG

Ereignis und dem Umstand, der den Vorteil gebracht hat, ein **adäquater Zusammenhang** besteht[134].

Die Vorteilsausgleichung setzt (jedoch) nicht voraus, dass der Eingriff unmittelbar und gleichzeitig auch den Vorteil hat entstehen lassen, sondern es genügt, dass Beeinträchtigung und Vorteil mehreren selbständigen Ereignissen entspringen, wenn nur das schädigende Ereignis allgemein geeignet war, derartige Vorteile mit sich zu bringen, und der Zusammenhang der Ereignisse nicht so lose ist, dass er nach vernünftiger Lebensauffassung keine Berücksichtigung mehr verdient[135].

Die durch die Enteignung entstandene Einbuße kann durch die erlangten Vorteile ganz ausgeglichen sein, so dass überhaupt keine Entschädigung zu leisten ist[136].

323   § 254 BGB ist entsprechend anzuwenden, wenn bei der Entstehung eines Vermögensnachteils ein Verschulden des Entschädigungsberechtigten mitgewirkt hat[137].

Das hat der Bundesgerichtshof sowohl für den allgemeinen Aufopferungsanspruch[138] als auch für den **enteignungsgleichen Eingriff** entschieden[139], **hinsichtlich dessen** § 254 BGB nicht nur im Rahmen der Eingriffs**folgen**, sondern auch bei der Verwirklichung des Schädigungs**tatbestandes** zu berücksichtigen ist (Stichwort: **Primärrechtsschutz**)[140].

h) Bemessungszeitpunkt für die Entschädigung

324   In Bezug auf den **Zeitpunkt** für die Bemessung der Entschädigung sind zwei Stichtage zu unterscheiden: der **Qualitätsstichtag**[141] und der **Bewertungsstichtag**[142].

Maßgebend für die Qualitätsbestimmung ist grundsätzlich der Zeitpunkt des Eingriffs. Das ist der Tag, an dem die Entscheidung über den Enteignungsantrag getroffen wird[143]. Bei einem sich über einen längeren Zeitraum hinziehenden Enteig-

---

[134] BGH NJW 1966, 1075 = MDR 1966, 661 (§ 93 BauGB)
[135] BGHZ 62, 305/307 (planungsbedingte Wertsteigerungen); vgl. auch BGH NVwZ 1984, 467 = MDR 1984, 125: Wertsteigerung der ursprünglich als Hinterland einzustufenden Wertzone als ausgleichsfähiger Vorteil („vorgeschobenes Hinterland"); BGH NJW 1992, 2884/2885 (nachbarrechtlicher Ausgleichsanspruch gem. § 906 Abs. 2 S. 2 BGB); siehe auch Kleiber/Simon/Weyers/Kleiber, a.a.O., § 29 WertV Rn. 195 ff. m.w.N. und Palandt/Bassenge, Überblick vor § 903 Rn. 28 m.w.N.
[136] BGHZ 68, 100/105 = NJW 1977, 955 (landwirtschaftliche Flächen/angemessenes Angebot); Battis/Krautzberger/Löhr/Battis, BauGB, § 93 Rn. 6 mit Nachweisen auch zu abweichenden Auffassungen
[137] vgl. § 93 Abs. 3 S. 2 BauGB
[138] BGHZ 45, 290/294 ff. = NJW 1966, 1859 (Impfschaden)
[139] BGHZ 56, 57/64 ff. = NJW 1971, 1694
[140] vgl. BGHZ 90, 17/31 f. = NJW 1984, 1169 (Abbaugenehmigung/Versagung); BGH VersR 1985, 492/494 = NVwZ 1986, 76 (bestandskräftiger Planfeststellungsbeschluss)
[141] vgl. § 93 Abs. 4 BauGB
[142] vgl. § 95 Abs. 1 S. 2, Abs. 2 BauGB
[143] BGHZ 141, 319/320 f. = NJW 1999, 3488 (eigentumsverdrängende Grundstücksumplanung); Battis/Krautzberger/Löhr, BauGB, § 94 Rn. 8: Zeitpunkt der Zustellung der Entscheidung

nungsverfahren tritt an die Stelle des Tages des Enteignungsbeschlusses als Qualitätsstichtag der Tag der Planungsmaßnahme, von dem ab eine konjunkturelle Weiterentwicklung des Grundstücks ausgeschlossen – insbesondere die Entwicklung der Qualität des Grundstücks verhindert wurde (Stichwort: **Vorwirkung**)[144].

Der **Bewertungsstichtag** (Preisermittlungsstichtag) stimmt grundsätzlich überein mit dem Zeitpunkt der Qualitätsbestimmung[145].

Nach der „**Steigerungsrechtsprechung**", die der Bundesgerichtshof für Zeiten schwankender, insbesondere steigender Preise entwickelt hat, soll „bildlich" gleichwertiger Ersatz verschafft werden. Maßgeblich ist daher der Zeitpunkt der Auszahlung der Entschädigung. Da dieser bei administrativer oder gerichtlicher Festsetzung noch nicht feststeht, hat der Bundesgerichtshof grundsätzlich den Zeitpunkt der Feststellung des Entschädigungsfeststellungsbeschlusses oder den Zeitpunkt der letzten mündlichen Verhandlung in der Tatsacheninstanz für maßgeblich erklärt[146]. Soweit Sonderbestimmungen bestehen, gehen diese vor.

Hat der Enteignete die Zulässigkeit der Enteignung und hilfsweise der Entschädigungshöhe **erfolglos angefochten**, so bleiben Steigerungen unberücksichtigt, die bis zum Abschluss des Streits über die Zulässigkeit der Enteignung eingetreten sind[147], während sich im Falle nachträglichen Preisrückgangs der Stichtag auf die letzte gerichtliche Tatsachenverhandlung bzw. Rücknahme der Anfechtung verschiebt[148]. Umgekehrt gereicht es dem Eigentümer nicht zum Nachteil, wenn er im gerichtlichen Verfahren – ohne die Zulässigkeit der Enteignung anzufechten – nur eine höhere als die festgesetzte Geldentschädigung begehrt. Da der Begünstigte verpflichtet ist, den geschuldeten (Rest-) Betrag ungeachtet der Fortsetzung des Rechtsstreits sogleich zu zahlen, darf ein Preisrückgang nicht zu Lasten des Entschädigungsberechtigten gehen[149]. Entsprechend nimmt der Betroffene, der die Enteignung nicht angreift, an zwischenzeitlichen Wertsteigerungen teil[150].

325

i) Der Entschädigungspflichtige

Entschädigungspflichtig ist regelmäßig der von der Enteignung **Begünstigte**.

326

Der Begriff „Begünstigung" – das Folgende ist vor allem von Bedeutung beim **enteignungsgleichen Eingriff** – ist nicht nur dahingehend zu verstehen, dass dem

---

[144] BGH NJW-RR 2002, 1240/1241 = WM 2002, 2109 (Erschließungsanlage/Erwerb in der Zwangsversteigerung/Eigentumswechsel); BGHZ 141, 319/321 = NJW 1999, 3488 (eigentumsverdrängende Grundstücksumplanung)

[145] Battis/Krautzberger/Löhr/Battis, BauGB, § 95 Rn. 3

[146] Aust/Jacobs/Pasternak, Die Enteignungsentschädigung, Rn. 664 m.w.N. aus der Rechtsprechung

[147] BGH MDR 1990, 804 = NVwZ 1990, 797

[148] BGHZ 118, 25/32 = NJW 1992, 1830; vgl. auch BGH NJW 2003, 63/65 = WM 2003, 63 (Ablauf der Plangewährleistungsfrist)

[149] BGHZ 118, 25/30 = NJW 1992, 1830

[150] BGHZ 97, 361/370 f. = NJW 1986, 2421 (Verkehrslärm); zur Festlegung des Stichtages und der verhältnismäßigen Berechnung bei Teilerfüllung BGH MDR 1987, 125 = NVwZ 1986, 1053

betroffenen Hoheitsträger unmittelbare Vorteile aus der den Eingriffstatbestand darstellenden Maßnahme zugeflossen sein müssen.

Entschädigungspflichtig ist der Hoheitsträger, dessen Aufgaben wahrgenommen wurden oder dem die Vorteile des Eingriffs zugeflossen sind[151].

Als durch einen (enteignungsgleichen/rechtswidrigen) Eingriff begünstigte Stellen kommen, abgesehen von Vermögensträgern mit einem durch Spezialaufgaben abgegrenzten Aufgabenkreis, grundsätzlich Gebietskörperschaften mit so genannter „Allzuständigkeit" in Betracht, mithin der Staat oder, bei Eingriffen zur Erfüllung einer rein örtlichen Aufgabe, die Gemeinde.

Wenn die Gemeinde einen Eingriff nicht selbst vorgenommen hat, kann sie durch die Maßnahmen einer anderen Stelle der öffentlichen Hand nur dann als begünstigt angesehen werden, wenn ihr eine Aufgabe abgenommen worden ist, die sie ohne den Eingriff mit ihren Mitteln noch zu bewältigen gehabt hätte, oder wenn ihr ein sonstiger besonderer Vorteil zugeflossen ist[152].

327 Durch den (enteignungsgleichen) Eingriff können mehrere Körperschaften begünstigt sein und enteignungsrechtlich als Gesamtschuldner haften.

Beispiel:

> BGHZ 134, 316 = NJW 1997, 1229 – Teilungsgenehmigung –
>
> *Das Landratsamt (Land Baden-Württemberg) lehnte die Erteilung einer für ein Bauvorhaben erforderlichen Teilungsgenehmigung ab unter Hinweis auf ein versagtes Einvernehmen der Gemeinde und zusätzlich mit der weiteren Begründung, das Vorhaben widerspreche den Festsetzungen des Bebauungsplans. Die Entscheidungen waren rechtswidrig.*
>
> *Der Bundesgerichtshof hielt sowohl das Land als auch die Gemeinde für begünstigt und haftbar.*
>
> *Die Baugenehmigungsbehörde, die eine eigene Sachprüfung vorgenommen habe, sei in der Wahrnehmung einer eigen Aufgabe im Außenverhältnis tätig geworden, so dass das Land Begünstigter sei[153]. Die Gemeinde sei aber ebenfalls begünstigt im Sinne des Enteignungsrechts, da der Eingriff – zumindest auch – in ihrem planerischen Interesse erfolgt sei, welches sich gerade in der Versagung des Einvernehmens konkretisiert habe.*

328 Entschädigungspflichtig wegen eines enteignungsgleichen Eingriffs ist nur die öffentliche Hand, nicht aber der **private Unternehmer**, der im Falle einer rechtmäßigen Enteignung entschädigungspflichtig wäre[154]. Dementsprechend können

---

[151] BGH NJW 1980, 387 = MDR 1979, 1003 (Versagung der Baugenehmigung/Eingriff in Gewerbebetrieb/enteignungsgleicher Eingriff)

[152] BGH WM 1973, 1213/1214 = JZ 1973, 630 (Hausabriss/Gemeinde/staatliches Wiederaufbauamt); siehe auch OLG Koblenz, OLGR 2001, 356 (Gewässerausbau/enteignungsgleicher Eingriff)

[153] BGHZ 134, 316/322

[154] BGHZ 40, 49/53 = NJW 1963, 1915 (Betriebserweiterung/Schutz des Bergbaus/Kohlenberggesellschaft)

bei rechtmäßiger Enteignung hierdurch begünstigte juristische oder natürliche Zivilpersonen entschädigungspflichtig sein[155].

j) Rückenteignung

Sind Vermögensrechte, vor allem das Eigentum an Grundstücken, enteignet worden   **329**
und werden die Vermögensgegenstände für den Enteignungszweck nicht verwendet
oder fällt dieser Zweck später fort, fragt sich, ob der frühere Rechtsinhaber einen
Rückgewähranspruch hat.

Fehlen gesetzliche Rückenteignungsregelungen[156] ist zu prüfen, woraus sich ein
solcher Anspruch herleiten lässt, von welchen Voraussetzungen er abhängt und wie
die Rückenteignungsentschädigung zu bemessen ist.

Die Rückenteignung ist keine Enteignung im Sinne des Art. 14 Abs. 3 GG, sondern
die öffentlich-rechtliche Rückabwicklung einer rechtmäßigen – und nicht etwa
wegen der Zweckverfehlung nachträglich rechtswidrig werdenden – Enteignung[157].

Das Bundesverfassungsgericht leitet einen allgemeinen Anspruch auf Rückenteignung unmittelbar aus Art. 14 GG ab, wenn das Grundstück für ein Vorhaben nicht
benötigt wird[158]. Mit dem Wegfall des Enteignungszwecks setze sich die Bestandsgarantie nach Art. 14 Abs. 1 S. 1 GG grundsätzlich wieder durch.

Auch im Falle der **Zweckerledigung** wird dem Betroffenen ein Rückenteignungsanspruch einzuräumen sein[159].

Im Fall der vollzogenen Enteignung entsteht kein **Rücknahmerecht** der öffentli-   **330**
chen Hand und folglich auch keine **Rücknahmepflicht** des früheren Eigentümers,
wenn der Enteignungszweck weggefallen ist. Dem Eigentümer bleibt die Entscheidung überlassen, ob er dem Objekt oder der Entschädigung den Vorzug gibt[160].

Trotz fehlender gesetzlicher Regelung besteht ein Anspruch auf Rückübereignung
auch in den Fällen, in denen Enteignungsbegünstigter nicht die öffentliche Hand,
sondern ein Privater ist[161].

---

[155] Maunz/Dürig/Herzog/Papier, GG, Art. 14 Rn. 639 – wohl allg. Meinung; vgl. auch BGHZ
        60, 126/143 (enteignende Maßnahme/Kiesabbau/Gemeinde als Begünstigte)
[156] solche sind z.B. §§ 102, 103 BauGB; § 57 Abs. 1 LBeschaffG; §§ 45, 46 EnteignungsG
        Rheinland-Pfalz; weitere Nachweise zu landesrechtlichen Rückenteignungsbestimmungen bei Aust/Jacobs/Pasternak, Die Enteignungsentschädigung, Rn. 621
[157] Battis/Krautzberger/Löhr/Battis, BauGB, § 102 Rn. 1; BGH WM 1961, 539/543: Kehrseite der Enteignung
[158] BVerfGE 38, 175/183 f. = NJW 1975, 37; vgl. auch BGHZ 76, 365/368 = NJW 1980,
        1571
[159] vgl. Detterbeck/Windthorst/Sproll, § 16 Rn. 177–179
[160] BGHZ 71, 293/294 f. = NJW 1978, 1481 unter Bezugnahme auf BVerfGE 38, 175 (Straßenverbreiterung/Planänderung/Wegfall der Geschäftsgrundlage bei Verkauf, um der
        förmlichen Enteignung zu entgehen); zur Rückenteignung nach Verkauf BGHZ 135, 92 =
        MDR 1997, 724: Ergänzende Vertragsauslegung; vgl. auch BGHZ 84, 1 = NJW 1982,
        2184 (freihändige Übertragung/nur privatrechtliche Beziehungen/ analoge Anwendung
        von Art. 16 EnteignungsG Bayern)
[161] Battis/Krautzberger/Löhr/Battis, BauGB, § 102 Rn. 1

331   Die Bemessung der Rückenteignungs**entschädigung** richtet sich daran aus, dass der Rückübertragungsanspruch dem ursprünglichen Eigentümer das konkrete Eigentum wiederverschaffen soll, das er vor der Enteignung hatte[162]. Es ist daher dem Rückübereignungsverpflichteten nur die Entschädigung für den Rechtsverlust zu gewähren, die der Enteignete selbst bei der Enteignung seines Grundstücks erhalten hat. Ein etwaiger Wertzuwachs steht dem ursprünglichen Eigentümer zu[163], während nur solche Werterhöhungen auszugleichen sind, die durch Aufwendungen des Rückübereignungsverpflichteten veranlasst wurden[164].

> **Enteignung ist nur die vollständige oder teilweise Entziehung vermögenswerter Rechtspositionen durch gezielten hoheitlichen Rechtsakt zur Erfüllung bestimmter öffentlicher Aufgaben.**
>
> **Der enteignende Eingriff muss die Ermächtigung in einem formellen Gesetz finden, das die Entschädigungsregelung enthält.**
>
> **Die Enteignung ist nur zum Wohl der Allgemeinheit zulässig und muss dem allgemeinen Verhältnismäßigkeitsgebot genügen.**
>
> **Die Enteignungsentschädigung ist in der Regel in Geld vorzunehmen; sie orientiert sich am Verkehrswert.**
>
> **Entschädigungspflichtig ist der Begünstigte.**
>
> **Wird der enteignete Vermögensgegenstand nicht verwendet oder fällt der Verwendungszeck weg, besteht ein Rückgewähranspruch (Rückenteignung).**

2. Entschädigung wegen enteignungsgleichen Eingriffs[165]

332   Nach der Rechtsprechung des Bundesgerichtshofs setzt ein Entschädigungsanspruch aus enteignungsgleichem Eingriff voraus, dass **rechtswidrig** in eine durch Art. 14 GG geschützte Rechtsposition von hoher Hand **unmittelbar** eingegriffen wird, die hoheitliche Maßnahme also unmittelbar eine Beeinträchtigung des Eigentums herbeiführt, und dem Berechtigten dadurch ein besonderes, anderen nicht zugemutetes Opfer für die Allgemeinheit auferlegt wird[166].

---

[162] in diesem Sinne § 103 S. 1 BauGB; Battis/Krautzberger/Löhr/Battis, BauGB, § 103 Rn. 2: keine Folgenentschädigung

[163] BGHZ 76, 365/370 = NJW 1980, 1571 (Erhöhung des Verkehrswerts von Grundstücken wegen Erlangung von Baulandqualität)

[164] ausführlich Aust/Jacobs/Pasternak, Die Enteignungsentschädigung, Rn. 621 ff.

[165] zur begrifflichen und dogmatischen Entwicklung siehe Münchener Kommentar/Papier, § 839 Rn. 25 ff.; Wolff/Bachof/Stober/Kluth, VerwR Bd. 2, § 72 Rn. 53 ff.

[166] BGHZ 125, 258/264 = NJW 1994, 1647 (rechtswidrige Ablehnung einer Bauvoranfrage); BGHZ 117, 240/252 = NJW 1992, 3229 (Hochwasserschutz/Überschwemmungsschäden)

a) Geschützte Rechtsposition

Wie bei der Enteignung betrifft der enteignungsgleiche Eingriff alle durch Art. 14 **333**
Abs. 1 GG geschützten vermögenswerten Rechtspositionen. Insoweit wird auf die
obigen Ausführungen zur Enteignung verwiesen[167].

b) Handeln und Unterlassen

Ein Eingriff setzt ein **positives Handeln** der öffentlichen Gewalt voraus. Ein reines **334**
Unterlassen und Untätigbleiben reichen nicht aus.

Der Bundesgerichtshof bejaht jedoch einen Eingriff, wenn sich das Unterlassen –
ausnahmsweise – als ein in den Rechtskreis des Betroffenen eingreifendes Handeln
qualifizieren lässt (sog. qualifiziertes Unterlassen).

Beispiel:

BGHZ 118, 253 = NJW 1992, 2218 – verweigertes Einvernehmen –

*Der Kläger, Eigentümer eines landwirtschaftlichen Betriebs im Außenbereich,
beantragte die Erteilung einer Baugenehmigung für ein Landarbeiterwohnhaus.
Mit der Herstellung der ausreichenden Erschließung waren die planungsrecht-
lichen Hindernisse für das Bauvorhaben beseitigt. Die Gemeinde verweigerte
jedoch weiterhin die Erteilung des Einvernehmens.*

*Diese Verweigerung bewertete der Bundesgerichtshof als „qualifiziertes" Un-
terlassen, denn hierdurch werde in den Rechtskreis des Betroffenen – Grundsatz
der Baufreiheit – enteignungsrechtlich eingegriffen*[168].

Über den Eingriff in den Rechtskreis des Betroffenen hinaus muss ein **bestimmtes** **335**
Verhalten in Betracht kommen, zu dem die öffentliche Hand verpflichtet gewesen
wäre. Bestehen für sie unterschiedliche Gestaltungsmöglichkeiten, fehlt es an einem
nach öffentlichem Recht konkret gebotenen Verhalten[169].

Die bloße verzögerliche Bearbeitung eines Gesuchs hat der Bundesgerichtshof in
einer Entscheidung nicht als enteignend angesehen. Der Behörde könne allenfalls
die Nichterfüllung einer öffentlich-rechtlichen Pflicht zur Last gelegt werden. Dagegen könne der Betroffene im Wege der Verpflichtungsklage vorgehen und den
Erlass des Verwaltungsakts erzwingen[170]. Hieran hat der Bundesgerichtshof späterhin nicht festgehalten; die **verzögerte** Bearbeitung einer nach geltendem Recht
positiv zu bescheidenden, entscheidungsreifen Bauvoranfrage könne ebenso einen
enteignungsgleichen Eingriff darstellen wie die rechtswidrige **förmliche Ablehnung** eines Bauvorbescheids[171].

---

[167] Rn. 297 ff.

[168] vgl. auch BGH VersR 1986, 372/374 = MDR 1986, 735 (Versagung der Erlaubnis, Lava
abzubauen, weil die Kreisverwaltung rechtswidrig ihre Zustimmung verweigerte)

[169] BGHZ 102, 350/365 = NJW 1988, 478 (Staatshaftung für Waldschäden); BGHZ 125, 27/
39 = NJW 1994, 858 (Irak-Embargo)

[170] BGH NJW 1971, 97 = MDR 1971, 115; kritisch dazu Schrödter, DVBl 1971, 465

[171] BGH MDR 2001, 1112/1113 = VersR 2002, 714 m.w.N.

c) Unmittelbarkeit des Eingriffs

336 Die früher vertretene Auffassung, dass der Eingriff gewollt und gezielt sein müsse ("Finalität" des Eingriffs), hat der Bundesgerichtshof aufgegeben[172].

Das Kriterium der Unmittelbarkeit ist kein formales, sondern betrifft die **Zurechenbarkeit** der hoheitlichen Maßnahme. Nötig ist ein innerer Zusammenhang mit dieser Maßnahme, d.h. es muss sich die besondere Gefahr verwirklichen, die bereits in der hoheitlichen Maßnahme selbst angelegt ist[173].

Beispiel:

> BGH NJW 1980, 770 = MDR 1980, 384 – Mülldeponie –
>
> *Die Beklagte betrieb – schlicht hoheitlich – eine Deponie für Hausmüll. Hierdurch wurden scharenweise Krähen und Möwen angelockt, die auf den benachbarten Äckern des Klägers Schäden an der Wintersaat anrichteten.*
>
> *Der Bundesgerichtshof hat hierin kein selbständiges und ganz außerhalb der hoheitlichen Maßnahme liegendes Ereignis gesehen. Die schädigenden Auswirkungen gingen von der Eigenart der hoheitlichen Maßnahme aus, denn größere Ansammlungen von Hausmüll würden im allgemeinen nur auf Mülldeponien gelagert, die von der öffentlichen Hand oder in ihrem Auftrag betrieben würden[174].*

d) Eingriffshandlungen

337 Eingriffshandlungen können alle diejenigen hoheitlichen Maßnahmen sein, die in der Lage sind, Eigentumsbeeinträchtigungen herbeizuführen.

Sie bestehen insbesondere in rechtswidrigen Verwaltungsakten und Realakten.

Beispiel für Realakt:

> BGHZ 117, 240 = NJW 1992, 3229 – Entwässerungsgraben –
>
> *Eine unzuständige Behörde sperrte einen Entwässerungsgraben. Das führte zur Überschwemmung des Anwesens des Klägers.*
>
> *Der Bundesgerichtshof[175] nahm einen enteignenden oder enteignungsgleichen Eingriff an. Die Behörde habe auf das Eigentum des Klägers (faktisch) eingewirkt. Durch die Absperrung des Grabens sei das gesamte Regen- und Oberflächenwasser des Vorteilsgebiets den Ländereien des Klägers zugeführt worden und habe unmittelbar das Eigentum des Klägers beeinträchtigt.*

---

[172] vgl. BGHZ 37, 44/47 (Brandschaden/Artillerieschießübungen)

[173] BGHZ 125, 19/21 = NJW 1994, 1468

[174] zur unmittelbaren Einwirkung vgl. auch BGHZ 76, 387 = NJW 1980, 2457 (Fluglotsenstreik); BGHZ 92, 34/41 ff. = NJW 1984, 2516 (nichtiger Bebauungsplan/Heranrücken der Wohnbebauung)

[175] vgl. auch BGHZ 91, 20 = NJW 1984, 1876 (Geruchsimmissionen durch Kläranlage/enteignender Eingriff); zu Eingriffen im Zusammenhang mit Hochwasserschutz, Gewässerausbau u.ä. siehe Staudinger/Wurm, § 839 Rn. 474 m.w.N.; unten Rn. 695 f., 699

Gerade bei Realakten stellt sich die Frage nach der Unmittelbarkeit des Eingriffs. Das soll deshalb an einem **Beispiel** nochmals aufgegriffen werden:

BGH NJW 1964, 104 = MDR 1964, 34 – Schützenpanzer –

Ein Schützenpanzer befand sich auf einem Übungsmarsch. Er kam von der Fahrbahn ab, durchbrach die Außenwand eines Gasthauses und verursachte Schäden an Einrichtung und Warenlager.

Die Revision meinte, der Schaden sei quasi nur „bei Gelegenheit" der hoheitlichen Betätigung hervorgerufen worden, so dass es an einer Unmittelbarkeit des Eingriffs fehle.

Dem ist der Bundesgerichtshof entgegengetreten. Für die Unmittelbarkeit des Eingriffs genüge es, dass von der Eigenart der hoheitlichen Maßnahme unmittelbar Auswirkungen auf das Eigentum ausgingen. Es bestehe ein direkter Zusammenhang zwischen dem Übungsmarsch und dem dabei erfolgten Ausscheren des Panzers gegen die Gastwirtschaft.

Hinsichtlich des Eingriffs durch **rechtwidrigen Verwaltungsakt** ist noch auf folgendes einzugehen: **338**

Ein Eingriff liegt nicht vor, wenn ein Baugesuch des antragstellenden Eigentümers rechtswidrig **positiv** beschieden wird. Dem Eigentümer wird substantiell kein Eigentum entzogen, sondern es wird nur (unberechtigtes) Vertrauen erzeugt. Das Grundeigentum gewährt keinen Anspruch auf eine materiell illegale Bebauung[176].

Die Versagung eines baurechtlichen **Dispenses** stellt einen entschädigungspflichtigen Eingriff in das Eigentum nicht dar. Auch wenn jedermann einen Anspruch darauf hat, dass sein Baugesuch ordnungsgemäß erledigt wird, so wird doch seine geschützte Rechtsposition – die Befugnis, das Grundstück nach den allgemein geltenden Bestimmungen der Bauordnung zu bebauen – durch die Ablehnung eines Dispenses nicht beeinträchtigt[177].

In der rechtswidrigen **Versagung des Einvernehmens** der Gemeinde nach § 36 BauGB kann ein zur Entschädigung verpflichtender enteignungsgleicher Eingriff gesehen werden. Nachdem die meisten Bundesländer von § 36 Abs. 2 S. 3 BauGB[178] Gebrauch gemacht haben und ein rechtswidrig versagtes Einvernehmen ersetzen können[179], fehlt der Versagung die Bindungswirkung, so dass sich das Verhalten der Gemeinde als interner Vorgang darstellt und allenfalls unter Verzögerungsgesichtspunkten entschädigungsrechtliche Bedeutung erlangen kann.

---

[176] Staudinger/Wurm, § 839 Rn. 469 m.w.N.
[177] BGH NJW 1980, 1567/1570 = BGHZ 76, 375 (dort nicht abgedruckt); siehe auch BGH NJW 1998, 1398/1399 = WM 1998, 832 (Vermarktungsverbot für Elfenbein)
[178] eingefügt durch das BauROG 1998
[179] dazu unten Rn. 586

Auf dieser Mitwirkungsebene liegt es auch, wenn die Wirksamkeit der Veräußerung des Grundeigentums von einer Genehmigung abhängt; der Eigentümer ist nämlich auch in der Befugnis geschützt, sein Eigentum zu veräußern[180].

e) Normatives und legislatives Unrecht

339 Für rechtswidrige untergesetzliche Rechtsnormen, insbesondere Rechtsverordnungen und Satzungen (normatives Unrecht[181]), gewährt der Bundesgerichtshof Entschädigung, nicht aber für verfassungswidrige (formelle) Gesetze (legislatives Unrecht) und für Vollzugsakte, deren Rechtswidrigkeit ausschließlich auf der Verfassungswidrigkeit des Gesetzes beruht (Beruhensakte[182]).

340 **Amtshaftungsrechtlich** verneint der Bundesgerichtshof hinsichtlich rechtswidriger Gesetze und Verordnungen grundsätzlich eine personale Drittbezogenheit[183].

Entschädigungsrechtlich weist der Bundesgerichtshof für (formelle) Gesetze auf das richterrechtlich geprägte und ausgestaltete Haftungsinstitut des enteignungsgleichen Eingriffs hin, das Nachteile die unmittelbar oder mittelbar durch ein verfassungswidriges Gesetz herbeigeführt worden seien, nicht erfasse. Die Gewährung von Entschädigung für legislatives Unrecht sei der Entscheidung des Parlamentsgesetzgebers überantwortet[184].

Für rechtwidrige **untergesetzliche Normen**, die an eigenen, nicht auf ein Parlamentsgesetz zurückgehenden Nichtigkeitsgründen leiden, „bildet das Institut des enteignungsgleichen Eingriffs eine geeignete Grundlage für die Staatshaftung"[185].

f) Sonderopfer

341 Ist ein **rechtswidriger** Eingriff in ein durch Art. 14 GG geschütztes Rechtsgut zu bejahen, steht das dem enteignungsgleichen Eingriff Eigentümliche fest, dass das dem Einzelnen durch den Eingriff auferlegte Opfer jenseits der gesetzlichen allge-

---

[180] BGHZ 146, 365/371 f. = NVwZ 2001, 1074 (sanierungsrechtliche Genehmigung gem. §§ 144, 145 BauGB/Verzögerung der Grundstücksveräußerung/Schadensberechnung); BGHZ 136, 182/184 f. = NJW 1997, 3432 (GrundstücksverkehrsG); BGHZ 134, 316/322 = NJW 1997, 1229 (§§ 19, 20 BauGB/Teilungsgenehmigung/gesamtschuldnerische Haftung)

[181] so terminologisch Maurer, VerwR AT, § 26 Rn. 91

[182] Maurer a.a.O.

[183] siehe oben Rn. 107 ff. m.w.N.

[184] BGHZ 100, 136/145 f. = NJW 1987, 1875 (Kleingartenpacht/Preisvorschriften); vgl. auch BGHZ 102, 350/357 f. = NJW 1988, 478 (Waldschäden); BGH NJW 1998, 1398/ 1399 = WM 1998, 832 (Vermarktungsverbot für Elfenbein); BGHZ 125, 27/39 f. = NJW 1994, 858 (Irak-Embargo)

[185] BGHZ 111, 349/352 f. = NJW 1990, 3260 (KakaoVO); vgl. auch BGHZ 78, 41/43 = NJW 1980, 2700 (Verbot von Werbefahrten/StVO); BGH DVBl 1993, 718/719 = VersR 1994, 309 (Milchreferenzmengen); BGHZ 92, 34/36 = NJW 1984, 2516 (Eingriff durch Bebauungsplan); BGHZ 110, 1/5 = NJW 1990, 1042 (nichtiger Bebauungsplan, der nicht zu einem Eingriff führt); zur Amtshaftung im Zusammenhang mit Rechtsverordnungen, Satzungen u.ä. siehe oben Rn. 108–119

meinen Opfergrenze liegt und damit ein entsprechend dem Gebot des Gleichheits-
satzes zu entschädigendes **Sonderopfer** darstellt[186].

Damit verzichtet die Rechtsprechung auf eine eigenständige Sonderopferlage. Die
Rechtswidrigkeit des hoheitlichen Eingriffs wird – neben anderen Voraussetzungen
– zum **anspruchsbegründenden Merkmal**[187].

Ist allerdings ein Eingriff nur deswegen fehlerhaft, weil er an einem **formellen** und   **342**
nicht an einem sachlich-rechtlichen Fehler leidet, so führt dieser Mangel nicht notwendig zu einer Entschädigungspflicht[188]. Bleibt die Beeinträchtigung des Eigentums **materiell-rechtlich rechtmäßig**, so kann die Rechtswidrigkeit des staatlichen
Vorgehens allein eine „enteignungsgleiche" Wirkung nicht haben[189].

Von dem **Abverlangen eines Sonderopfers** kann dann keine Rede sein, wenn der   **343**
nachteilig Betroffene sich freiwillig in die Gefahr begeben hat, die ganz allgemein
von ihm grundsätzlich selbst zu tragen und von ihm herbeigeführt worden ist[190].

Rechtswidrige **Vollstreckungsmaßnahmen**, auch solche zur Durchsetzung von   **344**
Steuerforderungen, können keine Entschädigungsansprüche wegen enteignungsgleichen Eingriffs begründen, „weil hier das Schadensbild und seine Ausgleichung
nicht von einem zu Unrecht abverlangten Sonderopfer im Interesse des Allgemeinwohls geprägt wird"[191].

g) Primärrechtsschutz

Ähnlich wie im Amtshaftungsrecht[192] besteht auch beim enteignungsgleichen Ein-   **345**
griff der Vorrang des Primärrechtsschutzes. Eine analoge Anwendung des § 839
Abs. 3 BGB wird zwar abgelehnt[193]. Die Rechtsprechung wendet aber § 254 BGB
entsprechend an.

Im Rahmen des enteignungsgleichen Eingriffs ist dem Betroffenen generell die aus
dem Gedanken des § 254 BGB abzuleitende Pflicht aufzuerlegen, **nach Bekannt-
gabe des Verwaltungsakts zu prüfen**, ob der darin enthaltene Eingriff in sein
Eigentum rechtmäßig ist oder nicht. Ergeben sich für ihn begründete Zweifel, so ist
er im Regelfall gehalten, die zulässigen verwaltungsrechtlichen **Rechtsbehelfe** zu
ergreifen, um den drohenden Schaden abzuwenden. Unterlässt er eine zumutbare
Anfechtung und kann ihm dies im Sinne eines Verschuldens in eigener Angelegen-
heit vorgeworfen werden, so steht ihm im Regelfall ein Entschädigungsanspruch

---

[186] BGHZ 32, 208/211 f. = NJW 1960, 1461 (Verkaufsverbot)
[187] Münchener Kommentar/Papier, § 839 Rn. 30
[188] BGHZ 58, 124/127 = DÖV 1973, 98 (Veränderungssperre)
[189] BGHZ 78, 41/44 = NJW 1980, 2700 (Gewerbebetrieb)
[190] BGHZ 129, 124/129 ff. = NJW 1995, 1823 m.w.N. (Flugplatz Ramstein/Hineinbauen in
    Lärm); BGHZ 17, 172/175 (Strafgefangener/ordnungsgemäßer Vollzug/Aufopferung)
[191] BGH NVwZ 1998, 878/879 = NJW 1998, 2909 LS (Vollstreckung verjährter Steuerrück-
    stände)
[192] oben Rn. 211 ff.
[193] Münchener Kommentar/Papier, § 839 Rn. 52 m.w.N. in Fn. 148

für solche Nachteile nicht zu, die er durch die Anfechtung hätte vermeiden können[194].

Der enteignungsgleiche Eingriff muss vermögenswerte Rechte im Sinne des Art. 14 Abs. 1 GG betreffen.

Er setzt positives Handeln voraus. Ausnahmsweise kann ein so genanntes qualifiziertes Unterlassen genügen.

Für die Unmittelbarkeit des Eingriffs genügt ein innerer Zusammenhang zwischen der Maßnahme und der Gefahr, die sich verwirklicht hat.

Rechtswidrige untergesetzliche Normen können eine Grundlage für die Staatshaftung bilden.

Die Rechtswidrigkeit der Maßnahme ist Sonderopfer und wirkt anspruchsbegründend.

Es gilt der Vorrang des Primärrechtsschutzes unter entsprechender Anwendung von § 254 BGB.

---

3. Die ausgleichspflichtige Inhaltsbestimmung

a) Rechtsnatur

346 Die ausgleichspflichtige Inhaltsbestimmung ist im Zusammenhang mit Art. 14 Abs. 1 S. 2 GG zu sehen, der anführt, dass Inhalt und Schranken des Eigentums durch die Gesetze bestimmt werden.

Die Inhalts- und Schrankenbestimmung, die durch jede Rechtsnorm erfolgen kann[195], kann zulässig oder unzulässig sein, ohne deshalb ihren Charakter als Inhalts- und Schrankenbestimmung zu ändern bzw. in eine Enteignung umzuschlagen[196].

Sieht das Gesetz einen Entschädigungs- oder Übernahmeanspruch vor, widerspricht das nicht einer Wertung als Inhalts- und Schrankenbestimmungen, wie sie z.B. für situationsbedingte Gestaltungen des Eigentums[197] durch Nutzungsbeschränkungen typisch sind[198].

---

[194] BGHZ 90, 17/32 f. = NJW 1984, 1169 (Abbaugenehmigung/ablehnender Verwaltungsakt ohne Bindungswirkung); vgl. auch BGH NJW 1994, 3158/3160 = MDR 1994, 1090 (Nutzungsänderung); BGHZ 110, 12/15 = NJW 1990, 898 (Denkmalschutz); BGHZ 113, 17/22 f. = NJW 1991, 1168 (Ausbaubeiträge)

[195] Jarass/Pieroth/Jarass, GG, Art. 14 Rn. 37 m.w.N.

[196] BGHZ 100, 136/144 m.w.N. = NJW 1987, 1875 (Kleingartenpacht)

[197] siehe Bartlsberger, Die öffentlich-rechtliche Eigentumsbeschränkung im situationsbedingten Gemeinschaftsinteresse, DVBl 2003, 1473; Sellmann, Die eigentumsrechtliche Inhalts- und Schrankenbestimmung – Entwicklungstendenzen, NVwZ 2003, 1417

[198] vgl. BGHZ 121, 328/331 f. = NJW 1993, 2095 (Naturschutzregelung); BVerwGE 94, 1/5 ff. = NJW 1993, 2949 (Naturschutzregelung); BVerwGE 84, 361/366 ff. = NJW 1990, 2572 (Landschaftsregelung)

Ausgleichspflichtige Inhaltsbestimmungen sind danach gesetzliche Regelungen, die den Inhalt und die Schranken des Eigentums neu definieren, die geschützten Eigentumspositionen in unverhältnismäßiger Weise einschränken, so dass aus diesem Grund ein Ausgleich vorgesehen sein muss, um die Verhältnismäßigkeit wieder herzustellen[199].

b) Anwendungsbereiche

Ein weites Anwendungsgebiet für ausgleichspflichtige Inhaltsbestimmungen gibt es im Bereich des **Natur- und Denkmalschutzrechts** sowie im Bereich des **Deich- und Gewässerschutzes**[200].   **347**

In Bezug auf das **Denkmalschutzrecht**[201] hat das Bundesverfassungsgericht zusätzliche Anforderungen an die **gesetzliche Regelung** und das **Verfahren** gestellt, ohne die Rechtsprechung des Bundesgerichtshofs der Sache nach in Frage zu stellen[202].   **348**

Demzufolge muss das Gesetz **Vorkehrungen** vorsehen, die eine **unverhältnismäßige Belastung** des Eigentümers real **vermeiden** und die Privatnützigkeit des Eigentums so weit wie möglich erhalten (Instrumente: Übergangsregelungen, Ausnahme- und Befreiungsvorschriften sowie sonstige administrative und technische Vorkehrungen)[203]. Außerdem muss ein Eigentümer, der einen ihn in seinem Grundrecht aus Art. 14 Abs. 1 GG beeinträchtigenden Verwaltungsakt für unverhältnismäßig hält, diesen Verwaltungsakt im Verwaltungsrechtsweg anfechten. Lässt er ihn bestandskräftig werden, so kann er eine Entschädigung auch als Ausgleich im Rahmen von Art. 14 Abs. 1 S. 2 GG nicht mehr einfordern. Deshalb muss im Interesse des Betroffenen bei der Aktualisierung der Eigentumsbeschränkung die Verwaltung zugleich über den ggfs. erforderlichen Ausgleich zumindest dem Grunde nach entscheiden[204].

c) Rechtsprechung des Bundesgerichtshofs

Anhand eines **Beispiels** soll die Rechtsprechung des Bundesgerichtshofs verdeutlicht werden: **349**

> BGHZ 133, 271 = NJW 1997, 388 – Bullenmast –
>
> *Der Kläger, der im Vollerwerb die Bullenmast betrieb, hatte auf seinen landwirtschaftlichen Flächen Gärfuttermieten angelegt. Durch Rechtsverordnung der oberen Wasserbehörde wurden für diese Bereiche wasserrechtliche Schutzzonen eingerichtet, in denen die Unterhaltung von Gärfuttermieten grundsätzlich un-*

---

[199] siehe Ossenbühl, S. 181/182
[200] Ossenbühl, S. 182 m.w.N.; Maurer, VerwR AT, § 26 Rn. 82/83 m.w.N.
[201] hier §§ 13 Abs. 1 S. 2, 31 Abs. 1 S. 2 DenkmSchPflG Rheinland-Pfalz
[202] BVerfGE 100, 226 = NJW 1999, 2877; dazu Hammer, Verfassungsrechtliche Grenzen des Denkmalschutzes, NVwZ 2000, 46; Rinne, NVwZ 2000, 410/411: Rechtsprechungsergebnisse der Sache nach gebilligt
[203] BVerfGE 100, 226/245
[204] BVerfGE 100, 226/246

*zulässig war. Der Kläger brachte vor, hierdurch werde ihm die Futtergrundlage
für die Bullenmast entzogen, so dass er seinen Betrieb aufgeben müsse und zu
entschädigen sei.*

*Gem. § 19 Abs. 2 WHG[205] können in Wasserschutzgebieten nach Schutzzonen
gestaffelt bestimmte Verbote, Beschränkungen und Duldungspflichten angeordnet werden[206]. Stellt eine solche Anordnung eine „Enteignung" dar, ist gem.
§ 19 Abs. 3 WHG Entschädigung zu leisten.*

*Nach der Entscheidung des Bundesgerichtshofs gehört die Bestimmung zu den
so genannten „salvatorischen" Entschädigungsklauseln[207]. Die Schutzanordnungen nach § 19 Abs. 2 WHG zielten nicht auf eine Enteignung i.S.d. Art. 14
Abs. 3 GG ab, sondern stellten nur eine Inhaltsbestimmung des Eigentums dar.
Sie seien nicht auf den Entzug konkreter Rechtspositionen gerichtet, sondern
bestimmten Inhalt und Umfang des Eigentums unter dem Gesichtspunkt des
Gewässerschutzes und aktualisierten damit die Sozialpflichtigkeit des Eigentums. Da § 19 Abs. 3 WHG keine Entschädigungsregelung i.S.d. Art. 14 Abs. 3
GG sei, gelte die Junktimklausel nicht; die Regelung genüge in ihrer general-
klauselartigen Ausgestaltung verfassungsrechtlichen Anforderungen. Ausgleichspflichtig sei die Beeinträchtigung einer eigentumsmäßig geschützten
Rechtsposition, durch die der Eigentümer unverhältnismäßig oder im Verhältnis
zu anderen in unzumutbarer Weise belastet werde.*

*Im vorliegenden Fall kam dem Grundwasserschutz nicht von vorneherein der
Vorrang gegenüber dem Interesse des Eigentümers an der Fortführung seines
Betriebes zu. Zu prüfen war aber, ob es dem Kläger möglich und zumutbar war,
den Umfang der Mastbullenhaltung zu reduzieren, ohne dass deswegen der
Betrieb insgesamt eingestellt werden musste[208].*

Gem. dieser Rechtsprechung ist also nach den bisher herangezogenen[209] Grundsätzen (Stichwort: „**Sonderopfer**") abzuwägen, ob Entschädigung zu leisten ist.

---

[205] hier i.V.m. §§ 13 ff. LWG Rheinland-Pfalz; siehe auch § 121 und § 122 LWG Rheinland-
Pfalz

[206] zu Schutzanordnungen insbesondere gegenüber Maßnahmen der Land- und Forstwirt-
schaft vgl. Czychowski/Reinhardt, WHG, 8. A., § 19 Rn. 56 m.w.N.

[207] dazu Detterbeck/Windthorst/Sproll, § 15 Rn. 28 ff.

[208] siehe Bewer, Existenzgefährdung als Folge des Entzugs landwirtschaftlicher Grundstücke, AgrarR 2000, 82; Hötzel, Zur Fortentwicklung und Angleichung des Rechts der
ausgleichspflichtigen Inhaltsbestimmung des Eigentums im Naturschutz und Wasser-
haushaltsrecht, AgrarR 1995, 43

[209] da nach der rechtsdogmatischen Abspaltung der Enteignung nun zwischen der entschädigungslosen und entschädigungspflichtigen Inhalts- und Schrankenbestimmung zu unterscheiden ist, tauchen – lediglich an veränderter Stelle innerhalb des Art. 14 GG – dieselben Abgrenzungskriterien wieder auf, die früher unter der Geltung des damaligen
Enteignungsbegriffs herangezogen wurden; vgl. auch de Witt, DVBl 1995, 107 zu BGHZ
126, 379 = NJW 1994, 3283 (§ 7 LandschG Nordrhein-Westfalen)

Die im konkreten Fall getroffene Maßnahme kann nur dann einen Ausgleichsanspruch auslösen, wenn eine Rechtsposition des Art. 14 Abs. 1 S. 1 GG betroffen ist. Diese Position muss „beeinträchtigt" sein.

Nur für unzumutbare Belastungen wird ein Ausgleich gewährt. Beschränkungen, die unterhalb dieser Schwelle bleiben, sind im Blick auf die Sozialpflichtigkeit entschädigungslos hinzunehmen.

Wenn der Bereich zulässiger Inhaltsbestimmung auch unter Berücksichtigung vorgesehener Ausgleichsleistungen überschritten ist, kann der Interessenkonflikt zu Gunsten der öffentlichen Belange dann nur im Enteignungswege gelöst werden.

Hinsichtlich der Beurteilung der unzumutbaren Belastung wird auf die bisherigen unter der Geltung des umfassenden Enteignungsbegriffs maßgeblichen Grundsätze zurückgegriffen.

Für die Prüfung, ob eigentumsmäßig geschützte Rechtspositionen betroffen sind, kommt es auf den Zeitpunkt der Beeinträchtigung und auf die zu der Zeit auf dem Eigentum beruhenden Befugnisse des Eigentümers an.

Der zu leistende Ausgleich bemisst sich nach Enteignungsgrundsätzen[210].

4. Entschädigung wegen enteignenden Eingriffs

a) Rechtmäßige hoheitliche Maßnahmen

Ein Entschädigungsanspruch aus enteignendem Eingriff kommt in Betracht, wenn **rechtmäßige hoheitliche** Maßnahmen bei einem Betroffenen zu Nachteilen führen, die er aus rechtlichen oder tatsächlichen Gründen hinnehmen muss, die aber die Schwelle des enteignungsrechtlich Zumutbaren übersteigen[211].　**350**

Dieser Eingriff – rechtmäßig als Inhaltsbeschränkung, die ausnahmsweise einen Ausgleich fordert – ist weitgehend in der Inhaltsbestimmung aufgegangen[212].

Im Unterschied zum enteignungsgleichen Eingriff, bei dem die Eingriffs**handlung** und der Eingriffs**erfolg** gleichermaßen rechtswidrig sind, ist beim enteignenden Eingriff[213]die Eingriffshandlung selbst rechtmäßig, nicht aber der Eingriffserfolg[214].　**351**

---

[210]　a.A. wohl Maurer, VerwR AT, § 26 Rn. 86: Hinauslaufen auf volle Entschädigung

[211]　BGHZ 117, 240/252 = NJW 1992, 3229 (Hochwasserschutz); BGHZ 102, 350/361 = NJW 1988, 478 (Waldschäden); BGHZ 94, 373/374 f. = NJW 1986, 991 (Fährgerechtigkeit/Brückenbau); BGHZ 91, 20/26 f. = NJW 1984, 1876 (Kläranlage)

[212]　vgl. Maurer, VerwR AT, § 26 Rn. 107 ff. zur Überschneidung und Abgrenzung im Hinblick auf ausgleichspflichtige Inhaltsbestimmungen

[213]　Maurer, VerwR AT, § 26 Rn. 111: Reduziert auf Zufallsschäden

[214]　vgl. Wolff/Bachof/Stober/Kluth, VerwR Bd. 2, § 72 Rn. 7 und 8 differenzierend nach Handlungs- und Erfolgsunrecht

b) Eingriffsakt

352   Eine Haftung aus enteignendem Eingriff ist bejaht worden bei einzelfallbezogenen Eigentumsbeeinträchtigungen durch hoheitliche **Realakte**, straßenrechtliche **Planfeststellung** und **Verwaltungsakte**[215].

c) Unmittelbarkeit

353   Wie im Falle des enteignungsgleichen Eingriffs[216] erfordert das Kriterium der Unmittelbarkeit die **Zurechenbarkeit** einer hoheitlichen Maßnahme, d.h. es muss sich die besondere Gefahr verwirklichen, die bereits in der hoheitlichen Maßnahme selbst angelegt ist, so dass sich der im konkreten Fall eintretende Nachteil aus der Eigenart dieser Maßnahme ergibt[217]. Darüber hinaus ist auch hier der Eingriff in vermögenswerte durch Art. 14 Abs.1 GG geschützte Rechtspositionen erforderlich, um Entschädigungsansprüche zu begründen.

d) Praktischer Anwendungsbereich

354   Ein weit gefächerter Anwendungsbereich des enteignenden Eingriffs liegt in den die Anlieger beeinträchtigenden **Baumaßnahmen** der öffentlichen Hand sowie in **Lärmimmissionen**. Diese Vorgänge sind entschädigungsrechtlich differenziert zu bewerten.

Beispiel:

> BGH NJW 1980, 2703 = MDR 1980, 1004 – Straßenuntertunnelung –
>
> *Die Klägerin beanspruchte von der beklagten Stadt Entschädigung für geschäftliche Nachteile, die ihr als Straßenanliegerin durch den Bau eines Straßentunnels und die Anlegung einer Fußgängerzone entstanden waren.*
>
> *Nach der Rechtsprechung des Bundesgerichtshofs sind Arbeiten an **Straßen**, an damit verbundenen **Versorgungsleitungen** und an **ähnlichen Anlagen** sowie die Anpassung von Straßen an veränderte Verkehrsbedürfnisse grundsätzlich **entschädigungslos hinzunehmen**.*
>
> *Hierbei ist die Opfergrenze verhältnismäßig hoch anzusetzen, da der gewerbetreibende Straßenanlieger, der den Gemeingebrauch an der Straße für seinen Gewerbebetrieb nutzt, mit dem Schicksal der Straße „verbunden" ist[218].*
>
> *Die Grenze zur entschädigungslosen Enteignung wird erst dann überschritten, wenn die Arbeiten nach Art und Dauer sich besonders, gar existenzbedrohend, auf den Anliegerbetrieb ausgewirkt haben[219].*

---

[215] vgl. Staudinger/Wurm, § 839 Rn. 479 ff. zur Rechtsprechung des Bundesgerichtshofs

[216] oben Rn. 336

[217] BGHZ 100, 335/338 f. m.w.N. = NJW 1987, 2573 (sichergestelltes KFZ/Vandalismusschäden)

[218] BGH MDR 1980, 39 m.w.N. (WHG)

[219] BGHZ 57,359/365 (U-Bahn-Bau); BGHR GG vor Art 1 enteignender Eingriff Straßenbau 1 (Straßenbau/Anliegerstraße)

Im Beispielsfall hat der Bundesgerichtshof aber wegen des Umfangs und der Intensität der Beeinträchtigung die **Opfergrenze** *an der betr.* **U-Bahn-Bauten** *orientiert. Bei diesen liegt die* **Opfergrenze tiefer.** *Die Zubilligung einer Entschädigung hängt nicht davon ab, dass die Baumaßnahmen den Anliegerbetrieb ungewöhnlich schwer treffen oder seine Existenz gefährden. Für die Opfergrenze genügt es insoweit, dass die Baumaßnahmen den Gewerbebetrieb* **fühlbar** *beeinträchtigen*[220]*, wobei es auf die Beeinträchtigung des Gesamtunternehmens und nicht – isoliert – auf die der betroffenen Filiale ankommt*[221].

Verkehrsimmissionen stellen einen unmittelbaren hoheitlichen Eingriff in das Anliegereigentum deshalb dar, weil die Straße für die Nutzung durch den Kraftverkehr **gewidmet** ist[222].

Wird die Grenze dessen überschritten, was ein Nachbar gem. § 906 BGB entschädigungslos hinnehmen muss, kommt ein Entschädigungsanspruch unabhängig davon in Betracht, ob der betroffene Anlieger zum Ausbau der Straße einen Teil seines Grundstücks hat abtreten müssen oder nicht[223]. Eine Entschädigung für den Minderwert kommt aber erst in Betracht, wenn **Schallschutzeinrichtungen keine wirksame Abhilfe** versprechen[224].

Weiter ist erforderlich, dass die zugelassene Nutzung des lärmemittierenden Grundstücks (Straße) die vorgegebene Grundstückssituation nachhaltig verändert und dadurch das benachbarte Wohneigentum schwer und unerträglich trifft[225]; hierfür liegt die Zumutbarkeitsschwelle deutlich über der fachplanungsrechtlichen Erheblichkeitsschwelle[226].

Beim enteignenden Eingriff ist die Eingriffshandlung rechtmäßig, nicht aber der Eingriffserfolg.

Im übrigen ist auf die Grundsätze des enteignungsgleichen Eingriffs zu verweisen.

Der enteignende Eingriff ist weitgehend in der ausgleichspflichtigen Inhaltsbestimmung aufgegangen.

---

[220] BGH NJW 1977, 1817/1818 = MDR 1977, 821 (S-Bahn-Bau/Hotelbetrieb); BGH NJW 1976, 1312/1313 = WM 1976, 589 (S-Bahn-Bau/Unternehmen des Einzelhandels); BGHR GG vor Art 1 enteignender Eingriff U-Bahn-Bau 1

[221] BGH GG vor Art 1enteignender Eingriff Straßenbau 4; vgl. auch OLG Koblenz OLGR 2000, 457 m.w.N. (Kanal- und Straßenarbeiten/Floristenbetrieb und Gärtnerei)

[222] BGHZ 97, 361/364 = NJW 1986, 2421 (Hausgrundstück/Wertminderung)

[223] BGH NJW 1988, 900/901 = MDR 1988, 476 (lärmvorbelastetes Grundstück)

[224] BGHZ 140, 285/298 = NJW 1999, 1247 (Planfeststellung/Ausbau der Autobahn)

[225] BGHZ 97, 114/116 = NJW 1986, 1980 (§ 17 Abs. 4 BFernStrG)

[226] BGHZ 122, 76/78 f. = NJW 1993, 1700 (Fluglärm); vgl. zu weiteren Einzelfragen in diesem Zusammenhang Staudinger/Wurm, § 839 Rn. 481–483

II. Entschädigung für Eingriffe in nichtvermögenswerte Rechte – Aufopferungsanspruch –

1. Struktur und rechtliche Ableitung

356   Der Aufopferungsanspruch, in §§ 74, 75 Einl. ALR[227] bereits positiv-rechtlich geregelt, bildet in seinem heutigen Anwendungsbereich die Entschädigungsgrundlage für Eingriffe in **immaterielle Rechtsgüter**. Er ist hinsichtlich der rechtlichen Begründung und der Struktur mit dem enteignenden und enteignungsgleichen Eingriff vergleichbar.

Voraussetzung des Aufopferungsanspruchs ist, nicht anders als beim rechtmäßigen Eingriff, ein dem Betroffenen im öffentlichen Interesse abverlangtes ihn ungleich treffendes Sonderopfer, das ihm **unmittelbar** abverlangt oder auferlegt worden ist[228].

Dasselbe gilt bei rechtwidrigen Eingriffen, in denen wegen der **Rechtswidrigkeit** schon das **Sonderopfer** angelegt ist[229].

2. Anwendungsbereich

357   Aufopferungsansprüche sind in der Rechtsprechung des Bundesgerichthofs vor allem behandelt worden im Zusammenhang mit **Impfschäden**, mit Schadensfolgen aus **Zwangsbehandlungen**, mit **unrechtmäßigem Freiheitsentzug** und mit **Verletzungen durch Mithäftlinge**[230].

Der Aufopferungsanspruch ist in heutiger Zeit in seinem allgemeinen Anwendungsbereich stark eingeschränkt. Er wird von konkretisierenden Spezialvorschriften wie z.B §§ 51 ff. BSeuchG[231], §§ 66 ff. TierseuchG, §§ 1 ff. StREG und von landesrechtlichen Regelungen im Polizei- und Ordnungsbehördenrecht verdrängt[232].

358   Der Aufopferungsanspruch ist **subsidiärer Auffangtatbestand**. Er tritt auch gegenüber Ansprüchen zurück, die keine konkrete Ausprägung des allgemeinen Aufopferungsanspruchs darstellen, die aber im Einzelfall einen Schadensausgleich gewähren wie Leistungen der **Sozial- und Unfallversicherung**[233].

---

[227]   zum ALR siehe oben Rn. 293 (Enteignung) sowie Rn. 3 (Amtshaftung)

[228]   vgl. BGHZ 9, 83/85 ff. (Impfschäden); BGHZ 50, 14/18 ff. = NJW 1968, 989 (Spruchrichterprivileg und Ansprüche aus enteignungsgleichem Eingriff sowie aus Amtshaftung)

[229]   BGHZ 13, 88/93 (Gebäudeabbruch/enteignungsgleicher Eingriff); BGHZ 36, 379/391 = NJW 1962, 1500 (Erbgesundheitsgericht/Unfruchtbarmachung); vgl. oben Rn. 341

[230]   vgl. die ausführliche Zusammenstellung bei Ossenbühl, S. 132

[231]   vgl. dazu jetzt § 60 IfSG (Versorgung bei Impfschaden), § 63 IfSG (Konkurrenz von Ansprüchen, Anwendung des Bundesversorgungsgesetzes, Übergangsregelungen zum Erstattungsverfahren), § 66 IfSG (Zahlungsverpflichteter) – Infektionsschutzgesetz vom 20. Juli 2000, Sartorius Ergänzungsband, Nr. 285

[232]   siehe dazu unten Rn. 369 ff.

[233]   BGHZ 45, 58/80 f. = NJW 1966, 1021 (Art. 5 Abs. 5 MRK); BGHZ 20, 81/83 (Sozialversicherung); BGH VersR 1994, 471 ff. = MDR 1993, 1065 (Versicherung gegen Dienstunfälle); siehe auch § 5 SGB I und Staudinger/Wurm, § 839 Rn. 503 und 520

Die Subsidiarität des Aufopferungsanspruchs gilt auch im Verhältnis zu **privat-rechtlichen Ersatzansprüchen**[234]; der Anspruch **entsteht schon gar nicht**, soweit das Opfer durch eine tatsächliche Fürsorge in Form einer Familienhilfe ausgeglichen wird, die geldliche Leistungen nicht erfordert und dem Angehörigen zuzumuten ist[235].

3. Eingriff in nichtvermögenswerte Rechte

Als Gegenstand des Aufopferungsanspruchs umfasst er den Eingriff in nichtvermögenswerte Güter, insbesondere in **Leben, Gesundheit und Freiheit**[236].   **359**

Die durch Art. 12 Abs. 1 GG gewährleistete Berufsfreiheit kann für sich allein genommen einen Entschädigungsanspruch aus **enteignungsgleichem** Eingriff nicht rechtfertigen, denn die Möglichkeit, in einer bestimmten Weise durch Berufsausübung Gewinn zu erzielen, ist eine bloße Chance[237] und hat an dem enteignungsmäßigen Schutz der personellen und gegenständlichen Grundlagen des Gewerbebetriebs keinen Anteil[238].

Einen aus **Analogie** herzuleitenden Anspruch wegen **aufopferungsgleichen** Eingriffs in Art. 12 Abs. 1 GG lehnt die Rechtsprechung bislang ab[239].

4. Sonderopfer

Die Beeinträchtigung nichtvermögenswerter Rechte muss sich als Sonderopfer darstellen.   **360**

Es liegt dann vor, wenn der Betroffene im Vergleich zu anderen ungleich belastet wird (Gleichheitssatz), wenn er also eine die **allgemeine Opfergrenze überschreitende besondere Belastung** hinnehmen muss, die anderen nicht zugemutet wird.

Sind Eingriffe rechtmäßig und auf gesetzlicher Grundlage ergangen, wird kein Sonderopfer abverlangt oder gegeben, wenn gesetzlich für alle Bürger oder einen unbestimmten Kreis von ihnen die **gleiche Pflichtenlage** geschaffen wird und bestimmte Opfer gefordert und gewollt werden[240].

---

[234] BGHZ 28, 297/301 f. = NJW 1959, 334 (Ausgleichsanspruch/Schulunfall)

[235] BGH VersR 1957, 394/395 (Impfschaden); damit nähert sich dieser „Ausschluss" dem des § 839 Abs. 1 S. 2 BGB an

[236] BGHZ 65, 196/206 = NJW 1976, 186 (Wehrdienst eines Untauglichen/Berufsfortkommen)

[237] siehe oben Rn. 299

[238] BGHZ 111, 349/358 = NJW 1990, 3260 (KaKaOVO); BGH NJW 1994, 2229 = NVwZ 1994, 1040 LS (verfassungswidrige Prüfungsentscheidung)

[239] BGH NJW 1994, 2229/2230; dazu BVerfG NVwZ 1998, 271/272 = NJW 1998, 1218 LS; vgl. auch BGHZ 132, 181/186 ff. = NJW 1996, 2422 (Kassenarzt) und zum Eingriff in das allgemeine Persönlichkeitsrecht des Art. 2 Abs. 1 GG Maurer, VerwR AT, § 26 Rn. 106 m.w.N. sowie § 27 Rn. 3

[240] BGHZ 66, 118/121 f. = NJW 1976, 1687 (verzögerte Einberufung zum Zivildienst); BGHZ 65, 196/206 ff. = NJW 1976, 186 (Einberufung eine Wehrdienstunfähigen); BGHZ 60, 302/308 = VersR 1973, 741 (Freiheitsentzug/Haftschaden); BGHZ 20, 64 f. = NJW 1956, 629 (Wehrdienstbeschädigung); BGHZ 9, 83/87 (Impfschaden)

Nur Beeinträchtigungen, die vom **Normzweck** des Gesetzes nicht gedeckt sind wie etwa erhebliche **Körper- und Gesundheitsschäden**, führen zur Überschreitung der Opfergrenze[241].

Ein Sonderopfer wird darüber hinaus verneint, wenn sich durch staatliche Maßnahmen lediglich das **allgemeine Lebensrisiko** verwirklicht.

Beispiel:

> BGHZ 46, 327 = NJW 1967, 621 – Turnunfall im Schulunterricht –
>
> *Bei einem Turnunfall erlitt die minderjährige Klägerin Verletzungen, die mehrere Operationen notwendig machten. Sie stand auch danach in ärztlicher Behandlung. Da sie keine Versicherungsleistungen zu beanspruchen hatte, verlangte sie vom Land die Bezahlung der Behandlungskosten.*
>
> *Der Bundesgerichtshof hat unter Hinweis auf das „allgemeine Lebensrisiko" einen Aufopferungsanspruch verneint. Im Rahmen des Schulzwangs werde „weitgehend nur das allgemeine Lebensrisiko, in das der Mensch hineingeboren wird und dem er als heranwachsender, allmählich reifender junger Mensch und als Mitglied einer größeren Gemeinschaft wesensmäßig unterliegt, in einer besonderen Weise gestaltet".*
>
> *Da kein neuer Gefahrenbereich geschaffen werde, seien auch schwere und irreparable Schädigungen aus Turnunfällen keine entschädigungspflichtigen Sonderopfer, sondern dem allgemeinen Lebensrisiko entspringende Schicksalsschläge, die der Betroffene selbst zu tragen habe[242].*

Wie in anderen Fällen ist auch hier darauf hinzuweisen, dass derartige Folgen heutzutage gesetzlich abgesichert sind[243].

361   Sind die gesetzlichen Verpflichtungen erzwingbar, macht es keinen Unterschied, ob der Schaden in der Erfüllung der Verpflichtung durch Zwang oder durch **Freiwilligkeit** entstanden ist[244]. Das gilt ebenso, wenn auf einen **behördlichen Rat** vertraut wird[245].

Grundsätzlich ist es bedeutungslos, ob der Eingriff rechtmäßig oder rechtswidrig ist[246], ob der Eingriff schuldhaft erfolgt ist und ob es sich um eine „gezielte" oder „zufällige" Beeinträchtigung handelt[247].

---

[241]   vgl. anschaulich Maurer, VerwR AT, § 27 Rn. 13 zu Impfschäden

[242]   zur Dogmatik und kritisch Anm. Ossenbühl, JuS 1970, 276

[243]   hier: § 2 Abs. 1 Nr. 8 b SGB VII; vgl. dazu Lauterbach/Schwerdtfeger, Unfallversicherung, SGB VII, 4. A., 10. Lieferung, § 2 Rn. 276 ff.

[244]   BGHZ 25, 238/242 (Lues/Salvarsan-Behandlung/Querschnittslähmung)

[245]   BGHZ 31, 187/189 ff. = NJW 1960, 379 (Merkblatt/Zustimmung zur Impfung); BGHZ 24, 45/47 f. = NJW 1957, 948 (Merkblatt/Zustimmung zur Impfung)

[246]   BGHZ 25, 238/242 (Lues/Salvarsan-Behandlung/Querschnittslähmung); BGHZ 36, 379/ 388 (irrtümlicher Eingriff/Unfruchtbarmachung/Erbgesundheitsgericht); Detterbeck/ Windthorst/Sproll, § 16 Rn. 67: Bei Rechtswidrigkeit aufopferungsgleicher Eingriff

[247]   siehe Staudinger/Wurm. § 839 Rn. 508 a.E.; BGHZ 50, 18 = NJW 1968, 989 (unmittelbares Sonderopfer); BGHZ 45, 290 = NJW 1966, 1859 (Schädigung Kind/Ansteckung Mutter); BGH VersR 1960, 248 (Polizei/abirrendes Geschoß)

5. Aktiv- und Passivlegitimation

Entschädigungsberechtigt ist grundsätzlich nur der **unmittelbar** Geschädigte, nicht auch der mittelbar Betroffene, der durch die Auswirkung der Maßnahmen gegen den unmittelbar Geschädigten nachteilig berührt wird[248].   **362**

Wie bei Eingriffen, die enteignungsrechtlich zu beurteilen sind, ist entschädigungspflichtig der **begünstigte** Hoheitsträger. Das ist derjenige, dessen Aufgaben wahrgenommen worden oder dem die Vorteile des Eingriffs zugeflossen sind[249].

6. Entschädigung

Der Anspruch aus Aufopferung bietet – nicht anders als Ansprüche aus enteignungsrechtlichen Grundlagen im weiten Sinne[250] – keinen Schadensersatz, d.h. volle Reparation, sondern im Regelfall nur **billige** oder **angemessene Entschädigung in Geld**[251].   **363**

Es wird ein Ausgleich gewährt, der die Belange des Betroffenen wie der Allgemeinheit berücksichtigt. Der Entschädigungsanspruch ist ein „**einheitlicher Ausgleichsanspruch**", in dem die verschiedenen Folgen eines Eingriffs als **unselbständige Berechnungsfaktoren** aufgehen und der auf eine einmalige Zahlung oder wiederkehrende bestimmte Zahlungen gerichtet ist[252].   **364**

Nach Art und Umfang der Entschädigung sind bei enteignungsgleichen bzw. aufopferungsgleichen – also rechtswidrigen – Eingriffen Ansprüche nicht darauf beschränkt, die bei **rechtmäßigem Vorgehen** sondergesetzlich vorgesehen sind[253].

Die Rechtsprechung erkennt nach bisheriger Rechtslage **kein Schmerzensgeld** zu[254]. Immateriell ist nur das verletzte Recht, nicht der zu ersetzende Schaden[255].   **365**

---

[248] BGHZ 23, 235/240 (Enteignung/Änderung von Bebauungsplan/Nachbar)
[249] siehe oben Rn.326 ff.; Ossenbühl, S. 138/139 m.w.N.
[250] Formalenteignung, enteignender und enteignungsgleicher Eingriff, ausgleichspflichtige Inhaltsbestimmung – oben Rn. 292
[251] BGHZ 45, 46/77 = NJW 1966, 726 (MRK)
[252] Ossenbühl, S. 139; vgl. BGHZ 22, 43/49 = NJW 1957, 21 (Impfschaden); siehe auch Staudinger/Wurm, § 839 Rn. 517 m.w.N.: Kosten der Heilbehandlung, verminderte Erwerbs- oder Heiratsaussichten, Ansprüche auf Versorgung (§ 9 BVG)
[253] BGHZ 13, 395/398 = NJW 1954, 1362 (enteignungsgleicher Eingriff/Wohnraumbeschaffung); BGHZ 23, 157/171 (enteignungsgleicher Eingriff/Gewerbebetrieb); BGHZ 32, 208/212 = NJW 1960, 1149 (enteignungsgleicher Eingriff/Verbot ambulanten Handels)
[254] BGHZ 22, 43/47 = NJW 1957, 21 (Impfschaden); BGHZ 45, 46/47 = NJW 1966, 726 (MRK); kritisch Ossenbühl, S. 139/140
[255] Maurer, VerwR AT, § 27 Rn. 15

7. Mitverschulden

366 Auf den Aufopferungsanspruch findet **§ 254 BGB** entsprechende Anwendung[256].

Nach § 254 BGB ist auch zu beurteilen, ob es zur **Minderung** oder zum **Wegfall** des Anspruchs führt, wenn der Verletzte es **unterlassen** hat, gegen eine ihn belastende Maßnahme mit Rechtsmitteln oder Rechtsbehelfen vorzugehen[257].

Der (allgemeine) Aufopferungsanspruch ist in Begründung und Struktur mit dem enteignenden und enteignungsgleichen Eingriff vergleichbar.

Der – nur subsidiär geltende – Anspruch setzt das Überschreiten einer Opfergrenze (Gleichheitssatz) beim Eingriff in nichtvermögenswerte Güter voraus.

Aktiv- und Passivlegitimation bestimmen sich wie bei Eingriffen, die enteignungsrechtlich zu beurteilen sind.

Es wird nur eine billige oder angemessene Entschädigung gewährt.

Nach bisheriger Rechtslage scheidet ein Anspruch auf Schmerzensgeld aus.

§ 254 BGB findet entsprechende Anwendung.

Der Anwendungsbereich des (allgemeinen) Aufopferungsanspruchs ist in heutiger Zeit äußerst beschränkt, da er viele einzelgesetzliche Konkretisierungen erfahren hat.

III. Gesetzliche Konkretisierungen der allgemeinen Enteignungs- und Aufopferungsentschädigung und abzugrenzende Ansprüche (Auswahl)

1. Allgemeines

367 Der Grundsatz der **Spezialität** besagt, dass die spezielle Norm der allgemeinen Norm vorgeht[258]. Diese Wirkung kann auch als Anspruchsnormenkonkurrenz oder verdrängende Gesetzeskonkurrenz bezeichnet werden.

Gesetzliche Konkretisierungen der allgemeinen Enteignungs- und Aufopferungsentschädigung verdrängen in ihrem Anwendungsbereich die von der Rechtsprechung entwickelten und herangezogenen allgemeinen Rechtsinstitute.

---

[256] BGHZ 63, 209/214 = NJW 1975, 350 (StrEG); BGHZ 56, 57/64 f. = NJW 1971, 1694 (enteignungsgleicher Eingriff); BGHZ 45, 290/295 = NJW 1966, 1859 (Impfschaden);
[257] Staudinger/Wurm, § 839 Rn. 251; zum enteignungsgleichen Eingriff siehe oben Rn. 345
[258] Tröndle/Fischer, StGB, 51. A., vor § 52 Rn. 18 m.w.N.: Ein Gesetz, das einen schon von einem anderen Gesetz allgemeiner erfassten Sachverhalt durch Hinzutreten weiterer Merkmale besonders regelt, geht dem allgemeinen Gesetz vor

Zu prüfen ist, ob hinsichtlich der Höhe der Entschädigung die Sondergesetze auch tatsächlich eine **abschließende Regelung** treffen, oder ob sie lediglich eine Minderentschädigung vorsehen mit der Folge, dass über den enteignungsgleichen/aufopferungsgleichen Eingriff weitergehende Entschädigungsforderungen durchgesetzt werden können[259].

Kein Fall der Spezialität sondern der **materiellen Subsidiarität** ist es, wenn der Aufopferungsanspruch als Auffangtatbestand gegenüber Ansprüchen zurücktritt, die keine konkrete gesetzliche Ausprägung des allgemeinen Aufopferungsanspruchs darstellen[260].   **368**

2. Entschädigungsansprüche im Recht der polizeilichen und ordnungsbehördlichen Gefahrenabwehr

Ausgleichsansprüche im Recht der Gefahrenabwehr von Bund und Ländern sind weitgehend gesetzliche Umsetzungen von Aufopferung und enteignungsgleichem Eingriff[261].   **369**

Es lassen sich unterscheiden[262]:

- Haftung für Schäden des rechtmäßig in Anspruch genommenen **Nichtstörers** (a)
- Haftung für Schäden des mit behördlicher Zustimmung freiwillig handelnden **Polizeihelfers** (b)
- Haftung für Schäden auf Grund **rechtwidriger** Maßnahmen (c)
- Haftung für Zufallsschäden **Unbeteiligter** (d)
- Haftung für Schäden, die der **Störer** erleidet (e)

a) Nichtstörer

Der klassische und in den Polizeigesetzen geregelte Grundfall ist der, dass im Zusammenhang mit der rechtmäßigen Inanspruchnahme des Nichtstörers oder Nichtverantwortlichen diese geschädigt werden[263].   **370**

Für den Fall, dass eingegriffen wird, wenn nur der durch Tatsachen begründete Verdacht oder Anschein einer Gefahr besteht, hat der **Anscheinsverantwortliche** wie der Nichtverantwortliche zur Abwehr der Gefahr ein Opfer für die Allgemeinheit erbracht.

---

[259] Detterbeck/Windthorst/Sproll, § 17 Rn. 50 m.w.N.
[260] siehe oben Rn. 357/358 und Münchener Kommentar/Papier, § 839 Rn. 60 m.w.N.
[261] vgl. Ossenbühl, S. 393/394; Detterbeck/Windthorst/Sproll, § 17 Rn. 50
[262] siehe zum Bundes- und Landesrecht Nachweise bei Wolff/Bachof/Stober/Kluth, VerwR Bd. 2, § 73 Rn. 11–16 und Nachweise bei Ossenbühl, S. 394 und 395 ff.
[263] Wolff/Bachof/Stober/Kluth, VerwR Bd. 2, § 73 Rn. 11

Beispiel:

> BGHZ 117, 303 = NJW 1992, 2639 – Kälbermastfall/Nordrhein-Westfalen –
>
> *Ein Mäster hatte von einem Verkäufer Kälber erworben, bei dem die Verwendung verbotener Masthilfsmittel (Hormone) festgestellt worden war. Die im Betrieb des Mästers auf Grund behördlicher Anweisung geschlachteten Kälber ergaben keinen positiven Hormonbefund. Der Mäster war also weder Handlungs- noch Zustandsstörer. Das Eingreifen war nach der allgemeinen polizeilichen Generalklausel gerechtfertigt[264].*
>
> *Der Bundesgerichtshof hat Entschädigung zuerkannt. Der Anscheinsstörer könne entsprechend § 39 Abs. 1 a OBG Schadensausgleich verlangen wie ein Nichtstörer, wenn sich nachträglich herausstelle, dass die Gefahr in Wirklichkeit nicht bestanden und wenn er, Mäster, die den Verdacht begründen Umstände nicht zu verantworten habe.*

Diese Grundsätze hat der Bundesgerichtshof auch auf weitere vergleichbare Fallgestaltungen angewandt[265].

b) Polizeihelfer

371 In verschiedenen Polizeigesetzen[266] ist ein Schadensausgleich vorgesehen, wenn **Privatpersonen bei der polizeilichen Gefahrenabwehr Hilfe leisten** und dabei einen Schaden erleiden. Diese Personen genießen zwar nach dem SGB **Versicherungsschutz**[267]. Weitergehende außerhalb des SGB stehende Ansprüche enthalten die Polizeigesetze, wobei die Ersatzansprüche ebenfalls an den Gedanken des Sonderopfers anknüpfen können; es macht keinen Unterschied, ob der Schaden in der Erfüllung einer Verpflichtung durch Zwang oder durch Freiwilligkeit entstanden ist[268].

c) Rechtswidrige Maßnahmen

372 Die spezialgesetzlich geregelte Haftung für **rechtswidrige** polizeiliche Maßnahmen ist eine Konkretisierung des Anspruchs aus enteignungsgleichem Eingriff und begründet eine **verschuldensunabhängige Staatshaftung**[269].

Soweit entsprechende Regelungen fehlen, greifen die allgemeinen Rechtsinstitute.

---

[264] vgl. zu dieser (umstrittenen) Frage Wolff/Bachof/Stober/Kluth, VerwR Bd. 2, § 73 Rn. 29 m.w.N.; ausführlich Ossenbühl, S. 401–404

[265] BGHZ 126, 279/283 = NJW 1994, 2355 (Altlasten); BGH NJW 1996, 3151/3152 = MDR 1996, 1241 (Schmerzmittel); BGHZ 138, 15/17 = NJW 1998, 2289 (Bodenkontamination) – st. Rspr.

[266] Nachweise bei Wolff/Bachof/Stober/Kluth, VerwR Bd. 2, § 73 Rn. 14 und Ossenbühl, S. 396–399

[267] vgl. § 2 Abs. 1 Nr. 11 Buchstabe a und auch Nr. 13 Buchst. c SGB VII

[268] a.A. Wolff/Bachof/Stober/Kluth, VerwR Bd. 2, § 73 Rn. 24 a.E.; vgl. zur Hilfeleistung im Rahmen des § 323 c StGB Ossenbühl, S. 396–398

[269] BGH NJW 1979, 34/36 = MDR 1979, 122 (rechtswidrige Baugenehmigung)

Zu beachten ist, dass bei rechtswidrigen Maßnahmen daneben immer Amtshaftungsansprüche bestehen können. Dabei gilt der Vorrang des **Primärrechtsschutzes**, sei es aus § 839 Abs. 3 BGB im Amtshaftungsrecht, sei es aus § 254 BGB im Recht der hier erörterten Ersatzleistungen.

373

Der **Maßnahmebegriff** wird von der Rechtsprechung des Bundesgerichtshofs weit ausgelegt[270].

Die Maßnahme braucht nicht durch einen förmlichen Verwaltungsakt zu geschehen. Vielmehr kann z.b. auch die Erteilung einer unrichtigen Auskunft eine Maßnahme sein, wenn und so lange der auskunftssuchende Bürger auf ihre Richtigkeit vertrauen darf[271].

d) Unbeteiligte

Manche Polizeigesetze[272] gewähren auch dem **Unbeteiligten** einen Ersatzanspruch, wenn er durch rechtmäßige polizeiliche Maßnahmen einen Schaden erleidet.

374

Der Unbeteiligte ist weder Störer, noch Anscheinsstörer, Notstandspflichtiger (Nichtstörer) oder Polizeihelfer. Er erleidet als **unbeabsichtigte Nebenfolge polizeilichen Handelns** nur zufällig einen Schaden[273].

Fehlt es an einer gesetzlichen Regelung, kommt eine analoge Anwendung der Haftungsvorschriften für den polizeilichen Notstand oder der Bestimmungen über die Haftung für rechtswidrige Gefahrenabwehrmaßnahmen in Betracht. Auch wird ein Rückgriff auf den allgemeinen Aufopferungsanspruch bzw. auf den enteignenden oder enteignungsgleichen Eingriff vertreten[274].

e) Störer

Von dem in Anspruch genommenen **Störer** wird die die polizeirechtliche Verantwortlichkeit begründende konkrete Gefahrenbeseitigungspflicht eingefordert[275]. Er erbringt kein Sonderopfer, sondern erfüllt seine staatsbürgerlichen Pflichten. Nur dann, wenn die polizeiliche Schädigung nicht mehr seiner Gefahrenbeseitigungspflicht entspricht, kann auch bei rechtmäßigem polizeilichen Einschreiten ein Anspruch des Störers in Betracht kommen[276].

375

---

[270] zum Maßnahmebegriff, zur Rechtswidrigkeit, zum Schutzzweck der verletzten Norm und zur Kausalität in diesem Zusammenhang Ossenbühl, S. 409–411
[271] BGH NJW 1978, 1522/1523 = MDR 1978, 646 (Auskunft); zur Amtshaftung siehe oben Rn. 55 ff.
[272] Nachweise bei Wolff/Bachof/Stober/Kluth, VerwR Bd. 2, § 73 Rn. 12 und Ossenbühl, S. 400
[273] so im Fall BGHZ 20, 81 = NJW 1956, 825 (Querschläger aus Dienstwaffe der Polizei); siehe auch LG Köln NVwZ 1992, 1125/1126 = WuM 1991, 510 (Aufbrechen der Tür eines unbeteiligten Eigentümers)
[274] Wolff/Bachof/Stober/Kluth, VerwR Bd. 2, § 73 Rn. 19/20; Ossenbühl S. 400
[275] Ossenbühl, S. 395
[276] Ossenbühl, S. 396 m.w.N.

f) Immaterielle Schäden

376   Nach einigen Polizeigesetzen umfasst die Entschädigung außer dem erlittenen Vermögensschaden auch einen Ausgleich für immaterielle Schäden (**Schmerzensgeld**)[277].

3. Entschädigung nach dem Strafrechtsentschädigungsgesetz[278]

377   Das Gesetz über die Entschädigung für Strafverfolgungsmaßnahmen (StrEG) gibt dem Geschädigten einen öffentlich-rechtlichen Anspruch besonderer Art.

Es sieht eine **verschuldensunabhängige Staatshaftung** vor, die auf dem Gedanken beruht, dem Beschuldigten, der von einer durch das Verfahrensergebnis nicht gedeckten Strafverfolgungsmaßnahme betroffen ist, unter dem rechtlichen Gesichtspunkt der Aufopferung bzw. des enteignenden Eingriffs die hierdurch verursachten Schäden auszugleichen[279].

Zu beachten ist die Trennung zwischen Grund- und Betragsverfahren: Ohne eine formell rechtskräftige Grundentscheidung des Strafgerichts und Einhaltung der Ausschlussfrist von drei Monaten seit der Zustellung der Entscheidung der Justizbehörde zum Betrag gem. § 10 Abs. 2 StrEG ist die Klage zur Zivilkammer des Landgerichts nicht zulässig[280].

4. Entschädigung nach der Europäischen Menschenrechtskonvention[281]

378   Art. 5 Abs. 5 der Europäischen Menschenrechtskonvention (EMRK) bietet demjenigen, der entgegen den Bestimmungen des Art. 5 Abs. 1–5 EMRK von Festnahme oder Haft betroffen worden ist, einen **Individualanspruch auf Schadensersatz.**

Nach der Rechtsprechung des Bundesgerichtshofs ist der Anspruch kein Aufopferungsanspruch, sondern (wohl) ein Fall der **Gefährdungshaftung mit deliktsähnlichem Einschlag**[282].

Er gewährt allerdings Entschädigung für ein Sonderopfer durch Eingriffe der öffentlichen Gewalt, so dass er typologisch eher dem Anspruch aus aufopferungsgleichem Eingriff entspricht[283].

Der Anspruch ist **verschuldensunabhängig**, bietet **vollen Schadensausgleich** und gibt nach der neueren Rechtsprechung des Bundesgerichtshofs auch einen Anspruch auf **Schmerzensgeld**[284].

---

[277] so z.B. § 69 Abs. 2 POG Rheinland-Pfalz für Verletzung von Köper und Gesundheit und für Freiheitsentziehung; w.N. bei Ossenbühl, S. 412

[278] dazu die Kommentierung von Meyer, Strafrechtsentschädigung und Auslagenerstattung, 4. A. 1997

[279] siehe BGHZ 72, 302/305 = NJW 1979, 425 (beschlagnahmte Gegenstände)

[280] unter den Voraussetzungen des § 7 Abs. 3 StrEG gibt es Ersatz immateriellen Schadens

[281] ausführlich Ossenbühl S. 527–557; Lutz Meyer-Goßner, StPO, 47. A., Anhang A 4

[282] BGHZ 45, 58/64 ff. = NJW 1966, 1021 (unzulässige Strafvollstreckung)

[283] Ossenbühl, S. 532

[284] BGHZ 122, 268/279 ff. = NJW 1993, 2927 (rechtswidrige Inhaftierung)

5. Entschädigungsregelungen nach dem BundesseuchenG/InfektionsschutzG und dem TierseuchenG

a) Bundesseuchenrecht

Das BundeseuchenG regelte in §§ 51 ff. die Entschädigungsansprüche der **Impf-** **379** **geschädigten.** Solche Ansprüche sind vor Inkrafttreten dieses Gesetzes unter dem Gesichtspunkt des allgemeinen Aufopferungsanspruchs reguliert worden. Diese Materie wird nun von §§ 56 ff. des Infektionsschutzgesetzes (IfSG) erfasst[285]. Die Bestimmungen setzen den allgemeinen Aufopferungsanspruch um und gewähren wegen der gesundheitlichen und wirtschaftlichen Folgen des Impfschadens Versorgung nach dem **Bundesversorgungsgesetz** (BVG)[286].

b) Tierseuchenrecht

Die in §§ 66 ff. TierseuchenG gewährte Entschädigung für **Tierverluste nach dem** **380** **gemeinen Wert**[287] ist ein Anspruch „eigener Art", den der Gesetzgeber freiwillig einerseits aus Billigkeitserwägungen, andererseits aus polizeilichen[288] Zweckmäßigkeitsgründen geschaffen hat. Hierdurch soll auch der von einem Seuchenverdacht betroffene Tierhalter zur wirksamen Gefahrenbekämpfung motiviert werden[289].

6. Ansprüche nach dem Bundesleistungsgesetz[290]

Die Anforderungen nach § 1 BLG (z.B. Zweck der Verteidigung) und § 2 BLG (In- **381** halt – z.B. Überlassung von Sachen) haben Enteignungscharakter. Sie werden nach §§ 20 ff. BLG „abgegolten" (entschädigt).

Das BLG spielt in der heutigen Praxis kaum mehr eine Rolle[291].

---

[285] vom 20. Juli 2000, BGBl I, 1045 – Sartorius Ergänzungsband, Nr. 285
[286] vgl. § 60 Abs. 1 IfSG
[287] vgl. die Höchstsätze in § 67 Abs. 2 TierseuchenG
[288] instruktiv BGHZ 136, 172/176 = NJW 1998, 544 (Verhältnis Tierseuchenrecht/Polizeirecht und Entschädigung)
[289] Ossenbühl, S. 396
[290] es gibt nur ältere Kommentierungen wie Bauch/Danckelmann/Kcrst, BLG, 2. A. 1965; weitere Literaturhinweise bei BGHZ 125, 230 = NJW 1994, 2696
[291] aus der Rechtsprechung des Bundesgerichtshofs: BGHZ 125, 230 = NJW 1994, 2696 (Manöverschaden/Leistungsbescheid/Beweislast); BGHZ 112, 392 = NJW 1991, 785 (Manöverschaden/Jagdausübung); BGH MDR 1989, 613 = VersR 1989, 524 (Manöverschaden/Langlaufloipe); BGH NJW 1966, 881 = MDR 1966, 404 (Manöverschaden/anderweitiger Ersatz); BGH BB 1965, 728 (Stationierungsschaden/Hausgrundstück/Schadensberechnung); BGH NJW 1964, 104 = MDR 1964, 34 (§ 77 BLG und Entschädigung aus enteignungsgleichem Eingriff); BGH NJW 1963, 1356 = MDR 1963, 479 (Freigabe/Bemessung der Ersatzleistung); BGH NJW 1963, 248 = MDR 1963, 117 (Entschädigung/tatsächliche Nutzung); BGHZ 39, 40 (Instandsetzung/Höhe der Ersatzleistung); BGH MDR 1962, 804 (Vorteilsausgleichung)

7. Ausgleichsansprüche nach dem Verwaltungsverfahrensgesetz

a) Planfeststellung

382   § 74 VwVfG enthält die zentralen Regelungen über die Planfeststellung. Die Bestimmung gilt unmittelbar nur für Planfeststellungsverfahren gem. § 72 VwVfG und vorbehaltlich besonderer Vorschriften nach § 1 VwVfG[292].

Nach § 74 Abs. 2 S. 2 VwVfG hat die Planfeststellungsbehörde dem Träger des Vorhabens Vorkehrungen oder die Errichtung und Unterhaltung von Anlagen aufzuerlegen, die zum Wohl der Allgemeinheit oder zur Vermeidung nachteiliger Wirkungen auf Rechte anderer erforderlich sind. Hierdurch sollen widerstreitende Interessen bei Planfeststellungen ausgeglichen werden[293].

383   Sind gem. § 74 Abs. 2 S. 3 VwVfG solche **Vorkehrungen oder Anlagen untunlich** oder mit dem Vorhaben unvereinbar, so hat der Betroffene Anspruch auf **angemessene Entschädigung in Geld**. Der Anspruch ist ein Ersatz für sonst an sich notwendige Schutzmaßnahmen[294]. Es handelt sich um die Regelung einer **entschädigungspflichtigen Inhaltsbestimmung des Eigentums** und ist mit Art. 14 Abs.1 GG gerade wegen des Entschädigungsanspruchs, der die Beeinträchtigung zumutbar werden lässt, vereinbar[295].

Der Entschädigungsanspruch ist nicht erst gegeben, wenn die Einwirkungen für einen Betroffenen enteignungsrechtlich oder aufopferungsmäßig eine schwere und unerträgliche Beeinträchtigung darstellen, sondern auch bereits, wenn bei im Bereich der Sozialbindung des Eigentums liegenden Beeinträchtigungen die nachteiligen Folgen eines Vorhabens dem Betroffenen **billigerweise nicht mehr zugemutet werden können**[296].

384   Der Anspruch auf Festsetzung einer Entschädigung setzt voraus, dass Vorkehrungen oder Anlagen zum Schutz von Rechten des Betroffenen erforderlich sind. Es werden wegen der „Surrogatfunktion" des Abs. 2 S. 3 nur diejenigen Nachteile ausgeglichen, die nach Abs. 2 S. 2 in natura hätten verhindert werden müssen.

---

[292]   zum Anwendungsbereich bei Planfeststellungsverfahren auf der Grundlage von Bundesrecht durch Behörden der Länder siehe Kopp/Ramsauer, VwVfG, § 74 Rn. 4 und zum Geltungsvorrang der Verfahrensgesetze der Länder gem. § 1 Abs. 3 VwVfG a.a.O. § 1 Rn. 39 ff.

[293]   BVerwGE 41, 178/180 = NJW 1973, 915 (§17 Abs.4 BFernstrG); BVerwGE 85, 44/49 = NVwZ 1990, 969 (abfallrechtliche Planfeststellung)

[294]   Kopp/Ramsauer, VwVfG, § 74 Rn. 122

[295]   BVerfGE 79, 174/191 ff. = NJW 1989, 1271 (Lärmschutz); BVerwGE 84, 257/261 ff. = NJW 1990, 1926 (Entschädigung nach dem WHG); BGHZ 121, 73/ 78 ff. = NJW 1993, 1255 (Denkmalschutz); BGHZ 121, 328/331 ff. = NJW 1993, 2095 (Naturschutz); BGHZ 128, 204/205 f. = NJW 1995, 964 (Naturschutz)

[296]   so die Rechtsprechung des Bundesverwaltungsgerichts – BverwGE 87, 332/376 ff. = DVBl 1991, 1143 (Planfeststellung/Flughafen München II); BVerwGE 77, 295/297 ff. = NJW 1987, 2484 (Planfeststellung/Verkehrslärm); BVerwGE 58, 154/161 = NJW 1980, 1063 (Grundstückszufahrt); siehe auch BGHZ 97, 114/118 = NJW 1986, 1980 (§ 17 Abs. 4 BFernstrG)

Eine **Unvereinbarkeit** einer Schutzvorkehrung mit dem Vorhaben liegt dann vor, wenn die einzigen geeigneten Vorkehrungen zum Schutz des Betroffenen mit dem Zweck des Vorhabens nicht vereinbar sind[297].

Untunlich ist eine Schutzvorkehrung, wenn sie wegen Ungeeignetheit keinen wirksamen Schutz bietet oder außer Verhältnis zum Schutzzweck stehende, nicht mehr vertretbare Aufwendungen erfordern würde.

Beispiel:

BVerwGE 71, 166 = NJW 1986, 80 – Durchschneidung von Weideland –

Die Kläger sind Landwirte. Der Bereich ihrer landwirtschaftlichen Anwesen soll von der Trasse einer neuen Bundesfernstraße durchschnitten werden. Sie haben die Planfeststellungsbeschlüsse angefochten und beanspruchen hilfsweise, dem Straßenbaulastträger den Bau und die Unterhaltung von Weidezäunen aufzuerlegen.

Das Bundesverwaltungsgericht hat zu § 17 Abs. 4 BFernstrG[298] ausgeführt, erhebliche Nachteile entstünden grundsätzlich nur, soweit als Folge der Inanspruchnahme von Land für den Straßenbau die bisherigen Grenzen verlängert würden oder wenn eine neue Trasse Weideland so durchschneide, dass beidseitig neue Zäune zu errichten seien.

Ob dem Straßenbaulastträger in diesen Fällen die Errichtung und Unterhaltung der Zäune aufzuerlegen, oder ob stattdessen eine Entschädigung zuzuerkennen sei, hänge davon ab, ob der Aufwand für den Straßenbaulastträger außer Verhältnis zu dem angestrebten Schutzzweck stehe. Das sei regelmäßig der Fall, wenn Bau und Unterhaltung der Zäune auf den der Straße benachbarten Weiden vom Straßenbaulastträger Vorkehrungen erforderten, die über seine gewöhnlichen Tätigkeiten in erheblichem Umfang hinausgingen[299].

Die Entschädigung ist grundsätzlich in Geld zu leisten[300]. **Im Einzelfall**, vor allem wenn betroffene Grundstücke als Folge der Planfeststellung weitgehend wertlos werden, kann sich jedoch auch ein Anspruch auf **Übernahme des Grundstücks** ergeben[301].   **385**

Sind nichtvermögenswerte Rechte beeinträchtigt, lehnt der Bundesgerichtshof einen Ausgleich nach Aufopferungsgrundsätzen aus dem Gesichtspunkt der Verletzung entsprechender Grundrechte ab[302].

---

[297] Kopp/Ramsauer, VwVfG, § 74 Rn. 128 m.w.N.

[298] BVerwGE 71, 174

[299] vgl. auch BVerwG NJW 1989, 2830/2831 = BauR 1989, 726 (Autobahn/Wildschutzzaun/ Forstwirt); BVerwG NVwZ 1989, 147/148 = DVBl 1988, 534 (Trennung der Hofstelle von landwirtschaftlichen Betriebsflächen/Umweg als ausgleichsfähiger Nachteil); BVerwGE 77, 295/297 f. = NJW 1987, 2884 (Verhältnis Art. 14 GG/§ 74 VwVfG/§ 17 BFernstrG/Enteignungsschwelle/Verkehrslärm)

[300] zur Bemessung siehe Kopp/Ramsauer, VwVfG, § 74 Rn. 132 m.w.N.

[301] BVerwGE 61, 295/305 = NJW 1981, 2137

[302] BGHZ 111, 349/355 = NJW 1990, 3260 (KakaoVO)

b) Widerruf eines rechtmäßigen begünstigenden Verwaltungsakts

386 Die allgemeinen Verfahrensgesetze der Länder[303] sowie § 49 Abs. 6 VwVfG sehen Entschädigungspflichten beim Widerruf rechtmäßiger begünstigender Verwaltungsakte vor[304].

Nach der Rechtsprechung ist die Ausgleichsregelung gem. den Voraussetzungen des Abs. 2 Nrn. 3–5 eine gesetzlich konkretisierte **ausgleichspflichtige Inhaltsbestimmung des Eigentums**[305].

Entscheidend ist, dass der Betroffene auf den Bestand des Verwaltungsakts vertraut hat und dass dieses Vertrauen schutzwürdig ist[306].

Der zu ersetzende Vertrauensschaden (negatives Interesse) umfasst **Sachwerte** und **Verfolgungskosten**[307].

c) Rücknahme eines rechtswidrigen begünstigenden Verwaltungsakts

387 Wird ein rechtswidriger begünstigender Verwaltungsakt, der nicht auf eine Geld- oder Sachleistung nach § 48 Abs. 2 VwVfG bezogen ist, zurückgenommen, so hat der Betroffene, soweit in seiner Person **schutzwürdiges Vertrauen** angelegt ist, gem. § 48 Abs. 3 S. 1 VwVfG einen Anspruch auf Ausgleich der durch die Rücknahme entstandenen Vermögensnachteile[308].

Auch diese Ausgleichsregelung dürfte eine ausgleichspflichtige Inhaltsbestimmung des Eigentums darstellen[309].

Die Wertungen des § 48 Abs. 2 S. 3 Nrn. 1–3 VwVfG spielen nach der neueren Rechtsprechung des Bundesgerichtshofs unter **Drittschutzgesichtspunkten** eine erhebliche Rolle im objektiven Tatbestand des § 839 Abs. 1 S. 1 BGB[310].

8. Entschädigung nach dem Bundesimmissionsschutzgesetz

388 Die Entschädigung für Schallschutzmaßnahmen gem. § 42 BImSchG qualifizierte der Bundesgerichtshof ursprünglich als Enteignungsentschädigung[311].

Nach der neueren Rechtsprechung[312] betrifft § 42 BImSchG nicht eine (echte) Entschädigung für die Beeinträchtigung durch Verkehrsgeräusche. Die Vorschrift regelt

---

[303] siehe Nachweise bei Stelkens/Bonk/Sachs, VwVfG, § 49 Rn. 135 und § 48 Rn. 261

[304] zu §§ 48 und 49 VwVfG in amtshaftungsrechtlicher Sicht oben Rn. 61–65

[305] zum Meinungsstand Stelkens/Bonk/Sachs, VwVfG, § 49 Rn. 125–130 m.w.N.

[306] im einzelnen Kopp/Ramsauer, VwVfG, § 49 Rn. 81a, 82 m.w.N.

[307] Kopp/Ramsauer, VwVfG, § 49 Rn. 84 m.w.N. aus der Rechtsprechung

[308] zum Umfang der Entschädigung Kopp/Ramsauer, VwVfG, § 48 Rn. 128 m.w.N.

[309] Kopp/Ramsauer, VwVfG, § 48 Rn. 125 m.w.N.; Münchener Kommentar/Papier, § 839 Rn. 67: Ausgleichsanspruch neuer und eigener Art

[310] oben Rn. 124

[311] BGHZ 64, 220/225 = NJW 1975, 1406 (Verkehrslärm); sehr streitig – vgl. Ossenbühl, S. 275; Landmann/Rohmer/Hansmann, Umweltrecht, Bd. 1, 13. EL., § 42 BImSchG Rn. 12 und 13

[312] BGH NVwZ 2003, 1286/1287 = WM 2004, 180 (Verkehrslärm/Wechsel des Eigentümers)

vielmehr nur die Frage, wieweit die Kosten für passive Schutzmaßnahmen zu ersetzen sind; es geht also nur um einen **Aufwendungsersatz unterhalb der Enteignungsgrenze.**

Inhaber des Anspruchs auf Entschädigung für Schallschutzmaßnahmen ist der jeweilige Eigentümer der betr. Anlage, der die Schallschutzmaßnahmen vornimmt[313].

Das durch die §§ 41 ff. BImSchG normierte Lärmschutzsystem schließt, soweit es um Lärmbeeinträchtigungen geht, grundsätzlich die gleichzeitige Anwendung des § 74 Abs. 2 S. 2 und 3 VwVfG aus[314].

Hat die Planfeststellungsbehörde sich mit der Frage der erforderlichen aktiven und passiven Schallschutzmaßnahmen bezogen auf das benachbarte Eigentum im Planfeststellungsverfahren umfassend auseinandergesetzt, so ist dem Eigentumsschutz der Anlieger Genüge getan. **Geht der Anlieger gegen den Planfeststellungsbeschluss nicht vor, muss er sich mit der Bestandskraft der Ablehnung weitergehender Schallschutzmaßnahmen abfinden.** Für einen Anspruch auf eine für passive Schallschutzmaßnahmen zu verwendende Entschädigung besteht unter dem Gesichtspunkt des **enteignenden Eingriffs kein Raum**[315].   **389**

9. Straßenrecht

Der früher maßgebende § 17 Abs. 4 BFernstrG, der § 74 Abs. 2 S.2 und 3 VwVfG weitgehend entsprach[316], ist durch das Dritte Rechtsbereinigungsgesetz vom 28. Juni 1990 aufgehoben worden[317].   **390**

Für die **Entschädigung** gelten § 17 Abs. 3 S 3 BFernstrG i.V.m. Vorschriften des Baugesetzbuchs und **§ 19 a BFernstrG i.V.m. § 74 Abs. 2 S. 3 VwVfG**[318].

Durch § 8 a Abs. 4 S. 1 BFernstrG wird dem Anlieger ein Anspruch auf Ersatz oder Entschädigungsleistungen eingeräumt, wenn eine **Zufahrt oder ein Zugang** durch eine Änderung oder eine Einziehung einer Bundesstraße **erheblich erschwert** wird. Sind die Voraussetzungen einer **unzumutbaren Beeinträchtigung** vorhanden[319], ist der Träger der Straßenbaulast zum Ausgleich verpflichtet.

---

[313] BGH a.a.O.; vgl. auch BVerfGE 79, 174 ff. = NJW 1989, 1271 (Kreis der Ersatzberechtigten)

[314] BGHZ 140, 285/294 = NJW 1999, 1247 (Autobahnlärm); BVerwGE 97, 367/370 f. = NVwZ 1995, 907 (passiver Lärmschutz)

[315] BGHZ 140, 285/301 f. = NJW 1999, 1247 (passiver Schallschutz/Autobahnlärm – insbesondere Verhältnis von § 17 BFernstrG, § 42 BImSchG, § 74 VwVfG, enteignungsgleicher und enteignender Eingriff – zugleich Aufgabe von BGHZ 97, 114/118 = NJW 1986, 1980); siehe auch BGHZ 129, 124 ff. = NJW 1995, 1823 (§ 42 Abs. 2 S. 2 und enteignender Eingriff)

[316] BVerwGE 97, 367/371 = NVwZ 1995, 907 (passiver Schallschutz)

[317] BGBl I 1221

[318] vgl. Marschall/Schröter/Kastner, BFernstrG, 5. A., § 17 Rn. 214 und § 19a Rn. 1 ff. sowie Rn. 6–10 zur Anwendung von § 42 BImSchG

[319] im einzelnen Marschall/Schröter/Kastner, BFernstrG, § 8a Rn. 28–30

Der Anlieger hat zunächst nur Anspruch auf Maßnahmen, die einen angemessenen Ersatz für die Unterbrechung der Zuwegung oder die erhebliche Beschwernis ihrer Benutzung bilden. Er hat erst in zweiter Linie einen Entschädigungsanspruch; ein Wahlrecht steht ihm nicht zu[320].

391　　Eine Entschädigung in Geld kommt erst dann in Betracht, wenn und soweit **angemessener Ersatz nicht zumutbar ist**, weil er technisch nicht durchgeführt werden kann oder der erforderliche Aufwand unvertretbar wäre[321].

Ein Anspruch des Anliegers auf tatsächliche Ersatzmaßnahmen ist – nach erfolglosem Antrag bei der Verwaltungsbehörde – vor den Verwaltungsgericht durch Leistungsklage geltend zu machen. Liegt ein **Planfeststellungsbeschluss** vor, ist Verpflichtungsklage auf Ergänzung zu erheben. Der Anspruch auf Geldentschädigung ist vor dem Zivilgericht durchzusetzen[322].

10. Entschädigung nach dem Opferentschädigungsgesetz[323]

392　　§ 1 Abs. 1–3 OEG bietet demjenigen, der in Folge eines **vorsätzlichen, rechtswidrigen tätlichen Angriffs** oder eines dem gleichstehenden Angriffs eine gesundheitliche Schädigung erlitten hat, wegen der gesundheitlichen und wirtschaftlichen Folgen auf Antrag Versorgung in entsprechender Anwendung der Vorschriften des BVG.

Es handelt sich nicht um einen Aufopferungsanspruch, sondern um **soziale Entschädigung** im Sinn des § 5 SGB I[324].

Für Leistungen nach dem BVG gilt zwar der Grundsatz, dass sie nur vom **unmittelbar Geschädigten** in Anspruch genommen werden können[325]. Das Bundessozialgericht gewährt aber auch dem nur **mittelbar Geschädigten** unter Bezugnahme auf den Wortlaut des § 1 Abs. 1, Abs. 2 Nr. 2 OEG einen Anspruch auf Entschädigung[326].

---

[320] Marschall/Schröter/Kastner, BFernstrG, § 8a Rn. 31

[321] Marschall/Schröter/Kastner, a.a.O.

[322] vgl. z.B. auch die landesrechtliche Regelung des § 39 LandesstrG Rheinland Pfalz: wegen angemessenen Ersatzes (Herstellung) Leistungsklage zum Verwaltungsgericht; wegen Entschädigung nach Vorverfahren gem. dem LandesenteignungsG Klage zum Zivilgericht, Kammer für Baulandsachen (§ 48 LandesenteignungsG); siehe zum Verfahren auch Kodal/Krämer/Grote, Straßenrecht, 6. A., S. 666 m.w.N.

[323] dazu Kunz/Zellner, Opferentschädigungsgesetz, 4. A.

[324] Kunz/Zellner, OEG, § 1 Rn. 1 m.w.N.

[325] BSGE 11, 234

[326] BSGE 49, 98 ff. = FamRZ 1980, 678 (Schockschaden)

C. Weitere Anspruchsgrundlagen

I. Folgenbeseitigungsanspruch

1. Stellung des Anspruchs im Haftungssystem

Der Ausgleich hoheitlicher Rechtsverletzungen lediglich durch materielle Kompen-   **393**
sation im Wege von Schadensersatz oder Entschädigung ist **unzureichend**.

Die Enteignungsentschädigung nach Art.14 Abs. 3 GG und Ausgleichsleistungen
bei inhalts- und schrankenbestimmenden Regelungen gewähren Geldansprüche für
den Entzug oder die Beeinträchtigung des Eigentums. Aufopferungsansprüche sind
auf Geldausgleich gerichtet ebenso wie Ansprüche aus enteignendem und enteignungsgleichem Eingriff.

Die Amtshaftung gewährt Schadensersatz. Wegen der Haftungsüberleitung besteht
nur ein Anspruch auf Geldersatz. Naturalrestitution ist ausgeschlossen[1].

Diese Rechtsinstitute bieten keine Wiederherstellung des vor dem Eingriff bestehenden Zustands. Hier setzt der Folgenbeseitigungsanspruch an, der auf die Beseitigung
der tatsächlichen Folgen eines rechtswidrigen Eingriffs in dem Sinne abzielt, dass
der ursprüngliche (rechtmäßige) Zustand wieder hergestellt wird, wie er vor dem
rechtswidrigen Eingriff bestanden hat[2].

2. Rechtsgrundlage und Anwendung des Anspruchs

Der Folgenbeseitigungsanspruch ist inzwischen gewohnheitsrechtlich verfestigt[3].   **394**
Nach der neueren Rechtsprechung des Bundesverwaltungsgerichts wird er aus dem
verfassungsrechtlichen Rechtsstaatprinzip sowie den Grundrechten hergeleitet[4].

Zu beachten ist, dass der Rückgriff auf den allgemeinen Folgenbeseitigungsanspruch nicht in Betracht kommt, wenn spezialgesetzliche Konkretisierungen vorhanden sind[5].

§ 113 Abs. 1 S. 2 VwGO bildet selbst **keine Rechtsgrundlage** für den Folgenbeseitigungsanspruch, sondern geht von dessen Existenz aus[6]. § 113 Abs. 1 S. 2 und 3

---

[1] siehe oben Rn. 170
[2] BVerwGE 105, 288/297 f. = NVwZ 1998, 1292; BVerwG DVBl 2002, 1641/1642 =
NVwZ-RR 2002, 620 (unterbliebene Beförderung)
[3] BGHZ 130, 332/334 ff. = NJW 1995, 2918 (Einweisung eines Obdachlosen/Freima-
chungsanspruch)
[4] BVerwGE 94, 100/103 = NVwZ 1994, 275 (fehlerhafte Bauleitplanung/straßenrechtliche
Widmung/Folgenbeseitigung); BVerwGE 69, 366/370 = NJW 1985, 817 (Bardepotbescheide); zur dogmatischen Begründung siehe auch Wolff/Bachof/Stober, VerwR Bd. 2,
§ 52 Rn. 15–16a; Detterbeck/Windthorst/Sproll, § 12 Rn. 15–22
[5] Detterbeck/Windthorst/Sproll, § 12 Rn 13 m.w.N.
[6] Kopp/Schenke, VwGO, § 113 Rn. 81

VwGO erleichtert nur die prozessuale Geltendmachung des Folgenbeseitigungs-anspruchs[7].

3. Voraussetzungen des Anspruchs

Der Folgenbeseitigungsanspruch setzt voraus:

- hoheitlicher Eingriff (a)
- Eingriff in ein subjektives Recht (b)
- Schaffung und Fortdauer eines rechtswidrigen Zustands (c)

a) Hoheitlicher Eingriff

395   Es ist grundsätzlich nicht von Bedeutung, **welcher Art der Eingriff** in das subjektive Recht ist. Erfasst werden nicht nur Folgen, die durch Verwaltungsakte ausgelöst worden sind, sondern auch die unmittelbaren Folgen von **Realakten**[8].

Unrechtslasten, die durch förmliche Gesetze oder Maßnahmen der rechtsprechenden Gewalt geschaffen wurden, stehen jedoch außerhalb des Anwendungsbereichs[9].

396   Fraglich erscheint, ob auch hoheitliches **Unterlassen** einen Folgenbeseitigungs-anspruch rechtfertigen kann[10]. Das Bundesverwaltungsgericht hatte zum Ausdruck gebracht, dass der Folgenbeseitigungsanspruch nicht alle rechtswidrigen Folgen, die durch ein Tun oder Unterlassen der öffentlichen Gewalt veranlasst seien, erfasse[11].

In der Entscheidung zum Schadensersatz wegen unterbliebener Beförderung eines Beamten hat er auf die Rechtsnatur und das Ziel des Folgenbeseitigungsanspruchs abgestellt.

Das Unterlassen der Beförderung sei kein staatlicher Eingriff; mit dem geltend gemachten Anspruch solle nicht der frühere Staus quo wiederhergestellt, sondern eine Veränderung herbeigeführt werden[12].

Die Problematik löst sich, wenn ohnehin spezielle Rechtsgrundlagen bestehen, nach denen staatliche Leistungen eingefordert werden können[13].

397   Das Merkmal der **Hoheitlichkeit** des Eingriffs dient, wie im Amtshaftungs- und Enteignungsrecht auch, dazu, privatrechtliche Akte von Hoheitsträgern aus der öffentlich-rechtlich zu beurteilenden Haftung herauszunehmen.

398   Handelt es sich um **Rechtsakte**, liegt der hoheitliche Charakter der Maßnahme auf der Hand.

---

[7] Detterbeck/Windthorst/Sproll, §12 Rn. 14 a.E.
[8] siehe die umfassenden Nachweise bei Ossenbühl, S. 287–291; Wolff/Bachof/Stober, VerwR Bd. 2, § 52 Rn. 18 m.w.N.
[9] Detterbeck/Windthorst/Sproll, § 12 Rn. 28; Ossenbühl, S. 309 m.w.N.
[10] vgl. zum enteignungsgleichen Eingriff in Form „qualifizierten Unterlassens" oben Rn. 334 ff.
[11] BVerwGE 69, 366/367 f. = NJW 1985, 817 (Bardepotbescheide)
[12] BVerwG DVBl 2002, 1641/1642 = NVwZ-RR 2002, 620
[13] vgl. zum Meinungsstand Ossenbühl, S. 310–312; Detterbeck/Windthorst/Sproll, § 12 Rn. 30, 31; Maurer, VerwR AT, § 29 Rn. 9

Geht es um einen Eingriff durch **Realakte** wie z.B. bei **Immissionen** privatrechtlich organisierter Einrichtungen der öffentlichen Hand, kommt es auf den Planungs- und Funktionszusammenhang an[14]. Ist dieser nicht öffentlich-rechtlich zu beurteilen, bleibt der privatrechtliche Beseitigungsanspruch.

Ehrverletzende Meinungsäußerungen haben nur dann hoheitlichen Charakter,   **399** wenn ein Amtswalter eine ihm obliegende Zuständigkeit im Außenverhältnis wahrgenommen und damit amtliche Autorität in Anspruch genommen hat. Das ist nicht der Fall, wenn er sich außerhalb seiner dienstlichen Tätigkeit als Privatmann äußert[15].

b) Eingriff in ein subjektives Recht

Das hoheitliche Verhalten muss eine **geschützte Rechtsposition** beeinträchtigt   **400** haben.

Diese Rechtsposition kann unmittelbar verfassungsrechtlich begründet sein[16]. Es genügen jedoch auch aus einfachem Recht hergeleitete subjektive Rechte und zwar vor allem dort, wo sie sich als einfachrechtliche Umsetzungen von Grundrechtspositionen darstellen[17].

Ob einfachrechtliche Vorschriften subjektive Rechte einräumen, ist durch Auslegung zu ermitteln[18]. Dabei ist zu fragen, ob die Rechtsnorm die Verwaltung zu einem bestimmten Verhalten verpflichtet **und** ob die Norm – zumindest auch – dem Schutz der Interessen einzelner dienen soll[19].

c) Schaffung und Fortdauer eines rechtswidrigen Zustands

aa) Der hoheitliche Eingriff muss einen **rechtswidrigen Zustand** herbeigeführt ha-   **401** ben.

In dieser Hinsicht wird unterschieden zwischen der Rechtswidrigkeit der Folgen und der Rechtswidrigkeit des hoheitlichen Handelns[20].

Entscheidend ist das Bestehen des **rechtswidrigen Zustands**[21]. Der Folgenbeseitigungsanspruch besteht deshalb, weil der beeinträchtigende Zustand rechtswidrig

---

[14] vgl. BVerwG NJW 1974, 817 = DVBl 1974, 239 (Kläranlage); BGH NJW 1976, 570 = MDR 1976, 390 (Rechtsweg/Kinderspielplatz/Immissionen); Bay VGH NVwZ 1989, 269 = NJW 1989, 1301 LS (Kinderspielplatz/missbräuchliche Nutzung)

[15] Ossenbühl, S. 310; vgl. BVerwGE 102, 304/316 = NJW 1997, 1996 (Hochschullehrer/ negative Bewertung seiner Arbeit); BVerwGE 99, 56/58 = NJW 1996, 210 (Kritik an Amtsführung); BVerwGE 59, 319/326 f. = MDR 1980, 872 (Bundesseeoberamt/Kapitän/ ehrenrührige Äußerungen); BVerwGE 38, 336/345 f. = MDR 1972, 265 (Werturteile über Beamten)

[16] vgl. dazu Ossenbühl, S. 307, 308 m.w.N.

[17] BVerwGE 94, 100/105 = MDR 1994, 63 (Grundeigentum/Widmung)

[18] Detterbeck/Windthorst/Sproll, § 12 Rn. 34

[19] Maurer, VerwR AT, § 8 Rn. 6 ff. mit umfangreichen Nachweisen; siehe zur Abgrenzung auch Wolff/Bachof/Stober, VerwR Bd. 1, § 43 Rn. 8 ff. m.w.N.

[20] Parallele mit dem „Handlungs- oder Erfolgsunrecht" – vgl. Palandt/Sprau, § 823 Rn. 24

[21] BVerwGE 82, 76/95 = NJW 1989, 2272 (Sekte/Ehrenschutz)

ist, mag auch der diesen Zustand verursachende Hoheitsakt rechtmäßig gewesen sein[22].

402 bb) Der rechtswidrige Zustand muss noch **andauern**, d. h. wenn gerichtlicher Schutz in Anspruch genommen wird, muss die zu beseitigende Unrechtslast noch im Zeitpunkt der letzten mündlichen Verhandlung gegeben sein[23].

Wird die Rechtswidrigkeit des Zustands späterhin **legalisiert** etwa durch Nachholung des fehlenden Planfeststellungsbeschlusses[24], ist kein Raum mehr für den Folgenbeseitigungsanspruch. Die bloße **Möglichkeit** der Legalisierung reicht jedoch nicht aus[25].

4. Inhalt (Ziel) des Folgenbeseitigungsanspruchs

a) Wiederherstellung

403 Der Inhaber eines Folgenbeseitigungsanspruchs kann nur die Wiederherstellung des Zustands verlangen, der bestand, bevor der Eingriff erfolgte, bzw. einen gleichwertigen Zustand[26].

Im Verhältnis zum Schadensersatzanspruch ist der Umfang der Restitution geringer, denn anders als im Fall der Verpflichtung zum Schadensersatz gem. § 249 S. 1 BGB kann auf der Grundlage eines Folgenbeseitigungsanspruchs nicht die Herstellung des **hypothetischen Zustands** verlangt werden, der bestehen würde, wenn die Eingriffshandlung nicht stattgefunden hätte[27].

Schließlich ist auch eine **Substitution** im Sinne des § 249 S. 2 BGB ausgeschlossen[28].

b) Folgenbeseitigung und ehrverletzende Meinungsäußerung

404 Ein Anspruch auf Beseitigung der Folgen rechtswidriger Meinungsäußerungen ist in der Rechtsprechung des Bundesverwaltungsgerichts anerkannt[29].

---

[22] BVerwG a.a.O.; Detterbeck/Windthorst/Sproll, § 12 Rn. 38; zur Schaffung rechtmäßiger Zustände durch rechtswidrige Hoheitsakte siehe Detterbeck/Windthorst/Sproll, § 12 Rn. 39 m.w.N.; differenzierend Ossenbühl, S. 312, 313

[23] BVerwGE 80, 178/180 f. = NJW 1989, 118 (unzulässige Rechtsausübung/nachträgliche Legalisierung)

[24] BVerwG a.a.O.

[25] Detterbeck/Windthorst/Sproll, § 12 Rn. 42 m.w.N.

[26] BVerwGE 38, 336/345 f. = MDR 1972, 265 (Werturteile über Beamten)

[27] Ossenbühl, S. 302; Detterbeck/Windthorst/Sproll, § 12 Rn. 53; Maurer, VerwR AT, § 29 Rn. 11: der Folgenbeseitigungsanspruch ist kein allgemeiner Wiedergutmachungsanspruch

[28] BVerwG DVBl. 2002, 1641/1642 =NVwZ-RR 2002, 620 (unterbliebene Beförderung): Der Folgenbeseitigungsanspruch ist nicht auf einen Ausgleich materieller und immaterieller Schäden gerichtet

[29] Nachweise oben Rn. 399

In diesem Zusammenhang wird unter Bezugnahme auf die Rechtsprechung des Bundesgerichtshofs aber auch vertreten, dass nur der Widerruf von ehrverletzenden **Tatsachenbehauptungen**, nicht aber der Widerruf von **Meinungsäußerungen** verlangt werden könne[30].

c) Schadensfolgen

Der Folgenbeseitigungsanspruch umgreift nur die **unmittelbaren Folgen** eines Eingriffs, um eine Ausuferung des Anspruchs zu vermeiden[31]. So kann im Obdachlosenfall[32] nur die Räumung der Wohnung, nicht aber die **Beseitigung** der durch die eingewiesenen Personen verursachten Schäden verlangt werden[33].   **405**

5. Entfallen des Folgenbeseitigungsanspruchs

a) Möglichkeit der Wiederherstellung

Der Anspruch entfällt, wenn die Wiederherstellung aus tatsächlichen oder rechtlichen Gründen unmöglich ist[34].   **406**

So wird im Zusammenhang mit ehrverletzenden Meinungsäußerungen der Ausschluss von Ansprüchen auf Widerruf mit dem Gesichtspunkt der **tatsächlichen Unmöglichkeit** der Folgenbeseitigung begründet[35].

In den so genannten Drittbetroffenen-Fällen[36] fragt sich, ob in rechtlicher Hinsicht der Hoheitsträger auf Grund des dem **Belasteten** zustehenden Folgenbeseitigungsanspruchs gegen den **Dritten**[37] vorzugehen berechtigt ist.

Nach h.M. wird diese Ermächtigung unmittelbar aus dem Folgenbeseitigungsanspruch hergeleitet[38].

b) Zumutbarkeit der Wiederherstellung

Die Wiederherstellung des ursprünglichen Zustands muss dem Hoheitsträger zumutbar sein.   **407**

---

[30] Bay VGH NVwZ-RR 1990, 213/214; Bay VGH NVwZ 1986, 327; OVG Münster NJW 1983, 2402/2403; VGH Mannheim NJW 1990, 1808/1809 = NVwZ 1990, 793 LS; siehe BGHZ 65, 325/337 = NJW 1976, 620 (Stiftung Warentest)

[31] BVerwGE 69, 366/367 ff. =NJW 1985, 817 (Depotbescheid)

[32] vgl. die Darstellung von Maurer, VerwR AT, § 29 Rn. 12 und 16

[33] umfassend BGHZ 131, 163/165 ff. = NJW 1996, 315; siehe auch Wolff/Bachof/Stober, VerwR Bd. 2, § 52 Rn. 22

[34] vgl. Ossenbühl, S. 318 m.w.N.; die Ausschlussgründe sind rechtsvernichtend; zur Beweislast BVerwGE 94, 100 = NVwZ 1994, 275 (fehlerhafte Bauleitplanung/straßenrechtliche Widmung/Folgenbeseitigung)

[35] Ossenbühl, S. 318

[36] siehe Ossenbühl, S. 318–321; Wolff/Bachof/Stober, VerwR Bd. 2, § 52 Rn. 25 und 26

[37] etwa baurechtlicher Nachbar, eingewiesener Obdachloser

[38] vgl. Wolff/Bachof/Stober, VerwR Bd. 2, § 52 Rn. 26, die aber darauf hinweisen, dass für das Einschreiten regelmäßig andere Ermächtigungsgrundlagen vorhanden sind; zur Gegenmeinung siehe Detterbeck/Windthorst/Sproll, § 12 Rn. 46, Fn. 73

Die **Zumutbarkeit**, Ausdruck des Grundsatzes der Verhältnismäßigkeit[39], grenzt die Folgenbeseitigung dahin ein, dass sie nur dann entfällt, „wenn damit ein unverhältnismäßig hoher Aufwand verbunden ist, der zu dem erreichbaren Erfolg bei allem Respekt für das Verlangen nach rechtmäßigen Zuständen, in keinem vernünftigen Verhältnis mehr steht"[40].

c) Unzulässige Rechtsausübung

408   Nach der Rechtsprechung ist dies in Fällen angenommen worden, in denen die Legalisierung des als rechtswidrig erkannten und andauernden Zustands zeitlich unmittelbar bevorstand[41].

d) Mitverschulden

409   Die **Mitverantwortlichkeit** des Betroffenen nach § 254 BGB ist auch im Rahmen des Folgenbeseitigungsanspruchs zu berücksichtigen[42]. Da die Folgenbeseitigung häufig unteilbar sein wird, hat nach der neueren Rechtsprechung des Bundesverwaltungsgerichts der Betroffene in entsprechender Anwendung des § 251 Abs. 1 BGB einen anteilsmäßigen Ausgleich in Geld zu leisten[43].

6. Passivlegitimation

410   Der Folgenbeseitigungsanspruch richtet sich gegen den Träger der öffentlichen Verwaltung, dem die eingreifende Behörde angehört[44].

7. Spezielle Ausgestaltungen des Folgenbeseitigungsanspruchs und Abgrenzungen

a) Unterlassungsansprüche

411   **Droht** ein hoheitlicher Eingriff, kann bereits dies eine Beeinträchtigung darstellen; das muss vorbeugend abgewehrt werden können. Ist der Eingriff **bereits erfolgt**, muss gegenüber dem beeinträchtigenden Hoheitsträger die Unterlassung der sich wiederholenden oder fortwirkenden Beeinträchtigungen durchgesetzt werden können.

Ein hierauf gerichteter Anspruch ist als eigenständiges Rechtsinstitut anerkannt[45]. Wie in der Regel sonst auch gehen spezialgesetzliche Bestimmungen wie etwa

---

[39] Detterbeck/Windthorst/Sproll, § 12 Rn. 47

[40] BVerwGE 94, 100/105 = NVwZ 1994, 275 (fehlerhafte Bauleitplanung/straßenrechtliche Widmung/Folgenbeseitigung)

[41] BVerwG a.a.O. S. 103; vgl. Detterbeck/Windthorst/Sproll, § 12 Rn. 48 m.w.N.

[42] Ossenbühl, S. 323, 324; BVerwG NJW 1985, 1481/1482 (Nachbar/Vertiefung); BVerwGE 82, 24/26 = NJW 1989, 2484 (Herstellung/unteilbarer Zustand)

[43] BVerwGE 82, 24/26 ff. = NJW 1989, 2484; dazu Detterbeck/Windthorst/Sproll, § 12 Rn. 51

[44] BVerwGE 75, 354 f. = NJW 1987, 2529 (Widerrufsanspruch, gerichtet gegen den Vorgesetzten)

[45] Detterbeck/Windthorst/Sproll, § 13 Rn. 8 m.w.N.

§ 41 BImSchG vor und schließen einen Rückgriff auf den vorbeugenden Unterlassungsanspruch oder den negatorischen Beseitigungsanspruch aus.

Die Anspruchsvoraussetzungen sind im übrigen mit denen des Folgenbeseitigungsanspruchs zu vergleichen[46].

Insbesondere im Zusammenhang mit Immissionen ist die Frage der **Duldungspflicht** besonders zu prüfen[47].

b) Vollzugsfolgenbeseitigungsanspruch

Der Anspruch ist im Zusammenhang mit dem Recht auf **Aufhebung** eines rechtswidrigen Verwaltungsakts zu sehen.   **412**

Dieser stellt, soweit er nur rechtswidrig ist[48], die **Rechtsgrundlage** für den geschaffenen Zustand dar und schließt einen Anspruch auf Beseitigung der Vollzugsfolgen aus. Solange der rechtswidrige Verwaltungsakt also besteht, kann kein Folgenbeseitigungsanspruch durchgesetzt werden.

§ 113 Abs. 1 S 2 VwGO gibt prozessual jedoch die Möglichkeit, den Vollzugsfolgenbeseitigungsanspruch bereits im Anfechtungsprozess zugleich geltend zu machen[49].

c) Folgenentschädigungsanspruch

Wie erörtert, hat das Bundesverwaltungsgericht bei **unteilbaren Ansprüchen** im   **413**
öffentlichen Recht den Folgenbeseitigungsanspruch (teilweise) zu einer auf Ausgleichszahlung gerichteten Rechtsposition umgestaltet[50].

Späterhin hat es die Folgerung aus dieser Rechtsprechung in Fällen einer **Unzumutbarkeit** der Folgenbeseitigung angedeutet, ohne aber im konkreten Falle entschieden zu haben[51].

Der BayVGH hat im Falle eines „Überbaus"[52] sich hierauf und auf den Rechtsgedanken des § 251 Abs. 2 S. 1 BGB bezogen und vertritt die Auffassung, dass sich bei Unzumutbarkeit der Herstellung des an sich gebotenen Zustands der Folgenbeseitigungsanspruch – ausnahmsweise – in einen Anspruch auf Zahlung eines **Ausgleichsbetrages** umwandle[53].

Ob sich diese Rechtsprechung auch beim Bundesverwaltungsgericht durchsetzen wird, bleibt abzuwarten.

---

[46] siehe Detterbeck/Windthorst/Sproll, § 13 Rn. 12–25
[47] dazu Detterbeck/Windthorst/Sproll, § 13 Rn. 32 ff.
[48] der nichtige Verwaltungsakt ist ohne Wirksamkeitsfolgen – siehe oben Rn. 70
[49] Kopp/Schenke, VwGO, § 113 Rn. 84 m.w.N.
[50] BVerwGE 82, 24 = NJW 1989, 2484
[51] BVerwGE 94, 100/104 = NVwZ 1994, 275 (fehlerhafte Bauleitplanung/straßenrechtliche Widmung/Folgenbeseitigung)
[52] eine Randsteinzeile zur Hälfte auf dem Grundstück des Klägers verlegt
[53] Bay VGH NVwZ 1999, 1237 = DÖV 1999, 655 LS; siehe auch Ossenbühl, S. 322, 323 m.w.N.

d) Sozialrechtlicher Herstellungsanspruch[54]

414   Dieser Anspruch ist ein vom Bundessozialgericht entwickeltes und ausgeformtes Rechtsinstitut und darauf gerichtet, denjenigen Zustand wiederherzustellen, der bestünde, wenn sich die Sozialverwaltung **rechtmäßig verhalten hätte**[55].

Der Anspruch besteht auf der Grundlage einer öffentlich-rechtlichen positiven Verletzung von Beratungs- und Betreuungspflichten aus dem zwischen dem Bürger und dem Sozialleistungsträger bestehenden **Sozialrechtverhältnis**[56].

Der sozialrechtliche Herstellungsanspruch setzt ein rechtswidriges nicht notwendig **vorwerfbares** Verhalten der Behörde voraus[57].

Erleidet der Betroffene durch die Pflichtverletzung einen Schaden, so ist die Sozialbehörde verpflichtet, ihn rechtlich so zu stellen, wie er stehen würde, wenn sie rechtmäßig gehandelt hätte[58].

e) Folgenbeseitigungslast

415   Während der Folgenbeseitigungsanspruch auf Beseitigung der **Folgen** abzielt, wird aus der Folgenbeseitigungs**last** lediglich ein Anspruch auf Berücksichtigung des rechtswidrigen Verwaltungshandelns in einer Folgeentscheidung und damit nur ein Anspruch auf pflichtgemäße Ermessensausübung abgeleitet, die durch das rechtswidrige Vorverhalten zusätzlich gebunden ist oder auf Null reduziert sein kann[59].

II. Ansprüche aus öffentlich-rechtlichen Schuldverhältnissen

1. Öffentlich-rechtlicher Vertrag

a) Rechtsgrundlagen

416   §§ 54–61 VwVfG enthalten Grundsätze zum öffentlich-rechtlichen Vertrag[60]. § 62 S. 1 VwVfG verweist, soweit sich aus den §§ 54 bis 61 VwVfG nichts Abweichendes ergibt, auf die übrigen Vorschriften dieses Gesetzes[61]. S. 2 bestimmt, dass er-

---

[54]   zur Nichtanwendung des sozialrechtlichen Herstellungsanspruchs auf dem Gebiet des allgemeinen Verwaltungsrechts siehe BVerwGE 105, 288/298 = NVwZ 1998, 1292 (KrankenhausfinanzierungsG); BVerwGE 100, 83/ 100 ff. = NJW 1997, 71 (Abgeschlossenheitsbescheinigung); BVerwGE 79, 192/194 = NVwZ 1988, 922 (Milchmengen-Garantie-VO)

[55]   BSGE 57, 290 (Beitragsnachentrichtung); BSGE 49, 76 (unrichtige Rechtsauskunft)

[56]   BSGE 34, 124/127 ff. = NJW 1972, 1389 (unrichtige Auskunft); BSGE 49, 30/33 ff. (Hausgrundstück/Lebensunterhalt)

[57]   BSGE 49, 76/77 (unrichtige Rechtsauskunft)

[58]   ausführlich Ossenbühl, S. 326–331

[59]   Wolff/Bachof/Stober, VerwR Bd. 2, § 52 Rn. 41 – kritisch; vgl. auch Detterbeck/Windthorst/Sproll, § 12 Rn. 56 ff. im Hinblick auf Drittbeteiligungs- und Unterlassungsfälle – kritisch

[60]   auch Verwaltungsvertrag genannt

[61]   vgl. dazu Kopp/Ramsauer, VwVfG, § 62 Rn. 4 und 5; Maurer, VerwR AT, § 14 Rn. 2

gänzend die Vorschriften des **Bürgerlichen Gesetzbuchs** in entsprechender Anwendung gelten.

Die (nur) entsprechende Anwendung bedeutet, dass Besonderheiten des öffentlichen Rechts im Allgemeinen oder des öffentlichen Vertragsrechts nicht entgegenstehen dürfen, was bei jeder Vorschrift zu prüfen ist. Soweit aus den Bestimmungen des Bürgerlichen Gesetzbuchs die **Nichtigkeit** des Vertrages folgt, sind diese Regelungen schon gem. § 59 Abs. 1 VwVfG entsprechend heranzuziehen[62].

§ 62 S. 2 VwVfG erklärt als so genannte „dynamische Verweisung"[63] die Vorschriften des Bürgerlichen Gesetzbuchs **in ihrer jeweils gültigen Fassung** für anwendbar auf verwaltungsrechtliche Verträge[64]. Das hat zur Folge, dass sich auch das am 1. Januar 2002 in Kraft getretene Gesetz zur Modernisierung des Schuldrechts mit seinen weit reichenden Änderungen wie z.B. im Recht der **Verjährung** oder des Ausgleichs **immaterieller Schäden** entsprechend auswirkt.

417

b) Anwendungsbereich und Abgrenzung

aa) Die Vertragsvorschriften des VwVfG kommen nicht zur Anwendung, wenn das VwVfG generell ausgeschlossen ist oder wenn Sonderregelungen bestehen.

418

Generell ausgeschlossen sind z.B. das Sozialleistungs- und das Abgabenrecht, weil hierauf gem. § 2 Abs. 2 Nr. 1 und Nr. 4 VwVfG das VwVfG keine Anwendung findet. Das nach Nr. 4 ausgeschlossene Verfahren nach dem Sozialgesetzbuch ist heute umfassend geregelt im SGB I und X[65]. Im Bereich des Baurechts spielen die öffentlich-rechtlichen Verträge eine bedeutende Rolle[66].

bb) Die Definition des § 54 S. 1 VwVfG spricht von einem Vertrag, durch den ein Rechtsverhältnis auf dem Gebiet des **öffentlichen Rechts** begründet, geändert oder aufgehoben werden kann.

419

Aus der in § 1 Abs. 1 VwVfG für dessen Anwendungsbereich enthaltenen Beschränkung auf die öffentlich-rechtliche Verwaltungstätigkeit der Behörden und aus dem Begriff des Verwaltungsverfahrens[67] folgt, dass nur solche Verträge unter die Begriffsbestimmung fallen, die von einer Behörde abgeschlossen werden und die dem Bereich des Verwaltungsrechts zuzuordnen sind. Diese Bezugnahme auf das öffentliche Recht dient – vorrangig – der **Abgrenzung zum privatrechtlichen Vertrag**[68].

---

[62] Kopp/Ramsauer, VwVfG, § 62 Rn. 6 und im einzelnen § 59 Rn. 8–17 m.w.N.

[63] vgl. zu den Verweisungsgesetzen der Länder hinsichtlich des VwVfG Maurer, VerwR AT, § 5 Rn. 19

[64] verfassungsrechtlich str. – vgl. Kopp/Ramsauer, VwVfG, § 62 Rn. 6a m.w.N.

[65] siehe Kopp/Ramsauer, VwVfG, § 2 Rn. 28–30

[66]   Nachweise bei Maurer, VerwR AT, § 14 Rn. 4

[67] „… die nach außen wirkende Tätigkeit der Behörden, die auf die Prüfung der Voraussetzungen, die Vorbereitung und den Erlass eines Verwaltungsakts oder auf den Abschluss eines öffentlich-rechtlichen Vertrages gerichtet ist; es schließt den Erlass des Verwaltungsakts oder den Abschluss des öffentlich-rechtlichen Vertrages ein"

[68] Maurer, VerwR AT, § 14 Rn. 7 zu Staatsverträgen und anderen Verwaltungsabkommen, die keine verwaltungsrechtlichen Rechtsverhältnisse zum Gegenstand haben

Maßgeblich für die Zuordnung zum öffentlichen oder privaten Recht ist der Gegenstand des Vertrages, der aus seinem **Inhalt** zu ermitteln ist[69]. Der Inhalt muss dem öffentlichen Recht zugeordnet werden können[70]. Hierbei ist entscheidend, ob die einzelnen Rechte und Pflichten der Vertragspartner auf dem Gebiet des öffentlichen Rechts durch Vertrag begründet, geändert, aufgehoben oder für die Vertragspartner konkretisiert bzw. bindend festgestellt werden sollen[71].

Der Umstand, dass ein Vertrag der Erfüllung öffentlicher Aufgaben dient, macht ihn allein noch nicht zu einem öffentlich-rechtlichen Vertrag, da öffentliche Aufgaben u.U. auch mit Mitteln des Privatrechts erfüllt werden können[72].

c) Rechtsfolgen aus dem wirksamen öffentlich-rechtlichen Vertrag

420 aa) Das VwVfG enthält über die Erfüllung der vertraglich begründeten Leistungspflichten und die Leistungsstörungen keine Regelungen, so dass nach § 62 S. 2 VwVfG die Vorschriften des Bürgerlichen Gesetzbuchs heranzuziehen sind[73].

421 bb) § 60 Abs. 1 VwVfG regelt in S. 1 den Fall der nachträglichen Änderung der Verhältnisse[74] und in S. 2 den Fall der Gefahr schwerer Nachteile für das Gemeinwohl.

Die in Abs. 1 vorgesehenen Anpassungs- und Kündigungsrechte treten grundsätzlich selbständig neben allgemeine Anpassungs-, Kündigungs- oder Gestaltungsrechte, die sich für die Vertragspartner nach sonstigen Vorschriften oder vertraglichen Regelungen ergeben[75].

422 cc) Die Behörde kann Ansprüche aus einem öffentlich-rechtlichen Vertrag **nicht durch Verwaltungsakt** festsetzen und auf dieser Grundlage zwangsweise durchsetzen. Wenn die Verwaltung mit dem Bürger eine einvernehmliche Regelung trifft und sich damit auf die Ebene der Gleichordnung begibt, dann muss sie konsequenterweise auch bei der Durchsetzung vertraglicher Leistungsansprüche auf dieser Ebene bleiben und muss – wie der Bürger – umstrittene Ansprüche gerichtlich[76] geltend machen[77].

---

[69] BVerwGE 74, 368/370 = NJW 1986, 2359 (Träger der gesetzlichen Krankenversicherung); BVerwGE 42, 331/332 ff. = NJW 1973, 1895 (Folgekostenvertrag); BVerwGE 30, 65/67 = NJW 1968, 2023 (Fernmeldeaspirantenverträge)

[70] BVerwGE 92, 56/58 f. = NJW 1993, 2695 (Grundstückskauf/Weilheimer Modell)

[71] Kopp/Ramsauer, VwVfG, § 54 Rn. 28 m.w.N.

[72] Kopp/Ramsauer, VwVfG, § 54 Rn. 28; Beispiele bei Maurer, VerwR AT, § 14 Rn. 11

[73] BGHZ 71, 386/392 ff. = NJW 1978, 1802 (culpa in contrahendo); BGHZ 76, 343/348 = NJW 1980, 1683 (culpa in contrahendo); BGH NJW 1986, 1109 = MDR 1986, 651 (culpa in contrahendo); BGH DÖV 1974, 133 = NJW 1973, 2172 LS (culpa in contrahendo/ Ansprüche wegen Nichterfüllung); BVerwGE 81, 312/317 f. = NVwZ 1989, 876 (Verzugsschaden/Zinsen)

[74] Maurer, VerwR AT, § 14 Rn 54 a.E.: Wegfall der Geschäftsgrundlage oder – zu unterscheidende – clausula rebus sic stantibus

[75] Kopp/Ramsauer, VwVfG, § 60 Rn. 1 und Rn. 3; Maurer, VerwR AT, § 14 Rn. 53 und 54

[76] zum Rechtsweg unten Rn. 824

[77] Maurer, VerwR AT, § 10 Rn. 6 und zur Unterwerfung unter die sofortige Vollstreckung bei subordinationsrechtlichen Verträgen § 14 Rn. 56; siehe auch BVerwGE 50, 171/175 = NJW 1976, 1516 (Erschließungsvertrag); BVerwGE 59, 60/62 ff. = DÖV 1980, 644 (EWG/Rückforderung von Beihilfen); BVerwGE 89, 345/351 ff. = NVwZ 1992, 769 (EWG/Rückforderung von Beihilfen)

2. Nichtvertragliche öffentlich-rechtliche Schuldverhältnisse

a) Allgemeines

aa) Das Merkmal öffentlich-rechtlich grenzt gegenüber den privatrechtlichen **423**
Rechts- und Schuldverhältnissen ab.

Die Rechtsprechung des Bundesgerichtshofs bejaht die sinngemäße Anwendung
des vertraglichen Schuldrechts auf öffentlich-rechtliche Verhältnisse dort, „wo ein
besonders enges Verhältnis des einzelnen zum Staat oder zur Verwaltung begründet
worden ist und mangels ausdrücklicher gesetzlicher Regelung ein Bedürfnis zu einer
angemessenen Verteilung der Verantwortung innerhalb des öffentlichen Rechts vorliegt"[78].

Die öffentlich-rechtlichen Rechtsbeziehungen zwischen der Verwaltung und dem
Bürger, aus denen Hauptleistungspflichten entspringen (können) und innerhalb
derer Nebenpflichten wie Verhaltens- und Sorgfaltspflichten zu beachten sind[79],
müssen ein **enges Näheverhältnis** aufweisen.

In einer wertenden Betrachtung ist danach zu fragen, ob eine besondere Interessen-
lage ersichtlich ist, die Anlass zu einer gesteigerten Rechts- und Pflichtenstellung
gibt, die über die allgemeinen deliktischen Beziehungen hinausgeht.

Beispiel:

BGHZ 103, 338 = MDR 1988, 766 – Kinderspielplatz –

*In dem vom Bundesgerichtshof entschiedenen Fall verletzte sich ein Kind auf ei-
nem öffentlichen Kinderspielplatz an einem nicht verkehrssicheren Spielgerät.
Die Schildertafel auf dem Spielplatz bezeichnete den zugelassenen Personenkreis und untersagte bestimmte Verhaltensweisen.*

*Der Bundesgerichtshof ging von einer Haftung lediglich nach § 823 Abs. 1 BGB
(Verletzung der Verkehrssicherungspflicht) aus und verneinte eine Sonderbeziehung selbst für den Fall, wenn es für die Benutzung des Platzes eine Satzung gegeben hätte[80]. Die Interessen beider Seiten seien schon durch die allgemeinen
deliktischen Beziehungen hinreichend gewahrt.*

Wenn sich Ansprüche aus dem öffentlich-rechtlichen Schuldverhältnis auch in er- **424**
ster Linie gegen den Staat oder sonstige Körperschaften des öffentlichen Rechts
richten, so sind umgekehrt **Ansprüche der Körperschaften gegen den Bürger**
denkbar[81].

---

[78] BGHZ 21, 214/218 NJW 1956, 1399 (Strafgefangener)
[79] vgl. die Definition von Detterbeck/Windthorst/Sproll, § 19 Rn. 24
[80] a.a.O. S. 343; vgl. auch BGH NJW 1977, 1392/1394 = MDR 1977, 829 (Friedhofsord-
nung)
[81] Maurer, VerwR AT, § 28 Rn. 2 a.E.; vgl. BVerwG NJW 1995, 2303 = NVwZ 1995, 991 LS:
Schadensersatzansprüche der Gemeinde, weil durch Einleiten aggressiver Abwässer eines
chemischen Betriebs die Rohrleitungen des Abwassersystems zerstört wurden

425 bb) Für Benutzungs- und ähnliche Verhältnisse gilt im Hinblick auf die Begründung durch **öffentlich-rechtlichen Vertrag** folgendes[82]:

Soweit bei öffentlichen Einrichtungen das Benutzungsverhältnis öffentlich-rechtlich ausgestaltet ist, wird hierdurch der Abschluss öffentlich-rechtlicher Benutzungsverträge nicht ausgeschlossen, wenn das Schriftformerfordernis (§ 57 VwVfG) durch entsprechende Bestimmungen einer Benutzungssatzung aufgehoben worden ist[83]. Fehlt es an einer dies regelnden Satzung, so kommt durch die Zulassung zu einer öffentlichen Einrichtung ein öffentlich-rechtliches Benutzungsverhältnis zustande, welches nicht vertraglich, sondern einseitig hoheitlich begründet wird[84].

426 cc) Das öffentlich-rechtliche Schuldverhältnis unterfällt – auch in haftungsrechtlicher Sicht – dem öffentlichen Recht. Soweit hier Rechtsvorschriften fehlen und die Eigenart des Rechtsverhältnisses das zulässt, sind die schuldrechtlichen Bestimmungen des Bürgerlichen Rechts entsprechend heranzuziehen[85].

b) Haftungsbeschränkungen

427 Ist für den öffentlich-rechtlichen Vertrag, insbesondere, nachdem das Schuldrechtsmodernisierungsgesetz die Regelungen des AGBG in das BGB aufgenommen hat (§§ 305–310 BGB), fraglich[86], ob durch **AGB** eine **Haftungsbeschränkung** vorgenommen werden kann, so stellt sich dieselbe Frage im bloßen Benutzungsverhältnis und einer Haftungsbeschränkung durch **Satzung**.

Eine solche wird von der Rechtsprechung als zulässig erachtet, wenn sie nicht zum Ausschluss auch der groben Fahrlässigkeit führt. Sie muss **sachlich gerechtfertigt** sein und den Grundsätzen der **Erforderlichkeit** und **Verhältnismäßigkeit** entsprechen. Sie lässt Ansprüche aus anderen Anspruchsgrundlagen unberührt[87].

3. Einzelne Schuldverhältnisse und Abgrenzungen

a) Öffentlich-rechtliche Benutzungs- und Leistungsverhältnisse

428 Ein solches Verhältnis zwischen der öffentlichen Hand und einem privaten Rechtssubjekt besteht dann, wenn die Nutzung einer öffentlichen Einrichtung oder die Inanspruchnahme von Leistungen öffentlich-rechtlich geregelt ist. Das kann durch **Verwaltungsakt**, öffentlich rechtlichen **Vertrag** oder **Satzung** erfolgen.

---

[82] die Anwendung der Lehre vom faktischen Vertrag im öffentlichen Recht ist umstritten – vgl. Kopp/Ramsauer, VwVfG, § 54 Rn. 19 m.w.N.

[83] str. – Maurer, VerwR AT, § 14 Rn. 29: Die Funktion der Schriftform hat bei Alltagsverträgen im kommunalen Bereich keine Bedeutung

[84] Kopp/Ramsauer, VwVfG, § 54, Rn. 19 a.E.

[85] Maurer, VerwR AT, § 28 Rn. 4–6 m.w.N.; Übersicht bei Detterbeck/Windthorst/Sproll, § 20 Rn. 1 ff.

[86] siehe Kopp/Ramsauer, VwVfG, § 62 Rn. 7a m.w.N.

[87] BGHZ 61, 7/12 ff. = JR 1973, 514 (kommunaler Schlachthof/Haftungsbeschränkung/Amtshaftung)

In Betracht kommen kommunale öffentliche Einrichtungen mit Anschluss- und Benutzungszwang[88] oder die Nutzung sonstiger kommunaler Einrichtungen mit oder ohne Benutzungszwang[89].

Da die öffentliche Hand das Verhältnis privatrechtlich ausgestalten kann und zwar auch bei Bestehen eines Anschluss- und Benutzungszwangs[90], ist die Rechtsnatur gesondert zu prüfen. Anzeichen für eine öffentlich-rechtliche Ausgestaltung des Verhältnisses ist eine Regelung durch **Satzung** und die Erhebung von **Gebühren**[91].

b) Öffentlich-rechtliche Verwahrung

Ein öffentlich-rechtliches Verwahrungsverhältnis kommt relativ häufig vor. Es entsteht, wenn eine bewegliche Sache kraft **öffentlichen Rechts** in **Besitz** genommen wird[92].   **429**

Weitere Voraussetzung hierfür ist, dass der Berechtigte von eigenen Obhuts- und Sicherungspflichten ausgeschlossen wird, und dass entsprechende **Fürsorgepflichten** dem Hoheitsträger obliegen[93].

Der Verschuldensmaßstab des § 690 BGB gilt nicht[94]. Das jederzeitige Rückforderungsrecht ist ausgeschlossen, wenn die Sache beschlagnahmt wurde[95].

Ein öffentlich-rechtliches Verwahrungsverhältnis wird nicht dadurch hergestellt, dass der **Gerichtsvollzieher** Verträge abschließt, um nicht der Zwangsvollstreckung unterliegende Gegenstände anderweit in Verwahrung zu bringen (§ 885 Abs. 3 ZPO). Ein solcher Vertrag unterliegt ebenso wie ein Vertrag zur Verwahrung gepfändeter Gegenstände, die nicht im Gewahrsam des Schuldners verbleiben (§ 808 Abs. 2 S. 1 ZPO), dem Bürgerlichen Recht und verpflichtet regelmäßig das Land und nicht den Gerichtsvollzieher selbst[96].   **430**

---

[88] BGHZ 54/299/301 ff. = DVBl 1971, 400 (Kanalanschluss); BGH NJW 1984, 615/617 = BGHZ 88, 85 (Kanalisation – insoweit in BGHZ nicht abgedruckt)
[89] BGHZ 61, 7/10 ff. = JR 1973, 514 (kommunaler Schlachthof); BGH NJW 1974, 1816 = VersR 1974, 1102 (kommunaler Schlachthof)
[90] BGH MDR 1984, 558 = BGH Warn 1983, 314 (Eigenbetrieb/Entgeltregelungen)
[91] Detterbeck/Windthorst/Sproll, § 21 Rn. 10
[92] BGH NJW 1990, 1230/1231 = MDR 1990, 416 (Autobahnwache/Unmöglichkeit der Rückgabe); BGH MDR 1975, 213 (Zollgut); BGHZ 34, 349 = NJW 1961, 1164 (Gutschriften); BGHZ 4, 192/194 (Nichtanwendbarkeit des § 690 BGB); BGHZ 1, 369 ff. (Asservate)
[93] BGH NJW 1988, 1258 = MDR 1988, 650 (Schule/Sicherung von Gegenständen Dritter); vgl. dazu auch Maurer, Schadensersatzansprüche des Lehrers gegen den Schulträger, JuS 1994, 1015 ff.
[94] BGHZ 4, 192
[95] Detterbeck/Windthorst/Sproll, § 21 Rn. 6
[96] BGHZ 142, 77/78 ff. = NJW 1999, 2597; BGHZ 89, 82/84 ff. = NJW 1984, 1759

c) Öffentlich-rechtliche Geschäftsführung ohne Auftrag (GoA)

431 Die öffentlich rechtliche GoA ist in Rechtsprechung und Lehre grundsätzlich anerkannt.

Hierbei können mehrere Fallgestaltungen unterschieden werden[97]:

- Tätigkeit einer Behörde für eine andere Behörde (aa)
- Tätigkeit einer Behörde für einen Bürger (bb)
- Tätigkeit eines Bürgers für eine Behörde (cc)

Zu prüfen ist, inwieweit die Vorschriften der §§ 677 ff. BGB entsprechend angewendet werden können[98]. Zu beachten ist, dass spezialrechtlichen Regelungen der **Vorrang** zukommt[99].

432 aa) Handelt ein Träger öffentlicher Gewalt für einen anderen Träger öffentlicher Gewalt, dürfte in der Regel eine Anwendung der §§ 677 ff. BGB ausgeschlossen sein, da deren Handeln gesetzesdeterminiert ist[100]. Eine entsprechende Anwendung soll nur in gesetzlich nicht geregelten echten **Notfällen** zulässig sein[101].

433 bb) Nach der Rechtsprechung des Bundesgerichtshofs kann die hoheitliche Wahrnehmung bestimmter Aufgaben zugleich als GoA für den dadurch begünstigten Bürger qualifiziert werden.

Der Bundesgerichtshof geht davon aus, dass eine – privatrechtliche[102] – GoA auch dann vorliegt, wenn der Geschäftsführer mit der Verfolgung eigener Interessen zugleich ein Geschäft für einen anderen besorgt[103] mit der Folgerung, dass die Verwaltung hoheitliche Aufgaben und zugleich Geschäfte des Bürgers wahrnimmt[104].

Die Literatur sieht hingegen in den bürgerlich-rechtlichen Vorschriften keine Eingriffsermächtigung und verweist auf spezialgesetzlich determinierte Regelungen. Nur wenn diese nicht bestünden, komme eine entsprechende Anwendung der §§ 677 ff. BGB in Betracht[105].

---

[97] Detterbeck/Windthorst/Sproll, § 21 Rn. 36 und 39 erörtern die öffentlich-rechtliche GoA auch im Verhältnis zwischen Privaten

[98] vgl. dazu BVerwGE 80, 170/172 ff. = NJW 1989, 922 (private Geschäftsführung für Behörde)

[99] Nachweise bei Detterbeck/Windthorst/Sproll, § 21 Rn. 47

[100] im einzelnen Detterbeck/Windthorst/Sproll, § 21 Rn. 48 ff.

[101] siehe dazu Bamberger, Grundfälle zur GoA im öffentlichen Recht, JuS 1998, 707 f.; vgl. aber auch BGH NJW 1986, 2524 = NVwZ 1986, 913 (Soldat/Verlust von Ausrüstungsgegenständen)

[102] dazu Maurer, VerwR AT, § 28 Rn. 12

[103] Palandt/Sprau, § 677 Rn. 6 m.w.N.

[104] BGHZ 65, 384/386 ff. = NJW 1976, 748 (Bergung von Schiffsteilen); BGHZ 65, 354/356 ff. = NJW 1976, 619 (Straßenreinigung/benachbarte Bimsgrube); BGHZ 63, 167/169 f. = JZ 1975, 533 (Feuerwehr/private Dritte); BGHZ 40, 28/30 ff. = NJW 1963, 1825 (Feuerwehr/Bundesbahn/Funkenflug)

[105] Detterbeck/Windthorst/Sproll, § 21 Rn. 54 und 55

cc) Entsprechendes gilt für die GoA des Bürgers zugunsten der Verwaltung. Sie **434** beschränkt sich auf nicht geregelte Fälle; der Private ist grundsätzlich auf die Inanspruchnahme der ihm zustehenden Rechtsschutzmöglichkeiten angewiesen[106].

d) Öffentlich-rechtlicher Erstattungsanspruch

Der Anspruch ist auf die Rückgewähr rechtsgrundlos erlangter Leistungen gerichtet. **435**

Er ergibt sich aus dem Grundsatz der **Gesetzmäßigkeit der Verwaltung**[107], der den Ausgleich einer mit dem Recht nicht mehr übereinstimmenden Vermögenslage fordert[108].

Nach Struktur und Ziel entspricht der Anspruch den Regelungen der §§ 812 ff. BGB[109]. Er setzt eine Vermögensverschiebung und einen fehlenden Rechtsgrund voraus[110].

Der Staat oder ein sonstiger Verwaltungsträger kann sich nicht auf den **Wegfall der** **436** **Bereicherung** berufen[111].

Soweit der Bürger Leistungen auf Grund eines rechtswidrigen Verwaltungsakts erhalten hat, ist er durch die beschränkte Rücknahme begünstigender Verwaltungsakte[112] hinreichend geschützt[113].

Findet die Vermögensverschiebung ohne Verwaltungsakt statt, kommt es nach der Rechtsprechung des Bundesverwaltungsgerichts auf die **Schutzwürdigkeit des** **Vertrauens**, die **Beständigkeit der Vermögenslage** und auf eine **Abwägung** zwischen **öffentlichen und privaten Interessen** an[114].

e) Personenbezogene Sonderverbindungen

aa) Das **Beamtenverhältnis** ist ein öffentlich-rechtliches Schuldverhältnis[115]. Der **437** Beamte hat bei schuldhafter Verletzung der beamtenrechtlichen Fürsorgepflicht

---

[106] Detterbeck/Windthorst/Sproll, § 21 Rn. 56 ff.; vgl. auch Maurer, VerwR AT, § 28 Rn. 11; aus der Rechtsprechung: BVerwGE 48, 279/286 ff. = MDR 1975, 961 (Erstattung von Hinterbliebenenbezügen); BGHZ 138, 281/288 = WM 1998, 1356 (Übernahme im öffentlichen Interesse); BGH UPR 2004, 133/134 = RdL 2004, 43 (Unterhaltungsarbeiten im Gewässer)

[107] BVerwGE 48, 279/286 = MDR 1975, 961 (Erstattung von Hinterbliebenenbezügen)

[108] gesetzliche Regelungen z.B. § 49 a Abs. 1 S. 1 VwVfG, § 37 Abs. 2 AO, § 50 SGB X; siehe BVerwGE 78, 165/169 = NJW 1988, 2551 (Sozialhilfe/Erstattung durch Erben); BVerwG NJW 1993, 215 = DVBl 1992, 1483 (Sozialhilfe/Erstattung durch Eltern)

[109] Maurer, VerwR AT, § 28 Rn. 21 und 22 m.w.N.

[110] im einzelnen Detterbeck/Windthorst/Sproll, § 24 Rn. 1 ff. zu: Dreipersonenverhältnisse, Leistung und Eingriff, öffentlich-rechtliche Rechtsbeziehungen, fehlender Rechtsgrund

[111] BVerwGE 36, 108/113 f. = MDR 1971, 161 (Erstattung/Gemeinde/Land/Bund)

[112] vgl. § 48 Abs. 2–4 VwVfG und oben Rn. 65

[113] Maurer, VerwR AT, § 28 Rn. 27

[114] BVerwGE 71, 85/88 = NJW 1985, 2436 (Postanweisung); BVerwGE 89, 345/352 ff. = NVwZ 1992, 769 (EG/Beihilfe)

[115] BGHZ 43, 163/164 ff. = NJW 1965, 1177 (Fürsorgepflicht); BVerwGE 13, 17/23 = NJW 1961, 2364 (Fürsorge- und Treueverhältnis)

seines Dienstherren nicht nur einen Erfüllungsanspruch, sondern auch öffentlich-rechtliche Schadensersatzansprüche entsprechend §§ 276, 278, 618 Abs. 3 BGB (a.F.)[116].

Nach der neueren Rechtsprechung ergeben sich bei der Verletzung beamtenrechtlicher Pflichten durch den Dienstherren diese Schadensersatzansprüche jetzt unmittelbar aus dem Beamtenverhältnis[117].

438   bb) Auch in anderen personenbezogenen Sonderverbindungen wie z.B. dem **Zivildienst-**, **Wehrdienst-**, **Strafgefangenen-** und **Schulverhältnis** obliegen der öffentlichen Hand allgemeine **Fürsorgepflichten**, deren Verletzung Ersatzansprüche nach sich ziehen können[118].

In diesem Bereich ist die Rechtsprechung nicht einheitlich[119].

III. Plangewährleistungsansprüche

1. Zielrichtung des Plangewährleistungsanspruchs

439   Der Anspruch zielt vorrangig nicht auf Entschädigung, sondern auf Planfortbestand und Planbefolgung ab[120]. Ausgleichs- und Entschädigungsansprüche sind hingegen auf Kompensation materieller Nachteile durch Planänderungen gerichtet. Auch sie sind Erscheinungsformen des Plangewährleistungsanspruchs[121].

2. Anspruch auf Planfortbestand und Planbefolgung[122]

440   Er richtet sich gegen die Aufhebung oder Änderung des Plans.

Ist der Plan in Form eines **Verwaltungsakts** ergangen und findet das VwVfG Anwendung, sind die Bestimmungen der §§ 48, 49 und 50 VwVfG einschlägig. Sind deren Voraussetzungen nicht erfüllt, besteht ein Anspruch auf Planfortbestand.

Besteht der Plan in Form eines **öffentlich-rechtlichen Vertrages**, kommt es für die Aufhebung oder Änderung des Plans auf § 60 VwVfG an.

---

[116] BVerwGE 52, 247/254 = NJW 1978, 717 (Wehrdienstverhältnis/Unmöglichkeit der Rückgabe)

[117] BVerwGE 94, 163/164 ff. = NJW 1995, 271 (Fachhochschullehrer); BVerwGE 107, 29/31 = NJW 1998, 3288 (Beförderung); BVerwGE 80, 123/125 = NJW 1989, 538 (Beförderung); im einzelnen Detterbeck/Windthorst/Sproll, § 21 Rn. 14 ff.

[118] vgl. Detterbeck/Windthorst/Sproll, § 21 Rn. 24 m.w.N.

[119] siehe BGHZ 21, 214 = NJW 1956, 1399 (Strafgefangener); BGH NJW 1963, 1828 = MDR 1963, 747 (Schüler); BGH NJW 1964, 1670 = MDR 1964, 658 (Schüler); BVerwGE 101, 51 = NJW 1996, 2669 (Hochschulverhältnis)

[120] Maurer, VerwR AT, § 28 Rn. 35; Detterbeck/Windthorst/Sproll, § 29 Rn. 1

[121] Detterbeck/Windthorst/Sproll, § 29 Rn. 1

[122] dazu Maurer, VerwR AT, § 16 Rn. 28 ff. m.w.N.

Pläne in Gestalt **förmlicher Gesetze** sind hinsichtlich ihrer Rückwirkung, ihrer Außenwirkung und des Vertrauensschutzes zu hinterfragen[123]. Vergleichbares gilt für durch **Verwaltungsvorschriften** gestaltete Pläne[124].

Hinsichtlich **informatorischer Pläne**, die die Rechtsnatur schlichten Verwaltungshandelns haben[125], sind Ansprüche auf Planfortbestand ausgeschlossen[126].

Der Rechtsschutz des Betroffenen richtet sich nach der Rechtsnatur und nach dem Inhalt des jeweiligen Plans. Es gibt **keinen allgemeinen Anspruch** auf Planfortbestand und Planbefolgung[127].

3. Planausgleichs- und Entschädigungsansprüche

a) Gesetzliche Bestimmungen

Vorrangig zu beachtende **sondergesetzliche Vorschriften** wie z.B. §§ 39–42   **441**
BauGB[128] regeln die Entschädigung für Planungsschäden, wobei im einzelnen umstritten ist, ob diesen Regelungen die Enteignung oder enteignende Eingriffe zugrunde liegen oder ob es um ausgleichspflichtige Inhaltsbestimmung geht[129].

b) Ansprüche außerhalb sondergesetzlicher Regelungen

Die Rechtsprechung versucht Planungsschäden mit Hilfe der herkömmlichen   **442**
Rechtsinstitute zu bewältigen. Ein **allgemeiner Kompensationsanspruch** aus Plangewährleistung ist nicht anerkannt[130].

aa) Handelt es sich um die Frage von Ersatzansprüchen im Zusammenhang mit   **443**
Planaufstellung und Planaufrechterhaltung fehlt es bei informativen Plänen am amtshaftungsrechtlichen Drittschutz und enteignungsrechtlich am unmittelbaren Eingriff.

---

[123] vgl. Detterbeck/Windthorst/Sproll, § 29 Rn. 5–9; Ossenbühl, S. 385

[124] dazu Detterbeck/Windthorst/Sproll, § 29 Rn. 10–14 m.w.N.

[125] Wolff/Bachof/Stober, VerwR Bd. 2, § 56 Rn. 21

[126] Detterbeck/Windthorst/Sproll, § 29 Rn. 16 und 18

[127] Ossenbühl, S. 385; Maurer, VerwR AT, § 16 Rn. 29 und 33 m.w.N.

[128] zum baurechtlichen Planungsschadens- und Entschädigungsrecht vgl. die neuere Rechtsprechung des Bundesgerichtshofs – BGHZ 141/323 ff. = NJW 1999, 3488 (eigentumsverdrängende Grundstücksumplanung); BGH NJW 1998, 2215/2216 ff. = VersR 1998, 986 (bauplanungsrechtliche Enteignung/Entschädigung); BGH NJW 2003, 63/64 f. = VersR 2003, 213 (Ablauf der Plangewährleistungsfrist/unzumutbare Ungleichbehandlung/Bemessung der Entschädigung)

[129] vgl. die Nachweise bei Battis/Krautzberger/Löhr/Battis, BauGB, Vorbem. §§ 39–44 Rn. 5; § 39 Rn. 1; § 40 Rn. 3; § 41 Rn. 2; § 42 Rn. 3; siehe auch Walhäuser, Drohende Planungsschäden als Hindernis einer modernen städtebaulichen Planung?, BauR 2003, 1488

[130] Ossenbühl, S. 387 ff.; Maurer, VerwR AT, § 16 Rn. 35 mit umfangreichen Nachweisen

Ansprüche wegen Schäden, die unmittelbar auf Plänen in **Gesetzesform** oder deren **Vollzug** beruhen[131], sind amtshaftungsrechtlich nicht durchsetzbar[132]; das gilt auch für Ansprüche aus enteignungsgleichem Eingriff[133].

444 bb) Sekundäre Ersatzansprüche wegen **rechtswidriger Planänderung** setzen den Einsatz von – vorrangigem – Primärrechtsschutz voraus. Der Betroffene muss sich mit den zur Verfügung stehenden Rechtsbehelfen gegen die Planänderung wehren und versuchen, seinen Anspruch auf Planfortbestand durchzusetzen. Nur soweit der Primärrechtsschutz unzureichend ist, kommen Sekundäransprüche in Betracht[134].

445 cc) Ansprüche auf **Ausgleichsleistungen** können bestehen, wenn Planaufstellungen, Planänderungen oder Planaufhebungen mit unzumutbaren Belastungen und Nachteilen verbunden sind[135].

IV. Ansprüche aus Gefährdungshaftung

1. Allgemeines

446 Grundlage der Gefährdungshaftung ist der Gedanke der übermäßigen Gefahr. Wer eine solche für andere schafft, unterhält oder ausnützt, ist diesen verpflichtet, den aus der Schadensverwirklichung fließenden Schaden abzunehmen.

Das Prinzip der Gefährdungshaftung richtet sich also auf Schadensabnahme durch Risikoüberwälzung[136].

Die Gefährdungshaftung trifft in den gesetzlich geregelten Fällen den „Gefährdenden" und somit auch die öffentliche Hand, wobei es unerheblich ist, ob ihr Verhalten – etwa als Inhaberin von Sachen oder Betreiberin von Anlagen – öffentlich-rechtlich oder privatrechtlich zu bewerten ist.

2. Gesetzliche Beispiele für die Gefährdungshaftung[137]

447
- § 833 BGB (Tierhalter)
- § 7 StVG (Fahrzeughalter)
- § 33 LuftVG (Halter des Luftfahrzeugs)
- §§ 53, 54 LuftVG (Haftung für militärische Luftfahrzeuge)
- § 25 AtG (Kernanlagen)
- § 1 UmweltHG (Anlagenhaftung)
- § 1 ProdHaftG (Produktfehler)

---

[131] „legislatives Unrecht"
[132] oben Rn. 107 ff.
[133] oben Rn. 339, 340; siehe im weiteren Detterbeck/Windthorst/Sproll, § 30 Rn. 5–7; Ossenbühl, S. 386 ff.
[134] Detterbeck/Windthorst/Sproll, § 30 Rn. 9 und 10
[135] vgl. Detterbeck/Windthorst/Sproll, § 30 Rn. 13 und 14; Maurer, VerwR AT, § 16 Rn. 34
[136] Deutsch, Das neue System der Gefährdungshaftungen, NJW 1992, 73/74
[137] wegen der Anspruchskonkurrenz unten Rn. 811 ff.

- § 84 AMG (Hersteller)
- §§ 1, 2 HaftpflG (Bahnbetrieb/gefährliche Anlage)
- § 32 GenTG (gentechnische Arbeiten/Betreiber)
- § 22 WHG (Änderung der Beschaffenheit des Wassers)
- § 7 BDSG (personenbezogene Daten)
- § 77 BLG (Manöverschäden)[138]

3. Allgemeine Gefährdungshaftung im öffentlichen Recht

Eine allgemeine Gefährdungshaftung im öffentlichen Recht wird von der Rechtsprechung de lege lata abgelehnt[139]. **448**

V. Nachbarrechtliche Ausgleichsansprüche

1. Anspruchsvoraussetzungen (§ 906 Abs. 2 Satz 2 BGB)

Dieser Anspruch stellt in der Praxis einen „Auffangtatbestand" zu Gunsten des geschädigten Bürgers dar[140]. Er ist von den Anspruchsvoraussetzungen recht offen, setzt wenig voraus, ist allerdings in den Rechtsfolgen gegenüber Schadensersatzansprüchen eingeschränkt. Es besteht eine deutliche Tendenz in der Rechtsprechung zur extensiven Auslegung dieses verschuldensunabhängigen Anspruchs. **449**

a) Privatrechtliches Handeln

Der nachbarrechtliche Ausgleichsanspruch entsprechend § 906 Abs. 2 Satz 2 BGB ist dann gegeben, wenn von einem Grundstück im Rahmen seiner privatrechtlichen Nutzung (z.B. Bau-, Bohrarbeiten auf städtischem Grundstück mit erheblichen Lärm- und Erschütterungsemissionen, Zuführung oder Entzug von Grundwasser[141], Bruch einer städtischen Versorgungsleitung mit Überschwemmungsschäden[142], Musikveranstaltungen in kommunalem Bürger-, Dorfgemeinschaftshaus[143], Geruchsbelästigung[144], Saatkrähenanlockung durch städtische Müll- oder Kläran- **450**

---

[138] BGHZ 125, 230/232 = NJW 1994, 2696

[139] vgl. z.B. BGHZ 55, 229/234 = NJW 1971, 607 (Wasserleitung/Rohrbruch); siehe ausführlich und argumentativ Ossenbühl, S. 368 ff. m.w.N.

[140] s. Peter Itzel, Kanalbauten – Fallgruben für Gemeinden und Bürger ? BADK Information 2000, 66 – 69

[141] OLG Nürnberg, OLGR 2002, 158 – 160; OLG Koblenz, OLGR 2000, 425 f.

[142] BGH, BGHReport 2003, 932 – 935 = NJW 2003, 2377 – 2380; zu Überschwemmungsschäden aus einem Straßenseitengraben s. BGH, NJW 1996, 3211; einschränkend wohl OLG Koblenz, MDR 2000, 1192 (Wasserzufluß nach Bau eines Golfplatzes); klarstellend: BGH, NJW 2004, 775 – 777 (Zuführung von (reinem) Wasser unterfällt § 906 Abs. 2 Satz 2 BGB), s. auch Breuer 2004 Rn. 1050

[143] OLG Koblenz, OLGR 2003, 417 f. („Techno-Musik"); s. auch BGH, NJW 2003, 3699 – 3701 = BGH-Report 2004, 88 – 90 („Rockkonzert")

[144] BGHZ 140, 1–11 = NJW 1999, 356–359 (Ortsüblichkeit von Geruchsbelästigungen)

lage[145], thermische und nichtthermische Wirkungen elektromagnetischer Felder[146], Übergreifen eines Kabelbrandes[147], Sportveranstaltungen[148]) Einwirkungen auf eine anderes Grundstück ausgehen, die das zumutbare Maß einer entschädigungslos hinzunehmenden Beeinträchtigung übersteigen, sofern der Betroffene gehindert war, diese Einwirkungen gemäß §§ 1004 Abs. 1, 862 Abs. 1 BGB rechtzeitig zu unterbinden[149]. Die Beeinträchtigung muß unzumutbar sein; von dem Nachbarn muß ein Sonderopfer abverlangt werden. Dies ist bei ortüblichen Belästigungen und Beeinträchtigungen (z.b. Straßenbaumaßnahmen – auch mit Einsatz einer Ramme, Erschütterungen durch Baustellenverkehr[150], natürlicher Abfluß des Oberflächenwassers; Laubfall, Laubverwehungen und Samenflug[151], „Elektrosmog"[152]) regelmäßig nicht der Fall[153]. Bei nur kurzzeitig wirksamen Einwirkungen ist die Begründung eines Ersatzanspruchs regelmäßig schwierig, soweit es sich nicht um Substanzzerstörungen oder -beschädigungen handelt. Besteht ein Unterlassungsanspruch gegen den emittierenden Nachbarn nicht, kann auch ein Ausgleich für die Beeinträchtigungen nicht verlangt werden[154].

b) Hoheitliches Handeln

451 Dieser Ausgleichsanspruch, der für die öffentliche Hand besonders bei privatrechtlichem Handeln relevant wird, ist in entsprechender Anwendung[155] auch auf grundstücksbezogenes, beeinträchtigendes hoheitliches Handeln (z.B. Militär – Fluglärm[156]) anzuwenden. Es handelt sich insoweit regelmäßig um einen Entschädigungsanspruch für enteignend wirkende hoheitliche Maßnahmen[157]. Da es sich

---

[145] OLG Zweibrücken, NJW-RR 1986, 688–690 (Ernteschäden durch angelockte Krähen); abw. wohl AG Bad Oldesloe, NuR 1999, 418 f. (Saatkrähenkolonie im Kurpark : kein Unterlassungsanspruch)

[146] OLG Frankfurt, CR 2003, 828–830 (keine Entschädigung für nichtthermische Wirkungen einer Mobilfunksendeanlage)

[147] BGHZ 142, 66–72 = BGH, NJW 1999, 2896 f.; vgl. auch BGH, VersR 1987, 1096 f. und OLG Hamm, MDR 1987, 760 (keine Haftung nach Brandstiftung)

[148] z. den geltenden Grenzwerten Bergmann/ Schumacher 2002 S. 520 ff.

[149] zusammenfassend BGH, BGH-Report 2003, 932, s. auch OLG Koblenz, IBR 2003, 479; OLG Nürnberg, OLGR 2002, 158–160

[150] instruktiv OLG Hamm, OLGR 2000, 242–244 (zu allen möglichen Anspruchsgrundlagen)

[151] OLG Düsseldorf, OLGR 1996, 1–3; anders wohl – sehr weitgehend – jetzt BGH, BGH-Report 2004, 224–228

[152] in gewissen Grenzen – s. OLG Frankfurt, CR 2003, 828–830

[153] s. aber bereits BGH, VersR 1964, 1070–1075 (Einrammen von Spundwänden); zur Bedeutung nachbarrechtlicher (Grenz-) Vorschriften mit entspr. massiven Anspruchserweiterungen s. BGH, BGH-Report 2004, 224–228

[154] BGHZ 120, 239 (Lärm durch naturgeschützte Frösche im Nachbar-Gartenteich)

[155] im strengen Sinne handelt es sich hier um eine doppelte Analogie

[156] OLG Koblenz, OLGR 1998, 297–300; aber auch z.B. Kanalbauarbeiten durch die öffentliche Hand selbst – Bauhof, s. BGH, NJW-RR 1988, 136–138

[157] vgl. auch (problematisch) Aust/Jacobs/Pasternak Rn. 60; ablehnend für Steinwürfe, Lärmemissionen vom Gelände eines Asylbewerberheims auf Nachbargrundstück OLG Düsseldorf, OLGR 1994, 177 f.

insoweit um **rechtmäßige hoheitliche Maßnahmen** (z.B. Betrieb eines Militär-Flughafens, Kläranlage[158], jahrelanger Autobahnbau und deren Bertrieb, Schule) handelt, entfällt das Erfordernis des Bestehens eines Unterlassungs-, Abwehranspruchs[159]. Gefordert wie hier jedoch, dass Schutzmaßnahmen (z.B. bei Fluglärm Aufbau von Schallschutzwänden, Einbau von Schallschutzfenstern, Isolierung der Dächer und Wände) keinen durchgreifenden Erfolg haben oder unverhältnismäßige Aufwendungen erfordern[160].

c) Entschädigungsgrenzen

Ausgleich wird aber nur geleistet für ganz erhebliche Beeinträchtigungen[161]. Werden fachgesetzlich festgelegte Richtwerte usw. eingehalten, liegt eine derart massive Eigentumsbeeinträchtigung ersichtlich nicht vor (s. § 906 Abs. 1 Satz 2, 3 BGB). Das hoheitliche Handeln muß enteignend wirken, die enteignungsrechtliche Zumutbarkeitsschwelle überschreiten. Hierfür genügt die bloße Verletzung von verwaltungsrechtlich festgelegten Grenzwerten oder technischen Normen für Lärmabstrahlungen oder andere Emissionen[162] selbstverständlich nicht. Die Entschädigung greift erst bei einem ganz massiven Überschreiten dieser Werte ein[163]. So ist (Straßen-) Lärm (verwaltungsrechtlich) je nach Tageszeit und näheren Umständen (Wohn- oder Gewerbegebiet) bis zu gewissen Grenzwerten zulässig. Aber erst ab einer Dauerbelastung von ca. 70–75 dB(A) tagsüber und 60–65 dB(A) nachts wirkt dieser Lärm enteignend und kann zu Entschädigungsansprüchen führen[164]. **452**

Verdeutlicht kann dieses Verhältnis von Grenz- und Entschädigungswerten durch folgende vereinfachende[165] Skizze werden: **453**

---

[158] BGHZ 97, 97–113; s. Breuer 2004 Rn. 1082 (Geruchsemissionen v. Kläranlage)
[159] wobei Verwaltungsgerichte einen derartigen Abwehranspruch bei Eingriffen in Grundrechte (Art. 2 Abs. 2; Art. 14 GG) wohl dem Bürger zubilligen wollen–sehr fraglich; vgl. u.a. VGH Baden-Württemberg, BauR 1994, 497–499 (Lärmimmissionen durch Benutzer eines Grillplatzes – werden der Gemeinde zugerechnet)
[160] BGHZ 122, 76 f.
[161] Aust/Jacobs/Pasternak 2002 Rn. 767 ff. , 773 – Straßenlärm , S. 172 zu fachplanungsrechtlichen Ausgleichsansprüchen unterhalb der Enteignungsschwelle
[162] hierzu s. vor allem das Bundesimmissionsschutzgesetz mit den hierzu ergangenen zahlreichen Durchführungsverordnungen, die die wesentlichen Grenzwerte und Meßmethoden festlegen
[163] BGHZ 122, 76, 78 f.; Aust/Jacobs/Pasternak 2002 Rn. 773 (vgl. auch Aust/Jacobs 1997 S. 177 : 8–10 dB(A) höher)
[164] z.d. Werten s. BGHZ 122, 76, 81 sowie BGH, BGH-Report 2004, 88 – 90
[165] z.T. wird auch unterhalb der Enteignungsschwelle aufgrund spezialgesetzlicher Regelungen ein Ausgleich gewährt, vgl. Aust/Jacobs/Pasternak 2002 Rn. 776 ff.

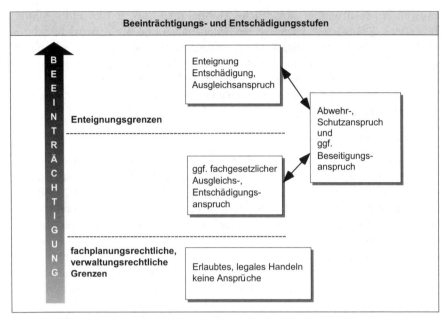

Übersicht 1: Beeinträchtigungs- und Entschädigungsstufen

Beispiel:

> BGHZ 122, 76, 76 f. – Entschädigung für Lärmimmissionen –
>
> *Ein öffentlich-rechtlicher Entschädigungsanspruch steht dem Betroffenen zu, wenn (Lärm-) Immissionen von hoher Hand, deren Zuführung nicht untersagt werden kann, sich als ein unmittelbarer Eingriff in nachbarliches Eigentum darstellen und die Grenze dessen überschreiten, was ein Nachbar nach § 906 BGB entschädigungslos hinnehmen muß. Der Entschädigungsanspruch besteht grundsätzlich in einem Geldausgleich für Schallschutzeinrichtungen. Eine Entschädigung für einen Minderwert des Grundstücks kommt erst in Betracht, wenn Schutzeinrichtungen keine wirksame Abhilfe versprechen oder unverhältnismäßige Aufwendungen erfordern. Dieser Anspruch setzt weiter voraus, dass die zugelassene Nutzung des lärmemittierenden Grundstücks die vorgegebene Grundstückssituation nachhaltig verändert und dadurch das benachbarte Wohneigentum schwer und unerträglich trifft.*

d) Arten der Einwirkung, Aktiv- und Passivlegitimation

454 Die Einwirkungen auf das Nachbargrundstück können beliebiger Art sein. Hierunter fallen Erschütterungen (Bohr-, Spreng-, Abriß-, Aushubarbeiten), Lärm (Fluglärm, Sportplatz), Entzug von Grundwasser und sonstigen Bodenstützen, Zufuhr von Wasser, Schlamm, Geröll, mit Chemikalien verseuchtes Oberflächenwasser, Übergreifen eines Feuers („zündelndes" Kindergartenkind) usw.

Geschützt sind auch nicht nur die unmittelbar der Störungsstelle benachbarten Grundstücke sondern alle, auf denen die schädliche Einwirkung feststellbar ist.

Beispiel:

nach BGH, JuS 1999, 709 f. – m. Anm. K. Schmidt

Erkundungsbohrungen, -sprengungen (geologische Messungen) der öffentlichen Hand zur Sondierung des Untergrundes (Bodenschätze, Lagerstätten usw.) führen zu Erschütterungsrissen am 1,5 km entfernten gemieteten alten Fachwerkhaus. Ein Ausgleichsanspruch ist gegeben.

Der **Entschädigungsanspruch** ist damit hinsichtlich der Einwirkung auf das Grundstück von drei Faktoren abhängig:

(1) es liegt eine Substanzverletzung vor (Risse am, im Haus; Verseuchung, Verschlammung des Kellerbereichs, Brandschäden usw.)

oder

(2) es liegt unabhängig von einer Substanzbeschädigung eine nicht nur kurzfristige Beeinträchtigung des Grundstücks (in seinen Nutzungsmöglichkeiten) vor (Lärm, Geruchsbelästigungen usw.)

und

(3) die Verletzung, Beeinträchtigung muß besonders schwerwiegend, nicht hinnehmbar sein (Sonderopfer) – wobei dies im Fall (1) regelmäßig ohnehin gegeben ist.

Der Anspruch richtet sich auch nicht nur gegen den Eigentümer des „Störergrund-stücks" sondern gegen jeden, der die Störung maßgeblich veranlaßt, die Nutzungsart des Grundstücks bestimmt[166]. So ist z.B. der Bauunternehmer verantwortlich, wenn es bei tiefgehenden Straßen-, Kanalbauarbeiten durch Grundwasserentzug zu Setz-schäden an umliegenden Häusern kommt und der Unternehmer selbständig und verantwortlich diese Arbeiten durchführt.

455

Der Anspruch steht nicht nur dem geschädigten Eigentümer sondern auch dem beeinträchtigten Besitzer (Mieter, Pächter) zu, soweit dieser einen eigenen Schaden erleidet[167].

Dieser Ausgleichsanspruch entsprechend § 906 Abs. 2 Satz 2 BGB ist in vielen Fällen eine der ultimativen Ersatzmöglichkeiten für einen Geschädigten. Denn er setzt weder schuldhaftes Verhalten noch eine vertragliche Beziehung voraus.

PRAXISTIPP! Treten Schäden oder massive Beeinträchtigungen an einem Grundstück / Haus infolge Einwirkungen aus dem Nachbarbereich auf, dann ist stets auch an den verschuldensunabhängigen Anspruch entsprechend § 906 Abs. 2 Satz 2 BGB zu denken.
Vorsicht: gegebenenfalls sind zuvor Abwehrmaßnahmen zur Anspruchserhaltung erforderlich !

---

[166] vgl. auch BGH, NJW 2004, 775 f. („Störereigenschaft ist entscheidend")
[167] BGH, NJW 2004, 775 f.; BGH, BGH-Report 2003, 933

2. Rechtsfolgen

456 Der Anspruch auf Entschädigung gewährt weniger als Schadenersatz.

Es soll ein Ausgleich zwischen dem entschädigungsfreien (nicht unbedingt aber störungsfreien) Zustand mit den insoweit bestehenden – auch eingeschränkten – Nutzungsmöglichkeiten und dem durch die unzumutbaren Immissionen bedingten herabgesetzten Möglichkeiten geleistet werden[168]. Die Höhe der Entschädigung richtet sich nach den Grundsätzen der Enteignungsentschädigung[169].

Bei Substanzschädigungen (z.B. Risse am Nachbarhaus aufgrund Bodenerschütterungen durch Bohrarbeiten) wird jedoch grundsätzlich der volle Ausgleich gewährt[170]. Unterschiede zum Schadenersatz bestehen grundsätzlich vor allem in der Nichtberücksichtigung entgangenen Gewinns.

3. Verjährung, materiellrechtliche und prozessuale Besonderheiten

457 Der Anspruch entsprechend § 906 Abs. 2 Satz 2 BGB verjährte früher innerhalb von 30 Jahren; nun beträgt gemäß § 195 BGB auch für diesen Anspruch die **regelmäßige Verjährungsfrist 3 Jahre.**

Der nach § 906 Abs. 2 Satz 2 BGB Verpflichtete kann mit einem aus Delikt Haftenden gesamtschuldnerisch in Anspruch genommen werden (beschränkt auf die Höhe des Ausgleichsanspruchs)[171].

Zu beachten ist beim Handeln der öffentlichen Hand, dass dieser Ausgleichsanspruch in Einzelfällen spezialrechtlich ausgeformt und geregelt ist. Diese **Sondervorschriften** verdrängen selbstverständlich die – analoge – Anwendung von § 906 Abs. 2 Satz 2 BGB. Dies ist z.B. bei § 22 Abs. 2 WHG, §§ 114 ff. BBergG der Fall[172]. Verdrängt wird § 906 Abs. 2 Satz 2 BGB aber auch in Fällen des „Notstandes" durch die speziellere Regelung des § 904 BGB[173].

Ansonsten kann der Anspruch durchaus in Konkurrenz zu deliktischer Haftung (z.B. §§ 823 Abs. 2, 909 auch § 839 BGB) wie auch zu einer solchen aus Gefährdungshaftung (vgl. § 2 Satz 2 HPflG) treten[174], wobei bei letzterer die Haftungsbeschränkungen und –grenzen zu berücksichtigen sind.

Bei (haftpflichtversicherten) Gemeinden ist jeweils zu prüfen und festzustellen, ob diese Ausgleichsansprüche Teil des versicherten Risikos sind oder wie im Regelfall

---

[168] zur Berechnung in einem Einzelfall OLG Zweibrücken, NJW-RR 1986, 690

[169] BGH, BGHReport 2003, 935

[170] Itzel a.a.O. S. 67

[171] OLG Koblenz, OLGR 2000, 425 f.; OLG Koblenz, OLGR 2000, 107 f.; Itzel a.a.O. S. 68

[172] Fuchs 2003 S. 242; Breuer 2004 Rn. 1098 (für § 22 WHG)

[173] OLG Nürnberg, OLGR 1999, 324 f. (Beschädigungen am Nachbargrundstück im Rahmen eines Feuerwehreinsatzes)

[174] BGH, BGH-Report 2003, 933 f., s. auch Filthaut, Der nachbarrechtliche Ausgleichsanspruch (§ 906 Abs. 2 S. 2 BGB) als anderweitige Ersatzmöglichkeit zur Haftung für Schäden durch gefährliche Anlagen (§ 2 HpflG), VersR 1992, 150–156, Itzel a.a.O. S. 68

Ersatzansprüche aus Vertragspflichtverletzungen in den Bereich der Eigenhaftung fallen.

Für den Rechtsweg ist festzuhalten, dass der Entschädigungsanspruch aus § 906 Abs. 2 BGB stets vor den ordentlichen Gerichten geltend gemacht werden muß[175]. Für vorgelagerte Unterlassungs- und Abwehransprüche ist entscheidend, ob das jeweilige Handeln der öffentlichen Hand privatrechtlich oder öffentlich – rechtlich zu werten ist.

458

Prozessual ist darauf hinzuweisen, dass in den meisten der angesprochenen Fälle wohl eine Beweisaufnahme mit Durchführung eines Ortstermins angezeigt, rechtlich erforderlich sein dürfte.

PRAXISTIPP! Vor Durchführung „tiefgreifender" Baumaßnahmen (Kanalbauarbeiten, tief gegründete öffentliche Gebäude und Versorgungseinrichtungen), bei denen Schäden an Nachbargrundstücken, -bauwerken zu befürchten sind, sollte deren Zustand im Interesse aller Parteien verbindlich festgestellt werden (**Beweissicherung**). Nur so kann ein späterer (zeit- und kostenaufwändiger) Streit über maßnahmebedingte (weitere) Schäden dem Grunde nach verhindert werden.

4. Exkurs: Entschädigungsansprüche wegen (Militär-) Fluglärms

Fluglärm ist inzwischen ubiquitär und wird von Vielen als gesundheitsschädlich und stark belastend angesehen. Zudem sind die Projekte der Flughafenerweiterung, Flugroutenverlagerung, Ausdehnung der Nachtflugzeiten, Verlagerung von Flugkapazitäten usw. mit zahlreichen, oft divergierenden Interessenlagen (Arbeitsplätze, Gewerbeansiedelung, Umsatzsteigerung, Konversion; Ruhe, Erholung, Ökologie) recht umstritten; Mediationsverfahren scheinen von keinem durchgreifendem Erfolg gekrönt zu sein.

459

Wird nun ein Grundstück durch **Militärfluglärm** stark belastet, verlangt der betroffene Bürger im Regelfall Entschädigung.

Ansprüche aus Enteignung bestehen meist nicht, mit Ausnahme bei förmlicher Übernahme des Grundstücks für den Bau des Flughafens selbst (vgl. Landesenteignungsgesetze). Unter Umständen kommt aber ein Anspruch auf Übernahme in Betracht, wenn das Grundstück schlicht und einfach nicht mehr nutzbar ist. Gelöst werden diese eher atypischen Fälle mit dem Instrumentarium des Enteignungsrechts.

Ein **enteignungsgleicher Eingriff** in das Eigentum liegt regelmäßig nicht vor, da es sich im Normalfall um genehmigte Flugplätze und entsprechende Flugbewegungen handelt. Damit scheiden auch regelmäßig Amtshaftungsansprüche aus[176]; es fehlt an einem rechtswidrigen Handeln.

---

[175] für die fachgesetzlich angeordneten Ausgleichsansprüche gilt im Einzelfall Abweichendes – vgl. z.B. § 19 a FStrG

[176] anders im Fall BGHZ 122, 363–372 = NJW 1993, 2173–2176 (Nichteinhaltung der festgelegten Tiefflugzeiten)

460 Einschlägig ist der Anspruch aus **enteignend wirkendem Eingriff**; d.h. von dem rechtmäßigen Flugbetrieb gehen unzumutbare Nebenwirkungen aus, die für den Bürger nicht entschädigungslos hinzunehmen sind[177]. Wegen des räumlichen Nachbarschaftverhältnisses führt diese Konstellation dann zur analogen Anwendung von § 906 Abs. 2 Satz 2 BGB, da dort Entsprechendes für den privaten Bereich geregelt und zum Ausgleich gebracht wird. Das Fluglärmgesetz (s. §§ 53 f. LuftVG) schließt diesen Entschädigungsanspruch nicht aus[178].

461 Verantwortlich ist regelmäßig der **Flughafenbetreiber**, bei NATO-Militärflughäfen die Bundesrepublik Deutschland als „host nation". Daraus ergibt sich auch, dass bei der Lärmbeurteilung der gesamte dem Flughafen zuzurechnende Lärm zugrunde zu legen ist und weder nach einzelnen Flugzeugen (deren Eigentümer, Fluglinie, Nationen) noch nach Starts oder Landungen zu differenzieren ist, sondern der „Gesamtlärm" (einschließlich Infrastrukturmaßnahmen – Autobahnzubringer, Bahnanschlüsse usw.) dafür entscheidend ist[179], ob die Enteignungsgrenze überschritten ist.

462 Enteignend wirkende, nicht hinnehmbare, unerträgliche Beeinträchtigungen lassen sich bei (Militär-) Fluglärm kaum ausschließlich an bestimmten Grenzwerten festmachen[180]. Zu berücksichtigen sind u.a. **Dauerlärmpegel** i.S. des Mittelungspegels, vor allem auch Anzahl, Dauer und Höhe der **Spitzenlärmpegel**, Qualität des Lärms (auch „Frequenzgemisch", Impulshaftigkeit), Tag- und Nachtbelastung, Anzahl der Flugbewegungen und sonstige Einrichtungen (Turbinenprüfstände usw.)[181]. Lärmschutzmaßnahmen dürfen keinen durchgreifenden Erfolg versprechen. Von der Rechtsprechung wird im Regelfall gefordert, dass sich das Gericht vor Ort einen eigenen Eindruck von der Lärmwirkung, Lärmbeeinträchtigung macht. Lediglich planerische Werte (Lärmschutzzonen[182]), denen im Regelfall auch prognostische Abschätzungen zu Grunde liegen, reichen zur Begründung eines Ersatzanspruchs wegen Lärmbeeinträchtigung nicht aus. Es ist die reale, konkret wirkende und gemessene Belastung für ein Grundstück zu Grunde zu legen.

Hinsichtlich der **Lärmmessungen** bestehen zahlreiche zu berücksichtigende Faktoren und Abhängigkeiten[183]: Messungen im oder am Haus, in welcher Höhe, auch an Sonn- und Feiertagen, Nachts, Messmethoden, Messdauer und Eichung der Geräte, Berücksichtigung von Fremdgeräuschen (Hundegebell, Glocken, Sirenen usw.), Be-

---

[177] BGHZ 122, 76–85 = NJW 1993, 1700–1703; OLG Koblenz, OLGR 1998, 297–300; s. auch Aust/Jacobs/ Pasternak 2002 Rn. 798–800

[178] Aust/ Jacobs/Pasternak 2002 Rn. 800; abweichend noch OLG Düsseldorf, VersR 1975, 929; zum Unfallbegriff in Zusammenhang mit Fluglärm eingehend BGHZ 122, 363, 366 ff.

[179] grundlegend BGHZ 69, 118, 122 ff.; BGH, NJW-RR 1989, 396 f. (Gesamtwürdigung aller Umstände); im gleichen Sinne OLG Düsseldorf, VersR 1975, 929

[180] hierzu s. BGHZ 79, 45 ff. = NJW 1981, 1369–1372, auch OLG Koblenz, OLGR 1998, 297–300 (besondere Bedeutung der Spitzenpegelwerte über 90 dB(A))

[181] s. BGHZ 122, 76, 80 f., 83 (auch zur besonders lästigen Eigenart des Düsenlärms); OLG Koblenz, OLGR 1998, 297–300

[182] s. Aust/Jacobs/Pasternak 2002 Rn. 798

[183] s. nur bereits BGH NJW 1981, 1370 f.

rücksichtung der „Lästigkeit" (über Bonus oder Malus für bestimmte Lärmarten: Straßen-, Bahn-, Industrie-, Fluglärm).

Anspruchsausschließend ist regelmäßig das „**Hineinbauen in vorhandenen**   **463**
Lärm", das Errichten von Wohnhäusern bei relevanter bestehender Lärmbeeinträchtigung[184]; anspruchsmindernd sind Vorbelastungen durch andere Lärmquellen (z.B. Industrie, Straße).

Beispiel:

OLG Koblenz, OLGR 2003, 175 – 177 – Anspruchsausschluß –

Wer ein in unmittelbarer Nähe eines Militärflughafens gelegenes Grundstück erwirbt und darauf ein Mehrfamilienhaus errichtet, hat bei in etwa gleich bleibenden Lärmverhältnissen keinen Anspruch auf Entschädigung, auch wenn der Lärm die Zumutbarkeitsgrenze nach § 906 Abs. 2 Satz 2 BGB übersteigt, so dass grundsätzlich eine Entschädigungspflicht wegen enteignenden Eingriffs in das Eigentum besteht.

Weitere Fragen stellen sich beim Eigentumsübergang an dem Grundstück (Erbschaft, vorweggenommene Erbfolge, Verkauf usw.), denn grundsätzlich entsteht der Entschädigungsanspruch nur in der Person, die Eigentümer des Grundstücks im Zeitpunkt des Eintritts der enteignenden Wirkung ist. Hier ist jeweils zur Klarstellung festzulegen, ob der Entschädigungsanspruch mit übertragen werden oder (wegen des ggf. geminderten Kaufpreises usw.) bei dem ursprünglichen Rechtsinhaber verbleiben soll. Für den Fall der (auch vorweggenommenen) Erbfolge ist von einem Übergang des Entschädigungsanspruchs im Regelfall zwanglos auszugehen.

Der Entschädigungsanspruch wird je nach Intensität der enteignend wirkenden Lärmbeeinträchtigung auf zwischen 10 und 30 % des Grundstückswertes festgesetzt.

Prozessual stehen Fragen der richtigen Klageart (– unbezifferte – Leistungs-, Fest   **464**
stellungsklage), die Rolle der verklagten Bundesrepublik Deutschland (als Prozessstandschafterin oder als originär Verantwortliche) sowie die ordnungsgemäße und effektive Abwicklung von „Massenverfahren" im Vordergrund[185]. Bei letztgenanntem Problempunkt spielt auch die neuere Diskussion über erweiterte Aussetzungsmöglichkeiten, die Durchführung von Musterverfahren, Sammelverfahren (mit Bindungswirkung) usw. durchaus eine gewichtige Rolle.

---

[184] BGH, VersR 1992, 322 f.; so wohl bereits BGHZ 79, 45, 53 f. = NJW 1981, 1369–1372; jüngst OLG Koblenz, NJW-RR 2003, 805 f. = OLGR 2003, 175–177; vgl. auch Rinne/ Schlick 1997 I S. 36 f.

[185] so waren 2002/ 2003 über 90 vergleichbare Berufungsverfahren allein wegen eines Militärflugplatzes beim OLG Koblenz anhängig

2. Teil
Fallgruppen der Amts- und Staatshaftung

465 Amts- und Staatshaftungsrecht ist in und für die Praxis entwickeltes Fallrecht.

Im 2. Teil werden die praxisrelevanten Fallgruppen und einzelne Problembereiche (u.a. Verkehrssicherungspflichten, Haftung im Bau- und Wasserrecht, Amtspflichten von Richtern, Staatsanwälten usw.) ihrer Wichtigkeit nach geordnet dargestellt und vor allem die konkrete Ausformung der Amtspflichten für diese speziellen Lebensbereiche erläutert. Auch hierbei wird im Wesentlichen auf die Ausformung dieser Pflichten durch die obergerichtliche Rechtsprechung abgestellt, Problemfelder und Lösungen aufgezeigt sowie praktische Hinweise für den Umgang im Schadensfall und auch zu dessen Vermeidung gegeben. Wert wird besonders auch darauf gelegt, Strukturen, übereinstimmende Grundlagen, Entwicklungstendenzen – aber auch die streitigen Problemfelder – aufzuzeigen, damit die geforderten Pflichten nach Qualität und Umfang eindeutig bestimm- und berechenbar werden und hierdurch sich die Festlegungen durch die Rechtsprechung über den Einzelfall hinaus als handlungssteuernd erweisen können[1].

Zunächst werden die Haupt-Fallgruppen mit ihren Pflichtenanforderungen und – ausformungen dargestellt (A). In diesem Teil finden sich auch die Erläuterungen zu § 839 a BGB, der Neuregelung für Verantwortlichkeit und Ersatzpflicht des gerichtlichen Sachverständigen. Da diese Neuregelung nur in Zusammenhang mit den Haftungsregelungen für „Gerichtspersonen" richtig verständlich ist, wird diese neue Haftungsregelung unter VI. (Rn. 649 ff.) erläutert.

Es folgen dann unter B. in gedrängter Darstellung weitere wichtige Fallgruppen mit Erläuterungen und Nachweisen der entsprechenden Rechtsprechung.

---

[1] In diesem Sinne wohl auch Rinne 2003, S. 10 „Leitende Gesichtspunkte"

A. Hauptfallgruppen der Amts- und Staatshaftung

I. Verkehrssicherungspflicht

Die Verletzung von Verkehrssicherungspflichten beschäftigt wohl am häufigsten die **466** mit Amtshaftungsansprüchen und sonstigen Ersatzansprüchen gegen die „öffentliche Hand" Befaßten, seien es Rechtsanwälte, Verwaltungsjuristen, Richter oder Juristen der Kommunalversicherer. In diesem Bereich liegt sicherlich ein Schwerpunkt der im Wege einer zumindest aufgrund physikalischer Kausalität von Handeln oder Unterlassen der Verwaltungen verursachten Schäden bei dem Bürger. Damit einher geht auch – bedauerlicherweise – oft der – leider häufig negativ besetzte – Erstkontakt Bürger – öffentliche Hand. Dabei darf nicht verkannt werden, dass dieses Aufeinandertreffen widerstreitender Interessen sich nicht nur in seinen Wirkungen auf den unmittelbar Geschädigten auswirkt sondern oft weit in andere gesellschaftliche Gruppen hineinreicht (über lokale Presse, Gemeinderat usw.). Umso mehr muß gerade bei der Abwicklung dieser gemeldeten Schäden Sensibilität auf Seiten der Verwaltungen und Versicherungen gezeigt werden, denn nicht jede Schadensmeldung beruht auf reinen Bereicherungsgedanken eines geschädigten Bürgers. In diesen Fallkonstellationen kann viel für ein positives Verhältnis Staat – Bürger geleistet, aber auch viel insoweit ge- und zerstört werden[2]. In diesen Fällen erscheint der Aufbau eines neutralen Schlichtungsverfahrens (wegen Strukturgemeinsamkeiten event. nach dem Vorbild im Medizinbereich, bei behaupteten ärztlichen Fehlern) grundsätzlich angezeigt[3].

Es werden zunächst die Grundlagen, Umfang und Grenzen sowie Strukturierungsmöglichkeiten der allgemeinen Verkehrssicherungspflichten mit prozessual bedeutenden Problembereichen aufgezeigt (1., 2.). Unter 3. folgen zusammenfassende Übersichten und unter 4. werden dann Verkehrssicherungspflichten für wichtige Einzelbereiche (Sport, Freizeit, Schule, Bäume, Gebäude usw.) dargestellt.

1. Grundlagen

a) Überblick

Die Verkehrssicherungspflicht ist eine allgemeine Rechtspflicht – nicht nur der öf- **467** fentlichen Hand – im Verkehr Rücksicht auf Rechtsgüter Anderer zu nehmen und vor allem Gefährdungen und Schädigungen nach Möglichkeit auszuschließen. Sie beruht auf dem Gedanken, dass derjenige, der eine Gefährdungsquelle, -ursache für Rechtsgüter anderer setzt und beherrscht, die **notwendigen Schutzvorkehrungen**

---

[2] z.B. wenn bei einem schweren Unfall eines Kleinkindes (nach Umfallen eines Maibaumesklare Verantwortlichkeit der Kommune) über die Besuchshäufigkeit (2 oder 3 mal die Woche) der Eltern im 50 km entfernten Krankenhaus bis in die Berufungsinstanz gestritten wird

[3] z. Problemen im gerichtlichen Verfahren s. u. Rn. 593

zu treffen hat. Verstößt er gegen diese Schutzpflicht, ist er schadensersatzpflichtig wegen deliktischen Verhaltens, §§ 823 ff. BGB[4]. Verkehrssicherungspflichten beziehen sich nicht nur auf den Straßenverkehr sondern können jedwedes Verhalten an beliebigen Orten betreffen.

Diese Verkehrssicherungspflichten treffen jeden, der ein Gefährdungspotential schafft und beherrscht, sei es den Eigentümer eines bissigen Hundes oder einer alten Pappel, die auf das Nachbargrundstück zu stürzen droht, den Besitzer eines privaten Teiches ohne Grundstückseinfriedung bei Kleinkindern in der Nachbarschaft oder den Fahrer eines unbeleuchteten Fahrrades.

Wie jeder Private sind auch selbstverständlich Kommunen, Länder und der Bund diesen Verkehrssicherungspflichten ausgesetzt. Die Verletzung der Verkehrssicherungspflicht dürfte der **häufigste Haftungsgrund des Staates** gegenüber dem Bürger sein[5]. Dies ist auch Folge des sicherlich lobenswerten und zu fördernden staatlichen und kommunalen Betriebs von Kindergärten, Schwimmbädern, Krankenhäusern, Messen, Jahrmärkten und sonstigen öffentlichen Veranstaltungen, der Bautätigkeit und allen sonstigen Aktivitäten, mit denen der Staat in Kontakt (und in Konflikt) mit Rechtsgütern des Bürgers tritt.

Haftungsgrund ist heute nicht mehr nur der Umstand, dass „ein Verkehr für andere eröffnet" wird sondern ausdehnend und erweiternd auch jede Schaffung und das Andauernlassen einer Gefahrenquelle.

Verkehrssicherungspflicht:

Pflicht desjenigen, der eine Gefahrenquelle für Rechtsgüter Dritter in seinem Verantwortungsbereich schafft, unterhält oder andauern läßt, alle notwendigen und zumutbaren Maßnahmen und Vorkehrungen zur Schadensverhinderung zu treffen.

---

b) Deliktische Haftung und Amtshaftung

468 aa) Bei Verletzung der Verkehrssicherungspflicht kann der Staat nun grundsätzlich entweder – allgemein – privatrechtlich, deliktisch nach §§ 823 ff. BGB handeln, dies auch mit der Entlastungsmöglichkeit für seine Bediensteten nach § 831 BGB[6].

469 bb) Staat und Kommunen können aber auch nach Amtshaftungsgrundsätzen haften, § 839 BGB i.V.m. Art. 34 GG. In diesen Fällen haftet nur die öffentliche Hand dem geschädigten Dritten.

---

[4] grundlegend BGHZ 60, 54, 55
[5] zur neueren Rechtssprechung vgl. auch Itzel 2002, K 45, Itzel 2003, K 39
[6] wobei aber gleichzeitig jeweils auch an ein Organisationsverschulden der verantwortlichen Stelle/Behörde selbst zu denken ist, d.h. eine Entlastungsmöglichkeit dann regelmäßig im Ergebnis ausscheidet

Dies ist der Fall, wenn der Staat und die von ihm eingesetzten Bediensteten die konkrete Aufgabe „in Ausübung eines öffentlichen Amtes" wahrgenommen und hierbei gegen Verkehrssicherungspflichten verstoßen haben. Dies ist unproblematisch bei evident hoheitlichem Handeln (Polizeifahrzeug im Einsatz missachtet gröblichst Kreuzungsverkehr), trifft aber auch zu, wenn der Staat öffentlich-rechtliche Handlungsformen bewusst wählt und einsetzt (Schwimmbad-, Friedhofsbetrieb mittels Satzung und Gebühr sowie Möglichkeit des Verwaltungszwanges gegen Benutzer). Gleiches gilt, wenn ein Gesetz die hoheitliche Handlungsform festlegt, was regelmäßig bei der Straßenverkehrssicherungspflicht der Fall ist (dazu s. unten Rn. 515 f.). In allen diesen Fällen haftet der Staat nach Amtshaftungsgrundsätzen[7].

cc) Problematisch sind die Fälle im **Bereich der Daseinsfürsorge**, der grundsätzlich privat- wie auch öffentlichrechtlich vom Staat organisiert und realisiert werden kann. Hier kommt es auf die konkret **gewählte Handlungsform** der Gemeinde, des Landes und des Bundes an. Dies kann dann zu recht unterschiedlichen Folgen (Anspruchsnorm, Zuständigkeit) führen, wobei die Haftungsgrundsätze und Anforderungen an die Verkehrssicherungspflicht sich nicht danach unterscheiden, ob eine Kommune nun für ihr Schwimmbad, ihre Kindertagesstätte[8] privatrechtlich (fiskalisch) oder nach Amtshaftungsgrundsätzen verantwortlich ist.   **470**

> **Öffentlich-rechtliche und privatrechtliche Verkehrssicherungspflichten sind von Umfang und Grenzen her deckungsgleich.**

Deshalb werden die Hauptfallgruppen der möglichen Verletzung der Verkehrssicherungspflicht durch den Staat und die Gemeinden wegen der in allen rechtlichen Gestaltungsformen gleichen inhaltlichen Anforderungen nachfolgend auch einheitlich dargestellt, gleich ob im konkreten Fall Amtshaftungsgrundsätze eingreifen oder nicht.

dd) Zu klären ist die Frage der Anspruchsgrundlage in der Praxis im Regelfall aber schon allein deshalb, weil nur im Amtshaftungsbereich – einschränkend – z.B. das **Subsidiaritätsprinzip** nach § 839 Abs.1 Satz 2 BGB gerade auch bei Verletzung der (allgemeinen) Verkehrsicherungspflicht (anders bei Verletzung der Straßenverkehrssicherungspflicht – s. unten Rn. 516) gilt[9] und andererseits – erweiternd – nur über Amtshaftungsgrundsätze grundsätzlich auch **Vermögensschäden** ausgleichspflichtig sind. Andererseits kann sich die öffentliche Hand nur bei fiskalischem Verhalten auf den **Entlastungsbeweis** nach § 831 BGB berufen, wobei bei einem   **471**

---

7 zur Wahlmöglichkeit s. BGHZ 60, 54, 56, 59 f.

8 s. Ollmann, „Amtshaftung bei Aufsichtspflichtverletzungen in Kindertagesstätten", VersR 2003, 302 ff., der grundsätzlich hier stets nur eine privatrechtliche Haftung annehmen will

9 gelegentliche Versuche, das Verweisungsprinzip in allen Fällen der Verletzung der Verkehrssicherungspflicht wegfallen zu lassen, haben sich nicht durchsetzen können, s. vor allem Staudinger/ Wurm § 839 Rdnr.275; Rinne/ Schlick 1997 S. 1174; a.A. wohl Rotermund (1999) Rn. 183; Tremml/ Karger 1998 Rn. 645, Erman/ Hecker § 839 Rn. 68; s. auch unten Rn. 516 f.

relevanten Teil der Fälle (insb. im kommunalen Baubereich) bereits die „Verrichtungsgehilfeneigenschaft" – bei selbständigen Unternehmern – und damit auch die Haftungszurechnung ausscheidet. Wichtig ist die Unterscheidung auch für die Zuständigkeit des angerufenen Gerichts (vgl. § 71 Abs. 2 Nr. 2 GVG).

Beispiel:

OLG Rostock, OLGR 2003, 348–351– Friedhofsfall, Rüttelprobe –

Die Klägerin wurde durch das Umstürzen eines Grabdenkmals verletzt. In dieser Entscheidung führt das Gericht instruktiv aus, dass der beklagten Stadt die Verkehrssicherungspflicht über den Friedhof oblag und sie diesen nach öffentlich-rechtlichen Vorschriften zu unterhalten hatte. Damit war sie für die von ihr eröffnete Gefahrenstelle („wackeliges Grabdenkmal") verantwortlich. Diese Pflicht unterlag hier nicht den Grundsätzen der Amtshaftung, denn in Mecklenburg-Vorpommern ist die der Gemeinde als Friedhofsträgerin obliegende Sicherungspflicht (anders als z.B. in Baden-Württemberg) nicht durch oder aufgrund eines Gesetzes zu einer Amtspflicht in Ausübung hoheitlicher Tätigkeit erhoben worden. Es kommt eine reine deliktische Haftung nach §§ 823, 831 BGB in Frage.

Damit war aber auch schon entschieden, dass das Verweisungsprivileg nach § 839 Abs. 1 Satz 2 BGB auf den Grabstelleninhaber aus § 837 BGB nicht eingreift und die beklagte Stadt in jedem Fall haftet.

Zu den inhaltlichen Anforderungen an die Verkehrssicherungspflicht der Friedhofsbetreiberin stellt das OLG Rostock zusammenfassend fest:

Warnhinweise (Klebezettel) genügen nur, wenn kontrolliert wird, dass diese sichtbar, noch vorhanden sind, ansonsten muss die Gefahrenstelle abgesperrt (Zugangsverhinderung) oder das Grabmal niedergelegt (Beseitigung der Gefahrenstelle) werden (zu näheren Einzelheiten s. unten Rn. 506)

c) Systematisierung, Gliederung der Pflichten

472 Die Verkehrssicherungspflichten lassen sich in drei Großgruppen dem Haftungsgrund nach einteilen:

- Haftung für die Sicherheit eigener Anlagen, Gegenstände und Bereiche
- Haftung für die vertragliche oder gesetzliche Übernahme einer Aufgabe
- Haftung für vorangegangenes gefährliches (pflichtwidriges) Tun oder Unterlassen.

Da der Staat nicht selbst handeln kann, stellt sich die Haftung immer als eine Verantwortlichkeit für das Handeln Dritter dar (Organe, Beamte, Angestellte, Bedienstete oder sonstige Beauftragte).

Grundlage der Haftung ist nicht die Schaffung der Gefahrenlage (z.B. der Betrieb des Freibades), sondern immer das pflichtwidrige und schuldhafte Unterlassen von Maßnahmen zum Schutz der Rechtsgüter Dritter.

Grundsätzlich sind drei Gefahren- und damit Pflichtenbereiche zu unterscheiden:

aa) Zunächst hat der Verkehrssicherungspflichtige den Gefahrenherd zu sichern, mögliche Gefährdungen durch Konstruktion, Gestaltung, Organisation weitestgehend auszuschließen (gefährdungslose Gestaltung, Beseitigung von Gefahren, Hinweise, Ver- und Gebotsschilder und Sperren).

bb) Sodann hat er auf reguläre und sichere Nutzung durch Dritte zu achten (Überwachung, Aufsicht, Kontrolle, Eingriffspflicht).

cc) Und zuletzt hat er bei erkanntem und nicht steuerbarem pflichtwidrigen Verhalten Dritter weitere Sicherungsmaßnahmen durchzuführen und in letzter Konsequenz die Anlage, den Gefahrenherd zu schließen, zu beseitigen.

Dies kann an der Eröffnung einer (Trend-) Sportanlage erläutert werden. Die Kletterwand darf nicht zusammenbrechen, einzelne Griffe und Tritte, die Haken müssen sicher nutzbar sein und dürfen nicht ausbrechen. Hinweise auf die erforderlichen Sicherungsmaßnahmen sind anzubringen. Kommen Kinder mit nicht ausreichender Ausrüstung, werden Sicherungen vernachlässigt, muss der Betreiber eingreifen. Die ordnungsgemäße Nutzung muß kontrolliert werden. Stellt sich heraus, dass (z.B. nachts) verbotswidrig die Anlage genutzt wird, muss dies durch Gitter, Zäune und in letzter Konsequenz durch Abbau der Anlage verhindert werden[10]. Entsprechendes gilt auch für den Schwimmbadbetrieb bei Haushaltsproblemen. Stehen ausreichende Mittel für eine erforderliche Badeaufsicht nicht zur Verfügung, dann muß in letzter Konsequenz das Bad geschlossen werden. Ein Absenkung der erforderlichen Sicherheitsstandards (z.B. Badeaufsicht nur halbtags oder nur für ein Becken) kommt nicht in Frage[11].

Dieses gesamte gestufte Sicherungskonzept muß von den verantwortlichen Stellen organisiert, geplant, kontrolliert und dokumentiert werden. Dieser Organisation zur Verringerung der Haftungsrisiken wird zunehmend mehr Bedeutung beigemessen und Aufmerksamkeit gewidmet[12].

Weiterhin ist – gleich ob öffentlich-rechtliche oder privatrechtliche Haftungsnormen eingreifen – ein Verschulden des Handelnden für eine Haftung erforderlich.

d) Umfang und Einschränkungen

Inhalt, Umfang und Grenzen der Verkehrssicherungspflicht bestimmen sich zum einen nach den **berechtigten Sicherheitserwartungen des Verkehrs** (Vertrauensschutz, legitime Erwartungen des regulären Nutzers) und andererseits nach der wirtschaftlichen (finanziellen, organisatorischen und personellen) **Zumutbarkeit für den Sicherungsverpflichteten**.   **473**

Die Verkehrssicherungspflicht hat in der Vergangenheit lange Zeit eine ständige Ausweitung erfahren. Die Anforderungen an Sicherheit, aber auch an Bequemlichkeit wurden häufig erhöht. In den letzten Jahren sind Gegen-, Einschränkungsten-

---

[10] z. Verkehrssicherungspflicht bei unbefugtem Überschreiten von Gleisanlagen s. OLG Koblenz, OLGR 2003, 285 f.

[11] so auch BADK 2003, 8

[12] s. intensiv BADK 2003, 5, 7 f.

denzen ersichtlich[13]. So werden vor allem die **Eigenverantwortung des Bürgers**
bei erkennbaren Gefahrenlagen betont und im Rahmen der „Leistungsfähigkeit" die
beschränkten Mittel der öffentlichen Hand durchaus berücksichtigt. Die Anforderungen an die Verkehrssicherungspflicht sind abhängig von gesellschaftlichen Anforderungen (Standards) und sicherlich auch von den tatsächlichen und wirtschaftlichen Möglichkeiten und Restriktionen der jeweils Pflichtigen[14].

Grundsätzlich ist derjenige nicht schutzbedürftig, der Gefahren erkennen kann.

Beispiel:

OLG Köln, MDR 2004, 35

*Auf Gefahren, die jedermann geradezu ins Auge springen, muss nicht noch
durch zusätzliche Warntafeln hingewiesen werden.*

Dies bedeutet grundsätzlich für die öffentliche Hand: Je sichtbarer ein Gefahrenherd
ist, desto weniger braucht dieser gesichert, davor gewarnt werden, wobei gleich aber
wieder eine Einschränkung dahingehend gemacht werden muß, dass, je größer, konkreter die Gefahr für relevante Rechtsgüter (Leib, Leben, Gesundheit) ist, desto um-
fangreicher und intensiver ist die Verkehrssicherungspflicht. Dies gilt auch stets,
wenn Rechtsgüter von Kindern, psychisch Kranken oder sonst besonderes schutz-
bedürftigen Personen gefährdet werden.

Der ausgewiesene und häufig begangene Wanderweg entlang eines lebensgefähr-
lichen Abhanges ist demnach zu sichern, obwohl „jedermann" die Absturzgefahr
auch ohne Warnhinweise, Absperrungen usw. erkennt.

Die Wanderwege, Parkanlagen nahe eines Seniorenheimes oder eines Krankenhauses sind gefahrloser, sicherer zu gestalten und zu erhalten als dies in anderen Bereichen erforderlich ist.

Nicht nur die Eröffnung des Verkehrs, die Schaffung der Gefahrenlage kann eine
Verkehrssicherungspflicht begründen, sondern dies ist sogar auch möglich durch
pflichtwidriges Verhalten der Dritten selbst. Werden verbotswidrig gesperrte Wege
(über Gleisanlagen, Fahrradfahrer im Park usw.) genutzt und das Verbot nicht durchgesetzt, kann eine Verkehrssicherungspflicht im Einzelfall auch durch dieses Verhalten entstehen (Versperren des Durchganges, Sicherung der Parkwege bei nicht
erkennbarer Treppenanlage, Einzäunung einer Baustelle). Gleiches gilt bei miss-
bräuchlicher, regelwidriger Nutzung von Spiel- und Sportgeräten (z.B. Kletter-
anlage). Auch hier muß der Sicherungspflichtige Vorkehrungen gegen die miss-
bräuchliche Nutzung treffen, soweit dies ihm rechtlich und tatsächlich möglich und
zumutbar ist[15].

---

[13] in dieser Einschätzung ähnlich Peter Schmid, Rechtsprechung im Spannungsfeld zwischen Rechtsgüterschutz, Eigenverantwortung und Leistungsfähigkeit der öffentlichen
Hand, BADK-Information 1999, 42 ff, 46 f.

[14] vgl. nur die Zustände der Verkehrswege und öffentlichen Einrichtungen der ehemaligen
DDR nach 1990; zu dem herabgesenkten Standard vgl. Tremml/ Karger 1998 Rn. 693 ff.

[15] OLG Hamm, NJW-RR 2003, 1183 f. (Abbrechen eines Basketballkorbes nach miss-
bräuchlichem Anhängen)

Verkehrssicherungspflichten entstehen aber auch gerade dann, wenn hinsichtlich eines Bereichs kein „Verkehr eröffnet" sondern dieser verhindert, ferngehalten werden soll (Baustellen, Gleisanlagen, Kiesgruben, Abhänge). Solche Gefahrenherde sind zu sichern (Warntafeln für Erwachsene – räumliche Sperren wie Zäune, Mauern usw. für Kinder u.a.); die Sicherungen sind zu kontrollieren und mit Fehlverhalten ist zu rechnen[16].

Grundsätze zu Umfang und Grenzen der Verkehrssicherungspflicht:

- Der Umfang der Verkehrssicherungspflicht richtet sich nach: Erkennbarkeit der Gefahr für den Verkehrssicherungspflichtigen und für den Geschützten, Wertigkeit des bedrohten Rechtsgutes, Größe, Ausmaß und Konkretheit der drohenden Gefahr.
- Die Gefahrenlage muß von dem Verkehrssicherungspflichtigen tatsächlich und rechtlich beherrschbar sein.
- Die Verkehrssicherungspflicht orientiert sich auch an der berechtigten Erwartungshaltung der Kreise, für die der zu sichernde Bereich für den Verkehr eröffnet wurde.
- Eine absolute Gefahrlosigkeit ist nicht erreichbar; das allgemeine Lebensrisiko kann und darf nicht auf den Verkehrssicherungspflichtigen abgewälzt werden.
- Der Verkehrssicherungspflichtige darf darauf vertrauen, dass sich die Bürger in vernünftiger Art und Weise im Verkehr bewegen, sich vor allem auf erkennbare Gefahren einstellen und sich selbst sichern und schützen (Selbstverantwortungsgrundsatz).
- Die Verkehrssicherungspflicht findet ihre Grenze auch in der tatsächlichen, wirtschaftlichen und rechtlichen Zumutbarkeit für den Pflichtigen.

---

e) Verantwortlicher, Verkehrssicherungspflichtiger

Grundsätzlich verantwortlich ist der Verursacher der geschaffenen Gefahr. Dies wird regelmäßig der Eigentümer des Grundstücks, der Anlage oder des Gebäudes sein.   **474**

Die Verkehrssicherungspflicht kann aber auch durch Gesetz, Satzung oder Vertrag auf Dritte übertragen werden. Dem ursprünglich Verpflichteten bleibt auch bei Übertragung noch eine **Überwachungs- und Kontrollpflicht**. Dies ist besonders für die Einrichtung von Baustellen und die Überlassung kommunaler und staatlicher Einrichtungen (Hallen, Sportplätze) an Dritte (Vereine) relevant und hervorzuheben. Diese Überwachungs- und Kontrollpflicht wird unabhängig von der sonstigen rechtlichen Ausgestaltung der Nutzung ganz überwiegend in allen Fällen als rein zivilrechtlich angesehen, so dass bei einem schadensverursachenden Verstoß eine Haftung der übertragenden Gemeinde u.a. stets unmittelbar aus §§ 823 ff. BGB (und nicht aus Amtshaftung) abgeleitet werden kann[17].

---

[16]   s. OLG Koblenz, OLGR 2003, 285 f. (Gleisanlagen)

[17]   f. den Bereich der Straßenreinigung mit entspr. Winterdienst s. unten Rn. 551

f) Geschützter Personenkreis

475 Geschützt und dementsprechend anspruchsberechtigt bei Verletzung der Verkehrssicherungspflicht sind nur die durch die jeweilige (Schutz-)Norm unmittelbar geschützten Personen. Nur mittelbar Betroffene scheiden als Anspruchsinhaber aus.

g) Mitverschulden

476 Bei Unfällen nach und infolge Verletzung der Verkehrssicherungspflicht spielt recht häufig die Frage des Mitverschuldens (§ 254 BGB) eine gewichtige Rolle. Zu den Schäden kommt es häufig, weil auch der Verkehrsteilnehmer sorglos und unaufmerksam gehandelt hat. Dabei wird das Mitverschulden recht weit ausgelegt, wobei grundsätzlich jeder sich in seinem eigenen Interesse so zu verhalten hat, dass er nicht selbst geschädigt wird.

In besonderen Fällen kann der eigene Mitverschuldensanteil so gravierend sein, dass der (meist nur fahrlässige) Verkehrssicherungspflichtverstoß dahinter zurücktritt und eine Haftung nicht eingreift.

Beispiel:

> OLG Brandenburg, OLGR 2002, 379 – 381 – Mitverschulden, Anspruchsausschluß –
>
> *Der Eigentümer eines Bolzplatzes (Schulhof mit Fußballtoren) hat zur Vermeidung von Schädigungen Dritter (Nachbarn, Eigentümer von PKW auf angrenzendem Parkplatz) durch fehlgeschossene Bälle Ballfangzäune, -netze o.ä. anzubringen (s.u. Rn. 488).*
>
> *Verletzt er diese Pflicht und kommt es zu einem Schaden an einem PKW, den dessen Eigentümer in Kenntnis des unzureichenden Schutzes vor abirrenden Bällen geparkt hat, dann trifft den PKW-Eigentümer ein ganz überwiegendes Mitverschulden und die Haftung des Bolzplatz-Eigentümers tritt zurück. Dies gilt vor allem dann, wenn der PKW-Eigentümer bereits Kenntnis von bereits zuvor eingetretenen Fahrzeugbeschädigungen durch Bälle auf dem Parkplatz hatte.*

h) Haftung des Beamten und des Staates bei privatrechtlicher Tätigkeit

477 Der Beamte im staatsrechtlichen Sinn haftet bei fiskalischen Tätigkeiten persönlich nach § 839 BGB. Damit kommt ihm das Verweisungsprivileg zu Gute, was im Regelfall, insbesondere bei vertraglichen Beziehungen des Geschädigten zur Anstellungskörperschaft des Beamten (z.B. Patient – Stadtkrankenhaus – beamteter Arzt[18]), zum Ausschluß der persönlichen Haftung führt (§ 839 Abs. 1 Satz 2 BGB).

Die Kommune, das Land und der Bund haften bei **fiskalischem Handeln** nur nach allgemeinen privatrechtlichen Grundsätzen. Eine über Art. 34 GG verlagerte Amtshaftung gemäß § 839 BGB greift gerade nicht ein[19]. Liegt ein Vertragsverhältnis vor

---

[18] zu dieser Konstellation s. eingehend unten Rn. 594 ff.
[19] jüngst BGH, Urteil v. 4. Dezember 2003 – III ZR 30/02 (Bürgermeisterin (Beamtin) handelt im fiskalischen Bereich pflichtwidrig)

(z.B. Belieferung mit Gas, Wasser, Strom, Freibadbetrieb – fiskalisch –), dann bestehen auch vertragliche Schutzpflichten, die inhaltlich mit den Verkehrssicherungspflichten übereinstimmen und deren Verletzung haftungsauslösend sein kann. Bestehen vertragliche Rechte und Pflichten nicht, greift die Haftung nach §§ 823, 31, 89, 831 BGB ein.

2. Prozessuale Fragen und Problemfelder

Für die **Zuständigkeit** von Amts- bzw. Landgericht bei geringeren Streitwerten (5000 € und darunter) ist entscheidend, ob der Anspruch auf Amtshaftung oder rein privatrechtliche Anspruchsgrundlagen gestützt wird (s.o.); Amtshaftungsansprüche führen immer zum Landgericht, § 71 Abs. 2 Nr. 2 GVG. **478**

Erinnert werden soll daran, dass auch in Verfahren gegen die öffentliche Hand das **selbständige Beweisverfahren** zur Feststellung der Schadensursache, des Schadensherganges und zum Umfang des Sach- oder Personenschadens im Einzelfall durchaus – zur Beweissicherung – angezeigt sein kann[20].

PRAXISTIPP! Im Schadensfall sollte eine möglichst **zeitnahe Dokumentation** (Fotografien, Videoaufnahmen, Besichtigungen usw.) der Schadensstelle vorgenommen werden; meist ist dies sogar mit dem jeweils Verantwortlichen gemeinsam möglich.
Dabei sollten die „Schadstellen" im Umgebungszusammenhang, im Detail und mit Maßangaben (Zentimetermaß) dargestellt werden.
Häufig wird es sinnvoll sein, auch die **meteorologischen Gegebenheiten** objektiv und nachprüfbar festzuhalten.

Zu dem recht häufig bei Verletzung der Verkehrssicherungspflicht anzutreffenden „Beweis des ersten Anscheins", vor allem zu Erleichterungen des Kausalitätsnachweises bei „typischen Geschehensabläufen" s. Rn. 282, 565. **479**

Zu Problemen im gerichtlichen Verfahren kann auch der Umstand führen, dass die beklagte Gemeinde (Beschuldigte und Anspruchsgegnerin) nach den Versicherungsbedingungen (Kommunalversicherung) über den Anspruch nicht (mehr) frei verfügen kann, mithin Schlichtungs-, Güte- oder Sühneversuche mit den Verantwortlichen der Gemeinde oft von vornherein abgelehnt werden. Prozessuale Möglichkeiten, die Verantwortlichen und Entscheidungsträger der Versicherung für derartige gesetzlich zwingend vorgeschriebene Streitschlichtungsversuche verbindlich zu beteiligen, bestehen nicht. Auch insoweit liegt wohl Handlungsbedarf vor. **480**

---

[20] Höfle, Prozessuale Besonderheiten im Haftpflichtprozeß, ZfS 2003, 325

3. Zusammenfassende Übersichten

a) Pflichteninhalt, Pflichtenumfang

481

Verkehrssicherungspflichten
Regelfall der Verkehrssicherungspflicht: • Gefahrenherd, gefährliche Stelle, Einrichtungen müssen grundsätzlich sicher geplant, gestaltet, Gefährdungen möglichst ausgeschlossen werden (bauliche Maßnahmen usw.)   • Kontrolle, Überwachung der ordnungsgemäßen Nutzung der Einrichtung, Anlage usw.; Abstellen von (gefährlichem) Missbrauch   • bei ordnungswidriger, gefährlicher Nutzung: Verhinderung, Verbote, Sperren, Abbau der Einrichtung

Übersicht 2: Verkehrssicherungspflichten

482

Organisation und Dokumentation
Übergreifende Anforderung: Die Einhaltung der – gestuften – Verkehrssicherungspflicht muß organisiert, sachlich und personell geplant sowie dokumentiert werden.

Übersicht 3: Organisation und Dokumentation

483

Delegation
Bei Delegation, Übertragung der Verkehrssicherungspflicht: Für die übertragende Stelle (Bund, Land, Kommune mit allen zugehörenden Behörden und weiteren Stellen) bleibt eine **Überwachungs- und Kontrollaufgabe** dahingehend, dass die Sicherungsaufgabe durch den Dritten ordnungsgemäß erfüllt wird.

Übersicht 4: Delegation

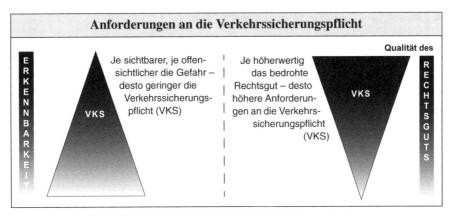

Anforderungen an die Verkehrssicherungspflicht 484

Übersicht 5: Anforderungen an die Verkehrssicherungspflicht

485

b) Unterschiede, Abgrenzung der Amtshaftung von der privatrechtlichen Haftung (von Bund, Ländern und Kommunen)

Problemfelder	privatrechtliche Haftung	Amtshaftung
Anspruchsgrund-lagen	§§ 823 ff BGB Ersatz nach Vertragsverletzungen	§ 839 BGB Art. 34 GG
Anwendungs-gebiete	allgemeine Verkehrs-sicherungspflichten, gewählte Vertragsform	Ausübung eines öffentl. Amtes: – hoheitliches Handeln – Anordnung per Gesetz – gewählte Form (Satzung, Gebühr, Verwaltungszwang)
Pflichtenumfang	gleicher Umfang der Verkehrssicherungspflicht	
Haftung für einge-setzte Dritte	§§ 31, 89, 278 BGB § 831 BGB (Entlastungs-möglichkeit)	§ 839 BGB i.V.m. Art. 34 GG – Haftung von Bund, Land, Kommune im Außenverhältnis
subsidiäre Haftung	nein	§ 839 Abs. 1 Satz 2 BGB – subs. Haftung bei fahrlässigem Handeln
geschützte Rechts-güter	absolute Rechtsgüter, im Fall v. § 823 Abs. 2 BGB auch weitergehend	auch Vermögen bei § 839 BGB
Rechtsweg	bis 5.000 €: Amtsgericht über 5.000 €: Landgericht	immer Landgericht

4. Einzelfälle – Einzelne Sicherungspflichten

486   Grundsätzlich gilt für alle nachfolgend dargestellten Einzelfälle [21], dass die Einhaltung der Verkehrssicherungspflicht, die Verkehrssicherheit der Einrichtung, Anlage usw. von dem Verantwortlichen regelmäßig kontrolliert wird und diese Kontrolle organisiert und – zur Vermeidung von Beweisnachteilen – auch dokumentiert werden muss. Die Auflistung und Darstellung orientiert sich an der Häufigkeit und Bedeutung der aufgetretenen, diskutierten und gerichtlich entschiedenen Problemfelder.

a) Sport und Freizeit

aa) Schwimmbäder [22]

487   Öffentliche Schwimmbäder sind vorschriftenkonform zu planen und zu realisieren. Beim Betrieb sind Risiken zu minimieren. Besondere Beachtung erfordern Nichtschwimmer, der Betrieb von **Wasserrutschen** und Sprungbretter, -türmen und eine effektive fachkundige und entsprechend geschulte Bade-, Wasseraufsicht.

Im einzelnen: Fliesen im Bade-, Gehbereich sind rutschsicher auszulegen; bei Wasserrutschen sind Zu- und Abgänge rutschsicher zu gestalten. Geländer und Brüstungen sind auch auf die Sicherheit von jüngeren Kindern hin auszurichten. Im Eintauchbereich ist auf ausreichende Wassertiefe zu achten. Liege- und Ruhebereiche sind regelmäßig auf gefährliche Fremdkörper (Glassplitter, Scherben, Dosen usw.) hin zu untersuchen. Vor Inbetriebnahme von Wasserrutschen müssen Rutschversuche verschiedener Personengruppen (Kinder, Jugendliche, Erwachsene mit unterschiedlichen Größen und Gewichten sowie in verschiedenen Rutschpositionen – sitzend, liegend u.a.) durchgeführt werden. Das Zusammenstoßen von Benutzern im eigentlichen Rutschbahnbereich ist zur erforderlichen Gefahrsteuerung auf jeden Fall durch technische oder organisatorische Maßnahmen zu verhindern (Aufsicht, Zeituhr, Schranke usw.)[23]. Hinsichtlich erforderlicher Hinweise ist festzuhalten, dass diese in erster Linie bildlich zu gestalten sind, um auf diese Weise auch Kinder und andere Personen, die nicht (deutsch) lesen können, zu erreichen.

In jedem Fall muß gerade auch bei Wasserrutschen und bei **Sprungbrettern**[24] für eine effektive Badeaufsicht gesorgt werden. Dies bedeutet u.U., dass je eine Person zur Beaufsichtigung allein des Rutsch- und Sprungbetriebes eingesetzt werden muss. Gleiches gilt für Wellenschwimmbäder während der Wellenerzeugung. Für den übrigen Schwimmbeckenbereich gilt, dass je nach Größe, Belegung, Nutzungs-

---

[21] vgl. auch die ausführliche Rechtsprechungsübersicht zu Einzelfällen bei Patzelt 2000, die für zahlreiche Einzelfälle (u.U. aber auch veraltete) weiterführende Rechtsprechungsnachweise aufführt – ein „Muß" bei der Bearbeitung von Einzelproblemen; s. auch jüngst BADK 2003 zu zahlreichen Einzelbereichen – m. zahlr. w. Nachw.

[22] vgl. auch die Rechtsprechungsübersicht bei Patzelt 2000 S. 56 ff. sowie die entsprechenden Nachweise BADK 2003, 35 – 37

[23] OLG Celle, NJW-RR 2004, 20 f.

[24] u.a. Freihaltung des Eintauchbereichs, Verhinderung von Formations- und Mehrpersonensprüngen – s. OLG Köln, BADK-Information 2004, 47 f.

art, Fremdaufsichten (bei Schulklassen, Vereinen) sichergestellt sein muß, dass zum einen der gesamte Beckenbereich beobachtet wird und zum anderen die **Badeaufsicht** ständig präsent ist (Prinzip der räumlichen und zeitlichen Vollabdeckung). Mithin ist auf „tote Winkel", nicht einsehbare Ecken sowie auf die Organisation von Vertretungssituationen besonders zu achten.

Beispiel:

OLG Stuttgart, MDR 2003, 335 f. – Familienrutsche –

Die Verkehrssicherungspflicht beim Betrieb einer 4 m breiten „Familienrutsche" erfordert, dass – auch mit symbolmäßigen Darstellungen- beim Zuweg zur Rutsche auf die Einhaltung eines Sicherheitsabstandes hingewiesen und eine Badeaufsicht dort eingreifbereit und kontrollierend eingesetzt wird.

Die trotz erfüllter Verkehrssicherungspflicht verbleibenden Gefahren für den Benutzer der Rutsche liegen im Bereich des allgemeinen Lebensrisikos und können dem Schwimmbadbetreiber nicht angelastet werden.

Sichergestellt sein muß auch, dass bei Notfällen effektiv Hilfe geleistet wird (technische Hilfsmittel, Notfallplan, Notfalltelefonnummern, Ausbildung der Ersthelfer in Wiederbelebung usw.).

Die gesamte **Organisation** des Schwimm- und Badebetriebs ist in einer Dienstanweisung zu regeln und die Einhaltung der Festlegungen ist auch regelmäßig (dokumentiert) zu überprüfen[25].

Je nachdem, ob der Betrieb des Schwimmbades öffentlich-rechtlich (Satzung, Gebühr) oder privatrechtlich (Benutzungsvertrag, Entgelt) geregelt ist, kommt Amtshaftung oder aber die rein deliktische Haftung mit den oben dargestellten Unterschieden in Betracht (s.o. Rn. 469 ff.). Der Pflichtenumfang und der einzuhaltende Sicherheitsstandard ist, unabhängig von der gewählten Rechtsform, gleich.

bb) Sporteinrichtungen

Bei der Errichtung und dem Betrieb von Sportanlagen und –einrichtungen sind zunächst die einschlägigen technischen Standards (DIN-Vorschriften[26]) einzuhalten. Von den Geräten darf keine Gefahr ausgehen, wenn diese regulär genutzt werden, wobei durchaus auch das spontane und spielerische Verhalten von Kindern und Jugendlichen mit zu berücksichtigen ist. So müssen Tore, vor allem **Kleinfeldtore** und sonstige Aufbauten sicher verankert, standsicher sein[27], Spielflächen dürfen keine verdeckten Löcher, Mulden aufweisen, Zuschauer müssen durch Netze o.ä. vor dem Eishockeypuk geschützt werden. **Ballfangzäune** sind für besonders gefährdete Be-

488

---

[25] zu einem Muster einer entsprechenden Dienstanweisung s. Rotermund S. 116 ff. – auch zu weiteren Vorschriften (DIN-Vorschriften, Unfallverhütungsvorschriften, Merkblätter der Deutschen Gesellschaft für das Badewesen usw.); hierzu auch BADK 2003, 35–37 sowie 81f. (Musterdienstanweisung)

[26] hierzu s. BADK 2003, 33, 77–80 (entspr. Musterdienstanweisungen)

[27] besonders zu beachten wegen der Unfallhäufigkeit: Stand-, Umkippsicherheit von Kleinfeldtoren

reiche vorzusehen (Zuschauer hinter den Toren, Nachbargrundstück bei Bolz-platz)[28]. Basketballkörbe sind so zu befestigen, dass sie auch bei der (eigentlich missbräuchlichen) Nutzung durch „Sich–Daran–Hängen" (nach „Dunking") nicht abbrechen, denn mit einem derartigen Verhalten ist bei (jugendlichen) Basketball-spielern stets zu rechnen[29].

Es muß auch eine gewisse Aufsicht über die Sporteinrichtungen zum Ausschluß vorschriftenwidrigen Verhaltens und eine regelmäßige Kontrolle der Verkehrssi-cherheit organisiert und sichergestellt sein[30].

Werden Dritten, vor allem Turn- und Sportvereinen diese Anlagen zur Nutzung überlassen, haftet die Kommune nur für die Sicherheit der Anlage. Von Fehlnutzun-gen braucht sie nicht auszugehen; vielmehr darf sie darauf vertrauen, dass die An-lage nur unter fachkundiger Aufsicht (Trainer, Übungsleiter) genutzt wird.

Dem Nutzer können durch Vertrag auch weitergehende Verkehrssicherungspflichten (insb. Streu- und Reinigungspflichten) übertragen werden. Bei der Kommune bleibt dann die Aufsichtspflicht hinsichtlich der ordnungsgemäßen Wahrnehmung dieser Pflichten durch den Dritten (s.o. Rn. 474).

489   – Trimmanlagen

Diese Anlagen dürfen keine konstruktionsbedingten Mängel aufweisen (Sprung-grube mit nur 4,5 m Länge deutlich zu kurz – am Ende ein fester Begrenzungsbal-ken). Auch sind die Einrichtungen regelmäßig auf Schad- und Gefährdungsstellen zu untersuchen (morsche Balken, verrostete Verbindungsteile) und zu warten. Aller-dings sind für derartige Anlagen im Freien keine übertriebenen Anforderungen zu stellen. Der Nutzer weiß hier selbst, dass die Sicherheit der Anlage von Witterungs-verhältnissen (Schnee, Regen) und weiteren Außenfaktoren (Laubfall usw.) abhängig ist. Er ist jedoch vor für ihn nicht erkennbaren und vermeidbaren Gefahren zu schützen.

490   – Abenteuerspielplätze

Für Abenteuerspielplätze gelten nicht so weitreichende Anforderungen wie für Kin-derspielplätze (s.u.). Allerdings müssen die eingesetzten Geräte auch hier norment-sprechend und technisch intakt sein. Lebensbedrohliche Risiken sind in jedem Fall zu verhindern. Die Gefahren (z.B. bei einer Hängeseilbahn) müssen erkennbar sein, gegebenenfalls müssen entsprechende Hinweise gegeben werden. Es ist sicherzu-stellen (ggf. Aufsicht, Kontrollen), dass nur einsichtsfähige, ältere Kinder diese Plätze nutzen dürfen.

---

[28] OLG Brandenburg, OLGR 2002, 379–381; meist wird eine Höhe von 6 m als ausreichend angesehen

[29] OLG Hamm, NJW-RR 2003, 1183 f.= OLGR 2003, 399 f.

[30] Muster einer Dienstanweisung für die Unterhaltung und Überwachung städt./gem. Sport-plätze und Kleinspielfelder mit entspr. Kontrollblatt bei Rotermund S. 120 ff., 124; für Bolzplätze s. auch unten b) – Kinderspielplätze

– Einrichtungen für „Trend-Sportarten" (Skateanlagen, Kletterwände, usw.)   **491**

Auch für diese Einrichtungen gilt, dass die einschlägigen Vorschriften und technischen Standards und Regeln einzuhalten sind, alle über die erkennbaren und typischen Gefahren hinausgehenden Risiken vermieden werden müssen und der Betrieb organisiert und kontrolliert werden muß[31].

- Für künstliche Kletterwände (mögliche Fallhöhe > 2 m)[32] gilt vor allem, dass diese wegen der Gefahr einer Nutzung durch Kinder und Jugendliche ohne entsprechende Sicherungen **nicht** frei zugänglich sein dürfen, d.h. die Benutzung darf nur unter Aufsicht erfolgen.

- Bei Skateanlagen sind deutlich sichtbare Benutzerhinweise (Art der Nutzung – Skateboards, Inliner, BMX-Fahrräder, Tageszeiten, Schutzausrüstung usw.) anzubringen. Die Anlage selbst muß zumindest den Anforderungen der DIN 33943 (An-, Auslaufbereiche, technische Gestaltung usw.) genügen.

- Bei Durchführung einer „Skater-Night", d.h. der Öffnung öffentlicher Straßen für zahlreiche Inline-Skater hat der Veranstalter sicherlich eine **erhöhte Verkehrssicherungspflicht** hinsichtlich der Auswahl der Strecke, der Ebenheit und Schadlosigkeit der Straßen, der Beseitigung von Gefährdungen (Abpolsterung von Kurvenbereichen, Pollern usw.) und des Aufbaus der erforderlichen Organisation für Hilfeleistungen (Rettungsdienste).

In diesen populären Veranstaltungen liegt ein nicht unerhebliches Haftungsrisiko für die Gemeinden, das sich allerdings glücklicherweise – soweit ersichtlich – bislang noch nicht realisiert hat. Es bietet sich eine Risikosteuerung dadurch an, dass von dem (privaten) Veranstalter auch eine entsprechende Haftpflichtversicherung gefordert wird. Überwachungs- und Kontrollpflichten verbleiben in jedem Fall bei der Gemeinde.

cc) Seen, Baggerseen, Kletterfelsen

Im Regelfall besteht für den Verkehrssicherungspflichtigen zunächst einmal eine   **492**
Eingreifpflicht, wenn er von einer gefährlichen Nutzung von nicht zum Verkehr freigegebenen Bereichen erfährt („wildes Baden", Rodeln in Straßennähe u.a.). Je nach den Umständen sind Warn-, Verbotsschilder, Kontrollen oder aber sogar das physische Sperren der Seen und Felsen erforderlich.

Wird der Zugang und der Betrieb zu und in diesen Bereichen von der öffentlichen Hand eröffnet, dann gelten hierfür die bereits oben dargestellten Verkehrssicherungspflichten (Schwimmbäder, Trend-Sportarten), wobei die Pflichten bei erkennbar naturbelassenen Gebieten herabgesetzt sind. So muß selbstverständlich ein See nicht an allen Stellen für Kopfsprünge tief genug sein.

Für **Ski- und Rodelpisten** gilt vor allem, dass von Markierungsstangen, Lifteinrichtungen, Strommasten usw. keine vermeidbaren Gefahren ausgehen dürfen; diese müssen entsprechend gesichert, mit Matten u.a. gepolstert, abgefedert sein. Wie weit

---

[31] BADK 2003, 31-34
[32] einzuhalten DIN EN 12572 (Sicherungspunkte, Stabilität), DIN EN 1177 (Untergrund)

die Pflicht zum Markieren befahrbarer Pisten geht, hängt vom Einzelfall ab (Gefähr-lichkeit des Gebietes, verdeckte Gefahrenstellen (Gletscherspalten), Pistenführung, Verkehrsaufkommen usw.)[33].

b) Kindergärten, Kindertageseinrichtungen und Schulen[34]

493 Kinder, Erzieher, Schüler und Lehrer sind nach Unfällen in den Einrichtungen mit Schadensersatzansprüchen (Körper-, Personenschäden) gegen der Träger der Ein-richtung wie auch gegen schadensverursachende Mitarbeiter, Mitschüler usw. ge-mäß §§ 2, 8, 104, 105, 106 SGB VII wegen der bestehenden gesetzlichen Unfallver-sicherung im Regelfall ausgeschlossen[35], es sei denn die Verletzungshandlung erfolgte vorsätzlich, wobei sich der Vorsatz auf die Pflichtwidrigkeit und auf die Schädigung, den eingetretenen Schaden beziehen muß[36]. Von der Haftungsfreistel-lung sind alle in der Einrichtung tätigen Personen – gleich in welcher Funktion – umfasst; dies gilt vor allem auch für das Verhältnis zwischen Lehrern, Erziehern, Mitschülern oder anderen Kindern in Kindertagesstätten untereinander. Vorausset-zung ist lediglich, dass die Verletzungshandlung „einrichtungsbezogen", d.h. nicht dem rein privaten Bereich des Schädigers zuzurechnen ist. Ausgeschlossen sind nach den gesetzlichen Vorschriften alle Ansprüche auf Ersatz von Personenschäden (u.a. Schmerzensgeld, Unterhaltsschaden, vermehrte Bedürfnisse).

Beispiel:

– Schulunfall –

Infolge mangelhafter Anleitung, ungenügender Überwachung verletzt sich der Schüler im Werkunterricht (Sportunterricht) nicht unerheblich. Amtshaftungs-ansprüche gegen Lehrer /Schule/ Land sind nach §§ 104 Abs. 1, 105 Abs. 1 SGB VII ausgeschlossen. Ihm verbleiben die Ansprüche aus der gesetzlichen Unfallversicherung.

Von der Haftungsfreistellung nicht umfasst sind alle vorsätzlich herbeigeführten Schäden, Sach- und Vermögensschäden (des Verletzten) sowie alle Schäden (ein-richtungsfremder) Dritter.

---

[33] s. Rinne 2003 S. 11 (m.w.Nachw.)

[34] s. Georg Scharnagl, Aufsichtspflicht und Haftungsrecht in Schule und Kindergarten, BADK Information 2000, 62–65

[35] dieser Haftungsausschluß soll den Betriebsfrieden sichern; zum Ganzen eingehend und instruktiv Jörg Elsner, Haftungsausschluß nach SGB VII, ZfS 2000, 475–478; Martin Ebers, Haftungslücken beim Schadensersatz für Schulunfälle, NJW 2003, 2655 – 2657; s. auch Bergmann/ Schumacher 2002 S. 11 f.

[36] BGH, NJW 2003, 1605; OLG Frankfurt, OLGR 2002, 133 f. (Ohrfeige durch Lehrer); kri-tisch hierzu Ebers, Haftungslücken beim Schadensersatz für Schulunfälle, NJW 2003, 2655; s. auch Ollmann a.a.O. (Fn. 8); zum Unfall bei der Schülerbeförderung BGH, VersR 2001, 335 sowie kritisch Timo Hebeler, Amtshaftung und Haftungsbeschränkung bei in den Schulbetrieb eingegliederter Schülerbeförderung, VersR 2001, 951–953; s. auch unten Rn. 760

Bei Kindergärten, Kindergruppen im Wald („Waldkindergärten") gelten besonders hohe Anforderungen für die Überwachung und Beaufsichtigung durch die Aufsichtspflichtigen[37].

aa) Schulen

Hier ist zu berücksichtigen, dass die (allgemeine, privatrechtlich ausgeformte) Verkehrssicherungspflicht (für Gebäude, Plätze, Zuwege, Lehrmittel usw.) dem Sachaufwandsträger, Schulträger (meist Kommunen) obliegt[38], der von der für das Personal (Lehrer) verantwortlichen Stelle (im Regelfall Land) zu unterscheiden ist (verantwortlich für Aufsicht u.a.). Beschädigt ein Lehrer sorgfaltswidrig Lehrmittel oder das Schulgebäude, dann ist sein Dienstherr (Land) dem Schulträger aus Amtshaftung nicht ersatzpflichtig[39].   **494**

Schulgebäude müssen den einschlägigen Vorschriften entsprechen, die Treppen- und Gehbereiche sind sicher zu gestalten[40]. In Eingangsbereichen muß Sicherheitsglas (nicht ausreichend normales Fensterglas) in den Türen verwendet werden.

Beispiel:

OLG Köln, OLGR 1999, 241–243 – Schulfest –

Stürzt bei einem Schulfest, veranstaltet gemeinsam durch die Schulleitung, die Lehrer und einen Förderverein, ein Besucher über eine Betonplatte, die ungesichert der Beschwerung eines Sonnenschirmfußes dient, dann haftet sowohl der Dienstherr der Lehrer (Land) für den pflichtwidrigen Aufbau bzw. das Bestehenlassen der gefährlichen Stelle, wie auch der Schulträger (Verletzung der Verkehrssicherungspflicht) – kumulative Haftung. Das Oberlandesgericht hat 1/3 Mitverschulden dem Besucher zugerechnet.

bb) Kinderspielplätze

Auf Spielplätzen muss jedes vermeidbare Risiko ausgeschlossen sein[41]. Dies gilt bereits für die Planung und Standortwahl (nicht unbedingt neben Schienenanlagen), vor allem aber für die Auswahl und Gestaltung der Spielgeräte wie auch der des Untergrundes und der Zuwege. Die Sicherheitsanforderungen müssen sich an dem Verhalten und den Gefahrenlagen, Gefährdungen für die jüngsten Kinder orientieren. Zahlreiche DIN-Vorschriften regeln (als anerkannter Stand der Technik) die – sichere – Gestaltung von Kinderspielplätzen/Freiflächen zum Spielen[42]. Entspricht   **495**

---

[37] BADK 2003, 22
[38] BGH, MDR 1974, 296 (z. einem Ausnahmefall der Amtshaftung)
[39] BGHZ 60, 371–377 = NJW 1973, 1461–1463 (Lehrer beschädigt durch nachlässiges Verhalten das Schulgebäude); OLG Köln, DVBl 1990, 311–313; denn es fehlt an dem erforderlichen „Konfrontationsverhältnis" – s.o. Rn. 95 f., beide Seiten werden hier in der Schule zur Erreichung eines gemeinsamen Ziels tätig
[40] s. BGH, NJW-RR 1993, 213 f. (Elternsprechtage)
[41] hierzu eingehend BADK 2003, 27 f. – vor allem auch zu Organisationsfragen: Standortwahl, Geräteauswahl, Kontrollen
[42] zu den Vorschriften im Einzelnen s. Rotermund S. 113 sowie auch BADK 2003, 27

ein Spielgerät diesen Normen, Sicherheitsstandards und ist es im Übrigen in einem ordnungsgemäßen Zustand, dann spricht für den Betreiber im Schadensfall zunächst einmal die Vermutung der Einhaltung der Verkehrssicherheit[43].

Wichtige Normen:

– DIN EN 1176-1 – 1176-7 Spielplatzgeräte (Schaukeln, Rutschen, Seilbahnen, Karussells, Wippen usw.)
– DIN EN 1177 Spielplatzböden

Zusätzlich ergeben sich Anforderungen auch aus den jeweils einschlägigen Unfallverhütungsvorschriften.

Kinder, deren Eltern und auch sonstige Aufsichtspflichtige müssen uneingeschränkt darauf vertrauen können, dass sich die Spielgeräte in einem ordnungsgemäßen Zustand befinden.

PRAXISTIPP! Gemeinden sollten ausschließlich nur Geräte beschaffen, die nachweisbar den DIN-Normen entsprechen (Vorsicht bei „Billigimporten"). Der Bezug sollte über eine Fachfirma erfolgen. Gleiches gilt für das Aufstellen, Befestigen der Geräte. Probleme bestehen oft bei Elterninitiativen und Nachbarschaftsprojekten, bei denen auch Laien „Hand anlegen" und Materialen zur Verfügung stellen wollen.
Der gesamte Vorgang muß nachweisbar, dokumentiert sein.

Gefahren wie scharfe Kanten, Ecken, vorstehende Schrauben, Holzsplitter, spitze Steine sind in jedem Fall unverzüglich zu beseitigen. Bei Klettertürmen, -gerüsten ist eine entsprechende „Absturzsicherung" (Geländer, weicher Untergrund, Fallschutzplatten) vorzusehen. Hingegen muß die Aufwärmung einer Metallrutschbahn nicht verhindert werden. Liegt der Spielplatz an einer Straße, in der Nähe eines Abhanges, Sees oder einer Eisenbahnlinie, muß gegebenenfalls mit einer physischen Sperre (Schutzzaun) dieser Gefahrenlage entgegengesteuert werden. Giftige Sträucher gehören nicht in den Bereich von Spielplätzen für Kleinkinder.

Auch besteht eine regelmäßige und weitreichende Überwachungspflicht hinsichtlich Material, Gestaltung, Erhaltungszustand und möglichen Missbräuchen, wobei genaue Vorgaben zu den Überwachungspunkten (durch Dienstanweisung) zu treffen sind (Organisationspflicht)[44]. So sind Flaschen- und Spritzenreste, Hundekot und Abfälle auf Spielplätzen möglichst umgehend zu beseitigen und entsprechende Verschmutzungen (Sandkasten) zu unterbinden. Zu untersuchen sind vor allem auch verborgene Stellen (Holzteile, nicht sichtbare Verschleißteile), Bodenverankerungen, Seile, Ketten, bewegliche Verbindungsteile, wenn diese Risiken darstellen können. Gleiches gilt für die Einfriedungen und die Bepflanzung (giftige Sträucher). Der erforderliche Umfang der Kontrollen (zeitlich, gegen-

---

[43] OLG Celle, MDR 2004, 278 f.
[44] zu einer entsprechenden Dienstanweisung vergl. Rotermund S. 113 ff.

ständlich) richtet sich nach Jahreszeit, vor allem nach der Nutzungsintensität[45]. Die Kontrollen sind zu dokumentieren (Kontrollbücher)[46].

Festzuhalten bleibt, dass auch bei entsprechenden Sicherungen Unfälle auf Kinderspielplätzen (wie durch Hineinlaufen in Schaukel oder Karussell, Absturz von Klettergerüst, Fallen von Schwebebalken) wohl letztlich nicht vollständig zu vermeiden sind. Der Verantwortliche für den Spielplatz muß auch nicht für eine ständige Aufsicht sorgen[47]. Diese unvermeidbaren Unfälle lösen aber bei Einhaltung der technischen und organisatorischen Sicherheitsanforderungen keine Haftung der Spielplatzbetreiber aus.

Bei der Planung und Realisierung eines Kinderspielplatzes sind entsprechend ausgebildete und erfahrene Fachleute zu Rate zu ziehen, die vor allem auch Kenntnis der zahlreichen Fachvorschriften besitzen[48].

Zur Veranstaltung von Kinder-(spiel-)festen s. u. Rn. 512.

cc) Kindergärten, Kindertagesstätten

Diese Einrichtungen müssen altersentsprechend sicher ausgelegt, überwacht und gewartet werden. Ob die Aufsichtspflicht der Bediensteten privatrechtlich oder als Amtspflicht ausgeformt ist, hängt von der Gesetzeslage in den Ländern und von der konkreten Ausformung des Benutzungsverhältnisses ab (Satzung – Vertrag, s.o. Rn. 469 f.)[49]. Immer wieder treten Probleme bei Beginn (Abholen mit Zubringerbus) und Beendigung (Abholen der Kinder, alleiniger Heimweg des Kindes) der Aufsichtspflicht sowie hinsichtlich deren konkreter Ausformung (Basteln mit „scharfen" Messern; verhaltensauffällige Kinder usw.) auf[50]. **496**

Festgehalten werden kann, dass Kinder auch an den Umgang mit gefährlichen Situationen (z.B. Straßenverkehr) und Gegenständen (Messer, Herd usw.) herangeführt werden sollen und dürfen; Gefahr für Leib und Leben ist jedoch durch die Aufsichtspflichtigen stets auszuschließen.

c) Parks, Anlagen und Feld-, Wald- und Wanderwege, Bäume

aa) Parks, Anlagen

Wege und Aufenthaltsflächen in Anlagen, vor allem in Kurparks sind für die Benutzung auch durch ältere und gehbehinderte Personen sicher zu gestalten und zu erhalten[51]. **497**

---

[45] von täglichen Kontrollen (ältere Geräte, stark genutzt, Vandalismusspuren) bis zu vier Wochen – Kontrollintervallen, s. Rotermund S. 115; s. auch BADK 2003, 29

[46] BADK 2003, 69-76 (Muster-Dienstanweisungen, Kontrollblätter usw.)

[47] OLG Düsseldorf, VersR 1979, 942 f.

[48] so auch BADK 2003, 27

[49] abw. Ollmann, Amtshaftung bei Aufsichtspflichtverletzungen in Kindertagesstätten? VersR 2003, 302 ff., der stets von einer privatrechtlichen Haftung ausgehen will

[50] eingehend Scharnagl a.a.O. (Fn. 34) S. 62 f.

[51] zu den Anforderungen (Kurpark) s. OLG Hamm, NZV 2004, 141

Auch von Einrichtungen in Parks u.a. (Bänken, Brunnen, Absperrungen, Treppenanlagen usw.) darf keine vermeidbare Gefahr ausgehen; dies gilt auch für die Nachtzeit. Gegebenenfalls sind diese gefährlichen Stellen zu beleuchten oder sonst kenntlich zu machen (weißer, reflektierender Anstrich).

bb) Bewuchs, Bäume

498   Gleiches gilt für den Bewuchs in Parks und Anlagen. Vor allem die Standsicherheit und die übrige Verkehrssicherheit von Bäumen (herabfallende, morsche Äste usw.) ist regelmäßig zu kontrollieren (dürre Äste, Schädlingsbefall, Beschädigungen usw.)[52]. Diese „**Baumschau**" hat durch äußere Besichtigung des gesamten Baumes, auch des Kronen- und des Wurzelbereichs zu erfolgen[53]. Verdächtige Stellen (morsche Bereiche, „Totholz", trockenes Laub, Schädlingsbefall, Bohrmehl, Spechtlöcher, ungewöhnlicher Harz-, Gummi- oder Wasserfluß usw.) sind weiter abzuklären (z.b. Bohrproben), gegebenenfalls unter Zuhilfenahme von Fachleuten (Förster, Biologen)[54]. Nach starken Unwettern, Blitzeinschlag oder Stürmen sind zusätzliche Überprüfungen angezeigt.

Beispiel:

OLG Brandenburg, NVwZ-RR 2004, 76 – Baumschau –

Die Verkehrssicherungspflicht umfasst den Schutz vor Gefahren, die von Straßenbäumen ausgehen, sei es durch Herabfallen von Teilen eines Baumes, sei es durch Umstürzen eines Baumes selbst ... Der Verkehrssicherungspflichtige muss durch hinreichend qualifiziertes Personal regelmäßig zweimal pro Jahr die Bäume (einmal im belaubtem und einmal im unbelaubtem Zustand) kontrollieren. Dabei kann sich die Untersuchung normalerweise auf eine Sichtprüfung vom Boden beschränken ... Lediglich in den Fällen, bei denen im Rahmen einer visuellen Untersuchung Schäden am Baum auffallen, sind entsprechende weitergehende Maßnahmen, z.b. Abklopfen, Zugprüfungen oder Bohrungen zu veranlassen.

In räumlicher Hinsicht sind Bäume und Sträucher entlang von Straßen und Wegen zu überprüfen; weiter entfernt stehende Bäume (Waldgebiet) sind aus Gründen der Verkehrssicherheit nicht zu kontrollieren; lediglich die Straßen-, Alleebäume und der „Waldsaum" erfordern genauere Überwachung[55].

---

[52] Brandenburgisches Oberlandesgericht, OLGR 2002, 411–413 (zweimalige Kontrolle (Frühjahr, Herbst) wird als erforderlich („unumgänglich notwendig"), aber auch als ausreichend angesehen), s. Rotermund S. 111; zu weitreichender – älterer – Rechtssprechung Schlund S. 76 ff.; eingehend auch Tschersich, Der Waldbaum auf der Straße – amtshaftungsrechtliche Problematik, VersR 2003, 172 ff. sowie BADK 2003, 15–17 – m. zahlr. w. Nachw.

[53] üblich inzwischen mittels der von Gartenbausachverständigen entwickelten „Visuellen Baumbeurteilung" (Visual Tree Assessment – VTA) – s. BADK 2003, 16; Bergmann/ Schumacher 2002 S. 132; jüngst OLG Hamm, OLGR 2004, 37 f. – auch zu neuen Untersuchungsansätzen

[54] OLG Hamm, NZV 2004, 140 f.

[55] Tschersich a.a.O. S. 172 f.

Diese Aufgabe muß organisiert (u.a. Baumkataster) und die Kontrolle dokumentiert werden (Kontrollbücher)[56]. Die dargestellten Anforderungen gelten selbstverständlich für alle baumbestandenen kommunalen oder staatlichen Flächen[57], auf denen ein relevanter Verkehr eröffnet ist.

Die mit dem Baumbewuchs einhergehenden normalen, natürlichen „Beeinträchtigungen" (Blütenstaub, Laubfall, abfallende Früchte – Nüsse, Äpfel, Kastanien usw.) begründen grundsätzlich keine gesteigerte Verkehrssicherungspflicht (Warnungen, besonderer Vorkehrungen)[58].

Besonderheiten gelten für „Naturdenkmale", vor allem für ältere unter Naturschutz gestellte große Bäume. Hier ist die Verantwortlichkeit (Verkehrssicherungspflicht) wie auch die letztliche Kostentragungsverpflichtung noch nicht abschließend geklärt[59]. Geht von einem derartigen **Naturdenkmal** akute Gefahr für den Verkehr (Passanten, Sparziergänger u.a.) aus, dann ist zumindest dem Eigentümer zu raten, für Abhilfe zu sorgen und für den Fall, dass effektive Schutzmaßnahmen (Äste abschneiden bis hin zur Entfernung des Baumes u.a.) nicht erlaubt wären und durch Behörden nicht erlaubt werden, entsprechende Bemühungen zu dokumentieren. Damit dürfte dann zumindest der Schuldvorwurf entfallen[60]. In der Pflicht ist dann die jeweils zuständige Behörde.

cc) Wald- und Wanderwege

Für den Wald in kommunalem oder staatlichem Eigentum gilt, dass nach § 14 Abs. 1 **499** Bundeswaldgesetz das Betreten des Waldes „auf eigene Gefahr" jedermann zum Zwecke der Erholung gestattet ist; hierdurch werden neue, weitere Verkehrssicherungspflichten jedoch nicht begründet[61]. Inwieweit (ausgebaute) Waldwege dem jeweiligen Straßenrecht unterliegen und dementsprechend die Verkehrssicherungspflicht mit der Folge der möglichen Amtshaftung hoheitlich ausgeformt ist, haben die jeweiligen Landesstraßengesetze festgelegt. Am Inhalt, dem Umfang der Pflicht ändert jedoch die Zuordnung vom rein privatrechtlichen, deliktischen zum hoheitlichen Handeln nichts.

Vor „waldtypischen" Gefahren (Wurzeln, herabhängende, querliegende Äste, feuchtes Moos, Steine, Unebenheiten auf den Wegen usw.) braucht der Waldbenutzer nicht geschützt und auch nicht gewarnt werden. Vor atypischen, vor allem durch den

---

[56] Muster einer Dienstanweisung zur Baumprüfung mit Kontrollblatt bei Rotermund S. 107 ff., desgl. auch in BADK 2003, 68 f.

[57] zu Einzelheiten für Bäume im Straßenbereich s. auch unten Rn. 538

[58] s. Itzel 2003, K 39

[59] s. Hötzel, Verkehrssicherungspflicht und zivilrechtliche Haftung für geschützte Bäume, AgrarR 1999, 236 ff. sowie Breloer, Verkehrssicherungspflicht für Naturdenkmale – Aufgaben- und Haftungsverteilung zwischen Eigentümer, Behörden und Baumpflegern –, AUR 2003, 101 ff.

[60] Bergmann/ Schumacher 2002, 127 f. wollen (wohl zu weit gehend) die Verkehrssicherungspflicht des Eigentümers völlig entfallen lassen

[61] BADK 2003, 19–22, Michael Kutzera, Die Benutzung von „Sportgeräten" im öffentlichen Straßenraum, BADK-Information 2004, 1 ff., 4

Waldeigentümer selbst geschaffenen Gefahren ist der Benutzer indes zu schützen (z.b. Anlage einer Treppenanlage, Geländerabsicherungen, Schranken, Baumfällarbeiten).

Innerhalb des Waldes, fern ab von Straßen und Wegen trifft den Verantwortlichen gegenüber dem „Querfeldein-Benutzer" keinerlei Verkehrssicherungspflicht.

Inwieweit der Verkehrssicherungspflichtige in geschlossenen Waldgebieten die Bäume in der Nähe von Wegen regelmäßig untersuchen, beschauen muß, ist noch nicht abschließend geklärt. Festzuhalten ist jedoch, dass nicht jeder schräg stehende Baum am Rande eines kleinen Wanderweges vorsorglich gefällt werden muß. Andererseits ist ein erkennbar von Schädlingen befallener Baum in unmittelbarer Nähe des Startplatzes eines häufig genutzten Wald-Trimmpfades sicherlich unverzüglich zu beseitigen. Auch hier kommt es auf die Umstände des Einzelfalles an[62].

Zu den weitergehenden Verkehrssicherungspflichten bei und nach Anlegung/Einrichtung von öffentlichen Wander-, Rad- und Reitwegen, Trimmstrecken, Brücken, Grillstätten und entsprechenden Parkplätzen vgl. Rn. 500.

Hervorgehoben werden soll hier nur, dass vorhandene Einrichtungen keine zusätzlichen, neuen Gefahren begründen dürfen: hervorstehende Nägel an Geländern und Sitzbänken sind zu beseitigen, morsche Brücken instand zu setzen und Absperrungen quer zum Weg durch (z.B. braun-grüne) Ketten sind für den Benutzer auch bei Dämmerung kenntlich zu machen (sichtbarer Anstrich, Schild usw.), Trimmgeräte sind auf morsche Stellen und sonstige Schäden regelmäßig zu untersuchen. Auch hier ist die Organisation der Überwachung wie auch die erforderliche Kontrolldokumentation besonders hervorzuheben.

dd) Wanderwege

500 Wanderwege sind je nach den Umständen unterschiedlich zu gestalten und zu unterhalten. Als Grundsatz kann gelten: je stärker der Wanderer durch Hinweise, Ausbauzustand usw. angezogen wird (ausgeschilderter Rundwanderweg mit Zeit- und Höhenangaben, Hinweise für Kreislaufkranke, auf ebene Wegstrecke, Aufnahme in Freizeitkarte als Wanderweg usw.) desto höhere Anforderungen sind an die Verkehrssicherheit zu stellen[63]. Andererseits besteht für einen untergeordneten „Trampelpfad" keinerlei Verpflichtung auf Rodung, Beseitigung von überhängenden Ästen und querverlaufendem Wurzelwerk. Im alpinen Bereich gibt es keine Pflicht zur Anbringung von Geländern usw. auch nicht an steil abfallenden Wegstrecken. Insgesamt dürfen die Anforderungen nicht überspannt werden. Es ist davon auszugehen, dass sich der vernünftige Bürger mit entsprechender Ausrüstung (Schuhwerk) auf Wanderungen begibt und dort keine Wege mit ebener Oberfläche erwartet.

---

[62] BADK 2003, 20 f.

[63] s. Michael Kutzera, Die Benutzung von „Sportgeräten" im öffentlichen Straßenraum, BADK-Information 2004, 1ff., 4 (besonders auch zur Radbenutzung auf derartigen Wegen)

Diese Selbstverantwortlichkeit gilt auch für vom Wanderweg abliegende gefährliche Stellen (steil abfallendes Aussichtsplateau), das nicht gesichert werden muß. Anders liegt der Fall aber dann, wenn eine Sicherung an derartigen Stellen tatsächlich angebracht wurde. Die Gitter, Zäune, Geländer müssen dann auch standhalten und nicht infolge Rost, Morschheit, Konstruktionsfehler bei normaler Nutzung zusammenbrechen (z.B. wenn ein Besucher sich an das Geländer lehnt).

Wer nachts einen (Wald-) Wanderweg begeht, muß selbst für die entsprechende Orientierung und gegebenenfalls Ausleuchtung (Taschenlampe) sorgen. Er hat mit Unebenheiten, Wurzelwerk, herabhängenden Zweigen zu rechnen und ist für seine Sicherheit zunächst einmal in vollem Umfang selbst verantwortlich. Gleiches gilt für Wege entlang von Gewässern und das Begehen, Befahren von feuchten, glitschigen Holzstegen[64].

ee) Feld- und Waldwege:

dazu s. unten Rn. 545.   **501**

d) Krankenhäuser, Pflege- und Seniorenheime

aa) Krankenhäuser

Der Träger der Einrichtung ist verantwortlich für deren Verkehrssicherheit. Hierzu   **502**
gehört in erster Linie die Gebäudesicherheit (u.a. Treppen, Flure). Hieran sind in Krankenhäusern ganz besonders hohe Anforderungen zu stellen.

Abzugrenzen hiervon ist die Verantwortlichkeit für die Betreuung und Behandlung, für die nicht in allen Fällen (z.B. bei Belegärzten) der Einrichtungsträger verantwortlich zeichnet.

Da in Regelfall ein Vertrag zwischen (geschädigtem) Patienten und dem Krankenhausträger gegeben ist, kommen bei Pflichtverletzungen neben deliktischen auch vertragliche Ansprüche regelmäßig zu Gunsten des Patienten in Betracht.

Schwierig abzugrenzen ist die Verantwortung für von Belegärzten benutztes medizinisches Gerät (Röntgenapparat usw.). Hier wird im Regelfall wohl von einer Verkehrssicherungspflicht sowohl des beschaffenden und unterhaltungspflichtigen Trägers wie auch der des das Gerät benutzenden Arztes auszugehen sein.

Besonders unfallträchtig und daher überprüfungsbedürftig ist die Beschaffenheit der Böden sowie die Gestaltung von Nasszellen[65]; kritische Phasen sind auch die Zeiten der Fußbodenreinigung (s. u. „Gebäude").

Stets ist auch zu berücksichtigen, wie gefährdet die Patienten u.a. aufgrund ihres Alters, der physischen und psychischen Erkrankungen sind. Insoweit müssen die Sicherungsmaßnahmen jeweils abgestimmt und festgelegt werden, wobei auch hier in letzter Zeit eher die etwas herabgesetzten Pflichten – Grenzen thematisiert werden[66].

---

[64] OLG Koblenz, OLGR 1999, 32
[65] OLG Zweibrücken, OLGR 2003, 282 ff.
[66] OLG Schleswig, NJW-RR 2004, 237 (Sicherungsmaßnahmen gegen das Herausfallen aus dem Krankenbett); OLG Schleswig, OLGR 2004, 85 f. (Sicherungsmaßnahmen gegen Herausfallen aus dem Rollstuhl); OLG Koblenz, OLGR 2000, 136–139 (Sicherungspflichten bei suizidgefährdeten Patienten)

bb) Alten- und Pflegeheime

503 Hier ist auf die strikte Einhaltung der einschlägigen Vorschriften hinzuweisen (gerade auch der feuerpolizeilichen). Besondere Beachtung erfordern die Beschaffenheit der Böden, Handläufe, Treppenbereiche, Nasszellen und es ist Wert darauf zu legen, dass Flure und sonstige begangene Bereiche frei von Hindernissen (z.b. abgestellte Putzwagen) sein müssen (zum Schutz für geh- und sehbehinderte Personen).

e) Sonstige öffentliche Einrichtungen und Veranstaltungen, weitere Fallgruppen und Einzelfälle[67]

aa) Gebäude

504 Die Verkehrssicherungspflicht für öffentliche Gebäude mit Publikumsverkehr ist grundsätzlich privatrechtlich zu würdigen: die Haftung folgt demnach aus §§ 823 ff. BGB, wobei auch § 836 BGB besonders zu beachten ist.

Auch öffentliche Gebäude müssen für den eröffneten (Publikums-) Verkehr sicher sein. Sie müssen bei Planung und Errichtung den baupolizeilichen Bestimmungen entsprechen und keine nicht erkennbaren, versteckten Gefahrenstellen ausweisen. Eine uneingeschränkte Verpflichtung, (ältere) öffentliche Gebäude und Einrichtungen stets baurechtlichen Änderungen, Neuerungen (Verschärfungen) anzupassen, besteht nicht[68]. Nachträgliche Anforderungen sind rechtlich nur möglich und durchsetzbar, wenn eine konkrete Gefahrenlage besteht; dies gilt insbesondere für den verstärkten, verschärften **Brand- und Feuerschutz**[69].

Auch Kinder, alte oder behinderte Personen müssen sich ohne Gefährdung in den Gebäuden aufhalten und bewegen können. Besonders ist auf sichere Treppenanlagen[70], Geländer (ggf. beidseitig), rutschfeste Bodenbeläge und gesicherte Luft- und Lichtschächte, fest aufliegende Kanal- und Versorgungsschachtdeckel, ordnungsgemäße Türen- und Fensteranlagen (sicheres Glas!; gefahrlose Drehtüren) zu achten.

Bei der **Fußbodenreinigung** ist zu veranlassen, dass der Boden nicht zu glatt wird, eine ausreichende Geh- und Trittsicherheit gewährleistet ist. Bodenpflegemittel sind auf die jeweiligen Böden (Parkett, PVC-Belag usw.) abzustimmen. Eine extreme Glätte („spiegelglatt") ist in jedem Fall zu vermeiden, auch wenn der Saal multifunktionell (Tanzveranstaltung, Konzerte, Kongresse usw.) genutzt wird. Während der Reinigung selbst ist gegebenenfalls durch Hinweisschilder, in Extremfällen durch Sperrung der zu reinigenden Bereiche der besonderen Gefahrenlage (durch Nässe) entgegenzuwirken.

---

[67] zu weiteren Fallgruppen vergl. auch Schlund S. 65 ff.

[68] s. OLG Stuttgart, BADK Information 2003, 150; Kutzera, Verkehrssicherungspflichten bei älteren Gebäuden, BADK Information 2003, 123 ff.

[69] s. Karsten-Michael Ortloff, Die Entwicklung des Bauordnungsrechts, NVwZ 2001, 997 ff., 1004

[70] s. OLG Stuttgart, NJW-RR 2004, 21 f. (Treppenanlage in Gerichtsgebäude)

Die Dachbedeckung ist sicher aufzubringen und auch in regelmäßigen Abständen fachkundig zu überprüfen.

Die Schutzpflichten hinsichtlich abgehender (Dach-) Schneelawinen sind regional unterschiedlich ausgeprägt; so dürften in Oberbayern je nach Dachausprägung Schneefanggitter erforderlich sein, vor allem dann, wenn in den gefährdeten Bereichen Verkehr eröffnet wurde (z.B. durch Ausweisung von Parkplätzen)[71].

Werden öffentliche Gebäude Dritten zur Nutzung überlassen (Bürgerhäuser, Säle, Veranstaltungs-, Kongreßzentren usw.) kommt neben der deliktischen Haftung weiterhin gegebenenfalls eine vertragliche Verantwortlichkeit bei Verletzung der Verkehrssicherungspflichten in Betracht (Vertrag mit Schutzwirkung für Dritte). Allerdings kann, und dies ist die Regel, die Verkehrssicherungspflicht vertraglich in diesen Fällen auf den Veranstalter übertragen werden[72].

Beispiel:

– Verkehrssicherungspflicht bei Veranstaltungen –

Die Organisatoren einer Massenveranstaltung (Karnevalsball, Adventsfeier, Sylvester-Gala) haben regelmäßig aufgrund vertraglicher Regelungen mit dem städtischen Gebäudeeigentümer die Pflicht, auch die Zuwege zur Veranstaltung sicher, eis- und schneefrei zu halten.

bb) Fußgängerzonen

In Fußgängerzonen gelten wegen der – beabsichtigten – Ablenkungsmöglichkeit (Schaufenster, Geschäfte, Werbung usw.) besonders **strenge Anforderungen** an die Verkehrssicherheit. Dies gilt vor allem für die Ebenheit und Rutschfestigkeit des gesamten Bereichs sowie auch für die Verwendung von Gitter-, Abdeckrosten usw. In Fußgängerzonen ist mit der – gewollten – Ablenkung der Passanten (Werbung, Auslagen, Stände usw.) zu rechnen. Dementsprechend sind größere Unebenheiten und ähnliche Gefahrenstellen nicht zu dulden. Gleiches gilt für nicht besonders sichtbar gemachte Absperrpfosten, -ketten und niedrige Einfriedungen und Wasserläufe[73].

505

Rolltreppen sind regelmäßig zu warten; vor allen Dingen ist die „Nothalt"-Funktion zu überprüfen.

Treppenanlagen sind mit Handläufen zu versehen und auf Rutschsicherheit und Verschmutzungsfreiheit regelmäßig zu kontrollieren.

Bei höhenversetzten Anlagen, Fußgängerbereichen mit Treppen- und Rampenanlagen ist auf die sichere Anlage von erforderlichen Geländern zu achten.

---

[71] s. Schlund S. 86 ff.

[72] z.d. weitreichenden Verkehrssicherungspflichten s. auch Schlund S. 99 ff.

[73] zu beachten bei derartigen „Wasserläufen, Rinnsalen und Ablaufrinnen" (vgl. „ökologische Entwässerungskonzepte") ist, dass diese in Tiefe, Gestaltung und sonstiger Ausführung vor allem keine Gefahr für Kinder und ältere Menschen darstellen dürfen, s. auch unten Rn. 541

cc) Friedhöfe[74]

506   Sowohl Wege, Mauern, Gebäude, Ruhebänke, Bäume wie auch die Grabstätten selbst müssen sicher angelegt und unterhalten werden, wobei auf die Sicherungsbedürfnisse gerade älterer Menschen besondere Rücksicht zu nehmen ist (s.o. Parks u.a.). Bei Begräbnissen sind alle Zuwege (Haupt- und Nebenwege) und die vorbereitete Grabstelle wegen des stärkeren Besucheraufkommens besonders zu sichern (wichtig besonders bei Glätte).

Besondere Bedeutung in der Rechtssprechung hat die Verletzung von Friedhofsbesuchern durch **umstürzende Grabsteine** erlangt. Insoweit ist festzuhalten, dass zunächst einmal der Grabstellennutzer auch für die Standfestigkeit des Grabsteins verantwortlich ist. Den Friedhofsbetreiber trifft lediglich eine Überwachungspflicht. Ist die Verkehrssicherungspflicht der Gemeinde öffentlich-rechtlich ausgestaltet (Ausnahme – s.o. Rn. 471), dann tritt Haftung nach Amtshaftungsgrundsätzen ein; ansonsten bleibt es je nach den Umständen des Einzelfalles bei der deliktischen Haftung neben der des Grabstellennutzers.

Zur Verkehrssicherung wird eine jährliche „Rüttelprobe" (auch „Druckprobe" genannt – nach der Frostperiode, im Frühjahr) gefordert; stellen sich dann Mängel heraus, ist der Grabstellenberechtigte zu benachrichtigen (evtl. über Anbringen eines Klebezettels) und bei akut gefährlichen Schäden ist gegebenenfalls durch Umlegen des Grabmals oder Absperren der Grabstätte die Gefahrenstelle zu beseitigen.

Die Überprüfung muß organisiert und der Umfang, die Art der Überprüfung festgelegt sein[75].

dd) Baustellen, Baugruben

507   Baustellen und Baugruben sind durch Absperrungen so zu sichern, dass die Gefahrenstelle auch bei Dunkelheit erkennbar ist (gegebenenfalls Warnlampen).

Gleiches gilt für Baugerüste an städtischen und staatlichen Gebäuden, wobei regelmäßig die Verkehrssicherungspflicht auf den Bauunternehmer übertragen worden sein dürfte.

Werden Baugruben, -gräben in Fußgängerbereichen abgedeckt, so dürfen nicht glatte, rutschige Stahlplatten verwendet werden. Hier sind griffige Materialien einzusetzen (z.B. geriffelte Stahlplatten).

Die Sicherungsmaßnahmen sind vom Verkehrssicherungspflichtigen regelmäßig zu überprüfen (vor allem auch an Wochenenden), s. auch unten Rn. 546.

---

[74] s. BADK 2003, 39-42
[75] zu einer entsprechenden Musterdienstanweisung vergl. Rotermund S. 110 ff. sowie BADK 2003, 83 f.

ee) Klär- und Müllentsorgungsanlagen; Versorgungseinrichtungen

Diese Anlagen sind im Regelfall durch Zäune zu sichern.   **508**

Entstehen auf einem Müllplatz aufgrund Müllbrandes regelmäßig Rauchschwaden, dann ist auf die hierdurch entstehende Gefahr für den Verkehr auf einer benachbarte Straße besonders hinzuweisen.

Bei Schäden in Zusammenhang mit dem Betrieb derartiger Versorgungseinrichtungen ist auch stets an die Gefährdungshaftung nach § 2 Abs. 1 HPflG zu denken[76]. (Näheres zu kommunalen Versorgungsunternehmen unten Rn. 779.)

ff) (Berg-) Hänge

Der Eigentümer eines im Naturzustand nicht veränderten Hanges ist für abgehende   **509**
Steine, Geröllteile, Schlamm und Erdmassen grundsätzlich nicht verantwortlich. Schutzmaßnahmen braucht er nicht zu ergreifen. Der „Unterlieger" muss sich im eigenen Interesse selbst schützen. Dies gilt vor allem auch, wenn unter einem derartigen Hang eine Straße angelegt wurde; insoweit ist dann der Straßenunterhaltungs-, -verkehrssicherungspflichtige für entsprechende Warnhinweise und Sicherungsmaßnahmen zuständig[77]. Anderes gilt, wenn der Hangeigentümer oder Nutzer Abgrabungen, Veränderungen vorgenommen hat, die die Gefahrenlage für andere erhöht haben (z.B. durch Lagerung von Steinbrocken und Geröll). Oder aber auch, wenn er Schutzvorrichtungen (Schutzwald, Fangzäune usw.) angebracht hat; dann muß er aus Gründen des Vertrauensschutzes auch für die Funktiontüchtigkeit dieser Anlage sorgen (u.a. Entleeren der Auffangvorrichtungen) und vor allem auch dafür, dass von diesen Schutzeinrichtungen selbst keine Gefahr ausgeht (abgehende Teile der Fangzäune, Abrutschen von morschen, kranken Bäumen – bei Anlage eines Schutzwaldes).

gg) Gewässer, Brunnenanlagen, Feuerlöschteiche

Die Verantwortlichkeit für Gewässer ist in den landesrechtlichen Wassergesetzen   **510**
festgelegt (s.unten Rn. 687 ff.).

Die Verkehrssicherungspflicht für derartige Anlagen, auch für Wasserstraßen, Deichanlagen, Häfen und Schleusen ist grundsätzlich privatrechtlich ausgeformt, soweit nicht spezialgesetzliche Vorschriften Abweichendes bestimmen.

---

[76] der Vollständigkeit halber und glücklicherweise nicht der täglichen Relevanz halber soll in diesem Zusammenhang noch auch die weiteren Haftungstatbestände aus Gefährdungshaftung hingewiesen werden: § 22 WHG – Klär-, Abwasseranlagen; §§ 26, 38 AtomG – Kernkraftwerke; instruktiv, auch zu weiteren Haftungstatbeständen (Gefährdungshaftung) Fuchs 2003 S. 234-268

[77] nicht ganz klar OLG Koblenz, NJW-RR 2003, 1330 f. = OLGR 2004, 31 f. (Verkehrssicherungspflichten des Hang- oder des Straßenverantwortlichen)

hh) Bahn-, Zugverkehr, Gleis- und Bahnanlagen[78]

511   Auf Bahnsteigen herrscht – gewollt – reger Verkehr, wobei die Passanten stark abgelenkt sind (einfahrende Züge, Anzeigetafeln, Hinweise und Durchsagen). Dementsprechend hat der Betreiber für ein hohes Maß an Sicherheit zu sorgen (regelmäßige Reinigung, Glätte-, Eis- und Schneeschutz, Hinweise auf Gefahrstellen und Absperrungen).

Besondere Anforderungen stellt die Rechtsprechung in den Fällen, in denen ein unbefugtes Überqueren von Gleisanlagen für den Verantwortlichen erkennbar stattfindet. Auch hier muss dieser das verbotene Verhalten im Rahmen der Zumutbarkeit durch physische Sperren und Kontrollen unterbinden[79].

Werden unterhalb der Oberleitung besteigbare Wagons (z.B. Kesselwagen) abgestellt, dann besteht zumindest die Pflicht zum Anbringen von Warnhinweisen (graphische Darstellung der Gefahr – Stromschlag, Verbrennungen usw.), denn mit einem verbotswidrigen Klettern auf diese Wagons (z.B. durch Kinder) muß gerechnet werden.

Zu beachten ist, dass das Handeln der Bundesbahn und ihrer Nachfolgeorganisation, -unternehmen stets **privatrechtlicher Natur** ist und deshalb lediglich vertragliche, deliktische (§§ 823 ff. BGB) Ansprüche oder solche aus Gefährdungshaftung (HaftpflichtG) eingreifen[80].

ii) Jahrmärkte, Messen und Musikfestivals

512   Finden Jahrmärkte, Schützenfeste, Festivals, Messen usw. auf Wiesen oder anderen erkennbar unbefestigten Bereichen statt, dann ist der Veranstalter grundsätzlich nicht zu weitgehenden Sicherungsmaßnahmen hinsichtlich des Untergrundes (Unebenheiten) verpflichtet. Nur nichterkennbare Gefahren muß er sichern (z.B. verdeckte Jauchegrube im Wiesenbereich).

Andererseits muß er darauf hinwirken und die organisatorischen Vorkehrungen dafür treffen, dass die Versorgungsleitungen zu den Ständen sicher verlegt sind (feste Verankerung, abdeckende Gummimatten usw.), vor allem keine Schlaufen bilden können.

Bei Maibäumen usw. ist zum einen auf deren sicherer Verankerung im Boden und zum anderen auf die mögliche Verrottung nach jahrelanger Standzeit zu achten.

Bei einem durch das städtische Jugendamt veranstaltetem Kinderspielfest handelt es sich um eine Tätigkeit im hoheitlichen Aufgabenbereich (Jugendförderung); die Verletzung von Verkehrssicherungspflichten (mangelnde Sicherung eines Spielgerätes) führt zur Amtshaftung[81].

---

[78] s. auch unten Rn. 769 sowie Patzelt 2000 S. 119 ff.
[79] OLG Koblenz, OLGR 2003, 285 f.
[80] Staudinger/Wurm, § 839 Rn. 689
[81] LG Duisburg, VersR 1977, 46 f.

II. Straßenverkehrssicherungspflicht, Straßenbaulast, Straßenverkehrsregelungspflicht, Straßenreinigung

Eine auch quantitativ besonders wichtige Verkehrssicherungspflicht ist die, für den sicheren Zustand der öffentlichen Straßen, Wege und Plätze zu sorgen, diesen Zustand zu erhalten und auftretende Gefahren zu beseitigen, die **Straßenverkehrssicherungspflicht**. Diese Pflicht soll den Verkehrsteilnehmer vor allem vor unvermuteten, bei zweckentsprechender Nutzung der Verkehrswege nicht ohne weiteres erkennbaren Gefahren schützen. Dabei ist auch hier wie bei den Verkehrssicherungspflichten im Allgemeinen festzuhalten, dass sich Inhalt und Umfang der Amtspflichten nach wohl einhelliger Auffassung „nach den (Gesamt-) Umständen des Einzelfalls" richten[82] und konkretisierende Ausformungen vor allem durch die Entscheidungen der Obergerichte (Oberlandesgerichte und Bundesgerichtshof) vorgenommen wurden und werden. Es soll im Folgenden versucht werden, die Rechtsprechung zu diesen Einzelfällen darzustellen und vor allem aber auch eine gewisse verallgemeinerungsfähige Struktur zu entwickeln und aufzuzeigen.

513

Es werden die übergreifenden Grundlagen mit den Verantwortlichkeiten für den gesamten Bereich dargestellt (1., 2.); es folgt unter 3. die Behandlung der Straßenverkehrssicherungspflichten für Einzelbereiche (Straßenbelag, Beleuchtung, verkehrsberuhigte Zonen, Baustellenbereiche, Fußgängerzonen usw.). Unter 4. und 5. werden die Pflichten bei Straßenreinigung und die Räum- und Streupflicht im Einzelnen beschrieben. Die Verkehrsregelungspflicht wird in Pkt. 6., Haftungsfragen und – begrenzungen bei Teilnahme am allgemeinen Straßenverkehr werden unter 7. dargestellt. Es folgen Ausführungen zum Haftungsumfang (8.) und die Darstellung prozessualer Fragen und deren Beantwortung (9.).

1. Grundlagen

Die **Straßenverkehrssicherungspflicht** folgt grundsätzlich aus der Eröffnung, Zulassung des Verkehrs, kann aber auch im Einzelfall auf gesetzlicher Aufgabenzuweisung beruhen.

514

Sie ist nach fast einhelliger Meinung eine **privatrechtlich ausgeformte Pflicht** und führt zur Haftung nach den allgemeinen zivilrechtlichen Deliktsvorschriften der §§ 823 ff. BGB[83], soweit nicht Gesetze etwas anderes ausdrücklich bestimmen.

a) Hoheitliches Handeln

Bundeseinheitliche Gesetze treffen insoweit keine Anordnungen. Vor allem aus dem **Bundesfernstraßengesetz** (FStrG) ergeben sich insoweit keine Regelungen. Abweichende Festlegungen haben aber die Mehrzahl der einschlägigen landesrechtlichen Vorschriften getroffen. Als **hoheitlich wahrzunehmende Aufgabe** (Amtspflicht in Ausübung öffentlicher Gewalt) haben folgende Länder den Bau, die Unterhaltung, die Verwaltung und die Überwachung der Verkehrssicherheit (Stra-

515

---

[82] s. exemplarisch BGH, DAR 1993, 386-388
[83] grundlegend BGHZ 60, 54–64; s. auch Sauthoff Rn.1371 ff.

ßenverkehrssicherungspflicht) öffentlicher Straßen mit bindender Wirkung für die Bediensteten der Länder, Landkreise, Kommunalverbände und Gemeinden in ihren Straßengesetzen ausgeformt[84]:

Land	Norm
Baden-Württemberg	§ 59 StrG BaWü
Bayern	Art. 72 BayStrWG
Berlin	§ 7 Abs. 6 BerlStrG
Brandenburg	§ 10 Abs. 1 BbgStrG
Bremen	§ 9 BremLStrG
Hamburg	§ 5, 15 HbgWegeG
Mecklenburg-Vorpommern	§ 10 StrWG MV
Niedersachsen	§ 10 Abs. 1, 2 Nds StrG
Nordrhein – Westfalen	§ 9 a Abs. 1 StrWG NW
Rheinland – Pfalz	§ 48 Abs. 2 LStrG RhPf
Saarland	§ 9 Abs. 3 a Sl StrG
Sachsen	§ 10 Abs. 1 SächsStrG
Sachsen-Anhalt	§ 10 StrG LSA
Schleswig – Holstein	§ 10 Abs. 4 StrWG SchH
Thüringen	§ 10 ThürStrG

Hierbei finden sich durchaus ganz unterschiedliche Formulierungen und Schwerpunktsetzungen, wobei regelmäßig die Überwachung, Erhaltung der Verkehrssicherheit hervorgehoben und der Geltungsbereich ausdrücklich auf die Bundesfernstraßen erstreckt wird.

Art. 72 Bayerisches Straßen- und Wegegesetz (BayStrWG)

Die aus dem Bau und der Unterhaltung der öffentlichen Straßen einschließlich der Bundesfernstraßen und die aus der Überwachung der Verkehrssicherheit dieser Straßen sich ergebenden Aufgaben werden von den Bediensteten der damit befassten Körperschaften in Ausübung eines öffentlichen Amts wahrgenommen.

§ 7 Abs. 6 Berliner Straßengesetz (BerlStrG)

Die mit dem Bau, der Unterhaltung und der Überwachung der Verkehrssicherheit der öffentlichen Straßen zusammenhängenden Aufgaben werden als eine Pflicht des öffentlichen Rechts wahrgenommen. Dazu gehört die Sorge dafür, dass die öffentlichen Straßen in der Baulast Berlins den Anforderungen der Absätze 2 bis 5 entsprechen.

---

[84] zu den gesetzlichen Regelungen der Länder vgl. auch Bergmann/Schumacher 2002 S. 5–7 sowie Kodal/ Krämer S. 1631 ff. – auch mit vergleichender Übersicht der landesrechtlichen Vorschriften

§ 10 Abs. 1 Brandenburgisches Straßengesetz (BbgStrG)

Die mit dem Bau und der Unterhaltung sowie der Erhaltung der Verkehrssicherheit der Straßen einschließlich der Bundesfernstraßen zusammenhängenden Aufgaben obliegen den Bediensteten der damit befassten Körperschaften als Amtspflichten in Ausübung hoheitlicher Tätigkeit. Die Bestimmungen über den Anspruch auf Schadensersatz wegen schuldlos rechtswidriger Schadenszufügung nach dem Staatshaftungsgesetz finden auf die mit dem Bau und der Unterhaltung sowie der Erhaltung der Verkehrssicherheit der Straßen einschließlich der Bundesfernstraßen zusammenhängenden Aufgaben keine Anwendung.[85]

§ 9 a Abs. 1 Straßen- und Wegegesetz des Landes Nordrhein-Westfalen (StrWG NRW)

Die mit dem Bau und der Unterhaltung der öffentlichen Straßen einschließlich der Bundesfernstraßen zusammenhängenden Aufgaben obliegen den Bediensteten der damit befassten Körperschaften als Amtspflichten in Ausübung hoheitlicher Tätigkeit. Das gleiche gilt für die Erhaltung der Verkehrssicherheit.

§ 48 Abs. 2 Landesstraßengesetz von Rheinland-Pfalz (LStrG RhPf)

Der Bau, die Unterhaltung und die Verwaltung der öffentlichen Straßen einschließlich der Bundesfernstraßen sowie die Überwachung ihrer Verkehrssicherheit obliegen den Organen und Bediensteten der damit befassten Körperschaften als Amtspflichten in Ausübung öffentlicher Gewalt.

§ 10 Abs. 1 Sächsisches Straßengesetz (SächsStrG)

Die mit dem Bau und der Unterhaltung sowie der Erhaltung der Verkehrssicherheit der Straßen einschließlich der Bundesfernstraßen zusammenhängenden Pflichten obliegen den Organen und Bediensteten der damit befassten Körperschaften und Behörden als Amtspflichten in Ausübung hoheitlicher Tätigkeit.

Die Haftung in diesen Ländern bei Verletzung der Straßenverkehrssicherungspflicht richtet sich demnach **nicht** nach allgemeinem Deliktsrecht (§§ 823 ff. BGB) sondern nach § 839 BGB in Verbindung mit der haftungsverlagernden Vorschrift des Art. 34

---

[85] zum letzten Satz s. u. Rn. 781 f.

GG[86] und erstreckt sich nicht nur auf Landes- und Gemeindestraßen sondern gerade auch auf die Bundesfernstraßen im jeweiligen Landesgebiet[87].

b) Einschränkungen und Erweiterungen der Amtshaftung im Straßenrecht

516 Es ist zu beachten, dass der Haftungsumfang durch diese Landesgesetze nicht (auf das Vermögen des Geschädigten im Allgemeinen) erweitert werden sollte; geschützt bleiben mithin im Bereich der Verkehrssicherungspflicht nur die absoluten Rechtsgüter des § 823 Abs. 1 BGB[88]. Die eindeutigen Einschränkungstendenzen hinsichtlich Anwendung der **Subsidiaritätsklausel** des § 839 Abs. 1 Satz 2 BGB greifen gerade auf diesem Gebiet Platz, wobei Einzelheiten nach wie vor umstritten sind[89]. Diese Haftungsprivilegierung (Verweisungsmöglichkeit) bei Verletzung der **Straßenverkehrssicherungspflicht** greift – unstreitig – dann ein, wenn es sich nicht um die **Teilnahme am allgemeinen Straßenverkehr**, z.B. bei einer Verfolgungsfahrt eines Polizeifahrzeuges unter Inanspruchnahme von Sonderrechten, handelt[90].

D.h. nur dann, wenn die hoheitlich zu beachtende Verkehrssicherungspflicht bei Teilnahme am normalen Straßenverkehr verletzt wird (keine Sonderrechte) und es deshalb zu einem Unfall u.ä. kommt, greift die Subsidiaritätsklausel nicht ein (s.u. Rn. 561 f.).

Von Vielen wird unter Bezugnahme und Berufung auf Rechtsprechung[91] auch – erweiternd – das Eingreifen des Subsidiaritätsprinzips bei jedweder Verletzung von Straßenverkehrssicherungspflichten, Straßenreinigungs- und – streupflichten (s. unter Punkte 2, 4, 5) verneint[92]. Dies wird (z.B. für den Fall der Verursachung eines Verkehrsunfalls[93]) zum einen mit der Nähe zur eigentlich privatrechtlich ausgeformten Verkehrssicherungspflicht bei Straßen und Wegen sowie zum anderen mit dem Zusammenhang mit den Pflichten, die einem Amtsträger als Teilnehmer am allgemeinen Straßenverkehr obliegen, begründet[94].

---

[86] zu weiteren Einzelheiten der unterschiedlichen Haftung vgl. bereits oben Rn. 12 f., 14 ff, 469 f.

[87] MK-Papier § 839 Rn. 182; BGH, NJW 1996, 3208–3211

[88] Schlund S.18 f. – sehr streitig

[89] z. Streitstand vgl. Ossenbühl 1998 S. 81-83

[90] so ausdrücklich BGHZ 60, 54, 61 ff.; unklar Schlund S. 19

[91] s. nur BGHZ 123, 102–106, 104–106; BGHZ 118, 368–374, 370–372; abw. noch BGHZ 60, 54, 61 f. – wohl überholt

[92] Erman/ Hecker § 839 Rn. 68; Geigel/ Kunschert Rn. 20 187; Tremml/Karger Rn. 210, 666 f.; Bergmann/ Schumacher 2002 S. 126 ; Kodal/ Krämer/ Grote Rn. 40 27.4; Nüßgens, Keine Anwendung der Verweisungsklausel des BGB 839 Abs. 1 S 2 bei Verletzung der Verkehrssicherungspflicht durch einen Amtsträger, LM Nr. 38 c zu § 839 BGB; eingehend zu dem Problembereich MK-Papier § 839 Rn. 314 ff.

[93] s. zu diesem Kriterium auch Sauthoff Rn. 1379

[94] Nüßgens a.a.O. ; wohl auch Bamberger/ Roth/ Reinert § 839 Rn. 83; kritisch zu den Begründungsversuchen Ossenbühl 1998 S. 82 f.; desgleichen – mit deutlichen Worten – MK-Papier § 839 Rn. 315

Beispiele:

BGH, NJW 1993, 463 – Speditionsunternehmen –

Die Klägerin betreibt ein Fuhrunternehmen. Ein beförderter Container wird wegen eines viel zu hoch einbebauten Kanaldeckels beschädigt. Die Klägerin verlangt u.a. Ersatz des Schadens, der darin bestand, dass sie aufgrund des Beförderungsvertrages Schadensersatzansprüchen ihres Vertragspartners ausgesetzt war.

Lösung: Amtshaftungsanspruch wegen Verletzung der Straßenverkehrssicherungspflicht gegeben; Ersatz nur des Schadens am Eigentum (Rechtsgut des § 823 Abs. 1 BGB); kein Ersatz für allgemeine Vermögensschäden.

Aber auch keine Verweisungsmöglichkeit auf Ansprüche gegen den Bauunternehmer; § 839 Abs. 1 S.2 BGB ist nicht anwendbar.

Gleiches gilt für

BGHZ 123, 102–106 – Straßenbaum –

Ein Straßenbaum fällt nach dessen Beschädigung im Wurzelbereich durch Bauarbeiten einer privaten Firma wegen nicht ordnungsgemäß durchgeführter Baumschau auf eine Garage (Straßenanlieger) und beschädigt diese.

Der Straßenbaum gehört mit zum Pflichtenkreis des Straßenverkehrssicherungspflichtigen, er ist Teil der „Straße". Auch hier kann sich der Sicherungspflichtige nicht auf die Haftung des Bauunternehmers berufen; § 839 Abs. 1 Satz 2 BGB soll auch in dieser Fallkonstellation nicht anwendbar sein (Arg. wohl: haftungsrechtliche Gleichbehandlung mit dem privaten Verkehrssicherungspflichtigen, der keine Verweisungsmöglichkeit hat).

Hieraus kann folgende Übersicht abgeleitet werden: **517**

(1) Teilnahme am allgemeinen Straßenverkehr – ohne Sonderrechte –
   a) hoheitlich: § 839 BGB aber kein Verweisungsprivileg
   b) fiskalisch: § 823 BGB

(2) Teilnahme am Straßenverkehr mit Sonderrechten: immer
   § 839 BGB mit Verweisungsprivileg; Vermögensschutz

(3) Problembereich:
   Verletzung der Straßenverkehrssicherungspflicht: § 839 BGB – Eingreifen des Verweisungsprivilegs umstr.; Vermögensschutz umstr. – Rechtsprechung wohl wie (1) a)

Wird die Straßenverkehrssicherungspflicht aus der allgemeinen deliktischen Haftung (§§ 823 ff. BGB) abgeleitet, die lediglich (inhaltlich unverändert) durch Gesetz zur hoheitlichen Pflicht „aufgewertet" wird, dann liegt es nahe, zum einen das Verweisungsprivileg insgesamt in diesen Fällen für nicht anwendbar zu erklären und zum anderen aber auch die Haftung auf die in § 823 Abs. 1 BGB genannten Rechtsgüter zu beschränken, d.h. der Vermögensschutz entfällt in diesen Fällen[95].

---

[95] s. Rinne 2003 S. 9

Sieht man diese Pflicht hingegen den gesetzlichen Wertungen entsprechend als originär hoheitlich ausgeformt an, dann greift sowohl das Verweisungsprivileg wie auch Vermögensschutz ein.

Nur so kann eine in sich stimmige und überzeugende Haftungslösung gefunden werden, die auch den berechtigten Ansprüchen an Vorhersehbarkeit von Entscheidungen und Rechtssicherheit genügt[96].

PRAXISTIPP! Bei Verletzung der **Verkehrssicherungspflicht außerhalb der Teilnahme am allgemeinen Straßenverkehr** sollte sicherheitshalber bei Klageerhebung stets ausgeführt werden, weshalb eine anderweitige Ersatzmöglichkeit nicht eingreift, selbst wenn dieses Schlüssigkeitserfordernis zum ganz überwiegenden Teil nicht gefordert wird.
Die Rechtsprechung geht in allen Fällen der Verletzung der **Straßenverkehrssicherungspflicht** (Fälle: a) Teilnahme am allgemeinen Straßenverkehr, b) Verursachung eines Verkehrsunfalls, c) Schäden bei einem Nicht-Verkehrsteilnehmer) von dem Nicht-Eingreifen des Verweisungsprivilegs nach § 839 Abs. 1 Satz 2 BGB aus, sofern nicht Sonderrechte nach § 35 StVO in Anspruch genommen werden.

c) Weitere hoheitliche Tätigkeitsbereiche im Straßenrecht

518   Die Planung und Ausführung eines Straßenbauvorhabens sowie die Unterhaltung des fertigen Bauwerks (Straße, Brücke usw.) mit Erneuerungs-, Erweiterungs- und Wiederherstellungsarbeiten erfolgt grundsätzlich originär in **Ausübung eines öffentlichen Amtes** und führt dementsprechend – auch ohne gesetzliche Klarstellung – zur Amtshaftung. Die Planung, Anordnung und Durchführung von Straßenbaumaßnahmen fällt auch mit den einhergehenden Entwässerungsmaßnahmen in den **hoheitlichen Tätigkeitsbereich** der öffentlichen Hand[97]. Gleiches gilt für die **Verkehrsregelungspflicht**. In diesem Bereich ist die Anwendung der Subsidiaritätsklausel (wohl) unstreitig.

2. Straßenbau- und Straßenunterhaltungslast, Straßenverkehrssicherungspflicht

a) Grundlagen und Systematik

519   Straßenbau-, -unterhaltungslast und Straßenverkehrssicherungspflicht sind grundsätzlich inhaltlich getrennte Verantwortlichkeiten mit unterschiedlichen Begründungen und auch Zuständigkeiten[98]. Da jedoch diese drei Bereiche miteinander stark verzahnt sind, der geschädigte Bürger (Verkehrsteilnehmer – Fußgänger, Fahrradfahrer, Kfz-Führer usw.) seine Ansprüche aus Pflichtverletzungen auf allen diesen Gebieten im Einzelfall möglicherweise in gleicher Weise ableiten kann, werden diese im Folgenden einheitlich behandelt[99].

---

[96]   im gleichen Sinn wohl MK-Papier § 839 Rn. 315
[97]   BGH, NJW 1996, 3208-3211
[98]   wegen Einzelheiten/Vertiefungen wird auf das Standardwerk Kodal/Krämer verwiesen
[99]   zu einer derartigen Haftungssituation s. OLG Düsseldorf, NJW-RR 1994, 1443 f.

Beispiel:

Brandenburgisches Oberlandesgericht, OLGR 2000, 400 – 404 – mehrfache Pflichtverletzungen –

Wird eine Straße konstruktiv mit dem falschen Belag geplant und realisiert, die dann auftretenden Schäden und Gefahrenstellen nicht gesichert, repariert und auch davor nicht gewarnt, dann liegen Pflichtverletzungen sowohl bei Straßenplanung, beim Straßenbau, bei der Unterhaltung wie auch bei der Verkehrssicherung vor. Gleiches gilt bei Wasserlachenbildung infolge nicht ordnungsgemäßer Straßengestaltung (Senke ohne genügenden Abfluß), vor allem wenn es bereits in der Vergangenheit zu mehrfachen Unfällen hierdurch gekommen war.

Soweit die Straßenbau-, Unterhaltungs- und Verkehrssicherungspflichten hoheitlich ausgeformt sind, gilt dies nach den einschlägigen straßenrechtlichen Vorschriften nur für **öffentliche Straßen**. Hierzu gehören Wirtschaftswege, Feld- und Waldwege grundsätzlich nicht. Der Bau und die Unterhaltung derartiger Wege erfolgt mithin stets zivilrechtlich und führt im Schadensfall zur Haftung der verantwortlichen Gemeinde nach §§ 823 ff. BGB.

Die Erfüllung der Straßenbau – und Straßenunterhaltungslast dient ausschließlich dem **Allgemeininteresse**. Niemand hat einen Rechtsanspruch darauf, dass, zu welchem Zeitpunkt und wie die Straßenbaulast erfüllt wird: Drittschutz ist nicht gegeben. Aus der Verkehrssicherungspflicht folgt in keinem Fall eine Straßenbaupflicht. Ersatzansprüche sind mithin insoweit ausgeschlossen[100].

Dies gilt grundsätzlich auch für Anlieger, wobei landesrechtliche Bestimmungen (s. § 39 LStrG Rheinland-Pfalz) regelmäßig spezialrechtliche Sonderregelungen für den Fall der Erschwerung der Grundstückszufahrt beinhalten[101].

Öffentliche Straßen

Öffentliche Straßen umfassen von der räumlichen Ausdehnung die eigentliche Fahrbahn, die Banketten, Geh- und Radwege und sonstige Straßenteile, wobei die Art und Intensität der Pflichtenstellung auch von dem Zweck der jeweiligen Verkehrseinrichtung abhängt[102]. **Öffentlich** ist eine Straße dann, wenn sie nach **Widmung** von einem unbestimmten Personenkreis (Öffentlichkeit) genutzt werden kann. Dies ist z.B. bei einem Firmen-, Universitätsgelände mit Einfahrtskontrollen und Schranken nicht der Fall (Privatstraßen)[103].

---

[100] auch kein Ersatzanspruch über § 823 Abs. 2 BGB – keine Verletzung eines Schutzgesetzes

[101] s. Aust/Jacobs/Pasternak Rn. 460 ff.; für Gewerbebetriebe s. auch unten Rn. 748

[102] Fahrbahnbereich versus Bankette usw.

[103] Haftung des Privaten nach § 823 BGB bei Verletzung der Verkehrssicherungspflicht

b) Verantwortlichkeiten

520 Die Zuständigkeiten und damit im gerichtlichen Verfahren die Passivlegitimation, d.h. die – eventuell prozessentscheidende – Frage, wer denn nun Anspruchsgegner bei einer schadensverursachenden Pflichtenverletzung im Straßenverkehr ist, ist z.T. recht schwierig zu beantworten und setzt profunde Kenntnis des **Straßenrechts** sowie des **länderspezifischen Kommunalrechts** voraus. Besonders auf das Zusammenspiel dieser beiden Rechtsbereiche auf Landesebene ist besonders hinzuweisen[104].

aa) Bundesstraßen

521 Der Bund ist im Straßenrecht grundsätzlich nicht Haftender. Selbst für Bundesfernstraßen nehmen die Länder in **Auftragsverwaltung** für den Bund die Bau-, Unterhaltungs- und Verkehrssicherungspflicht wahr (s.o. Rn. 515).

Eine Haftung des Bundes kommt nur in für die Praxis zu vernachlässigenden Ausnahmefällen wie bei Erteilung einer rechtswidrigen Weisung, in eklatanten Fällen von Aufsichts- und Eingriffspflichtverletzungen in Betracht.

Damit liegt grundsätzlich bei Pflichtverletzungen eine zivilrechtliche **Haftung der Länder** nach §§ 31, 89, 823 BGB für Organverschulden und im Übrigen, mithin im Regelfall (s.o. Rn. 515) gemäß § 839 BGB i.V.m. Art. 34 GG vor.

Nach § 5 Abs. 2 FStrG sind **Gemeinden mit mehr als 80.000 Einwohnern** Träger der Straßenbaulast für die kompletten Ortsdurchfahrten (Bundesstraßen). Alle anderen Gemeinden haben die Straßenbaulast in den Ortsdurchfahrten von Bundesstraßen für Gehwege und Parkplätze, § 5 Abs. 3 FStrG; die Baulast ist insoweit zwischen Fahrbahn und Gehweg in Längsrichtung aufgespalten (Land – Gemeinde)[105].

bb) Landstraßen, Staatsstraßen, Kreis-, Gemeinde- und Ortsstraßen

522 Für Gemeinde-, Ortsstraßen ist die jeweilige Gemeinde (Orts-, Verbandsgemeinde in Rheinland-Pfalz) zuständig und verantwortlich. Gleiches gilt für **Ortsdurchfahrten** von Bundes-, Landes- und Kreisstraßen, wobei insoweit nur größere Gemeinden, Städte (meist ab 50.000 bzw. 80.000 Einwohnern) verantwortlich sind. Regelmäßig zuständig sind die (auch kleineren) Gemeinden für Gehwege, Plätze und Parkplätze, oft auch für die Radwege (z.B. § 12 Abs. 9 LStrG Rheinland-Pfalz).

Für die Ortsdurchfahrten von Kreis- und Landesstraßen haben die Landesstraßengesetze jeweils besondere Regelungen getroffen, wobei es regelmäßig auf die Größe der Gemeinde (Einwohnerzahl – meist 80.000 bzw. 50.000) ankommt, ob dieser die Straßenbaulast und damit auch die Verkehrssicherungspflicht zugeordnet wird oder diese beim Land verbleibt.

523 Soweit nun eine Gemeinde nach dem jeweiligen Landesstraßen- und –wegegesetzen zuständig ist, bedeutet dies noch nicht, dass sie im Schadensfall auch haftet. Denn

---

[104] vgl. die Übersicht zur Einstufung der Straßen bei Sauthoff Rn. 311 ff. und zur Feststellung des zuständigen Baulastträgers Rn. 1217 ff.

[105] zu diesen Regelungen Sauthoff Rn. 1251 ff.

sowohl rechtlich zulässig und möglich wie auch breit praktiziert wird eine Wahrnehmung dieser (gemeindlichen) Aufgaben durch größere, leistungsstärkere Gemeindeverbände auf kommunalrechtlicher Grundlage (Gemeindeordnung u.a.). Dies führt dann zur Haftung der Körperschaft, deren Personal tatsächlich die Aufgaben durchführt (**Haftungsverlagerung**).

Für Rheinland-Pfalz gilt z.B.:

Auch soweit nach dem Straßenrecht die Ortsgemeinde als Straßenbaulastträgerin zuständig ist (Gemeindestraßen, Gehwege von Kreis-, Landes- und Bundesstraßen), richtet sich die Haftung bei Schadenseintritt nach Amtspflichtverletzung in Rheinland-Pfalz wegen § 68 Abs. 2 GO Rheinland-Pfalz stets gegen die Verbandsgemeinde. Diese wird im Rahmen offener Organleihe zwar für die Ortsgemeinde tätig; jedoch werden ihre Beamten und sonstige Bedienstete tätig, so dass sie für deren – rechtswidriges – Verhalten verantwortlich ist. Mithin sind Ersatzansprüche in Rheinland-Pfalz stets gegenüber der Verbandsgemeinde geltend zu machen, auch wenn die Ortsgemeinde eigentliche Trägerin der Aufgaben und Pflichten ist[106].

Dies gilt allerdings nicht für die polizeiliche Straßenreinigungspflicht, die gerade nicht auf die Verbandsgemeinden übertragen wurde (s. unten Rn. 550).

Für sonstige Ansprüche neben denen aus Amtshaftung bleibt es bei der Verantwortlichkeit des Straßenbaulastträgers. Dies gilt u.a. für Entschädigungsansprüche nach Erschwerung von Zufahrten und Zugängen sowie der Benutzung von Grundstücken und für solche bei Existenzgefährdung hierdurch (vgl. z.B. § 8 a Abs. 4, 5 FStrG, § 39 Abs. 2, 3 LStrG Rheinland-Pfalz).

Vergleichbare Regelungen finden sich auch in zahlreichen anderen Landesrechten.

PRAXISTIPP! Bei Prüfung der **Verantwortlichkeit für bestimmte Straßenbereiche** sollte besonders auf die Einordnung, Klassifizierung der Straße (Bundes-, Landes-, Kreis- oder Gemeindestraße), auf die Zuständigkeit für Ortsdurchfahrten und die Besonderheiten bei Geh-, Radwegen und Parkplätzen geachtet werden.
Steht die Verantwortlichkeit für eine bestimmte Straßenfläche (z.B. nach einem Schadensfall auf einem Gehweg einer Ortsdurchfahrt einer Landesstraße) nach dem jeweiligen **Straßenrecht** fest, dann ist stets noch zu prüfen, ob nicht **kommunalrechtliche Vorschriften** die Wahrnehmung dieser Aufgaben durch eine andere (Gebiets-) Körperschaft regeln und letztere dann (ausschließlich) dem geschädigten Bürger haftet.

cc) Wirtschaftswege[107]

Auch die Zuständigkeit für **Wirtschaftswege** ergibt sich aus den jeweiligen Landesstraßengesetzen, wobei z.T. die Anwendbarkeit straßenrechtlicher Vorschriften eingeschränkt wird[108] oder diese Wege sogar aus dem Anwendungsbereich (LStrG) **524**

---

[106] eingehend BGH, VersR 1990, 521 f.
[107] zum Begriff und zur Einstufung Sauthoff Rn. 344 ff.
[108] s. z.B. Art. 53 ff. BayStrWG; §§ 39, 40 Hessisches Straßengesetz

herausgenommen sind[109] und insoweit auf Regelungen in den Gemeindeordnungen und vergleichbaren gesetzlichen Regelungen zurückgegriffen werden muß.

Für Planung, Bau, Unterhaltung und Verkehrssicherung der Wirtschaftswege ist regelmäßig die (Orts-) Gemeinde zuständig. Auch hier tritt durch kommunalrechtliche Vorschriften recht häufig eine Aufgaben- und damit auch Haftungsverlagerung ein (s.o. Rn. 523).

So ist z.b. in Rheinland-Pfalz (§ 68 Abs. 2 S. 1 – 4 GO Rheinland-Pfalz) diese Aufgabenwahrnehmung wieder der jeweiligen Verbandsgemeinde zugewiesen, so dass insoweit vom Haftungssubjekt her gesehen kein Unterscheid zu der Verantwortlichkeit für öffentliche Verkehrswege besteht. Eine Haftung der Ortsgemeinde besteht demnach regelmäßig auch bei Wirtschaftswegen nicht. Die Haftung der Verbandsgemeinde hierfür ist nicht hoheitlich, da diese Wege nicht dem Landesstraßenrecht unterfallen und mithin die allgemeine **deliktische Verkehrsicherungspflicht** nach §§ 823 ff BGB eingreift.

Die Haftung der unmittelbar Handelnden (Bedienstete der Verbandsgemeinde) richtet sich grundsätzlich nach §§ 823 ff BGB; soweit ein Beamter im staatsrechtlichen Sinne handelt, haftet dieser selbst aus § 839 BGB[110].

dd) Sonstige Verkehrsflächen, Straßenteile

525   Zu den öffentlichen Straßen gehören der Straßenkörper (Straßengrund, -unterbau, Straßendecke), Brücken, Tunnel, Entwässerungsanlagen[111], Geh- und Radwege, Parkplätze, Trenn- und Seitenstreifen, der Luftraum über die Straße sowie Zubehör (Verkehrszeichen, -einrichtungen usw.). Geringfügig abweichende Aufzählungen, relevant für den gegenständlichen, räumlichen Umfang der Verantwortlichkeit finden sich in § 1 Abs. 4 FStrG für die Bundesfernstraßen und in den Landesstraßen- und –wegegesetzen (z.B. § 1 Abs. 3, 4 LStrG Rheinland-Pfalz).

Für Kreuzungsbereiche (Straßen, Gewässer usw.) und Umleitungsstrecken (Gemeinschaftsstrecken) gelten Sonderregelungen für Straßenbaulast und Verantwortlichkeit, die in den jeweiligen Straßengesetzen festgelegt sind (z.B. §§ 12 ff FStrG)[112].

Gehören alle Straßenteile mit Zubehör und Nebenanlagen zur „Straße", so ist doch festzuhalten, dass hinsichtlich der Baulast und Verantwortung durchaus, vor allem bei Ortsdurchfahrten, gegebenenfalls hinsichtlich Fahrbahn und Geh- und Radwegen (Parkplätzen) differenziert werden muß (s.o. Rn. 521 f.).

ee) Aufgabenübertragung (auch auf Private)

526   Die **Verkehrssicherungspflicht** (z.B. in Neubau-, Baustellenbereichen) kann privaten Firmen (Baufirmen, spezialisierten Sicherungsunternehmen) übertragen werden[113]. Hinsichtlich der Haftung besteht zur Zeit etwas Ungewissheit. Manche

---

[109]   z.B. § 1 Abs. 5 LStrG Rheinland-Pfalz
[110]   s. auch o. Rn. 514 f.
[111]   s. BGH, NJW 1996, 3210
[112]   Näheres bei Kodal/Krämer/Bauer Kap. 18-23
[113]   vgl. Sauthoff Rn. 1398 ff.

sehen unter Berufung auf den Bundesgerichtshof[114] in den Mitarbeitern (der privaten Firmen) Beamte im haftungsrechtlichen Sinne und kommen so (auch im Bereich der staatlichen Leistungsverwaltung) über Art. 34 GG dann zur Haftung der verantwortlichen öffentlich-rechtlichen Körperschaft (meist Land). Mit der wohl (noch) überwiegenden Auffassung[115] ist jedoch im Straßenbereich, vor allem bei Baumaßnahmen davon auszugehen, dass die Verkehrssicherungspflicht wirksam auf private Unternehmen übertragen werden kann, hierdurch die (privatrechtliche) Haftung der Bau- und Sicherungsunternehmen gegenüber dem geschädigten Bürger begründet wird und beim Staat lediglich Auswahl-, Organisations-, Kontroll- und Überwachungspflichten verbleiben[116]. Durch diese Lösung besteht auch Übereinstimmung mit der einhellig vertretenen Auffassung bei Übertragung von Reinigungs- und Streuaufgaben auf den Bürger (s. u. Rn. 551); insoweit liegt dann für alle Bereiche eine einheitliche und in sich stimmige Lösung vor[117]. Soweit sich die beim Staat, der Gemeinde verbliebene Kontroll- und Überwachungspflicht z.B. auf die Wahrung von Sicherheit und Ordnung (vs. Einhaltung vertraglicher Pflichten) bezieht, ist diese Tätigkeit und Verpflichtung als hoheitlich anzusehen[118].

ff) Übergang der Verkehrssicherungspflicht

Die Abwälzung, Übertragung oder Übergang der Verkehrssicherungspflicht (z.B. vom Land auf den Kreis, von der Gemeinde auf einen Gemeindeverband) kann durch Gesetz oder auch im Einzelfall erfolgen. Meist steht dies in Zusammenhang mit der **Übertragung auch der Verantwortlichkeit für Bau und Unterhaltung** der Straßen (Wechsel der Straßenbaulast).   **527**

Es stellen sich dann für die Haftung die Fragen nach der fortdauernden Verantwortung des ursprünglich Pflichtigen, zum Zeitpunkt des Pflichtenüberganges und zur Verantwortlichkeit für ältere Zustände (z.B. Planung, Ausbauzustand einer Straße), die sich erst unter dem neuen Verantwortlichen schadensursächlich ausgewirkt, verwirklicht haben. Grundsätzlich kann der Bürger davon ausgehen, dass der neue Träger der Straßenbaulast und der Verantwortung im Außenverhältnis bei Schäden haftbar ist und das „Innenverhältnis" (bisheriger Träger – neuer Träger)[119] ihn nicht bekümmern muß.

Bei Kompetenz- und Pflichtenstreit (z.B. Streudienst) wird vertreten, dass bis zur Klärung der bisher Pflichtige diese Aufgabe weiter erfüllen muß, damit nicht ein ungesicherter Straßenzustand eintritt[120].

---

[114] s. zu diesem Problemkreis bereits eingehend oben Rn. 21 ff. sowie unten Rn. 766

[115] Kodal/Krämer/Grote Rn. 39 5.32

[116] enger noch (keine verbleibenden Pflichten) Bergmann/ Schumacher 2002 S. 28 f. bei Übertragung der Aufgabe (Wartung, Prüfung techn. Anlagen) an Fachfirma, s. auch S. 32 f.; f. die ganz überwiegende Auffassung: Kodal/Krämer/Grote Rn. 39 5.32 – str.: Überwachung hoheitlich oder privatrechtlich

[117] demgegenüber erscheint der Vorwurf „Eröffnung einer Fluchtmöglichkeit für den Staat" durch Einschaltung Privater nicht überzeugend

[118] so wohl auch Kodal/Krämer/Grote 39 5.32

[119] s. § 6 Abs. 1 a FStrG, § 11 Abs. 5 LStrG Rheinland-Pfalz

[120] Schlund S. 39 f.

gg) Haftung nach dem Haftpflichtgesetz (HaftPflG)

528   Befinden sich unter, in oder auf einem Verkehrsweg Versorgungsleitungen (Gas, Wasser, Strom u.a.) und führen diese zu Schäden, dann greift gegebenenfalls die (beschränkte) Haftung mit den zwei Tatbeständen: **Wirkungshaftung** (§ 2 Abs. 1 Satz 1 HaftPflG), **Zustandshaftung** (§ 2 Abs. 1 Satz 2 und 3 HaftPflG) nach dem Haftpflichtgesetz ein[121].

> **Haftung des Inhabers einer gefährlichen Anlage**, § 2 HaftPflG
>
> (1) Wird durch die Wirkungen von Elektrizität, Gasen, Dämpfen oder Flüssigkeiten, die von einer Stromleitungs- oder Rohrleitungsanlage oder einer Anlage zur Abgabe der bezeichneten Energien oder Stoffe ausgehen, ein Mensch getötet, der Körper oder die Gesundheit eines Menschen verletzt oder eine Sache beschädigt, so ist der Inhaber der Anlage verpflichtet, den daraus entstehenden Schaden zu ersetzen. Das gleiche gilt, wenn der Schaden, ohne auf den Wirkungen der Elektrizität, der Gase, Dämpfe oder Flüssigkeiten zu beruhen, auf das Vorhandensein einer solchen Anlage zurückzuführen ist, es sei denn, dass sich diese zur Zeit der Schadensverursachung in ordnungsgemäßem Zustand befand. Ordnungsgemäß ist die Anlage, solange sie den anerkannten Regeln der Technik entspricht und unversehrt ist.
>
> (2) ...
>
> (3) ...

Nach erheblicher Anhebung der Haftungshöchstgrenzen (300.000 bzw. 600.000 € – Einzelheiten in §§ 9, 10 HaftPflG) und der Einbeziehung von **Schmerzensgeld** nach § 6 HaftPflG (bei Gefährdungshaftung !) dürften diese Anspruchsgrundlagen in Zukunft erheblich an Bedeutung gewinnen. Relevant wird diese Gefährdungshaftung in der Praxis bei fehlenden, hochstehenden Kanal-, Absperrschieberdeckeln, austretendem und gefrierendem Wasser und Leckagen an den Versorgungsleitungen. Haftender ist das jeweilige – meist privatrechtlich organisierte – Versorgungsunternehmen (AG, GmbH), das regelmäßig nicht identisch mit dem nach Straßenrecht Verantwortlichen ist. Im Einzelfall kann es durchaus zu problematischen Fragen der **Passivlegitimation** dann kommen. So z.B. dann, wenn unklar bleibt, ob der Revisionsschacht, Absperrschieber vom Versorgungsunternehmen zu hoch oder aber die umgebende Straße (Gehweg) unter dem erforderlichen Niveau angelegt wurde[122]. Die Anforderungen an die Verkehrssicherung sind jedenfalls für alle

---

[121] s. auch Peter Schmid, Rechtsprechung im Spannungsfeld zwischen Rechtsgüterschutz, Eigenverantwortung und Leistungsfähigkeit der öffentlichen Hand, BADK-Information 1999, 42 ff, 45; Bergmann/ Schumacher 2002 S. 660 ff., vor allem Filthaut 2003 § 2 Rn. 21 ff., 31 ff.

[122] zu raten ist dann nur der Weg der Streitverkündung – s. auch unten Rn. 540; letztlich haftbar dürfte wohl in jedem Fall (auch) der nach dem Straßenrecht Verantwortliche sein, denn der gesamte Straßenbereich unterliegt dessen Aufsicht und Verantwortung (z.B. auch bei Veränderungen/Verschmutzungen usw. durch beliebige Dritte)

Verantwortlichen (qualitativ und quantitativ) gleich ausgestaltet. Insoweit gibt es keine Unterschiede zwischen den Pflichten des Verantwortlichen für die Versorgungsleitungen und denen des Straßenverkehrssicherungspflichtigen. Bei einer verkehrssicheren Ausgestaltung liegt ein „ordnungsgemäßer Zustand der Anlage" i.S.v. § 2 Abs. 1 Satz 3 HaftPflG vor, wobei dieser Umstand nach dem Haftpflichtgesetz vom Betreiber darzulegen und zu beweisen ist[123].

Hier nun ist entscheidend, ob das **Subsidiaritätsprinzip** (§ 839 Abs. 1 Satz 2 BGB) bei Verletzung der Straßenverkehrssicherungspflichten im allgemeinen eingreift oder nicht. Im ersteren Fall kann sich der Sicherungspflichtige auf den Anspruch gegen den Versorgungsträger zur Abwendung eigener Haftung berufen, soweit die geltend gemachten Ansprüche durch das Haftpflichtgesetz als ersatzfähig angesehen werden (konkret benannte Schäden, inzwischen auch Schmerzensgeld bis zu den Höchstgrenzen nach §§ 9, 10 HaftPflG). Die von der Rechtsprechung wohl eindeutig bevorzugte Nichtanwendung des Subsidiaritätsprinzips in diesen Fällen (s.o. Rn. 516, 517) führt dann hier zu der Haftung sowohl des Straßenverkehrssicherungspflichtigen wie auch der des Versorgungsträgers (z.B. bei verdecktem 5 cm Überstand in Fußgängerzone). Festzuhalten ist hier noch, dass für größere materielle Schäden (über 300.000 bzw. 600.000 €) eine Haftung nach dem HaftPflG nicht eingreift und insoweit ohnehin die singuläre Haftung des Straßenverkehrssicherungspflichtigen besteht (vgl. auch § 12 HaftPflG).

c) Umfang und Grenzen der Verkehrssicherungspflicht

Die Verkehrssicherungspflicht für öffentliche Straßen besteht lediglich im Rahmen der **wirtschaftlichen Leistungsfähigkeit** des Verpflichteten und unterscheidet sich damit von der rein privatrechtlichen Verkehrssicherungspflicht, für die ein rein objektiver Maßstab gilt[124]. In der Praxis bedeutet dies, dass der Straßenverkehrssicherungspflichtige z.B. nach der Frostperiode nicht alle Straßen unmittelbar und gleichzeitig ausbessern muß, sondern er kann und muß hier je nach Wichtigkeit der Straße und der Gefährlichkeit der Schadstellen Prioritäten setzen und bei untergeordneten Straßen es zunächst beim Aufstellen von Warn- und Hinweisschildern belassen. **529**

Das Maß der Sicherungspflichten und demnach auch der zu leistende Aufwand ist abhängig von Art und Umfang des eröffneten Verkehrs, damit auch von der Qualität, dem Widmungszweck und -umfang des jeweiligen Straßenkörpers und –teils. Für den Seitenstreifen gelten andere Sicherungsanforderungen als für die Fahrbahn einer mehrspurigen Bundesstraße, Bundesautobahn.

Die Verkehrssicherungspflicht besteht auch hier nur in den Grenzen der **Zumutbarkeit**. Hier ist ein objektiver Maßstab anzulegen und besonders zu berücksichtigen, was ein vernünftiger und vorausschauender Verkehrsteilnehmer überhaupt an objek-

---

[123] entgegen der Beweislast bei Verletzung der Verkehrssicherungspflicht; vgl. OLG Saarbrücken, VRS 102, 92 ff., 96 f.

[124] abweichend wohl Bergmann/Schumacher Rn. 30; zum Pflichtenumfang Sauthoff Rn. 1405 ff.

tiv erforderlichen Sicherungsmaßnahmen erwarten kann. Es gilt im wesentlichen, dass **erkennbare Gefahrenstellen** grundsätzlich nicht sicherungspflichtig sind und der Verpflichtete von der **Eigenverantwortung des Verkehrsteilnehmers** ausgehen darf. Der Straßenbenutzer muß sich grundsätzlich den gegebenen Straßenverhältnissen anpassen und die Verkehrswege so hinnehmen, wie sie für ihn erkennbar sind. Nicht erkennbare Gefahren und drohende Schäden gerade durch die Art der Straßenwidmung (z.B. Autobahn mit eröffnetem Hochgeschwindigkeitsverkehr und plötzlich verengter Kurvenführung) verpflichten jedoch andererseits zu schnellen Abhilfemaßnahmen.

Die Überprüfung der Straßen, Straßenteile muß organisiert (Kontrollplan, Dienstanweisungen) und dokumentiert werden[125]. Bei diesen Kontrollgängen, -fahrten müssen vor allem schadensgeneigte Stellen und Einrichtungen (auch Standfestigkeit der Schilder) besonders beachtet werden. Wöchentliche Kontrollen in stark frequentierten Verkehrsbereichen reichen aber wohl aus[126]. Ein Kontrollintervall von 4–6 Wochen für normale Gehwege und nur mittelmäßig genutzte Verkehrswege wird als genügend angesehen. Andererseits sind besonders gefährliche Bereiche (Behelfstreppe, Stahlplatten nach Fahrbahnaufbruch, provisorische Abdeckungen über Schächte und Gräben) gegebenenfalls auch täglich zu überwachen.

530   Wird das **Straßenkontrollbuch** „elektronisch" geführt, dann müssen zumindest sowohl die handelnden und dateneingebenden Personen, die Zeitpunkte der Begehung und der Eingabe in das IT-System wie auch die in Augenschein genommenen Bereiche mit Schadens-, Mängel- und Beseitigungsangaben manipulationssicher festgehalten werden[127].

Insgesamt ist festzuhalten, dass abgesehen von den wichtigen Fernverbindungen, die Fahrbahnen nicht unbedingt völlig schadensfrei, ohne Schlaglöcher u.a. sein müssen, vor klar erkennbaren Gefahren nicht gewarnt werden muß und vor nicht (rechtzeitig) erkennbaren Schad- und Gefahrenstellen Warnhinweise in ausreichender Entfernung aufzustellen sind.

3. Einzelfälle

531   Es werden zunächst Einzelprobleme bei der Planung, Gestaltung und Unterhaltung der Straßen mit ihren Bestandteilen (Belag, Beleuchtung, Entwässerung, Schilder, Verkehrseinrichtungen usw.) dargestellt, gefolgt von Fragen der Freihaltung des Luftraumes (vor allem Bäume, Bewuchs) und den Anforderungen an und in verkehrsberuhigten Zonen. Die Gefährdungshaftung nach dem Haftpflichtgesetz wird unter i) erörtert und danach werden Sonderprobleme einzelner Verkehrsteilnehmer (Fußgänger, Radfahrer) und – bereiche (Parkplätze, Feldwege usw.) aufgezeigt. Abschließend folgt noch die Darstellung der Straßenverkehrssicherungspflichten bei Bauarbeiten, Straßenschäden und Eingriffen Dritter[128].

---

[125]   s. BADK 2003, 9 f., 59–61 (Musterdienstanweisung, Kontrollplan, Kontrollblatt)
[126]   so wohl auch Bergmann/Schumacher Rn. 45
[127]   z. diesem Aspekt BADK 2003, 9 f.
[128]   zu Einzelfragen der Verkehrssicherungspflicht s. auch Sauthoff Rn. 1418 ff.

a) Straßengestaltung

Stellen, an denen konstruktiv bedingt regelmäßig **Wasseransammlungen** auftreten (Stellen mit Aquaplaningneigung) sind zu verhindern, bei späterem Erkennen zu beseitigen, zumindest ist auf diese gefährlichen Stellen bis zur Beseitigung hinzuweisen[129]. Dies gilt besonders für neu gebaute Autobahnen und Fernstraßen, denn hier dürfen die Verkehrsteilnehmer darauf vertrauen, dass die Straßen dem Stand der Technik entsprechen und auch bei stärkerem Regen keine Gefahr bei üblicher Nutzung besteht[130].

532

Öffentliche Straßen dürfen nicht ohne Warnzeichen enden und in einen ungesicherten Böschungsbereich oder eine Treppenanlage übergehen[131]. Gleiches gilt für **Unterführungen** mit geringer Durchfahrtshöhe; auch hier muß auf die Gefährlichkeit hingewiesen werden.

In bergigen, felsigen Streckenabschnitten mit **Steinschlaggefahr** sind bei gewisser Verkehrsbedeutung grundsätzlich die erforderlichen Sicherungsmaßnahmen zu realisieren (Betonverfestigungen, Stahlnetze, Zäune, Aufforstungsmaßnahmen, Schutzwald[132], Tunnelbau)[133].

b) Straßenbelag, Straßenoberfläche

Der Verantwortliche hat zunächst für eine sichere, nicht zu glatte, ebene Straßenoberfläche zu sorgen.

533

Verwendet er dementgegen sich durch besondere Glätte auszeichnende Materialien (Blaubasaltkleinpflaster, Kopfsteinpflaster), dann muß er zumindest Warnhinweise geben, bei Unfallhäufungen ist ein Austausch der Belagmaterialien angezeigt (z.B. bei bekanntem Unfallschwerpunkt auf einer Bundesstraße im Kurvenbereich).

Bei Gullys, Kanaleinlaufschächten ist darauf zu achten, dass diese zum einen keinen zu großen **Höhenüberstand** haben (eben, max. 2–4 cm Differenz[134]) und zum anderen, dass sie hinsichtlich Rillenabstand und Rillenrichtung keine vermeidbare Gefahr für Radfahrer darstellen (Rillenrichtung quer zur Fahrtrichtung).

Liegen Straßenbahnschienen in der Farbahn oder kreuzt ein Schienenweg, dann muß der Verkehrsteilnehmer mit Höhenunterschieden bis zu 4–5 cm rechnen; eine völlig ebene Fahrbahngestaltung kann er in diesen Fällen nicht erwarten.

---

[129] instruktiv Brandenburgisches Oberlandesgericht, OLGR 2000, 400-404

[130] Brandenburgisches Oberlandesgericht a.a.O. (Fn. 129)

[131] so aber im Fall BGH, VersR 1963, 1225 (Böschung); OLG Koblenz, NJW-RR 2002, 1105 f. (Treppenabgang)

[132] s. Tschersich, Der Waldbaum auf der Straße – amtshaftungsrechtliche Problematik, VersR 2003, 172 ff. – auch zur Verantwortlichkeit der Forstbehörden (s. auch unter Rn. 538, 771)

[133] Rinne 2003 S. 13 f.; vgl. auch OLG Koblenz, NJW-RR 2003, 1330 f. = OLGR 2004, 31 f.

[134] in den neuen Bundesländern Höhendifferenzen bis 20 cm (!) hinzunehmen – Bergmann/Schumacher Rn. 39 – m.w. Nachw.; s. auch Rinne 2003 S. 13

c) Straßenentwässerung

534 Die Entwässerungsanlagen müssen konstruktiv sicher (keine „Seenbildung" usw.), ausreichend dimensioniert sein und auf ihre Funktionstauglichkeit hin auch kontrolliert werden; Verstopfungen durch Unrat und auch durch Wurzelwerk sind regelmäßig zu beseitigen[135].

Für die Dimensionierung und Verantwortlichkeit gilt Folgendes:

Straßen- und Wegeseitengräben dienen der Entwässerung der Straßen und Wege und im Regelfall **nicht** der Aufnahme der Vorflut aus angrenzenden Grundstücken (Haus-, Hofgrundstücke, landwirtschaftlich genutzte Flächen). Diese Gräben stellen Teile der Straße und keine Gewässer i.S.d. Wasserrechts dar, sofern sie keine Entwässerungsfunktion für fremde Grundstücke übernehmen[136].

Beispiel:

OLG Saarbrücken, VRS 102, 92–97 – Fahrbahnloch nach Unterspülung –

Das Wasser aus einem Entwässerungskanal einer Bundesfernstraße führte infolge nicht ausreichender Kontrolle der Anlage zu Unterspülungsschäden, wodurch ein für den Verkehrsteilnehmer nicht erkennbares tiefes Loch in der Fahrbahn entstand. Es kam zu einem folgenschweren Unfall.

Das Bundesland haftet wegen Verletzung der Verkehrssicherungspflicht, Straßenunterhaltungspflicht nach § 839 BGB i.V.m. Art. 34 GG. Weiterhin besteht die Verantwortlichkeit nach § 2 Abs. 1 Satz 1 und Satz 2 HaftPflG (Wirkungs- und Anlagenhaftung).

Aus dem Wasserrecht ergeben sich keine Ansprüche, wenn die Anlage nur (ausschließlich) der Straßenentwässerung dient und demnach kein „Gewässer" i.S. des WHG ist. Werden jedoch auch umliegende Flächen mitentwässert, ist demnach ein Gewässer (3. Ordnung) gegeben, dann ist wohl neben dem Straßenverkehrssicherungspflichtigen, der für den Zustand der Straße generell verantwortlich ist, auch (zusätzlich) der Gewässerunterhaltungspflichtige verantwortlich[137].

d) Straßenbegrenzungen, Verkehrseinrichtungen

535 Leitplanken, Abweissteine, Poller und andere zur Fahrbahnbegrenzung eingesetzte Gegenstände sowie die übrigen Verkehrseinrichtungen (Schranken, Sperrpfosten, Geländer usw.) müssen zum einen sichtbar sein (helle Farbe, rot-weißes Warnband, Reflektoren) und durch ihre Gestaltung dürfen keine vermeidbaren Gefährdungsstellen geschaffen werden. So sind z.B. die Enden von Leitplanken in das Erdreich zu führen oder so anzubringen, dass ein „Aufspießen" von Verkehrsteilnehmern bei Kollisionen unmöglich ist. Leitpfosten dürfen nicht starr angebracht werden. Schilder sind auch gegen das Lösen bei und durch Sturm und Schneelast entsprechend zu

---

[135] s. OLG Celle, OLGR 2001, 36 f.
[136] Sauthoff Rn. 1269 ff.; s. auch unten Rn. 689
[137] zu der wasserrechtlichen Problematik s. unten Rn. 689, 701 f.

sichern. Zu beachten ist in diesen Fällen der fundamentgestützten Verkehrseinrichtungen auch die Haftung nach §§ 836 ff. BGB.

e) Beleuchtung[138]

Grundsätzlich sind Straßen im innerörtlichen Bereich zu beleuchten, wobei eine **536** lückenlose Ausleuchtung aller Straßen- und Fußgängerbereiche nicht zu fordern ist. Besonders gesichert werden müssen Fußgängerüberwege und (Bus-) Haltestellen. Für wenig benutzte Anlieger-, Wohnstraßen gilt dies selbstverständlich nicht. Außerhalb geschlossener Ortschaften besteht im Regelfall keine Beleuchtungspflicht.

f) Hinweise, Warnschilder

Auf eine geringe Durchfahrtshöhe einer Unterführung ist deutlich hinzuweisen[139]. **537**

Ist eine (rechtzeitige) Gefahrenabwehr nicht möglich, muß zumindest auf die Gefahrenstelle in ausreichendem Abstand hingewiesen werden.

In gefährdeten Bereichen (Wildwechsel, Steinschlag, Baustellen usw.) sind Warnhinweise (auch bei Treibjagden) anzubringen; besondere Schutzvorrichtungen gegen Wildwechsel (Wildzäune) werden allgemein als nicht erforderlich angesehen[140].

g) Bewuchs (Bäume) und Luftraum über der Straße

Zur Kontrolle der Bäume im Straßenbereich (sachlicher Überprüfungsumfang und **538** Zeitintervalle) s. o. Rn. 498[141]. Regelmäßig zu überprüfen sind die Straßen-, Alleebäume sowie mit Bäumen bestandene straßennahe Hangbereiche und der „Waldsaum" in Waldgebieten[142].

Bei Straßen, Wegen und Plätzen von untergeordneter Bedeutung (z.B. reine Wohnstraße ohne besondere Verkehrsbedeutung) ist grundsätzlich der Luftraum über dem Verkehrsweg bis in eine Höhe von etwa 3,60 m frei von Ästen zu halten. Bei anderen Straßen, vor allem solchen von erheblicher Verkehrsbedeutung, in jedem Fall bei Bundesfernstraßen gilt als Mindestmaß 4 m[143], wobei aus den Vorschriften über die Zulassung von Kraftfahrzeugen (§ 32 Abs. 1 Satz 2 StVZO – 4 m Fahrzeug-/Ladehöhe erlaubt) aber nicht zwingend auf den in jedem Fall freizuhaltenden Luftraum geschlossen werden kann.

---

[138] s. auch Bergmann/Schumacher 2002 S. 119-122

[139] OLG Stuttgart, NJW-RR 2004, 104-106

[140] Tremml/Karger 1998 Rn. 661

[141] an jüngerer Rechtssprechung vgl. zusammenfassend BGH, Urt. v. 4. März 2004 – III ZR 225/03 sowie Brandenburgisches Oberlandesgericht, OLGR 2002, 411–413 sowie NVwZ-RR 2004, 76 f.– recht detaillierte Pflichtenvorgaben für die „Baumschau"; OLG Hamm, OLGR 2003, 268–270, NZV 2004, 140 f. sowie Sauthoff Rn. 1476 ff, 1482 ff.

[142] eingehend Tschersich, Der Waldbaum auf der Straße – amthaftungsrechtliche Problematik, VersR 2003, 172 ff.; s. auch Patzelt 2000 S. 76 ff.

[143] s. z. diesen Höhenangaben BADK 2003, 15 – m.w.Nachw.; Abweichungen bei historischen Stadtdurchfahrten (Erker) möglich: Warnhinweise dann unabdingbar !

Gleichfalls sind Schilder und die Einmündungsbereiche von Straßen so zu gestalten und diese so zu unterhalten, dass die Sicht der Verkehrsteilnehmer nicht beeinträchtigt ist. Angepflanzte Hecken sind entsprechend so zurückzuschneiden, dass eine Sichtbehinderung ausgeschlossen ist.

Bei völlig untergeordneten befahrbaren Feld- und Waldwegen außerhalb geschlossener Wohnbebauung ist nicht zu fordern, dass der Luftraum völlig frei von Ästen ist[144].

h) Verkehrsberuhigende, geschwindigkeitshemmende Maßnahmen

539   Aufpflasterungen (z.T. über 10 cm Höhenunterschied) und Bodenschwellen dürfen nicht zu einer Schädigung tiefliegender Linienbusse, die im fraglichen Bereich verkehren, führen. Gleiches gilt für zugelassene tiefliegende (Sport) PKW, denn die Führer auch derartiger Fahrzeuge müssen sich darauf verlassen können, dass die öffentlichen Straßen bei verkehrsgerechtem Verhalten, wozu auch die angepasste Geschwindigkeit gehört, schadensfrei benutzt werden können[145]. Sofern diese Schwellen usw. nicht klar erkennbar sind, müssen entsprechende Warnschilder angebracht werden.

Poller, Blumenkübel, hydraulisch ausfahrende Einfahrsperren (in Fußgänger- und Anliegerbereichen) und sonstige in die Fahrbahn hineinragende Gegenstände müssen – auch bei Dunkelheit – erkennbar sein. Derartige Gegenstände dürfen in keinem Fall zu einer Gefahrenquelle für den aufmerksamen Verkehrsteilnehmer werden[146].

Fahrbahnschwellen und ähnliche verkehrsberuhigend wirkende Fahrbahnveränderungen müssen auch für Zweiradfahrer gefahrlos passierbar sein; hierfür muß ein Durchfahrtsbereich von ca. 1 m zwischen Bordsteinkante und den Erhöhungen geschaffen werden.

Beschädigte Bodenschwellen, lose „Kölner Teller" sind zu reparieren oder zu beseitigen[147].

i) Verhältnis zum Haftpflichtgesetz

540   Die verschuldensunabhängige Haftung nach dem **Haftpflichtgesetz** (Gefährdungshaftung) wird in der Praxis im wesentlichen für zwei Problemfelder diskutiert und problematisiert (s. auch o. Rn. 528).

– Zum einen stellen Teile von Versorgungsanlagen (Wasser-, Elektro-, Fernheizungs- und Gasleitungsanlagen) oft zum umgebenden Straßen-, Bürgersteigbelag höhenverschiedene „Stolperstellen" dar (Gas-, Wasserschieber mit den entsprechenden Abdeckungen, Deckeln). In diesem Fall ist der Versorgungsträger (zu-

---

[144] s. jüngst OLG München, NJW-RR 2003, 1676 = OLGR 2004, 50 f.

[145] BGH, NJW 1991, 2824–2826 (grundlegend); so wohl auch Peglau, Zur Amtshaftung bei Schäden an tiefergelegten Fahrzeugen durch Verkehrsberuhigungsmaßnahmen, MDR 2000, 452 f.

[146] s. OLG Saarbrücken, OLGR 2004, 177–180; OLG Köln, MDR 2004, 506 f.

[147] s. instruktive Beispiele bei Müller, Was nicht sein muss ! Verkehrsberuhigung, BADK Information 2003, 114 ff.

mindest) aus Gefährdungshaftung verantwortlich (**Zustandshaftung** gem. § 2 Abs. 1 Satz 2 und 3 HaftPflG). Verantwortlich ist aber auch der Straßenverkehrssicherungspflichtige als Garant für die Ordnungsmäßigkeit des gesamten Straßenbereichs. Hier nun ist die oben dargestellte Frage des Eingreifens des Subsidiaritätsprinzips (Ausschluß allgemein bei Straßenverkehrssicherungspflichten oder nur bei Teilnahme am regulären Straßenverkehr) zu entscheiden, vor allem wenn ein privater Versorgungsträger (AG, GmbH) bei einem kleinen oder mittelgroßen Schaden (s. Haftungsbegrenzungen nach §§ 9, 10 HaftPflG) verantwortlich ist (s. bereits o. Rn. 528). Festzuhalten ist hier aber auch, dass die Rechtsprechung im wesentlich den **verkehrssicheren Zustand** mit einer haftungsauschließenden **ordnungsgemäßen Anlage** gleichsetzt[148] und damit nicht jeder kausal durch Versorgungsanlagenteile verursachte Schaden die Ersatzpflicht auslöst. Nicht erforderlich ist es, schwere Kanalroste, -abdeckungen derartiger Anlagen gegen das Herausheben besonders zu sichern[149].

– Zum anderen spielt das Haftpflichtgesetz immer wieder eine Rolle im Rahmen von Entwässerungen, Straßenneu- und -ausbauten, Straßenseitengräben usw. (**Wirkungshaftung** nach § 2 Abs. 1 Satz 1 HaftPflG)[150]. Hierbei ist hervorzuheben, dass die Gefährdungshaftung nur bei Schäden aus verrohrten Frisch- und Entwässerungssystemen, nicht aber bei offenen Rinnen, Kanälen, Wegeseitengräben usw. eingreift. In letzterem Fall ist dann die Straßenbau-, -unterhaltungsbehörde – evtl. bei weiteren Einleitungen neben der wasserrechtlich verantwortlichen öffentlich-rechtlichen Körperschaft – dem geschädigten Bürger bei Amtspflichtverletzungen haftbar[151].

An die Ersatzmöglichkeit aus Gefährdungshaftung nach dem HaftPflG (ohne Verschulden, aber mit Haftungsobergrenzen und weiteren Einschränkungen – u.a. § 2 Abs. 3 HaftPflG[152]) ist stets auch in folgenden Fallkonstellationen zu denken:

> „Eine Zustandshaftung nach § 2 HaftPflG kommt vielmehr auch dann in Betracht, wenn ein in Bewegung befindliches Gerät gegen einen festen Teil einer Rohrleitungsanlage gestoßen und dadurch beschädigt wird" – so Bergmann/Schumacher 2002 S. 668

---

[148] wobei das beklagte Versorgungsunternehmen die Beweislast für die „Ordnungsmäßigkeit" der Anlage trifft – abweichend zum übrigen Deliktsrecht

[149] Bergmann/Schumacher 2002 S. 45 f.

[150] OLG Saarbrücken, VRS 102, 92–97 (defekter Entwässerungskanal führt zu Einbrüchen in die Straßendecke und diese zu Unfällen)

[151] hier keine Subsidiarität (z. einer anderen öffentlich-rechtlichen Körperschaft) – s. z. Ganzen BGH, NJW 1996, 3208–3211 (Wasserschäden nach Straßenneubau)

[152] s. Filthaut 2003 § 2 Rn. 56 ff.

j) Fußgängerverkehr

541 Gehwege, Bürgersteige, Fußgängerunterführungen (auch mit Rolltreppen[153]) und Fußgängerstreifen sind für Fußgänger eingerichtete und als solche bestimmte und erkennbare Wege, die von der Fahrbahn sichtbar und räumlich abgetrennt sind. Die Begrenzung (Bordstein) gehört zum Gehweg selbst[154].

Auch der Gehweg, Bürgersteig, Fußgängerstreifen ist grundsätzlich eben zu gestalten. Die Schachtdeckel (Gas, Wasser, Strom, Fernmeldeinrichtungen usw.) sind entsprechend höhengleich einzupassen und zu sichern. Allerdings bewirkt ein Höhenversatz bis zu etwa 3 cm in normalen Fußgängerbereichen (ohne Ablenkungsmöglichkeit) im Regelfall keinen Verstoß gegen die Verkehrssicherungspflicht.

Gleiches gilt für die Öffnungsgröße bei Abdeckrosten (Stöckelschuhe). Flache Mulden stellen grundsätzlich keinen reaktionspflichtigen Zustand dar.

Im Einzelfall sind für die Beurteilung der Verkehrssicherheit die Umgebungsverhältnisse, Verkehrsbedeutung, Beleuchtungssituation, Erkennbarkeit der Stelle zu berücksichtigen. Festzuhalten ist, dass von einer starren, maximal zulässigen Höhendifferenz (früher sog. „2 bzw. 3 cm – Rechtsprechung") abgegangen wird und die Anforderungen an die Verkehrssicherheit von der Rechtsprechung wohl in den letzten Jahren generell etwas abgesenkt wurden.

An steil abfallenden Böschungen, natürlichen oder künstlich geschaffenen Geländeabsätzen (Treppenanlagen, Fußgängerzonen usw.) sind **Geländer** anzubringen, wobei die Vorschriften der jeweiligen Landesbauordnungen einzuhalten sind.

Haltestellen für öffentliche Verkehrsmittel (Bus-Haltestellen) und solche Bereiche, die erhöhtes Verkehrsaufkommen aufweisen (gegebenenfalls verbunden mit optischen Ablenkungen, z.B. Bahnhofsvorplatz, Taxistand), sind besonders sicher zu gestalten (Belag, Höhendifferenzen, Sauberkeit, Ausleuchtung usw.).

In den **Fußgängerbereichen** finden sich auch gehäuft sogenannte „verkehrsfremde Anlagen" wie Telefonmasten, Verkaufsstände, Automaten, Litfasssäulen und andere Reklameträger. Auch auf diese (erlaubten oder geduldeten) Gegenstände und Bauwerke bezieht sich die Verkehrssicherungspflicht[155], da diese an den tatsächlichen Zustand des zu verantwortenden Bereichs anknüpft.

Wird in einer Fußgängerzone aus Verschönerungsgründen ein künstliches Bachbett angelegt (10–15 cm Tiefe, 30 cm Breite) und ist diese objektive Gefahrenlage deutlich für den Benutzer erkennbar, dann liegt keine Verletzung der Verkehrssicherungspflicht vor, auch wenn durch diese Gestaltung gerade die Durchgängigkeit des Fußgängerbereichs unterbrochen und eine neue, nicht unbedingt erforderliche Gefährdungssituation geschaffen wurde[156].

---

[153] OLG Düsseldorf, NJW-RR 1994, 1442 (auch zur – verbleibenden – Haftung bei Übertragung der Wartungsarbeiten auf Privatfirma)

[154] wichtig wegen der z.T. unterschiedlichen Verantwortlichkeit für Fahrbahn und Fußweg – s.o. Rn. 521 f.

[155] bis hin zur Beseitigungsanordnung

[156] OLG Koblenz, OLGR 1999, 149-151

k) Radwege

Radwege sind Teil des Straßenkörpers. Sie sind für die Benutzung durch Radfahrer **542** sicher zu gestalten und zu unterhalten. Es besteht keine Verpflichtung, Radwege auch für Nutzung durch Skater, Inliner o.ä. sicher auszugestalten, wobei bei einer entsprechenden Widmung (z.B. Radweg als Teil einer ausgewiesenen Inliner-Strecke) Abweichendes gilt[157]. Auch für diese Verkehrswege gilt, dass nicht an allen Stellen mit ebenen, schadlosen und gereinigten Fahrbahnen gerechnet werden darf[158].

Beispiel:

OLG Stuttgart, NZV 2003, 572 – Fahrradfahrer –

„Eine Gemeinde verletzt ihre gegenüber einer Radfahrerin bestehenden Verkehrssicherungspflichten nicht, wenn sie einen Aufbruch im Fahrbahnbelag einer Gemeindestraße nicht schließt, der für einen Radfahrer bei der von ihm im Verkehr zu erwartenden Aufmerksamkeit so rechtzeitig erkennbar ist, dass er einen Unfall im Zusammenhang mit dieser Stelle vermeiden kann.

Im Bereich von Schienen muss ein Radfahrer mit besonderen Gefahren rechnen und sich mit seiner Geschwindigkeit darauf einstellen."

l) Bankette

Bankette[159] sind Teil des Straßenkörpers, gehören aber nicht zur Fahrbahn und sind **543** auch nicht zur regelmäßigen Benutzung durch Fahrzeuge (fließender Verkehr) bestimmt. Sie brauchen nicht so standhaft und tragfähig wie die Fahrbahn sein. Lediglich wenn sie für eine ausnahmsweise Benutzung durch Kfz's auch im Notfall (liegengebliebenes Fahrzeug, Ausweichmanöver usw.) nicht geeignet sind, müssen entsprechende Hinweise gegeben werden. Dies vor allem auch dann, wenn wegen fehlender ausreichender Befestigung in einem engen Zufahrtsbereich mit häufigem LKW-Begegnungsverkehr ein sofortiges Einsinken oder Abrutschen (z.B. eines LKW) droht[160]. Gleiches gilt, wenn eine kleine Straße oder gar ein Wirtschaftsweg als Umleitungsstrecke für Begegnungsverkehr freigegeben wird, dieser aber hierfür eigentlich zu eng ist, so dass bei Kfz-Begegnung auf den Seitenstreifen ausgewichen werden muß. In diesem Fall sind die Randbereiche entsprechend zu sichern und Gefahrenstellen zu entschärfen[161].

Keines Hinweises bedarf es in der bereits mehrfach beschriebenen Situation, dass die Gefahr – hier: unbefestigte Bankette – klar erkennbar und vom Gefährdeten vermeidbar ist (z.B. kleiner Grasstreifen mit klarer Trennung zur Fahrbahn)[162].

---

[157] wesentlich höhere Anforderungen: Freiheit von Verunreinigungen, Wurzelwerk und Laub usw.; zu den Anforderungen an Radwege/Benutzung durch Inline-Skater s. auch Peter Hentschel, Die Entwicklung des Straßenverkehrsrechts im Jahre 2003, NJW 2004 S. 651 ff., 655

[158] zusammenfassend: Michael Kutzera, Die Benutzung von „Sportgeräten" im öffentlichen Straßenraum, BADK-Information 2004 S. 1-5

[159] s. eingehend Schlund S. 28

[160] s. OLG Nürnberg, OLGR 2004, 49 f.

[161] OLG Saarbrücken, OLGR 2004, 126 f.

[162] OLG Braunschweig, NZV 2002, 563-565

Für einen Ausbau bzw. die Befestigung der Bankette, des Seitenstreifens gibt es keinen Anspruch des Verkehrsteilnehmers.

m) Parkplätze, Parkhäuser

544 Parkplätze gehören als Zubehör zum Straßenbereich[163] und sind entsprechend sicher auszugestalten. Dies gilt vor allem auch für die Park- und Rastanlagen an Bundesautobahnen (z.b. Sitz- und Picknickmöglichkeiten, Kinderspielgeräte).

Bei Parkhäusern, regelmäßig von Privaten betrieben (§§ 823 ff. BGB), ist besonders auf ausreichend beleuchtete und bei Schnee- und Eisglätte gestreute, geräumte Ein- und Ausfahrtsrampen sowie Treppenabgänge, auf gefährdungsfrei schließende Tore/Rollgitter zu achten und für eine entsprechende klare Bezeichnung der zulässigen Höhen für die einfahrenden Fahrzeuge zu sorgen.

n) Feld-, Wald- und Wirtschaftswege

545 Bei Feldwegen, Anliegerwegen und vergleichbaren Zuwegungen besteht eine deutlich herabgesetzte Verkehrssicherungspflicht, da insoweit kein weitgehender Vertrauensschutz des Benutzers eingreifen kann[164]. So kann der Benutzer nicht von einer ebenen, schlaglochfreien Oberfläche ausgehen. Die Tragfähigkeit des Weges für Lastkraftwagen ist nicht vorauszusetzen. Der Luftraum über der Straße kann durchaus durch Äste, Büsche usw. eingeschränkt sein. Der Benutzer derartiger Wege kann sich auf diesen Ausbauzustand durch entsprechende Nutzung einstellen und ist insoweit auch nicht schutzbedürftig.

o) Baustellen, Bau-, Ausbau- und Unterhaltungsarbeiten

546 Während erkennbarer Straßenbauarbeiten kann der Verkehrsteilnehmer nicht auf das Vorhandensein einer völlig schad- und gefahrlosen Straßenoberfläche vertrauen[165]. Gleiches gilt, wenn eine Straße sich ersichtlich noch im Ausbauzustand befindet. Hier ist mit überstehenden Kanaldeckeln und Höhenunterscheiden zwischen verschiedenen Fahrbahnteilen zu rechnen. Es besteht insoweit allenfalls eine Hinweispflicht durch entsprechende Warnschilder. Vergleichbares gilt bei Feuerwehr- und Katastrophenschutzeinsätzen. Hier kann der Verkehrsteilnehmer nicht darauf vertrauen, Schlauchbrücken, Behelfsfahrbahnen, -brücken mit jedem (tiefliegenden) Fahrzeug gefahrlos befahren zu können[166].

Auf **Baustellen** mit den entsprechenden Gefährdungen ist durch Schilder hinzuweisen[167]. Der Baustellenbereich selbst ist zu sichern; dies gilt auch für dort abgestellte

---

[163] Schlund S. 33

[164] s. nur OLG Koblenz, NJW-RR 2003, 1253 f.

[165] wohl allgemeine Auffassung, vgl. jüngst nur LG Trier, NJW-RR 2003, 1605 f.

[166] OLG Düsseldorf, NJW-RR 1994, 1444

[167] eingehend zu dem gesamten Problembereich Joachim Reitenspiess, Verkehrssicherungspflicht bei Straßenbaustellen – Inhalt, Umfang und rechtliche Konsequenzen ihrer Verletzung, NZV 2003, 504–509; zum (nicht gegebenen) Drittschutz v. Halteverboten im Baustellenbereich für das Vermögen des Bauunternehmers u.a. BGH, BGH-Report 2004, 587–589 = ZfS 2004, 111-114

Fahrzeuge und Maschinen. Die erforderlichen Sicherungsmittel (Warnbarken, Warnleuchten, Leitkegel, Markierungen usw.) sind regelmäßig auf ihren ordnungsgemäßen Zustand und ihre Funktionstüchtigkeit hin zu überprüfen. Diese Verkehrssicherungspflichten ergeben sich aus §§ 43 Abs. 3 Nr. 2, 44, 45 Abs. 2 und 6 StVO, konkretisiert in den hierzu ergangenen Verwaltungsvorschriften (u.a. Richtlinie für die Sicherung von Arbeitsstellen an Straßen – RSA). Zuständig hierfür sind zunächst die Straßenverkehrsbehörden, wobei eine Überwälzung der Sicherungspflicht auf den privaten Straßenbauunternehmer die Regel ist. Hiernach ist dann dieser für die Sicherheit des Baustellenbereichs verantwortlich – und zwar von Beginn der Einrichtung der Baustelle bis zu deren vollständiger Räumung. Nicht abschließend geklärt ist die Beantwortung der Frage, wie oft und wann der Baustellenbereich, dessen Sicherungseinrichtungen durch den Unternehmer zu kontrollieren sind[168]. Auch hier wird es auf die Umstände des Einzelfalls (Qualität der Straße, Umfang der Baustelle, Verkehrsaufkommen, Witterungsverhältnisse usw.) letztlich ankommen. Als Leitlinie kann wohl im Durchschnittsfall pro Tag eine 3-malige Kontrolle (vor Beginn des Berufsverkehrs, um die Mittagszeit und am Abend nach Einbruch der Dunkelheit) als ausreichend angesehen werden. Bei Umwettern und besonderem Verkehrsaufkommen (Haupreisezeit auf Bundesautobahn) gelten selbstverständlich dann höhere Anforderungen. Hinzuweisen ist auch hier auf die bestehende Dokumentationspflicht dieser Kontrollmaßnahmen.

Dass der Unternehmer seinerseits kontrolliert werden muß, ist bereits oben dargestellt. Die eigene **Verkehrssicherungspflicht der Straßenbehörden** modifiziert sich bei Übertragung auf Private zu einer Kontroll- und Überwachungsverantwortlichkeit.

Befinden sich Baustellen-, Straßenunterhaltungsfahrzeuge o.ä. auf der Fahrbahn (z.B. bei langsamen Kontrollfahrten, Mäharbeiten), so ist auf diese Gefahrenstellen besonders hinzuweisen, wobei sich die Art und der Umfang nach der Qualität und Quantität des gefährdeten Verkehrs (untergeordnete Landstraße – Autobahn) richtet. Bei Mäharbeiten sind Schutzvorkehrungen zu benutzen und im Rahmen des Zumutbaren parkende und vorbeifahrende Fahrzeuge und andere Verkehrsteilnehmer vor hoch- und weggeschleuderten Steinen, Scherben, Dosen usw. zu schützen[169]. Bei derartigen Schadensfällen ist auch stets an die verschuldensunabhängige Haftung nach § 7 StVG zu denken.

Vor Beginn der Bauarbeiten mit Verkehrsbeschränkungen ist Kontakt mit den Anwohnern (insb. bei Gewerbebetrieben) aufzunehmen, um Fragen der **Zuwegung und Erreichbarkeit** zu klären, damit die Beeinträchtigungen (und damit auch mögliche Ersatzansprüche[170]) möglichst gering gehalten werden können[171]. Nach den landesrechtlichen Vorschriften sollen die Zuwegungen, die Nutzungsmöglichkeiten

---

[168] hierzu Reitenspiess a.a.O. S. 507 f. – m. zahlr. Nachweisen
[169] großzügiger wohl OLG Stuttgart, BADK-Information 2003, 178 f. = OLGR 2003, 436–438 (unabwendbares Ereignis); OLG Hamm, OLGR 2003, 268-270
[170] s. auch unten Rn. 748
[171] s. bereits BGH, NJW 1964, 198-200

eines Grundstücks auch bei Baumaßnahmen gesichert, erhalten bleiben (vgl. z.B.
§ 39 Abs. 2 LStrG Rheinland – Pfalz). Ersatzansprüche jenseits fachgesetzlich zu-
gebilligter Entschädigungen unterhalb der Enteignungsschwelle sind grundsätzlich
nur bei existentieller Beeinträchtigung gegeben[172].

p) Schadenbeseitigung

547   Plötzlich – z.b. hitze- oder frostbedingt – auftretende Schadstellen (Aufbrechen,
Heben von Betonplatten, Frostaufbrüche, Brückenschäden) sind für den Verkehrssicherungspflichtigen im Regelfall nicht vorhersehbar und nicht völlig vermeidbar.
Dieser muß nur dann unverzüglich auf eine entsprechende Schadensmitteilung je
nach Verkehrsbedeutung der Straße reagieren (Hinweise, Beschilderung, Sperrung)
und auch von sich aus den gesamten Straßenbereich (einschließlich der Gehwege)
auf Schäden regelmäßig kontrollieren[173].

Nach dem Auftreten von stärkeren, auch naturbedingten Eingriffen in den Straßenkörper (z.b. heftige Überflutungen bei Brücken) ist vor der Wieder-Inbetriebnahme
die Sicherheit (Standfestigkeit usw.) der Straße fachkundig zu überprüfen. Diese
Überprüfungspflicht für den Straßenkörper gilt auch nach der Frostperiode und
nach Manövern mit schweren Fahrzeugen und Panzern.

q) Drittschäden, -gegenstände

548   Bringen Dritte Verschmutzungen (Baustellenaushub, Öl-, Unfallspuren usw.) oder
gefährliche Gegenstände (Teile der Ladung, verlorener Auspuff, Reifen usw.) in den
Fahrbahnbereich, dann folgt aus der Pflicht der Polizei zur Gefahrenabwehr zunächst einmal deren Handlungsverpflichtung; dies unabhängig davon, ob weitere
Verpflichtete (Straßenunterhaltpflichtiger, Verursacher/ Störer) vorhanden und
reaktionsbereit sind[174]. Bei Beseitigung unfallbedingter Verunreinigungen (Glas-,
Blechteile, Öl-, Benzinreste) gilt das Gleiche; hier greifen die Grundsätze der Amtshaftung unter Einschluß des Subsidiaritätsprinzips ein[175]. Die selben Grundsätze
gelten auch bei/nach dem Ableiten von Wasser, Schlamm aus anliegenden Grundstücken durch Dritte auf/in den Straßenbereich.

4. Straßenreinigung

a) Inhalt, Umfang und Grenzen der Straßenreinigungspflicht

549   Grundsätzlich hat derjenige, der eine Straße oder einen Weg verschmutzt (Baustel-
lenbetrieb, Einmündungsbereich für landwirtschaftliche Fahrzeuge, querender
Viehtriebweg) für die Beseitigung der Gefahrenstelle zu sorgen. Jedoch ist die Stra-
ßenunterhaltungsbehörde gehalten, die Pflicht des Verschmutzers zur Reinigung zu

---

[172] OLG Koblenz, OLGR 2000, 457-459
[173] z. d. Kontrollintervallen s. Bergmann/ Schumacher 2002 S. 25 f.
[174] OLG Frankfurt, OLGR 2004, 24 f. = MDR 2004, 445 f. (Absicherungspflicht der Polizei)
[175] OLG Koblenz, VRS 102, 161–163 (Säuberung einer Unfallstelle; Schäden durch aufge-
        wirbelte Glaspartikel usw. – Haftung der Haftpflichtversicherer als anderweitige Ersatz-
        möglichkeit)

überwachen und gegebenenfalls die Gefährdung selbst zu beseitigen. Gleichfalls zum Eingreifen verpflichtet ist aber auch unter Berücksichtigung der Umstände des Einzelfalls bei einer konkreten Gefahrenlage die jeweils zuständige Polizeibehörde.

Die Reinigungspflicht bezieht sich allerdings auch, und zwar in erster Linie, auf die allgemein eintretenden Verschmutzungen der Straße durch deren Nutzung (Abgaspartikel, Reifenabrieb, Staub, weggeworfene Zigarettenreste, Papier usw.) und die weiteren natürlichen Immissionen (Laub, Pollen, Hundekot usw.).

b) Verpflichteter, Verantwortlichkeit

Die Reinigungspflicht gründet sich zum einen auf der generell bestehenden Straßen-   **550**
verkehrssicherungspflicht (Verantwortlichkeit für den sicheren Zustand der Straßen – „**verkehrsmäßige Reinigungspflicht**") und zum anderen auf der meist spezialrechtlich ausgeformten „**polizeilichen" Wegereinigungspflicht** (Abwehr von Gefahren für Leib und Leben, auch Gesundheitsschutz)[176]. Da diese beiden – inhaltsgleichen – Pflichten landesrechtlich verschiedenen Körperschaften des öffentlichen Rechts zugeordnet sein können (wie es z.B. in Rheinland-Pfalz der Fall ist), die umfassendere „polizeiliche" Reinigungspflicht (der Ortsgemeinde) die allgemeine („verkehrsmäßige") Straßenreinigungspflicht, abgeleitet aus der Verkehrssicherungspflicht (der Verbandsgemeinde) verdrängt[177], ist in diesen Fällen ausschließlich die Ortsgemeinde das richtige Haftungssubjekt für einen Amtshaftungsanspruch. Denn diese Aufgabe („polizeiliche Reinigungspflicht") wurde gerade nicht der Verbandsgemeinde nach § 68 GO RhPf übertragen.

Da die Rechtslage in den einzelnen Bundesländern sehr unterschiedlich geregelt ist, es wie in Nordrhein-Westfalen z.T. gesonderte „Straßenreinigungsgesetze"[178] gibt, empfiehlt sich folgende Prüfungsreihenfolge, soweit es um die Haftung der öffentlichen Hand, die Feststellung der verantwortlichen Körperschaft, geht:

Verletzung der Reinigungs-, Räum- oder Streupflicht:
- gibt es eine gesetzlich festgelegte „polizeiliche" Reinigungspflicht – in den Straßengesetzen oder in spez. „Straßenreinigungsgesetzen" normiert – welche Körperschaft trifft diese? (meist die Gemeinden)
- wen trifft die „verkehrsmäßige" Straßenreinigungspflicht?

wenn die Verantwortlichkeiten unterschiedlich sind:
- gibt es eine Kollisionsklausel? welche Pflicht hat gesetzlichen Vorrang?
- wenn keine gesetzlich festgelegte Vorrangregelung: „polizeiliche" Reinigungspflicht ist grundsätzlich entscheidend (nach BGH – s.o.) – diese geht vor!
- gibt es auf kommunalrechtlicher Ebene eine Übertragung der „polizeilichen" Reinigungspflicht auf eine andere Körperschaft (z.B. Ortsgemeinde auf Verbandsgemeinde)?

---

[176] s. Kodal/Krämer/Bauer Rn. 41 1.2 – 8.2 ; Sauthoff Rn. 1532 ff.

[177] eingehend BGH, VersR 1997, 311–314; i.E. so auch Kodal/Krämer/Bauer Rn. 41 8.2

[178] Gesetz über die Reinigung öffentlicher Straßen – Straßenreinigungsgesetz NW (StrReinG NW)

Handelt die Polizei bei der Beseitigung von Verunreinigungen (Ölspur) pflichtwidrig, dann trifft sie die Verantwortlichkeit und das Land ist die haftende Körperschaft. Gleiches gilt beim Fehlverhalten der hinzugezogenen Feuerwehr; auch dann haftet die Trägerkörperschaft, dies völlig unabhängig davon ob sie straßenunterhaltungspflichtig ist oder nicht[179].

Regelungen der Straßenreinigungspflicht in einigen Ländern (Beispiele)[180]:

Rechtslage in Bayern: § 51 Bayerisches Straßen- und Wegegesetz

Rechtslage in Nordrhein-Westfalen: Gesetz über die Reinigung öffentlicher Straßen

Rechtslage in Rheinland-Pfalz: s.o.

Rechtslage in Sachsen: § 51 Sächsisches Straßengesetz

c) Übertragung der Verantwortlichkeit[181]

551 Hat die Gemeinde rechtlich unbedenklich durch Satzung die Reinigungspflicht auf die Straßenanlieger übertragen, dann haftet bei schadensverursachender Nichterfüllung dieser Pflicht der Anlieger nach allgemeinem Deliktsrecht (§ 823 ff. BGB). Der Gemeinde verbleibt wie bereits ausgeführt die Kontroll-, Überwachungs- und ggf. Eingreifpflicht[182]. Wird diese verletzt, kommt eine Haftung der Gemeinde in Frage, wobei zum einen diese Pflichten rein zivilrechtlich angesehen werden (s.o. Rn. 474) oder aber, soweit diese als Amtspflichten zu bewerten sind, eine Verweisung nach § 839 Abs. 1 S. 2 BGB (auf die Haftung des Anliegers) nicht eingreifen soll[183].

Ist die Gemeinde selbst Eigentümerin eines Anliegergrundstücks, dann haftet sie wie jeder Private (aus Delikt).

5. Räum- und Streupflicht (Schnee- und Eisbeseitigung)[184]

a) Inhalt, Umfang und Grenzen

552 Die Kommunen haben öffentliche Straßen innerhalb geschlossener Ortslagen, d.h. innerhalb geschlossener Bebauung im Rahmen des Zumutbaren zu räumen und zu streuen. Mitumfasst von dieser Pflicht sind die Ortsdurchfahrten von Kreis-, Landes- und Bundesstraßen.

---

[179] OLG Düsseldorf, OLGR 1995, 6 f.

[180] zu den anderen Ländern s. Bergmann/Schumacher 2002 S. 70-72

[181] s. eingehend BADK 2003, 12 f. – auch zur „Rückübertragung" auf kommunale Gesellschaften

[182] s. eingehend Sauthoff Rn. 1541 ff.

[183] BGHZ 118, 368–374 = NJW 1992, 2476; Bergmann/Schumacher 2002 S. 30 f., 115 f.; Rinne/Schlick 1997 S. 1174

[184] s. eingehend auch Schlund S. 144 ff.; Patzelt 2000 S. 375 ff.; Claudia Henniges, Die Räum- und Streupflicht der Kommunen, ZfS 2001, 246 f.; Bergmann/ Schumacher 2002 S. 69 ff.

Beispiel:

BGH, DAR 1993, 386 – Winterdienst –

Nach ständiger Rechtsprechung des BGH richten sich Inhalt und Umfang der winterlichen Räum- und Streupflicht unter dem Gesichtspunkt der Verkehrssicherung nach den Umständen des Einzelfalls. Art und Wichtigkeit des Verkehrswegs sind dabei ebenso zu berücksichtigen wie seine Gefährlichkeit und die Stärke des zu erwartenden Verkehrs. Die Räum- und Streupflicht besteht nicht uneingeschränkt. Sie steht vielmehr unter dem Vorbehalt des Zumutbaren, wobei es auch auf die Leistungsfähigkeit des Sicherungspflichtigen ankommt. Grundsätzlich muß sich der Straßenverkehr auch im Winter den gegebenen Straßenverhältnissen anpassen.

Der Verpflichtete muß den Winterdienst organisieren (Streu-, Räumplan) und auch kontrollieren. Er hat witterungsentsprechend zu reagieren (z.B. Kontrollfahrten ab 5.00 Uhr; organisierter Meldedienst[185]) und besondere Beachtung gefährlichen Stellen und verkehrsintensiven Bereichen zu widmen.

Allerdings gilt auch, dass bei winterlichen Straßen- und Wegeverhältnissen eine völlige Gefahrlosigkeit nicht erreicht und auch nicht erwartet werden kann.

Zunächst sind **vielbefahrene, vielgenutzte Stellen** (Kreuzungen[186], Fußgängerüberwege, Haltestellen[187]) und besonders gefährdete Bereiche (Brücken, Gefällstrecken) zu sichern. Es folgen dann die weniger bedeutenden Straßen- und Wegstrecken (Nebenstraßen). Dem Sicherheitsbedürfnis von Radfahrern und Fußgängern ist in angemessenem Umfang Rechnung zu tragen[188], wobei für Radwege grundsätzlich die gleichen Anforderungen wie für die sonstigen Fahrbahnbereiche gelten[189].

Die Verantwortlichen sind nun nicht verpflichtet, rund um die Uhr die Straßen komplett schnee- und eisfrei zu halten. Insoweit bestehen aus dem Gesichtspunkt der wirtschaftlichen Zumutbarkeit Grenzen. Allgemein wird angenommen, dass für den normalen Berufs- und Tagesverkehr an Werktagen morgens in der Zeit von 6.30–8.00 Uhr (Berufsverkehr) sichere Verbindungen geschaffen werden müssen. Der Streu- und Räumdienst muß bei Beginn des Einsetzens des Berufsverkehrs auf den Hauptstrecken bereits abgeschlossen sein[190]. Die Räum- und Streupflicht dauert bis ca. 20.00–22.00 Uhr an[191]. Bei starken Schneefällen und plötzlich auftretendem

---

[185] OLG Hamm, MDR 2003, 390 f. (auch zum Warndienst)

[186] OLG Nürnberg, NJW-RR 2004, 103 f.

[187] hierzu BGH, DAR 1993, 386-388

[188] vgl. eingehend und zusammenfassend OLG Hamm, OLGR 2004, 38–40; BGH, BGH-Report 2004, 164–166; BADK 2003, 12 sowie Ralf Bittner, Winterdienst zugunsten von Fahrradfahrern, VersR 2004, 440-445

[189] obwohl die Radfahrer besonderen Sturzgefahren ausgesetzt sind – s. Michael Kutzera, Die Benutzung von „Sportgeräten" im öffentlichen Straßenraum, BADK-Information 2004 S. 1 ff., 3

[190] BADK 2003, 11

[191] z. zeitlichen Umfang s. OLG Celle, OLGR 2004, 125 f.; OLG Schleswig, ZfS 1999, 189 f.; Henniges a.a.O. S. 247; BADK 2003, 11

Eis (Blitzeis) ist der verantwortlichen Stelle eine Reaktionszeit einzuräumen; bei andauerndem starken Schneefall kann dessen Ende abgewartet werden. Bei Bedarf muß allerdings aber auch mehrmals am Tage geräumt und gestreut werden. Diese Grundsätze gelten für den Regelfall und müssen je nach örtlicher und meteorologischer Lage unter Berücksichtigung der Verkehrswichtigkeit und des -aufkommens modifiziert werden (z.b. erhöhte Anforderungen für Bundesautobahnen[192]). Eine erhöhte Pflichtigkeit besteht auch an solchen Stellen, an denen (gewollt) in der Nacht besonders viel Verkehr auftritt (nach Bällen, Senioren-,Tanzveranstaltungen, vor Theater, Kinos, Bahnhöfen, Bushaltestellen usw.).

Außerhalb geschlossener Ortschaften auf wenig befahrenen Straßen besteht grundsätzlich keine Räum- und Streupflicht; dies gilt allerdings wiederum nicht für besonders gefährliche Stellen (Flussbrücke, Waldrand mit bekannter Reifglättebildung usw.).

Zu achten ist darauf, dass durch die geforderten (Schnee-) Räummaßnahmen nicht neue Gefährdungen erzeugt werden (z.B. Aufhäufung des geräumten Schnees vor Fußgängerüberweg) oder andere gesetzliche Verpflichtungen verletzt werden (Zuschüttung eines Straßengrabens mit Schnee mit nachfolgender Überschwemmung – Gewässerunterhaltungspflicht)[193].

Zusammenfassung – Räum-, Streupflicht –

Fahrzeugverkehr:

Geschlossene Ortslagen: an (1) gefährdeten und verkehrswichtigen oder aber an (2) besonders gefährlichen Stellen (u.a. Gefällstrecken, Brücken, Hauptverkehrsstraßen – vor Kreuzungs-, Ampelbereichen)

Außerhalb geschlossener Ortslagen: nur an verkehrswichtigen und besonders gefährlichen Stellen (Gefahrenlage nicht – rechtzeitig – erkennbar)

Fußgängerverkehr:

Geschlossene Ortslagen: wichtige Gehwege (u.a. Fußgängerüberwege, Bushaltestellen); Sicherung der Erschließungsfunktion der Gehwege

Außerhalb geschlossener Ortslagen: keine Streu-, Räumpflicht

Zeitlicher Umfang:

Schutz des Berufsverkehrs (ca. 6.30–21.00 Uhr – maximal, werktags) ; ggf. muß mehrfach geräumt, gestreut werden

---

[192] entgegen den sonstigen Anforderungen ist hier wohl die Einrichtung auch eines nächtlichen Streudienstes erforderlich – wird so auch bereits seit Jahren praktiziert und hat insoweit wohl auch eine berechtigte Verkehrserwartung erzeugt; zu den getr. organisatorischen Vorkehrungen: Kodal/Krämer/Bauer Rn. 41 40: u.a. Räumen und Streuen im Schichtbetrieb; 2–3-Stundentakt

[193] hierzu s. BGH, MDR 1983, 826; s. auch unten Rn. 694

b) Verpflichteter, Verantwortlichkeit (s. o. Pkt. 2. b) ee) – Rn. 526)

Die Kommune kann ihre Räum- und Streuverpflichtungen auch durch eine (vertrag-   **553**
lich) beauftragte Firma erfüllen lassen. Es verbleiben dann Pflichten bei der Auswahl, d.h. die Firma muß leistungsfähig und zuverlässig sein (ausreichende
Sachmittel – Fahrzeuge usw. – und das erforderliche Personal; Haftpflichtversiche-
rungsschutz) sowie hinsichtlich der Überwachung und Kontrolle.

Dem Bürger gegenüber haftet das Unternehmen aus §§ 823, 831 BGB selbst. Zu beachten ist in diesen Fällen aber auch stets noch – bei Einsatz von Fahrzeugen – die
Halterhaftung nach § 7 StVG. Die Kommune ist nur bei Verletzung eigener Pflichten
(z.B. mangelhafte Auswahl oder Überwachung der Firma) verantwortlich[194].

c) Einzelfälle

aa) Parkplätze

Die Räum- und Streupflicht auf Parkplätzen im Winter besteht zugunsten der Par-   **554**
kenden und Fußgänger nur insoweit, als diese das Fahrzeug verlassen und wieder
aufsuchen wollen und darauf angewiesen sind, gefahrlos einen verkehrssicheren
(geräumten, gestreuten) Fußweg zu erreichen bzw. sich von diesem wieder sicher zu
dem Auto begeben zu können. Bei einem belebten Parkplatz (schneller, häufiger
Fahrzeugwechsel, größere Verkehrsbedeutung) ist so zu räumen und zu streuen, dass
die Wagenbenutzer von den „geschützten Bereichen" (gestreute Gehwege, Laden-
bereiche usw.) sicher von und zu ihrem Fahrzeug gelangen können[195].

bb) Grenzen der Verkehrssicherungspflicht

– So müssen **Verkehrsspiegel** wie auch andere **Verkehrszeichen** im Winter weder   **555**
  beheizt werden noch muß auf andere Weise sichergestellt werden, dass diese Einrichtungen im Winter nicht vereisen oder beschlagen.

– Bei **Parkplätzen** besteht generell keine umfassende Streu- und Räumpflicht. Ausreichend ist hier, wenn der das Kfz Abstellende einen sicheren Weg zu dem Eingang des Supermarktes, Kinos oder zum gestreuten weiterführenden Bürgersteig-
  bereich zur Verfügung hat.

– Häufig begangene, **verkehrswichtige Fußgängerbereiche**, Gehwege (vor allem
  Bushaltestellen, belebte Fußgängerüberwege) müssen ausreichend von Schnee,
  Eis geräumt und ggf. gestreut sein, wobei nicht die gesamte Breite des Gehweges
  oder der Fußgängerzone schnee- und eisfrei sein muß[196].
  Ist kein separater Gehweg vorhanden, muß ein entsprechend breiter (1,5 m) Strei-
  fen am Fahrbahnrand gesäubert, geräumt und bestreut werden[197].

---

[194] s. BADK 2003, 13; vgl. aber auch zur abweichenden Konstruktion f. Müllentsorgung
durch private Firma OLG Düsseldorf DAR 2000, 477 f. sowie u. Rn. 766

[195] BGH, VersR 1983, 162 f. (Streupflicht öffentliche Parkplätze)

[196] s. zusammenfassend OLG Hamm, OLGR 2004, 38–40; OLG München, OLGR 2000, 336 f.
(keine zusätzl. Streupflicht für glätteanfällige Kanaldeckel); BGH, NJW 2003, 3622–3624
(z. Situation bei gemeinsamem Fuß- und Radweg; Schutzbereichsüberlegungen)

[197] OLG Dresden, OLGR 2003, 293–296 (auch zu den allg. Anforderungen an den Winterdienst – vor allem zu Gunsten v. Fußgängern)

– Eiszapfen an Straßenlaternen müssen nicht beseitigt werden; die hierdurch bedingte Gefahr muß vom Bürger hingenommen werden. Er kann sich hiervor auch
in ausreichendem Maße selbst schützen (Selbstverantwortlichkeit).

– Auf verschneiten und vereisten **Waldparkplätzen** in Höhenlagen besteht grundsätzlich keine Räum- und Streupflicht[198].

cc) Organisation der Räum- und Streupflicht

556   Auch die Streu- und Räumpflicht ist zu planen; es bestehen insoweit Organisations-
und Überwachungspflichten der Kommunen[199]. Es muß ein **Streu- und Räumplan**
mit den entsprechenden Priorisierungen der Strecken, der Festlegung der Verantwortlichen, von Kontroll- und Räumintervallen, der Bestimmung des einzusetzen-
den Materials mit den jeweils erforderlichen Dienstanweisungen aufgestellt, beachtet und kontrolliert werden[200]. Es ist vor allem auch darauf zu achten, dass
abgestimmt auf die Wetter-, Temperaturverhältnisse (Gefrierpunkt, Tieffrost) das
richtige Material (Salz, Splitt, Granulat, Lavalit usw.) zum Einsatz kommt[201]. Weiterhin ist vor Wintereinbruch der sachliche und personelle Einsatz zu planen und
sicherzustellen (Haushaltsmittel !).

PRAXISTIPP! Im Schadensfall erweisen sich vorliegende schriftliche Doku-
mentationen über die Streu- und Räumaktivitäten (**Streubuch**
– mit Wetteraufzeichnungen) sowie der Nachweise über Planung und Organisation
dieses Bereichs als für Verwaltung und auch den Bürger äußerst hilfreich. Diese
Unterlagen sollten in einem möglichst frühen Stadium der Schadensbearbeitung
herangezogen und auch zur Klärung der tatsächlichen Umstände dem Geschädigten
zur Verfügung gestellt werden.

d) Anliegerverantwortlichkeit

557   Die Verantwortlichkeit des privaten Eigentümers für einen Fußweg auf, über sein
Grundstück mit einer entsprechenden Sicherungspflicht auch bei Eis und Schnee
besteht unabhängig von der Delegation und folgt aus dem Eigentum bzw. dem
Nutzungsverhältnis. Dementsprechend geht die originäre Verkehrssicherungspflicht
auch bei Eigentumswechsel auf den neuen Eigentümer über.

e) Sonderfälle

558   Kommt es infolge (recht- und pflichtmäßigen) Bestreuens der Straßen durch das Zu-
führen salzhaltigen Schneewassers auf den anliegenden Grundstücken zu Schäden
(Hecken, Bäume, Waldgrundstücke), greift zunächst einmal gegebenenfalls die
(eingeschränkte) Entschädigung nach § 906 Abs. 2 Satz 2 BGB ein[202]. Hinzu kann

---

[198] OLG Koblenz, OLGR 1999, 397 f.

[199] eingehend OLG Hamm, MDR 2003, 390 f. (auch zum Aufbau eines Warnsystems –
       Warndienst)

[200] s. BADK 2003, 62–66 (Muster f. Räum- und Streuplan, Streubuch usw.)

[201] s. BGH, DAR 1993, 388; zur Eignung einzelner Streumittel für bestimmte Temperatur-
       bereiche s. Bergmann/Schumacher 2002 S. 111 f.

[202] wobei meist der Kausalitätsnachweis schwierig zu führen ist; möglich aber durch Nach-
       vollziehen der Vegetationsphasen am Stammquerschnitt (Störung der Wachstumsringe)

– je nach Einzelfallgestaltung – die Ersatzmöglichkeit nach § 7 StVG (Halterhaftung) treten[203].

f) Mitverschulden

Gerade bei und nach Verletzung der Räum- und Streupflicht spielt regelmäßig das **559** Mitverschulden des Geschädigten im Schadensfall eine bedeutende Rolle. Dies auch deshalb, weil die Gefahr, die Glätte, regelmäßig erkennbar ist (Schneefall, Eisregen, Temperaturen um den Gefrierpunkt usw.). Diese Umstände können im Einzelfall bei der vorzunehmenden Abwägung der Verursachungs- und Verschuldensanteile zu einer völligen Freistellung des Streu- und Räumpflichtigen führen[204].

6. Verkehrsregelung

Die Verkehrsregelung durch Schilder, Fahrbahnmarkierungen und sonstige Ver- **560** kehrseinrichtungen (Ampeln usw.) muss den gesetzlichen Bestimmungen entsprechen und vor allem eindeutig sein. Die Verkehrseinrichtungen müssen – auch für den ortsunkundigen oder eiligen Verkehrsteilnehmer – übersichtlich, klar und sofort verständlich sein[205] und sollen dazu dienen, dass der Verkehr auf öffentlichen Straßen gefahrlos, zügig und sicher fließt. Sie dürfen nicht durch Büsche, Zäune, Werbetafeln o.ä. verdeckt sein. Und es darf von Ihnen selbst keine Gefahr ausgehen (u.a. Standsicherheit).

Bei **geänderter Verkehrsführung** (Vorfahrtsänderung usw.) ist hierauf besonders hinzuweisen (vorgeschaltete Warnhinweise z.B. „geänderte Vorfahrt")[206].

Beispiel:

OLG Brandenburg, VersR 2002, 1238 – Verkehrsregeländerung –

… Demnach kann die Straßenverkehrsbehörde im Regelfall davon ausgehen, dass der aufmerksame Verkehrsteilnehmer die Veränderung der Verkehrsregel wahrnimmt und befolgt. Wenn aber der Umfang des Verkehrsaufkommens, die Unübersichtlichkeit der Verkehrswege oder die Schnelligkeit des Verkehrs die Annahme nahe legt, die Aufmerksamkeit eines durchschnittlichen Verkehrsteilnehmers könne so stark in Anspruch genommen sein, dass er eine Änderung einer seit langem bestehenden Verkehrsregel nicht erfasst, darf sich die Verkehrsbehörde nicht damit begnügen, die neue Verkehrsregel lediglich anzuordnen, sondern muß zusätzliche Schritte unternehmen, um auf die Veränderung aufmerksam zu machen.

Ampelanlagen an Kreuzungen sind so zu schalten, dass ein für beide Verkehrsrichtungen gleichzeitiges „Grün" (sog. feindliches Grün) ausgeschlossen ist. Die Schaltungen, Programmierungen und Einstellungen sind zu dokumentieren. Entsteht den-

---

[203] s. auch Bergmann/Schumacher 2002 S. 116-118
[204] so in OLG Hamm, NZV 1999, 127
[205] problematisch z.B. bei der Häufung von Verkehrszeichen – Schilderwald -
[206] eingehend zu dieser Pflicht, deren Umfang und Grenzen OLG Brandenburg, VersR 2002, 1238 f. sowie Sauthoff Rn. 1084

noch (aufgrund eines technischen Defektes[207]) eine derartige gefährliche Situation, hat die zuständige Behörde unverzüglich zu reagieren, gegebenenfalls die Ampelanlage stillzulegen.

Die Verkehrsregelungspflicht ist **öffentlich-rechtlich ausgeformte Amtspflicht der Straßenverkehrsbehörden** nach §§ 44, 45 StVO[208]. Ihre Verletzung führt stets zur Amtshaftung. Zuständig ist – abgesehen von akuten Gefahrenlagen – nicht der Verkehrssicherungspflichtige[209].

Sie dient dem Schutz der Verkehrsteilnehmer und auch dem der betroffenen Anlieger[210].

7. Teilnahme am allgemeinen Straßenverkehr

561 Nimmt ein Bediensteter in Ausübung öffentlicher Gewalt am allgemeinen Straßenverkehr teil (z.B. Streifenfahrt – Polizei; Kontrollfahrt – Straßenzustand[211]), wobei der mit der Fahrt verfolgte Zweck entscheidend für die Zuordnung (hoheitlich – fiskalisch) ist, und verletzt er hierbei seine Amtspflichten (z.B. Missachtung der vorgeschriebenen Höchstgeschwindigkeit), kommt es hierdurch zum Unfall, dann haftet seine Beschäftigungskörperschaft aus § 839 BGB i.V.m. Art 34 GG, ohne dass sie sich auf das Verweisungsprivileg aus § 839 Abs. 1 Satz 2 BGB berufen kann, sofern keine Sonderrechte (Martinshorn, Blaulicht usw.) in Anspruch genommen wurden. Begründet wird dies mit der **haftungsrechtlichen Gleichbehandlung aller Verkehrsteilnehmer**[212]. Das gleiche – haftungsrechtliche – Ergebnis gilt für die Fälle, in denen die Teilnahme am allgemeinen Straßenverkehr „fiskalisch" durchgeführt wird (Fahrten zum Einkauf von Verbrauchsmaterial, Kauf eines Fahrzeuges usw.). Es findet in diesen Fällen die allgemeine deliktische Haftung nach §§ 823 ff BGB (ohne Verweisungsmöglichkeit) Anwendung[213].

Daneben tritt im Regelfall noch die Gefährdungshaftung aus § 7 StVG für den Fahrzeughalter; diese steht selbständig neben der – übergeleiteten – Verschuldenshaftung aus § 839 BGB bei hoheitlichem Handeln.

562 Nimmt der Amtsträger im Einsatz (Feuerwehr, Polizei, Rettungsdienste, Bundeswehr usw.) **Sonderrechte nach § 35 StVO** in Anspruch, ist er dennoch nicht von allen Pflichten enthoben[214]. Er ist nicht von der Einhaltung der Verkehrsbestimmun-

---

[207] zu einer wohl weitergehenden Haftung (analog § 839 BGB ?) D. Senoner, Amtshaftung für Automaten, Diss. München 1968 S. 82 f. ; zu Recht ablehnend zu einer allgemeinen öffentlich-rechtlichen Gefährdungshaftung MK-Papier § 839 Rn. 139 f.

[208] vgl. eingehend Sauthoff Rn. 1076 ff.

[209] OLG Brandenburg, VersR 2002, 1329; zu der Aufgabenüberlagerung auch Rinne 2003 S. 9

[210] Tremml/Karger 1998 Rn. 135; BGH, NZV 2004, 136–138 (kein Schutz der Vermögensinteressen eines Bauunternehmers durch Halteverbote an Baustellen)

[211] z. Beispielsfällen s. auch MK-Papier § 839 Rn. 176 – kritisch

[212] Tremml/Karger 1998 Rn. 208; MK-Papier § 839 Rn. 313

[213] Abgrenzung aber ggf. wegen gerichtlicher Zuständigkeit erforderlich (Amts-, Landgericht); s. auch Ossenbühl 1998 S. 35 f.

[214] eingehend zu den Sonderrechten Sauthoff Rn. 883 ff.

gen umfassend befreit und darf auch die Rechte der anderen Verkehrsteilnehmer nicht missachten, zumindest nicht solange er sich nicht sicher ist, dass der betreffende Teilnehmer die Sondersignale wahrgenommen hat und beachten wird[215].

8. Haftungsumfang

Bei der Bemessung des Schadensersatzanspruchs nach Verletzung der Verkehrssicherungspflicht im Straßenverkehr ist stets zum einen an mögliche Mitverursachungsanteile des Geschädigten (§ 254 BGB) sowie zum anderen an die vorhandene Betriebsgefahr der beteiligten Fahrzeuge zu denken. Selten wird der Gesamtschaden ersatzfähig sein. **563**

9. Prozessuale Besonderheiten, Passivlegitimation

Haften **mehrere Körperschaften des öffentlichen Rechts** aus unterschiedlichen Gesichtspunkten (Straßenbaulast, Straßenverkehrssicherungspflicht), dann sind diese Gesamtschuldner und als solche ist jede in vollem Umfange passivlegitimiert. **564**

Ausnahmen bestehen für die „polizeiliche Reinigungspflicht", die inhaltlich gleiche Pflichten z.B. die des Straßenverkehrssicherungspflichtigen überlagert und verdrängt (s.o. Rn. 550) und damit dessen Haftung verhindert. Problematisch wird die eingeschränkte Haftung des Straßenverkehrssicherungspflichtigen dann aber wieder, wenn dieser vor der von dem „polizeilich" Verantwortlichen nicht beseitigten Gefahr/Verunreinigung usw. nicht warnt[216].

Beispiel:

– Mehrfachzuständigkeiten –

Nach einem Moselhochwasser wird der Fahrradweg nur teilweise von Schlamm und anderen Verunreinigungen gereinigt. Es kommt zu einem Sturz mit Verletzungen eines Fahrradfahrers.

*In erster Linie verantwortlich ist der Adressat der „polizeilichen Reinigungspflicht" – in Rheinland-Pfalz regelmäßig die Ortsgemeinde. Erkennt der Straßenunterhaltungs- und Verkehrssicherungspflichtige jedoch diesen gefährlichen Zustand, hat er hiervor zu warnen (Hinweis-, Gefahrenschilder) und ist ggf. wegen Verletzung **dieser** Pflicht gleichfalls ersatzpflichtig.*

In Verfahren wegen Schädigungen nach Verletzung von Straßenverkehrssicherungspflichten kommt dem Bürger recht häufig der „**Anscheinsbeweis**" zur Hilfe[217]. Dieser greift bei typischen Geschehensabläufen ein und hat vor allem Bedeutung für Erleichterungen beim Kausalitätsnachweis. **565**

---

[215] LG Oldenburg, ZfS 2000, 333-335
[216] zu diesen „Aufgabenüberlagerungen" s. auch Rinne 2003 S. 9
[217] näheres hierzu s. oben Rn. 260 ff.

Beispiel:

OLG Celle, ZfS 2004, 6–8 – Anscheinsbeweis –

Ein Glatteisunfall als solcher begründet weder einen Anscheinsbeweis noch stellt er ein Indiz dafür dar, dass der Streu- und Räumpflichtige seine Pflicht zum Streuen verletzt hat.

Liegt allerdings eine – bewiesene – Verletzung dieser Pflicht vor, dann wird im Wege des Anscheinsbeweises vermutet, dass der Unfall bei pflichtgemäßem Verhalten (Streuen) verhindert worden wäre (Kausalitätsnachweis)[218].

III. Amtshaftung im Bau- und Planungswesen – Bauleitplanung, Baugenehmigungen und Auskünfte

566 Das Baurecht ist ein Bereich, in dem zum einen Amtshaftungsverfahren recht häufige Folge von Behördenhandeln sind und diese weisen auch eine recht hohe Erfolgsquote (für den geschädigten Bürger) auf und zum anderen geht es meist um wirtschaftlich nicht unbedeutende Schäden und Ersatzforderungen. Auch die Kommunalversicherer haben sich diesem Gebiet mit besonderem Interesse und Schwerpunktsetzung zugewandt[219].

In diesem Bereich sind die Mitarbeiter der Bauverwaltung gleich wie die den Bebauungsplan u.a. beschließenden Gemeinderatsmitglieder „Beamte" im haftungsrechtlichen Sinne des § 839 Abs. 1 BGB[220]. Sie sind nach Amtshaftungsgrundsätzen verantwortlich.

1. Bauleitplanung

567 *a) Grundlagen, Pflichtenkreis und Drittschutz*

Ersatzansprüche des Bürgers aus Amtshaftung setzen eine Verletzung von ihn schützenden Normen des Baurechts voraus (Drittschutz).

Die **Vorschriften über das Verfahren** zur Aufstellung von Bauleitplänen (u.a. §§ 3, 4 BauGB z.B. Beteiligungs- und Bekanntmachungsvorschriften) dienen vom Grundsatz her der Realisierung eines im öffentlichen Interesse liegenden ordnungsgemäßen Planungsverfahrens und haben zunächst einmal **keine Schutzwirkung** für private Dritte[221].

Schutzwirkung für Dritte hat allerdings das Abwägungsgebot des § 1 Abs. 6 BauGB, durch das gerade gegenläufige – auch private – Interessen nach Möglichkeit im Pla-

---

[218] s. Heinz Diehl, Anm. zu OLG Celle, ZfS 2004, 6-8

[219] Vgl. nur BADK-Information Heft IV/2003, 151 ff.

[220] wohl inzw. einheitliche Auffassung, s. nur Tremml/Karger 1998 Rn. 489; s. auch Michael Dolderer, Die Neuerungen des BauROG 1998 und die Amtshaftung der Gemeinde, BauR 2000, 491-499

[221] z.d. Folgen von Verstößen s. Ernst/Zinkahn/Bielenberg/Krautzberger § 3 Rn. 75 ff.

nungsverfahren harmonisiert werden sollen. Werden derartige beachtliche Interessen (z.B. Eigentum) nicht (ordnungsgemäß) ermittelt und berücksichtigt, kann der betroffene Bürger ggf. Ersatzansprüche hierauf gründen[222].

Bei der Aufstellung von Bauleitplänen sind vor allem auch die allgemeinen Anforderungen an gesunde Wohn- und Arbeitsverhältnisse sowie die Sicherheit der Wohn- und Arbeitsbevölkerung zu berücksichtigen[223]. Diese Pflichten sind rechtsgüterbezogen, drittbezogen und schützen damit die Personen, die im jeweiligen Plangebiet wohnen und arbeiten werden.   **568**

Weiterhin ist die gesamte Erschließung zu planen und zu realisieren[224].

Hervorzuheben ist in diesem Zusammenhang der Umstand und die wohl einhellige Auffassung, dass den **Bauleitplänen (Satzungen)** von der Rechtsprechung im Gegensatz zu Gesetzen und Verordnungen generell **Drittschutz** beigemessen wird. Begründet kann dies damit werden, dass bei den Bauleitplänen im Gegensatz z.B. zu förmlichen Gesetzen eine sachliche und räumliche Individualisierung der Rechtsadressaten durch die Grenzen des Baugebietes im Regelfall gegeben ist[225] und die nach § 1 Abs. 5 Satz 2 Nr.1 BauGB geschützten Rechtsgüter (Leben und Gesundheit) höchsten Rang haben[226].

b) Baugrundrisiken

Die Pflicht, das Wohnen und Arbeiten in auf für Leib, Leben und Gesundheit gefährlichem, unsicherem Untergrund sich befindenden Planungsbereichen zu verhindern, besteht sowohl bei Aufstellung von Bauleitplänen als auch in den späteren Stadien des Baugenehmigungsverfahrens.   **569**

Hier ist vor allem an die Fälle gefährlicher (einsturzgefährdeter) unterirdischer Hohlräume, nichtverfüllter, ungesicherter Bergwerkstollen (**bergschadengefährdete Gebiete**) und **Deponiebereiche** ganz unterschiedlicher Schädlichkeit sowie an **Erdbebenverwerfungszonen** zu denken, in denen „Personen oder Fahrzeuge abrutschen oder Gebäude einstürzen" können – Gefahr für Leib und Leben[227]. Angefragt muß die Gemeinde in jedem Fall zutreffend über die Untergrund-, Bodenbeschaffenheit des Baugrundstücks Auskunft geben[228].

Eine Pflicht zu Boden-, Baugrunduntersuchungen ergibt sich nur für den Fall, dass vor und bei Aufstellung des Bebauungsplanes konkrete Anhaltspunkte für die Ungeeignetheit des Gebietes für Bauzwecke vorliegen.

---

[222] z.d. Folgen und Rechtsschutzmöglichkeiten bei fehlerhafter Abwägung s. Battis/Krautzberger/Löhr/Krautzberger § 1 Rn. 131 m.w.Verweisungen; zum Drittschutz auch Ernst/Zinkahn/Bielenberg/Söfker § 1 Rn. 184

[223] zur Realisierung wird u.a. das Trennungsprinzip (Nutzungstrennung) gefordert und angewandt – s. Dolderer a.a.O. S. 495

[224] s. auch unten Rn. 574

[225] BGHZ 106, 323 ff., 331-333., s. auch Wurm 2003 S. 152 Pfab 1997 S. 132

[226] so Kühn 1997 S. 63

[227] BGHZ 142, 259–278 = NJW 2000, 427–432 (Bergschadegebiet)

[228] BGH, MDR 1977, 206

570   Die Gemeinde muß allerdings den Eigentümern das **Baugrundrisiko** nicht abnehmen[229]. Für die Standsicherheit der Gebäude ist sie nicht verantwortlich, soweit die Gefahren und Risiken für den Bauherrn beherrschbar sind[230]. Dies gilt im Regelfall für Baugebiete ohne die o.g. besonderen Risiken. Allein durch die Ausweisung eines Baugebietes wird nicht zu Gunsten des bauwilligen Bürgers sichergestellt, dass der Bau z.b. ohne weitere Gründungs-, Sicherungsmaßnahmen errichtet werden kann[231].

c) Altlasten[232]

571   aa) Amtspflichten, Pflichtenumfang

Die Pflicht, das Wohnen und Arbeiten auf mit schädlichen Altlasten kontaminierten Planungsbereichen (Mülldeponie, ehemaliges Chemie- oder Gaswerk, Großwäscherei mit Phenolabscheidungen usw.) zu verhindern, besteht sowohl bei Aufstellung von Bauleitplänen als auch in den späteren Stadien des Baugenehmigungsverfahrens[233]. Gleiches gilt für Gefahren, die auf mangelnder Standsicherheit der Gebäude infolge von für den Bauherrn nicht beherrschbarer Baugrundrisiken (aus Tagesbrüchen wegen Bergschäden) beruhen[234]. Diese Amtspflicht wird aus § 1 Abs. 5 Satz 2 Nr. 1 BauGB abgeleitet[235] und setzt voraus, dass der Amtsträger die Gefahren- oder Gefährdungslage für **Leben und Gesundheit** kennt oder kennen muß[236]. Eine Amtspflichtverletzung liegt dementsprechend dann **nicht** vor, wenn die Behörde / Verwaltung die Risiken nicht kennt und auch nicht kennen muß, sie auch keine Aufklärungspflicht trifft. Dabei werden an diese Aufklärungspflicht der Gemeinden keine sehr hohen Anforderungen gestellt; vor allem muß nicht jedes Plangebiet vorab untersucht werden[237]. Liegen jedoch konkrete Hinweise[238] oder Anhalts-

---

[229] BGH, NJW-RR 1988, 136–138. BGHZ 113, 367, 373 f. – mit Müll verfüllte Kiesgrube

[230] dies ist bei nicht verfüllten Bergwerksstollen in 50–90 m Tiefe gerade nicht der Fall – s. BGHZ 142, 259, 266 f.

[231] z.B. Baugebiet nahe von Flüssen, Gewässern (Schutz gegen drückendes Wasser) oder bei unklaren (Misch-) Bodenverhältnissen, Hanglagen usw.

[232] S. auch u. Rn. 728, wobei „Altlast" weit verstanden wird und nicht nur Abfälle umfasst, s. auch Kühn 1997 S. 17 ff. zur Geschichte und den Definitionsversuchen für diesen Begriff; zur gesetzl. Definition § 2 Abs. 5 BBodSchG

[233] BGHZ 106, 323–336, BGHZ 113, 367–374 = NJW 1991, 2701 f.; BGHZ 123, 363–368; OLG München, OLGR 1998, 214 f. (Giftbelastung); zu Reaktionspflichten – auch Sofortmaßnahmen – bei nachträglicher Kenntnis von Belastungen und Gefährdungen Kühn 1997 S. 164 ff. (Unterrichtungen, Informationen, Beschlüsse, Kennzeichnungen, Zurückstellen von Baugesuchen usw.); zu Besonderheiten bei Umlegungsverfahren BGH, BADK-Information 2003, 175 f. (Zuteilung eines kontaminierten Grundstücks)

[234] BGHZ 142, 259–278

[235] Kühn 1997 S. 52 f.; weitergehend – Haftung auch aus Bodenschutzrecht – § 4 Abs.3 Satz 1 BBodSchG – Jürgen Fluck, Fehlerhafte Überplanung von Altlasten – keine Verantwortung der Kommune nach dem BBodSchG ?, DVBl 2002, 375–381

[236] Kühn 1997 S. 53

[237] OLG Hamm, OLGR 1994, 172; s. Wurm 2003 S. 155; Tremml/Karger 1998 Rn. 512 ff., Kühn 1997 S. 113 f.

[238] diese können bereits in der abstrakt gefährlichen Vornutzung z.B. als Deponie ableitbar sein – so wohl auch Kühn 1997 S. 120 ff.

punkte für eine Vorbelastung vor, ist das Gelände „altlastenverdächtig"[239], dann muss diesen effektiv nachgegangen werden. Gegebenenfalls müssen Fachbehörden, Gutachter unter Mitteilung des vollständigen Sachverhaltes um Stellungnahme ersucht werden[240]. Wenn eine Gemeinde eine Deponie selbst genehmigt hat, betreibt oder auch lediglich mit nutzt, kann sie sich wohl in keinem Fall auf Unkenntnis berufen, auch wenn diese Nutzung vor längerer Zeit erfolgt ist und zwischenzeitlich das abgedeckte Deponiegelände landwirtschaftlich genutzt wurde[241].

Ein schutzwürdiges Vertrauen des Bürgers in die Festsetzungen des Bebauungsplanes entsteht erst mit Bekanntmachung der genehmigten Satzung[242] und hat zum Gegenstand, dass dem Plan mit seinen konkreten Festsetzungen nach gemeindlicher Prüfung Gesundheitsgefährdungen nicht entgegenstehen.

Geht von dem Deponiegelände u.a. keine Gesundheits- oder Standsicherheitsgefahr aus, kann es durchaus planerisch zu Wohnzwecken ausgewiesen werden. Jedoch besteht je nach den Umständen des Einzelfalls eine Kennzeichnungs- und Informationspflicht[243].

Verstößt sowohl die Gemeinde bei Aufstellung des Bebauungsplanes gegen die o.g. drittschützende Norm wie auch die Baugenehmigungsbehörde bei Erteilung der Baugenehmigung, dann tritt eine gesamtschuldnerische Haftung nach § 840 Abs. 1 BGB ein[244].

bb) Schutzbereich, Drittschutz   572

Zu dem **geschützten Personenkreis** gehören nicht nur die unmittelbar im – verseuchten – Planungsbereich wohnenden Grundstückseigentümer. Geschützt werden auch – mit starker Erweiterungstendenz: Mieter, Arbeitnehmer und Personen, die das erworbene Gelände bebauen oder auch nur (unbebaut) weiter veräußern wollen[245], wobei ein Erwerb erst nach Planaufstellung nicht anspruchsausschließend ist. Einengend wird von einigen als Anspruchsvoraussetzung für den (objektbezogenen) Drittschutz gefordert, dass der Betreffende im Planungsgebiet wohnt, wohnen will oder dort arbeitet[246]. Der Eigentümer muß sich darauf verlassen können, entsprechend den Festsetzungen des Bebauungsplanes das Grundstück ohne Gefährdungen bebauen und nutzen zu können.

---

[239] BGHZ 106, 323, 327
[240] z. Umfang der Aufklärungspflicht Kühn 1997 S. 117 ff., 127 ff.
[241] BGHZ 113, 367, 371 (20 Jahre zurückliegende Deponienutzung)
[242] wobei die Nichtigkeit wegen Ausfertigungsfehlern wohl für den Amtshaftungsanspruch ohne Bedeutung ist
[243] BGHZ 113, 367–374 = NJW 1991, 2701 f.
[244] etwas umstr. – s. Tremml/ Karger 1998 Rn. 559 f.
[245] BGHZ 117, 363–374 = NJW 1992, 1953–1956; zu dem geschützten Personenkreis vgl. auch Kühn 1997 S. 82 ff., 86 ff.; allg. zum Drittschutz vgl. o. Rn. 87 f., 91 ff., 99 ff.
[246] eindeutig weiter: BGHZ 108, 224, 226 ff. = NJW 1990, 381–384; enger wohl BGHZ 140, 380,383, vgl. auch BGHZ 142, 259ff. , 263 f. – vgl. auch die frühe Entscheidung BGHZ 106, 323, 326 („Schutz der künftigen Wohnbevölkerung")

Nach Ansicht einiger sind wegen der fehlenden Eingriffe in die eigenen Rechtsgüter Gesundheit und Leben, die gerade erst zur Begründung des Drittschutzes führen, nicht geschützt Bauträger, Grundstücksspekulanten und Kreditgeber[247]. Die Rechtsprechung geht dem entgegen weiter (objektbezogen) zumindest von einem Drittschutz zugunsten des jeweiligen Eigentümers und Nutzungsberechtigten, gleich welche Zwecke er verfolgt, aus[248], wobei auch insoweit der Schutzzweck der Verhinderung von Gefährdungen für Leben und Gesundheit hervorgehoben wird[249]. Geschützt ist damit auch der Arbeitgeber, der seinen Arbeitnehmern gegenüber verpflichtet ist, für gefahrenfreie Arbeitsräumlichkeiten zu sorgen[250].

Für diesen Bereich dürfte die Reichweite, der Umfang des **objektbezogenen wie auch des personalen Drittschutzes** noch nicht für alle Fallkonstellationen abschließend geklärt sein.

Beispiel:

Nach BGHZ 113, 367, 373 – negative Umschreibung des Schutzbereichs –

Personen, bei denen eine Gefährdung von Leben oder Gesundheit nicht besteht und die auch nicht die Verantwortung dafür tragen, dass die von ihnen errichteten Bauten von Gesundheitsgefahren frei sind, fallen n i c h t in den Schutzbereich.

Nicht geschützt sind diejenigen, die in Kenntnis der Altlasten bereits vor den planerischen Festlegungen die Bauwerke fertiggestellt haben. Insoweit liegt kein planbedingter Schaden vor.

573   cc) Umfang der Ersatzansprüche

Ersatzfähig sind bei diesen **unmittelbar Betroffenen** zunächst einmal Körper- und Gesundheitsschäden. Die Ersatzpflicht erstreckt sich aber auch auf Vermögensschäden (z.B. nutzlose Investitionen, Ausfall der Nutzungsmöglichkeit, Sanierungskosten, erheblich gesunkener Verkaufswert)[251]. Dabei hat die Rechtsprechung die Ersatzansprüche regelmäßig auf das negative Interesse beschränkt, so dass u.a. ein entgangener Gewinn (z.B. durch Verkauf des Grundstücks) nicht ersatzfähig ist[252]. Der Bürger kann in diesen Fällen nicht verlangen, so gestellt zu werden, als habe er ein unbelastetes Grundstück (mit entsprechend höherem Verkehrs- und Wiederverkaufswert) erworben. Es muß stets ein Zusammenhang mit der Amtspflicht (Abwehr von Gesundheitsgefahren) gegeben sein (**Schutzzweckzusammenhang**)[253]. So ist der höhere Marktwert eines unbelasteten Grundstücks, die beliebige gärtneri-

---

[247] Kühn 1997 S. 82 ff.; weiter BGHZ 108, 224, 226 ff. = NJW 1990, 381-384

[248] BGHZ 108, 224, 226 ff = NJW 1990, 381–384; BGHZ 117, 363–374 = NJW 1992, 1953–1956

[249] BGHZ 113, 367, 372

[250] s. MK-Papier § 839 Rn. 267; vgl. auch Rinne/Schlick 1997 S. 1073 f.

[251] s. BGHZ 106, 323, 333–335; zu den einzelnen Schadensaspekten Kühn 1997 S. 136 ff.

[252] diese Restriktion kann unterschiedlich dogmatisch begründet werden und ist in der Literatur nicht unumstritten – s. Kühn 1997 S. 139 ff.

[253] BGHZ 113, 367, 373 f.; vor allem BGHZ 123, 363–368 = NJW 1994, 253-256

sche Nutzung sowie Aufwendungen zur Sicherung der Standfestigkeit nicht vom Schutzzweck umfasst[254]. Ersatzfähig ist auch nur der nach Bekanntmachung der Satzung eingetretene Schaden[255].

Problematisch und noch nicht abschließend geklärt sind die Fälle der Haftungseinschränkung in diesen Fällen nach § 839 Abs. 3 BGB und vor allem, unter welchen Umständen, bei welchem Kenntnisstand des Bürgers von der Gefährdungslage das „schutzwürdige Vertrauen" entfällt und ob dies zum völligen Anspruchsverlust (Tatbestandslösung des BGH s.o. Rn. 120-126) oder nur zur Anspruchsminderung nach § 254 BGB führt[256].

d) Sonderfragen

aa) Entwässerung

574

Zur Planungspflicht gehört auch die Lösung, Planung und Realisierung der Erschließung (**Erschließungspflicht**), vor allem der Entwässerung, d.h. die effektive Abführung von Oberflächen- und Schmutzwasser[257]. Auf die Verletzung dieser Pflicht können sich wassergeschädigte Anwohner berufen[258]. Ein Drittschutz wird insoweit allgemein angenommen[259].

Problematisch geworden ist insoweit in letzter Zeit die Zulässigkeit, Voraussetzungen und Grenzen (möglichst leitungsfreier) „ökologischer" Niederschlagsbeseitigung durch Versickerungsflächen, -mulden, Wasserrinnen o.ä.[260]. Fest steht jedoch, dass die Gemeinde für ein schlüssiges und **funktionstaugliches Entwässerungs-Konzept** und dessen Realisierung verantwortlich ist und dies wohl auch eine Amtspflicht mit Drittschutz darstellt[261]. Folge hieraus ist u.a., dass vor einer Anordnung von „Versickerungslösungen" das jeweilige Baugebiet darauf hin zu untersuchen ist, ob die erforderliche Versickerungsfähigkeit der Böden überhaupt besteht. Insoweit ist auf Hanglagen, bindige Böden und gemischte Bodenverhältnisse hinzuweisen.

Das Bundesverwaltungsgericht hat die bauplanerischen Anforderungen im Rahmen eines Normenkontrollverfahrens wie folgt in einem Leitsatz zusammengefasst:

---

[254] BGHZ 123, 363, 365 ff.

[255] BGHZ 142, 259, 268

[256] vgl. Kühn 1997 S. 207; im ersteren Sinne wohl BGHZ 117, 363, 372

[257] dazu eingehend W. Spannowsky, Entwässerung der Baugebiete – Aufgabe und Verantwortung, ZfBR 2000, 449–458 (Spannowsky 2000) sowie auch unter Rn. 700 ff. (Amts- und Staatshaftung in der Wasserwirtschaft)

[258] s. Christoph Brüning, JR 2000, 111–113 (Anmerkung zu BGH)

[259] hinterfragend Christoph Brüning, Anmerkung zu BGH, JR 2000, 107 ff, 111 ff (Vergleich zu den sonstigen bauplanerischen Normen und der jeweils dort intensiv diskutierten Reichweite eines Drittschutzes)

[260] wobei Praxiserfahrungen über Jahre wohl fehlen; die Verkehrssicherungspflicht für derartige Anlagen ist gleichfalls jeweils zu beachten – s.o. Rn. 467

[261] so wohl auch Spannowsky 2000 S. 452 – „Verdichtung" der grundsätzlich lediglich im Allgemeininteresse stehenden Erschließungspflicht

Beispiel:

> BVerwG, DVBl. 2002, 269 f. – dezentralisierte Entwässerungs-, Versickerungs-
> konzepte für Niederschlagswasser –
>
> *Zur Beseitigung von Niederschlagswasser in einem Neubaugebiet kann nach § 9*
> *Abs. 1 Nr. 14, 15 und 20 BauGB ein dezentrales System privater Versickerungs-*
> *mulden und Grünflächen festgesetzt werden.*
>
> *Die planerische Festsetzung eines derartigen Entwässerungskonzepts setzt u.a.*
> *voraus, dass wasserrechtliche Bestimmungen nicht entgegenstehen, die Voll-*
> *zugsfähigkeit des Plans dauerhaft gesichert ist und Schäden durch abfließendes*
> *Niederschlagswasser auch in benachbarten Baugebieten nicht zu besorgen sind.*

Offen ist noch die Beantwortung der Frage, in welchem Umfang die Gemeinde vor
der vollständigen Fertigstellung (Bebauung) eines Neubaugebietes die bebauten
Grundstücke (zumindest vorläufig und notdürftig) vor Überschwemmungen (auch
durch abfließendes Wasser aus Nachbarbereichen) schützen muß, d.h. inwieweit die
Entwässerungsanlagen zumindest zeitlich parallel mit den Bauten und nicht erst
nach deren vollständiger Fertigstellung zu erstellen sind[262]. Auf diesem Gebiet sind
noch einige Fragen offen und dürften erst im Laufe der Zeit durch die Rechtsprechung und/oder rechtliche Vorgaben geklärt werden[263].

575   bb) Veränderungssperren u.a. (§§ 14 ff. BauGB)

Eine **rechtmäßige Veränderungssperre**, auch – zulässigerweise – in Reaktion auf
ein Baugesuch beschlossen[264], führt nie zu einem Amtshaftungsanspruch, kann aber
ab dem fünften Jahr zu einem Entschädigungsanspruch nach § 18 Abs. 1 BauGB
führen[265], wobei diese Entschädigungsregelung nur für rechtmäßige Sperren gilt[266].
Bei **rechtswidrigen Veränderungssperren** greifen Ersatzansprüche aus Amtshaftung (Versagung oder Verzögerung der Baugenehmigung) und die Entschädigung
nach enteignungsgleichem Eingriff (bei Einzelmaßnahmen aufgrund rechtswidriger
Satzung/Veränderungssperre) ein[267]. Dies gilt z.B. für die Fälle, in denen bei gleich-
laufenden Planungszielen (z.B. Freihaltung eines Geländestreifens von Bebauung)
mehrere Bebauungspläne zeitlich hintereinander aufgestellt und jeweils Veränderungssperren angeordnet werden. Da es sich um eine einheitliche Planung mit
gleichbleibendem Ziel handelt, dürfen die Höchst-Fristen etc. für die Veränderungssperren nach §§ 17, 18 BBauG nicht überschritten werden. Geschieht dies dennoch,

---

[262] s. BGH, MDR 2002, 759 f. (vorläufige Sicherungsmaßnahmen erforderlich); enger OLG
Frankfurt, NJW-RR 1989. 660 f. (wohl keine bes. Pflichten der Gemeinde während der
Bauzeit); mit gleicher Tendenz BGH, VersR 1982, 772 f.

[263] s. auch unten Rn. 702

[264] s. Wurm 2003 S. 154 – eingehend auch zu dem gesamten Problemfeld; zu den Grenzen
Rinne/ Schlick 1997 S. 1070

[265] z. Einzelheiten s. Gerd Hager/Christian Kirchberg, Haftungsfragen bei Veränderungssperren und faktischer Bausperre, NVwZ 2002, 538–542; Battis/Krautzberger/Löhr/Bat-
tis § 18 Rn. 2-7

[266] Ernst/Zinkahn/Bielenberg § 18 Rn. 13

[267] Hager/Kirchberg a.a.O. S. 541 f.

sind die Sperren rechtswidrig und der Bauwerber hat Anspruch auf Erteilung der Baugenehmigung[268]. Gleiches gilt generell auch für den Fall, dass eine an sich zulässige Bebauung rechtswidrig verhindert wird („**faktische Bausperre**"[269] – Liegenlassen), aber auch im Fall eines nichtigen Bebauungsplanes mit dem Bauvorhaben entgegenstehenden (unwirksamen) Festsetzungen[270], soweit es ansonsten zulässig wäre (z.B. nach § 34 BauGB).

cc) Plangewährleistung   **576**

Ausfluß der Amtspflicht zu konsequentem Verhalten ist der sogenannte Plangewährleistungsanspruch, nach dem der Planungsträger, wenn Dritte erst einmal planorientierte Dispositionen (z.B. Investitionen) getroffen haben, nicht ohne Grund, Anpassungshilfen und Entschädigungen von den Planungen Abstand nehmen kann[271]. Für das Bauplanungsrecht ist dieser Anspruch auf Ersatz des Vertrauensschadens in § 39 BauGB näher ausgeformt[272], wobei darauf hinzuweisen ist, dass nur das Vertrauen in einen rechtsverbindlichen (und gerade nicht nichtigen) Bebauungsplan geschützt wird[273]. Die §§ 74, 75 VwVfG legen Rechtspositionen zu Gunsten des Bürgers (Unterlassungs- und Ausgleichsansprüche) in Planfeststellungsverfahren fest[274].

dd) Umlegungsausschuss   **577**

Oft ist vor Realisierung eines Bebauungsplanes die **Bodenordnung** (Zuschnitt, Zuteilung der Grundstücke, Sicherung öffentlicher Flächen usw.) neu zu regeln.

Die hierbei zu beachtenden Amtspflichten spielen in erster Linie für die formelle und materielle Gestaltung und Durchführung der **Umlegungsverfahren** im weiteren Sinne[275] eine Rolle (§§ 45 ff. BauGB). Die Einhaltung der Pflichten wird im Verwaltungsverfahren und nachfolgend gegebenenfalls durch die Baulandkammern und -senate überprüft. Im Rahmen dieses Praxishandbuchs soll auf die Einzelheiten des Umlegungsverfahrens nicht näher eingegangen werden. Insoweit wird auf die in Bezug genommene Literatur verwiesen[276].

---

[268] tritt dann der Bebauungsplan mit dem Bauverbot in Kraft, bleiben dem Bürger lediglich Amtshaftungsansprüche
[269] hierzu Battis/Krautzberger/Löhr/Battis § 18 Rn. 6; Ernst/Zinkahn/Bielenberg § 18 Rn. 13 ff.
[270] s. Tremml/Karger 1998 Rn. 503
[271] hierzu MK-Papier § 839 Rn. 220 f.
[272] zu Einzelheiten s. Bergmann/Schumacher 2002 S. 458 ff.; Battis/Krautzberger/Löhr/Battis § 39 Rn. 1 ff.
[273] Bergmann/Schumacher 2002 S. 482 f. – m.w.Nachw.
[274] s. jüngst OLG Hamm, OLGR 2003, 396 f.; Einzelheiten in der Kommentierung Kopp/Ramsauer zu §§ 74, 75 sowie o. Rn. 382 ff, 439 ff.
[275] mit vorläufigen Besitzeinweisungen usw.
[276] s. vor allem Hartmut Dieterich, Baulandumlegung, 4. Auflage 2000; Ernst/Zinkahn/Bielenberg/Otte – Kommentierung zu §§ 45 ff.; Battis/Krautzberger/Löhr – Kommentierung zu §§ 45 ff.

Festzuhalten ist, dass selbstverständlich auch die Mitglieder des Umlegungsausschusses (Beamte) sich nach den oben dargestellten Pflichtenanforderungen für ein
ordnungsgemäßes Verwaltungshandeln richten müssen[277].

Für pflichtwidriges Verhalten von Mitgliedern des Umlegungsausschusses, der
sachlich unabhängig – ohne Anordnungs- oder Weisungsmöglichkeiten durch die
Gemeinde – handelt, haftet dennoch diese (Gemeinde) – als Rechtsträger, wobei zunächst die Rechtsmittel im Umlegungsverfahren nach § 839 Abs. 3 BGB zu nutzen
sind.

2. Baurecht und Baugenehmigungsverfahren

578   Die Baugenehmigung, begünstigender Verwaltungsakt nach § 35 VwVfG, enthält
die Feststellung, dass dem Bauvorhaben keine formellen oder materiellen öffentlich-rechtlichen Vorschriften entgegenstehen. Die Baugenehmigung sichert nicht
nur die Errichtung sondern auch Bestand und Nutzung des Bauwerks.

a) Rechtswidrige Ablehnung

579   Bei Übereinstimmung mit geltendem öffentlichen Recht besteht ein **Recht auf
Erteilung einer Baugenehmigung** für ein geplantes Bauvorhaben. Dieses Recht
gründet sich auf Art. 14 GG und ist grundstücks-, lage- und vorhabenbezogen.

Von der (rechtswidrigen) Ablehnung eines Antrages auf Erteilung einer Baugenehmigung, eines Bauvorbescheids ist grundsätzlich nur der **Antragsteller** betroffen
und mithin auch nur dieser ersatzberechtigt. Dritte (z.B. der nicht antragstellende
Eigentümer) sind im Regelfall von der Feststellungswirkung eines ablehnenden
Bescheids nicht betroffen[278].

Neben Amtshaftungsansprüchen wegen der rechtswidrigen Versagung einer Baugenehmigung kommen weiterhin als Anspruchsgrundlagen in Frage: Anspruch aus
enteignungsgleichem Eingriff[279] sowie Entschädigungsansprüche nach den Landes-
polizeigesetzen (u.a. § 68 POG Rheinland-Pfalz, § 39 Abs. 1 OBG NW). Diese Anspruchsgrundlagen (mit den geringeren Ersatzleistungen – s.o. Rn. 369 ff.) greifen
vor allem dann ein, wenn die Beamten nicht schuldhaft gehandelt haben, z.B. die
Nichtigkeit eines Bebauungsplanes nicht erkennen konnten[280] oder aber die Grundsätze der Kollegialrechtssprechungs-Richtlinie (s.o. Rn. 150 ff.) eingreifen, was
gleichfalls zu einem nicht schuldhaft begangenem Pflichtenverstoß, mithin zum
Ausschluss des Amtshaftungsanspruchs führt.

b) Rechtswidrig erteilte Baugenehmigung

580   Die erteilte Genehmigung muß gegen geltendes Recht verstoßen. Meist liegt eine
Verletzung zwingender nachbarschützender Vorschriften vor. Eine Amtspflichtver-

---

[277] vgl. nur o. Rn. 42 ff.

[278] s. OLG Koblenz, OLGR 2003, 291 f.; Wurm 2003 S. 153; Rinne/Schlick 1997 S. 1074
(auch zu Ausnahmefällen); anders ggf. f.d. Rechtsnachfolger des Antragstellers

[279] s. BGH, NVwZ 1998, 1329 f.; s. auch Wurm 2003 S. 153

[280] BGH, NVwZ 1998, 1329 f.

letzung liegt auch vor, wenn die Bediensteten der Genehmigungsbehörde einen Bebauungsplan in Kenntnis seiner Nichtigkeit zur Entscheidungsgrundlage machen bzw. bei Anlaß zu Zweifeln und der Erkennbarkeit der Nichtigkeit nicht weiter die Sache überprüfen[281].

Der Bundesgerichtshof hat zu dieser Fallkonstellation instruktiv und zusammenfassend ausgeführt[282]:

> „Die Erteilung einer Baugenehmigung begründet für den Bauherrn grundsätzlich einen **Vertrauenstatbestand** dahin, dass er sein Bauvorhaben nunmehr verwirklichen kann, ohne mit öffentlich-rechtlichen Hindernissen rechnen zu müssen. Gibt die Behörde einem Antrag auf Baugenehmigung zu Unrecht statt, bringt sie den Bauherrn in Gefahr, dass er einen vorschriftswidrigen Bau ausführt, der keinen Bestand haben kann und u.U. wieder beseitigt werden muß. Insoweit sollte ihm aber durch die Baugenehmigung gerade eine **verlässliche Grundlage für seine wirtschaftlichen Dispositionen** verschafft werden. Zwar geht der Schutzzweck der im Baugenehmigungsverfahren wahrzunehmenden Pflicht nicht dahin, den Bauherrn vor allen denkbaren wirtschaftlichen Nachteilen zu bewahren, die ihm bei der Verwirklichung seines Bauvorhabens erwachsen können; dies lässt jedoch unberührt, dass die Baugenehmigung einen Vertrauenstatbestand für den Bauherrn dahingehend begründet, sein Bauvorhaben überhaupt ausführen zu können. Aus diesem Grund ist bei Erteilung der Baugenehmigung stets auf die Interessen des Antragstellers und darüber hinaus, da die erteilte Baugenehmigung nicht an die Person des Antragstellers gebunden, sondern auf das Grundstück und das Bauvorhaben bezogen ist, auf die Interessen der Personen in individualisierter und qualifizierter Weise Rücksicht zu nehmen, die im berechtigten schutzwürdigen Vertrauen auf den Bescheid unmittelbar die Verwirklichung des konkreten Bauvorhabens in Angriff nehmen wollen und zu diesem Zweck konkrete Aufwendungen für die Planung und Durchführung des Vorhabens tätigen.“

aa) Drittschutz

Betroffen und damit auch geschützt sein können durch die erteilte (rechtswidrige) **581** Genehmigung der Antragsteller, Bauherr, Investoren, künftige Käufer und auch Nachbarn, soweit nachbarschützende Vorschriften verletzt wurden und ein unmittelbarer Bezug zur Verwirklichung des geplanten Vorhabens besteht. Insoweit wird der **personelle Schutzbereich** recht weit gezogen[283].

Nicht geschützt sind allerdings Personen, die nur mittelbar mit dem Bauvorhaben zu tun haben. Dies trifft auf Architekten und Bauunternehmer zu, auch wenn sie kon-

---

[281] s. auch Rinne/Schlick 1997 S. 1069
[282] BGHZ 122, 317, 321; s. auch BGHZ 142, 259, 272 f.
[283] s. auch MK-Papier § 839 Rn. 246 f.

kret mit einer Auftragserteilung rechnen bzw. einen entsprechenden Auftrag bereits erhalten haben[284].

bb) Vertrauensschutz

582 Allerdings müssen diese Personen jeweils **schützenswertes Vertrauen** in die Gültigkeit der Baugenehmigung besitzen[285]. Ein solches liegt ersichtlich nicht vor, wenn die Baugenehmigung durch Drohung, Bestechung, arglistige Täuschung oder durch falsche Angaben des Antragstellers veranlasst wurde[286], die Rechtswidrigkeit der Genehmigung sich aufdrängt (Kenntnis oder grob fahrlässige Unkenntnis ist ausreichend[287]) oder wenn der Bauherr von der Genehmigung, der genehmigten Planung in relevanter Weise abweicht[288]. Dann scheidet bereits auf **Tatbestandsebene** ein Amtshaftungsanspruch aus[289]. Inwieweit Umstände, die das Vertrauen des Bürgers nachträglich beseitigen (z.B. Kenntnis von der Rechtswidrigkeit, Nichtigkeit usw.), den Anspruch insgesamt (für nach dem Zeitpunkt des „Vertrauensschwundes" getätigte Aufwendungen) beseitigen oder diese Umstände im Rahmen des Mitverschuldens zu berücksichtigen sind[290], ist wohl noch nicht abschließend geklärt[291]. Gleiches gilt für die Zurechnung von (täuschendem oder drohendem) Verhalten Dritter (z.B. Architekt); hier liegt eine Zurechnung über die Grundgedanken der §§ 166, 123 Abs. 2 BGB nahe[292].

Geklärt ist wohl, dass zumindest – spätestens – ab dem Zeitpunkt, in dem die Vollziehbarkeit, die Nutzbarkeit der (rechtswidrigen) Baugenehmigung durch Gerichtsbeschluß beseitigt wird, ein Vertrauensschutz selbstverständlich entfällt. Legt ein Nachbar ein Rechtsmittel ein, gilt im Wesentlichen, dass bei nachvollziehbarer, berechtigter Begründung in Hinblick auf die Rechtswidrigkeit der erteilten Genehmigung, der Bauherr „auf eigenes Risiko" (weiter) baut, der Ersatzanspruch über § 254 BGB gemindert und ggf. ausgeschlossen wird[293].

---

[284] Matthias Hennig, Die Haftung der öffentlichen Hand für rechtswidrig erteilte Bauvorbescheide – der praktische Fall, BauR 2003, 194 ff, 198 f.

[285] eingehend und kritisch zu dem vom BGH geschaffenen Tatbestandsmerkmal des § 839 Abs. 1 BGB oben Rn. 120–126, 218; s. auch jüngst BGH, BGH-Report 2004, 101–104; zu den Grenzen s. bereits BGH, VersR 1995, 334-336

[286] selbst dann, wenn die Genehmigungsbehörde den zutreffenden Sachverhalt kennt, s. BGH, BGH-Report 2003, 373; nachfolgend OLG Koblenz, OLGR 2004, 3

[287] s. OLG Köln, BADK-Information 2003, 177 f.

[288] s. jüngst BGH, BGH-Report 2003, 63; s. auch Tremml/Karger 1998 Rn. 577, 578

[289] wobei der BGH wohl in letzten Entscheidungen zu „weicheren" Lösungen tendiert: „… Eine sachgerechte Lösung besteht vielmehr in der Abwägung nach § 254 BGB." BGH, BGH-Report 2004, 103

[290] so wohl Matthias Hennig, Die Haftung der öffentlichen Hand für rechtswidrig erteilte Bauvorbescheide – der praktische Fall, BauR 2003, 194 ff., 198

[291] vgl. Wurm 2003 S. 155 f.

[292] OLG Koblenz, OLGR 2004, 3

[293] Tremml/Karger 1998 Rn. 580

cc) Inhalt des Ersatzanspruchs

Der Ersatzanspruch des Bauherrn geht nach Rücknahme der rechtswidrigen Baugenehmigung (z.b. nach Nachbarwiderspruch) auf Ersatz des **negativen Interesses**. Er kann nur verlangen, so gestellt zu werden, wie er bei sofortiger Ablehnung des Bauantrages gestanden hätte. Architekten-, Planungs-, Genehmigungskosten u.ä. können demnach grundsätzlich nicht ersetzt verlangt werden, denn diese Aufwendungen wären auch bei Antragsablehnung in gleicher Weise entstanden. Insoweit fehlt es an einem auf die Amtspflichtverletzung zurückgehenden kausalen Schaden.

583

Gleiches gilt für einen (realistischen) Verkaufserlös (Gewinn) bei beabsichtigtem Verkauf des Grundstücks mit (rechtswidriger) Baugenehmigung; auch dies wird von dem Ersatzanspruch nach rechtswidrig erteilter Baugenehmigung nicht umfasst.

dd) Bauvorbescheid

Für den **rechtswidrig erteilten Bauvorbescheid** gelten im Wesentlichen die oben dargestellten Festlegungen in gleicher Weise[294], wobei in Fällen der Rechtsnachfolge der „Objektbezogenheit" der Genehmigung, des Bauvorbescheids besondere Bedeutung beizumessen ist[295].

584

c) Verzögerte Entscheidungen

Die Bediensteten der Baugenehmigungsbehörden haben nicht nur fachlich korrekt und zutreffend, damit rechtmäßig zu entscheiden. Die Entscheidungen müssen auch **innerhalb angemessener** Frist getroffen werden. Das Verfahren ist nach Möglichkeit zu beschleunigen. Beteiligungen anderer Behörden und Körperschaften – gerade in schwierigen und komplexen Verfahren – haben zeitgleich („Sternverfahren") und nicht zeitlich hintereinander zu erfolgen. Hierfür bieten sich heute vor allem Verfahren der Informationstechnologie (IT/ EDV) an. Absolute Entscheidungsfristen sehen die einschlägigen Vorschriften nicht vor. Anhaltspunkte ergeben sich jedoch aus den landesrechtlichen Vorschriften über die Behandlung von Bauanträgen (z.B. §§ 65, 66 Abs. 4 LBauO Rheinland-Pfalz) sowie aus § 36 Abs. 2 Satz 2 BauGB. Allgemein wird die 3-Monatsfrist des § 75 Satz 2 VwGO **nicht** als einschlägige, den Behörden zukommende Entscheidungsfrist angesehen[296]. Die Baugenehmigungsbehörden haben im Regelfall bei nicht komplexen Bauvorhaben wesentlich schneller zu reagieren und – bei vollständigen und zutreffenden Angaben, Unterlagen – etwa innerhalb von **Monatsfrist** zu entscheiden.

585

---

[294] s. vor allem Matthias Hennig, Die Haftung der öffentlichen Hand für rechtswidrig erteilte Bauvorbescheide – der praktische Fall, BauR 2003, 194–202 (auch intensiv zur Frage des Mitverschuldens, wenn der als rechtswidrig erkannte Vorbescheid nicht „ausgenutzt" wird – zur Erlangung einer Baugenehmigung)

[295] so wohl auch Rinne/Schlick 1997 S. 1074 f.

[296] s. Rinne/Schlick 1997 S. 1067

PRAXISTIPP!   a) Die Baugenehmigungsbehörden haben das Genehmigungsverfahren zu planen und effektiv zu gestalten; hierfür muß es **organisatorische Festlegungen** (Dienstanweisungen, Ablauf-, Projektsteuerungspläne u.a.) geben, die gerade auch die **schnelle Bescheidung des Bürgers** fördern und sicherstellen.

b) Zum Schutz vor Rechtsverlust (§ 839 Abs. 3 BGB), zur Wahrung der Ansprüche nach Verzögerung sollte nach Vorlage der vollständigen (!) Antragsunterlagen auf die Einhaltung der landesrechtlich vorgesehenen Bearbeitungsfristen genau geachtet werden und bei Überschreiten schnell, klar und eindeutig reagiert, gehandelt werden (schriftliche Beschwerden). Dies gilt bereits für die Zeit vor Ablauf der Frist nach § 75 Satz 2 VwGO.

Als **Verzögerungsschäden** kommen im wesentlichen Bereitstellungszinsen (für nicht abgerufene Baukredite), Anlagezinsen (bei späterer Realisierung mit verzögertem Gewinnzufluß), Mietausfall und bei geänderten Marktsituationen (z.B. Nachfrage-, Preiseinbruch bei Eigentumswohnungen ab 1995) auch der nicht (mehr) realisierbare Veräußerungsgewinn durch die spätere Baurealisierung und Verkaufsmöglichkeit in Betracht.

Bei der Schadensberechnung sind jeweils u.a. die ggf. eintretenden Steuervorteile gegen zu rechnen; meist bedarf es in derartigen Verfahren einer Beweisaufnahme zum Schaden durch Einholung eines Sachverständigengutachtens.

d) Einvernehmen der Gemeinde

586 Die früher recht häufig vorkommenden Fälle, dass die Baugenehmigungsbehörde wegen eines rechtswidrig verweigerten Einvernehmens der Gemeinde (§ 36 BauGB)[297] die Baugenehmigung nicht erteilen durfte, haben heute kaum noch Bedeutung[298], denn die entscheidende Behörde kann das (rechtswidrig) verweigerte gemeindliche Einvernehmen inzwischen nach entsprechender Rechtsänderung – § 36 Abs. 2 Satz 3 BauGB – ersetzen (z.B. § 71 LBauO Rheinland-Pfalz)[299]. Gibt die Gemeinde keine Stellungnahme zu dem Baugesuch, Bauantrag ab, gilt das Einvernehmen gemäß § 36 Abs. 2 Satz 2 BauGB als erteilt.

Die Baugenehmigungsbehörde hat in derartigen Konfliktfällen (verweigertes Einvernehmen der Gemeinde) stets die Amtspflicht zur Prüfung, ob das verweigerte Einvernehmen ersetzt werden soll. Begeht sie insoweit Fehler, haftet sie wegen ei-

---

[297] es handelt sich um eine gebundene, in vollem Umfang nachprüfbare Entscheidung; die Gemeinde hat kein Ermessen; zu der älteren Rechtsprechung vgl. zusammenfassend Rinne/Schlick 1997 S. 1073

[298] vgl. aber auch BGH, BGHR 2003, 221 f. – rw. Versagung des (objektiv nicht erforderlichen) Einvernehmens

[299] zusammenfassend mit instruktiven Beispielsfällen Johannes Hellermann, Das gemeindliche Einvernehmen (§ 36 BauGB), JURA 2002, 589–595; s. auch Christian Bickenbach, Die Ersetzung des gemeindlichen Einvernehmens durch Verpflichtungsurteil, BauR 2004 S. 428-433

gener Amtspflichtverletzung[300], denn sie greift hierdurch in die **Baufreiheit des Bürgers aus Art. 14 GG** (Eigentumsschutz) rechtswidrig ein.

Geht die Gemeinde ihrerseits – mit Rechtsmittel – gegen die Ersetzung des Einvernehmens vor, kann dies wiederum bei erkennbarer Rechts- und Pflichtwidrigkeit zu einem eigenständigen Amtshaftungsanspruch des am Bauen gehinderten Bürgers gegen die Gemeinde führen[301]. In Betracht kommen wird insoweit vor allem die Geltendmachung eines Verzögerungsschadens durch den Bauwilligen und Antragsteller.

e) Drittschutz, Nachbarschutz

Nicht jeder Nachbar ist von einer Baugenehmigung in seinen Rechten betroffen. **587** Rechtswidrig ist eine Baugenehmigung gegenüber dem Nachbarn nur dann, wenn sie gesetzlich festgelegte **nachbarschützende Normen** verletzt (Art und Maß der festgesetzten baulichen Nutzung[302], Grenzabstände, Fensteröffnungen zum Nachbarn usw.[303]) oder aber die Genehmigung sich als schwerer und unerträglicher Nachteil für sein Eigentum darstellt (regelmäßig zumindest Abwägungsfehler). Derartiges liegt nach der Rechtsprechung z.B. nicht vor, wenn durch einen genehmigten Bau (40 m hohes Hochregallager) lediglich die Empfangsmöglichkeiten für gewisse Fernsehsender beeinträchtigt werden, zumutbare Abhilfemöglichkeiten bestehen (Satellitenempfang) und die Baugenehmigung nicht gegen sonstiges Recht verstößt[304].

Ersatzansprüche des Nachbarn sind bei rechtmäßigen Baumaßnahmen wegen Beeinträchtigungen grundsätzlich ohnehin nicht gegeben. Baulärm, Staub mit vorübergehenden Gebrauchsbeeinträchtigungen sind in ortsüblichen Grenzen hinzunehmen. Gleiches gilt für den Abriß eines unzulässig errichteten Bauwerkes[305].

Auch hier ist darauf hinzuweisen, dass der Nachbar zur Vermeidung von Rechtsnachteilen nach § 839 Abs. 3 BGB gehalten ist, sich mit Rechtsmittel gegen die rechtswidrige, seine Rechte verletzende Baugenehmigung zu wenden.

f) Genehmigungsfreie Vorhaben

Zur Vereinfachung und Beschleunigung von Bauvorhaben (Planung und Realisie- **588** rung) sehen die Bauordnungen der Länder zunehmend vor, dass innerhalb beplanter Gebiete „einfache", plankonforme Vorhaben nicht mehr genehmigungsbedürftig

---

[300] offen ist, ob die Gemeinde bei rw. versagtem Einvernehmen und Nichtersetzung durch die Genehmigungsbehörde noch haftet, was wohl anzunehmen ist – keine „abgebrochene" Kausalität; zu der Gesamtproblematik Dolderer a.a.O. S. 497-499

[301] Näheres bei Tremml/Karger 1998 Rn. 602; Rinne/Schlick 1997 S. 1068; zu den Haftungsfolgen auch Hellermann a.a.O. S. 594 f.

[302] Battis/Krautzberger/Löhr § 31 Rn. 64

[303] s. Karsten-Michael Ortloff, Die Entwicklung des Bauordnungsrechts, NVwZ 2001, 997 ff., 1002 f.

[304] OLG Hamm, NJW 1996, 2167 f. (Beeinträchtigung des Rundfunkempfangs durch Hochbau)

[305] OLG Köln, OLGR 1992, 173–175 (Abriß eines unzulässigen Dachaufbaus)

sondern lediglich anzeigepflichtig sind (s. z.B. § 63 Bayerische BO, § 62 LBauO Rheinland-Pfalz). Das Haftungsrisiko verlagert sich hierbei von der Genehmigungsbehörde auf den planenden Architekten. Bei diesen Verfahren tauchen für den Amtshaftungsbereich mehrere noch nicht abschließend geklärte Fragen und Problemfelder auf:

– muß die Behörde – und ggf. wann – bei lediglich angezeigten, aber letztlich genehmigungsbedürftigen Baumaßnahmen (auch im Interesse des Bauherrn) eingreifen oder darf sie die Fertigstellung des dann planabweichenden, rechtswidrigen Bauwerks erst einmal abwarten?

– muß die Behörde bei Erkennen von Verletzungen nachbarschützender Vorschriften intervenieren oder kann/darf sie dies dem Nachbarn überlassen?

Die Baugenehmigungsbehörden sind wohl von Amts wegen zur Sicherung des materiellen Bauordnungs- und -planungsrechts verpflichtet – auch in diesen Fällen – , zum **frühestmöglichsten Zeitpunkt** zu intervenieren und den Schaden möglichst gering zu halten; hierauf haben die Betroffenen (Bauherr und Nachbar) auch einen Rechtsanspruch. Bei einem entsprechenden Nicht-Einschreiten ist dann ein Amtshaftungsanspruch denkbar, wobei in diesen Fällen stets wegen § 839 Abs. 1 Satz 2 BGB (Subsidiaritätsprinzip) an den Schadensersatzanspruch gegen den planenden und den Bauherrn beratenden Architekten zu denken ist.

g) Anspruchskonkurrenzen (u.a. enteignungsgleicher Eingriff)

589 Mit Amtshaftungsansprüchen können im Baurecht wegen dessen Nähe zum Eigentum, Eigentumsschutz regelmäßig Ansprüche aus enteignungsgleichem Eingriff konkurrieren.

Der Entschädigungsanspruch nach § 39 BauGB betrifft nur **rechtmäßige Bebauungspläne** und greift daher in Regelfall in den vorliegenden (Amtshaftungs-) Fällen nicht als konkurrierender Anspruch ein. Auf einen (auch unerkannt) nichtigen Bebauungsplan kann sich dieser Anspruch auch im Falle der Neubeplanung letztlich nicht gründen.

Zu den sonstigen je nach Fallkonstellation in Anspruchskonkurrenz mit Amtshaftungsansprüchen möglicherweise stehenden weiteren Entschädigungsansprüchen s. auch unten Rn. 814 ff.[306].

h) Haftungssubjekte, Passivlegitimation und prozessuale Fragen

590 Haftende Körperschaft ist in erster Linie der Träger der (staatlichen) Bauaufsichtsverwaltung, -behörde. Diese trifft die Verantwortlichkeit für die Rechtmäßigkeit ihres Verhaltens in baurechtlichen Fragen (Erteilung, Nichterteilung der Baugenehmigung, Abwicklung des Antragsverfahrens usw.).

Werden weitere Fachbehörden (z.B. Gewerbeaufsichtsamt – Immissionsschutz) eingeschaltet, befragt, um fachliche Auskunft gebeten, dann handeln diese grundsätzlich nur innerhalb des Genehmigungsverfahrens. Eine Haftung dieser Fachbehörden

---

[306] vgl. auch Rinne/Schlick 1997 I S. 39 f. (z. Anspruchsgrundlagen aus dem Polizeirecht)

sowohl gegenüber dem Bürger (kein Drittschutz) wie auch gegenüber dem im Außenverhältnis verantwortlichen Träger der Bauaufsichtsbehörde findet nicht statt[307]. Die Fachbehörde handelt gleichgerichtet mit der Genehmigungsbehörde und ist dieser demnach nicht haftbar (s. o. Rn. 95 f.).

Diese Ansicht muß wohl unter Berücksichtigung der Rechtsprechungstendenzen (s. Rechtsprechung z.d. Gutachterausschüssen u. Rn. 591) heute in Frage gestellt werden. Auch bei Einschaltung von Fach-Behörden muß gelten, dass diese grundsätzlich im Genehmigungsverfahren für den Bürger drittschützende Normen anwenden, in dessen Rechtskreis eingreifen, zumindest dessen Baufreiheit aus Art. 14 GG zu achten haben und somit bei Fehlern auch diesem gegenüber verantwortlich sind.

Damit ergibt sich auch in diesen Fällen eine stimmige Lösung und ein effektiver Rechtsschutz für den Bürger. Die Baugenehmigungsbehörde darf sich je nach Fallgestaltung möglicherweise auf das **überragende Wissen der Fachbehörde** verlassen und handelt dann zwar im Außenverhältnis – gegenüber dem Bürger – rechtswidrig aber ggf. nicht schuldhaft. Eine Haftung, Ersatzpflicht scheidet dann aus. Die Fachbehörde handelt durch die falschen Auskünfte usw. rechtswidrig, greift in Rechte des Bürgers ein und ist diesem auch in einem umfassenden Genehmigungsverfahren verantwortlich und ersatzpflichtig. Hierdurch kann eine ein- und durchsichtige Lösung für alle Fälle des kooperativen Behördenhandelns gefunden werden.

PRAXISTIPP! Bei rechtswidriger Versagung einer Genehmigung u.a. Bei **kooperativem Handeln** von Baugenehmigungs- und weiteren Fachbehörden sollte zunächst der Träger der Genehmigungsbehörde in Anspruch genommen werden. Im Klageverfahren sollte aber der jeweils verantwortlichen Fachbehörde zumindest der **Streit verkündet** werden (Verjährungsunterbrechung, Bindungswirkung usw.).

i) Sonderfragen, Gutachterausschüsse

Die Tätigkeit der **Gutachterausschüsse** (s. §§ 192, 193 BauGB) ist hoheitlich und **591** zum Schutz des verfahrensbeteiligten Bürgers auch drittgerichtet, drittschützend. Dies gilt nach der neueren Rechtsprechung auch für den Fall, dass der Gutachterausschuss im Rahmen eines gestuften, kooperativen Verwaltungsverfahrens nicht von dem antragstellenden Bürger selbst sondern von einer anderen Verwaltungsbehörde zur Wertermittlung herangezogen wird und im Außenverhältnis nur diese Behörde in Erscheinung tritt[308]. Auch in diesem Fall haftet dann der Träger des Gutachterausschusses dem Bürger für ein falsches Gutachten (**Erweiterung des Drittschutzes**). Gleiches gilt auch für den Fall, dass der Gutachterausschuss im Rahmen eines Zwangsversteigerungsverfahrens vom Gericht mit der Wertermittlung beauftragt wird und unzutreffende Werte mitteilt[309].

Näheres zur Haftung von Gutachtern s. unten Rn. 649 ff..

---

[307] BGH, VersR 1991, 75-77
[308] BGH, BGHR 2001, 231 = MDR 2001, 631
[309] BGH, MDR 2003, 628 f.; G. Wagner/Ch. Thole, Die Haftung des Wertgutachters gegenüber dem Ersteigerer, VersR 2004, 275-279

3. Auskünfte (Bauleitplanung, Baurecht, Baugenehmigungsverfahren)

592

> **Grundsätze:**
>
> – **Behördliche Auskünfte** über tatsächliche gegenwärtige Gegebenheiten müssen richtig, klar, unmissverständlich und vollständig gegeben werden[310].
> – Entscheidend ist der **Empfängerhorizont**.
> – Nur dann kann der Anfragende entsprechend disponieren und sein weiteres Verhalten sinnvoll steuern, planen und ausrichten. Er muß auf die Korrektheit der behördlichen Auskunft grundsätzlich vertrauen können.

Schutzwürdiges Vertrauen für den anfragenden Bürger besteht grundsätzlich aber nur dann, wenn er sich für ihn erkennbar an die richtige Stelle gewandt hat, er nicht besseres Wissen (meist über die zugrundeliegenden Tatsachen) als die Behörde hat und ersichtlich und gewollt eine abschließende Stellungnahme abgegeben wurde. Dass im Fall der Täuschung oder einer bewussten Ausnutzung einer bestehenden Fehlvorstellung eines Beamten durch den Bürger kein Raum für „Vertrauen" in die Behördenauskunft besteht, ist eindeutig. Das Wissen eines Vertreters (z.B. Ehemann, ggf. Architekt) ist jeweils dem Antragsteller zuzurechnen und kann dessen schutzwürdiges Vertrauen in die Behördenauskunft zu Fall bringen[311]. Abschließende und endgültige Festlegungen hat aber auch der Bundesgerichtshof auf diesem Gebiet wohl noch nicht getroffen[312].

Gibt es ein **förmliches Verfahren** (z.B. Baugenehmigungsverfahren, Bauvorbescheid), dann genügen nur mündliche, formlose Auskünfte im Regelfall nicht zur Begründung eines schutzwürdigen Vertrauens; dies gilt vor allem, wenn ein derartiges Verfahren bereits betrieben wird und eine abschließende Entscheidung noch aussteht[313]. In diesen Fällen liegen meist nur rechtsfolgenlose Meinungs-, Absichtserklärungen kommunaler Funktionsträger vor. Gleiches gilt für formlose Zusagen, Zusicherungen (**Zusicherung**: verbindliche Verpflichtung für künftiges Verwaltungshandeln) der Gemeindevertreter. Besonders wenn es sich um die mündliche Äußerung, Darstellung oder Anpreisung künftiger Planungsabsichten der Gemeinde handelt, ist regelmäßig kein Vertrauensschutz für den Bürger anzunehmen, denn diese „Zusagen" können sich allenfalls nur auf den aktuell vorliegenden Meinungs-

---

[310] BGH, BGH-Report 2002, 1080 f. (Erschließungskostenfreiheit, Berechnung des Schadens); zu diesem Themenbereich auch eingehend Wurm 2003 S. 156 ff.; Georg Freiherr v.u.z. Franckenstein, Die Haftung für baurechtliche Auskünfte, BauR 2003, 807–813, Itzel 2003, K 40 f.

[311] BGH, MDR 2002, 944 f. (Baulandqualität eines Außenbereichsgrundstücks; Ehemann: Architekt und „Grundstücksprofi")

[312] s. Wurm 2003 S. 155 „...und eine sachgerechte Lösung in einer Abwägung nach § 254 BGB erblickt."; vgl. auch BGH, BGH-Report 2004, 103

[313] abweichend, weiter wohl OLG Karlsruhe, NJW 1997, 1992 (für förmliches Antragsverfahren – Ausbildungsförderung), so auch Bergmann/Schumacher 2002 S. 342

stand und Willen beziehen und erkennbar gerade keine Bindung für alle Zukunft bewirken.

Rechtsgültige und bindende Zusagen, Zusicherungen sind regelmäßig förmlich zu erteilen („mit Unterschrift und Siegel"), §§ 38, 57 VwVfG[314]. Regelmäßig ist Schriftform erforderlich und zusätzlich meist nach den landesrechtlichen Vorschriften[315] die Beifügung der Amtsbezeichnung und der Aufdruck des Dienstsiegels. Ohne Einhaltung dieser Formvorschriften ist die Erklärung (mangels Vertretungsmacht![316]) schwebend unwirksam und der Bürger kann sich letztlich auf die – formlose – Zusicherung u.a. nur in Ausnahmefällen (Treu und Glauben, § 242 BGB) berufen. Zu denken ist jedoch auch in diesen Fällen an eine Amtshaftung des pflichtwidrig, die erforderlichen Formvorschriften nicht einhaltenden Beamten[317].

Schutzwürdiges Vertrauen besteht auch dann nicht, wenn eine Auskunft zwar (nicht zutreffend) ein Bauvorhaben grundsätzlich für zulässig erklärt, zugleich aber unmissverständlich auf das Erfordernis der Nachbarbeteiligung und einer Baugenehmigung hinweist[318]. Der Bürger kann in einer solchen Situation gerade nicht darauf vertrauen, mit dem Bau unmittelbar beginnen zu können. Gleiches gilt, wenn dem Bürger eine positive Bescheidung (von einem Sachbearbeiter) in Aussicht gestellt wird, aber klar erkennbar ist, dass die Entscheidung selbst noch nicht durch den zuständigen Beamten (Abteilungsleiter) abschließend getroffen ist.

Andererseits darf der Bürger auf eine Auskunft hinsichtlich der Bebaubarkeit (zweigeschossig) seines Grundstücks vertrauen. Wenn er nun sein Grundstück (billig) verkauft und sich dann herausstellt, dass dreigeschossige Bebauung möglich ist, kann er den entgangenen Gewinn (höherer Verkaufspreis) ersetzt verlangen[319]. Gleiches gilt (Ersatzpflicht aus Amtshaftung), wenn nach der Gültigkeit eines Bebauungsplans gefragt wird, der Verwaltung dessen Nichtigkeit bereits bekannt ist, diese aber den Bürger nicht entsprechend aufklärt und entsprechende Vermögensdispositionen getroffen werden. Keine Ersatzpflicht ist jedoch andererseits gegeben, wenn die Behörde die Nichtigkeit des Bebauungsplanes nicht kennt und eine entsprechende (objektiv falsche) Auskunft erteilt[320]. Eine Haftung tritt auch ein, wenn – unzutreffend – vom Bürgermeister mitgeteilt wird, dass die Erschließung eines Grundstücks abgeschlossen und bereits endgültig abgerechnet sei[321].

---

[314] Tremml/Karger 1998 Rn. 104; s. auch BGH, VersR 1996, 57 f. (Zusage: kein Bau einer Querstraße)

[315] z.B. Art. 38 Bayerische GO, § 64 GONRW, § 49 GORhPflz, § 60 GOSachsen

[316] keine Formunwirksamkeit, da den Ländern hierfür die Gesetzgebungskompetenz fehlt; diese können nur die Reichweite der Vertretungsmacht ihrer Beamten regeln

[317] zu dem gesamten Problemfeld Bergmann/Schumacher 2002 S. 687 ff. – m.w.Nachw.

[318] BGH, BGH-Report 2003, 62 f. ; S. Littbarski, Zu Fragen der Amtshaftung bei Erteilung einer unrichtigen Auskunft, EWiR 2003, 59 f.

[319] zu weiteren Haftungsfällen s. v.u.z. Franckenstein a.a.O. S. 809

[320] OLG Saarbrücken, OLGR 1998, 481–483 = VersR 1999, 315 f. – auch keine Pflicht zur besonderen Prüfung auf Rechtswirksamkeit, Nichtigkeit vor Auskunftserteilung

[321] BGH, BauR 2001, 1404-1407

Die Schwelle für eine Vertrauensbildung durch Auskunftserteilung wird recht hoch angesetzt; es muß sich um „garantieähnliche Erklärungen"[322] einer Behörde handeln.

Abschließende und verlässliche Klärungen durch die Rechtsprechung stehen vor allem bei „mündlichen Auskünften und Zusagen" in den Fallkonstellationen noch aus, in denen förmliche Bewilligungs-, Genehmigungsverfahren gesetzlich für eine Bescheidung des Bürgers vorgesehen sind.

PRAXISTIPP! Soll die **Bebaubarkeit eines Grundstücks** o.ä. für einen Bürger geklärt werden, dann empfiehlt sich in jedem Fall die **förmliche Stellung einer Bauvoranfrage, eines Genehmigungsantrages.** Auf bloße mündliche Auskünfte, Zusicherungen sollte sich der Bürger nicht verlassen.

In der Praxis finden sich oft Elemente einer Auskunft wie auch einer Zusicherung in einer einheitlichen behördlichen Stellungnahme. Im Zweifel kann dann insgesamt von einer – formfreien – Auskunft ausgegangen werden[323].

Erwähnt werden soll auch noch, dass bei Bestehen eines **längeren oder eines intensiven Kontaktes zwischen Bürger und Behörde** (z.B. komplexes Baugenehmigungsverfahren) letztere verpflichtet ist, den Bürger über maßgebliche Umstände (hier Nachbarwiderspruch), die sein wirtschaftliches Verhalten (weitere Kreditaufnahme) determinieren können, zeitnah zu unterrichten[324].

Neben den Auskünften, Zusicherungen im Baurecht spielt die Beratung und Auskunftserteilung für den Bürger vor allem auf den Gebieten der Arbeitslosen-, Renten- und Sozialversicherung sowie bei der Ausbildungsförderung eine gewichtige und wohl auch haftungsrelevante Rolle (näher hierzu unten Rn. 738).

4. Prozessuale und materiell-rechtliche Sonderfragen

593 In Amts-, Staatshaftungs- und Entschädigungsverfahren sind fast immer die Verwaltungs- und Verwaltungsgerichtsakten beizuziehen und (auch hinsichtlich der Bindungswirkung der verwaltungsgerichtlichen Urteile) zu berücksichtigen. Meist handelt es sich um Verfahren mit für die Parteien erhöhter Bedeutung (wirtschaftlich, planerische Grundsatzfragen, Planungshoheit, Eigentumsschutz usw.). Berücksichtigt werden muß auch stets bei Rücknahme (rechtswidriger) Verwaltungsakte, dass das parallel geführte Verfahren nach §§ 48 f. VwVfG auf Ausgleich der Vermögensnachteile, sich auf den Amtshaftungs-, Entschädigungsprozeß dem Grunde und der Höhe nach auswirken kann und entsprechende Folgerungen für den Klageantrag und dem folgend für den Urteilsspruch (Tenor) zu ziehen sind[325].

---

[322] v.u.z. Franckenstein a.a.O. S. 812 f.; vgl. auch BGH, VersR 2001, 1424 f. (Zusage v. Höchstbetrag f. Erschließungskosten; Verjährungsfragen); etwas milder mit den Anforderungen wohl Tremml/Karger 1998 Rn. 615 ff.

[323] vgl. BGH, VersR 1996, 58, so auch v.u.z. Franckenstein a.a.O. S. 808

[324] BGH, BGH-Report 2004, 103

[325] Stelkens/Bonk/Sachs § 48 Rn. 192 f.

In Amtshaftungs- und Entschädigungsverfahren auf dem Gebiet des Bau- (planungs-) rechts ist immer wieder auffallend, dass „im Konsens" der Parteien oft nur Amtshaftungsansprüche geltend gemacht werden, leichter darzustellende und zu beweisende konkurrierende Entschädigungsansprüche (s.o. Rn. 579, 589) oft nicht thematisiert werden. Dies hat möglicherweise damit zu tun, dass wohl die kommunalen Haftpflichtversicherungen zwar Schadensersatz (nach Amtspflichtverletzung) leisten, nicht jedoch für Entschädigungen (aufgrund gesetzlicher Regelungen oder aus enteignendem oder enteignungsgleichem Eingriff usw.) aufkommen[326]. Hierdurch kommt es dann prozessual im Einzelfall durchaus zu überflüssigen und vermeidbaren Interessenkonflikten zwischen beklagter Kommune und der prozessführenden Versicherung[327], zu eigentlich nicht notwendigen gerichtlichen Verfahren und Beweisaufnahmen und einer im Schadensfall möglicherweise stark verzögerten Entschädigung des Bürgers[328].

IV. Arzt- und Amtshaftung, Gesundheitswesen

1. Arzt als Beamter

a) Haftungsstruktur bei Krankenhausbehandlung

In der Regel stellt die **ärztliche Heilbehandlung** eine privatrechtliche Betätigung dar. Dieser Grundsatz gilt auch für die Behandlung von Patienten in Krankenhäusern, die in öffentlich-rechtlicher Trägerschaft stehen. Selbst dann, wenn die Einweisung eines Patienten in ein Krankenhaus auf Vorgängen des öffentlichen Rechts beruht, ist die Behandlung nicht als Ausübung eines öffentlichen Amtes im Sinne von Artikel 34 GG zu qualifizieren[329].

594

Wird die Behandlung in einem Krankenhaus durchgeführt, das von einer Stadt oder Universität betrieben wird, schließt der Patient im Normalfall einen sogenannten **totalen Krankenhausvertrag** ab. Das Hospital schuldet die Unterbringung, Verköstigung und Pflege des Patienten sowie vor allem auch die ärztliche Heilbehandlung, soweit sie unter Berücksichtigung der Leistungsfähigkeit des Krankenhauses

---

[326] s. Bergmann/Schumacher 2002 S. 725 ff – m. Abdruck der Versicherungsbedingungen S. 730 ff.

[327] d. gleiche Konfliktlage wurde bereits oben im Rahmen des § 906 BGB angesprochen – s. Rn. 457

[328] bedingt dadurch, dass sich die Kommune auf „Amtshaftung" berufen „muß", soll sie nicht selbst entschädigungspflichtig werden; einfacher nachzuweisende Anspruchsgrundlagen werden dann ausgeblendet

[329] so ständige Rechtsprechung BGHZ 108, 230, 233 m.w.N. (Behandlung durch Truppenarzt)

und seines jeweiligen Versorgungsauftrages nach Art und Schwere der Erkrankung des Patienten notwendig, ausreichend und zweckmäßig ist[330].

595 Der **Krankenhausträger** haftet beim totalen Krankenhausaufnahmevertrag für Pflichtverletzungen der dort tätigen Ärzte aus vertraglicher Haftung nach §§ 280, 278 BGB und deliktisch nach §§ 31, 89, 823, 831 BGB. Der Patient selbst ist mit Abschluss des totalen Krankenhausvertrages in ein privatrechtliches Verhältnis zu der betreffenden Körperschaft eingetreten, die Träger des Krankenhauses ist[331]. Die Körperschaft wiederum haftet nach den vorab genannten Vorschriften und nicht nach Staatshaftungsgrundsätzen.

Vom totalen Krankenhausaufnahmevertrag ist der sogenannte **gespaltene Krankenhausaufnahmevertrag** zu unterscheiden.

Bei dieser Vertragsgestaltung tritt der Patient in doppelte Vertragsbeziehungen ein: Der Krankenhausträger schuldet dem Patienten die übliche Krankenhausversorgung. Der leitende Krankenhausarzt verpflichtet sich zur Erbringung der ärztlichen Leistung. Typisches Beispiel für den aufgespaltenen Krankenhausaufnahmevertrag ist die ärztliche Versorgung des Patienten durch den Belegarzt[332].

Schließt der Patient bei totalem Krankenhausaufnahmevertrag noch zusätzlich einen Vertrag mit einem Arzt über zusätzliche Behandlung, geht man von einem sogenannten Arztzusatzvertrag mit totalem Krankenhausaufnahmevertrag aus [333]. Im Regelfall wird seit Inkrafttreten der Bundespflegesatzverordnung vom 26.09.1994 zwischen Krankenhausträger und Patienten der totale Krankenhausaufnahmevertrag abgeschlossen.

b) Persönliche Haftung des Krankenhausarztes

596 Bei der **persönlichen Haftung** des pflichtwidrig handelnden Arztes ist zwischen angestelltem und beamteten Arzt zu unterscheiden.

aa) Der **angestellte Arzt**, der mit dem Krankenhaus einen privatrechtlichen Dienstvertrag abgeschlossen hat haftet ausschließlich nach § 823 Abs. 1 BGB.

Beispiel:

BGH NJW 2000, 2742, 2743 – Untätigkeit des Pädiaters bei Entbindung –

Bei einem totalen Krankenhausaufnahmevertrag hat der aufgrund Dienstvertrages mit dem Krankenhausträger angestellte Arzt jedenfalls dann eine Garantenstellung gegenüber dem Patienten, wenn er zum Dienst eingeteilt ist und den Dienst angetreten hat. Die Untätigkeit des Arztes kann in einem solchen Fall eine rechtswidrige Schädigung des Patienten darstellen und als grober Behandlungsfehler zu werten sein.

---

[330] so G. Müller DRiZ 2000, 259 sowie Laufs/Uhlenbruck, Handbuch des Arztrechts, 3. Auflage, § 93 Rn. 3

[331] Münchner Kommentar/Papier, § 839 Rn. 165 a.A. Staudinger/Wurm in § 839. Rn. 596, der von öffentlich-rechtlichem Verhältnis ausgeht

[332] so BGHZ 5, 321 (Bluttransfusion bei gespaltenem Krankenhausaufnahmevertrag)

[333] so BGH NJW 1998, 1778

bb) Der **beamtete Krankenhausarzt** haftet im **stationären Bereich** nur nach § 839   **597**
BGB, auch dann, wenn er selbst liquidationsberechtigt ist[334]. Bei der Behandlung
des Patienten übt der Krankenhausarzt keine Hoheitsgewalt aus und ist damit kein
Beamter im haftungsrechtlichen Sinn, so dass die Überleitungsvorschrift des Artikel
34 GG keine Anwendung findet. Angesichts der Haftung nach § 839 BGB hat der
beamtete Arzt bei Fahrlässigkeit die Möglichkeit, sich auf das **Verweisungsprivileg**
des § 839 Abs. 1 S. 2 BGB zu berufen. Als anderweitige Ersatzmöglichkeit wird von
der Rechtsprechung die Inanspruchnahme des Krankenhausträgers aus Delikt nach
§§ 31, 89, 823 BGB sowie aus Vertrag angesehen[335]. Da die stationäre Behandlung
eng mit der Institution des Krankenhauses selbst verbunden ist, gilt ärztliches Handeln als „amtliches Handeln", also Handeln für den Krankenhausträger selbst. Selbst
ein im medizinischen Bereich völlig frei handelnder Chefarzt wird haftungsrechtlich
stets als verfassungsmäßig berufener Vertreter (§§ 39, 89 BGB) der das Krankenhaus tragenden Körperschaft angesehen[336].

cc) Anders stellt sich die Haftung des beamteten Krankenhausarztes bei der **ambu-**   **598**
lanten Behandlung seiner Patienten dar.

Weder die ambulante Behandlung von Kassenpatienten, noch die von Privatpatienten gehört zu den Dienstpflichten, die dem Arzt als Beamten obliegen. Im Fall der
ambulanten Behandlung übt der beamtete Arzt lediglich eine **Nebentätigkeit** aus,
die nicht zu seinen Amtspflichten als beamteter Krankenhausarzt gehört, selbst
wenn sie in den Räumen des Krankenhauses selbst vollzogen wird. Daher scheidet
eine Beamtenhaftung nach § 839 BGB aus; die deliktrechtliche Haftung bestimmt
sich nach § 823 BGB, so dass dem beamteten Arzt das Verweisungsprivileg des
§ 839 Abs. 1 S. 2 BGB nicht zugute kommt. Dieselben Haftungsgrundsätze gelten
für den Vertreter des beamteten Arztes in ambulanter Tätigkeit, nicht aber für nachgeordnete Ärzte, die zur Mitwirkung bei der Behandlung herangezogen werden[337].
Instruktiv ist die Entscheidung des Bundesgerichtshofs im nachfolgenden

Beispiel:

BGH in NJW 1993, 784–786 – Haftung wegen zu spät erkannter Krebserkran-
kung –

*Ein beamteter Arzt haftet für Schäden aus Versäumnissen einer ambulanten
Behandlung seiner Privatpatienten deliktisch nicht nach § 839 BGB, so dass er
sich nicht auf das Verweisungsprivileg des § 839 I 2 BGB berufen kann. Dasselbe gilt für seinen Vertreter, nicht aber für nachgeordnete Ärzte, die zur Mitwirkung bei der Behandlung herangezogen werden.*

Durchbrochen werden diese Haftungsgrundsätze jedoch bei der deliktischen Haf-   **599**
tung des beamteten Arztes gegenüber Kassenpatienten, die von ihm innerhalb einer
vom Krankenhaus getragenen **Institutsambulanz** betreut werden. Hier greift die

---

[334] so BGHZ 120, 376, 380; (Haftung von beamteten Arzt und Vertreter) Staudinger/Wurm,
§ 839 BGB, Rn. 596
[335] so BGHZ 85, 393, 395 (Narkosezwischenfall bei stationärer Behandlung)
[336] so BGHZ 77, 74-79 sowie Münchner Kommentar/Papier, § 839 BGB, Anmerkung 166
[337] so BGHZ 120, 376, 380 f. sowie NJW 1993, 784-786

Haftung nach § 839 BGB wieder ein, da bei Kassenpatienten nach §§ 39, 115a, 115b SGB V auch eine Zuständigkeit des Krankenhauses für die ambulante Patientenversorgung gegeben ist[338].

c) Zusammenfassende Übersicht – Haftungsstrukturen

A. Haftung des Krankenhausträgers			
	totaler Krankenhausvertrag	gespaltener Krankenhausvertrag	Ambulanz
Haftung für ärztliche Leistungen	ja	nein	ja: bei Institutsambulanz nein: bei Privatambulanz

Übersicht 6: Haftung des Krankenhausträgers

B. Haftung des Arztes				
	totaler Krankenhausvertrag	gespaltener Krankenhausvertrag	Institutsambulanz	Privatambulanz
angestellter Arzt	nur §§ 823 ff. BGB	aus Vertrag und Delikt	nur §§ 823 ff. BGB	Vertrag und §§ 823 ff. BGB
beamteter Arzt	§ 839 BGB (kein Artikel 34 GG) aber § 839 I S. 2 BGB	§ 839 BGB (kein Artikel 34 GG) (keine Verweisungsmöglichkeit auf Krankenhausträger)	§ 839 BGB (kein Artikel 34 GG) aber § 839 I S. 2 BGB	§§ 823 ff. BGB (kein Verweisungsprivileg)

Übersicht 7: Haftung des Arztes

2. Amtsarzt/Gesundheitsamt

600 Die Voraussetzungen der Amtshaftung (§ 839 BGB i.V.m. Artikel 34 GG) sind bei ärztlichem Handeln dann gegeben, wenn der Arzt mit einer ärztlichen Maßnahme unmittelbar ein ihm übertragenes öffentliches Amt ausübt. Hiervon ist bei **Amtsärzten der Gesundheitsämter** auszugehen[339]. Die Leiter staatlicher oder kommunaler Gesundheitsämter werden als „Amtsärzte" bezeichnet. Um ihre Aufgabe auszuführen, müssen sie eine besondere Qualifikation aufweisen, wobei neben Approbation und Promotion eine erfolgreiche amtsärztliche Prüfung sowie eine fünfjährige praktische Tätigkeit als Arzt Grundvoraussetzung für die Tätigkeit als Amtsarzt sind. Da der Amtsarzt als Beamter in das Verwaltungsgefüge eingebettet ist, untersteht er den Weisungen seiner Vorgesetzten. In den ärztlichen Angelegenheiten sowie den von ihm veranlassten Maßnahmen entscheidet er jedoch eigenverantwortlich und frei[340].

---

[338] so BGHZ 120, 376, 385 sowie Staudinger/Wurm, § 839 BGB, Rn. 596
[339] so Staudinger/Wurm, § 839 BGB, Rn. 597 b
[340] so Laufs/Uhlenbruck, Handbuch des Arztrechts, § 12, Rn. 16

a) Aufgabenbereiche

Die **Aufgabe des Amtsarztes** orientiert sich an der Funktion des staatlichen oder **601** kommunalen Gesundheitsamtes, dem der Amtsarzt vorsteht. Die Rechtsgrundlagen für die Tätigkeit der Gesundheitsämter finden sich wiederum im jeweiligen Landesrecht. Der **öffentliche Gesundheitsdienst** führt auch bundesrechtliche Gesundheitsgesetze aus, so dass zum Wirkungsbereich des Gesundheitsamtes zahlreiche durch Bundesrecht geregelte Aufgaben, z.B. auf dem Gebiet des Krankenhaus- und Seuchenrechts, des Apotheken- und Arzneimittelrechts sowie der Jugendzahnpflege gehören. In den meisten Bundesländern gilt das „Gesetz über die Vereinheitlichung des Gesundheitswesens" vom 03.07.1934[341] mit seinen insgesamt drei Durchführungsverordnungen fort[342]. Danach sind den Gesundheitsämtern als **Pflichtaufgaben** vier große Tätigkeitsbereiche zugewiesen, nämlich

- die Wahrnehmung der ärztlichen Aufgaben in der Medizinalaufsicht (z.B. Überwachung der Krankenanstalten, Beaufsichtigung der Gesundheitsberufe, Apotheken, …)
- Aufsicht in der allgemeinen Hygiene und bei der Seuchenbekämpfung
- Maßnahmen in der Sozialhygiene (Schulgesundheitsfürsorge, Fürsorge für Behinderte, Säuglingsfürsorge) sowie
- Wahrnehmung ärztlicher Aufgaben im amtlichen Gutachtenwesen.

In einer neueren Entscheidung, die sich mit den Amtspflichten des Gesundheitsamtes bzw. des Amtsarztes befasst[343], definiert sich die Aufgabe der Gesundheitsämter wie folgt:

> **Aufgabe der Gesundheitsämter ist nach geltendem Recht in erster Linie die Wahrnehmung des öffentlichen Gesundheitsdienstes und zwar primär im Interesse der Allgemeinheit. In diesen Zusammenhang gehört auch die amtsärztliche Gutachtertätigkeit. Sie ist als Teil des öffentlichen Gesundheitswesens wie dieses dazu bestimmt, unmittelbar den Gesundheitszustand der Bevölkerung und bestimmter Bevölkerungsgruppen zu ermitteln und laufend zu überwachen, ihnen drohende Gefahren festzustellen und zu beseitigen, bzw. auf deren Beseitigung hinzuwirken, sowie die Gesundheit der Bevölkerung insgesamt und in Teilen zu schützen und zu fördern[344].**

---

[341] RGBl I 531

[342] I DVO vom 06.02.1935 (RGBl I 177); II DVO vom 22.02.1935 (RGBl I 315); III DVO vom 30.03.1935 (RMBl I, 327)

[343] BGHZ 148, 139 (Beurteilung einer in Hamburg wohnenden Bewerberin um Berufung in ein Beamtenverhältnis in Schleswig-Holstein)

[344] vgl. zu dem Problemkreis auch Pitschas, Öffentlicher Gesundheitsdienst und Verwaltungsverfahren, NJW 1986, 2861 ff. sowie auch die Zusammenstellung in BGB-RGRK Kreft, Rn. 343

b) Amtspflichten des Amtsarztes und ihre Drittbezogenheit

602   Gegenstand zahlreicher Entscheidungen war in der Vergangenheit die Frage der
Drittbezogenheit der Amtspflichten eines Amtsarztes. In einer Entscheidung, die
sich mit der Amtspflicht des staatlichen Gesundheitsamtes nach Feststellung einer
offenen Tuberkulose eines Mitschülers auseinander zu setzen hatte[345], wurde darauf
abgestellt, dass es für die Entscheidung, ob eine Amtspflichtverletzung vorliegt oder
nicht, unerheblich ist, ob Untersuchungsmaßnahmen von Gesetzes wegen vorgeschrieben sind oder nicht; maßgeblich soll allein sein, dass sie als rechtlich möglich
vorgesehen sind. Sind Inhalt und Umfang der Amtspflichten des Gesundheitsamtes
mangels einer die Details im Einzelfall regelnden gesetzlichen oder verwaltungsin-
ternen Vorschrift nicht reguliert, bestimmen sich diese aus der Art der wahrzunehmenden Aufgabe selbst. Dabei ist von Bedeutung, dass sich der Amtsträger die zur
Führung seines Amtes notwendigen Kenntnisse zu verschaffen hat. In der vorab
zitierten Entscheidung des Oberlandesgerichts Karlsruhe vom 20.09.1989 wurde
eigens darauf hingewiesen, dass sich ein Arzt auf seinem Spezialgebiet auf dem
Laufenden zu halten hat und für den Amtsarzt nichts anderes gelten kann.

Instruktiv ist auch die nachfolgende Entscheidung des BGH zur Drittbezogenheit
der Amtspflichten des Amtsarztes:

Beispiel:

BGH NJW 1994, 2415 ff. – zur Drittbezogenheit von Amtspflichten des Amtsarztes, der die körperliche und geistige Eignung eines Bewerbers für die Erteilung oder Verlängerung einer Fahrerlaubnis zur Fahrgastbeförderung überprüft
(§§ 15 e, 15 f StVZO) –

Der Vater der Kläger war ein Taxifahrer, der 1946 an Lungentuberkulose er-
krankt war. Die Krankheit wurde bei Röntgenuntersuchungen 1984 und 1985 als
ausgeheilt angesehen. Im April 1987 bestätigte der Amtsarzt des beklagten Krei-
ses dem zwischenzeitlich verstorbenen Kläger, dass er über die erforderliche
körperliche und geistige Eignung zum Führen eines Fahrzeuges zur Fahrgast-
beförderung verfügte. Die angefertigte Röntgenaufnahme der Lunge wurde von
dem Amtsarzt als „Verdacht auf Lungentuberkulose von mäßiger Ausdehnung
ohne sichere Aktivitätszeichen, unverändert, nicht überwachungsbedürftig"
klassifiziert. Tatsächlich war der frühere Kläger an Lungenkrebs erkrankt, was
erst im Mai 1989 festgestellt wurde. Die Kläger haben aus ererbtem Recht Amts-
haftungsansprüche geltend gemacht.

Nach teilweise stattgebendem Urteil des Landgerichts hat das Oberlandes-
gericht in vollem Umfang die Klage abgewiesen. Die zugelassene Revision der
Kläger hatte keinen Erfolg. Der BGH stellt dazu fest: Nur, wenn sich aus den die
Amtspflicht begründenden und sie umreißenden Bestimmungen sowie aus der
besonderen Natur des Amtsgeschäfts ergibt, dass der Geschädigte zu dem Per-
sonenkreis zählt, dessen Belange nach dem Zweck und der rechtlichen Bestim-
mung des Amtsgeschäfts geschützt und gefördert werden sollen, besteht ihm

---

[345] so OLG Karlsruhe (Tuberkulosefall) in VersR 1990, 306 ff.

gegenüber bei schuldhafter Pflichtverletzung eine Schadensersatzpflicht. Entgegen ist anderen Personen gegenüber, selbst wenn die Amtspflichtverletzung sich für sie mehr oder weniger nachteilig ausgewirkt hat, eine Ersatzpflicht nicht begründet...Diese besondere Beziehung zwischen der verletzten Amtspflicht und dem geschädigten früheren Kläger sieht das BRGR darin begründet, dass er für den Fall der körperlichen und geistigen Eignung der Untersuchung einen Rechtsanspruch auf Erteilung eines entsprechenden amtsärztlichen Zeugnisses habe. Dieses Interesse des Antragstellers, seinen Beruf ausüben zu können, hat auch der untersuchende Amtsarzt zu beachten. Er verletzt daher eine dem Antragsteller gegenüber obliegende Amtspflicht, wenn er aufgrund unsorgfältiger Untersuchungen fälschlicherweise einen körperlichen und geistigen Eignungsmangel annimmt und das gesuchte Gesundheitszeugnis gar nicht ausstellt. Das schützenswerte Interesse des früheren Klägers, seine berufliche Tätigkeit als Taxifahrer fortführen zu können, ist aber schon deshalb nicht berührt, weil das nachgesuchte Gesundheitszeugnis erteilt und infolgedessen die Fahrerlaubnis zur Fahrgastbeförderung verlängert worden ist ... Die rechtliche Ausgestaltung der zusätzlichen Fahrerlaubnis zur Fahrgastbeförderung umreißt auch Zweck und Zielsetzung der Untersuchung, die der Amtsarzt aus Anlass der Erteilung oder Verlängerung dieser besonderen Fahrerlaubnis vornimmt. Daraus folgt, dass diese Untersuchung nicht (auch) den gesundheitlichen Interessen des Bewerbers dient. Dies gilt erst recht in den Fällen, in denen der in Rede stehende Eignungsmangel die Fähigkeit, ein Fahrzeug sicher zu führen, als solche nicht beeinträchtigt ...

In der vorzitierten Entscheidung hat der Bundesgerichtshof auch eine Amtshaftung **603** des Amtsarztes wegen Verletzung einer **allgemeinen Fürsorgepflicht** überprüft.

Grundsätzlich darf ein Amtsarzt eine untersuchte Person, unabhängig davon, aus welchem Anlass und zu welchem Zweck eine Untersuchung vorgenommen wird, über eine erkannte, lebensbedrohende Gesundheitsgefahr nicht im Unklaren lassen. Ein Amtsarzt, der einen evidenten Befund oder einen Verdacht dem Untersuchenden nicht mitteilt und diesen „sehenden Auges" seinem Schicksal überlässt, handelt nach herrschender Rechtsprechung amtsmissbräuchlich und setzt sich in Widerspruch zu der Forderung von Treu und Glauben und guter Sitte. Die Verpflichtung, sich jedem Amtsmissbrauch zu enthalten, besteht unabhängig von der Natur des jeweiligen Amtsgeschäfts gegenüber jedem, der durch den Missbrauch geschädigt werden könnte[346].

c) Gutachtentätigkeit und Amtshilfe

Ist das **amtsärztliche Gutachten** eines Gesundheitsamtes Entscheidungsgrundlage **604** für Entscheidungen einer anderen Behörde, z.B. bei der Einstellung eines Bewerbers, stellt sich die Frage der Amtshaftung. In einem Urteil des Bundesgerichtshofes vom 21.06.2001[347] hat der Senat darauf abgestellt, ob eine juristische Person des

---

[346] so LM, Artikel 34 GG, Nr. 151 sowie NJW 1994, 2414 m.w.N.
[347] BGHZ 148, 139

öffentlichen Rechts, die auch „Dritter" im Sinne des § 839 Abs. 1 S. 1 BGB sein kann, mit der anderen Behörde als Teil öffentlicher Verwaltung auf dasselbe Ziel hinwirkt, das heißt, „gleichsinnig" eine ihnen gemeinsam übertragene Aufgabe erfüllen, oder ob die jeweilige Körperschaft der haftpflichtigen Behörde bei Erledigung der Dienstgeschäfte in einer Weise gegenüber tritt, wie sie für das Verhältnis zwischen dem Beamten und seinem Dienstherrn einerseits und dem Staatsbürger andererseits charakteristisch ist. Wenn die Einstellungsbehörde eines Bundeslandes das Gesundheitsamt am Wohnort des Probanden bittet, die gesundheitliche Eignung eines Beamtenbewerbers festzustellen, so arbeiten beide Behörden als zusammenwirkende Teile der öffentlichen Verwaltung auf dasselbe Ziel hin, nämlich die Erhebung eines zutreffenden Gesundheitsbefundes als Eignungsvoraussetzung für eine Person, die zur Verwaltung in besondere Rechtsbeziehungen treten will. Der Amtsarzt am Wohnort des Bewerbers erfüllt dann keine Amtspflichten gegenüber dem Land, das den Bewerber einstellen will als einem „Dritten" im Sinne des § 839 BGB. Amtshaftungsansprüche scheiden in einem solchen Fall aus.

3. Impfarzt

605 Werden vom Gesundheitsamt **freiwillige Schutzimpfungen** durchgeführt, so handelt der Impfarzt in Ausübung eines anvertrauten Amtes, auch wenn die Impfung selbst durch einen nicht beamteten Arzt erfolgt[348].

Ansprüche des durch eine Impfung unmittelbar oder auch mittelbar Geschädigten sind unter dem Gesichtspunkt der Amtspflichtverletzung (Artikel 34 GG, § 839 BGB) zu prüfen.

a) Rechtsgrundlagen

606 Zur Vereinheitlichung des **Infektionsschutzes** in der Bevölkerung trat am 01.01.2001 das Gesetz zur Verhütung und Bekämpfung von Infektionskrankheiten beim Menschen (Infektionsschutzgesetz/IfSG)[349] in Kraft, das die Bestimmungen des **Bundesseuchengesetzes** vom 18.07.1961 ablöste. § 20 der neu geschaffenen Vorschrift bestimmt in Absatz 3, dass die obersten Landesgesundheitsbehörden öffentliche Empfehlungen für Schutzimpfungen oder andere Maßnahmen der spezifischen Prophylaxe auf Grundlage der jeweiligen Empfehlungen der ständigen Impfkommission, die beim Robert-Koch-Institut angesiedelt ist, auszusprechen haben. In § 60 IfSG ist ein **Schadensersatzanspruch** für jeden normiert, der durch eine Schutzimpfung oder durch eine andere Maßnahme der spezifischen Prophylaxe eine gesundheitliche Schädigung erlitten hat oder an den wirtschaftlichen Folgen der Schädigung leidet. Voraussetzung ist, dass die Schutzimpfung oder entsprechende Maßnahme von der zuständigen Landesbehörde öffentlich empfohlen und in deren Bereich vorgenommen wurde, aufgrund des LfSG angeordnet wurde, gesetzlich vorgeschrieben war oder aufgrund der Verordnung zur Ausführung der internatio-

---

[348] so Staudinger/Wurm, § 839 BGB, Rn. 597 sowie BGH NJW 1990, 2311 (Impfschaden bei Keuchhustenimpfung)

[349] BGBl. 2000 I S 1045

nalen Gesundheitsvorschriften durchgeführt worden ist (so § 60 Abs.1 Nr. 1 bis 4 IfSG).

Dieser Anspruch, der wie die früher in §§ 51 ff. BSeuchG enthaltene Regelung der **Entschädigungsansprüche von Impfgeschädigten** einen Anwendungsfall des allgemeinen Aufopferungsanspruches darstellt, wie er für Impfschäden zunächst von der Rechtsprechung entwickelt worden ist[350], schließt Ansprüche aus Amtshaftung nicht aus. Das Verhältnis der einzelnen Anspruchsgrundlagen zueinander wird eigens in § 63 Abs. 2 IfSG festgeschrieben:

> **§ 63 IfSG**
>
> **Trifft ein Versorgungsanspruch nach § 60 mit einem Schadensersatzanspruch aufgrund fahrlässiger Amtspflichtverletzung zusammen, so wird der Anspruch nach § 839 Abs. 1 des Bürgerlichen Gesetzbuches nicht dadurch ausgeschlossen, dass die Voraussetzungen des § 60 vorliegen.**

b) Pflichtverletzungen

Impfschäden haben in der Vergangenheit die Gerichte meist unter drei verschiedenen Aspekten beschäftigt: **607**

- **verletzte Aufklärungspflicht** hinsichtlich des Impfrisikos
- **Verletzung der Hinweispflicht** auf die Ansteckungsfähigkeit gegenüber dritten Personen
- **mangelnde Überwindung der Impfungsabneigung** der Sorgeberechtigten

aa) In einer Entscheidung des BGH vom 15.02.1990[351] hatte die für den beklagten Landkreis tätige Impfärztin der Mutter der am 24.02.1981 geborenen Klägerin nicht mitgeteilt, dass die **Keuchhustenimpfung** selbst mit Risiken behaftet war und nach einem Runderlass des zuständigen Sozialministeriums Keuchhustenimpfungen nur in besonderen Fällen erfolgen sollten. Eine Information der Mutter über die Risiken der Impfung unterblieb ebenso wie auch eine Prüfung der Impfärztin, ob die Klägerin zu dem Personenkreis gehörte, für die eine Impfung überhaupt empfohlen war. Die Klägerin erlitt aufgrund der Keuchhustenschutzimpfung schwere gesundheitliche Schäden. Eine Amtspflichtverletzung des beklagten Landes wurde bejaht. Nach der Argumentation des BGH war die von der Impfärztin vorgenommene Keuchhustenschutzimpfung der Klägerin mangels wirksamer Einwilligung unzulässig und damit amtspflichtwidrig. In einer weiteren Entscheidung des BGH vom 07.07.1994[352] hat der Bundesgerichtshof eine Amtspflichtverletzung zum Nachteil einer Impfärztin angenommen, die es unterlassen hatte, die Eltern des Impflings auf die Möglichkeit einer Ansteckung sowie die aus diesem Grund gebotenen Schutzvorkehrungen hinzuweisen. Ein Freund der Eltern des gegen Poliomyelitis (Kinder-

---

[350] so BGH NJW 1990, 2311 a.a.O.
[351] NJW 1990, 2311 ff.
[352] BGHZ 126, 386 (Poliofall)

lähmung) frisch geimpften Kindes hatte sich durch den Kontakt mit dem Impfling angesteckt und war schwer erkrankt. Der Senat hat in dieser Entscheidung festgelegt:

> *Da der Impfärztin eine Warnpflicht im Interesse des genannten besonders gefährdeten Personenkreises auferlegt war und der Behandlungsfehler, der nach dem revisionsrechtlich zugrunde zu legenden Sachverhalt in der unterbliebenen Aufklärung bestand, geeignet war „fernwirkend" deren Integritätsinteresse zu verletzen, sind die dieser Risikogruppe zugehörigen als „Dritte" im Sinne des § 839 Abs. 1 S. 1 BGB anzusehen.*

bb) Auch für den Impfarzt gelten die **Standards der wissenschaftlichen Medizin.** So soll der Arzt auch das Risiko der Nichtbehandlung mit dem Impfling bzw. den sorgeberechtigten Eltern erörtern. Den Arzt trifft eine gesteigerte Hinweispflicht für den Fall der vorläufigen und ersten Weigerung des Patienten, sich behandeln zu lassen. Diese Verpflichtung ist in einer Vielzahl von Entscheidungen für das normale Arzt/Patientenverhältnis festgelegt und auch Gegenstand verschiedener juristischer Abhandlungen[353]. Für den Impfarzt muss diese Verpflichtung oberstes Gebot seines Handelns sein, um Schäden durch die Verweigerung **empfohlener und gebotener Impfungen** zu vermeiden.

Die Rechtsprechung hat die **Belehrungs- und Aufklärungspflichten** des Amtsarztes weit gefasst. So wurde dem Amtsarzt/Impfarzt auch die Verpflichtung auferlegt, den Geschädigten bei Verdacht auf eine Impfschädigung darüber zu belehren, dass es zur Anerkennung eines Impfschadens einer hierauf gerichteten Antragstellung bedarf[354].

4. Arzt in der Psychiatrie

608 Die Vielfalt an Entscheidungen, die eine Amtspflichtverletzung durch die in der Psychiatrie tätigen Ärzte und das Pflegepersonal zum Gegenstand haben zeigt, wie schwierig die Grenzziehung zwischen der gebotenen **Sicherung und Behandlung** des Patienten einerseits und dem massiven Eingriff in dessen Freiheitsrechte andererseits sein kann. Die Heilbehandlung von Kranken geschieht regelmäßig nicht in Ausübung eines öffentlichen Amtes, selbst dann nicht, wenn die Einweisung des Patienten wegen Vorgängen erfolgt ist, die auf öffentlichem Recht beruhen. Stellt sich die ärztliche Maßnahme jedoch als **hoheitliche Zwangsbehandlung** dar, wie z.B. die zwangsweise Unterbringung eines Patienten in der geschlossenen Abteilung eines psychiatrischen Landeskrankenhauses, kommen die Grundsätze der Amtshaftung zum Tragen[355]. Der Bundesgerichtshof hat in einer grundlegenden Entscheidung[356] ausgeführt, dass die Verwahrung und Behandlung der aufgrund der

---

[353] vgl. dazu Deutsch, Die Pflicht des Arztes, den Patienten auf eine Impfung hinzuweisen in VersR 2003, 811 ff

[354] BGH in VersR 2001, 1108

[355] so Staudinger/Wurm, § 839 BGB, Rn. 597 sowie Bamberger/Roth/Reinert, a.a.O., § 839, Rn. 29

[356] BGH NJW 1985, 677

Unterbringungsgesetze eingewiesenen Insassen einer Anstalt zwangsläufig öffentlich-rechtlich geschieht und aus diesem Grund besondere und eindeutige Anhaltspunkte gegeben sein müssten, dass die Aufgaben im bürgerlich-rechtlichen Geschäftsbereich erfüllt würden. Ein solcher Fall ist z.B. dann gegeben, wenn sich ein Patient freiwillig auf eine offene Station einer Landesnervenklinik begibt. Hier geht die Rechtsprechung davon aus, dass eine Haftung wegen Amtspflichtverletzung für etwaige Schäden nicht eingreifen kann, sondern Ansprüche sich aus einer Verletzung des Behandlungsvertrages oder einer unerlaubten Handlung nach den allgemeinen Vorschriften ergeben[357].

a) Amtspflichten (Diagnostik)

Angesichts der weitreichenden Konsequenzen, die eine fehlerhafte **psychiatrische** **609** **Begutachtung** für den Betroffenen haben könnte, hat die Rechtsprechung festgehalten, dass den Ärzten eine **Pflicht zur fehlerfreien Diagnostik** dem Patienten gegenüber als Amtspflicht obliegt.

Beispiel:

OLG Oldenburg in NJW RR 1996, 666 ff.

Die Klägerin geriet in eine schwere persönliche Krise, nachdem sie in Folge einer Augenerkrankung ihre Berufstätigkeit aufgeben musste und sich ihr Ehemann nach langjähriger Verbindung einer anderen Frau zuwandte und sie außerdem erfahren hatte, dass ihr Tochter und ihr Schwiegersohn Schulden in namhafter Höhe hatten. Nach mehreren Suizidversuchen wurde sie im Kreiskrankenhaus A untersucht, wobei die Diagnose eines bereits weit fortgeschrittenen hirnorganischen Syndroms gestellt wurde. Die Erkrankung wurde als irreversibel angesehen mit der Folge, dass eine Gebrechlichkeitspflegschaft mit dem Wirkungskreis „Regelung der vorweggenommenen Erbfolge gegen Übernahme von Pflegeleistungen durch die Tochter" eingerichtet wurde. Zur Verhinderung einer Heimunterbringung der Klägerin sollte ihr Haus umgebaut werden, wobei zu ihrer Absicherung und der Garantie der Pflegeleistungen die Übertragung der Grundstücke der Klägerin auf die Tochter erfolgte. Die Tochter veräußerte einen Teil des Grundbesitzes für 240.000,00 DM und glich mit dem Erlös einen Teil der Schulden ihres Ehemannes aus. In der Folgezeit verbesserte sich der Zustand der Klägerin erheblich; sie ging eine neue Ehe ein und ließ sich vier Jahre nach Einrichtung der Pflegschaft erneut untersuchen. Das daraufhin erstellte Gutachten kam zu dem Ergebnis, dass es sich bei der Erkrankung der Klägerin um eine persönlichkeits- und situationsbedingte vorübergehende Störung gehandelt habe. Die damalige Diagnose und Prognose der Beklagten seien unzutreffend gewesen; die Einrichtung der Pflegschaft darüber hinaus auch nicht angezeigt gewesen.

Nach Einholung eines schriftlichen psychiatrischen Gutachtens wurde der Klägerin Schmerzensgeld zugebilligt und dem beklagten Landkreis auferlegt, den

---

[357] so OLG Koblenz, Urteil vom 14.09.1999, MedR 2000, 137 ff. (Suizidversuch einer Patientin in Landesnervenklinik)

Verkaufserlös in Höhe von 240.000,00 DM zu erstatten. Als Begründung wurde ausgeführt, dass sich die Pflicht eines Psychiaters nicht darin erschöpft, Gefahren für die Gesundheit des Patienten abzuwenden, sondern den geistig gestörten Patienten im Rahmen der medizinischen Möglichkeiten auf ein Leben außerhalb der geschlossenen Anstalt vorzubereiten, damit er außerhalb der Anstalt ein möglichst eigenverantwortliches Leben führen kann. Dazu gehört auch, dass ein vorübergehend geistig gestörter Patient durch fehlerfreie Informationen und Behandlung davor bewahrt wird, Vermögensdispositionen zu treffen, die zwar auf der Grundlage einer schweren dauerhaften Erkrankung sinnvoll wären, es aber gerade nicht bei einer nur vorübergehenden Erkrankung sind. Ein Zurechnungszusammenhang zum schädigenden Verhalten der beklagten Ärzte wurde mit der Begründung angenommen:

„Denn die Klägerin hat die sie selbst schädigende Handlung nur aufgrund der fehlerhaften Diagnose vorgenommen, wie sich aus dem Antrag ihres im Unterbringungsverfahren bestellten Verfahrenspflegers auf Bestellung eines Gebrechlichkeitspflegers zum Zwecke der Vermögensübertragung ergibt. Damit handelt es sich um einen Fall der sogenannten psychisch vermittelten Kausalität, die dann einen Zurechnungszusammenhang begründet, wenn die Handlung des Geschädigten durch das haftungsbegründende Ereignis herausgefordert worden ist und eine nicht ungewöhnliche Reaktion auf dieses darstellt …“.

b) Zwangsweise Unterbringung

610   Die **zwangsweise Unterbringung** eines Patienten in einem psychiatrischen Krankenhaus stellt einen massiven Eingriff in dessen Freiheitsrechte dar und soll nach den einschlägigen gesetzlichen Vorschriften der einzelnen Bundesländer (hier nur beispielhaft §§ 9, 12 HmbPsychKG bzw. § 11 Abs. 1 i.V.m. § 15 Abs. 1 PsychKG Rheinland-Pfalz) nur in äußerst engen Grenzen möglich sein. Nur dann können **psychisch kranke Personen** gegen ihren Willen oder im Zustand der Willenlosigkeit untergebracht werden, wenn sie durch ihr krankheitsbedingtes Verhalten ihr Leben, ihre Gesundheit oder besonderes bedeutende Rechtsgüter anderer gegenwärtig in erheblichem Maße gefährden und diese Gefahr nicht anders abgewendet werden kann. Die Anordnung der sofortigen Unterbringung ist nicht nur an den **Voraussetzungen des jeweiligen Landesgesetzes**, das die Parameter für eine Unterbringung vorschreibt, zu überprüfen, sondern auch am **Verhältnismäßigkeitsprinzip**:

Das mildeste geeignete Mittel ist einzusetzen. Auch müssen die Gründe für die Unterbringung des Patienten im Einzelnen erkennen lassen, ob der gesetzliche Gefährdungstatbestand gegeben ist. Allgemeine Hinweise auf „eigen- und fremdgefährdende Fehlhandlungen" sowie „völlig unkontrollierte Handlungen" werden von der Rechtsprechung als nicht ausreichend erachtet[358]. Der Persönlichkeitsschutz des betroffenen Patienten erfordert auch, dass im Rahmen der Vorbereitung einer Unter-

---

[358] so OLG Schleswig, Beschluss vom 14.05.2003, NJW-RR 2003, 1387 (Unterbringung eines Patienten mit hyperkinetischer Störung (ADHD) zur Verhinderung einer Autofahrt)

bringung konkrete, von geschultem Fachpersonal erkannte Anhaltspunkte für eine **Selbst- oder Fremdgefährdung** vorliegen. So hat das Oberlandesgericht Frankfurt in einer Entscheidung[359] eine rechtswidrige Amtspflichtverletzung bejaht, nachdem ein psychisch auffälliger Patient zum Zweck der Unterbringung von nicht geschulten Mitarbeitern der Ordnungsbehörde wegen einer unterstellten Selbsttötungsgefahr gefesselt und gewaltsam aus seiner Wohnung verbracht worden war.

Auch dann, wenn eine Behörde fachfremde Ärzte im Rahmen einer sofortigen Unterbringung zuzieht, werden deren Pflichtverletzungen dem Träger der Behörde zugerechnet. In einem jüngst vom Oberlandesgericht Koblenz entschiedenen Fall[360] wurde der dortigen Klägerin Schmerzensgeld unter dem Gesichtspunkt der Amtspflichtverletzung der Behörde zugebilligt. Die beklagte Stadt hatte nach Untersuchung der Klägerin durch den Dienst tuenden Orthopäden die Frau in einer psychiatrischen Fachklinik unterbringen lassen. Zur Annahme einer Eigengefährdung gab weder das Untersuchungsergebnis noch der Akteninhalt Hinweise. Für das Vorliegen einer Fremdgefährdung wurde ausgeführt, dass die Klägerin möglicherweise mit einem nicht versicherten Fahrzeug am öffentlichen Straßenverkehr teilnehmen könnte. Das Gericht sah hier die Persönlichkeitsrechte der Klägerin massiv verletzt und wertete die Unterbringung der Klägerin als einen Verstoß gegen das Verhältnismäßigkeitsprinzip. Zur Vermeidung der Fremdgefährdung hätte die Sicherstellung des Autoschlüssels genügt.

c) Sorgfalts- und Obhutspflichten

Die Möglichkeit einer Amtspflichtverletzung kann sich für den Träger eines psychiatrischen Krankenhauses auch aus einer Verletzung der **Sorgfalts- und Obhutspflichten** gegenüber dem Patienten selbst ergeben: **611**

Wird ein Patient in die **geschlossene Abteilung** einer Psychiatrie eingewiesen, weil er akut suizidgefährdet ist, trifft den Träger des Krankenhauses die Pflicht, alle Gefahren von dem Patienten abzuwehren, die ihm wegen seiner Krankheit durch sich selbst drohen. So muss in einer geschlossenen Abteilung durch zumutbare bauliche Maßnahmen eine Selbstgefährdung des Insassen der Station ausgeschlossen werden. Dazu gehört, dass Stationstüren verschließbar sind und sich die Fenster selbst unter Einsatz von Körperkraft nicht in einer Weise öffnen lassen, dass ein Patient hinaussteigen oder hinausspringen kann[361]. Bei Aufnahme eines akut Suizidgefährdeten in der geschlossenen Abteilung steht in erster Linie die Verpflichtung des Krankenhausträgers im Vordergrund, alle Gefahren von dem Patienten abzuwenden, die ihm wegen seiner Krankheit durch sich selbst drohen. Dennoch sind der Sicherungspflicht selbst bei erkannter und richtig eingeschätzter Suizidneigung in vielfacher Hinsicht Grenzen gesetzt:

Grundsätzlich ist davon auszugehen, dass es **keine absolute Sicherheit** des Patienten vor sich selbst gibt und die Sicherung des Patienten kein „Selbstzweck" werden

---

[359] so OLG Frankfurt, Urteil vom 19.12.1991, RUP 1992, 66/67
[360] so OLG Koblenz, Urteil vom 05.11.2003 in OLGR 2004, 226 ff.
[361] so OLG Hamburg, Urteil vom 14.02.2003, OLGR 2003, 267

darf. So hat der BGH hierzu auch in einer instruktiven Entscheidung[362] ausgeführt, dass eine lückenlose Überwachung und Sicherung, die jede noch so fern liegende Gefahrenquelle für den Patienten ausschalten kann, nicht denkbar erscheint und ein zum Selbstmord Entschlossener ohnehin Mittel und Wege finden wird, seinen Plan auszuführen. **Sämtliche** Maßnahmen dem Patienten gegenüber haben dessen **Menschenwürde**, die allgemeine Handlungsfreiheit und das Übermaßverbot zu beachten. Auch darf der **Therapiezweck** selbst nicht aus dem Blickfeld des behandelnden Arztes geraten: Der Arzt hat bei jeder unter dem Gesichtspunkt der Suizidverhinderung erforderlichen Sicherungsmaßnahme zu prüfen, ob sich daraus eine negative Auswirkung auf die Gesamtgesundheitssituation des jeweiligen Patienten ergeben könnte[363]. Im Verlauf der Therapie kann sich auch das Gewicht der einzelnen Aspekte verändern, indem die ursprünglich strenge Anforderung an den Umfang der Sicherheit des Patienten und dessen Überwachung immer mehr zugunsten der Therapie selbst in den Vordergrund tritt. Von Patienten, die sich auf der **offenen Station** einer psychiatrischen Klinik aufhalten, kann nicht ohne weitere Umstände verlangt werden, dass alle Türen und Fenster verschlossen werden[364]. Zwar darf auch in der offenen Abteilung einer psychiatrischen Klinik kein Gefahrenpotential für die Patienten geschaffen oder verstärkt werden; Schutzmaßnahmen müssen aber therapeutisch vertretbar sein und dürfen die Therapie des Patienten nur dann beeinträchtigen, wenn dies zu dessen Wohl erforderlich ist. Auf die nach moderneren Ansätzen der Psychiatrie aus therapeutischen Gründen erwünschte vertrauensvolle Zusammenarbeit zwischen psychisch kranken Patienten sowie Arzt und Krankenhauspersonal ist Rücksicht zu nehmen. Amtspflichten des Trägers einer Anstalt oder eines psychiatrischen Krankenhauses bestehen grundsätzlich nur **gegenüber eingewiesenen Patienten**, nicht aber gegenüber Familienangehörigen, Besuchern des Patienten oder sonst mittelbar Betroffenen. Diese sind nach dem derzeitigen Stand der Rechtsprechung[365] nicht „Dritte" im Sinne der Amtshaftungsvorschriften.

5. Truppenarzt

612   Verletzt ein Truppenarzt durch unsachgemäße Durchführung einer Heilbehandlung oder Unterlassung gebotener ärztlicher Maßnahmen die **Gesundheit eines Soldaten**, werden dadurch Schadensersatzansprüche gegen die Bundesrepublik Deutschland nach § 839 BGB i.V.m. Artikel 34 GG begründet. Eine unmittelbare Inanspruchnahme des Truppenarztes ist ausgeschlossen. Dieser Grundsatz gilt auch dann, wenn die Behandlung des Soldaten in **zivilen Krankenhäusern** im Auftrag der Bundeswehr erfolgt oder zur Erfüllung der hoheitlichen Aufgabe (Gesundheitsfürsorge) Fachärzte hinzugezogen werden. Auch wenn der hinzugezogene **Zivilarzt** allenfalls hinsichtlich des Umfangs seiner Tätigkeit den Weisungen des Bundeswehrarztes untersteht und er, soweit es den Inhalt der Behandlung betrifft, weisungs-

---

[362] so BGH, Urteil vom 23.09.1992, NJW 1994, 795 (Selbstanzündung einer Patientin in der Psychiatrie)

[363] so BGH, a.a.O. sowie OLG Koblenz, Urteil vom 14.09.1999, in MedR 2000, 137 ff.

[364] so BGH im Urteil vom 20.06.2000, VersR 2000, 1240

[365] so OLG Bamberg, Urteil vom 17.11.1997, OLG Report München 1998, 20 ff.

frei bleibt, ist die Behandlung des Bundeswehrangehörigen Bestandteil der Gesundheitsfürsorge kraft öffentlich-rechtlichen Dienstverhältnisses[366].

a) Heilfürsorge

Der Soldat hat gegen den Dienstherrn einen **Heilfürsorgeanspruch**, der wiederum ein Unterfall des allgemeinen Anspruchs auf Fürsorge des Soldaten durch den Dienstherrn gemäß § 31 Soldatengesetz (SG) ist. Der Heilfürsorgeanspruch des Soldaten ist unmittelbar auf die Durchführung der ärztlichen Heilbehandlung gerichtet. Er hat seine historische Begründung im öffentlichen Interesse an der Gewährleistung der Einsatzfähigkeit der Bundeswehr[367].

613

b) Haftungsbeschränkungen (Soldatenversorgungsgesetz)

Ein etwaiger, aus ärztlicher Fehlbehandlung resultierender Amtshaftungsanspruch gegen die Bundesrepublik Deutschland unterliegt jedoch den **Beschränkungen des § 91 a des Soldatenversorgungsgesetzes**:

614

> **§ 91 a Soldatenversorgungsgesetz (SVG)**
>
> Begrenzung der Ansprüche aus einer Wehrdienstschädigung
>
> (1) Die nach diesem Gesetz versorgungsberechtigten Personen haben aus Anlass einer Wehrdienstbeschädigung oder einer gesundheitlichen Schädigung im Sinne der §§.................gegen den Bund nur die auf diesem Gesetz beruhenden Ansprüche. Sie können Ansprüche nach allgemeinen gesetzlichen Vorschriften, die weitergehende Leistungen als nach diesem Gesetz begründen, gegen den Bund, einen anderen öffentlich-rechtlichen Dienstherrn im Bundesgebiet oder gegen die in deren Dienst stehenden Personen nur dann geltend machen, wenn die Wehrdienstbeschädigung oder die gesundheitliche Schädigung im Sinne der §§.................durch eine vorsätzliche unerlaubte Handlung einer solchen Person verursacht worden ist.
>
> (2) ....
>
> (3) Ersatzansprüche gegen andere Personen bleiben unberührt.

Versorgungsberechtigt nach dieser Vorschrift sind in erster Linie die Soldaten (§ 80 SVG) wobei es haftungsrechtlich keine Rolle spielt, ob sie ihrer Wehrpflicht genügen oder aufgrund freiwilliger Verpflichtung in einem Wehrdienstverhältnis stehen (§ 1 Abs. 1 S. 1 SG). Nach der Bestimmung des § 81 Abs. 1 SVG ist **Wehrdienstbeschädigung** eine gesundheitliche Schädigung, die durch eine Wehrdienstverrichtung, einen während der Ausübung des Wehrdienstes erlittenen Unfall oder durch die dem Wehrdienst eigentümlichen Verhältnisse herbeigeführt worden ist.

---

[366] so BGH in NJW 1996, 2431 (Ansprüche der Ehefrau wegen Gesundheitsbeeinträchtigung des Ehemannes)

[367] so BGHZ 108, 230, 231

„Wehrdiensteigentümlich" im Sinne des § 81 Abs. 1 SVG sind die besonderen Gegebenheiten des soldatischen Sozialbereichs der Bundeswehr, die sich deutlich von vergleichbaren Gegebenheiten des Zivillebens unterscheiden[368]. Ein misslungener ärztlicher Heileingriff oder ein sonstiger **ärztlicher Behandlungsfehler** anlässlich der Betreuung des Soldaten im Rahmen des Wehrdienstverhältnisses ist als „wehrdiensteigentümlich" einzustufen.

Der Soldat ist nach § 17 IV 1 SG verpflichtet, alles in seinen Kräften stehende zu tun, um seine Gesundheit zu erhalten. Im Gegenzug wird ihm ein Anspruch auf Heilfürsorge, insbesondere auf unentgeltliche truppenärztliche Versorgung gewährt (§ 30 SG i.V.m. § 69 II 1 BBesG), wobei der Soldat im Unterschied zum „Normalbürger" keine freie Wahl unter den Ärzten und Krankenhäusern hat. Er muss sich im Krankheitsfall von Militärärzten behandeln lassen.

Die Zuordnung einer Heilbehandlungsmaßnahme zum Bereich des „Wehrdiensteigentümlichen" wird **nicht** dadurch ausgeschlossen, dass eine behandlungsbedürftige Erkrankung **unabhängig** vom Wehrdienst entstanden war. Maßgeblich soll vielmehr sein, dass eine innere Beziehung zwischen der Behandlungsmaßnahme und dem soldatischen Sozialbereich bestanden hat. Eine solche innere Beziehung ist – hierin liegt einer der wenigen Ausnahmefälle – verneint worden, weil die nicht voraussehbaren Folgen einer Operation, die aus vitaler Indikation wegen eines vor Beginn des Wehrdienstes entstandenen, eingebrachten Leidens, nach den Regeln der ärztlichen Kunst in einem allgemeinen Krankenhaus vorgenommen worden ist[369].

§ 91 a SVG beseitigt die materiellen Ersatzansprüche nach allgemeinen Vorschriften gegen den Dienstherrn nicht von Grund auf, sondern schränkt sie lediglich der Höhe nach ein. Von dieser Beschränkung werden jedoch sämtliche Schadenspositionen erfasst, für die das Soldatenversorgungsgesetz nicht ausdrücklich einen Ausgleich vorsieht. Dies gilt insbesondere für das **Schmerzensgeld**, das nach den versorgungsrechtlichen Bestimmungen nicht gewährt wird[370]. Die Haftungsbeschränkung des § 91 a wurde vom Bundesverfassungsgericht als mit dem Grundgesetz vereinbar angesehen mit der Begründung, das Soldatenversorgungsgesetz biete einen – wenn auch pauschalierten – Ausgleich des erlittenen Schadens und damit ein Äquivalent für die durch § 91 a SVG ausgeschlossenen allgemeinen Schadensersatzansprüche gegen den Bund. Nach der Vorschrift habe der beschädigte Soldat oder seine Hinterbliebenen in jedem Falle einen sofort wirksamen, angemessenen Ausgleich des Schadens gewährleistet, ohne dass es auf eine Haftung nach allgemeinem Schadensersatz ankomme. Dass die Betroffenen dabei unter Umständen im Einzelfall weniger erhalten könnten als ihnen gegebenenfalls aufgrund allgemeiner Schadensersatzansprüche zustünde, resultiere aus dem notwendig pauschalierenden und

---

[368] so BSG SozR 3200, SVG § 81 Nr. 18, 20 sowie BGH in NJW 1992, 744 (misslungene Operation des Soldaten am Fuß)

[369] so BSG a.a.O., Sozialrecht 3200, SVG § 81 Nr. 27 sowie BGH NJW 1992, 745 sowie BGH NJW 1996, 2431; OLG Koblenz, Urteil vom 12.11.2000 in OLGR 2001. 73–74, MedR 2001, 422-423

[370] so BGH Urteil vom 12.11.1992, BGHZ 120, 176, 183

typisierenden Charakter der Versorgungsansprüche. Die Leistungen nach dem Soldatenversorgungsgesetz könnten andererseits auch die allgemeinen Schadensersatzansprüche übersteigen, da ein etwaiges Mitverschulden des Soldaten unberücksichtigt bliebe; sie würden rasch und ohne langwierigen Rechtsstreit erbracht. Bei dieser
Sachlage sei die Vorschrift mit dem Grundgesetz vereinbar[371].

c) Haftung bei Vorsatz

Nach der Vorschrift des § 91 a Abs. 1 S. 2 SVG können die geschädigten Personen
Ansprüche nach allgemeinen gesetzlichen Vorschriften geltend machen, wenn die
Wehrdienstbeschädigung durch eine **vorsätzliche unerlaubte Handlung** verursacht worden ist. Dafür muss sich der Amtsträger vorsätzlich, d. h. bewusst, über
die verletzte Amtspflicht hinwegsetzen. Er muss in dem Bewusstsein handeln, gegen die ihm obliegende Amtspflicht zu verstoßen; zumindest muss der Amtsträger
mit der Möglichkeit eines solchen Verstoßes rechnen und diesen billigend in Kauf
nehmen[372]. Dass eine vorsätzliche Schädigung eines Patienten bei einer fehl-
geschlagenen Heilbehandlung nur in äußerst seltenen Fällen denkbar ist, liegt auf
der Hand.

615

6. Durchgangsarzt

Erleidet jemand einen Unfall, entscheidet der sogenannte **Durchgangsarzt** als
Beauftragter der gesetzlichen Unfallversicherungsträger, der Berufsgenossenschaften, über die Frage, ob der Geschädigte im Wege einer berufsgenossenschaft-
lichen Heilbehandlung zu betreuen ist oder ob eine kassenärztliche Krankenpflege
ausreichend ist[373]. Soweit der Durchgangsarzt die ihm zugewiesenen Aufgaben in
seiner Funktion für die Berufsgenossenschaften erfüllt, übt er ein **öffentliches Amt**
aus. Mit Durchführung der Heilbehandlung tritt der Durchgangsarzt in
privatrechtliche Beziehungen zum Patienten, so dass für diesen Teil seiner Tätigkeit
die üblichen gesetzlichen Vorschriften (§ 280 Abs. 1 BGB; § 823 BGB) gelten.
Diese „**Janusköpfigkeit**" in der Person des Durchgangsarztes hat ihren Rechtsgrund in den einzelnen gesetzlichen Vorschriften, die für das Handeln des Durchgangsarztes einschlägig sind.

616

a) Rechtsgrundlagen

Die bis zum 31.12.1996 gültige RVO wurde am 01.01.1997 durch die Vorschriften
des SGB VII als Teil des Sozialgesetzbuches über die gesetzliche Unfallversicherung abgelöst[374].

617

---

[371] so BVerfG, Beschluss vom 22.06.1971, BVerfG 31, 212, NJW 1971, 1837
[372] so BGHZ 120, 176, 181
[373] so Laufs/Uhlenbruck, Handbuch des Arztrechts, § 12, Rn. 36
[374] vgl. dazu Artikel 1 des Gesetzes zur Einordnung des Rechts zur gesetzlichen Unfallversicherung in das Sozialgesetzbuch (Unfallversicherungs-Einordnungsgesetz; UVEG)
vom 07.08.1996

Gemäß § 1 Nr. 2 SGB VII ist es Aufgabe der Unfallversicherung, nach Eintritt von **Arbeitsunfällen oder Berufskrankheiten** die Gesundheit und die Leistungsfähigkeit der Versicherten mit allen geeigneten Mitteln wieder herzustellen und sie oder ihre Hinterbliebenen durch Geldleistungen zu entschädigen. Die §§ 8 ff. SGB IV definieren die Begriffe „Arbeitsunfall" und „Berufskrankheit". Nur diese spezifischen Einbrüche in die Gesundheit des Beteiligten sind Versicherungsfälle im Sinne der gesetzlichen Unfallversicherung. Alle übrigen Krankheiten oder Unfälle, in denen sich das **allgemeine Lebensrisiko** verwirklicht, oder die im privaten Bereich einer Person geschehen, unterfallen der Zuständigkeit der Krankenversicherung des Geschädigten selbst. Die Unterscheidung, was Arbeitsunfall und Berufskrankheit auf der einen Seite ist und welche Schädigungen nicht unter diese Definitionen zu subsumieren sind, ist wichtig im Hinblick auf § 11 SGB V. In Absatz 4 dieser Vorschrift ist bestimmt, dass auf Leistungen der Krankenversicherung kein Anspruch besteht, wenn sie als Folge eines Arbeitsunfalles oder einer Berufskrankheit im Sinne der **gesetzlichen Unfallversicherung** zu erbringen sind. Die Träger der Unfallversicherungen zählt §§ 114 ff. SGB VII auf. Diese sind allesamt **Körperschaften des öffentlichen Rechts**[375]. Da gemäß § 1 SGB VII der Träger der gesetzlichen Unfallversicherung die Entscheidung darüber trifft, wie sich die ärztliche Betreuung des Geschädigten bei einem Arbeitsunfall oder einer Berufskrankheit ausgestaltet, haben die Träger gemäß § 34 Abs. 3 SGB VII Verträge mit den kassenärztlichen Vereinigungen geschlossen, um zu gewährleisten, dass möglichst frühzeitig nach dem Versicherungsfall eine sachgemäße Heilbehandlung einsetzen kann und unfallmedizinische oder berufskrankheitsspezifische Behandlung gewährt werden kann. Der derzeit geltende Vertrag ist das Abkommen Ärzte/Unfallversicherungsträger, das seine rechtliche Grundlage in § 34 Abs. 1 i.V.m. Abs. 3 S. 1 SGB VII hat und das System der Durchgangsärzte vorsieht. Nach Leitnummer 37 dieses Abkommens müssen Durchgangsärzte als Gebietsärzte für Chirurgie oder für die Fachrichtung Orthopädie niedergelassen und – damit eine optimale auch apparative Versorgung des Patienten gewährleistet ist – an Krankenhäusern oder Kliniken tätig sein. Unabhängig von der eher akademischen Frage, ob der Durchgangsarzt aufgrund eines öffentlich-rechtlichen Vertrages mit dem Unfallversicherungsträger oder aufgrund eines mitwirkungsbedürftigen Verwaltungsakts zum Beliehenen wurde,[376] handelt der Durchgangsarzt bei seiner Entscheidung über die Vornahme einer fachärztlichen oder besonderen unfallmedizinischen Versorgung in Ausübung eines öffentlichen Amts. Seine Entscheidung darüber, ob und welche Heilmaßnahmen anwendbar sind sowie die Entscheidung über deren Durchführung bindet die Berufsgenossenschaft und verpflichtet diese wiederum zu den gesetzlich vorgeschriebenen Leistungen[377].

---

[375] so BGHZ 63, 265 (Haftung des Durchgangsarztes wegen der fehlerhaften Versorgung eines Handbruchs)
[376] vgl. dazu BGH in NJW 1994, 2417
[377] so BGHZ 63, 265

b) Haftung nach Funktionsbereichen

Die **Haftung** des Durchgangsarztes richtet sich danach, in welcher Funktion er gerade tätig geworden ist: Nach herrschender Meinung[378] handelt der Durchgangsarzt sowohl bei der **Erstversorgung** im Sinne des § 27 Abs. 1 Nr. 1 SGB VII als auch bei der Entscheidung, ob der Geschädigte einer fachärztlichen oder besonderen unfallmedizinischen Versorgung zugeführt werden soll, **öffentlich-rechtlich.** Stellt der Durchgangsarzt eine falsche Diagnose und stellt er dadurch die Weichen für die erforderliche Heilbehandlung falsch, so löst dies **Amtshaftungsansprüche** gegen den Träger der Unfallversicherung gemäß § 839 Abs. 1 BGB i.V.m. Artikel 34 GG aus. Nimmt der Durchgangsarzt die **Heilbehandlung** des Verletzten selbst vor und rückt er dadurch in die Stellung des üblichen Vertragsarztes, wird zwischen ihm und dem Patienten ein **zivilrechtliches Behandlungsverhältnis** begründet[379]. Die für den Unfallversicherungsträger wahrgenommene öffentlich-rechtliche Tätigkeit endet mit der Überweisung des Verletzten an den Kassen(Vertrags)- oder Hausarzt oder dann, wenn er selbst den Patienten weiter behandelt. Die Entscheidung über das Ob und Wie der Heilbehandlung bildet die Zäsur in der Pflichtenstellung des Durchgangsarztes. Unterlaufen ihm selbst bei der anschließenden Behandlung des Patienten Fehler, kann hierfür nicht mehr der Träger der Unfallversicherung in Anspruch genommen werden.

Nicht immer ist diese Grenzziehung eindeutig: Geht der Entscheidung, ob und wie ein Verletzter zu behandeln ist, eine vorbereitende Untersuchung voraus, so soll in der Vornahme der Untersuchung auch noch die Ausübung eines öffentlichen Amts liegen[380]. Ein Teil der Literatur[381] lässt Amtshaftungsansprüche nur für die Entscheidung darüber zu, ob und auf welche Weise ein Verletzter in die berufsgenossenschaftliche Behandlung übernommen werden soll. Für die Erstversorgung des Unfallverletzten sowie Nachfolgeversorgung wird davon ausgegangen, dass der Durchgangsarzt in privatrechtliche Beziehungen zum Patienten tritt. Rechtlich bedeutsam sind auch die Fälle, in denen dem Durchgangsarzt **Diagnosefehler** unterlaufen und er selbst zusätzlich die Heilbehandlung nicht lege artis durchführt. Jeder dieser Arztfehler begründet eigene Schadensersatzansprüche. Wegen des Diagnosefehlers kann der Geschädigte Amtshaftungsansprüche gegen den Unfallversicherungsträger geltend machen; im Übrigen treffen den Arzt wegen der sich anschließenden Behandlungsfehler Haftungsansprüche gemäß §§ 280 Abs. 1 BGB, 823 Abs. 1, Abs. 2 BGB i.V.m. § 233 StGB.

c) Drittschutz und Aktivlegitimation

Die Haftung des Durchgangsarztes im **Innenverhältnis zum Unfallversicherungsträge**r entscheidet sich danach, ob der Durchgangsarzt bei Wahrnehmung hoheitlicher Aufgaben (der Prüfung des Ob und Wie) seine Amtspflichten verletzt hat,

618

619

---

[378] vgl. dazu auch die instruktive Übersicht in Olsen, Pflichtverletzungen des Durchgangsarztes, MedR 2002, S. 132 ff

[379] so BGHZ 63, 265, 270 sowie BGH in NJW 1994, 2417 ff.

[380] so BGHZ 63, 265 (Haftung des Durchgangsarztes bei Erstversorgung am Unfallort)

[381] so Laufs/Uhlenbruck, § 40, Rn. 33

oder ob die anschließende Heilbehandlung zu einer Inanspruchnahme des Unfall-
versicherungsträgers geführt hat. Grundsätzlich unterliegt der Durchgangsarzt bei
seiner Tätigkeit nach Amtshaftungsgrundsätzen dem Privileg des Artikel 34 S. 2 GG
und kann für einen Schaden, den der Unfallversicherungsträger aufgrund eines Fehlverhaltens des Durchgangsarztes zu ersetzen hat, nur bei Vorsatz oder grober Fahrlässigkeit in Anspruch genommen werden. Sind dem Durchgangsarzt Fehler bei der
Behandlung des Patienten selbst unterlaufen, ist der Durchgangsarzt, der ambulant
im Rahmen seiner Praxis oder als Krankenhausarzt die Heilbehandlung als wei-
sungsfreie Nebentätigkeit ausführt, dem Patienten gegenüber selbst zum Ersatz der
von ihm verursachten Schäden verpflichtet. Der Unfallversicherungsträger hingegen hat wegen der von ihm aufgrund der Fehlbehandlung des Patienten zu erbrin-
genden Leistungen weder auf öffentlich-rechtlicher noch auf privatrechtlicher
Grundlage eigene Schadensersatzansprüche gegen den Arzt, es sei denn, die Ersatzansprüche des Verletzten wären auf den Unfallversicherungsträger übergegangen.
Der BGH hat in einer überzeugend begründeten Entscheidung vom 28.06.1994[382]
dazu ausgeführt, dass der Unfallversicherungsträger mit seinen **Vermögensinteressen** weder ausdrücklich als Begünstigter in die Schutzpflichten des beklagten Arztes
einbezogen worden ist, die diesem aufgrund der Heilbehandlungsverpflichtung
oblagen, noch ergibt sich eine solche Einbeziehung des Kostenträgers im Wege der
ergänzenden Vertragsauslegung nach den Grundsätzen von Treu und Glauben.

Das Gericht verweist in dieser Entscheidung auch auf § 116 SGB X, der dem leis-
tenden Sozialversicherungsträger ausschließlich in den engen Grenzen der Vorschrift eine Anspruchsberechtigung verschafft. Ein über die Interessen des Versicherten hinausgehender Vermögensschutz soll dem Sozialversicherungsträger nach
dem gesetzlichen System nicht zustehen.

7. Notarzt im Rettungsdiensteinsatz

620   Die Haftung der Ärzte, die im Rahmen des **notärztlichen Rettungsdienstes** tätig
sind, hat in der Vergangenheit immer wieder die Gerichte beschäftigt. Ob der notärztliche Rettungseinsatz im Zurechnungszusammenhang zu hoheitlicher Verwaltung steht, lässt sich durch einen Blick auf die Rettungsdienstgesetze der einzelnen
Bundesländer klären[383]. Die Rettungsdienste der meisten Bundesländer sehen die
Durchführung notärztlicher Versorgung als Aufgabe der Daseinsvorsorge und der
Gefahrenabwehr an und haben folgerichtig den Rettungsdienst öffentlich-rechtlich
organisiert. Der **Notarzt**, der im **Rettungsdienst** tätig ist, handelt in Ausübung eines
öffentlichen Amtes, so dass der Träger des Rettungsdienstes für einen Behandlungsfehler des Notarztes nach Amtshaftungsgrundsätzen gemäß § 839 Abs. 1 BGB
i.V.m. Artikel 34 GG einzustehen hat.

---

[382] NJW 1994, 2417

[383] vgl. dazu die umfassende und gründliche Darstellung im Aufsatz von Fehn/Lechleuthner,
Amtshaftung bei notärztlichem Behandlungsfehler, MedR 2000, 114 ff.

a) Rechtsgrundlage

Durch das zweite GKV-Neuordnungsgesetz vom 23.06.1997 (BGBl I 1520) ist in **621**
§ 75 SGB V normiert worden, dass die Sicherstellung der **vertragsärztlichen Versorgung** auch zu sprechstundenfreien Zeiten (Notdienst) zu erfolgen hat, nicht
jedoch die notärztliche Versorgung im Rahmen des Rettungsdienstes, soweit Landesrecht nichts anderes bestimmt. Durch diese Norm war klargestellt, dass die notärztliche Versorgung im Rahmen des Rettungsdienstes keine typischerweise vertragsärztliche Aufgabe sein sollte, sondern vorrangig als Teil des durch Landesrecht
geregelten Rettungsdienstes anzusehen war. Dies hat zur Folge, dass die Frage, ob
Amtshaftung oder allgemeine Deliktshaftung eintritt, danach zu beantworten ist, ob
das jeweilige Land den Rettungsdienst öffentlich-rechtlich (dann Amtshaftung)
oder privatrechtlich (dann allgemeine vertragliche oder deliktische Haftung) ausgerichtet hat.

Auch im Hinblick auf § 75 SGB V hat vor Beantwortung der Haftungsfrage eine Abgrenzung zwischen dem Vertragsarzt, der im **vertrags- bzw. kassenärztlichen Notfalldienst** tätig ist und dem **Notarzt im Rettungsdienst** zu erfolgen:

Nach § 75 Abs. 1 SGB V haben die kassenärztlichen Vereinigungen einen ausreichenden **Notdienst** innerhalb der **sprechstundenfreien Zeit** sicherzustellen. Um
diesem Auftrag gerecht zu werden haben die kassenärztlichen Vereinigungen und
die Ärztekammer ambulante Notfall- und Bereitschaftsdienste organisiert, die die
ambulante ärztliche Versorgung bei dringenden Behandlungsfällen in Zeiträumen
sicherstellen, in denen die freien, niedergelassenen Ärzte normalerweise keine
Sprechstunde mehr abhalten. Der Notfalldienst ist auf Ärzte verschiedener Fachrichtungen ausgedehnt, somit auch auf Mediziner, die normalerweise keine Patienten mit akuten Erkrankungen behandeln. Aufgrund seiner öffentlich-rechtlichen
Zulassung ist der jeweilige Arzt dann verpflichtet, im Notfall den Patienten zu behandeln, wenn dieser ihn darum ersucht. Üblicherweise verfügt der Arzt, der den
Notfalldienst versieht nicht über spezielle Geräte, die z.B. einem schwer verletzten
Patienten ein Überleben ermöglichen könnten. Die begrenzten Möglichkeiten des
Arztes im Notdienst bei einer ambulanten Therapie finden dort ihre Grenze, wo für
die Behandlung des Patienten zusätzlich, speziell ausgebildetes Personal oder besondere Apparatur vonnöten ist. Zwischen Arzt und Patient wird ein so genannter
Dienstvertrag im Sinne des § 611 BGB abgeschlossen; bei einem bewusstlos aufgefundenen Patienten wurde die Rechtsgrundlage für eine Behandlung im Institut
der „Geschäftsführung ohne Auftrag" gesehen.

**Hiervon zu unterscheiden ist die medizinische Versorgung durch den Notarzt
im Rettungsdienst.** Dessen Aufgabe besteht in erster Linie darin, dem Notfallpatienten durch notfallmedizinisch ausgebildete Ärzte unmittelbare und schnelle Hilfe
zukommen zu lassen. Gegenstand des Notfalleinsatzes ist es, den Verletzten und
meist in **akuter Not** vorgefundenen Patienten am Notfallort medizinisch zu versorgen und ihn anschließend unter fachgerechter Betreuung in eine für die weitere Versorgung geeignete Einrichtung zu befördern. Dies bedeutet nicht nur, dass der Notarzt im Rettungsdienst wissen muss, welche Verletzungen und Erkrankungen (z. B.

Sturz, Herzstillstand des Patienten während Hitzeperioden, Wiederbelebung eines Ertrunkenen, etc.) wie behandelt werden, sondern er muss auch wissen, in welche Kliniken mit geeigneten Spezialabteilungen die Patienten verbracht werden sollen. Daneben ist der Notarzt auch gleichzeitig **medizinischer Einsatzleiter des Rettungseinsatzes**. Dies bedeutet, dass er sich mehr als jeder andere Arzt nicht nur in den speziellen Rettungsmaßnahmen schulen und deren Durchführung trainieren muss, sondern auch über ein jederzeit abrufbares technisches Know-How verfügen muss. Ihm obliegt als medizinischem Einsatzleiter auch die Führung des nichtärztlichen Rettungsdienstpersonals, wie der Sanitäter und der Rettungshelfer sowie die Maßnahmensteuerung und Abstimmung mit anderen am Einsatz beteiligten Kräften wie Feuerwehr und Polizei. Wie bereits der Bundesgerichtshof in einer grundlegenden Entscheidung[384] ausgeführt hat, kann der am Notfallort tätige Notarzt den im Rettungsdienst tätigen Personen in medizinischen Fragen **Weisungen** erteilen. Mit diesen bildet er eine **Funktionseinheit**, so dass es nicht gerechtfertigt ist, die einheitliche Aufgabe des Notarztes im Rettungsdienst in Einzelakte – teils hoheitlicher, teils allgemein-rechtlicher Art – aufzuspalten und einer gesonderten Beurteilung zu unterziehen[385]. In einer allseits beachteten Entscheidung vom 09.01.2003[386] hat der BGH dieser Haftungseinheit Rechnung getragen und im Leitsatz der Entscheidung ausgeführt:

> *„Ist – wie in Bayern – die Wahrnehmung der rettungsdienstlichen Aufgaben sowohl im Ganzen wie im Einzelfall der hoheitlichen Betätigung zuzurechnen, so sind auch Behandlungsfehler des „Notarztes im Rettungsdiensteinsatz" nach Amtshaftungsgrundsätzen zu beurteilen. Die Vorschriften des 5. Buches Sozialgesetzbuch stehen dem nicht (mehr) entgegen, da nach § 75 Abs. 1 S. 2 SGB V in der Fassung des 2. GKV-Neuordnungsgesetzes vom 23.06.1997 (BGBL I S. 1520) die Sicherstellung der vertragsärztlichen Versorgung in Fällen des Notdienstes nur (noch) die vertragsärztliche Versorgung zu den sprechstundenfreien Zeiten (Notfalldienst), nicht (mehr) die notärztliche Versorgung im Rahmen des Rettungsdienstes (Notarztdienst) umfasst. Dies ist auch dann nicht anders zu beurteilen, wenn der Landesgesetzgeber – wie in Bayern – von der durch § 75 Abs. 1 S. 2 SGB V n. F. eröffneten Möglichkeit, die notärztliche Versorgung im Rahmen des Rettungsdienstes (wieder) zum Gegenstand der vertragsärztlichen Versorgung zu machen, Gebrauch gemacht hat."*

In diesem Urteil gibt der Senat seine bisherige Rechtsprechung auf, nach der die Tätigkeit des Notarztes im Verhältnis zum Notfallpatienten auch dann auf einem privat-rechtlichen Rechtsverhältnis gründete, wenn in dem betreffenden Bundesland der Rettungsdienst öffentlich-rechtlich organisiert war. Diese Ansicht – so der

---

[384] BGHZ 120, 184, 191 ff.
[385] NJW 2002, 3172
[386] BGH-Urteil vom 09.01.2003, III ZR 217/01, MedR 2003, 455; VersR 2003, 732 ff.

Senat – beruhte auf einer Gesetzeslage, die mittlerweile überholt war. Durch die Entscheidung wurde auch ein Haftungsunterschied zwischen den einzelnen, am Notfallort Tätigen aufgehoben. Der Senat stellt ausdrücklich fest:

> Notarzt und die sonstigen am Rettungsdiensteinsatz beteiligten Personen, insbesondere Rettungssanitäter und Fahrer, bilden eine **Funktionseinheit**, so dass es sachgerecht ist, alle diese Personen einem **einheitlichen Haftungsregime** zu unterwerfen.

Damit wurden auch die Unterschiede in der Haftungsbewertung bei Fehlern des Notarztes und des leitenden Notarztes vermieden. Der leitende Notarzt, der bei Schadensereignissen einer großen Anzahl Unfallgeschädigter oder Kranker zum Einsatz kommt, sollte nach herkömmlicher Meinung in jedem Fall nach Amtshaftungsgrundsätzen haften, während dies beim einfachen Notarzt je nach Landesgesetz zu entscheiden war.

Wird der Notarzt selbst während eines rettungsdienstlichen Notarzteinsatzes durch Verschulden eines anderen hoheitlich Handelnden (leitender Notarzt, Rettungssanitäter) verletzt, können ihm persönlich auch Amtshaftungsansprüche gegen die zuständige Körperschaft zustehen, die Träger des Rettungsdienstes ist. Dies gilt ohne jedwede Einschränkung bei frei praktizierenden Ärzten. Bei angestellten Krankenhausärzten ist ein Haftungsausschluss nach §§ 104 ff. SGB VII zu prüfen[387].

b) Amtspflichten

Die **Amtspflichten des Notarztes** bestehen in der medizinischen Behandlung und   **622** Versorgung des Notfallpatienten sowie in der medizinischen Leitung des Rettungseinsatzes. Die Amtspflichten des Notarztes beziehen sich nicht nur auf das allgemeine Interesse an einem funktionierenden Notarztwesen, sondern auch auf das **Individualinteresse des Geschädigten** an einer raschen und lege artis erfolgten notärztlichen Behandlung und einer ordnungsgemäßen Abwicklung des Rettungseinsatzes.

Eine **vorsätzliche Verletzung** der ihm obliegenden Amtspflichten dürfte dem Notarzt nur in allerseltensten Fällen anzulasten sein. Bei der Prüfung, ob der Notarzt „fahrlässig" im Sinne des § 839 BGB, Artikel 34 GG handelt, wird darauf abzustellen sein, welche Anforderungen zu stellen sind: Der Notarzt muss nicht nur die anerkannten Regeln der medizinischen Tätigkeit, sondern auch die Grundlagen der geforderten Einsatztaktik beherrschen. Dies kann regional verschieden sein: So wird der Notarzt, der im Gebirge tätig ist, an einem anderen Durchschnittsstandard zu messen sein, als die Anforderungen, die an den Rettungsarzt auf See zu stellen sind[388]. Auch muss dem Notarzt zugebilligt werden, dass er durch den Einsatz selbst gegebenenfalls geringe Schäden (Sachschäden am Eigentum des Patienten, …) verursacht, um das höherwertige Rechtsgut – das Leben des Patienten – zu retten. Bei Prüfung des **Fahrlässigkeitsmaßstabes** wird man auch nicht außer Betracht lassen

---

[387] so Staudinger/Wurm, § 839, Rn. 602
[388] vgl. dazu auch die Beispiele in Fehn/Lechleuthner, in MedR 2000, 121

dürfen, dass der Notarzt im Rettungsdienst oft unter schwierigsten klimatischen Bedingungen wie Glatteis, starkem Regen oder Sturm seinen schwierigen Auftrag, Leben zu retten, erfüllen muss.

8. Krankenkassen/kassenärztliche Vereinigung/kassenärztliche Bundesvereinigung

623   Die Krankenkassen, die kassenärztliche Vereinigung sowie die kassenärztliche Bundesvereinigung dienen, wie in §§ 72 a ff. des SGB V festgelegt, der **Sicherstellung der ärztlichen Versorgung.** Die kassenärztlichen Vereinigungen und die kassenärztliche Bundesvereinigung haben die Rechte der Vertragsärzte gegenüber den Krankenkassen wahrzunehmen. Da aufgrund ständig neuer Reformbestrebungen in Zukunft dem System der kassenärztlichen Vereinigungen sowie der Verflechtung der einzelnen Körperschaften möglicherweise Strukturänderungen bevorstehen[389], soll sich nachfolgend nur mit den wichtigsten Entscheidungen zum Amtshaftungsrecht auseinandergesetzt werden:

a) Rechtsgrundlage und Aufgabenbereiche

624   Die **gesetzlichen Krankenkassen** haften nach Amtshaftungsgesichtspunkten – dies auch gegenüber dem einzelnen Bürger. Sie haften auch für die **Auskünfte**, die sie erteilen. Beendet z. B. ein Zeitsoldat nach Ablauf seiner Dienstzeit die bestehende private Krankenversicherung, weil ihm eine gesetzliche Krankenversicherung eine Mitgliedsbescheinigung ausgestellt hat, obwohl er nach den gültigen gesetzlichen Bestimmungen wegen fehlender Vorversicherungszeit nicht Mitglied werden kann, muss ihm die Krankenkasse nach § 839 BGB i.V.m. Artikel 34 GG den Schaden ersetzen, der aus dem fehlenden Krankenversicherungsschutz erwächst[390].

Verwaltung und Vertretung der Krankenkasse konzentrieren sich gemäß § 25 a SGB IV beim hauptamtlichen Vorstand. Die Kompetenzen, die der Selbstverwaltung zugeordnet werden, nimmt der Verwaltungsrat wahr. Nach herrschender Meinung soll sich die Haftung der hauptamtlichen Vorstandsmitglieder der Krankenkassen nach den allgemeinen Regelungen der Amtshaftung bemessen. Verursacht die Krankenkasse im Außenverhältnis Schaden, haftet ausschließlich sie selbst. Bei **fiskalischem Handeln** hingegen sollen die Vorstandsmitglieder gesamtschuldnerisch neben der Krankenkasse haften. Auch trifft sie im Innenverhältnis gegenüber der Krankenkasse gesamtschuldnerisch eine Einstandspflicht für alle unmittelbar bei der Krankenkasse oder mittelbar durch ihre Einstandspflicht gegenüber Dritten entstandenen Schäden. Die Haftung der einzelnen Vorstandsmitglieder bei fiskalischem Handeln ist jedoch entsprechend den Regeln über die Haftungsmilderung im Arbeitsverhältnis eingeschränkt. Bei Vorsatz und grober Fahrlässigkeit ist eine volle

---

[389] vgl. dazu die Abhandlung von Kluth, Kassenärztliche Vereinigungen/Körperschaften des öffentlichen Rechts, MedR 2003, 123 ff. sowie Gaß, Gesundheitsreform 2003/Vorfahrt für neue Versorgungsformen, MedR 2003, 129 ff.

[390] so OLG Celle, Urteil vom 25.09.2001 AZ 16 U 83/01 in ASR (Anwältin im Sozialrecht) 2002, 64

Haftung der Vorstandsmitglieder gegeben; bei leichter Fahrlässigkeit scheidet eine Haftung der einzelnen Mitglieder ganz aus und bei mittlerer Fahrlässigkeit wird der Anspruch der Krankenkasse gemindert[391].

Im Wege ihres **Sicherstellungsauftrages** tragen die kassenärztliche Vereinigung und die kassenärztliche Bundesvereinigung dazu bei, dass flächendeckend eine ausreichende, zweckmäßige und qualitätsvolle medizinische Leistung für die Bevölkerung bereitgestellt wird. Im Zuge ihres **Sicherstellungsauftrages** gemäß §§ 75 Abs. 1, 105 SGB V ff. sind sie Träger funktionaler Selbstverwaltung. Sowohl kassenärztliche Vereinigung als auch kassenärztliche Bundesvereinigung haften nach Amtshaftungsgrundsätzen[392]. Die wesentlichsten Entscheidungen zum Amtshaftungsrecht betrafen **Einzelfallentscheidungen** der kassenärztlichen Vereinigung. So wurden Amtshaftungsansprüche gegen die kassenärztliche Vereinigung bejaht, wenn diese durch einen schuldhaften **Organisationsmangel** ein verspätetes Eintreffen des Notarztes am Unfallort verursacht hat[393]. Pflichtverletzungen der Organe der kassenärztlichen Vereinigung bezüglich des **Zulassungsstatus** ihrer Mitglieder sind ebenfalls nach Amtshaftungsgrundsätzen zu prüfen[394], wie auch eine mögliche Amtspflichtverletzung durch die rechtswidrige Weigerung einer kassenärztlichen Vereinigung, der Erbringung kassenärztlicher Leistungen mit einem Computertomografen zuzustimmen[395].

Beachtung fand das Urteil des Bundesgerichtshofes vom 14.03.2002 III ZR 302/00 in MedR 2002, 466 ff.:

Die Entscheidung betrifft Normsetzungsrecht. Danach obliegen den von der kassenärztlichen Bundesvereinigung entsandten Mitgliedern Amtspflichten gegenüber den Vertragsärzten, soweit es um die Beachtung und Wahrung ihres Zulassungsstatus geht. Greift der Bewertungsausschuss seinerseits durch übereinstimmenden Beschluss rechtswidrig in den Zulassungsstatus eines Vertragsarztes ein (hier Laborärzte) haftet die kassenärztliche Bundesvereinigung für die von ihr in diesen Ausschuss entsandten Mitglieder, die ihren Weisungen unterliegen, nach Amtshaftungsgrundsätzen. Da die Rechtsprechung von den **Mitgliedern des Bewertungsausschusses** expressis verbis ein hohes Maß an Sachkenntnis erwartet, wie auch die Fähigkeit zu besonders gründlicher Prüfung der Sach- und Rechtslage, hat der Bundesgerichtshof die Anwendung der Rechtsprechung zum Kollegialgericht für diesen Fall abgelehnt.

b) Rechtsveränderungen und Ausblick

Die bisherigen Ausführungen berücksichtigen noch nicht die Neuregelungen auf- **625** grund des „Gesetzes zur Modernisierung der gesetzlichen Krankenversicherung"

---

[391] so Seegmüller, Die Haftung der Mitglieder des hauptamtlichen Vorstandes der gesetzlichen Krankenkassen in NZS 1996, 408-415
[392] so Staudinger/Wurm, § 839 BGB, Rn. 4
[393] so BGHZ 120, 184
[394] so BGH, NJW 1981, 2000
[395] so BGHZ 132, 181

(GKV-Modernisierungsgesetz GMG) vom 14.11.2003[396]. Durch dieses Gesetz, mit dem gebotene Neuregelungen im Zeitraffer konzipiert worden sind,[397] wurden einige **Versorgungsstrukturen** weiter entwickelt, die hier nur kurz erwähnt werden sollen: Die Krankenkassen sind verpflichtet, flächendeckend hausärztlich zentrierte Versorgungsformen anzubieten (vgl. § 73 b SGB V) bei direktem Vertragsabschluss mit den Krankenkassen. Der Sicherstellungsauftrag verbleibt bei den kassenärztlichen Vereinigungen und kassenzahnärztlichen Vereinigungen, jedoch verbunden mit der Möglichkeit des Zurückbehaltungsrechts von vereinbarten Vergütungen nach den Gesamtverträgen bei Beanstandungen nach § 75 Abs.1 S. 3 u. 4 SGB V. Es sind weitere Versorgungsformen konzipiert, an denen die kassenärztlichen Vereinigungen organisatorisch beteiligt werden sollen (vgl. §§ 73 b, 73 c, 95, 116 a, 116 b, 140 a ff. SGB V). Die kassenärztlichen Vereinigungen und die kassenärztliche Bundesvereinigung haben Stellen zur Bekämpfung von Fehlverhalten im Gesundheitswesen einzurichten (vgl. § 81 a SGB V). Es wird sich in Zukunft zeigen, welche Auswirkungen die Neuerungen des GKV-Modernisierungsgesetzes auf die Krankenkassen, kassenärztlichen Vereinigungen und kassenärztliche Bundesvereinigung haben werden und wie die Rechtsprechung die dadurch auftretenden Fragen beantworten wird[398].

9. Medizinischer Dienst

626 Der Medizinische Dienst ist entsprechend der Definition in § 278 Abs. 1 S. 2 SGB V Körperschaft des öffentlichen Rechts und nimmt die ihm in den §§ 275 ff. SGB V bestimmten gesetzlich zugewiesenen und dort geregelten öffentlichen Aufgaben wahr.

a) Rechtsgrundlage und Aufgaben

627 So obliegt ihm die **Begutachtung von Behandlungsfehlern**, die im Aufgabenkatalog des § 275 SGB V ff. nicht ausdrücklich erwähnt sind; außerdem prüft er auch Ausmaß und Erforderlichkeit gewährter Leistungen sowie die medizinischen Voraussetzungen für die Durchführung einzelner Behandlungen. Ergibt sich bei den Abrechnungen eines Krankenhauses ein konkreter Anlass für die Vermutung von Fehlbelegungen, ist gemäß § 17 a Abs. 1 S. 1 KHG die gezielte Einschaltung des Medizinischen Dienstes vorgesehen. § 18 Abs. 4 SGB XI regelt, dass die Pflege- und Krankenkassen sowie die Leistungserbringer verpflichtet sind, dem Medizinischen Dienst die für die **Begutachtung der Pflegebedürftigkeit** erforderlichen Unterlagen vorzulegen und Auskünfte zu erteilen, ohne dass es einer Einwilligung bedarf[399]. Neben den spezialgesetzlich geregelten Tätigkeitsschwerpunkten des

---

[396] BGBL 2003 I, S. 2190

[397] vgl. dazu die Darstellung zum Gesetzgebungsverfahren selbst in Butzer, Verfassungsrechtliche Anmerkungen zum GKV-Gesundheitsmodernisierungsgesetz 2004 (GMG), MedR 2004, 177 ff.

[398] vgl. dazu auch Dalichau, Wesentliche Neuerungen des GKV-Modernisierungsgesetzes aus der Sicht der Rechtsprechung, MedR 2004, 197

[399] vgl. dazu Sikorsky, Die Rechtsgrundlagen für das Anfordern medizinischer Unterlagen durch den MDK, MedR 1999, 449 ff.

Medizinischen Dienstes hat der Gesetzgeber in § 275 Abs. 4 SGB V ausdrücklich vorgesehen, dass die Krankenkassen bei Erfüllung sämtlicher der in den Absätzen 1–3 genannten Aufgaben den Medizinischen Dienst im notwendigen Umfang zur Prüfung und Stellungnahme heranziehen sollen. Nach einhelliger Auffassung enthält die Vorschrift des § 275 Abs. 4 SGB V keine abschließende Regelung der Tätigkeitsfelder des MDK, sondern ist als Auffangtatbestand anzusehen[400].

§ 66 SGB V normiert, dass die Krankenkassen die Versicherten bei der Verfolgung von Schadensersatzansprüchen, die bei der Inanspruchnahme von Versicherungsleistungen aus Behandlungsfehlern entstanden sind und nicht nach § 116 des 10. Buches (SGB X) auf die Krankenkassen übergehen, unterstützen können. Aufgrund dieser Vorschriften sind die Krankenkassen berechtigt, ihrem Versicherungsnehmer bei der Verfolgung privatrechtlicher Schadensersatzansprüche aus Vertrag und Delikt, insbesondere bei der Geltendmachung von Ansprüchen auf Schmerzensgeldzahlung sowie materiellen Schäden behilflich zu sein und sie mit einer **gutachterlichen Stellungnahme des MDK** zu unterstützen. Die gutachterliche Tätigkeit des MDK in diesen Fällen beschränkt sich daher auf die Vorbereitung einer zivilrechtlichen Klage; so kann und darf der Medizinische Dienst **keine Rechtsberatung** vornehmen, sondern lediglich den Medizinischen Standard überprüfen; die Beantwortung von Rechtsfragen sowie die juristische Bewertung des Behandlungsgeschehens fällt nicht in Kompetenz und Betätigungsfeld des Medizinischen Dienstes.

b) Haftung und Drittschutz

Bei Fehlern des Medizinischen Dienstes der Krankenkassen, zum Beispiel anlässlich einer **fehlerhaften Begutachtung**, kommen aufgrund der hoheitlichen Ausprägung des Medizinischen Dienstes als rechtsfähige Körperschaft des öffentlichen Rechts die Grundsätze der Amtshaftung gemäß § 839 BGB i.V.m. Artikel 34 GG zur Anwendung[401]. Es haftet nicht der einzelne MDK-Gutachter bei einer fahrlässigen Falschbegutachtung, sondern der Medizinische Dienst selbst als Anstellungskörperschaft.

628

Dies gilt nicht in den Bundesländern, in denen der Medizinische Dienst nicht als **Körperschaft des öffentlichen Rechts** organisiert ist; hier könnten jedoch die Grundzüge der Amtshaftung zum Tragen kommen, wenn sogenannte „Beliehene" tätig werden. Die im Medizinischen Dienst tätigen Ärzte schulden im Rahmen ihrer Begutachtung den geforderten ärztlichen Standard, wobei dafür grundsätzlich die gleichen Maßstäbe anzuwenden sind, die für alle – medizinischen – Sachverständigengutachten gelten[402]. Der Gutachter ist jedoch bei der Wahrnehmung seiner medizinischen Aufgaben nur seinem ärztlichen Gewissen unterworfen (so § 275 Abs. 5 S. 1 SGB V), dennoch wird auch im Hinblick darauf ein Abweichen vom geschuldeten Standard zu einer Amtspflichtverletzung führen.

---

[400] so Peters, Handbuch der Krankenversicherung, § 275 SGB V, dort Rn. 46
[401] vgl. dazu auch Sikorsky, Die Begutachtung von Behandlungsfehlern durch den MDK, MedR 2001, 188 ff.
[402] vgl. dazu die nachfolgende Abhandlung unter Ziffer VI sowie Stegers, Der medizinische Sachverständige im Arzthaftungsprozess, VersR 2000, 419 ff.

Die Gutachter des Medizinischen Dienstes sind nicht berechtigt, in die ärztliche Behandlung selbst einzugreifen (§ 275 Abs. 5 S. 2 SGB V). Eine Haftung für reine Behandlungsfehler scheidet daher aus. Ansprüche aus Amtspflichtverletzung können sich jedoch dann verwirklichen, wenn die Krankenkasse gestützt auf eine fehlerhafte Begutachtung eine unzutreffende Verwaltungsentscheidung trifft, dem Versicherten etwa gesundheitlich notwendige Behandlungen aufgrund des Gutachtens versagt, die zu weiteren gesundheitlichen Beeinträchtigungen ihres Mitglieds führen. Eine Amtspflichtverletzung gegenüber der Krankenkasse ist gleichermaßen denkbar, wenn z. B. aufgrund der fehlerhaften Begutachtung Leistungsansprüche bejaht werden, auf die nach dem SGB kein Anspruch besteht und die ursprüngliche Kostenzusage nach § 45 SGB X nicht mehr zurückgenommen werden kann. Für die Zukunft wird sich die Frage nach einer analogen Anwendung des neu geschaffenen **§ 839 a BGB** auf die Gutachten des Medizinischen Dienstes nach meiner Auffassung wegen des Vorranges des allgemeinen Staatshaftungsrechts nicht stellen.

10. Amtstierarzt

629 Auch **Fehlverhalten von Amtstierärzten** unterliegt Amtshaftungsgrundsätzen. Die Anstellungskörperschaft haftet für Fehler, die dem Tierarzt bei der hoheitlich vorzunehmenden **Fleischbeschau** oder bei der **Bekämpfung von Tierseuchen** unterlaufen.

Auch dann, wenn frei niedergelassenen Tierärzten aufgrund Gesetzes durch Verwaltungsakt oder verwaltungsrechtlichen Vertrag hoheitliche Kompetenzen zur Wahrnehmung im eigenen Namen übertragen worden sind, wie z.B. die nach § 2 Abs. 2 S. 2 Tierseuchengesetz[403] findet § 839 BGB i.V.m. Artikel 34 GG Anwendung.

a) Grundlagen und Drittschutz

630 In die Amtspflicht des beamteten oder beliehenen Tierarztes, bei Schlachttieren eine ordnungsgemäße **Fleischbeschau** und **Trichinenschau** vorzunehmen, ist jeder zukünftige Konsument, der das Fleisch erwirbt und verzehrt, einbezogen.

Beispiel:

Trichinose-Fall 1 U 538/91, Urteil vom 24.07.2002 OLG Koblenz – nicht veröffentlicht –

Im Jahr 1982 nahm während des Urlaubs des zuständigen Fleischbeschautierarztes dessen Vertreter, der ebenfalls im Dienstverhältnis mit der Anstellungskörperschaft stand, die Fleischbeschau bei 30 geschlachteten Schweinen vor. Er entnahm an 21 Tieren Proben, die von ihm nicht auf Trichinen untersucht worden sind. Die mit Trichinen befallenen Tiere wurden verarbeitet. Die daraus entstandenen Würste und Rohesser gelangten kurze Zeit später auf einem großen Brauereifest in den Verkehr. Anfang November 1982 trat eine epidemieartige Erkrankung bei rund 480 Personen an Trichinose auf. Der Kläger, ein damals erst 30jähriger Landwirt, erkrankte schwer. In der Folgezeit entwickelte sich bei

---

[403] vgl. Tierseuchengesetz vom 20.12.1995 (BGBL I, S. 2038)

*ihm trichinosebedingt eine Depression und eine massive Minderung seiner Leistungsfähigkeit. Das Oberlandesgericht Koblenz billigte dem Kläger Schmerzensgeld zu sowie durch Schlussurteil vom 24.07.2002 einen materiellen Schadensersatz in Höhe von 331.497,57 Euro. In dem Urteil ging der Senat von einer **vorsätzlichen** Verletzung der Amtspflicht durch den zuständigen Tierarzt aus, für die der beklagte Landkreis als Anstellungskörperschaft einzustehen hatte. Auch wurde festgestellt, dass der Tierarzt eine auch dem Kläger als Konsument gegenüber bestehende Amtspflicht schuldhaft verletzt hatte.*

b) Einzelfälle der Haftung

Amtspflichtverletzungen durch Tierärzte haben in der Vergangenheit unter vielerlei   **631**
Aspekten die Gerichte beschäftigt. Gefragt ist die Kenntnis um **Tierseuchen**, deren Ausbreitung und Bekämpfung sowie die Kenntnis der Notwendigkeit, schnellen Handelns z. B. bei Ausbruch der Aujeszkyschen Krankheit (Schweinepest) in den einzelnen Zuchtbetrieben, wobei nur beispielhaft auf das Urteil des Oberlandesgerichts Frankfurt vom 21.03.1996[404] zu verweisen ist. Zu den Amtspflichten eines Tierarztes gehört es bei **hochaggressiven Tierkrankheiten** wie der Schweinepest auch, dass der Tierarzt die landwirtschaftlichen Betriebe nur mit Schutzkleidung betritt, um die Ausbreitung der Schweinepest zu verhindern, was in § 4 Nr. 2 der Schweinepestverordnung i.d.F. vom 21.10.1994 ausdrücklich vorgesehen ist. Im Rahmen des Behandlungsvertrages schuldet der Tierarzt insbesondere die Einhaltung des tiermedizinischen Standards und hat dabei auch die wirtschaftlichen Interessen des Auftraggebers zu berücksichtigen. Liegt ein **grober Behandlungsfehler** vor, der sich – ähnlich wie in der Humanmedizin – dann bejahen lässt, wenn Verstöße gegen elementare Behandlungsregeln und gegen elementare Erkenntnisse der Tiermedizin vorliegen und der Fehler aus objektiv tierärztlicher Sicht nicht mehr verständlich ist, weil er einem Trierarzt schlechterdings nicht unterlaufen darf[405], kommt es zu einer **Umkehr der Beweislast** zugunsten des Geschädigten.

Auch die Nichtbeachtung internationaler Standards kann eine Amtspflichtverletzung begründen.

So hat das Oberlandesgericht Hamm im Urteil vom 28.04.1989[406] die Amtspflichtverletzung eines Amtstierarztes bejaht, der für den Export von Ferkeln eine Kennzeichnung gewählt hatte, die nach **EG-Richtlinien** zwar zulässig war, jedoch im Einfuhrland nicht akzeptiert wurde. Die Ferkel mussten daher noch in Deutschland getötet werden und konnten wegen fehlender Ohrmarkenkennzeichnung nicht nach Spanien exportiert werden. Das OLG Hamm hat dem Exporteur einen Schadensersatzanspruch gemäß § 839 Abs. 1 S. 2 BGB i.V.m. Artikel 34 GG zugebilligt und dabei ausgeführt, dass der Geschädigte nicht auf eine anderweitige Ersatzmöglichkeit im Sinne des § 839 Abs. 1 S. 2 BGB gegen Spanien verwiesen werden kann,

---

[404] OLGR 1997, 140 ff.
[405] so OLG Hamm in OLGR 2004, 62 (hier jedoch für den niedergelassenen Tierarzt und nicht für den Amtstierarzt)
[406] OLG Hamm in VersR 1992, 467

weil die Verfolgung des Anspruchs im Ausland eine Erschwerung und Verzögerung mit sich bringt, die dem Geschädigten nicht zumutbar ist.

c) Anspruchskonkurrenzen

632   Verliert ein Tierhalter seinen Tierbestand oder Teile davon, billigt ihm die Vorschrift der §§ 66 ff. Tierseuchengesetz (TierSG) eine **tierseuchenrechtliche Entschädigung** zu. Die gesetzliche Regelung enthält eine genaue Angabe der möglichen Entschädigungsgründe. Ist daneben keiner der Ausschlusstatbestände der §§ 66 bis 70 TierSG gegeben, kann der Tierhalter die Entschädigung beanspruchen. Neben dieser Vorschrift bestehen Ansprüche aus Amtshaftung gemäß § 839 BGB i.V.m. Artikel 34 GG. Diese knüpfen – als Ausfluss objektiver Unrechtshaftung – an die Rechtswidrigkeit einer Maßnahme an. Die Vorschriften des TierSG verdrängen lediglich die Entschädigungsansprüche bei **rechtmäßiger Inanspruchnahme** des Tierhalters. Folgerichtig kommen Ansprüche aus Amtshaftung ohne jedwede Einschränkung zur Anwendung[407].

V. Richter, Gerichte, Staatsanwaltschaften und Hilfspersonen

633   Die Haftung des Staates für das Handeln der rechtsprechenden Gewalt war stets eingeschränkt. Dies wird gewöhnlich gerechtfertigt durch die Überlegung, dass die richterliche Tätigkeit unabhängig und frei, damit auch frei von unkalkulierbaren Haftungsrisiken sein müsse. Andere, wohl inzwischen die breite Mehrheit begründen diese Haftungseinschränkung überzeugend mit der **Gewährleistung des Rechtsfriedens** durch (nicht mehr angreifbare) richterliche Entscheidungen, der **Sicherung der Rechtskraft**[408]. Damit wird letztlich eine Güterabwägung zwischen Gemeinwohlinteressen (funktionstüchtige Rechtsprechung) und den Ersatzinteressen einzelner Privater getroffen. Zum Ausdruck kommt dies in § 839 Abs. 2 Satz 1 BGB, dem „**Spruchrichterprivileg**" (auch Richterspruchprivileg oder Richterprivileg[409] genannt).

Ob diese Haftungsbeschränkung auch als Grundsatz des europäischen Rechts für den gemeinschaftsrechtlichen Staatshaftungsanspruch (hierzu u. Rn. 784 ff., 790) gilt, erscheint nach einer neueren Entscheidung des Gerichtshofs der Europäischen Gemeinschaften (EuGH) zumindest fraglich[410]. Insoweit stehen abschließende Klä-

---

[407] so die Abhandlung von Barz, Verhältnis der tierseuchenrechtlichen Entschädigung zu anderen Instituten der Staatshaftung, Agrarrecht 2001, 304-306

[408] so wohl die überwiegende Meinung s. nur Staudinger/ Wurm § 839 Rn. 317; MK-Papier § 839 Rn. 322 f.; Ossenbühl 1998 S. 101 f.; Tremml/Karger 1998 Rn. 215 – das Urteil soll im Amtshaftungsverfahren nicht (nochmals) auf seine „Richtigkeit" überprüft werden, Sicherung der Rechtskraftwirkung; kritisch zu der eingeschränkten Haftung- aber wohl mehr rechtspolitisch argumentierend Karl Eichele, Staatshaftung für Richter, BRAK-Mitt. 2003, 159–161; eingehend auch Christian Tombrink, Der Richter und sein Richter – Fragen der Amtshaftung für richterliche Entscheidungen, DRiZ 2002, 296-300

[409] Ossenbühl 1998 S. 101

[410] EuGH, NJW 2003, 3539; näheres zu diesem Problemkreis unten Rn. 790

rungen für Folgen der Verletzung europäischen Rechts durch Urteile der Gerichte noch aus.

1. Richter

a) Spruchrichterliche Tätigkeit

Soweit der Richter i.S.v. Art. 97 GG als „**Spruchrichter**" tätig wird, tritt die Haftungsreduzierung i.o. erläuterten Sinne ein. Spruchrichter sind die Berufsrichter aber auch Schöffen und andere ehrenamtliche Richter (vgl. § 11 Abs. 1 Nr. 3 StGB)[411]. Dabei werden als „Urteil in einer Rechtssache" nicht nur Urteile sondern auch in Grenzen Beschlüsse („urteilsvertretende Erkenntnisse"[412]) angesehen, wobei das sachliche Gebiet (Zivil-, Strafverfahren, öffentliche Gerichtsbarkeit oder Verfahren der freiwilligen Gerichtsbarkeit) für die Beurteilung und Zuordnung insoweit keine Entscheidungsrelevanz besitzt.

634

Beispiel:

BGH, NJW 2003, 3052 – Urteil in einer Rechtssache –

Das der betreffenden Entscheidung zugrundeliegende Verfahren muß ein „Erkenntnisverfahren" sein: rechtliches Gehör muß gewahrt sein, Beweismittel müssen ausgeschöpft werden und der „Spruch" muß begründet sein. Die Entscheidung muß in dem Sinne abschließend sein, dass lediglich Rechtsmittel zu einer Abänderung und der nochmaligen Befassung des Gerichts führen können, sie darf nicht frei änderbar sein.

Es unterfallen demnach als **urteilsvertretende Erkenntnisse** der unmittelbaren Privilegierung u.a. die Beschlüsse nach § 91 a ZPO, die ein Rechtsmittel als unzulässig verwerfenden Beschlüsse, der die Berufung einstimmig zurückweisende Beschluß nach § 522 Abs. 2 ZPO und der Gerichtsbescheid nach § 84 VwGO.

Nicht abschließend geklärt ist die rechtliche Zuordnung von Arresten, einstweiligen Verfügungen, Entscheidungen im Strafvollstreckungsbereich[413] und beim Strafbefehl[414]. Allerdings ist die Differenzierung aus den unter b) genannten Gründen heute für die Praxis nicht mehr besonders bedeutend.

Privilegiert sind nicht nur die Entscheidung, der Entscheidungsfindungsprozess selbst, sondern auch die richterlichen Verfügungen, alle Maßnahmen und Tätigkeiten, die dem Ziel der Entscheidung durch „Urteil" dienen sollen (z.B. Terminierungen, Beweis-, Auflagenbeschlüsse, Verfügungen). Demnach greift die Privilegierung gerade dann nicht ein, wenn richterliches Handeln verweigert oder verzögert wird, § 839 Abs. 2 Satz 2 BGB. Gleiches gilt für schadensverursachende dem Urteil (z.B. in einer Strafsache) nachfolgende falsche Behauptungen (in Urteilsbegründungen usw.).

---

[411] u.a. in der Arbeits-, Verwaltungsgerichtsbarkeit, als Handelsrichter usw.

[412] BGH, NJW 2003, 3695 f.

[413] OLG Koblenz, OLGR 2004, 125 f. (Beschlüsse nach § 115 StVollzG unterfallen dem Spruchrichterprivileg)

[414] s. hierzu Staudinger/Wurm § 839 Rn. 336

Besondere Bedeutung gewinnt zur Zeit die Haftung wegen „überlanger Verfahrensdauer" und den damit einhergehenden Verstößen gegen Art. 6 und 13 EMRK[415]. Es besteht wohl die Amtspflicht, auch gespeist aus dem Rechtstaatsprinzip und dem europäischem Recht, Entscheidungen innerhalb angemessener Frist zu treffen. Fehlt es an einer entsprechenden Verfahrensförderung und raschen Entscheidungsfindung im Einzelfall, dann ist das Land bzw. der Bund ersatzpflichtig[416].

Das „Beratungsgeheimnis" spielt für die Haftung des Bundes und der Länder für „ihre Rechtsprechung" gegenüber dem geschädigten Bürger keine Rolle, denn für die Außenhaftung ist es zum einen unerheblich, ob alle oder lediglich eine Mehrheit der Richter rechtswidrig votiert haben und zum anderen ist eine Individualisierung der konkret handelnden Personen in diesen Sachverhaltkonstellationen nicht erforderlich[417].

Eine Haftung findet nur bei **Verwirklichung eines Straftatbestandes** (vor allem Rechtsbeugung) statt.

b) Weitere Tätigkeitsbereiche

635 Wird der Richter außerhalb dieser „Spruchrichtertätigkeit" tätig, ist die betroffene Entscheidung insbesondere **frei änderbar** (z.B. im Prozesskostenhilfebewilligungsverfahren, Haftbefehlsverfahren, Anordnung von Abhörmaßnahmen[418]), dann besteht keineswegs die reguläre Amtshaftung. Vielmehr hat die Rechtsprechung – verstärkt in den letzten Jahren – eine weitere Haftungseinschränkung auch in diesen Fällen festgelegt[419].

Beispiel:

BGHZ 155, 306 – 311 – richterliche Unabhängigkeit -

Bei richterlichen Amtspflichtverletzungen außerhalb des Anwendungsbereichs des § 839 Abs. 2 Satz 1 BGB ist nämlich der Verfassungsgrundsatz der richterlichen Unabhängigkeit zu beachten. Soweit in solchen Fällen im Amtshaftungsprozess darüber zu befinden ist, ob ein Richter bei der Rechtsanwendung und Gesetzesauslegung schuldhaft amtspflichtwidrig gehandelt hat, kann dem Richter in diesem Bereich ein Schuldvorwurf nur bei besonders groben Verstößen gemacht werden; inhaltlich läuft das auf eine Haftung für Vorsatz oder grobe Fahrlässigkeit hinaus.

---

[415] s. Jörg Gundel, Neue Anforderungen des EGMR an die Ausgestaltung des nationalen Rechtsschutzsystems, DVBl 2004, 17–27; Jens Meyer-Ladewig, EMRK (Handkommentar) Art. 6 Rn. 77 ff.

[416] wobei auch hier ein weiter Gestaltungsspielraum den Handelnden zuzubilligen ist; zur Verpflichtung der Nationalstaaten, einen Rechtsmittelweg bei Verzögerungen zu schaffen s. Gundel a.a.O. S. 21 ff. ; zu weiteren Haftungskonstellationen s. unten Rn. 648

[417] anders in der Regreß-Situation

[418] BGH, NJW 2003, 3693-3698

[419] kritisch Christian Schlaeger, Amtspflichtverletzung durch richterliche Tätigkeit, NJW 2001, 3244

Hierbei ist allerdings noch keineswegs abschließend geklärt, ob diese Einschränkung der Haftung sich bereits tatbestandsmäßig beim Pflichtenumfang oder aber erst im Schuldbereich auswirkt[420].

c) Strafrichter

Für den Strafrichter ist festzuhalten, dass bei Haftentscheidungen, Durchsuchungs- **636** beschlüssen u.ä. auch ihm (nicht nur der Staatsanwaltschaft – s.u. Rn. 646) ein **Beurteilungsspielraum** verbleibt, so dass das Handeln nicht auf „Richtigkeit" sondern lediglich auf „**Vertretbarkeit**" überprüft werden kann. Ist demnach das Handeln des Richters bei einer Haftentscheidung vertretbar, scheidet (bereits auf Tatbestandsebene) ein Amtspflichtverstoß und damit eine Haftung aus.

Die gleichen Maßstäbe dürften für die Ausübung der Sitzungsgewalt, Sitzungspolizei gelten; eine Haftung kommt demnach nur dann in Betracht, wenn z.B. konkrete Anhaltspunkte für die Begehung einer Gewalttat im Gerichtssaal vorliegen und durch den verantwortlichen Richter nicht gehandelt wird.

d) Drittschutz

Amtspflichten bestehen grundsätzlich nur gegenüber den an dem konkreten Verfah- **637** ren beteiligten Personen, nicht gegenüber nur wirtschaftlich am Ausgang des Prozesses Interessierten.

Der Richter, das Gericht hat auf die richtige Besetzung zu achten, Entscheidungen fristgerecht abzusetzen, Prozesskostenhilfe bei Vorliegen der gesetzlichen Voraussetzungen zu bewilligen[421], Streitwerte richtig festzusetzen und bei der Protokollierung von Vergleichen, die einem Notar obliegenden Pflichten bei entsprechender Beurkundung zu beachten.

2. Sonstige Gerichtspersonen und besondere Bereiche ohne Haftungsprivilegierung

a) Rechtspfleger

Der Rechtspfleger hat vor allem auf seine Zuständigkeit (auch im Verhältnis zum **638** Richter) zu achten und ggf. dessen Entscheidung einzuholen sowie die vom Richter festgelegte Rechtsauffassung zu beachten.

---

[420] zur Rechtsprechung der OLGs in diesem Punkt s. Itzel 2003 K 41 – m.w. Nachw.; Staudinger/Wurm § 839 Rn. 624 (Schuldvorwurf entfällt); so auch Tombrink a.a.O. (Fn. 298) S. 300 – Im letzteren Fall wären dann noch Ansprüche aus enteignungsgleichem Eingriff bzw. aus Aufopferungsgedanken (rechtswidriger Eingriff in Rechtsgüter) möglich; Auswirkungen bestehen auch ggf. für die Personen (u.a. Polizeibeamte), die (rechtswidrige) gerichtliche Entscheidungen dann ausführen – Probleme der Teilnahme (Verschulden – fraglich)

[421] s. Staudinger/Wurm § 839 Rn. 626 – die Amtspflicht, PKH bei Nichtvorliegen der Voraussetzungen zu versagen, besteht nicht zugunsten des Prozessgegners (nur zugunsten der Allgemeinheit)

b) Urkundsbeamte der Geschäftstelle

639   Zu den Amtspflichten gehört hier vor allem die rechtzeitige und korrekte Durchführung der Ladungen und Zustellung von (vollstreckungsfähigen) Entscheidungen, Rechtskraftzeugnisse erst nach Rechtskraft zu erteilen, Überführungsstücke, Beweismittel sorgfältig und sicher zu verwahren und die ordnungsgemäße Ausfertigung von Urteilen und Beschlüssen.

c) Nachlassabteilung

640   Es besteht eine Nachforschungspflicht nach verwahrten Testamenten; im Erbscheinsverfahren sind die richtigen Erben zu beteiligen und anzugeben. Nachlaßverwalter, Testamentsvollstrecker sind nach sachlichen Kriterien korrekt auszuwählen und auch ausreichend zu beaufsichtigen[422].

d) Grundbuchabteilung und sonstige Register

641   Hier ist vor allem die Pflicht zur termins-, eingangsabhängigen Erledigung von (Eintragungs-) Anmeldungen („in der richtigen Reihenfolge") zu nennen[423]. Der **Prioritätsgrundsatz** ist strikt einzuhalten. Geschützt sind alle von der unrichtigen Eintragung Betroffenen. Bei mit Tatsachen begründbaren Zweifeln an der Geschäftsfähigkeit der Handelnden hat der Grundbuchbeamte auch bei entgegenstehenden notariellen Feststellungen zur Geschäftsfähigkeit dies weiter zu überprüfen.

Zu beachten ist der Haftungsausschluß nach § 12 a Abs. 1 Satz 2 GBO, nach dem für unrichtige Auskünfte aus dem Eigentümerverzeichnis u.a. nicht gehaftet wird.

Von zunehmender Bedeutung für die Praxis ist das (über Internet verfügbare) **Schuldnerverzeichnis**. Die Pflicht zur korrekten Eintragung und Fortschreibung der Daten besteht sowohl gegenüber allen Einsichtnehmenden wie auch zu Gunsten des Eingetragenen (rechtzeitige Löschung usw.).

Die Eintragungen im Handelsregister sollen alle Personen schützen, deren Rechte und Interessen durch den (unzutreffenden) Registereintrag beeinflusst werden können[424].

e) Vormundschaftsabteilung

642   In erster Linie bestehen für das Vormundschaftsgericht Amtspflichten zu Gunsten und zum Schutz des Mündels[425]. So müssen unzuverlässige Vormünder abgelöst und nur zuverlässige bestellt werden. Die Amtsführung muß kontrolliert werden und bei auftretenden Mängeln ist unverzüglich zu reagieren.

Zu den Amtspflichten der Amtspfleger und Amtsvormünder s. u. Rn. 768.

---

[422]   zu weiteren Einzelfällen Rinne/Schlick 1997 S. 1070 f., 1075
[423]   zu weiteren Einzelfällen Rinne/Schlick 1997 S. 1075
[424]   s. Staudinger/Wurm § 839 Rn. 645
[425]   eingehend Staudinger/Wurm § 839 Rn. 642 f.

f) Vollstreckungsabteilung

Bei Zwangsversteigerungen sind die Verfahrensbeteiligten (§ 9 ZVG), die Bieter **643** und der Meistbietende von den Verfahrensvorschriften geschützt (**personaler Drittschutz**)[426]. Fehler im Verfahren können einen Amtshaftungsanspruch begründen. Dies gilt u.a. für die fehlerhafte Bestimmung des Versteigerungstermins, fehlerhafte (sachlich unzutreffende oder nicht ausreichende) Bekanntmachung, zu niedrig festgelegtes geringstes Gebot[427].

Allerdings ist der Ersatzanspruch unter Berücksichtigung des Schutzzweckes der im Zwangsversteigerungsverfahren zu beachtenden Amtspflichten begrenzt; so ist hier ein entgangener Gewinn grundsätzlich nicht ersatzfähig[428].

Häufiger als in sonstigen Bereichen spielen in diesen Verfahren die Wertgutachter eine entscheidende Rolle. Diese Sachverständigen werden nicht als gerichtliche „Werkzeuge", Beliehene oder sonstige Beamte im haftungsrechtlichen Sinne tätig[429]; ihre Haftung bestimmt sich nun nach § 839 a BGB, früher im wesentlichen nach § 826 BGB.

Wird im Rahmen des Zwangsversteigerungsverfahrens ein **Gutachterausschuss** mit der Wertermittlung beauftragt und kommt dieser zu falschen Angaben, dann haftet der Rechtsträger des Gutachterausschusses ggf. dem Ersteigerer als geschütztem Dritten nach Amtshaftungsgrundsätzen (Erweiterung des Drittschutzes)[430]. Wegen der Haftung von Sachverständigen in derartigen Situationen und Fallkonstellationen nach altem Recht und nun nach § 839 a BGB s. eingehend unten Rn. 649 ff., 665 ff..

g) Unterbringungen

In letzter Zeit nehmen geltend gemachte Ersatzansprüche nach rechtswidrigen **644** Unterbringungen aufgrund landesrechtlicher Vorschriften deutlich zu. Für den richterlichen Bereich sind zum einen die o. dargestellten Haftungsbeschränkungen zu berücksichtigen, wobei es sich bei den Beschlüssen zur (vorläufigen) Unterbringung nicht um privilegierte Entscheidungen nach § 839 Abs. 2 Satz 1 BGB (Spruchrichterprivileg – Richterspruchprivileg) handelt[431]. Jedoch billigt der Bundesgerichtshof den „Unterbringungsrichtern" eine nur eingeschränkte Überprüfbarkeit ihrer Entscheidungen zu. Danach soll wie bei den richterlichen Entscheidungen über Anordnung und Fortdauer der Untersuchungshaft nicht die sachliche Richtigkeit, sondern lediglich deren **Vertretbarkeit** geprüft werden[432].

---

[426] BGH, VersR 2003, 1536 f.

[427] zu weiteren Amtspflichten, Amtspflichtverletzungen s. Staudinger/Wurm § 839 Rn. 653 – m.w.Nachw.

[428] BGH, MDR 2001, 1351; s. auch oben Rn. 89, 90

[429] BGH, VersR 2003, 1049 f.

[430] BGH, MDR 2003, 628 f. = VersR 2003, 1535-1537; G. Wagner/Ch. Thole, Die Haftung des Wertgutachters gegenüber dem Ersteigerer, VersR 2004, 275–279; s. auch bereits oben Rn. 591

[431] BGHZ 155, 306–311 = BGH-Report 2003, 994–996 – s. auch o. Rn. 635

[432] Berücksichtigung der Belange einer funktionstüchtigen Rechtspflege

3. Gerichtsvollzieher

645 Gerichtsvollzieher sind **keine Gebührenbeamte**[433]; es greift die reguläre Amtshaftung mit Haftungsüberleitung auf den Staat ein (Art. 34 GG).

Amtspflichten des Gerichtsvolziehers bestehen grundsätzlich nur gegenüber dem Vollstreckungsschuldner und dem Vollstreckungsgläubiger. Geschützt werden Dritte nur, wenn in ihren Rechtskreis eingegriffen wird, z.B. in das gesetzliche Vermieterpfandrecht[434].

Gepfändete Sachen sind kenntlich zu machen (Siegelung, Pfandmarke) und zu sichern. Unnötige Schädigungen (z.b. durch gewaltsames Öffnen von Schlössern bei Vorlage passender Schlüssel) sind zu vermeiden. Über Verwertungshandlungen (z.b. Versteigerung) ist rechtzeitig zu informieren. Die erteilten Vollstreckungsaufträge sind zeitnah auszuführen. Auch dürfen unpfändbare oder sicher in schuldnerfremdem Eigentum stehende Sachen nicht gepfändet werden. Besonders schadensträchtig ist die Pfändung verderblicher Sachen (Früchte usw.) und die (rechtzeitige, zu frühe) Verwertung von Wertpapieren (Aktien).

Zustellungen sind zeitnah und wirksam durchzuführen[435].

4. Staatsanwaltschaften

646 Für die Ermittlungstätigkeit der Staatsanwaltschaften (s. §§ 152, 160, 170 StPO) gilt zunächst zum einen, dass die Ermittlung von Straftaten grundsätzlich nur dem **öffentlichen Interesse** dient; d.h. der Geschädigte ist regelmäßig nicht „geschützter Dritter". Dies gilt auch in Situationen, in denen durch frühzeitiges staatsanwaltschaftliches, polizeiliches Eingreifen (hoher) Schaden bei dem Bürger mit Sicherheit hätte verhindert werden können[436].

Und zum anderen sind diese staatsanwaltschaftlichen Maßnahmen im Rahmen von Amtshaftungsverfahren **nicht auf ihre sachliche Richtigkeit** sondern unter Berücksichtigung des Ziels einer effektiven Verbrechensbekämpfung lediglich auf ihre **Vertretbarkeit** zu überprüfen[437].

Vorschriften bzgl. einzelner Ermittlungsmaßnahmen (Anträge zur Haft, Durchsuchung, alsbaldige Entscheidung über die Freigabe von beschlagnahmten Gegenständen, Pressemitteilungen, öffentliche Fahndungen usw.) sind für den jeweiligen Beschuldigten und Betroffenen drittschützend[438]. So ist das Ermittlungsverfahren alsbald einzustellen, wenn sich der Anfangsverdacht nicht bestätigt und dem Be-

---

[433] s.o. Rn. 226

[434] MK-Papier § 839 Rn. 239

[435] OLG Celle, OLGR 2002, 73 f. (Zustellung bei offenkundigem Interessenkonflikt; Drittschuldnerbeteiligung)

[436] s. OLG Koblenz, OLGR 2002, 147

[437] OLG Dresden, OLGR 2001, 551; zur Bedeutung der Kollegialrechtsprechungs-Richtlinie und Problemen des Regresses s. auch Peter Fluck, Amtspflichtverletzung durch Staatsanwälte, NJW 2001, 202 f.

[438] z. Pressemitteilungen s. eingehend auch unten Rn. 761

schuldigten bei Fortführung des Verfahrens schwerwiegende Nachteile (z.B. im Beruf) drohen[439]. **Schutzpflichten** können auch je nach konkreter Lage zu Gunsten des Geschädigten bestehen (z.b. Sicherstellung und Sicherung von Hehler-, Diebesware)[440].

Auch wenn nur eine **eingeschränkte Überprüfbarkeit** der Entscheidungen der Ermittlungsbehörden (vor allem Staatsanwaltschaft mit ihren Hilfsbeamten) besteht, gilt doch, dass diese sich bei Sachverhaltsermittlung und –darstellung ordnungsgemäß verhalten müssen. Demnach liegt eine Amtspflichtverletzung vor, wenn dem Gericht ein Antrag (z.B. auf Erlaß eines Haftbefehls) mit unvollständiger Akte (Fehlen entlastender Zeugenaussagen usw.) vorgelegt wird[441]. Gleiches gilt, wenn das verfolgte Beschuldigtenverhalten unter keinem vertretbaren rechtlichen Aspekt unter eine Strafnorm fällt oder der Sachverhalt im Rahmen des Zumutbaren nicht umfassend erforscht wurde, vor allem wenn wesentliche Punkte zum Nachteil des Betroffenen ignoriert wurden[442].

Zu den in letzter Zeit stark problematisierten Amtspflichten bei Veröffentlichungen zu Tat und Täter in Presse, Funk und Fernsehen siehe eingehend u. Rn. 761.

Beispiel:

OLG Celle, OLGR 2004, 42 – 44 – Namensnennung auf Pressekonferenz –

Ist ein Beschuldigter dringend tatverdächtig und dient eine Presseberichterstattung mit der Bitte um Hinweise aus der Bevölkerung dazu, diesen dringenden Tatverdacht zu verifizieren, ist die Namensnennung des Beschuldigten auf der Pressekonferenz zulässig.

5. Strafvollstreckung, Strafvollzug (s. auch u. Rn. 773 f.)

Amtspflichten sind die korrekte Berechnung der Strafzeiten und die rechtzeitige Entlassung und Prüfung der Voraussetzungen einer vorzeitigen Freilassung[443]. **647**

Gegenüber Dritten (z.B. privater Arbeitgeber) können Amtspflichten (Aufsicht und Kontrolle) bei Gefangenenarbeit hinsichtlich der sich dort befindenden Waren und Güter bestehen.

Ausbrüche zu verhindern, gefährliche (verbotene) Gegenstände wie Waffen, Werkzeuge Gefangenen nicht zu übergeben sind **Kardinalpflichten des Vollzugspersonals** und bestehen nicht nur gegenüber der Allgemeinheit sondern z.B. auch gegenüber einem bei einem Ausbruchsversuch bedrohten Vollzugsbediensteten[444].

---

[439] s. MK-Papier § 839 Rn. 214
[440] zum Grundsatz und zu den Ausnahmen s. Rinne/Schlick 1997 S. 1075 f.
[441] BGH, NJW 2003, 3693 ff. (grundlegend und ausführlich zu Ermittlungsbehörden)
[442] s. OLG Frankfurt, OLGR 2003, 458-462
[443] Vergleichbares gilt für die Dauer des Fahrverbotes usw.
[444] wobei die Beschränkung der Haftung bei Beamten zu beachten ist – s. unten. Rn. 742; zu den gesetzlich ausgeformten Pflichten und den entsprechenden Verwaltungsvorschriften s. Staudinger/Wurm § 839 Rn. 635

Vollzugsbedienstete haben auch das Leben und die körperliche Unversehrtheit der Gefangenen zu schützen. Gleiches gilt für deren Menschenwürde. Insoweit ist noch nicht abschließend geklärt, ob die Mehrfach-, Überbelegung zu kleiner Hafträume, ggf. noch mit nicht abgetrennter, frei einsehbarer Toilette einen Schadensersatzanspruch (Verletzung des allgemeinen Persönlichkeitsrechts) auslösen kann[445]. Das Gebot, Untersuchungsgefangene und Strafgefangene getrennt unterzubringen, dient allerdings nicht dem vorgenannten Zweck sondern ist Folge der völlig unterschiedlichen rechtlichen Qualität beider Haftformen; dieses Gebot stellt keine Schutznorm für den durch einen Strafgefangenen schwer verletzten Untersuchungshäftling dar[446].

Bei **Vollzugslockerungen** (s. § 11 Abs. 2 StVollzG) kann nach Straftatbegehung das Opfer bzw. bei Tötungsdelikten der Hinterbliebene geschützter Dritter und demnach bei Amtspflichtverstößen (insb. unvollständige Sachaufklärung und fehlerhafte Gefährlichkeitsprognose) ersatzberechtigt sein[447].

Bei der Annahme von Auskunftspflichten hinsichtlich der Vorstrafen des Gefangenen, Bewährungsprobanden u.a. und ggf. drohender weiterer Deliktsbegehung gegenüber Dritten ist die Rechtsprechung eher zurückhaltend. Im Schadensfall ist der Drittschutz regelmäßig problematisch und im Zweifelsfall allenfalls in besonderen Schutz-, Garantensituationen zu Gunsten des Opfers anzunehmen[448].

6. Justizverwaltung

648 Aus den Aufsichtspflichten der Justizverwaltung kann im Regelfall kein Dritter Rechte ableiten; sie dienen dem allgemeinen Interesse.

Etwas anderes gilt nur, wenn sich aus der Aufsicht, Überprüfung und Kontrolle (z.B. der **Geschäftätigkeit eines Notars**) eine unabweisbare Handlungspflicht (z.B. Amtsenthebung) ergibt[449] und diese nicht (rechtzeitig, ausreichend) wahrgenommen wird. Dies gilt vor allem dann, wenn der Überprüfung eine Eingabe, Beschwerde, Prüfungs-, Kontrollaufforderung durch den geschädigten Bürger zu Grunde lag.

Stellt die Justizverwaltung nicht ausreichende personelle und sachliche Mittel für eine effektive Aufgabenbewältigung zur Verfügung und kommt es hierdurch zu systematischen und für die Gerichte nicht mehr vermeidbaren Verstößen gegen das Beschleunigungsgebot gemäß Art. 6, 13 EMRK, zu einer verbreiteten überlangen

---

[445] OLG Celle, OLGR 2004, 55–58 = NJW-RR 2004, 380-382 (Ablehnung eines Schmerzensgeldanspruchs); zur Argumentation s. auch OLG Celle, StV 2003, 567 f. sowie LG Hannover, StV 2003, 568 f. (Zubilligung von Schmerzensgeld); OLG Celle, NJW 2003, 2463 (Zubilligung von PKH)

[446] BGH, NJW 2003, 3698 f. = BGH-Report 2004, 98 f.

[447] OLG Karlsruhe, OLGR 2002, 21; einschränkend wieder OLG Stuttgart, OLGR 2003, 463–466 (keine Amtspflichten eines Bewährungshelfers gegenüber späteren Betrugsopfern)

[448] OLG Stuttgart a.a.O. (Fn. 337)

[449] BGHZ 135, 354, 358 ff.

Verfahrensdauer, dann greift wohl infolge **Organisationsverschuldens** die Haftung des verantwortlichen Landes bzw. die des Bundes ein[450].

VI. Die Haftung des Sachverständigen nach § 839 a BGB

1. Der Sachverständige

a) Grundlagen, Begriffsbestimmungen und Abgrenzungen

Der gerichtliche Sachverständige gehört zu den **Beweismitteln des gerichtlichen**   **649**
Verfahrens und wird im Einzelfall als „Helfer des Richters" zur Entscheidungsfindung herangezogen. Obwohl er in den einzelnen Verfahrensarten als Beweismittel ausdrücklich genannt wird,

– Zivilprozessordnung (§ 402 ZPO)
– freiwillige Gerichtsbarkeit (§ 15 Abs. 1 FGG)
– Arbeitsgerichtsverfahren (§ 46 Abs. 2 ArbGG)
– Verwaltungsgerichtsverfahren (§ 98 VwGO)
– Finanzgerichtsverfahren (§ 82 FGO)
– Sozialgerichtsverfahren (§ 118 SGG)
– Strafprozessordnung (§ 72 StPO)
– Bußgeldverfahren (§ 71 Abs. 1 OWiG)

findet sich in keiner Vorschrift eine **gesetzliche Definition**, was unter einem Sachverständigen und seiner Tätigkeit zu verstehen ist.

Vom Gesetzgeber wurden weder besondere Zugangsvoraussetzungen zu dem Beruf des Sachverständigen festgelegt, noch wurde bestimmt, wer sich als Sachverständiger bezeichnen kann. Selbst in der Vorschrift des § 36 GewO, die eine Regelung der gewerbsmäßigen Betätigung des Sachverständigen enthält, findet sich keine Definition der Sachverständigentätigkeit[451]. Der vielseitig einsetzbare Sachverständige lässt sich definieren als

> **„Natürliche Person, die auf einem abgrenzbaren Gebiet der Geistes- und Naturwissenschaften, der Technik, der Wirtschaft, der Kunst oder in einem sonstigen Bereich über überdurchschnittliche Kenntnisse und Erfahrungen verfügt und diese besondere Fachkunde jedermann auf Anfrage persönlich, unabhängig, unparteilich und objektiv zur Verfügung stellt"**[452].

---

[450] s. Jörg Gundel, Neue Anforderungen des EGMR an die Ausgestaltung des nationalen Rechtsschutzsystems, DVBl 2004, 24 f.; s. auch Hermann Gimbel, Einführung einer allgemeinen Untätigkeitsbeschwerde im Strafprozeß durch Gesetz, ZRP 2004, 35–37; Jens Meyer-Ladewig, EMRK (Handkommentar) Art.6 Rn. 77 ff.

[451] Bayerlein, Praxishandbuch Sachverständigenrecht, 3. Auflage, § 1, Rn. 6

[452] so Schlund, Der Sachverständige, 1988, 244

650 Vom Sachverständigen zu unterscheiden ist der **sachverständige Zeuge**: Dieser ist, wie die Definition in §§ 414 ZPO, 85 StPO zeigt, eine besondere Art des Zeugen, der kraft seiner Sachkunde zu Wahrnehmungen fähig ist, die ein Laie nicht hätte machen können. Er nimmt keine Würdigungen seiner Wahrnehmungen vor,

Beispiel:

> *Berichtet ein Arzt über Art und Umfang der von ihm bei einem Unfall festgestellten Verletzungen des Geschädigten, ist er sachverständiger Zeuge. Gibt er dagegen ein Werturteil über die infolge der Verletzung eingetretene Erwerbsminderung und die Heilungsaussichten ab, stellt er eine eigene fachkundige Beurteilung der wahrgenommenen Tatsachen aufgrund von Schlussfolgerungen an und seine Aussage ist nicht auf die bloße Wiedergabe von Wahrnehmungen beschränkt. In einem solchen Fall ist der Arzt Sachverständiger[453].*

So hat die Rechtsprechung[454] darauf abgestellt, dass der Sachverständige ersetzbar wäre, nicht hingegen der Zeuge, der aufgrund eigener konkreter Wahrnehmungen über vergangene Tatsachen und Zustände zu Beweiszwecken aussagt. Dieses Unterscheidungskriterium wird mittlerweile als praktisch wertlos angesehen[455]. Es soll vielmehr darauf abgestellt werden, ob die **Tatsachenfeststellung** von einer zum Prozess zugezogenen Aussageperson im Zusammenhang mit einem richterlichen Begutachtungsauftrag gemacht wurde – dann wäre die Tätigkeit als Sachverständiger einzuordnen – oder unabhängig vom Auftrag und Bestellung durch das Gericht – in diesem Fall liegt eine Zeugenaussage vor[456].

b) Gruppen von Sachverständigen, Einteilung und Systematisierung

aa) Natürliche Personen

651 In der Regel werden **Einzelpersonen**, das heißt natürliche Personen mit der Erstellung von Sachverständigengutachten betraut. Wie z.B. die Bestimmungen über die Vereidigung (§ 410 ZPO) oder die Ablehnung des Gutachters (z.B. § 406 ZPO) zeigen, sind die Prozessvorschriften in aller Regel auf eine Einzelperson zugeschnitten. Jeder, der über die erforderliche Sachkompetenz auf irgendeinem Gebiet verfügt, kann als gerichtlicher Sachverständiger in Betracht kommen. Die deutsche Staatsangehörigkeit ist nicht Voraussetzung für die Zuziehung als gerichtlicher Sachverständiger durch ein deutsches Gericht[457].

bb) öffentlich bestellte Sachverständige

652 **Öffentlich bestellte Sachverständige** haben ihre persönliche Eignung und den Nachweis besonderer Sachkunde erbracht. Aufgrund besonderer gesetzlicher Be-

---

[453] so Laufs/Uhlenbruck, Handbuch des Arztrechts, 3. Auflage, § 117, Rn. 16 mit Verweis auf Rieger, Lexikon, 1. Auflage, Rn. 1562

[454] so OVG Rheinland-Pfalz, 10.10.1991 DVBL 91, 1368

[455] so Jessnitzer/Ulrich, Der gerichtliche Sachverständige, 11. Auflage, Rn. 16

[456] so Jessnitzer/Ulrich, a.a.O., Rn. 14 sowie Bayerlein, Praxishandbuch Sachverständigenrecht, 3. Auflage, § 41, Rn. 5-7

[457] vgl. § 6 ZSEG, § 92 Abs. 2 StPO

stimmungen werden sie vor ihrer öffentlichen Bestellung auf ihre persönliche und fachliche Eignung überprüft. Durch gesonderten Verwaltungsakt der hierfür zuständigen Behörde werden sie für ihr jeweiliges Sachgebiet ausdrücklich zum Sachverständigen „öffentlich bestellt", wobei diese **Berufsbezeichnung** strafrechtlich geschützt wird (§ 132a StGB). Für derartige Sachverständige besteht eine **Pflicht zur Erstattung des Gutachtens** auf ihrem Fachgebiet. Die öffentlich bestellten und vereidigten Sachverständigen unterliegen, ohne im eigentlichen Sinne Amtsträger zu sein, den **verschärften Amtsdelikten** des Strafgesetzbuches. Bei Verletzung ihrer Schweigepflicht erfüllen sie den Tatbestand des § 203 Abs. 2 Nr. 5 StGB.

cc) den öffentlich bestellten Sachverständigen gleichgestellte Personen

Diese sind nicht ausdrücklich zu öffentlichen Sachverständigen bestellt. Sie werden den öffentlich bestellten Gutachtern jedoch gleichgestellt. Sie sind freiberuflich tätig oder üben einen Beruf in einem Beamten- oder Anstellungsverhältnis aus, wobei zu deren Aufgaben auch die sachverständige Gutachtertätigkeit gehört. Hierzu gehören z.B. Wirtschaftsprüfer und vereidigte Buchprüfer, öffentlich bestellte Vermessungsingenieure sowie – in Bayern – die bayerischen Landgerichtsärzte[458]. Die in Bayern bestellten **Landgerichtsärzte** besitzen die Sachkunde zur Feststellung der die freie Willensbildung beeinträchtigenden oder ausschließenden psychischen Erkrankung. Die Bayerischen Landgerichtsärzte können auch durch außerbayerische Justizbehörden in Anspruch genommen werden, jedoch nur, sofern es sich um Personen oder Sachen innerhalb der jeweiligen bayerischen Landgerichtsbezirke handelt[459]. **653**

dd) Sachverständiger mit hoheitlicher Funktion

Speziell ausgebildete und geprüfte Personen sind durch Bundes- oder Landesgesetze im Interesse der öffentlichen Sicherheit hinsichtlich sachlich begrenzter Prüfungstätigkeiten mit **hoheitlicher Funktion** versehen worden. Hierzu zählen Sachverständige zur Prüfung überwachungsbedürftiger Anlagen, Bezirksschornsteinfeger und Weinkontrolleure[460]. **654**

ee) freie Sachverständige

Für diese existieren keine allgemein anerkannten Begriffsdefinitionen. **Freie Sachverständige** gehören keiner der vorstehenden Gruppen an und haben sich entweder selbst zu Sachverständigen ernannt oder werden von Organisationen privat anerkannt. **655**

ff) Behörde oder sonstige öffentliche Stelle als Gutachter

Wie sich aus einigen gesetzlichen Vorschriften (z.B. § 1 Abs. 2 ZSEG, § 83 Abs. 4 StPO; § 256 StPO,……) ergibt, können auch **Behörden** oder **sonstige öffentliche Stellen** von dem Gericht oder der Staatsanwaltschaft mit Sachverständigenleistungen betraut werden. **656**

---

[458] vgl. FamRZ 93, 851
[459] so Jessnitzer/Ulrich, a.a.O. Rn. 52
[460] vgl. dazu Jessnitzer/Ulrich a.a.O., Rn. 52, 57

Nach der Legaldefinition des § 1 Abs.4 VwVfG ist unter „Behörde" jede Stelle zu verstehen, die Aufgaben der öffentlichen Verwaltung wahrnimmt. Zu nennen sind hier monokratisch organisierte Behörden wie z.b. Bürgermeister, Landräte, Oberkreisdirektoren und Regierungspräsidenten oder Kollegialbehörden wie etwa die Gutachterausschüsse nach dem Bundesbaugesetz[461].

„Sonstige öffentliche Stellen" im Sinne des § 1 Abs. 2 ZSEG sind in der Regel rechtsfähige Körperschaften, Anstalten oder Stiftungen des öffentlichen Rechts wie etwa Allgemeine Ortskrankenkassen und die Bundesversicherungsanstalt für Angestellte.

c) Rechtsgrundlagen der Tätigkeit

657 Der Sachverständige wird durch das Gericht ausgewählt und beauftragt (§ 404 Abs. 1 ZPO, § 73 Abs. 1 StPO). In Verfahren, die den Regeln der ZPO folgen, ergeht in der Regel ein **Beweisbeschluss**, der vom Gericht bereits vor der mündlichen Verhandlung erlassen werden kann. Dieser Beweisbeschluss enthält gemäß § 359 ZPO die Bezeichnung der streitigen Tatsachen, über die Beweis zu erheben ist (Beweisthema), den Sachverständigen (Beweismittel) sowie die Benennung der Partei, die sich auf das Beweismittel berufen hat (Beweisführer). Im Gegensatz zur Zivilprozessordnung enthält die Strafprozessordnung keine besonderen Vorschriften über den Beweisbeschluss. Dennoch muss die **Beweisanordnung im Strafprozess** ebenfalls den Beweisgegenstand, zu dem das Sachverständigengutachten erstellt werden soll, möglichst präzise angeben und das Beweismittel bezeichnen – das heißt, den Sachverständigen namentlich benennen. Grundsätzlich wird Beweis nur über Tatsachen nicht über Rechtsnormen erhoben. Die einzige bekannte Ausnahme ist in § 293 ZPO normiert. Nach dieser Vorschrift kann das Gericht über ausländisches Recht, Gewohnheitsrecht und Statuten Beweis durch **Einholung eines Rechtsgutachtens** eines entsprechenden Instituts oder Sachverständigen erheben. Über inländisches Recht ist keine Beweiserhebung erlaubt. Hier muss der Richter sich getreu dem Grundsatz „jura novit curia" selbst auf andere Weise sachkundig machen[462].

d) Pflichten des gerichtlichen Sachverständigen

aa) Grundpflichten des Sachverständigen nach § 407 a ZPO

658 § 407a ZPO soll Aufgaben und Befugnisse der Sachverständigen festlegen und dadurch die Verwertbarkeit der Gutachten sichern. Danach muss der Sachverständige frühzeitig seine **fachliche Zuständigkeit** prüfen und bei entsprechenden Bedenken das Gericht hierauf hinweisen. Die Tätigkeit des Gutachters stellt ihrer Natur nach eine **höchstpersönliche und damit unvertretbare Arbeit** dar. Das in § 407a Abs. 2 S. 1 ZPO normierte Übertragungsverbot gilt auch außerhalb der ZPO[463]. Verstößt

---

[461] vgl. dazu die umfassende Darstellung in Jessnitzer/Ulrich, a.a.O., Rn. 71-85

[462] vgl. hierzu instruktiv NJW 89, 2091 ff. Das steuerrechtliche Sachverständigengutachten im Unterhaltsprozess

[463] vgl. Jessnitzer/Ulrich, a.a.O., Rn. 31

der Sachverständige gegen seine persönliche Gutachterpflicht, ist das Gutachten unverwertbar; der Gutachter verliert seinen Anspruch auf Vergütung[464]. Bei der Gutachtenerstellung kann der Sachverständige Hilfskräfte heranziehen, die er nicht nur sorgfältig auswählen, sondern auch anleiten und überwachen muss. Deren Untersuchungsergebnisse muss der Sachverständige sorgfältig überprüfen, wenn er sie in das Gutachten übernehmen will. Der Sachverständige bleibt grundsätzlich **persönlich uneingeschränkt verantwortlich**. Hat der Sachverständige Zweifel an Inhalt und Umfang des Auftrages ist er verpflichtet, unverzüglich eine Klärung durch das Gericht herbeizuführen (§ 407a Abs. 3 S. 1 ZPO). Diese **Hinweispflicht** besteht auch bei streitigem Sachverhalt und widersprechenden Zeugenaussagen. In diesen Fällen muss der Sachverständige das Gericht um Aufklärung und Weisung bitten, von welchen Tatsachen er ausgehen soll[465].

Mit dieser Pflicht des Sachverständigen korreliert die in § 404a ZPO festgelegte Verpflichtung des Gerichts, den Sachverständigen in Grund, Inhalt und Zweck des Gutachtenauftrages vollständig und auch unmissverständlich einzuweisen. Auch muss das Gericht den Sachverständigen anleiten, soweit es um das Verständnis juristischer Fachbegriffe geht[466].

Beispiel:

OLG Saarbrücken, Urteil vom 02.07.2003 1 U 720/02-175 in OLGR 2003, Seite 434 ff. – Klarstellung des Begriffs „Playback" –

Die Parteien hatten einen „Bandübernahmevertrag" abgeschlossen und unter Ziffer 7.8 des Vertrages festgelegt, dass für jeden unter Verwendung von vertragsgegenständlichen Playbacks verkauften Tonträger ein Drittel des jeweils vorstehenden einschlägigen Prozentsatzes als Entgelt zu zahlen sei. Nach Abschluss des Vertrages veröffentlichte die Beklagte sowohl eine von dem Kläger erstellte Instrumentalversion als auch eine durch Gesangspuren aus dem Titel „Ma Baker" ergänzte Aufnahme. Zwischen den Parteien war streitig, welche Version der beiden Titel die veröffentlicht wurden, eine Verwendung des Titels als „Playback" darstellte. Das Landgericht Saarbrücken gab der Klage des Musikproduzenten in Höhe von 33.079,84 Euro statt. Die Berufung des Beklagten führte zur Aufhebung der angefochtenen Entscheidung und Zurückverweisung an das Landgericht, wobei das Oberlandesgericht Saarbrücken in den Entscheidungsgründen des Berufungsurteils ausführte, dass schon die Beweisfrage der gebotenen Präzisierung (§ 404 a ZPO) entbehrte, weil es an einer Klarstellung mangele, dass der Begriff „Playback" nicht im umgangssprachlichen Sinne, sondern nach Maßgabe von Ziffer 7.8 des Bandübernahmevertrages auszudeuten sei. Im Urteil vom 02.07.2003 – 1 U 720/02 – stellte das Gericht ausdrücklich fest:

1. Das Gericht hat den Sachverständigen bei Erteilung des Gutachterauftrages vollständig und unmissverständlich einzuweisen. Die dem Sachverständigen

---

[464] vgl. Jessnitzer/Ulrich, a.a.O., Rn. 31
[465] Bayerlein, Praxishandbuch des Sachverständigenrechts, § 14, Rn.53
[466] so Zöller/Greger, Zivilprozessordnung, § 405, Rn. 2

> *unterbreitete Beweisfrage ist auf den Kern des streitigen Vorbringens zu konkre-*
> *tisieren.*
>
> *2.Unklarheiten und Widersprüchen eines Sachverständigengutachtens hat das*
> *Gericht von Amts wegen nachzugehen.*
>
> *3.Zeigt sich der Sachverständige außerstande, die Beweisfrage erschöpfend zu*
> *beantworten, so ist ein anderer Sachverständiger zu bestellen.*

659 Erwachsen durch die Erstellung des Gutachtens **Kosten**, die erkennbar außer Verhältnis zum Wert des Streitgegenstandes stehen oder den angeforderten **Kostenvor-**
schuss erheblich übersteigen, muss der Sachverständige rechtzeitig hierauf hinweisen (§ 407 a 3 S. 2 ZPO). Unter erheblicher Überschreitung wird ein Mehrbetrag von
25 % verstanden[467].

Auf Verlangen des Gerichts muss der Gutachter Akten und sonstige für die Begutachtung beigezogene Unterlagen sowie Untersuchungsergebnisse unverzüglich
herausgeben oder mitteilen. Kommt er seiner Pflicht nicht nach, wird das Gericht die
Herausgabe anordnen (§ 407a Abs. 4 ZPO).

bb) weitere Kardinalpflichten

660 Neben den in § 407 a ZPO normierten Grundpflichten haben Rechtsprechung und
Lehre weitere grundsätzlich vom Gutachter einzuhaltende Regeln entwickelt, gegen
die nicht verstoßen werden darf[468].

Der Sachverständige hat **unparteiisch** zu sein. Die erforderliche völlig **objektive**
und **unparteiische** Grundhaltung des Sachverständigen soll zu einer absolut neutralen Gutachtenerstellung führen. Stehen der Erfüllung des Gutachterauftrages Hin-
derungsgründe entgegen, so muss der Sachverständige dies unverzüglich dem Gericht mitteilen. Wie in § 408 ZPO normiert, ist der Sachverständige aus denselben
Gründen, die einen Zeugen berechtigen das Zeugnis zu verweigern, zur Ablehnung
des Gutachterauftrages befugt. § 408 Abs. 1 S. 2 ZPO gestattet daneben auch die
Entpflichtung des Sachverständigen aus anderen Gründen wie z. B. Arbeitsüberlas-
tung des Gutachters oder frühere Behandlung des Probanden durch den Sachverständigen[469].

Zu einer ordnungsgemäßen Begutachtung ist erforderlich, dass sich der Sachverständige fachlich ausreichend vorbereitet und die erforderlichen Informationen, die
er benötigt, beschafft. Gegebenenfalls muss sich der Gutachter hierzu auch Rat und
Auskunft bei anderen Fachkundigen und Behörden einholen.

661 Grundsätzlich darf sich der Sachverständige nur auf diejenigen Tatsachen stützen,
die ihm vom Gericht oder der Staatsanwaltschaft vorgelegt werden. Nach einer
grundlegenden Definition des Bundesgerichtshofs sind:

---

[467] so LG Osnabrück JurBüro 96, 153
[468] Bayerlein „Der Sachverständige" 1991, 313, sprach von den „Todsünden" des Sachverständigen
[469] so Laufs/Uhlenbruck a.a.O. § 121 Rn. 3

> **Tatsachen „konkrete, nach Zeit und Raum bestimmte, der Vergangenheit oder der Gegenwart angehörige Geschehnisse oder Zustände der Außenwelt und des menschlichen Seelenlebens"**[470].

Man unterscheidet

– Befundtatsachen
– Anknüpfungstatsachen
– Zusatztatsachen.

Befundtatsachen sind solche Tatsachen, die auftragsgemäß Gegenstand der sachkundigen Tatsachenfeststellung sind.

Anknüpfungstatsachen (auch Anschlusstatsachen) sind Tatsachen, an denen der Gerichtsgutachter seine sachkundigen Schlussfolgerungen und Beurteilungen anknüpft.

Zusatztatsachen sind Tatsachen, die dem Gerichtsgutachter anlässlich der Gutachtenerstattung bekannt werden, die aber nicht unmittelbar den Gutachtenauftrag betreffen und auch von jedem Zeugen so wahrgenommen werden könnten (z. B. das Geständnis eines Beschuldigten).

Die **richtige Tatsachenfeststellung** ist unerlässlich für ein zutreffendes Gutachten und damit im Endeffekt auch Voraussetzung einer **richtigen gerichtlichen Entscheidung**[471].

Sobald der Sachverständige den gerichtlichen Auftrag angenommen hat, ist er verpflichtet, das Gutachten zügig, vollständig und fehlerfrei zu erstatten. § 411 Abs. 1 S. 2 ZPO bzw. § 73 Abs. 1 S. 2 StPO gestatten es Gericht und Staatsanwaltschaft als Auftraggeber, **Fristen für die Erstellung des Gutachtens** zu setzen. Hält der Sachverständige diese Fristen nicht ein, ist das Gericht berechtigt, gemäß § 411 Abs. 2 ZPO ein Ordnungsgeld gegen den Sachverständigen festzusetzen, das jedoch zuvor unter Anordnung einer Nachfrist erst angedroht werden muss (§ 411 Abs. 2 S. 2 ZPO).

Selbstverständlich sollte für den Sachverständigen die Beachtung der **Schweigepflicht** sein. Bezüglich der Tatsachen, die der Gerichtsgutachter aufgrund seiner Tätigkeit als Sachverständiger erfahren hat, ist er zur Verschwiegenheit verpflichtet, sofern diese Tatsachen nicht offenkundig sind oder in öffentlicher Verhandlung erörtert wurden[472].   **662**

Besondere Beachtung verdient der Arzt, der vom Gericht als Sachverständiger bestellt worden ist. Im Rahmen seines Auftrages als Sachverständiger oder sofern der Proband die Untersuchung oder den Eingriff kraft Gesetzes zu dulden hat (z.B.

---

[470] so NJW 1981, 163
[471] vgl. die ausführliche Darstellung in Bayerlein, Praxishandbuch Sachverständigenrecht, 3. Auflage, § 15 Rn. 1 bis 6
[472] so Bayerlein, Praxishandbuch Sachverständigenrecht, 3. Auflage, § 19, Rn. 49

Blutentnahme bei alkoholverdächtigem Kraftfahrer oder weitere körperliche Untersuchungen beim Verdacht strafbarer Handlungen – §§ 81 ff. StPO) kann sich der vom Gericht bestellte Sachverständige **nicht** auf seine **ärztliche Verschwiegenheit** berufen; er muss vielmehr sein Gutachten erstatten und gegebenenfalls bei der mündlichen Erläuterung seines Sachverständigengutachtens gemäß § 411 Abs. 3 ZPO die erforderlichen Bekundungen machen.

Beispiel:

BGH-Beschluss vom 06.12.2001, Medizinrecht 2002, 309 ff. – Unterbringung in psychiatrischem Krankenhaus gemäß § 63 StGB –

Das Landgericht Landshut hatte den Beschuldigten vom Vorwurf der Körperverletzung in Tateinheit mit Sachbeschädigung freigesprochen, jedoch gemäß § 63 StGB seine Unterbringung in einem psychiatrischen Krankenhaus angeordnet. Eine Aussetzung der Maßregel nach § 67 b StGB wurde abgelehnt. Im Verfahren vor dem Landgericht wurde Dr. K. zum Sachverständigen zur Frage des Vorliegens der Voraussetzungen der §§ 20, 21 StGB und zur Erforderlichkeit der Unterbringung nach § 63 StGB sowie zur Frage der Aussetzung der Maßregel nach § 67 b StGB bestellt, der den Beschuldigten vor seiner Bestimmung zum Sachverständigen mehrere Monate im Bezirkskrankenhaus H. als Stationsarzt behandelt hatte. Dem Sachverständigen wurde kein Zeugnisverweigerungsrecht zugebilligt mit der Begründung:

„Zwar hat der Beschuldigte während des Aufenthalts im Bezirkskrankenhaus H. seinem Stationsarzt auch Geheimnisse im Sinne des § 203 Abs. 1 Nr. 1 StGB, § 53 Abs. 1 Nr. 3 StPO „anvertraut". Denn darunter ist alles zu begreifen, was der Arzt in dieser seiner Eigenschaft wahrnimmt, gleichgültig ob die Wahrnehmungsmöglichkeit auf einem besonderen Vertrauensakt beruht oder nicht. Mit der einstweiligen Unterbringung nach § 126 a StPO liegt aber einer der wenigen von der Strafprozessordnung vorgesehenen Ausnahmefälle vor (vgl. §§ 81 ff. StPO), in denen die sonst erforderliche Zustimmung zur Preisgabe der Geheimnisse aufgrund einer gesetzlichen Duldungspflicht ersetzt wird, weil hier das staatliche Interesse an der Aufklärung des Sachverhalts vorgeht ...."

Wird das Erscheinen des Gutachters vom Gericht angeordnet (§ 409 ZPO; § 77 StPO) muss der Sachverständige höchstpersönlich erscheinen. Es ist ihm nicht gestattet, irgendeinen Mitarbeiter z.B. zur mündlichen Erläuterung seines Gutachtens gemäß § 411 Abs. 3 ZPO zu entsenden, wenn sein persönliches Erscheinen angeordnet wird[473].

cc) Pflichten des Sachverständigen bei der Erstellung des Gutachtens selbst

663   Der Sachverständige hat **objektiv und neutral** das Gutachten zu erstellen. Er hat eine absolute Neutralität an den Tag zu legen (siehe oben). Er darf mit keiner der Prozessparteien allein und unter Ausschluss der anderen verhandeln und

---

[473] vgl. zu dem Problemkreis Jessnitzer/Ulrich, a.a.O., Rn. 247

muss mögliche Befangenheitsgründe rechtzeitig zur Kenntnis des Gerichts bringen.

Die vom Gericht aufgeworfenen Fragen muss der Sachverständige exakt beantworten. Im Zivilverfahren darf er nicht von sich aus Fragen beantworten, die nicht im Beweisbeschluss enthalten sind, sondern muss sich **streng an seinem Gutachtenauftrag** orientieren. Im Strafprozess hingegen muss der Sachverständige, wenn er erkennt, dass für und gegen den von der Staatsanwaltschaft Beschuldigten andere Umstände eine letztendlich entscheidende Rolle spielen, das Beweisthema ausdehnen und zu diesen Fragen Stellung beziehen. Der Gutachter befasst sich mit der Aufbereitung des ihm unterbreiteten Tatsachenstoffes; im Gutachten selbst haben Mutmaßungen und Unterstellungen keinen Raum. Die **rechtliche Würdigung** ist allein dem Richter erlaubt. Der Sachverständige ist lediglich Helfer des Gerichts und wirkt mit seiner Kompetenz an der Urteilsfindung mit – dies entsprechend seinem Eid nach bestem Wissen und Gewissen (§ 410 Abs. 1 S. 2 ZPO). Bei der Gutachtenerstellung muss der Sachverständige den erforderlichen Tatsachenstoff selbst beschaffen. Dabei ist er auf das erforderliche Aktenstudium, gegebenenfalls die Befragung Dritter, die Durchführung eines Ortstermins oder die Untersuchung oder Obduktion eines Probanden angewiesen.

Der Sachverständige hat das Gutachten eigenständig zu erstatten. Es muss bei Zuhilfenahme von Hilfskräften bei der Gutachterstellung in den wesentlichen Phasen und bedeutsamen Stadien vom Sachverständigen **persönlich erstellt** werden[474]. Der Sachverständige darf bei Erstellung des Gutachtens nicht in schuldhafter Weise seine Fachkompetenz überschreiten. Sobald er erkennt, dass er sich in dem zu begutachtenden Fall überfordert fühlt, oder dass zumindest ein Aspekt des von ihm angeforderten Gutachtens die Hinzuziehung eines spezialisierten Sachverständigen erfordert, ist er verpflichtet, hierauf hinzuweisen. Der Gutachter muss seine Kompetenz selbstkritisch hinterfragen und prüfen, ob er seiner Aufgabe voll gewachsen ist und sein Gutachten uneingeschränkt vertreten und verantworten kann[475].

2. Die Haftung des Sachverständigen nach „altem" Recht

Den gerichtlichen Sachverständigen als Helfer des Gerichts verbindet weder mit den Parteien noch mit dem Gericht eine **zivilrechtliche Vertragsbeziehung**, die bei einer Schlechterfüllung des Gutachtenauftrags gemäß §§ 634, 280, 281 BGB als Grundlage für Schadensersatzansprüche in Betracht käme. Noch zuletzt im Urteil vom 20.05.2003[476] hatte der Bundesgerichtshof darauf hingewiesen, dass gerichtliche Sachverständige selbst dann, wenn sie öffentlich bestellt sind, durch die gerichtliche Beauftragung **nicht Beamte im haftungsrechtlichen Sinn** werden und daher auch dann, wenn sie schuldhaft ein objektiv unrichtiges Gutachten erstatten,

664

---

[474] so Laufs/Uhlenbruck, a.a.O., § 122, Rn. 16

[475] so Bayerlein, a.a.O., § 28, Rn. 17

[476] BGH VI ZR 312/02 (Zur Haftung eines im Zwangsversteigerungsverfahren gerichtlich beauftragten Sachverständigen für Grundstücks- und Gebäudebewertung gegenüber dem Ersteigerer) in VersR 2003, 1049

eine Haftung nach § 839 BGB nicht gegeben wäre. Die Beziehungen des Gutachters zum Träger der Justizverwaltung sind rein öffentlich-rechtlicher Natur[477]. Auch dann, wenn der Gutachter aufgrund öffentlicher Bestellung zur Übernahme des Auftrags aufgrund seiner Ernennung zum gerichtlichen Sachverständigen gemäß § 407 I ZPO verpflichtet war, blieb er weiterhin **Privatperson** und haftet für Vermögensschäden, die auf einem fehlerhaften Gutachten basieren, lediglich unter den Voraussetzungen des § 826 BGB sowie §§ 823 Abs. 1 BGB, 823 Abs. 2 BGB i.V.m. der Verletzung eines Schutzgesetzes. Der **beeidigte Sachverständige** haftete nach bisherigem Recht nach § 823 Abs. 2 BGB i.V.m. §§ 154, 163 StGB für jeden Vermögensschaden bereits bei fahrlässiger Falschbegutachtung. Hatte der allgemein vereidigte Sachverständige sein Gutachten unter Bezugnahme auf seinen allgemeinen Eid vorgelegt, wurde eine Haftung bejaht, wenn der Sachverständige vor Gericht geschworen hatte, er habe das ihm aufgetragene Gutachten unparteiisch und nach bestem Wissen und Gewissen erstattet, obwohl das zu erstattende Gutachten unrichtig war und er die Fehlerhaftigkeit aufgrund seiner persönlichen Fähigkeiten und der sonstigen Umstände hätte erkennen müssen[478]. Der **unbeeidigte Sachverständige** indes haftete, da § 410 ZPO kein Schutzgesetz im Sinne des § 823 Abs. 2 BGB ist, für Vermögensschäden erst bei einer **vorsätzlichen Falschbegutachtung** nach § 826 BGB. Bei einer Verletzung absoluter Rechte traf den Sachverständigen nur eine Haftung bei vorsätzlicher oder grob fahrlässiger Falschbegutachtung. Wegweisend für die Begründung der allgemeinen Fahrlässigkeitshaftung nach § 823 Abs. 1 BGB bei Verletzung subjektiver Rechte war das sogenannte Weigand-Urteil des Bundesgerichtshofes aus dem Jahr 1973[479]. Der BGH hatte die Klage eines Anwalts, der aufgrund eines fehlerhaften Gutachtens in einer psychiatrischen Anstalt untergebracht worden war abgewiesen mit der Begründung, eine Haftung des Sachverständigen könne nur auf Vorsatz gegründet werden, auch wenn ein nach § 823 Abs. 1 BGB geschütztes Recht verletzt worden sei. Diese Rechtsprechung fand nicht die Akzeptanz des Bundesverfassungsgerichts, das in der Freistellung des Sachverständigen von der Haftung für **grobe Fahrlässigkeit** einen Verstoß gegen die Grenzen richterlicher Rechtsfortbildung erkannte, und im Beschluss vom 11.10.1978 – 1 BVR 84/74[480] – feststellte:

Eine aus § 823 I BGB folgende Haftung wegen Verletzung des Rechts der persönlichen Freiheit darf durch den Richter nicht dahin eingeschränkt werden, dass ein gerichtlich bestellter Sachverständiger selbst für die Folgen einer grob fahrlässigen Falschbegutachtung nicht einzustehen habe.

Die – eher unübersichtliche – Rechtslage zur Haftung des gerichtlichen Sachverständigen nach bisherigem Recht lässt sich in nachfolgendem Schaubild zusammenfassen:

---

[477] so BGHZ 42, 313

[478] so Kilian, Die Haftung des gerichtlichen Sachverständigen nach § 839 a BGB in VersR 2003, 683, 684

[479] BGHZ 62, 54, 56, NJW 1974, 312 ff.

[480] NJW 1979, 305 ff.

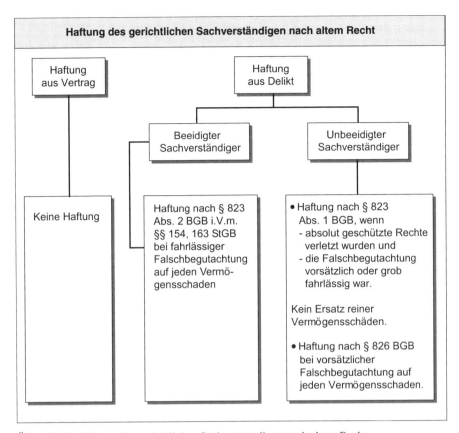

Übersicht 8: Haftung des gerichtlichen Sachverständigen nach altem Recht

3. Die Haftung des Sachverständigen nach § 839 a BGB

Mit der vom Gesetzgeber mit Wirkung zum 01.08.2002 im Zuge des zweiten Schadensersatzänderungsgesetzes eingefügten Vorschrift des **§ 839 a BGB** hat der Gesetzgeber erstmalig die Haftung des Sachverständigen in einem Sondertatbestand des Deliktsrechts gesetzlich geregelt. Der Vorschrift kommt eine **Doppelbedeutung** zu, indem sie einerseits dem durch ein unrichtiges Gutachten Geschädigten eine Rechtsgrundlage vermittelt, um Schadensersatzansprüche gegen den Gutachter geltend zu machen; andererseits jedoch auch die Haftung des Sachverständigen auf Vorsatz oder grobe Fahrlässigkeit beschränkt und damit die innere Freiheit des Sachverständigen schützt[481]. Die Vorschrift lautet:

665

---

[481] so die Begründung des Regierungsentwurfs BT Drucksache, 14/7752 S. 28

§ 839 a BGB Haftung des gerichtlichen Sachverständigen

(1) Erstattet ein vom Gericht ernannter Sachverständiger vorsätzlich oder grob fahrlässig ein unrichtiges Gutachten, so ist er zum Ersatz des Schadens verpflichtet, der einem Verfahrensbeteiligten durch eine gerichtliche Entscheidung entsteht, die auf diesem Gutachten beruht.

(2) § 839 Abs. 3 ist entsprechend anzuwenden.

a) Grundsätze, Zeitpunkt des schädigenden Ereignisses

666   Mit dem neu eingeführten § 839 a BGB soll der Unterschied zwischen der Haftung des beeidigten und des nicht beeidigten gerichtlichen Sachverständigen aufgehoben werden. Üblicherweise verursacht ein unrichtiges Gutachten keine Rechtsgutverletzungen, sondern reine Vermögensschäden, die bislang nur unter den vorab beschriebenen engen Voraussetzungen zum Ausgleich führten.

Nach Artikel 29 § 8 Abs. 1 EGBGB ist das neue Recht anwendbar, wenn das schädigende Ereignis nach dem 31.07.2002 eingetreten ist. Als „**schädigendes Ereignis**" im Sinne der Vorschrift ist die Erstattung des unrichtigen Gutachtens durch den Sachverständigen zu definieren; nicht erst die auf ihm beruhende möglicherweise erst später abgesetzte gerichtliche Entscheidung und ebenfalls nicht der durch die Entscheidung kausal verursachte Vermögensnachteil[482]. Nur bei diesem Ansatz wird der gesetzgeberische Wille beachtet, dass Artikel 229 § 8 EGBGB eine echte Rückwirkung des zweiten Schadensänderungsgesetzes ausschließen soll[483]. Schriftliche Gutachten von Sachverständigen im Zivilprozess sind erstattet, wenn sie auf der Geschäftsstelle des jeweiligen Gerichts niedergelegt werden (§ 411 Abs. 1 S. 1 ZPO) oder – bei mündlicher Erstattung durch den Sachverständigen – dann, wenn dessen Vernehmung abgeschlossen ist.

Wird das in einem anderen Verfahren (z.B. zum Unfallhergang in Strafverfahren) erstattete Gutachten im anschließenden Zivilverfahren als Urkundsbeweis eingeführt und vom Gericht der Entscheidungsfindung zugrunde gelegt, stellt sich die Frage nach der Haftung des Sachverständigen. Hier soll die Vorschrift des § 839 a BGB keine Anwendung finden, weil der Sachverständige bei Gutachtenerstattung nicht mit dessen weiterer Verwendung rechnen musste und auch keine Entschädigung für sein Gutachten erhält[484]. Eine andere Ansicht vertritt Wagner[485], der auch bei Verwertung des Gutachtens im Erstprozess die Vorschrift für anwendbar hält. Der letztgenannten Meinung ist durchaus der Vorzug zu geben. Schließlich muss der Sachverständige immer gewissenhaft und den Vorgaben entsprechend sein Gutachten erstellen, wobei ihm auch im Fall der urkundlichen Verwertung seiner Feststellungen im Zweitprozess die Haftungsbeschränkung des § 839 a BGB auf Vorsatz und grobe Fahrlässigkeit zugute kommt.

---

[482] so Geigel, Der Haftpflichtprozess, 24. Auflage, S. 1540, Rn. 2
[483] andere Ansicht Däubler, Jus 2002, 625
[484] vgl. Geigel/Rixecker 35, Rn. 4
[485] in Münchener Kommentar, § 839 a, Rn. 29

b) Durch Gericht bestellter Sachverständiger

Die Neuregelung des § 839 a BGB gilt ausschließlich für den durch ein **staatliches**   **667**
Gericht in einem gerichtlichen Verfahren bestellten Sachverständigen und orientiert sich am Wortlaut des § 404 Abs. 1 S. 2 und 3 ZPO sowie § 407 Abs. 1 ZPO.

aa) Behördenauskünfte

Ist in einzelnen Verfahren vorgesehen, dass **Behörden** kraft Gesetzes gutachterlich   **668**
zu hören sind, wie z. B. bei den sogenannten Kammergutachten in Anwaltshonorar-
streitigkeiten (§§ 3 Abs. 3 S. 2, 12 Abs. 2 BRAGO) oder bei Vormundschafts- und
Adoptionssachen das Jugendamt (§§ 49, 49 a; 56 d FGG) haben diese **nicht** die prozessuale Stellung eines Sachverständigen, so dass § 839 a BGB keine Anwendung
findet. Der potentiell durch Auskünfte dieser Behörden Geschädigte kann allerdings
Amtshaftungsansprüche nach § 839 BGB geltend machen. Ihre Anwendung findet
die Vorschrift nicht nur im Zivilprozess selbst, sondern auch bei Verfahren der freiwilligen Gerichtsbarkeit, des Betreuungsverfahrens und des Zwangsversteigerungsverfahrens[486].

bb) Gutachten für die Staatsanwaltschaften

Wird der Sachverständige von der Staatsanwaltschaft beauftragt, soll § 839 a BGB
keine Anwendung finden[487].

c) Gutachten in Schiedsverfahren

Wird ein Sachverständiger nicht für ein staatliches, sondern für ein **Schiedsgericht**   **669**
tätig, stellt sich die Frage nach der Anwendbarkeit des § 839 a BGB unabhängig
davon, ob der Gutachter als Parteisachverständiger gemäß § 1049 II 2 ZPO oder als
vom Schiedsgericht bestellter Sachverständiger gemäß § 1049 I ZPO seinen Auftrag
erfüllt. Anders als sein gerichtlich bestellter Kollege, der als „Helfer des Gerichts"
auf öffentlich-rechtlicher Grundlage tätig wird, verbinden den Sachverständigen im
Schiedsgerichtsverfahren **vertragliche Beziehungen mit den Parteien** des
Schiedsverfahrens, die originär die Vergütung seiner Tätigkeit schulden[488].

Trotz dieser zumindest finanziellen Besserstellung des Schiedsgutachters gegenüber
dem gerichtlichen Sachverständigen hat die Rechtsprechung bislang dennoch die
Haftung des schiedsgerichtlichen Gutachters auf Vorsatz beschränkt und ihm die
Haftungsprivilegien des gerichtlichen Sachverständigen zugebilligt[489]. Diese

---

[486] instruktiv dazu die kritische Auseinandersetzung von Wagner, Die Haftung des Wertgutachters gegenüber dem Ersteigerer, in VersR 2004, 275 ff.

[487] so Geigel, „Der Haftpflichtprozess", 35, Rn. 5 sowie Brückner/Neumann, Die Haftung
des Sachverständigen nach neuem Delikts- und Werkvertragsrecht, MDR 2003, 906 ff.
a.A. Münchener Kommentar/Wagner, § 839 a, Rn. 7

[488] so Münchener Kommentar/Wagner, § 839 a, Rn. 10 sowie Wagner, Das zweite Schaden-
ersatzrechtsänderungsgesetz in NJW 2002, 2063 a.A. Münch in Münchener Kommentar
ZPO, 2. Auflage 2001, § 1049, Rn. 11,15, wonach der Vertrag zwischen dem Sachverständigen und dem Schiedsgericht zustande kommt.

[489] so BGHZ 42, 313, NJW 1965, 298

grundlegende Entscheidung zur Haftung des Gutachters im Schiedsverfahren konnte jedoch unter rein zeitlichen Aspekten nicht die nachfolgende Rechtsprechung des Bundesgerichtshofs sowie des Bundesverfassungsgerichts im Weigand-Urteil berücksichtigen. Ausgangspunkt für die Haftung des Sachverständigen im schiedsgerichtlichen Verfahren sollten die allgemeinen Vorschriften des Vertragsrechts gemäß §§ 634, 280 ff. BGB sein. Danach ist der Sachverständige zum Ersatz jedes fahrlässig verursachten Vermögensschadens verpflichtet. Diese **weite Haftung** ist durchaus gerechtfertigt und wird in der Literatur empfohlen[490], da die Kriterien die eine Beschränkung der Haftung des Gutachters im Sinne des § 839 a BGB gerechtfertigt erscheinen lassen, gerade auf den schiedsgerichtlichen Sachverständigen nicht zutreffen:

Er kann frei entscheiden, ob er den Gutachtenauftrag annimmt oder ablehnt, er kann die Höhe der Gegenleistung für das Gutachten frei kalkulieren und gegebenenfalls am Umfang des übernommenen Haftungsrisikos ausrichten, wobei ihn – entgegen dem gerichtlichen Gutachter – nicht die Vorschriften des ZSEG bei den vertraglichen Verhandlungen beschränken. Letztendlich kann er auch einen Haftungsausschluss für leichte Fahrlässigkeit vereinbaren, so dass kein Bedarf besteht, dem schiedsgerichtlichen Gutachter im Wege der **Analogie** die Haftungsbeschränkungen des § 839 a BGB zuzubilligen. Dennoch wird es in Zukunft Aufgabe der Rechtsprechung sein, den Haftungsmaßstab für die Tätigkeit des Gutachters im schiedsgerichtlichen Verfahren zu konkretisieren.

d) Behördengutachten

670 Werden **Behörden** mit der Erstellung eines Gutachtens beauftragt (§§ 192 ff. BauGB, § 58 Markengesetz) stellt sich – genau wie bei den **dienstlichen Äußerungen** einer Behörde – die Frage nach der Anwendbarkeit des § 839 a BGB. Da die Erstattung von Behördengutachten zum öffentlich-rechtlichen Handlungskreis der Behörde zählt, ist dem Staatshaftungsrecht der Vorrang einzuräumen[491]. Die Behörde ist wie der gerichtliche Sachverständige mit der **Amtspflicht** belegt, das Gutachten unparteiisch, vollständig und richtig zu erstatten. Verstößt ein Beamter zumindest leicht fahrlässig gegen diese Amtspflicht, haftet die Anstellungskörperschaft den Parteien des Verfahrens gemäß § 839 BGB i.V.m. Artikel 34 GG auf Schadensersatz.

Erstellen Ärzte von Gesundheitsämtern, Landeskrankenhäusern oder der Bundeswehr Gutachten, richtet sich ihre Haftung nach § 839 BGB i.V.m. Artikel 34 GG, soweit sie in Erfüllung ihrer Dienstpflichten tätig sind. Erstatten sie jedoch das Gutachten im Zuge einer privaten Nebentätigkeit, handeln sie nicht mehr in Ausübung eines öffentlichen Amtes. In diesem Fall haften sie nach § 839 a BGB.

---

[490] so Wagner, NJW 2002, 2049, 2063 sowie Münchener Kommentar/Wagner, § 839 a, Rn. 11

[491] so Münchener Kommentar/Wagner, § 839 a BGB, Rn. 8 m.w.N.

Bedient sich der Sachverständige zur Erstellung des Gutachtens der Hilfe von Mitarbeitern, so trifft ihn dennoch die persönliche Gesamtverantwortung für die Richtigkeit des Gutachtens und es besteht kein Anlass, bei Fehlern der **Hilfsperson** § 831 BGB in Ansatz zu bringen[492].

e) Privatgutachten

Der **Privatgutachter**, der im Auftrag einer Partei oder eines Verfahrensbeteiligten   **671** sein Sachverständigengutachten vorlegt, haftet nicht nach § 839 a BGB, selbst wenn das Gericht sich mit seinem Gutachten auseinandersetzt oder ihn in der mündlichen Verhandlung zur Erläuterung seines Gutachtens anhört. Für seine Haftung gelten die werkvertraglichen Regelungen der §§ 633 ff. BGB i.V.m. den §§ 280 ff. BGB[493].

f) Unrichtigkeit des Gutachtens

Auslöser für die Haftung des Sachverständigen ist die Erstattung eines **unrichtigen**   **672** **Gutachtens.** Die Vielfalt gültiger Lehrmeinungen zu einzelnen Themenkreisen und die oft rasante Entwicklung wissenschaftlicher Erkenntnisse, die in manchen Fällen gültige Standards bereits nach wenigen Jahren ad absurdum führen, erschwert die Beantwortung der Frage, was unter einem unrichtigen Gutachten zu verstehen ist. So wurde zum Teil im Zusammenhang mit der Diskussion um die Haftung des Sachverständigen plakativ die Frage aufgeworfen, ob überhaupt Fälle denkbar wären, in denen die Meinung eines Sachverständigen unvertretbar falsch sei, zumal es fast immer einen Kollegen gebe, „der wenn auch nicht den größten, aber doch relativ großen Unsinn – als noch vertretbar bezeichnen wird".[494]

Ein unrichtiges Gutachten liegt sicher dann vor, wenn es nicht der objektiven Sachlage entspricht, z. B. die vom Gutachter festgestellten Tatsachen nicht existieren, der Sachverständige Untersuchungen unterlassen hat, die zur vollständigen Erstattung des Gutachtens notwendig gewesen wären oder der Sachverständige aus Nachlässigkeit falsche Tatsachen zugrunde gelegt hat oder aus richtigen Tatsachen falsche Schlussfolgerungen gezogen hat.

Der Gutachter darf nur diejenigen Anknüpfungstatsachen verwenden, die ihm das Gericht im Gutachtenauftrag vorgibt. Die Befundtatsachen muss der Sachverständige entsprechend dem gerichtlichen Auftrag aufgrund seiner Fachkunde selbst feststellen. Doch auch hier ist eine differenzierende Betrachtungsweise geboten:

Nur wenn für den Sachverständigen die Möglichkeit besteht, die dem Sachverständigen zugrunde liegenden Fakten gesichert zu erheben, ist dem Sachverständigen der das Gutachten auf einer ungesicherten Tatsachengrundlage erstattet, Nachlässigkeit vorzuwerfen. Bleiben dagegen die Bemühungen des Sachverständigen, die für

---

[492]   so Münchener Kommentar/Wagner, § 839 a, Rn. 15 sowie Kilian, Die Haftung des gerichtlichen Sachverständigen nach § 839 a BGB in VersR 2003, 683; a.A. Staudinger/ Wurm, § 839 a, Rn. 4

[493]   vgl. dazu die umfassende Abhandlung von Brückner/Neumann, Die Haftung des Sachverständigen nach neuem Delikts- und Werkvertragsrecht, in MDR 2003, 906 ff.

[494]   so Jaeger/Luckey, Das neue Schadensersatzrecht, 1. Auflage, Rn. 418

die Beurteilung maßgeblichen Zustände zu ermitteln und so die Anknüpfungstatsachen abzusichern erfolglos, so darf der Sachverständige sein Gutachten auch auf Unterstellungen aufbauen, wobei er dies im Gutachten selbst kenntlich machen muss[495]. Wenn das Gutachten **allgemein vertretenen Ansichten** nicht entspricht, kann daraus seine Fehlerhaftigkeit resultieren. Der gerichtliche Sachverständige ist verpflichtet, nur solche Lehren und Untersuchungsmethoden zugrunde zu legen, die in Fachkreisen allgemein und zweifelsfrei als richtig und zuverlässig anerkannt werden. Weicht er von den allgemein vertretenen Ansichten ab, muss er deutlich machen, dass seine im Gutachten wiedergegebene Auffassung auf einer **Mindermeinung** beruht.

Auch muss er in diesem Fall darlegen, welche nennenswerten Gegenauffassungen bestehen, wie sie begründet werden und warum er gerade der von ihm vorgezogenen Meinung folgt. Auch dann, wenn sich der Sachverständige der herkömmlichen Meinung anschließt, sollte er erläutern, aus welchen Gründen er der jeweiligen Meinung den Vorzug gibt. Nur so entspricht er seiner Pflicht, dem Gericht ein **nachvollziehbares Gutachten** vorzulegen, das als reale Entscheidungshilfe dienen kann. Ist der Sachverständige z.B. beauftragt, den Schadenshergang eines Unfalles zu rekonstruieren und kommen dabei mehrere Alternativen in Betracht, wie sich das Unfallereignis selbst zugetragen hat, ist der Sachverständige im Rahmen seiner Pflichten gehalten, sämtliche Möglichkeiten des Schadenshergangs plausibel darzustellen und den Grad der Wahrscheinlichkeit abzuwägen, der für die Richtigkeit der einen oder der anderen Alternative spricht[496].

673   Bei **Wertgutachten** ist es schwierig, eine starre Grenze zu ziehen, um die Unrichtigkeit eines Gutachtens zu definieren. Die Rechtsprechung hat bislang dem Sachverständigen Toleranzen bis zu 20 % zugebilligt innerhalb derer das Gutachten noch als richtig angesehen wird[497]. Bei Wertgutachten wird auch zu beachten sein, welche **Berechnungsmethode** der Sachverständige seinem Gutachten zugrunde legt. So ergibt sich beispielhaft in einem derzeit noch vor dem Oberlandesgericht Koblenz anhängigen Rechtsstreit, der die Wertermittlung eines Feriendorfs zum Gegenstand hat, eine Wertabweichung zwischen den einzelnen Sachverständigen von über 1.000.000,00 Euro, je nachdem ob die Ertragswert- oder Substanzwertmethode bei der Berechnung zugrunde zu legen ist. Man wird daher auch bei der Erstellung eines Wertgutachtens, dessen Validität an der **Nachvollziehbarkeit** des Gutachtens messen müssen. So halten auch einzelne Autoren[498] die **Nachvollziehbarkeit** des Gutachtens für den wichtigsten inhaltlichen Prüfstein für dessen Richtigkeit. Dies soll sowohl für die interne Einschätzung des Sachverständigen als auch für das Gericht und die vom Gutachten betroffenen Parteien und Prozessbevollmächtigten gelten.

---

[495] so BGH im Urteil vom 20.05.2003, in VersR 2003, 1049 für die Haftung des Sachverständigen im Zwangsversteigerungsverfahren, dem der Zutritt zum Bewertungsobjekt nur eingeschränkt zugänglich gemacht wurde

[496] so Brückner/Neumann, a.a.O. S. 907

[497] so BGH, MDR 1991, 1169 (Erbbauzins in Höhe von 16,79 % über dem angemessenen Wert)

[498] Brückner/Neumann, a.a.O. S, 908

g) Grundlage für eine falsche gerichtliche Entscheidung

aa) gerichtliche Entscheidung

Die Haftung des Sachverständigen wird nur dann begründet, wenn das Gutachten **674** eine **gerichtliche Entscheidung** verursacht hat. An die Form der gerichtlichen Entscheidung sind keine besonderen Anforderungen gestellt, so dass rechtskräftige Urteile ebenso wie gerichtliche Beschlüsse Haftungsgrundlage sein können.

Im Hinblick auf § 839 Abs. 3 BGB ist zu fordern, dass die Entscheidung, ein Prozessrechtsverhältnis für die Instanz mit bindender Wirkung beendet.

bb) Vergleich

§ 839 a BGB findet keine Anwendung, soweit die Parteien im Hinblick auf ein **675** unrichtiges Gutachten einen **Prozessvergleich** schließen oder die Klage zurücknehmen. Dies ist bewusst vom Gesetzgeber so gewollt, der in diesen Fällen das Verfahrensergebnis als autonome Entscheidung der Beteiligten ansieht und im Übrigen durch die Beschränkung der Haftungsnorm auf gerichtliche Entscheidungen dem Problem Rechnung tragen wollte, dass bei einer Verfahrenserledigung durch Vergleich der **Kausalitätsnachweis** durch den geschädigten Beteiligten sowieso kaum möglich ist[499]. Diese Meinung wird nicht ohne Kritik in der Literatur aufgenommen:

So stellt Rixecker[500] zu Recht die Frage, ob diese Erwägungen nicht auch in den Fällen des § 279 Abs. 6 S. 2 ZPO gelten müssten, in denen auf Vorschlag des Gerichts ein geschlossener Vergleich festgestellt wird. Letztendlich beruht in diesem Fall die gerichtliche Entscheidung, die den Vergleich feststellt, nicht auf dem Gutachten, sondern auf der Annahme des gerichtlichen Vergleichsvorschlags durch die Parteien. Vor dem Hintergrund dieser Erwägungen wird zum Teil auf solche Fälle eine **analoge Anwendung des § 839 a BGB** gefordert, in denen der Nachweis, dass die Entschließung zum Vergleichsabschluss die Parteien zu dieser Art des Verfahrensabschlusses motiviert hat, geradezu leicht zu erbringen ist.

PRAXISTIPP! **Soll sich der Abschluss eines Vergleichs nach Einholung eines Sachverständigengutachtens nicht zur Regressfalle für den Verfahrensbevollmächtigten auswachsen, wird die ausdrückliche Aufklärung des Mandanten, dass er bei Abschluss eines Vergleichs nach Einholung eines Sachverständigengutachtens auf die Haftungsmöglichkeit des § 839 a BGB verzichtet, zukünftig zum unentbehrlichen Bestandteil anwaltlicher Beratung gehören.**

h) Kausalität und Kausalitätsnachweis

Das fehlerhafte Gutachten muss für die Entscheidung des Gerichts **kausal** sein. Für **676** die Kausalität genügt es, wenn auch nur Teile der Entscheidung – z.B. abgrenzbare Schadenspositionen – aufgrund des Sachverständigengutachtens zu- oder aberkannt

---

[499] so BT Drucksache 14/7753, S. 28
[500] vgl. Geigel/Rixecker 35, Rn. 7

worden sind. Für die Haftung des Sachverständigen reicht es daher aus, wenn aus den Entscheidungsgründen des Urteils oder Beschlusses hervorgeht, dass sich das Gericht im Rahmen der Beweiswürdigung mit dem Gutachten auseinandergesetzt hat und ihm zumindest teilweise gefolgt ist. In der Praxis hat sich herausgestellt, dass in 2/3 aller Entscheidungen zum Teil wörtliche oder sinngemäße Wiedergaben des Gutachtens erfolgen. Dies erleichtert für den Geschädigten den von ihm zu führenden **Kausalitätsnachweis**. Basiert das Urteil hingegen auf anderen Beweismitteln, wie Zeugenaussagen oder Urkunden und wird das vom Gericht eingeholte Gutachten in den Entscheidungsgründen völlig unberücksichtigt gelassen, entfällt der Anspruch aus § 839 a BGB[501]. Auch Anerkenntnis und Verzichtsurteile können die Haftung des Sachverständigen gemäß § 839 a BGB auslösen, obwohl eine Beweiswürdigung durch das Gericht unterbleibt. Es reicht dazu aus, wenn die Partei auch wegen des Ergebnisses des Gutachtens das Anerkenntnis oder den Verzicht erklärt hat – hiervon jedoch bei einem richtigen Gutachten abgesehen hätte[502].

i) Schuld (Vorsatz, grobe Fahrlässigkeit)

677 Wie in der gesetzlichen Vorschrift selbst normiert, haftet der Sachverständige bei der Erstellung des Gutachtens nur für **Vorsatz oder grobe Fahrlässigkeit**. Eine Haftung für einfache Fahrlässigkeit scheidet aus, um die innere Freiheit des Sachverständigen zu schützen und ihn bei der Gutachtenerstellung nicht dem Druck einer drohenden Schadensersatzpflicht auszusetzen. Nachdem das Bundesverfassungsgericht eine Haftungsbeschränkung auf vorsätzliches Handeln als zu weit gehend abgelehnt hatte (vgl. Weigand-Urteil) hat der Gesetzgeber mit der **Haftungsbeschränkung** in § 839 a BGB schlichtweg die bisherige Rechtsprechung fortgeschrieben und gesetzlich normiert.

Die Eingrenzung der Begriffe „grobe Fahrlässigkeit" und „Vorsatz" im Rahmen des § 839 a BGB wird sich bei fortlaufender Rechtsprechung in Zukunft verdeutlichen. Maßstab wird nicht der „in innerer Unbefangenheit schneidige Schlüsse auf zwiespältiger Tatsachengrundlage ziehende, sondern der nach bestem Wissen und Gewissen tätige und auch über tatsächlich bestehenden Ambivalenzen aufklärende Sachverständige" sein, wie die prägnante Formulierung von Wagner[503] lautet. **Grobe Fahrlässigkeit** erfordert nach herkömmlicher Rechtsprechung eine Pflichtverletzung, die sowohl in objektiver als auch in subjektiver Hinsicht besonders schwer wiegt. Der Sachverständige muss die erforderliche Sorgfalt in besonders schwerem, ungewöhnlichem Maß außer Acht gelassen haben, indem er z.B. nahe liegende Überlegungen nicht angestellt oder Umstände nicht beachtet hätte, die ihm in der konkreten Situation hätten einleuchten müssen[504]. **Vorsatz** ist dann anzunehmen, wenn der Sachverständige sich der Mangelhaftigkeit seines Gutachtens bewusst ist und es jedenfalls akzeptiert, dass durch sein mangelhaftes Gutachten eine gerichtliche Entscheidung ergeht, durch die ein Verfahrensbeteiligter einen Schaden

---

[501] so Leutke, Die Haftung des Sachverständigen für fehlerhafte Gutachten, S. 53
[502] so Münchener Kommentar/Wagner, § 839 a, Rn. 23
[503] so Wagner, a.a.O. NJW 2002, 2049, 2062 (ebenfalls zitiert in Geigel/Rixecker 35, Rn. 6)
[504] so Brückner/Neumann, a.a.O. S. 908 m.w.N.

erleiden wird. Die Rechtsprechung geht bereits dann von einer billigenden Inkauf-
nahme einer unrichtigen Gutachtenerstattung aus, wenn der Sachverständige leicht-
fertig gehandelt hat und die Falschbegutachtung gleichsam Folge eines äußerst
leichtfertigen Vorgehens ist[505]. Missachtet der Sachverständige elementare Erkenntnisse seines Fachbereichs und überschreitet er seine Kompetenz zur Beantwortung
der ihm gestellten Beweisfrage, setzt er sich dem Vorwurf leichtfertigen Handelns
aus. Bedient sich der Sachverständige zur Erfüllung seines Gutachtenauftrages un-
erfahrener Mitarbeiter und unterzeichnet er deren – unzulängliche – Feststellungen
mit „in eigener Verantwortung geprüft und gebilligt", trifft ihn gleichermaßen der
Vorwurf grob fahrlässigen Handelns. Die Pflichtverletzung muss sich **nicht** auf die
gerichtliche Entscheidung und den Schadenseintritt, sondern allein auf die Unrichtigkeit des Gutachtens erstrecken[506].

j) Schadensabwendung durch Rechtsmittelgebrauch

§ 839 a Abs. 2 BGB stellt durch die Verweisung auf § 839 Abs. 3 BGB klar, dass die
Haftung des Sachverständigen entfällt, wenn es der geschädigte Verfahrensbeteilig-
te vorsätzlich oder fahrlässig unterlassen hat, den Schaden durch Gebrauch eines
ihm zur Verfügung stehenden **Rechtsmittels** abzuwenden. Unter „**Rechtsmittel"
sind dabei sämtliche Rechtsbehelfe zu verstehen, mit denen sich der Geschädigte gegen die gerichtliche Entscheidung mit dem Ziel ihrer Aufhebung oder
Abänderung zur Wehr setzen kann**[507]. Neben den ordentlichen Rechtsmitteln wie
Berufung, Revision und Beschwerde zählen hierzu auch Gegenvorstellungen,
Dienst- und Fachaufsichtsbeschwerden sowie Anträge, den Sachverständigen zur
mündlichen Erläuterung seines Gutachtens zu laden und auch formelle Beweisanträge, auch Einholung eines (Ober)-gutachtens. Nicht dazu gehört der Antrag, den
Sachverständigen wegen Besorgnis der Befangenheit gemäß § 496 ZPO abzulehnen. Dieser Rechtsbehelf entfaltet seine Wirkung ad personam und stellt kein
Rechtsmittel gegen ein unrichtiges Gutachten dar. Auch die Einreichung einer Re-
stitutionsklage, die ohnehin nur in den seltenen Fällen erhoben werden kann, wenn
eine rechtskräftige strafgerichtliche Verurteilung des Sachverständigen bereits erfolgt ist, sowie die Voraussetzungen der §§ 580 Nr. 3, 581 Abs. 1 ZPO, 359 Nr. 2,
364 StPO vorliegen, kann nach Sinn und Zweck des § 839 a Abs. 1 BGB nicht als
Rechtsmittel in dem vorgenannten Sinn betrachtet werden, weil die Norm des § 839
a BGB dem Geschädigten die strafrechtliche Auseinandersetzung mit dem Sachverständigen gerade ersparen soll[508]. § 839 a Abs. 2 BGB enthält eine besondere Ausprägung des Mitverschuldensprinzips. Folgerichtig muss das Nichteinlegen des
Rechtsmittels schuldhaft im Sinne des § 254 BGB sein. Die Annahme einer unrichtigen Gutachtenerstattung muss für den potentiell Geschädigten nahe gelegen

678

---

[505] so OLG Düsseldorf in NJW 86, 2891 (Haftung des gerichtlichen Sachverständigen wegen
behaupteter unzulänglicher Gutachtenerstattung bei Berufsunfähigkeit)
[506] so Münchener Kommentar/Wagner, § 839 a, Rn. 17
[507] Staudinger/Wurm. § 839 a, Rn. 6 sowie Münchener Kommentar/Wagner, § 839 a BGB,
Rn. 31
[508] so Geigel/Rixecker 35, Rn. 10

haben. Nur in diesem Fall kann ihm der **Vorwurf** gemacht werden, dass er nichts unternommen hat. Zwar darf sich der Bürger zunächst auf die Richtigkeit von Sachverständigengutachten verlassen, jedoch muss er bei deutlich erkennbaren Anhaltspunkten für grobe Fehler aktiv werden. Dabei ist – wie bei der amtlichen Auskunft auch – auf den Verkehrskreis des betroffenen Bürgers abzustellen, der nicht gehalten ist, einen Privatgutachter hinzuzuziehen, um die Expertise des gerichtlichen Sachverständigen überprüfen zu lassen[509]. Wird der Geschädigte durch einen Anwalt vertreten, muss er sich dessen Verschulden zurechnen lassen.

PRAXISTIPP! **Durch die Vorschrift des § 839 a Abs. 2 BGB kann sich für den Anwalt im Gutachtenprozess die Regressgefahr erhöhen.**

Da der Anwalt gehalten ist, sämtliche ihm zur Verfügung stehenden Rechtsmittel auszuschöpfen, um den Anspruch seines Mandanten aus § 839 a BGB zu erhalten, sollte er vorsorglich bei dem geringsten Zweifel an der Richtigkeit und Vollständigkeit des Gutachtens den Antrag auf Einholung eines weiteren Sachverständigengutachtens stellen sowie auf Erläuterung des Gutachtens durch den Sachverständigen gemäß § 411 ZPO in der mündlichen Verhandlung.

Im Rahmen der erforderlichen Kausalitätsprüfung ist es ausreichend, wenn das **unterlassene Rechtsmittel** den Schaden zumindest gemindert hätte[510].

4. Schadensersatz, Urteilsschaden, unmittelbarer Untersuchungsschaden

679 Da die Haftung des Sachverständigen an das Vorliegen einer gerichtlichen Entscheidung angeknüpft wird, scheiden im Rahmen des § 839 a BGB alle Schädigungen aus, die **anlässlich der Begutachtung** etwa am Körper oder Eigentum des Probanden erfolgen. Verletzt der Arzt bei der notwendigen Untersuchung den Patienten oder verursacht der Sachverständige bei der Begehung des Bewertungsobjekts Sachschäden, handelt es sich dabei um sogenannte **Begleitschäden**, die im Zuge des allgemeinen Deliktsrechts auszugleichen sind. Verletzt der Sachverständige seine Pflicht, das Gutachten in angemessener oder vom Gericht festgesetzter Frist zu erstatten (s. o. VI 1 c (bb)), können grobe Zeitüberschreitungen zu einer Haftung des Sachverständigen nach § 826 BGB führen, wenn bei Säumigkeit des Gutachters den Verfahrensbeteiligten erkennbar ein Schaden droht.

§ 839 a BGB ersetzt den sogenannten **Urteilsschaden**, das heißt, es wird Schadensersatz sowohl für die Verletzung absolut geschützter Rechtsgüter, als auch für reine Vermögensschäden gewährt, soweit diese kausal auf der gerichtlichen Entscheidung beruhen. Dazu gehören z.B. der unterlegen Partei entstandene und ihr zu Unrecht auferlegte Prozesskosten, einschließlich der Rechtsmittelkosten. War das Sachverständigengutachten Grundlage für Eingriffe in die Persönlichkeitsgüter des Geschädigten oder Grundlage für dessen Freiheitsentziehung, schließt die Ersatzpflicht die Zahlung eines Schmerzensgeldes ein (§ 253 Abs. 2 BGB). Die Unmöglichkeit des

---

[509] so Münchener Kommentar/Wagner, § 839 a, Rn. 32 m.w.N.
[510] so BGH in VersR 1986, 575

Sachverständigen, Naturalrestitution durch Aufhebung der falschen Entscheidung zu bewirken führt dazu, dass er gemäß § 251 Abs. 1 BGB regelmäßig **Schadensersatz in Geld** zu leisten hat.

5. Verjährung

Die Verjährung des Anspruchs aus § 839 a BGB unterliegt, soweit ein Vermögensschaden im Raum steht, § 199 Abs. 3 BGB. Ohne Rücksicht auf die Kenntnis oder grob fahrlässige Unkenntnis der anspruchsbegründenden Umstände sowie der Person des Gutachters (Schädigers) verjährt der Anspruch in spätestens 10 Jahren von der Entstehung an bzw. gemäß § 199 Abs. 3 S. 1, Nr. 2 BGB spätestens in 30 Jahren nach dem Eintritt des schädigenden Ereignisses (Kappungsgrenze).

680

6. Darlegungs- und Beweislast

Die **Beweislast** für die Haftungsvoraussetzungen des § 839 a Abs. 1 BGB obliegt dem Geschädigten. Der Sachverständige hingegen ist hinsichtlich des Einwandes des schuldhaften Unterlassens einer Rechtsmitteleinlegung im Sinne der §§ 839 a Abs. 2 i.V.m. 839 Abs. 3 BGB belastet. Nach herrschender Auffassung muss der Richter im Regressprozess prüfen, wie nach seiner Auffassung der Vorprozess richtigerweise hätte entschieden werden müssen. Er muss für seine eigene Beurteilung von dem Sachverhalt ausgehen, der dem Gericht bei pflichtgemäßem Verhalten des Sachverständigen unterbreitet worden wäre. Auch bei der Kausalitätsprüfung zwischen Nichteinlegung des Rechtsmittels und dem letztendlich eingetretenen Schaden ist darauf abzustellen, wie die Rechtsmittelinstanz nach Auffassung des Schadensersatzrichters richtigerweise hätte entscheiden sollen, und nicht wie sie voraussichtlich faktisch entschieden hätte[511]. Ist ein Urteil gemäß § 313 a ZPO ohne Tatbestand und Entscheidungsgründe abgesetzt worden, muss der Kausalitätsbeweis vom Geschädigten gegebenenfalls durch Zeugenaussagen sowie Urkundsbeweis (Heranziehung des Sitzungsprotokolls) geführt werden.

681

7. Aktivlegitimation

Aktivlegitimiert im Regressprozess gegen den Sachverständigen sind ausschließlich die **Verfahrensbeteiligten**, das heißt im Zivilprozess die Parteien, neben Intervenienten und Streitverkündeten; im Strafprozess Angeklagte, Privatkläger und Nebenkläger und im Verwaltungsprozess die in § 61 VwGO genannten Personen. Auch die Rechtsnachfolger (§§ 265, 325, 727 ZPO), Insolvenzverwalter und Testamentsvollstrecker sowie die vom ursprünglichen Kläger ermächtigten Prozessstandschafter sind aktivlegitimiert. Im Wertsetzungsverfahren vor der **Zwangsversteigerung** eines Objekts (§ 74 a Abs. 5 ZVG) ist seit den Urteilen des BGH vom 20.05.2003 (VI ZR 312/02) VersR 2003, 1049, sowie vom 06.02.2003 (III ZR 44/02) VersR 2003, 1535 die Anwendung des § 839 a BGB umstritten, obwohl beide Entscheidungen noch die Gutachterhaftung nach altem Recht abhandeln. Nach herkömmlicher Meinung ergibt sich die **rechtliche Beteiligtenstellung** des vom Wert-

682

---

[511] so Münchener Kommentar/Wagner, § 839 a, Rn. 32

setzungsverfahren Betroffenen aus § 9 ZVG, so dass sich die Erwerbsinteressenten und auch der spätere Ersteher allenfalls auf § 826 BGB stützen können[512]. Ein Teil der Literatur sieht trotz der Neuregelung des § 839 a BGB im Verhältnis des Ersteigerers zum Sachverständigen die allgemeine Deliktsnorm des § 826 BGB als einschlägig an. Der Grundstückserwerber ist nach der Entscheidung des BGH vom 06.02.2003 in die Amtspflichten kommunaler Gutachterausschüsse mit einbezogen, so dass hier eine Haftung nach § 839 BGB i.V.m. Artikel 34 GG angenommen werden soll.

8. Abschließende Regelung oder analoge Anwendung

683   Mit § 839 a BGB wollte der Gesetzgeber einen **abschließenden Sondertatbestand** schaffen, der den Rückgriff auf allgemeine Deliktstatbestände ausschließt und die Haftung des gerichtlichen Sachverständigen für ein unrichtiges Gutachten abschließend regeln soll[513]. Dennoch hat sich bereits zum jetzigen Zeitpunkt die Frage der **analogen Anwendung** der Vorschrift auf weitere Tatbestände gestellt, die abschließend nur kurz skizziert werden soll:

a) Zeugen

Eine analoge Anwendung der Vorschrift auf Zeugen ist abzulehnen.

Die Zivilprozessordnung trennt in den einschlägigen Vorschriften streng zwischen dem Zeugen und dem Sachverständigen sowie dem sachverständigen Zeugen. Auch mit dem Hinweis darauf, dass sich **Zeugen** noch weniger als der **Sachverständige** ihrer Mitwirkung in einem Rechtsstreit entziehen können und ähnlich schlecht wie der Gutachter entlohnt werden[514], lässt sich eine **Ausdehnung der engen Vorschrift des § 839 a BGB** nicht rechtfertigen.

b) Verwaltungsverfahren

684   Ebenso scheidet eine analoge Anwendung der Vorschrift für den **Sachverständigen im Verwaltungsverfahren** aus. Wird der Gutachter hoheitlich tätig, richtet sich die Haftung ausschließlich nach § 839 BGB, Artikel 34 GG. Zieht die Behörde Sachverständige auf Grundlage der §§ 26 Abs. 1, S. 2, Nr. 2, 65 VwVfG als Beweismittel für eine Entscheidung heran, wurde nach bisherigem Recht der **behördliche Gutachter** einem gerichtlichen Sachverständigen haftungsrechtlich gleichgestellt und seine Haftung aus § 823 Abs. 1 BGB auf Vorsatz und grobe Fahrlässigkeit beschränkt[515]. Nach neuem Recht wäre bei dieser Konstellation durchaus eine analoge Anwendung des § 839 a BGB geboten. Da der behördlich beauftragte Sachverständige jedoch nicht gesetzlich verpflichtet ist, den Gutachterauftrag anzunehmen, den Obolus für seine Inanspruchnahme frei aushandeln kann und sein Haftungsrisiko entsprechend

---

[512] Wagner, Die Haftung des Wertgutachters gegenüber dem Ersteiger, in VersR 2004, 275 ff.

[513] so Bamberger/Roth/Reinert, § 839 a BGB, Rn. 3

[514] so Wagner, NJW 2002, 2063

[515] so OLG Schleswig, NJW 1995, 791

versichern kann, wird eine analoge Anwendung des § 839 a BGB abgelehnt[516]. Die analoge Anwendung des § 839 a BGB würde letztendlich auch zu dem Ergebnis führen, dass der Geschädigte gegen die Behörde aus Amtshaftung Ansprüche bei jedem Grad des Verschuldens durchsetzen könnte; gegen den Sachverständigen hingegen nur bei grober Fahrlässigkeit. Eine solche Aufspaltung der Haftung ist nicht akzeptabel.

c) Vergleich

Bei Abschluss eines Vergleichs aufgrund unrichtigen Gutachtens ist auf die Regelung des § 779 Abs. 1 BGB sowie § 313 BGB zurückzugreifen. Eine Analogie zu § 839 a BGB ist wegen der Ausprägung der Vorschrift als abschließender Sondertatbestand nicht geboten.

9. Zusammenfassung

Zur Verdeutlichung des Inhalts der Vorschrift werden die Grundvoraussetzungen der 685
Norm in nachfolgendem Schaubild zusammengefasst:

Haftung des gerichtlichen Sachverständigen nach neuem Recht

§ 839a

Voraussetzungen

- **vom Gericht ernannter – beeidigter oder unbeeidigter – Sachverständiger**
- Erstattung eines unrichtigen Gutachtens
- Ergehen einer gerichtlichen Entscheidung
- Kausalität zwischen Gutachten und gerichtlicher Entscheidung
- Schaden
- **Kausalität zwischen gerichtlicher Entscheidung und Schaden**
- Verschulden (grobe Fahrlässigkeit)
- Keine schuldhafte Versäumung eines Rechtsmittels zur Schadensabwendung durch den Geschädigten

Rechtsfolge

Schadensersatz für Verletzung absolut geschützter Rechtsgüter
Ersatz jedes Vermögensschadens

Übersicht 9: Haftung des gerichtlichen Sachverständigen nach neuem Recht

516 so Münchener Kommentar/Wagner, § 839 a, Rn. 14

VII. Amts- und Staatshaftung in der Wasserwirtschaft

686   Bei der Klärung von Haftungsfragen (Bund, Länder und Kommunen) für Schäden ausgelöst durch natürliche und gefasste Gewässer und Wasserläufe, durch wild abfließendes und bereits in Kanalisation sich befindendes Oberflächen- und Abwasser spielen meist planerische Festlegungen und Entscheidungen (Amtspflichten) mit im Regelfall nicht unerheblichen **Folgekosten** – losgelöst vom einzelnen Schadensfall – eine gewichtige Rolle. So hat der der Dimensionierung einer Kanalanlage (z.b. einer Großstadt) zu Grunde zu legende „Berechnungsregen" (Regenmenge, die alle 1, 5 oder gar 20, 50 Jahre 1 Mal anfällt) massive Auswirkungen in Millionenhöhe auf die kommunalen Haushalte, wenn z.b. ganze Kanalisationsstränge vergrößert, Rückhaltebereiche erstellt und damit den neuen Anforderungen angepasst werden müssen. Im Folgenden kann und soll nicht das gesamte „Wasserrecht" dargestellt werden[517]. Der Schwerpunkt der Ausführungen liegt auf den für die Praxis relevanten Gefährdungs- und Haftungssituationen sowie den bereits gerichtlich entschiedenen Ersatzforderungen im Schadensfall. Dies sind vor allem die **Überschwemmungsschäden** nach Unwetter, bei denen die anfallenden Regenmengen nicht durch die vorhandenen Einlaufbauwerke und Kanalstränge schadlos abgeführt werden können sowie die **Auswirkungen der Flutwellen** (Jahrhunderthochwasser) der letzten Jahre (Elbehochwasser usw.)[518].

Das Wasserhaftungsrecht weist meist vom Tatsächlichen (fast stets Gutachterfragen – Niederschlagsmengen, technische Fragen) und auch oft in rechtlicher Hinsicht eine **hohe Problemdichte und Komplexität** auf. Es dürfte mit zu den anspruchsvollsten Bereichen des Amts- und Staatshaftungsrechts gehören[519].

---

[517] eingehend Breuer 2004 – auch m. jeweils zahlreichen weiterführenden Hin- und Nachweisen; desgl. Czychowski/Reinhardt WHG – auch jeweils zu den landesrechtlichen Vorschriften; zur weiteren Vertiefung: Sieder/Zeitler/Dahme, Wasserhaushaltsgesetz und Abwasserabgabengesetz, Kommentar; von Lersner/Berendes, Handbuch des Deutschen Wasserrechts (mit Darstellung aller Landesrechte) sowie Fritzsche/Drost, Das Wasserrecht in Bayern (Kommentar und Vorschriftensammlung zum Bundes- und Landesrecht)

[518] zu letzteren vor allem Wolfgang Ewer, Ersatz-, Entschädigungs- und Ausgleichsansprüche wegen Hochwasserschäden – erste Bestandsaufnahme nach der Katastrophe, NJW 2002, 3497–3503; Ingeborg Koutses, Schadensersatzansprüche nach der Hochwasserkatastrophe, MedR 2002, 1229-1235

[519] s. bereits F. Ossenbühl, Anm. zu BGH, JZ 1994, 784 ff. (786); dies führt auch zu einem hohen Haftungsrisiko für die beteiligten Behörden, Verwaltungen usw. und die später mit den Streitfällen befassten Rechtsanwälte; besonders zu beachten ist das Zusammenspiel von WHG und den jeweiligen wasserrechtlichen Landesvorschriften

1. Allgemeine Grundsätze

a) Grundlagen, Gewässerbegriff, Systematik und Abgrenzungen

Oberirdische Gewässer (§ 1 Abs. 1 Nr. 1 WHG) werden nach ihrer Bedeutung in drei **687** Klassen (Ordnungen) eingeteilt[520]. Hieran orientieren sich die Eigentums- und Verantwortlichkeitsverhältnisse[521].

Gewässer erster Ordnung stehen im Eigentum des jeweiligen Bundeslandes (Ausnahme: Bundeswasserstraßen – Bund ist Eigentümer, Art. 89 Abs. 1 GG). **Gewässer zweiter und dritter Ordnung** gehören (in den meisten Bundesländern) den Eigentümern der Ufergrundstücke, was aber noch nichts über die Unterhaltungspflicht aussagt. Diese liegt in den meisten Ländern bei öffentlich-rechtlichen Körperschaften (Gemeinden, Landkreise, Städten, Wasser- und Bodenverbänden usw.), selten bei dem Eigentümer. Letzteres ist lediglich üblich bei künstlichen Gewässern[522] bzw. Gewässern von untergeordneter Bedeutung (Wiesenbach).

Wasser und Abwasser[523] in Leitungssystemen, in Schwimmbecken, Feuerlöschtei- **688** chen und Kläranlagen gehören nicht zu den (oberirdischen) Gewässern und unterliegen demnach **nicht** den Regelungen der Wassergesetze. Anders aber, wenn z.B. ein Bach – unverrohrt – als Vorflut zur Abwasserbeseitigung (mit) eingesetzt wird. Dieser Bach war und bleibt „Gewässer" und unterliegt den wasserrechtlichen Bestimmungen.

Straßenseitengräben mit Entwässerungswirkung auch für umliegende (land-, **689** forstwirtschaftlich genutzte) Flächen unterliegen grundsätzlich dem WHG als oberirdische Gewässer, können jedoch landesrechtlich aus dem Geltungsbereich ausgenommen werden (§ 1 Abs. 2 WHG)[524]. Für ausschließlich der Straßen-, Eisenbahntrassenentwässerung dienende Seitengräben dürfte nur der jeweils für den Verkehrsweg Verantwortliche zuständig sein.

Grundwasser ist durch § 1 Abs. 1 Nr. 2 WHG in den sachlichen Geltungsbereich die- **690** ses Gesetzes aufgenommen.

Für die Haftung und Verantwortlichkeit im Wasserrecht gilt grundsätzlich, dass bei **691** fehlenden Eingriffen, bei „wild abfließendem" Wasser keine Ersatzpflicht entsteht[525]. Vor allem aber in den Fällen, in denen dieser Abfluß verändert wird (z.B. durch Straßen-, Wegebau, Realisierung eines Baugebietes[526]) und z.B. Vorflut- und

---

[520] f. Rheinland-Pfalz s. § 3 Abs. 1 LWG RhPf; zur Rechtslage in Rheinland-Pfalz Jeromin/ Prinz, Kommentar zum Landeswassergesetz Rheinland-Pfalz und zum Wasserhaushaltsgesetz (Stand März 2004); f. Bayern s. Art. 2 BayWG

[521] hierzu und zum Nachfolgenden Breuer 2004 Rn. 119 – gerade auch zu den Unterhaltungsverantwortlichkeiten

[522] vgl. § 63 Abs. 4 LWG RhPf

[523] zum Begriff s. Breuer 2004 Rn. 487 ff.

[524] s. BGH, MDR 1983, 826; z. Einzelheiten Breuer 2004 Rn. 147 ff.; abw./differenzierend Czychowski/Reinhardt § 1 Rn. 51 f.; s. auch § 3 Abs. 3 LWG RhPf, Jeromin/Prinz § 3 Rn. 12 sowie Art. 1 Abs. 2 BayWG

[525] s. § 82 LWG RhPf

[526] s. BGH, MDR 2002, 759 f.

Ablaufverhälntnisse nachteilig beeinflusst werden, tritt eine Haftung der planenden und ausführenden Stellen ein[527].

Beispiel:

– Regenablauf in Ortsnähe –

In einem landwirtschaftlich genutzten Hanggelände in Ortsnähe wird ein Weg dergestalt verändert, dass er seine Vorflutfunktion (Ableitung des von oben anfallenden Oberflächenwassers)verliert und das gesamte Regenwasser aus dem Hangbereich nun über private Oberliegergrundstücke (nicht bebaut) auf die Grundstücke der ersten Hausreihe gelangt und dort für Schäden sorgt.

Gegen die Eigentümer der Oberliegergrundstücke besteht kein Anspruch; diese haben an den Abflussverhältnissen auf, über ihre Grundstücke nichts verändert. Verantwortlich ist die Gemeinde, die die Abflussverhältnisse nachteilig, schadensverursachend verändert hat. Gleichzeitig besteht wohl auch eine Verantwortlichkeit aus dem Grunde, dass das anfallende und schädigend einwirkende Wasser nicht ordnungsgemäß gefaßt und abgeleitet wurde (hierzu u. Rn. 705)

b) Gesetzgebungskompetenz

692 Der Bund hat von seiner Gesetzgebungskompetenz (**Rahmengesetzgebung**) durch das Wasserhaushaltsgesetz (WHG) Gebrauch gemacht. Die Länder haben durch ihre Wassergesetze, die nicht unwesentlich voneinander abweichen, diese Regelungen ergänzt und ausgefüllt[528].

Zu beachten ist, dass soweit **privatrechtliche Haftungsregelungen** getroffen wurden (u.a. § 22 WHG), der Bund von seiner **ausschließlichen Gesetzgebungskompetenz** nach Art. 74 Nr. 1 GG (bürgerliches Recht) Gebrauch gemacht hat und landesrechtliche Vorschriften insoweit allenfalls deklaratorischen Charakter haben können.

c) Verantwortlichkeiten

693 Bei Erteilung der zahlreich gesetzlich vorgesehenen wasserrechtlichen Erlaubnisse u.a. zur Gewässerbenutzung, zum Anlagenbetrieb, zur Wasserentnahme u.a. (s. §§ 2, 3, 7 ff. WHG[529]) müssen die Behörden zur Vermeidung von Ersatzansprüchen den üblichen Anforderungen entsprechen (korrekte Sachverhaltserforschung, gesetzliche Voraussetzungen müssen gegeben sein, richtige Ausübung von Ermessen, Berücksichtigung von „Nachbarinteressen" usw.)[530]. Kommt es hierbei zu schadensauslösenden Fehlern, besteht ein Amtshaftungsanspruch zu Gunsten des geschädigten Bürgers.

---

[527] BGH, MDR 1976, 740 (mit einem Kurzüberblick zu den denkbaren Anspruchsgrundlagen bei unterschiedlichen Fallkonstellationen)

[528] Breuer 2004 S. 1–5 (auch zu den einzelnen Landeswassergesetzen)

[529] s. §§ 25–35 LWG RhPf

[530] s. eingehend Breuer 2004 Rn. 359 ff., 430 ff., 666 ff.

2. Gewässerunterhaltung und -ausbau

a) Gewässerunterhaltung[531]

Die **Gewässerunterhaltung** nach § 28 WHG[532] umfasst die Erhaltung eines ord- **694**
nungsgemäßen Zustandes für den Wasserablauf. Hierzu zählen auch alle Maßnahmen zur Verhinderung schädigender Auswirkungen beim Wasserabfluß sowie die
Beseitigung von Abflusshindernissen gleich welcher Art[533], von störenden Wasserpflanzen und das Entfernen der geschnittenen, gemähten Pflanzenteile[534]. Auch die
Erhaltung der Schiffbarkeit gehört mit in diesen Pflichtenkreis.

Die **Gewässerunterhaltungspflicht** ist zwar **öffentlich-rechtlich** ausgestaltet, jedoch nach ganz überwiegender Auffassung nicht drittschützend; deren Verletzung
kann mithin Rechte eines geschädigten Bürgers (z.B. § 823 Abs. 2 BGB i.V.m.
WHG) **nicht** begründen[535]. Ein Anspruch auf ordnungsgemäße Unterhaltung besteht für den einzelnen Bürger und Betroffenen nicht.

Im Regelfall bleibt es in diesen Fällen dann wegen Nicht- bzw. Schlechterfüllung
des Unterhaltungspflicht durch die Verantwortlichen bei der Haftung aus § 823
Abs. 1 BGB, meist (auch zusätzlich) wegen Verletzung der **Verkehrssicherungspflicht**[536].

Insoweit kann auf die vergleichbare Haftungsstruktur im Straßenrecht verwiesen
werden, wobei dort die Verkehrssicherungspflicht allerdings gesetzlich als „hoheitliche" Pflicht ausgeformt wurde (s.o. Rn. 519, 532, 564)[537].

b) Gewässerausbau

Gleiches gilt im Wesentlichen auch für den in § 31 WHG[538] geregelten **Gewässer-** **695**
ausbau (z.B. Begradigung, Befestigung, Verrohrung eines fließenden Gewässers)[539]. Hierauf hat der Bürger keinerlei Anspruch. Kommt es durch entsprechende

---

[531] umfassend Breuer 2004 Rn. 916 ff.
[532] regelmäßig konkretisiert in den wasserrechtlichen Landesvorschriften, s. z.B. §§ 63–70
   LWG RhPf, Art. 42 ff. BayWG
[533] zur Beseitigungspflicht v. geräumtem Schnee aus Straßengräben s. BGH, MDR 1983, 826
   (abl. aufgrund des besonderen Situation – Katastrophensituation)
[534] BGH, BGH-Report 2004, 305–308; BGH, MDR 1983, 826 (anders für Überschwemmungsschäden infolge eines durch geräumten Schnee zugesetzten Straßengrabens)
[535] BGH, MDR 1964, 399 f. (f. d. Deichunterhaltungspflicht); Breuer 2004 Rn. 1087;
   Czychowski/Reinhardt § 28 Rn. 54 ff.
[536] BGH, NJW 1996, 3208–3211; BGH, MDR 1976, 740; zur Verkehrssicherungspflicht
   (Moselschifffahrt) s. auch Moselschifffahrtsobergericht Köln, OLGR 2000, 440–442; vgl.
   auch Wolfgang- Rüdiger Schenke, Probleme der Unterhaltungs- und Verkehrssicherungspflicht auf öffentlichen Wasserstraßen, VersR 2001, 533 – 539 sowie Breuer 2004 Rn. 257;
   eingehend Czychowski/Reinhardt § 28 Rn. 60 ff.; vgl. auch Ottmar Martini, Die Unterhaltung von Anlagen im Gewässerbereich nach dem Wassergesetz für das Land Rheinland-Pfalz in der Fassung vom 14.12.1990, Diss. Mainz 1993 (zur Haftung S. 166 ff.)
[537] vergleichbares gilt für Bundeswasserstraßen, s. Breuer 2004 Rn. 1088
[538] vgl. §§ 71 – 75 LWG RhPf, Art. 54 ff. BayWG
[539] zum Begriff Breuer 2004 Rn. 259 ff., 950 ff.

Ausbaumaßnahmen zu Schäden (z.B. Fischsterben nach Verwendung ungeeigneten, giftigen Ausbaumaterials; Überschwemmungen nach – zu gering dimensionierten – Verrohrungen, Wegedurchlässen), dann greift im Regelfall Amtshaftung ein, wenn Fehler gemacht wurden und vor allem die Interessen benachbarter Dritter nicht oder in nicht ausreichendem Maße berücksichtigt wurden und es hierdurch zu Rechtsbeeinträchtigungen (Schäden) gekommen ist[540].

> *Furt / Verrohrung*
>
> *Wird eine über einen landwirtschaftlichen Weg laufende (offene) Furt eines Baches im Rahmen von umfangreichen Ausbaumaßnahmen „verrohrt", dann sind Ansprüche aus Amtshaftung gegeben, wenn auf Grund zu geringer Dimensionierung es ständig zu durch Rückstau bedingten Überschwemmungen und eingeschränkten Nutzungsmöglichkeiten der landwirtschaftlichen Grundstücke kommt.*

c) Verantwortlichkeiten

696   In der Regel sind Körperschaften des öffentlichen Rechts die Träger der **Gewässer-Unterhaltungslast**, § 29 WHG. Grundsätzlich ist der Bund für die Bundeswasserstraßen, die Länder für die sonstigen Gewässer erster Ordnung und für solche zweiter und dritter Ordnung je nach Ausformung durch Landesrecht die Landkreise (Bezirke), Städte, Gemeinden oder entsprechende Zweckverbände verantwortlich[541].

Von dieser Verantwortlichkeit zu unterscheiden sind Kostentragungspflichten, -beteiligungen z.B. nach Baumaßnahmen, die wasserrechtliche Auswirkungen haben, wenn z.B. infolge einer Lageänderung eines Weges, einer Straße die Gewässerführung angepasst, geändert werden muß.

d) Schadensersatz, Entschädigungsanspruch

697   Entstehen dem Bürger, Gewässeranlieger durch, infolge der Nutzung ihrer Grundstücke für **Unterhaltungsmaßnahmen** Schäden, so hat er nach § 30 Abs. 3 WHG einen privatrechtlichen verschuldensunabhängigen Ersatzanspruch[542].

Vergleichbares gilt für entsprechende Schäden und Beeinträchtigungen durch Gewässerausbaumaßnahmen[543].

---

[540] s. BGH, NJW 1996, 3208–3211, OLG Koblenz, OLGR 2001, 356-361
[541] Breuer 2004 Rn. 920 f.; s. § 63 Abs. 1 LWG RhPf, Art. 43 BayWG
[542] hierzu Breuer 2004 Rn. 944; Czychowski/Reinhardt § 30 Rn. 43 ff. – auch zu den landesrechtlichen Regelungen, die z.T. nicht unerhebliche Erweiterungen und Besonderheiten bzgl. Pflichtenumfang, Verjährung (z.B. 5 Jahre) und Verwaltungsvorverfahren festlegen (s. z.B. § 69 LWG RhPf)
[543] Breuer 2004 Rn. 1036 – auch zu den einschlägigen landesrechtlichen Vorschriften

e) Zusammenfassung

698

	Pflicht	**Haftung**
Gewässer**unterhaltung**	öffentlich-rechtlich	§§ 823 ff. BGB u.a.
Gewässer**ausbau**	öffentlich-rechtlich	§ 839 BGB i.V.m. Art. 34 GG

Auch hier ist wie im Straßenhaftungsrecht zu berücksichtigen, dass die haftungsbegründenden Umstände (Gewässerunterhaltung, -ausbau) oft ineinander übergehen und es demnach recht häufig zur Haftung wegen Verletzung **beider Pflichtenbereiche** kommt. Dann steht die Amtshaftung (§ 839 BGB) neben der aus Delikt (§§ 823 ff. BGB)[544].

Zu denken ist bei diesen Fallkonstellationen auch stets noch an die Entschädigung aus enteignungsgleichem bzw. enteignendem Eingriff[545] sowie entsprechend § 906 Abs. 2 BGB (s.o. Rn. 450).

3. Hochwasserschutz

Nach den quantitativ und qualitativ verstärkt auftretenden Hochwasser – Schadensfällen in den letzten Jahren rücken die Ersatzansprüche für diese Lebenslagen vermehrt in den Blickpunkt der Öffentlichkeit[546].

699

Es werden die wohl als (mit-) ursächlich anzusehenden Bodenversiegelungen, Ausweisungen von Baugebieten, die schnelle Abführung von Oberflächenwasser aus landwirtschaftlich genutzten Bereichen (z.B. Mosel-Hanglagen) usw. zumindest z. Zt. noch nicht als haftungsbegründend angesehen. Insoweit wären auch kaum lösbare Kausalitäts- und Zurechnungsfragen zu klären[547]. Ob etwas anderes gilt, wenn in überschaubaren örtlichen Bezügen hochwasserauslösende (Bau-) Maßnahmen ergriffen werden, ist noch nicht abschließend geklärt, wohl aber im Ergebnis zu bejahen.

Auch hier wird durchaus kontrovers diskutiert, welches „**Hochwasser**" (10-, 20-, 50- jähriges oder gar Jahrhunderthochwasser) den zu fordernden Schutz-, Abwehr- sowie Ausbaumaßnahmen zu Grunde gelegt werden muß. Ein Gleichlauf mit den Überlegungen zur Dimensionierung der Kanalnetze bietet sich (da naheliegend) für den Hochwasserschutz an.

In „Überschwemmungsgebieten"[548] – oft als wasser- und erholungsgebietsnahe Neubaugebiete angepriesen – muß der Bauwillige auf die Hochwassergefahr hinge-

---

[544] s. zu einem insoweit instruktiven Fall BGH, NJW 1996, 3208 – 3211; s. auch BGH, MDR 1983, 826; OLG Koblenz, OLGR 2001, 356–361; Czychowski/Reinhardt § 28 Rn. 62
[545] BGH, MDR 1976, 740
[546] zur Lit. s. bereits o. Fn. 408
[547] ähnlich Breuer 2004 Rn. 1094; wohl weitergehend Koutses (Fn. 408) S. 1129 f.; zu den gesetzgeberischen Aktivitäten vgl. Ewer (Fn. 408) S. 3497 f.
[548] nicht im engen Sinne von § 32 WHG (§§ 88 ff. LWG RhPf) verstanden

wiesen werden; dies gilt nur dann nicht, wenn diese Gefahr ohnehin ersichtlich (Bau unmittelbar hinter einem Hochwasserdamm) ist oder aber sich diese nur in ganz außergewöhnlichen Situationen realisiert[549].

Hochwasserschutz setzt denknotwendig das Vorhandensein eines Gewässers voraus; Überflutungen durch ablaufendes Oberflächen-, Niederschlagswasser werden hierdurch nicht erfasst[550].

Bei **akuten Hochwassergefahren,** vor allem bei Gefahren für Leib und Leben, ist die betroffene Bevölkerung umgehend und effektiv zu informieren und zu warnen (s.u. Rn. 761)[551]. Dies setzt auch die **Organisation** eines entsprechenden Katastrophenschutzes voraus (Besetzung Rettungsleitstelle, logistische Maßnahmen, Abruf der Pegelstände, Koordination mit Hilfsorganisationen usw.[552]). Welche Schutzmaßnahmen eine Gemeinde oder die sonst verantwortliche Stelle ansonsten zu ergreifen hat, hängt von den Umständen des Einzelfalls ab[553]. Die Rechtsprechung ist insoweit recht zurückhaltend mit der Annahme weitgehender Pflichten und entsprechender Ersatzansprüche[554]. Den Einsatzkräften wird ein (weiter) **Beurteilungsspielraum** zugebilligt. So muß ohne entsprechende Vorwarnungen oder Hinweise nicht schweres Gerät (Bagger usw.) vorgehalten werden, um bei einem plötzlichen Hochwasser vor einem Wehr, Damm, Schleusendurchlass usw. die angeschwemmten Bäume und Gebäudeteile zur Sicherung aus dem Wasser zu ziehen[555]. Problematisch erscheint das Absperren von Entwässerungsgräben, das Fluten z.B. landwirtschaftlicher Flächen zum Zwecke des Schutzes flussabwärts gelegener (Wohn-) Bereiche[556]. Eine strikte Abwägung auf Grund gesicherter Tatsachen ist hier unumgänglich, in akuten Hochwassersituationen wohl aber schwerlich leistbar. Insoweit greift der **allgemeine wasserrechtliche Grundsatz** ein, dass bei schadensverursachenden **Veränderungen** bestehender Ablauf-, Abflussverhältnisse grundsätzlich eine Haftung (Schadensersatz, Entschädigung) besteht[557].

---

[549] Staudinger/ Wurm Rn. 677; s. auch OLG Karlsruhe, OLGR 2001, 40–43

[550] BGH, MDR 2002, 759 f.

[551] OLG München, OLGR 2003, 318–321; zu entsprechenden Hinweispflichten in Baugenehmigungsverfahren s. OLG Karlsruhe, OLGR 2001, 40–43; Ewer (Fn. 408) S. 3500; Koutses (Fn. 408) S. 1231 f.

[552] zu den verschiedenen Zuständigkeiten, Verantwortlichkeiten (Passivlegitimation!) in Sachsen für wasserrechtlichen Warn- und Alarmdienst sowie f. den Katastrophenschutz vgl. Koutses (Fn. 408) S. 1231 f.; s. auch §§ 91 f. LWG RhPf: Wasserwehr, Deichsicherung, Melde- und Warndienst

[553] zur rechtlichen Bewertung von Schutzmaßnahmen (Deichbau, Sandsäcke usw.) Breuer 2004 Rn. 222

[554] s. auch Ewers (Fn. 408) – Prüfung verfassungsrechtlich begründbarer Ausgleichsansprüche (Sozialstaatsprinzip u.a.)

[555] OLG München, OLGR 2003, 318–321

[556] BGHZ 117, 240–259 (auch zu weiteren Entschädigungsansprüchen neben der Amtshaftung)

[557] s. bereits o. Rn. 691 sowie Ewers (Fn. 408) S. 3501 (Ansprüche aus enteignendem Eingriff)

Ersatzansprüche des durch Hochwasser geschädigten Bürgers folgen bei **pflicht-
und rechtswidrig** fehlendem oder fehlerhaftem Hochwasserschutz regelmäßig aus
Amtshaftung (§ 839 BGB i.V.m. Art. 34 GG), denn letztlich handelt es sich in den
wohl überwiegenden Fällen dann um fehlerhafte Maßnahmen des Gewässerous-
baus, wobei allerdings nochmals auf den insoweit nicht gegeben Ausbauanspruch
hinzuweisen ist (s.o. Rn. 694 f.)[558].

4. Oberflächen- und Abwasserbeseitigung, Kanalisation

a) Grundsätze

Nach § 18 a Abs. 1 Satz 1 WHG sind Abwässer (Schmutzwasser – Niederschlags-   **700**
wasser) so zu beseitigen, dass das Wohl der Allgemeinheit nicht beeinträchtigt
wird[559]. Der **Gesundheitsschutz** bei der Abwasserbeseitigung wird in § 41 IfSG
(Gesetz zur Verhütung und Bekämpfung von Infektionskrankheiten beim Menschen) besonders hervorgehoben. Beim Sammeln und Beseitigen, dem Betrieb einer
Abwasser-, Kanalisationsanlage wird die Gemeinde nach allgemeiner Auffassung
hoheitlich tätig[560]. Schadensauslösende Fehler hierbei können zur Amtshaftung
führen.

Besondere Bedeutung erlangt in letzter Zeit die spezifische Behandlung des **Nieder-
schlagswassers**, das nicht in allen Fällen in die Abwassersysteme eingeleitet werden muß (**Versickerungslösungen** – s. § 33 Abs. 2 Nr. 3 WHG). Hier lauern je nach
Fallkonstellation nicht unerhebliche Haftungsrisiken für die derartige Lösungen
festschreibenden, planenden Gemeinden (s.o. Rn. 574)[561]. Es müssen zumindest
nach den topographischen und geologischen Gegebenheiten zunächst einmal überhaupt „versickerungsfähige Bereiche" gegeben sein; derartiges kann bei „schweren"
Böden in Hangbereichen wohl nicht angenommen werden[562]. Allerdings liegen insoweit abschließende gerichtliche Entscheidungen in Haftungsfällen noch nicht vor.

Das Bundesverwaltungsgericht hat die bauplanerischen Anforderungen im Rahmen
eines Normenkontrollverfahrens wie folgt in einem Leitsatz zusammengefasst:

---

[558] also Haftung nur im Ausnahmefall; vgl. auch Czychowski/Reinhardt § 28 Rn. 62; anders
    wohl wenn die Hochwasserschäden auf schlechten Unterhaltungsmaßnahmen (Nicht-
    Reinigung von Wehren, Wasserdurchlässen usw.) beruhen: § 823 Abs. 1 BGB (s.o.
    Rn. 694)
[559] vgl. §§ 51 – 60 LWG RhPf, Art. 41 a ff. BayWG
[560] BGHZ 140, 380 ff. (384 f.); 125, 19 ff. (24); Thüringer OLG, OLGR 2002, 247 – 250;
    Staudinger/Wurm Rn. 676; Breuer 2004 Rn. 1081 – m.zahlr. w. Nachw., Rn. 527 ff. zu
    den technischen Anforderungen; Spannowsky 2000 S. 449 ff. (allg. zur Entwässerung
    von Baugebieten)
[561] s. auch Breuer 2004 Rn. 516–518; Spannowsky 2000 S. 452 ff. – auch zur Frage der
    Ermächtigungsgrundlage f. eine Versickerungsanordnung
[562] besonders wenn die f. Kanalnetze festgelegten Anforderungen (s.u. Rn. 703 ff.) auch hier
    zu Grunde gelegt werden

Beispiel:

BVerwG, DVBl. 2002, 269 f. – dezentralisierte Entwässerungs-, Versickerungs-konzepte für Niederschlagswasser –

Zur Beseitigung von Niederschlagswasser in einem Neubaugebiet kann nach § 9 Abs. 1 Nr. 14, 15 und 20 BauGB ein dezentrales System privater Versickerungs-mulden und Grünflächen festgesetzt werden.

Die planerische Festsetzung eines derartigen Entwässerungskonzepts setzt u.a. voraus, dass wasserrechtliche Bestimmungen nicht entgegenstehen, die Voll-zugsfähigkeit des Plans dauerhaft gesichert ist und Schäden durch abfließendes Niederschlagswasser auch in benachbarten Baugebieten nicht zu besorgen sind.

Festzuhalten ist hier, dass in diesem sachlichen Bereich zahlreiche bau-, straßen-, wasser- und kommunalrechtliche Vorschriften über Inhalt und Grenzen der Pflich-ten und Verantwortlichkeiten eine entscheidende Rolle spielen und im Einzelfall im Planungsstadium von den öffentlich-rechtlichen Körperschaften und bei Schadens-fällen von Rechtsanwälten und Gerichten zu beachten sind[563].

b) Verantwortlichkeiten

701   Grundsätzlich können nur öffentlich-rechtliche Körperschaften Träger der Abwas-serbeseitigungspflicht sein (s. § 18 a Abs. 2 Satz 1 WHG). Im Regelfall sind dies die **Gemeinden**, die die Abwasserbeseitigung als Pflichtaufgabe im Rahmen der Selbst-verwaltung durchführen[564].

Für das auf Straßen, Plätzen usw. anfallende **Oberflächenwasser** ist der jeweilige Träger der Straßenbaulast verantwortlich, wodurch sich durchaus **haftungsrele-vante Doppelzuständigkeiten** ergeben, wenn z.B. ein Straßenseitengraben sowohl der Entwässerung der Straße wie auch der eines Neubaugebietes dient[565].

c) Pflichtenumfang (Amtspflichten)

aa) Erschließung

702   Grundsätzlich hat die Gemeinde in Geltungsbereichen **qualifizierter Bebauungs-pläne** sowie auch im (nichtbeplanten) **Innenbereich** eine Erschließungspflicht (u.a. Anschluß an Straßennetz, Versorgung mit Gas, Wasser, Strom usw., Ableitung v. Regen- und Schmutzwasser), die sich entgegen des Wortlautes von § 123 Abs. 3 BauGB durchaus im **konkreten Einzelfall** (Ausnahme !) als Rechtsanspruch des Bürgers darstellen kann[566]. Hier wird es im jeweils zur Beurteilung anstehenden Fall vor allem darauf ankommen, welche Rechtsgüter des Bürgers gefährdet sind und welche Interessen der Gemeinde einer baldigen Erschließung, die ohnehin (irgend-wann einmal) erfolgen muß, entgegenstehen. Dies wird regelmäßig der durch fort-

---

[563] s. bereits o. Rn. 686

[564] Breuer 2004 Rn. 511, Czychowski/Reinhardt § 18 a Rn. 14 (auch mit Hinweisen zu den landesrechtlichen Vorschriften; Zuständigkeit v. Gemeindeverbänden, Verbandsgemein-den usw.); § 52 LWG RhPf: kreisfreie Städte, verbandsfreie Gemeinden und Verbandsge-meinden; Art. 41 b BayWG: Gemeinden

[565] s. bereits oben Rn. 534

laufende Baumaßnahmen auf den Grundstücken mögliche Mehraufwand und die Schadensanfälligkeit einer bereits fertiggestellten Anlage bei noch fortlaufendem Baustellenverkehr sein[567]. Es besteht in jedem Fall eine Amtspflicht zur ordnungsgemäßen, interessenabwägenden Prüfung und Bescheidung.

Für schadensverursachende Fehler bei Planung und Realisierung der Erschließungsanlagen ist die Gemeinde nach **Amtshaftungsgrundsätzen** verantwortlich[568]. Besonderes Augenmerk ist insoweit auch auf die Integration bereits bestehender Erschließungsanlagen (z.B. Vorfluter) und auf durch Baumaßnahmen (z.B. Straßenerstellung) bedingte negativ veränderte Abflussverhältnisse (vor allem in Hangbereichen) zu richten[569].

Für das sichere, schadlose Ableiten des Oberflächenwassers von Straßen mit Nebenanlagen ist der jeweilige **Träger der Straßenbaulast** verantwortlich.

bb) Ausstattung, Qualität und Quantität des Kanalnetzes

Im Zentrum gerichtlicher Entscheidungen der letzten Jahrzehnte standen im wieder **703** „**Überschwemmungsschäden**", d.h. Schäden des Bürgers nach Starkregen, Unwettern usw. mit Niederschlagsmengen, die von der Kanalisation oder vergleichbaren Einrichtungen zur Abführung des Oberflächenwassers nicht oder nicht vollständig aufgenommen werden konnten und die sich dann ihren schadensverursachenden Weg über Grundstücke, Gärten letztlich meist endend in Kellern, Garagen, Einliegerwohnungen usw. suchten.

Hier stellt sich dann meist die Frage nach der ausreichenden **Dimensionierung des Kanalnetzes**.

Einigkeit herrscht wohl inzwischen darüber, dass das gemeindliche Kanalisationsnetz **mehr** als den „einjährigen Berechnungsregen" schadlos ableiten können muß[570]. Hierunter ist die Regenmenge zu verstehen, die situativ gebunden statistisch einmal jährlich überschritten wird. Begründet wird dies u.a. damit, dass dem Bürger nicht zugemutet werden kann, im Durchschnitt einmal im Jahr „geflutet" zu werden[571].

Andererseits wird man vernünftigerweise, auch aus wirtschaftlichen Gründen weder auf den „50-jährigen Berechnungsregen" oder gar auf ein „Jahrhundertwasser" für die Dimensionierung gemeindlicher Kanalisationsanlagen abstellen dürfen. Für

---

[566] s. BGH, VersR 1982, 772–774 (f.d. konkreten Fall ablehnend); OLG Frankfurt, NJW-RR 1989, 660 f. (gleichfalls ablehnend); in gleicher Richtung OLG Celle, OLGR 1998, 276 f.; zur Erschließungsverantwortlichkeit der Gemeinde Spannowsky 2000 S. 451 ff.; s. auch Breuer 2004 Rn. 548 ff.

[567] s. Spannowsky 2000 S. 453

[568] BGH, MDR 2002, 759 f. (Wasserschaden auf einem dem Baugebiet angrenzenden Nachbargrundstück); OLG Celle, OLGR 1998, 276 f. (kein Anspruch des Bürgers auf eine bestimmte Art und Lage der Verrohrung)

[569] BGH, NJW-RR 1991, 733–735; Spannowsky 2000 S. 452

[570] erstmals wohl ausdrücklich in BGHZ 109, 8–15 so festgelegt

[571] BGHZ 140, 380 ff. (385)

ganz seltene, katastrophenartige Ereignisse muß – auch aus Haushaltsgründen – keine absolut sichere Vorsorge getroffen werden. Z.Zt. dürfte eine Gemeinde ihren Pflichten wohl genügen, wenn sie bei Planung und Realisierung des Leitungsnetzes (sicherheitshalber) den **10 – 20- jährigen Berechnungsregen** zugrunde legt[572]. Dabei ist auch zu berücksichtigen, dass im Regelfall nicht die höchsten Rechtsgüter (Leib und Leben) durch unwetterbedingte Überschwemmungen betroffen sind[573].

Hervorgehoben wird auch hier, das der Pflichtenumfang (selbstverständlich) entscheidend von den meteorologischen, topographischen und sonstigen örtlichen Besonderheiten geprägt wird[574].

Zu den entsprechenden **Warnpflichten, -hinweisen** zum Schutz der Bevölkerung bei drohenden Überflutungsschäden s. unten Rn. 761.

Bei der Dimensionierung des Kanalnetzes, der Rückhaltebecken usw. sind auch die aus umgebenden Bereichen anfallenden und abzuführenden Niederschlagsmengen zu berücksichtigen. Insoweit können sich Planungen für Neubaugebiete nicht nur auf diese isolierten Bereiche beschränken sondern müssen durchaus das anfallende Oberflächenwasser aus z.b. oberhalb gelegener Hangbereiche mit berücksichtigen[575]. Hier bedarf es wohl im Regelfall sachverständiger Unterstützung bei den Planungen und auch bei in Schadensfällen nachfolgenden gerichtlichen Entscheidungen.

704   Hinzuweisen ist noch darauf, dass in dem Fall, dass das Niederschlagswasser überhaupt **nicht** in das Kanalnetz gelangt ist (Überlastung), eine Haftung nach dem HaftPflG – Wirkungshaftung – nicht gegeben ist[576]. Es kommen Amtshaftungsansprüche und solche aus enteignungsgleichem Eingriff in Betracht[577].

705   Neben der **ausreichenden Dimensionierung** des Kanalnetzes (Rohre, Sammler, Rückhaltebecken usw.) und der ordnungsgemäßen Verlegung (u.a. angemessenes Gefälle, Sicherung gegen Druck, Schädigungen von außen) ist noch darauf hinzuweisen, dass die Gemeinde bei der Planung und Berechnung der zu berücksichtigenden Niederschlagsmengen eine **Amtspflicht** zur ordnungsgemäßen Tatsachenfeststellung trifft. So sind durchaus auch die Niederschlagsmengen aus den Umgebungsbereichen, landwirtschaftlichen Flächen, Weinbergen usw., die durch die Kanalisation abgeführt werden müssen, zu berücksichtigen. Eine Einengung auf die bebauten Gebiete verbietet sich daher[578].

---

[572] wie immer: es kommt auf den Einzelfall an – so muß bei ständiger Überflutung einzelner Straßenzüge für diese unabhängig vom „Berechnungsregen" eine für den Bürger hinnehmbare Lösung gefunden werden, Staudinger/ Wurm Rn. 676; BGH, MDR 1998, 346–347 (5-jähriger Berechnungsregen als Kriterium ausreichend); OLG Karlsruhe, OLGR 2001, 41–43 (10-15-jähriger Berechnungsregen erwähnt); s. auch Koutses (Fn. 408) S. 1233 (20–50-jähriger Berechnungsregen)

[573] zu diesem Aspekt BGHZ 140, 380 ff. (383 f.)

[574] BGHZ 115, 141–150 = NJW-RR 1991, 733–735, Spannowsky 2000 S. 457

[575] BGHZ 140, 380 ff. (386 f.)

[576] BGHZ 140, 380 ff (384 f.); s. auch Staudinger/ Wurm Rn. 678; Breuer 2004 Rn. 1084 f.

[577] Schleswig-Holsteinisches Oberlandesgericht, OLGR 2002, 251-254

[578] BGHZ 140, 380 ff. (386 f.)

Besondere Beachtung verdienen in diesem Zusammenhang die sog. „**Einlaufbauwerke**", in und durch die das Niederschlagswasser in die Kanalisation gelangt. Sind
diese konstruktiv falsch ausgelegt, setzen sich diese z.b. schon bei einem mittleren
Gewitterregen mit Laub, Ästen und Unrat zu, und führt dies dann zu den schädigenden Überschwemmungen, dann liegt unabhängig von der Dimensionierung des
Kanalnetzes ein amtspflichtwidriger Planungsfehler der Gemeinde vor[579]. Gleiches
gilt, wenn erforderliche Reinigungs- und Unterhaltungsmaßnahmen ausbleiben[580].

Zu den Amtspflichten hinsichtlich der Verhinderung von **vermeidbaren Emissionen** (Geruch etc.) aus Abwasseranlagen (Klärwerke, Faulschlamm usw.) s. bereits
o. Rn. 451. In jedem Fall hat der Betreiber die Pflicht, (drittschützende) Auflagen für
Bau, Erstellung und Betrieb der Anlage einzuhalten[581].

In allen diesen Fällen greift bei den Bürger schädigenden Pflichtverletzungen die
Amtshaftung nach § 839 BGB i.V.m. Art. 34 GG ein.

cc) Schädigungen durch Einleitung von Abwässern

Abwässer sind sicher zu beseitigen. Kommt es unter Verletzung dieser Amtspflicht   **706**
zu Schäden beim Bürger dadurch, dass **Abwässer** aus einer Abwasser- oder Kläranlage **in ein Gewässer** gelangen, dann besteht grundsätzlich ein Anspruch aus Amtshaftung (§ 839 BGB i.V.m. Art. 34 GG), daneben oft noch ein solcher aus enteignungsgleichem Eingriff sowie aus § 22 Abs. 1 WHG (s.u. Rn. 713 ff.). Dies ist z.B.
dann der Fall, wenn die Einleitung **giftiger Abwässer** einer Gemeinde zu einem
Fischsterben im Fluß oder in einer hierdurch gespeisten Teichanlage führt. Gleiches
gilt für die Verseuchung von gezüchteten Muscheln durch das Einleiten schädlicher
Abwässer[582].

d) Weitere Anspruchsgrundlagen

Kommt es zu Schäden beim Bürger (Gesundheit, Leben, Eigentum, Gewerbebetrieb   **707**
usw.), sind stets neben den reinen Amtshaftungsansprüchen weitere anspruchsbegründende Tatbestände zu prüfen. Hierbei ist vor allem auch an die **Gefähr-
dungstatbestände im Wasserrecht** zu denken (zu dem typischen Gefährdungstatbestand des Wasserrechts – § 22 WHG – s. unten 5. a. – Rn. 713 ff.).

aa) Vertragliche Haftung

Wenn es im Rahmen eines öffentlich-rechtlichen Schuldverhältnisses oder gar   **708**
eines privatrechtlichen Belieferungsvertrages (z.B. für Frischwasser) zu Schäden
kommt, greifen die schuldrechtlichen Regelungen des bürgerlichen Rechts
(§§ 280 ff., 249 ff. BGB) entsprechend oder unmittelbar ein. Regelmäßig wird in
diesen Fällen die Haftung der „Lieferanten" auf Vorsatz und grobe Fahrlässigkeit

---

[579] wobei die Verantwortlichkeit fraglich wird, wenn zuverlässige (private) Planer usw. eingesetzt wurden, s. BGHZ 125, 19 ff. (24 f.); F. Ossenbühl, Anm. zu BGH, JZ 1994, 786 f.;
sowie u. Rn. 766
[580] s. insoweit auch BGH, NJW-RR 1991, 733–735; OLG Celle, OLGR 2001, 36 f.
[581] BGHZ 97, 97-113
[582] BGH, NJW 1972, 101 f.

(zulässigerweise) beschränkt. In diesen Fällen müssen zunächst die **vertraglichen Absprachen** geprüft und unter Berücksichtigung der §§ 305 ff., 310 Abs. 2 BGB einer Anspruchsbegründung im Schadensfall zugrunde gelegt werden. Stets ist aber **Haftungsvoraussetzung**, dass gerade eine Schädigung als „Vertragspartner" eingetreten ist. Ist der Schaden **unabhängig von dieser Sonderbeziehung** eingetreten, hat ihn dieser wie einen beliebigen Dritten getroffen, bleibt für Ersatzansprüche aus dieser Sonderrechtsbeziehung kein Raum[583].

bb) Haftungsregelungen in Satzungen

709 Satzungen können die gesetzliche Haftung nach § 839 BGB i.V.m. Art. 34 GG **weder ausschließen noch beschränken** (s. bereits o. Rn. 225 ff.). So können Gemeinden ihre Verantwortlichkeit z.B. nicht auf vorsätzliches oder grob fahrlässiges rechtswidriges Verhalten einschränken oder Haftungshöchstsummen festlegen. Möglich ist aber eine Zuordnung von Verantwortlichkeiten, Obliegenheiten für den einzelnen Anlagennutzer, Bürger. So können durchaus „Selbstsicherungspflichten" (Rückstausicherungen usw.) verbindlich festgelegt werden (s. auch unten Rn. 712).

cc) Haftpflichtgesetz[584]

710 Kommt es durch **Wasser in Rohrleitungen** (Frisch-, Abwasser) zu einem Schaden, greift zunächst einmal grundsätzlich die „Wirkhaftung" des § 2 Abs. 1 Satz 1 HaftPflG ein[585]. Dies ist z.B. dann der Fall, wenn eine Rohrleitung bricht und es zu Überschwemmungs-, Unterspülungsschäden auf benachbarten Grundstücken kommt oder wenn es wegen eines Rohrdefektes zu Straßeneinbrüchen mit nachfolgenden Unfällen kommt[586].

Diese Gefährdungshaftung mit inzwischen recht hohen Höchstersatzbeträgen und auch der Zubilligung von Schmerzensgeld greift (selbstverständlich) auch beim hoheitlichen Betrieb von Kanalisationsanlagen der Gemeinden ein. Stets ist für die Haftung aber Voraussetzung, dass der Schaden von Wasser aus den Rohrleitungen selbst herrührt (s.o. Rn. 528, 540, 704). Daher genügt ein Wasserabfluß (Versickerungen) aus einem **offenen Straßenseitengraben** zur Haftungsbegründung insoweit nicht aus[587]. Gleiches gilt, wenn bei laufenden Bau-, Herstellungsarbeiten die Kanalanlage noch nicht fertig gestellt ist[588].

Kommt es zu einem Schadensfall wegen der Anlage, ihrer Teile selbst, dann greift die Anlagen- oder Zustandshaftung nach § 2 Abs. 1 Satz 2 HaftPflG ein[589].

---

[583] BGHZ 140, 380 ff. (390); Staudinger/Wurm Rn. 679; weiter wohl Spannowsky 2000 S. 449

[584] hierzu s. eingehend bereits oben Rn. 528, 540 sowie Filthaut § 2 Rn. 21 ff., 31 ff.

[585] s. BGHZ 115, 141-150

[586] OLG Saarbrücken, VRS 102, 92-97

[587] BGH, NJW 1996, 3208 – 3211

[588] Thüringer Oberlandesgericht, OLGR 2002, 247 – 250

[589] zu Einzelheiten Filthaut § 2 Rn. 31 ff.

dd) Enteignungsgleicher, enteignender Eingriff

Bei Schadenszufügungen ist auch stets an die Entschädigungsregelungen für enteig- **711**
nungsgleiche bzw. enteignende Eingriffe in Eigentum usw. zu denken[590]. Das Erfordernis eines Verschuldens entfällt und die Ersatzleistungen orientieren sich insoweit
wohl an der recht weitreichenden Vorschrift des § 20 WHG.

e) Mitverschulden

Kann ein (Überschwemmungsschaden) durch **eigene Sicherungsmaßnahmen** des **712**
Eigentümers, vor allem durch Einbau einer **funktionstüchtigen Rückstausiche-**
rung verhindert werden, dann scheidet eine Haftung regelmäßig unter dem Gesichtspunkt des ganz überwiegenden Mitverschuldens (§ 254 BGB) aus[591], wenn es
entweder an einer derartigen Sicherung gegen rückflutendes Wasser aus dem Kanal-
bereich gänzlich fehlt oder aber diese vorwerfbar funktionsuntauglich, da z.B. nicht
ausreichend gewartet, ist[592]. Dieser **Haftungsausschluß** greift nach der Rechtsprechung selbst dann wohl ein, wenn es an entsprechenden Verpflichtungen des
Bürgers in Satzungen o.ä. fehlt[593]. Eine derartige (Selbst-) Sicherung ist heute Standard und wird von jedem Hauseigentümer bei entsprechenden Gefährdungslagen erwartet (**Rückstausicherung bis zur Rückstauebene** – Straßenoberkante). Eine
Gefährdungshaftung ist in diesen Fällen nach § 2 Abs. 3 Nr. 1 HaftPflG ausgeschlossen.

5. Sonderfragen

a) Gefährdungshaftung nach § 22 WHG

Das WHG hat in § 22 eine weitreichende, im Ersatzumfang (Höhe) nicht begrenzte **713**
Gefährdungshaftung zum Zwecke des umfassenden Schutzes der Gewässer einge-
führt[594]. Verantwortlich und damit ersatzpflichtig können auch öffentlich-rechtliche
Körperschaften sein (z.B. beim Einleiten schädlicher Abwässer in einen Fluß –
Fischsterben). Hier gilt die **Subsidiaritätsklausel** des § 839 Abs. 1 Satz 2 BGB
nicht.

---

[590] BGHZ 125, 19–27 (20 f.); s. auch Thüringer Oberlandesgericht, OLGR 2002, 247–250
(249 f.)

[591] andere, wohl die Mehrheit sehen diese Schäden als außerhalb des **Schutzzweckes von**
§ 839 BGB liegend an – so u.a. OLG Köln, OLGR 2002, 10 f.; zu beiden Aspekten Spannowsky 2000 S. 450; die dogmatische Einordnung hat Auswirkungen auf die Darlegungs-
und Beweislast ! Der BGH, DÖV 1998, 972 rückt den Schutzzweck der Norm sowie das
(konkret fehlende) „berechtigte Vertrauen" zur Begründung des Haftungsausschlusses
(auf Tatbestandsebene) in der Vordergrund; vgl. hierzu bereits o. Rn. 120–126, 218

[592] s. BGH, DÖV 1998, 972

[593] in diesem Sinne wohl auch Staudinger/Wurm Rn. 677 (Ende)

[594] Gesetzgebungszuständigkeit des Bundes: Art. 74 Nr. 1 GG (bürgerliches Recht) – nicht
Rahmengesetzgebungskompetenz ! Zu § 22 WHG s. vor allem die Kommentierung in
Czychowski/Reinhardt; Breuer 2004 Rn. 1095 ff. sowie Frank Keppeler, Die wasserrechtliche Gefährdungshaftung nach § 22 WHG, DRiZ 1997, 479-483 ; zur Konkurrenz
mit dem Umwelthaftungsgesetz Breuer 2004 Rn. 1096

> **§ 22 Haftung für Änderung der Beschaffenheit des Wassers**
>
> **(1) Wer in ein Gewässer Stoffe einbringt oder einleitet oder wer auf ein Gewässer derart einwirkt, dass die physikalische, chemische oder biologische Beschaffenheit des Wassers verändert wird, ist zum Ersatz des daraus einem anderen entstehenden Schadens verpflichtet. Haben mehrere die Einwirkungen vorgenommen, so haften sie als Gesamtschuldner.**
>
> **(2) Gelangen aus einer Anlage, die bestimmt ist, Stoffe herzustellen, zu verarbeiten, zu lagern, abzulagern, zu befördern oder wegzuleiten, derartige Stoffe in ein Gewässer, ohne in dieses eingebracht oder eingeleitet zu sein, so ist der Inhaber der Anlage zum Ersatz des daraus einem anderen entstehenden Schadens verpflichtet; Absatz 1 Satz 2 gilt entsprechend. Die Ersatzpflicht tritt nicht ein, wenn der Schaden durch höhere Gewalt verursacht ist.**
>
> **(3)......**

Dieser Gefährdungshaftungtatbestand gliedert sich in die **Handlungshaftung** (Abs. 1) und die **Anlagenhaftung** (Abs. 2) und setzt die Rechtswidrigkeit der schädigenden Einwirkung voraus.

aa) Handlungs-, Verhaltenshaftung

714 Allgemein wird hier ein **zielgerichtetes – gewässerbezogenes – Verhalten** verlangt, ohne dass es auf das Vorliegen von Vorsatz oder Fahrlässigkeit ankommt[595]. Ein derartiges Verhalten wird wohl bei der normalen Düngung landwirtschaftlicher Böden wie auch bei der Salzstreuung im Winterdienst nicht anzunehmen sein, obwohl Teilmengen der Salze sicherlich in das Grundwasser gelangen. Es muß zu einer schadensverursachenden nicht unerheblichen **Veränderung der Wasserbeschaffenheit** gekommen sein. Für den Schaden gilt, dass Sach-, Eigentums-, Personen- und auch reine Vermögensschäden von der Haftung und Ersatzpflicht umfasst sind[596]. Allerdings sind hier Einschränkungen unter dem Gesichtspunkt des persönlichen und des sachlichen Schutzbereichs von § 22 WHG vorzunehmen[597]. So sind von der Ersatzpflicht Vermögensschäden lediglich mittelbar Betroffener ausgenommen (Fischrestaurant kann nicht alle Gerichte anbieten, da z.B. die Aale im Rhein wegen Abwassereinleitungen verendet sind; anderes gilt selbstverständlich für den Fischereiberechtigten).

Ausgenommen von der Verantwortlichkeit ist nach wohl überwiegender Auffassung die Verhaltenshaftung in Fällen **höherer Gewalt** (elementare Naturgewalten; unvorhersehbares und nicht beeinflussbares Verhalten dritter Personen)[598]. Letzteres ist wohl in dem Fall anzunehmen, wenn giftige Industrieabwässer verbotswidrig, für

---

[595] Czychowski/Reinhardt § 22 Rn. 7 ff.; Breuer 2004 Rn. 1102 ff.; Keppeler a.a.O. S. 479 f.
[596] Breuer 2004 Rn. 1129
[597] Breuer 2004 Rn. 1123
[598] Keppeler a.a.O. S. 481 f.

die Gemeinde nicht vorherseh- und steuerbar über deren Kanalisation in ein Gewässer abgeleitet werden. Es besteht dann (selbstverständlich) eine Haftung des für die Industrieabwässer Verantwortlichen, nicht aber für die „höherer Gewalt" ausgesetzten Gemeinde[599].

Werden in Ausübung der Gewässerunterhaltung Wasserpflanzen, -pflanzenteile geschnitten, gemäht und schwimmen diese dann flussabwärts, führen dort z.B. an Kraftwerken zu Schäden, wurden diese nicht im Sinne von § 22 Abs. 1 WHG „eingebracht", denn die – ggf. im Einzelfall doch recht störenden – Hemmnisse befanden sich stets in dem Gewässer, sie wurden nicht von außen hineinbefördert. Eine Haftung über § 22 WHG greift für diese Fallkonstellationen nicht ein[600]. Dies muß wohl auch dann gelten, wenn im Rahmen von Gewässerunterhaltungsmaßnahmen Schlamm, Sedimente usw. aufgewirbelt und zu Beeinträchtigungen (Ablagerungen usw.) bei „unterliegenden" Gewässernutzern führen[601].

Gleiches (keine Haftung über § 22 WHG) gilt, wenn nicht die Beschaffenheit sondern lediglich die **Menge des zugeführten Wassers** verändert wird (zusätzliche Einleitungen, Beseitigung, Schaffung v. Abflusshemmnissen usw.) und es hierdurch zu Schäden kommt[602].

bb) Anlagenhaftung

Der **Anlagenbegriff** ist hier **weit** zu verstehen. Zu den potentiell aber typisch was- **715** sergefährlichen Anlagen gehören Tanklager, Öltanks, Güllebehältnisse, Düngerlager usw.[603]. Die (Produktions-) Anlage muß auch nicht mehr in Betrieb sein; die Gefährdungshaftung bezieht sich auch auf stillgelegte Anlagen. Anlagenhaftung greift dann nicht ein, wenn eine Kanalisations-, Kläranlage den gesetzlichen und technischen Anforderungen entspricht, ordnungsgemäß bewilligt wurde und betrieben wird, auch wenn letztlich noch eine (geringe) Schadstofffracht in das Gewässer eingebracht wird; es fehlt an der typischen „Gewässergefährlichkeit"[604] (s. auch § 7 a Abs. 1 WHG).

Eine Haftung in Fällen **höherer Gewalt** (Flugzeugabsturz, Orkan usw.) ist nach dem Gesetzeswortlaut ausgeschlossen[605].

Verantwortlich ist der „Inhaber", d.h. derjenige der die Anlage tatsächlich oder wirtschaftlich beherrscht, die Schadenszufügung steuern kann[606].

---

[599] so wohl auch Breuer 2004 Rn. 1112; Sieder/Zeitler/Dahme a.a.O. (Fn. 407) § 22 Rn. 39; abweichend Czychowski/Reinhardt § 22 Rn. 11 ff., 58

[600] BGH, BGH-Report 2004, 305-308

[601] ggf. liegt aber ein „Einwirken" bzw. eine Verletzung der Verkehrssicherungspflicht bei den Unterhaltungsarbeiten (Unterlassen von erforderlichen Schutzmaßnahmen) vor

[602] Breuer 2004 Rn. 1118

[603] Breuer 2004 Rn. 1134 ff.; Czychowski/Reinhardt § 22 Rn. 43

[604] Breuer 2004 Rn. 1141

[605] s. (recht eng) Czychowski/Reinhardt § 22 Rn. 58

[606] hierzu und zur Verantwortlichkeit beim Zusammenwirken versch. Anlagen, Inhaber s. eingehend Breuer 2004 Rn. 1145 ff.

cc) Konkurrierende Ansprüche

716   Mit den im Schadensfall weiter denkbaren Anspruchsgrundlage aus Gefährdungs-
oder Deliktshaftung usw. (u.a. § 7 StVG, §§ 823 ff. BGB) besteht grundsätzlich
Aspruchsgrundlagenkonkurrenz[607]. Dem Ausgleichsanspruch nach § 906 Abs. 2
Satz 2 BGB geht die wasserrechtliche Gefährdungshaftung indes vor (Spezialität)[608].

b) Wasserschutzgebiete

717   aa) Die Ausweisung von **Wasserschutzgebieten** i.S. von § 19 WHG[609] schafft
grundsätzlich keinen Ersatzanspruch; sie ist Inhaltsbestimmung des Eigentums (an
privaten Gewässern und entsprechenden Grundstücken) und daher **entschädigungslos** hinzunehmen.

718   bb) Anderes gilt dann, wenn infolge der Unterschutzstellung gewisse **Nutzungen
eingeschränkt oder rechtlich, tatsächlich unmöglich** gemacht werden. Dies kann
das Fischereirecht genauso wie Nassauskiesungen[610] oder touristische Geschäftstä-
tigkeiten (Ausflugsschifffahrt usw.) betreffen. In diesen Fällen ist je nach Intensität
des Eingriffs und der Art des geschützten Rechtsgutes dann eine bloße **Inhaltsbestimmung** oder eine **entschädigungspflichtige Maßnahme** (Amtshaftung, Enteignung, enteignungsgleicher oder enteignender Eingriff – s. § 19 Abs. 3, 4 WHG)
anzunehmen, wobei im Einzelfall durchaus noch weitere Anspruchsgrundlagen
denkbar und naheliegend sind[611].

c) Deiche, Schleusen u.a.

719   Die Verletzung der **Deichunterhaltungspflicht** führt in Übereinstimmung zu dem
bereits oben zur Gewässerunterhaltungspflicht Ausgeführten im Schadensfall zu
einer **deliktischen Haftung** nach §§ 823 ff. BGB, nicht zur Amtshaftung[612]. Bei
Beschädigungen eines Schiffs in einer Schleusenanlage richtet sich die Haftung im
Regelfall nach §§ 823 ff. BGB und nicht nach Amtshaftungsgrundsätzen[613].

d) Straßen, Wege an Gewässern

720   Grundsätzlich ist die Unterhaltungslast und auch die Verkehrssicherung für derartige ufernahe Straßen und Wege nach den bereits o. dargestellten Grundsätzen des
Straßenrechts zu beurteilen (s.o. Rn. 522 ff.). Als Besonderheit ist darauf hinzuweisen, dass die Lein-, Treidelpfade oder Betriebswege entlang größerer Gewässer (Bundeswasserstraßen) regelmäßig im **Eigentum von Bund bzw. Land** stehen

---

[607] Breuer 2004 Rn. 1096 f.; Czychowski/Reinhardt § 22 Rn. 42
[608] s. bereits o. Rn. 457; Breuer 2004 Rn. 1098
[609] s. §§ 13 – 15 LWG RhPf
[610] s. BGHZ 143, 362 ff. = JZ 2000, 1004-1007 – mit Anm. D. Ehlers S. 1007–1009 (wasserrechtliche Erlaubnis und Untersagungsverfügung, Unbeachtlichkeit d. Einwandes d.
rechtmäßigen Alternativverhaltens)
[611] ggf. Ersatzansprüche nach POG, s. auch oben Rn. 292 ff., 369 ff.
[612] BGH, MDR 1964, 399 f.
[613] Schifffahrtsobergericht Hamburg, OLGR 2000, 74–76

und somit auch die Unterhaltungs- und Verkehrssicherungspflicht entsprechend abweichend von dem Straßen- und Wegerecht zugeordnet ist[614].

e) Primärrechtsschutz

Zur Vermeidung von Rechtsnachteilen (§ 839 Abs. 3 BGB) ist in dem Fall, dass die **721** (Wasser-) Schäden des Bürgers auf behördlich geplanten, angeordneten und durchgeführten Veränderungen des Wasserablaufs, der Wasserführung (z.B. infolge Gewässeraus-, Straßenbaumaßnahmen; Schließung von Kanälen oder Gräben; Verlegung von Abwasserkanälen über Privatgrundstücke[615]) zurückzuführen sind, zunächst der ggf. bestehende **öffentlich-rechtliche Folgenbeseitigungsanspruch** gegen die Verwaltung geltend zu machen[616].

6. Handeln verschiedener Behörden

a) Zusammenwirken verschiedener Behörden

Haftungsträchtig sind auch die Fälle, in denen **Straßenbaumaßnahmen** zu Veränderungen des Wasserzu- und –ablaufs oder der Grundwasserverhältnisse führen[617]. **722** In derartigen Fallkonstellationen müssen sich die verantwortlichen Behörden koordinieren und die gesetzlich vorgesehenen Planungsinstrumente ordnungsgemäß nutzen (ggf. **Planfeststellungsverfahren**)[618]. Gleiches gilt für das Zusammentreffen von erforderlichen Maßnahmen für den Hochwasserschutz und zur Abwasserbeseitigung[619].

b) Rechtsnachfolge

Tritt Nachfolge in die Gewässerunterhaltungs-, -ausbaupflicht ein (Einzelrechtsnachfolge usw.), dann besteht ähnlich wie im Straßenrecht (s.o. Rn. 527) nur eine **723** **Außenhaftung** der jeweils aktuell verantwortlichen öffentlich-rechtlichen Körperschaft. Dies gilt auch in dem Fall, dass frühere Fehler (z.B. mangelhafte Dimensionierung bei einer Bachverrohrung) sich erst später (bei einer akuten Hochwassersituation) auswirken und zu Schäden führen. Dies seinerzeit, ursprünglich verantwortliche Behörde u.a. haftet nicht (mehr)[620].

c) „Konfrontationsstellung" verschiedener Behörden, Hoheitsträger als Anspruchsinhaber

Betreibt eine öffentlich-rechtliche Körperschaft z.B. eine Mülldeponie oder ein **724** Klärwerk und kommt es hierbei zu Unregelmäßigkeiten (Amtspflichtverstößen) – zur Einleitung schädlicher, giftiger Abwässer –, dann ist ein stromabwärts betriebenes Wasserwerk einer Gemeinde sicherlich geschützt, denn ein „Zusammenwirken"

---

[614] s. z.B. § 64 LWG RhPf; Jeromin/Prinz a.a.O. (Fn. 410) § 64 Rn. 26–28
[615] s. Spannowsky 2000 S. 449
[616] s. auch Breuer 2004 Rn. 829
[617] s. Staudinger/Wurm Rn. 677
[618] Czychowski/Reinhardt § 31 Rn. 68 ff.
[619] BGHZ 125, 19–27 (21 f.); F. Ossenbühl, Anm. zu BGH, JZ 1994, 786 f.
[620] OLG Koblenz, OLGR 2001, 356-361

kann bei der vorliegenden Fallkonstellation sicherlich nicht angenommen werden[621]. Zu berücksichtigen ist in diesen Situationen auch stets noch das (ggf. gleichfalls haftungsauslösende) Verhalten der jeweils zuständigen **Aufsichtsbehörden**.

7. Frischwasserversorgung, Frischwasserleitungsnetze

725 Diese Wasserversorgungsleitungen gehören **nicht** zu den „Gewässern" nach § 1 WHG, unterfallen demnach nicht dessen Regelungen[622]. Für den Betrieb und die Haftung gelten eigenständige Vorschriften (u.a. Haftpflichtgesetz, vertragliche Absprachen usw. – s. auch unten Rn. 779).

8. Prozessuale Sonderfragen

726 **Rechtmäßiges Alternativverhalten**, das den eingetretenen Schaden in gleicher Weise herbeigeführt hätte (z.B. zu geringe Dimensionierung der Kanalanlage – aber auch bei ausreichender Auslegung wäre der „Jahrhundertniederschlag" nicht schadlos ableitbar gewesen) ist wie auch das **Mitverschulden** bei der Schadensentstehung (u.a. Rückstauschutz[623]) von der beklagten Gemeinde u.a. darzulegen und im Streitfall zu beweisen.

Auf rechtmäßiges alternatives Verhalten mit der Folge des Haftungs- und Ersatzausschlusses kann sich nicht berufen, wer erkennbar – als Behörde handelnd – diese Alternative geprüft, dann abgelehnt hat und gerade nicht nutzen wollte[624].

Bei (behauptetem) Fischsterben nach Einleiten von schädlichen Abwässern greift der „**Beweis des ersten Anscheins**" dann nicht ein, wenn ein typischer Geschehensablauf nicht festgestellt werden kann, wenn z.B. in der Umgebung der Einlaufstelle nur ganz wenige tote Fische festgestellt werden können[625].

Steht der geltend gemachte Amtshaftungsanspruch in unmittelbarem Zusammenhang mit der Sicherung des Verkehrs auf einer Wasserstraße (Schleusung eines Binnenschiffs), dann ist zur Entscheidung über diesen Schadensersatzanspruch das **Schifffahrtsgericht** kraft Sachzusammenhanges zuständig[626].

---

[621] zu diesem Problemkreis s. bereits oben Rn. 95 f.

[622] Czychowski/Reinhardt § 1 Rn. 5; vgl. aber auch z.B. §§ 46 ff LWG RhPf – Träger der Wasserversorgung (u.a. Festlegung der Verantwortlichkeiten)

[623] s. oben Rn. 712

[624] f. d. Problemkreis „Wasserschutzgebiet" s. BGHZ 143, 362 ff. = JZ 2000, 1004–1007; Staudinger/Wurm Rn. 681; s. auch OLG Koblenz, OLGR 2001, 34 f. (Sicherung eines Bootes vor Hochwasser)

[625] OLG Karlsruhe, OLGR 2003, 160 f.

[626] OLG Karlsruhe, OLGR 2003, 433 f.

B. Weitere wichtige Fallgruppen (alphabetisch geordnet)

Amtshaftungsrecht ist überwiegend Fallrecht. Dementsprechend werden weitere für   **727**
das Verwaltungshandeln, die anwaltliche Beratungspraxis und die Rechtsprechung
wichtige Fallgruppen nachfolgend dargestellt, wobei lediglich die jeweiligen
Hauptproblembereiche erläutert werden[1].

I. Altlasten

Verantwortlich für so genannte Altlasten[2] ist zunächst einmal der eigentliche Verur-   **728**
sacher (Störer). Zur Verantwortlichkeit der (bau-) planenden staatlichen und kommunalen Behörden s.o. Rn. 571 ff., wobei nochmals hervorzuheben ist, dass für das
Entstehen einer Amtspflicht hinsichtlich **überplanter Altlasten** stets Voraussetzung ist, dass die handelnden Amtsträger Kenntnis von tatsächlichen Anhaltspunkten für das Vorliegen einer derartigen Belastung (mit Deponiegut, Abfällen, Chemikalien, Bergwerksstollen usw.) des überplanten Bereichs hatten oder sich hätten
verschaffen können[3].

Für die Praxis bedeutet dies, dass in allen Stadien der Bauleitplanung, des Baugenehmigungsverfahrens und der Bodenordnung stets Vorbelastungen (Altlasten)
durch abgeschlossene oder bestehende Nutzungen der Grundstücke aber auch
Beeinflussungen durch natürliche Gegebenheiten mit zu berücksichtigen, aufzuklä-
ren und in den Entscheidungsvorgang mit einzustellen sind.

Beispiele:

BGHZ 123, 363 ff. – Chemiefabrik, Gaswerk –

Hat die Gemeinde Kenntnis davon, dass im Plangebiet (auch Jahrzehnte zu-
vor)eine Chemiefabrik und ein Gaswerk betrieben wurden, hat sie die Pflicht,
sich über das Schadstoffrisiko zu vergewissern (bis hin zu Bodenuntersuchun-
gen).

– BGHZ 142, 259 ff. – Einstürzen von stillgelegten Bergwerksstollen (Tagesbrüche) –

In konsequenter Erweiterung der „Altlastenrechtsprechung" ist Ersatz für
Schäden zu leisten, die auf die erkannte oder erkennbare Überplanung von berg-
schadengefährdeten Bereichen (unterirdischer Braunkohleabbau, mangelhafte
Verfüllung, Absicherung der unterirdischen Stollen und Hohlräume, massive
Einsturzgefahr mit Einsturztrichtern bis zur Erdoberfläche) zurückzuführen
sind. Auch hier besteht eine akute Gefahr für Leben und Gesundheit, so dass die

---

[1] weitergehende Informationen finden sich in den jeweils gegebenen Literatur- und Rechtsprechungsnachweisen

[2] „Altlasten" sollen hier weit verstanden werden; zur Geschichte und Definitionsversuchen
s. Kühn 1997 S. 17 ff. sowie o. Rn. 571 ff.

[3] BGHZ 142, 259–278 = NJW 2000, 427–432 (Tagesbrüche/ Bergschäden)

> *im Plangebiet arbeitenden und wohnenden Menschen in jedem Fall „geschützte Dritte" sind.*

Geschützt sind in erster Linie die Grundstückseigentümer und Inhaber dinglicher Rechte; jedoch ist eine starke Ausweitungstendenz ersichtlich und deren Notwendigkeit auch evident (Grundstückserwerber[4], Mieter, Arbeitnehmer). Geschützte Rechtsgüter sind vom Ausgangspunkt her **Leib, Leben und Gesundheit der gebietsbezogenen Wohn- und Arbeitsbevölkerung.**

Nicht geschützt werden nur mittelbar Betroffene, die mit dem jeweils betroffenen Grundstück nicht unmittelbaren Kontakt haben (z.B. Kreditgeber), deren Interessen allenfalls mittelbar (geringerer Verkaufswert eines nicht verseuchten Grundstücks in nur teilweise kontaminiertem Gebiet u.a.) berührt werden oder die überhaupt nicht bauwillig sind. Zu weiteren Einzelheiten der Haftung, auch zur Beschränkung über Schutzzwecküberlegungen s. o. Rn. 572 f..

II. Aufsichtsbehörden (Anlagen-, Wirtschafts-, Banken-, Bauaufsicht usw.)

729   **Staatliche Aufsicht** über gefährliche Betriebe und Anlagen (Seilbahnen, Kernkraftwerke, Flugzeuge, Kraftfahrzeuge usw.) diente ursprünglicher Ansicht nach nur dem **öffentlichen Interesse**; ein Drittschutz der entsprechenden gesetzlichen Grundlagen staatlicher (und kommunaler) Aufsicht (Gesetzesnormen, Amtspflichten) wurde früher durchweg abgelehnt[5].

Heute wird dieser Problembereich „Staatlicher Aufsicht" differenzierter gesehen, was jedoch die Berechenbarkeit des „Drittschutzes" und damit auch der von gerichtlichen Entscheidungen relativiert[6]. Herausgebildet hat sich eine schwer überschaubare Kasuistik, klare Linien fehlen. Als Tendenz kann wohl formuliert werden, dass staatliche Aufsicht nicht nur dem öffentlichen Interesse dient sondern auch privaten Rechtsgütern Schutz bieten soll (Ausweitung des Drittschutzes), wobei je nach Norm und Sachgebiet der Schutzbereich (eng) zu bestimmen ist (Einengungstendenz, Restriktion); d.h. es werden nur Schäden an bestimmten Rechtsgütern (vor allem Leben und Gesundheit) ersetzt und nicht ein allgemeiner Vermögensschaden (u.a. entgangener Gewinn).

730   (1) Bei der **Aufsicht über technische (gefährliche) Anlagen** (Seilbahn, Kraftwerk, Achterbahn, Kraftfahrzeug[7]) sind auch die damit in Berührung kommenden Priva-

---

[4] BGHZ 108, 224–230 (zum Kreis der geschützten Dritten)
[5] BGH, VersR 1975, 469–471 (Fachaufsicht über Genehmigungsbehörde – Personenbeförderungsgenehmigung – Kraftdroschke)
[6] s. auch Vorlage des BGH an den EuGH zur Frage der Drittgerichtetheit von Maßnahmen der Bankenaufsicht, NJW 2002, 2464–2469; zu dieser Problematik auch MK-Papier § 839 Rn. 241 ff.
[7] s. auch u. Rn. 763

ten mit ihren Rechtsgütern Leben und Gesundheit geschützt. Nicht geschützt ist der jeweilige Betreiber mit seinen Vermögensinteressen. Problematisch erscheint diese Ausweitung insoweit als ein nicht eingrenzbarer Personenkreis nunmehr in den Schutzbereich der Norm einbezogen wird. Deutlich wird dies im Kraftfahrzeugwesen für die „TÜV-Hauptuntersuchung": nach der Rechtsprechung sollen (beliebige) dritte Verkehrsteilnehmer geschützt sein (z.B. fahrlässig bei der TÜV-Untersuchung nicht erkannter schwerwiegender Bremsenmangel mit nachfolgendem Unfall) – ein von Anfang an abgrenzbarer Personenkreis liegt ersichtlich nicht vor; allerdings werden die Vermögensinteressen der Käufer eines derartigen Kraftfahrzeuges nicht geschützt (zu hoher bezahlter Kaufpreis). Insoweit wird auch hier die in den letzten Jahren versuchte Steuerung durch die Rechtsprechung ersichtlich: **Ausweitung des Drittschutzes** bei gleichzeitiger **Restriktion der Anspruchsinhalte** über Schutzzwecküberlegungen auf der Grundlage der jeweils einschlägigen Normen (zur staatlichen Aufsicht). Hinzuweisen ist in diesem Zusammenhang besonders auf das „Gesetz zur Neuordnung der Sicherheit von technischen Arbeitsmitteln und Verbraucherprodukten" vom 6. Januar 2004 (BGBl. 2004 Teil I S. 2 ff.), das nicht nur Pflichten der Hersteller und sonstiger privater Unternehmer sondern vor allem auch solche der „zuständigen Behörden" (Aufsichtsbehörden) festschreibt[8].

Zu unterscheiden ist die Haftung wegen Verletzung der Aufsichtspflichten der Staates von der für die gefährliche Anlage (z.B. Militärflugzeuge) selbst. Hinsichtlich letzterer greifen regelmäßig auch Tatbestände der Gefährdungshaftung ein[9].

(2) Im Bereich der **Wirtschaft-, Banken- und Versicherungsaufsicht** ist die gleiche Tendenz feststellbar. Zwar wurden ursprünglich, abweichend von der Ausgangsposition (nur Schutz der Allgemeininteressen), für die Beamten der Bankenaufsicht (Bundesaufsichtsamt für das Kreditwesen – jetzt Bundesanstalt für Finanzdienstleistungsaufsicht) Amtspflichten gerade auch zugunsten von Einlagegläubigern angenommen[10]. Jedoch änderte sich diese Sichtweise dann in der Folgezeit: die Bankenaufsicht wurde ausschließlich als zum Schutz von Allgemeinwohlzwecken eingerichtet angesehen (s. Wortlaut des § 6 Abs. 4 KredWG)[11]. In neuerer Zeit ist nun (wieder) eine klare und starke Tendenz auch in Richtung **Drittschutz für Einlagegläubiger** und sonstige Bankkunden erkennbar[12]. Gleiches gilt für im Gaststättenrecht ausdrücklich als zu Schützende bezeichnete Dritte (Gäste, Bedienstete, Nachbarn u.a.)[13].

731

---

[8] hierzu s. unten Rn. 757; zu beachten ist vor allem Art. 1 – Gesetz über technische Arbeitsmittel und Verbraucherprodukte (Geräte- und Produktsicherheitsgesetz – GPSG)

[9] s. u.a. §§ 53, 54 LuftVG; § 36 AtomG

[10] BGHZ 74, 144 ff; BGHZ 75, 120 ff, 122; BGH, WM 1982, 1246; s. Hanten, Zur drittschützenden Wirkung der Bankenaufsicht, EWiR 2002, 961 f.

[11] s. auch OLG Köln, OLGR 2001, 168; Vergleichbares gilt für die Gewerbeaufsicht s. Tremml/ Karger 1998 Rn. 635

[12] BGH, BGHR 2002, 887 = NJW 2002, 2464 – EuGH-Vorlage; zur Entwicklung der Rechtsprechung s. BGHZ 75, 120; BGH, VersR 1983, 132 f.; zusammenfassend: Hanten, Zur drittschützenden Wirkung der Bankenaufsicht, EWiR 2002, 961 f. (m.w. Nachw.); MK-Papier § 839 Rn. 251 ff, 254 f.; s. auch Itzel 2003, K 41

[13] näher hierzu Tremml/Karger 1998 Rn. 637 ff.

Für die staatliche Versicherungsaufsicht wird dem entgegen bislang noch strikt an dem ausschließlichen Zweck des Schutzes der Allgemeinheit festgehalten und ein Drittschutz für den geschädigten Versicherungsnehmer daher grundsätzlich insoweit abgelehnt.

732   (3) Der Bereich der **Kommunalaufsicht** hat gerade in letzter Zeit gravierende Änderungen hinsichtlich des Drittschutzes erfahren[14]. So muß die Kommunalaufsicht einschreiten, wenn die Gemeinde ein absolut unwirtschaftliches Investitionsprojekt (Bau einer Sporthalle) betreibt, auch wenn diese selbst um die entsprechende aufsichtsrechtliche Genehmigung nachgesucht hat. Die Rechtsaufsicht übt **Schutzfunktion auch für Gemeinden** aus, so dass diese (dritt-) geschützt und ersatzberechtigt in diesen Fällen sind.

Auch auf diesem Gebiet sind Ausweitungen klar erkennbar.

Ob aber z.b. der Drittschutz der Aufsicht so weit geht, dass der durch einen amtpflichtwidrig erstellten Bebauungsplan (z.B. nicht berücksichtigte Altlasten – s.o. Rn. 568, 571 ff.) Geschädigte von dem Träger der Aufsichtsbehörde Ersatz verlangen kann, muß (heute noch ?!) bezweifelt werden[15]. Hier sind noch zahlreiche Abgrenzungsfragen offen und diese werden sicherlich – bei leeren Gemeindekassen und gewagten Investitionen – in den nächsten Jahren auch von Gerichten zu klären sein[16].

PRAXISTIPP! Wird ein (riskantes) Investitionsprojekt o.ä. einer Gemeinde durch die Kommunalaufsicht genehmigt, sollte bei einem späteren Scheitern desselben stets auch an eine **Haftung der Aufsichtsbehörde** gedacht werden.

733   (4) Schulaufsicht

Die **staatliche Schulaufsicht** muß bei erkannten Pflichtverletzungen eingreifen. Sie muß die personellen, organisatorischen, sachlichen und planerischen Voraussetzungen schaffen, damit der Schulbetrieb ordnungsgemäß, vor allem ohne Gefährdungen für die Schüler ablaufen kann. Diesen hat sie auch zu überwachen. Ergreift sie Maßnahmen der Aufsicht, die zu Eingriffen in die Rechtsstellung Dritter führen (Kündigung eines Privatschullehrers), dann muß sie in jedem Fall den Sachverhalt im Rahmen des Zumutbaren möglichst umfassend ermitteln[17]; nur so wird überhaupt eine

---

[14] BGH, DVBl. 2003, 400 f.; kritisch Mutius, Groth, Amtshaftung bei fehlerhafter kommunalaufsichtbehördlicher Genehmigung privatrechtlicher Rechtsgeschäfte, NJW 2003, 1278–1285 sowie Meyer, Amtspflichten der Rechtsaufsichtsbehörde – Staatliche Fürsorge statt Selbstverantwortung, NVwZ 2003, 818-821; frühe Gedanken bereits bei Franz Cromme, Staatshaftung der Kommunalaufsichts- und Fachaufsichtsbehörden gegenüber Gemeinden, DVBl. 1996, 1230–1236 (zum Staatshaftungsgesetz (DDR) – s. unten Rn. 781–783)

[15] ablehnend Kühn 1997 S. 205

[16] folgenorientiert und kritisch zu der Entwicklung auch Meyer a.a.O. S. 820 f.

[17] BGH, NJW 1989, 99-101

tragfähige Basis für die zu treffenden Entscheidungen und Auswahl der Maßnahmen begründet.

(5) Aufsicht über Ärzte, Notare, Rechtsanwälte und sonstige freie Berufe; Stiftungsaufsicht[18]   **734**

Diese Aufsicht dient vom Ausgangspunkt her grundsätzlich nur dem allgemeinen Interesse. Für alle diese Bereiche wurde aber auch Drittschutz in Einzel-, Ausnahmefällen angenommen. Dies vor allem dann, wenn der später Geschädigte sich mit Rechtsbehelfen, Eingaben an die Aufsichtsbehörde gewandt hatte und diese ohne weiteren Ermessensspielraum zum Eingreifen verpflichtet war (Notarprüfung – Amtsenthebung), dies aber unterlassen hat[19].

(6) Bauaufsicht (s. eingehend oben Rn. 578 ff.)   **735**

(7) Pflanzenschutz, Forst- und Jagdaufsicht   **736**

Forst- und Jagdaufsicht, Forst- und Jagdschutz sind hoheitlich ausgeformte Tätigkeiten (Abwehr von Gefahren für Wald, Tiere, Pflanzen und Menschen) und abzugrenzen von den in tatsächlicher Hinsicht ganz überwiegenden rein fiskalischen Betätigungen der Forstverwaltung (Holzvermarktung u.a.). Die Ausformung und Abgrenzung ist in den Forstgesetzen der Länder unterschiedlich ausgebildet; Drittschutz ist nur sehr beschränkt, in Ausnahmefällen gegeben[20].

Gleiches gilt für den Pflanzenschutz. Auch auf diesem Gebiet ist jüngst eine **Ausweitung des Drittschutzes** (Beratung eines Gartenbaubetriebes nach Probenübersendung durch den Pflanzenschutzdienst) zu beobachten[21], wobei der Bundesgerichtshof auch hier darauf hinweist, dass nicht ohne weiteres Anspruch auf Ausgleich aller zugefügten Nachteile bestehe sondern zu prüfen sei, „ob gerade das im Einzelfall berührte Interesse nach dem Zweck und der rechtlichen Bestimmung des Amtsgeschäfts geschützt werden soll".

(8) Rundfunkaufsicht, Medienaufsicht   **737**

Werden privaten Rundfunkanbietern (privaten Fernsehsendern) die Sendelizenzen verweigert, so kommen Amtshaftungsansprüche vor allem dann in Betracht, wenn von falschen tatsächlichen Annahmen und Prognosen ausgegangen wird. Grundsätzlich hat der Programmanbieter aber nur einen Anspruch auf Bescheidung[22].

---

[18] zur Stiftungsaufsicht vgl. Bergmann/Schumacher 2002 S. 432 f.

[19] BGHZ 135, 354–368 ; s. auch MK-Papier § 839 Rn. 258

[20] s. auch u. Rn. 771

[21] BGH, BGH-Report 2002, 678 f. = NVwZ 2002, 1276–1278 (mit Hinweis auf die allgemeinen Grundsätze bei Auskunft und Beratung)

[22] LG Berlin, NVwZ-RR 1997, 35–37; zu Entscheidungen der Bundesprüfstelle für jugendgefährdende Schriften s. BGHZ 128, 346-358

III. Auskünfte[23]

738 Auskünfte von Behörden und anderen öffentlich-rechtliche Aufgaben wahrnehmenden Stellen müssen vollständig, sachlich und rechtlich zutreffend sowie unmissverständlich sein[24]. Der Bürger muß sich darauf verlassen und sein Verhalten daran ausrichten können (Vertrauensschutz, Verlässlichkeitsgrundlage, Dispositionssicherheit). Dementsprechend setzt die Amtshaftung in diesen Fällen auch (selbstverständlich) voraus, dass die (falsche) Auskunft für die Dispositionen des Geschädigten ursächlich wurde[25]. **Geschützter Dritter** ist jeder, in dessen Interesse oder auf dessen Antrag die Auskunft erteilt wird[26].

Hauptanwendungsbereich von Amtshaftungsansprüchen nach falschen Auskünften ist insoweit sicherlich das Baurecht (s. o. Rn. 592).

Daneben gibt es aber zahlreiche weitere Gebiete, in denen die Erteilung falscher Auskünfte zu Ersatzansprüchen führt. Dies gilt für die Beratung und Auskunftserteilung im Rahmen der **Ausbildungsförderung**; hier ist stets der für den Bürger finanziell günstigste Weg zu raten[27]. Im Bereich der **Sozial- und Rentenberatung** ist der Bürger umfassend zu informieren[28]. Eine Falschauskunft führt zum Ersatzanspruch, auch wenn nach den gesetzlichen Vorgaben (vgl. z.B. § 109 Abs. 4 SGB VI a.F. – jetzt § 109 Abs. 2 SGB VI etwas weitergehend) diese Auskunft „nicht rechtsverbindlich" ist. Gleiches gilt für die fehlerhafte Auskunft hinsichtlich des (Nicht-) Bestehens eines Anspruchs auf **Pflegegeld** oder der nicht zutreffenden Mitteilung, dass dieser Anspruch von weiteren Voraussetzungen (Offenlegung der wirtschaftlichen Verhältnisse) abhänge[29].

Beispiel:

> OLG Frankfurt, OLGR 2004, 105 – 107 – Behördenratgeber –
>
> *Gibt eine Behörde durch Veröffentlichung eines Ratgebers auch Rechtsrat (Umzugsfibel für Bundeswehrangehörige), dann muß der Inhalt auch differenzierten Rechtslagen und Besonderheiten Rechnung tragen oder die rechtlichen Ergebnisse und Hinweise als offen darstellen.*

---

[23] zu Auskünften und Zusicherungen s. Rinne/Schlick 1997 S. 1068 f. sowie bereits oben Rn. 592 (Baurecht)

[24] sie dürfen auch nicht „falsche" Ratschläge beinhalten – technisch überholte Maßnahmen vorschlagen – BGHZ 122, 85–93 = NJW 1993, 1784–1786 (TÜV-Sachverständiger, Flüssiggaslager); z. Ansprüchen gegen die Treuhandanstalt wegen / nach unzutreffenden Ansprüchen in Zusammenhang mit einem Grundstückserwerb BGH, BGH-Report 2003, 798–800; s. auch OLG München, OLGR 1994, 171 f.

[25] so ausdrücklich OLG Düsseldorf, NVwZ-RR 1993, 173

[26] BGHZ 137, 11 ff., 15 f.; BGH, BauR 2001, 1404-1407

[27] OLG Karlsruhe, NJW 1997, 1992

[28] BGH, BGHR 2003, 1066 , hierzu erläuternd H. Plagemann, EWiR 2003, 917 f.; vgl. auch zu dem Gesamtkomplex Bamberger/Roth/Reinert § 839 Rn. 40, 41

[29] OLG Karlsruhe, FamRZ 1997, 554

Begrenzungen erfährt der (Amtshaftungs-) Anspruch nach falscher Auskunftserteilung in vielerlei Hinsicht:

- es muß sich um eine behördliche Auskunft mit der Eignung zur Bildung einer Vertrauensgrundlage für den Bürger handeln, **Abgrenzung** zur reinen Information[30], politischen Meinungsäußerungen und Absichtserklärungen
- der Bürger muß in **berechtigtem Vertrauen** auf die Auskunft handeln; ein solches liegt bei Täuschung, falschen Angaben durch den Bürger nicht vor; gleiches gilt, wenn der Bürger die Unkorrektheit (z.B. falsche Berechnung, unzutreffende Sachverhaltsannahmen) erkennt
- der ersatzfähige Schaden ist unter **Schutzzweckgesichtspunkten** häufig eingeschränkt[31]

In familiengerichtlichen Verfahren des Versorgungsausgleichs muß der **Rentenversicherungsträger** zutreffende Auskünfte (Höhe/Umfang der Rentenanwartschaften) geben und ist bei fehlerhaften Angaben, die zu einer unrichtigen gerichtlichen Entscheidung führen, dem geschädigten Ehegatten ersatzpflichtig[32].

Grundsätzlich trifft den Amtsträger nur dann eine **aktive Aufklärungspflicht**, Belehrungspflicht, wenn er erkennt, dass der Bürger sich in einem relevanten Irrtum befindet[33]. Gleiches gilt, wenn eine besondere „Verwaltungsnähe" zu dem Bürger besteht, dessen Verfahren z.B. seit Jahren betreut und begleitet wird. Hier sind dann besondere Fürsorgepflichten zu beachten[34]. Ungefragt braucht der Beamte – z.B. bei einer Betriebsprüfung, Begehung – einen fachkundigen Bürger auch nicht auf für diesen günstigere Gestaltungen, Gestaltungsmöglichkeiten (zollrechtliche Anmeldealternativen, andere Bauausführung usw.) hinzuweisen. Insoweit hat der Bürger zunächst einmal auf die Wahrnehmung der für ihn günstigen Möglichkeiten, auf die Sicherung seiner Interessen selbst zu achten[35]. Auch hier zeigt sich – wie im Bereich der Verkehrssicherungspflichten – bei einer steigenden Anzahl der zur Entscheidung stehenden Fälle die verstärkte Tendenz der Gerichte zur Hervorhebung der **Eigenverantwortlichkeit des Bürgers unter Beschränkung der Amtspflichten**[36].

Auch im Bereich der Auskunftserteilung gilt der Grundsatz, dass dieses Verwaltungshandeln „organisiert" werden muß. Hierzu gehört zunächst einmal die ausreichende Information und Belehrung der auskunftgebenden Beamten selbst[37].

---

[30] s. LG Aachen, NVwZ-RR 1991, 338 (falsche Auskunft durch Meldebehörde; Personenverwechselung – kein Ersatzanspruch); vgl. auch OLG Köln, MDR 2000, 766 f. (falsche Auskunft aus Melderegister; kein Verschulden, wenn auf d. Auskünfte Dritter (Polizei) vertraut wird)

[31] BGH, BGHR 2003, 1067 f.

[32] BGHZ 137, 11–27 = NJW 1998, 138–142 (auch Bejahung des Drittschutzes für d. Ehegatten)

[33] Tremml/Karger 1998 Rn. 102, 621 – gegen eine Überdehnung dieser Pflicht; s. auch MK-Papier § 839 Rn. 219

[34] für das Baurecht – frühzeitige Informationen über Nachbarwiderspruch BGH, BGH-Report 2004, 103 (Beamter : „Helfer des Bürgers")

[35] zuletzt BGH, MDR 2004, 31 f. = BGHR 2004, 16 f. (keine Amtspflicht z. Information über günstigere zollrechtliche Gestaltungsmöglichkeiten); bürgerfreundlicher wohl noch Rinne/Schlick 1997 S. 1068 f.

IV. Beamte (Beförderungsentscheidungen u.a.)

739   Amtshaftungsansprüche auslösend und relevant in diesem Bereich sind vor allem zum einen die **Verletzung der Fürsorgepflicht** und Fehler bei **Einstellungs- und Beförderungsentscheidungen** durch den Dienstherrn.

740   (1) Verdichtet hat sich die erstgenannte Pflicht in letzter Zeit vor allem beim **Mobbing**[38]. In derartigen Fällen (systematischer) längerfristiger und intensiver Missachtung, Schlechtbehandlung und Schikanen bis hin zu Beleidigungen und psychischem Terror muß der Dienstherr (über die Vorgesetzten) effektiv eingreifen und den einzelnen Bediensteten schützen. Erfolgt dies nicht oder ungenügend, ist ein Ersatzanspruch gegeben, wobei in der Regel kein den Amtshaftungsanspruch ausschließendes, zumutbares Rechtsmittel (§ 839 Abs. 3 BGB) für den Geschädigten einsetzbar ist[39]. Für ein Mobbing im Regelfall nicht ausreichend, sind schlechte (rechtmäßige) Beurteilungen – auch wenn diese mehrfach über einen längeren Zeitraum hin erteilt wurden[40].

741   (2) Für **Einstellungs- und Beförderungsentscheidungen** gilt das **Leistungsprinzip**[41]. Die Besetzung der ausgeschriebenen Stelle hat sich an den durch Art. 33 Abs. 2 GG vorgegebenen Kriterien von Eignung, Befähigung und fachlicher Leistung zu orientieren. Diese Bestimmung gewährt jedem Deutschen ein grundrechtsgleiches Recht auf gleichen Zugang zu jedem öffentlichen Amt nach Maßgabe der vorgenannten Kriterien[42].

Die Rechtsprechung hat in den letzten Jahren Inhalt, Maßstäbe, Mitteilung- und Benachrichtigungspflichten[43] sowie das Verfahren weitgehend festgelegt[44].

---

[36]   im Ergebnis in gleicher Richtung bereits BGH, NJW 1991, 3027–3029 (mit angreifbarer Begründung zur – eingeschränkten – Auskunftspflicht eines Vollzugsbeamten gegenüber einem künftigen Arbeitgeber); weitergehend – zu Gunsten des Bürgers – wohl Ossenbühl 1998 S. 47

[37]   z. diesem Aspekt s. BADK 2003, 8 sowie unten Rn. 746 (Finanzverwaltung)

[38]   s. vor allem BGH, NJW 2002, 3172 sowie OLG Stuttgart, OLGR 2003, 416–420 ; zur zulässigen – auch öffentlichen – Kritik an einem Beamten durch den Vorgesetzten s. BGH, MDR 1977, 206 f.

[39]   OLG Stuttgart, OLGR 2003, 416–420; s. auch Itzel 2003, K 41 f.

[40]   OLG Stuttgart, OLGR 2003, 416–420; problematisch bei damit einhergehenden negativen persönlichen Bewertungen und Zuschreibungen

[41]   vgl. auch zu dem Gesamtbereich Ulrich Battis, Entwicklung des Beamtenrechts im Jahre 2003, NJW 2004, 1085-1090

[42]   so BGHZ 129, 226 ff., 228

[43]   grundlegend BGHZ 129, 226–236 = NJW 1995, 2344-2346; OLG Koblenz, OLGR 2003, 201 (Nichtbescheidung übergangener Bewerber in Massenbeförderungsverfahren – unverschuldete Amtspflichtverletzung); s. auch Rinne/ Schlick 1997 S. 1072

[44]   BGH, BGH-Report 2003, 322–327 (Mindestwartezeiten, Rechtsmittel nach § 839 Abs. 3 BGB); BGH, NVwZ 1994, 825–827 (Besetzungsvorschlag f. Beförderungsstelle); BGH, MDR 1978, 735 f. (Besetzung einer Schulleiterstelle); OLG Köln, OLGR 1997, 971 – 974 (vor allem zur Darlegungs- und Beweislast); Hanseatisches Oberlandesgericht in Bremen, OLGR 2001, 55–57 (Ausgestaltung des Prinzips der Bestenauslese)

Bei Beurteilungen wie auch im Rahmen von Disziplinarverfahren ist stets von einem korrekt und vollständig ermittelten Sachverhalt auszugehen[45].

Dabei ist zu berücksichtigen, dass dem Beamten in allen diesen Fällen für den Ersatzanspruch die Wahl des Gerichtswegs nach § 839 i.V.m. Art. 34 GG (ordentliche Gerichtsbarkeit) oder nach § 48 BRRG, §§ 23, 79 BBG, §§ 126, 127 BRRG (Verwaltungsgerichte) bleibt, wobei der Rechtsgedanke des § 839 Abs. 3 BGB auch für den verwaltungsgerichtlichen Anspruch gilt[46].

(3) Bei **Dienstunfällen von Beamten**[47] ist stets auch an die Haftungsbeschränkung nach § 46 BeamtVG zu denken (s. unten Rn. 756). Eine volle Ersatzpflicht des Dienstherrn gegenüber dem geschädigten Beamten aus übergeleiteter Amtshaftung tritt im Regelfall nur bei einer unfall- und schadensursächlich gewordenen **vorsätzlichen Pflichtverletzung** ein[48].   **742**

---

§ 46 Beamtenversorgungsgesetz (BeamtVG)

Begrenzung der Unfallfürsorgeansprüche

(1) Der verletzte Beamte und seine Hinterbliebenen haben aus Anlaß eines Dienstunfalls gegen den Dienstherrn nur die in §§ 30 bis 43 a und 46 a geregelten Ansprüche ...

(2) Weitergehende Ansprüche auf Grund allgemeiner gesetzlicher Vorschriften können gegen einen öffentlich-rechtlichen Dienstherrn im Geltungsbereich dieses Gesetzes oder gegen die in seinem Dienst stehenden Personen nur dann geltend gemacht werden, wenn der Dienstunfall durch eine vorsätzliche unerlaubte Handlung einer solchen Person verursacht worden ist ...

(3) Ersatzansprüche gegen andere Personen bleiben unberührt.

(4) ...

---

(4) Zu erwähnen ist noch, dass bei rechtswidrigem Handeln von Beamten (Streiks, streikähnliche Handlungen usw.) durchaus Ersatzansprüche betroffener Dritter entstehen können[49].   **743**

---

[45] KG Berlin, NVwZ-RR 2001, 496 f. (Sachverhaltsermittlung im Disziplinarverfahren)

[46] der Beamte darf sich auch nicht auf formlose Rechtsbehelfe (Gegenvorstellungen usw.) beschränken

[47] Fälle der Schädigung eines Beamten durch einen anderen Beamten

[48] Ausnahme: „Teilnahme am allgemeinen Verkehr" (Glatteisunfall in der Mittagspause) s. BGH, BGH-Report 2004, 302 f. = NJW-RR 2004, 234 f. = NZV 2004, 133 f. sowie Rinne/ Schlick 1997 S.1177

[49] f.d. Fluglotsenstreik 1973 BGHZ 69, 128 ff.

V. Fernseh- und Rundfunkanstalten

744 **Öffentlich-rechtliche Rundfunk- und Fernsehanstalten** üben mit der Ausstrahlung von Sendungen öffentliche Verwaltungstätigkeit aus, diese jedoch nach herrschender Ansicht[50] ganz überwiegend in **privatrechtlichen Formen**[51].

Die Ausstrahlung einer Sendung kann aber dann **Ausübung hoheitlicher Gewalt** (mit den entsprechenden Haftungsfolgen, § 839 BGB – Art. 34 GG) sein, wenn sie hoheitlichen Zwecken dient (polizeiliche Ermittlungsarbeit, Fahndungen, Mitteilungen in und für Katastrophenfällen, Warnungen vor gefährlichen Lebensmitteln, Hinweise von Polizei-, Ordnungs- oder staatlichen Aufsichtsbehörden usw.)[52]. Hierbei gilt dann zum einen, dass eine redaktionelle, für den Zuschauer interessante „Aufmachung" an dem „Hoheitscharakter" der Sendung nichts ändert und zum anderen, dass besondere Anforderungen an den Wahrheitsgehalt, die redaktionelle Sorgfaltspflicht und den Schutz von Drittinteressen zu stellen sind[53].

VI. Feuerwehr und Katastrophenschutz

745 Feuer-, Brandschutz ist **hoheitliche Tätigkeit**[54]; gleiches gilt für den Katastrophenschutz und sonstige Hilfeleistung bei Notfällen[55]. Hiervon sind nicht nur die hauptamtlichen Tätigkeiten (Berufsfeuerwehr) sondern auch die Handlungen der **freiwilligen Feuerwehr**[56] und die herangezogener Hilfsorganisationen umfasst. Diese Hilfs- und Rettungstätigkeiten sind zu planen, organisieren und auch zu kontrollieren; so müssen Feuermelde-, Alarm- und Ausrückpläne erstellt und beachtet, die sachlichen und personellen Mittel geplant, angefordert und entsprechend effektiv eingesetzt werden[57]. Fehler hierbei führen zu einem **Organisationsverschulden** und damit ggf. zur Haftung gegenüber einem geschädigten Bürger.

Diese Amtspflicht ist durchaus drittbezogen. Geschützt wird neben der Allgemeinheit auch der gefährdete einzelne Bürger.

---

[50] z. Meinungsstand m.w. Nachw. MK-Papier § 839 Rn. 172

[51] hier dann privatrechtliche Haftung über §§ 823 ff. BGB, sehr str. – vgl. (a.A.) MK-Papier § 839 Rn. 172; wie oben (ganz h.M.) Fette, Rechtsweg bei Rechtsverletzungen durch Sendungen der öffentlich-rechtlichen Rundfunkanstalten, NJW 1971, 2210–2212; abweichend – stets schlicht hoheitlich – Werner Frotscher, Ehrenschutz im öffentlichen Recht, JuS 1978 S. 505 ff., 507 f.

[52] enger wohl Staudinger/Wurm, § 839 Rn. 730 – auch hier privatrechtliches Handeln; im gleichen Sinne Ossenbühl 1998 S. 40 f.

[53] OLG München, NJW 1970, 1745 f.

[54] auch haben die Gemeinden Löschwasserversorgungseinrichtungen bereitzustellen und zu unterhalten, s. z.B. § 46 Abs. 1 Satz 1 LWG RhPf

[55] z.d. Notärzten s. o. Rn. 620 ff.

[56] nicht jedoch private Werkfeuerwehren – Staudinger/Wurm, § 839 Rn.698; s. auch BGHZ 20, 290, 292 f.; OLG Düsseldorf, NJW-RR 1994, 1444 = OLGR 1994, 201; zur Pflicht der Gemeinde zur ausreichenden Versicherung s. BGH, MDR 1993, 1065 f.

[57] z.d. organisatorischen Aspekten s. BADK 2003, 24 f.

So besteht z.b. eine Amtspflicht bei nicht sicher gelöschten Bränden Brandwachen einzusetzen[58], bei Überflutungen von Straßen (Hochwasser) nicht derart schnell mit Einsatz-Fahrzeugen (z.b. des Roten Kreuzes, Bundeswehr) hindurch zu fahren, dass vermeidbare Schäden an Häusern (Bruch von Schaufenster-Scheiben) entstehen[59].

Hoheitliche Tätigkeiten sind auch die Übungen[60] und Übungsfahrten zur Vorbereitung der Brand- und Katastrophenschutzeinsätze[61], nicht jedoch Fahrten zum Ankauf eines Einsatzfahrzeuges oder die Beschaffung von Schutzanzügen und sonstigem Material. Gleiches gilt für die Anmietung von Räumlichkeiten (Mietvertragsabschluß), auch wenn diese dann hoheitlichen Tätigkeiten dienen sollen[62].

Beispiel:

OLG München, OLGR 1999, 349 f. – Feuersirenenfall -

Kommt es nach einem Probealarm einer Feuerwehrsirene zu Panikschäden in einem benachbarten Rinderstall, liegt eine schuldhafte Amtspflichtverletzung der Gemeinde auch bei möglicherweise ungeeignetem Aufstellungsort nicht vor, wenn dieser Ort von einer Fachfirma so ausgesucht und empfohlen wurde.

Verantwortlicher und haftungsrechtlich Verpflichteter ist grundsätzlich die Trägerkörperschaft. Dies gilt auch für den Fall, dass die Feuerwehr u.a. auf Anforderung (z.B. der Polizei zur Beseitigung einer Ölspur) tätig wird[63]. Zu unterscheiden sind diese Fälle von den Fallkonstellationen, in denen die unterstützende Behörde ausschließlich als **Verwaltungshelfer** (streng nach Weisung handelnd), quasi als **Werkzeug** eingesetzt wird. In diesem, letzteren Fall haftet nur die anfordernde und handlungsbestimmende Behörde / Körperschaft.

Auch die Aufgaben des **vorbeugenden Brandschutzes** (Brandschau, Brandsicherheitswachen – Theater, Veranstaltungen usw.) werden als hoheitlich zu erfüllende Aufgaben wahrgenommen[64].

---

[58] OLG München, OLGR 1998, 218 f.

[59] zu denken ist auch stets an die Haftung nach § 7 StVG

[60] vergl. Schleswig-Holsteinisches Oberlandesgericht, OLGR 1996, 340 f. (keine Amtshandlung: An- und Abschmücken eines privaten Weihnachtsbaums durch Freiwillige Feuerwehr)

[61] zu Einsatzfahrten mit Sondersignal/ Sonderrechten s.o. Rn. 562

[62] OLG Köln, VersR 1992, 701; vgl. auch BGH, NJW 1996, 2431 f. (privatrechtl. Vertrag zwischen Bundeswehr und privatem Krankenhaus zur – hoheitlichen – Behandlung eines Soldaten)

[63] OLG Düsseldorf, OLGR 1995, 6 f.

[64] hierzu BADK 2003, 25

VII. Finanzverwaltung

746   Hier gelten im Grunde die selben Anforderungen wie in den übrigen Verwaltungs-
bereichen[65]. Dies gilt für die Pfändung und Verwahrung von Kraftfahrzeugen des
Steuerschuldners[66], die Durchführung sonstiger Vollstreckungsmaßnahmen[67], für
die Wahrung des Dienst-, Steuergeheimnisses[68] sowie für ungerechtfertigte kritische Äußerungen von Beamten (Betriebsprüfer) zum Nachteil Dritter (Steuerbera-
tungsgesellschaft des Steuerschuldners)[69]. Nach diesen allgemeinen Grundsätzen
werden auch geltend gemachte Ersatzansprüche einer Gemeinde gegen die Finanzverwaltung (Gewerbebesteuerung) beurteilt; es liegt oft ein gleichsinniges Zusammenwirken von Trägern öffentlicher Aufgaben vor, was einen Amtshaftungsanspruch gerade ausschließt[70].

Besonders hinzuweisen ist auf die Pflicht zur Kenntnisnahme und Verwertung der
jeweils **aktuellen Vorschriften des Steuerrechts** und der zeitnahen Berücksichtigung relevanter Entscheidungen des Bundesfinanzhofs. Insoweit ist gerade auch die
Organisation der Finanzverwaltung gefordert und in der Pflicht[71], wobei nicht verkannt wird, dass der Zustand der Steuer- und Finanzgesetzgebung insoweit recht
hohe Anforderungen stellt[72].

Ersatzpflichtig sind regelmäßig die Kosten eines Steuerberaters für das an sich unnötige Einspruchsverfahren, wenn die Rechtsänderung (durch Gesetz oder Rechtsprechung) zu Gunsten des Steuerschuldners erst im Rechtsbehelfsverfahren berücksichtigt wird[73].

---

[65] wobei die finanzgerichtliche Klage (Primärrechtsschutz) die Verjährung des Amtshaf-
tungsanspruchs unterbricht – BGH, NJW 1995, 2778-2780 – s.o. Rn. 243; zu Fehlern in
Zusammenhang mit EDV-Anlagen s. LG Offenburg, NJW-CoR 1996, 56 und unten
Rn. 770

[66] OLG Saarbrücken, OLGR 2003, 39 – 43

[67] OLG Frankfurt, NVwZ-RR 2002, 814 f. (Zwangsvollstreckung in Grundstück wegen
bestrittener Säumniszuschläge)

[68] OLG Zweibrücken, OLGR 1999, 175–178 (Haftung auch für gesundheitliche Schäden)

[69] OLG Hamm, OLGR 1993, 290 f.

[70] BGH, BGH-Report 2003, 1398 f.; s. o. Rn. 95 f.

[71] OLG Koblenz, OLGR 2002, 29 f; zustimmend S. Littbarski, EWiR 2003, 157 f; zu weiteren Einzelfällen s. Staudinger/Wurm, § 839 Rn. 704

[72] u.a. schnelle Umsetzung zahlreicher Gesetzesvorschriften mit kurzen Übergangsfristen,
Vielzahl von nur f. kurze Zeit gültigen Vorschriften

[73] wobei anzumerken ist, dass möglicherweise bei Bestehen einer variablen Kostentragungs-
vorschrift, Kostenregelung für das Einspruchsverfahren einige der Amtshaftungsverfahren – mangels Schadens – vermeidbar wären (de lege ferenda !)

Beispiel:

OLG Celle, DstRE 2002, 1152 f. – Namensverwechselung –

Ralf Meier erhält vom Finanzamt eine Steuernachforderung in Höhe von 75.000 €, die auf einer einfach aufzuklärenden Namensverwechselung beruht.

Es liegt eine Amtspflichtverletzung vor; auch das Verschulden dürfte gegeben sein – ein „entschuldbarer Irrtum", ein Fehler in Massenverfahren führt nicht zur Exkulpation.

Fraglich und umstritten ist nur, ob der in Anspruch genommene Bürger in solchen Fällen stets und unmittelbar einen Steuerberater mit der Einlegung eines Einspruchs beauftragen darf und die Kosten dann gegenüber der Finanzverwaltung geltend machen kann(Amtshaftungsanspruch) – so wohl OLG Celle; enger **Schleswig-Holsteinisches Oberlandesgericht** *(Pflicht zur Nachfrage bei Finanzamt – Schadensminderungspflicht)*[74].

VIII. Gewerbebetriebe und Gaststätten

Hier ist zum einen auf die durch die Rechtsprechung weitgehend und weitreichend ausgeformte **privatrechtliche Verkehrssicherungspflicht** des Gewerbe- und Gaststättenbetreibers hinzuweisen.   **747**

Für die Amtspflichten der Gewerbe- und Gaststättenaufsicht gilt das oben zu den anderen Aufsichtbehörden Gesagte entsprechend[75]. Dies gilt auch für die Amtspflicht, über eine beantragte Gaststättenerlaubnis in angemessener Zeit zu entscheiden und erforderliche Auskünfte, Unterlagen anderer Behörden nicht sukzessiv sondern auf einmal (gebündelt, im „Sternverfahren") anzufordern. Im Regelfall ist von einer Bearbeitungszeit von höchstens 6 – 8 Wochen für einen derartigen Antrag auszugehen[76].

Der (kommunale) Veranstalter eines Volksfestes u.ä. hat bei den Zulassungen, Erteilung von Genehmigungen usw. den Grundsatz der **Markt- und Gewerbefreiheit** zu beachten und seine Bediensteten handeln amtspflichtwidrig, wenn sie diskriminierende Zulassungsrichtlinien aufstellen und anwenden (z.B. für „Fremde", auswärtige Gewerbetreibende; Bevorzugung lokaler, örtlicher Markt- und Messebeschicker). Zu Fragen der Verkehrssicherung von Markt- und Messebereichen, -flächen mit den Zuwegungen s. o. Rn. 512.

Hinsichtlich des Drittschutzes ist festzuhalten, dass der Eigentümer, Verpächter einer Gaststätte nicht in den Schutzbereich einbezogen ist, wenn dem Pächter die Schankerlaubnis rechtswidrig versagt wird[77].

---

[74] Schleswig-Holtsteinisches Oberlandesgericht, OLGR 1996, 70 ; vgl. zu dem Problemkreis „Namensverwechselung" auch LG Aachen, NVwZ-RR 1991, 338

[75] s. OLG Hamm, VersR 1993, 577 – 579 = OLGR 1992, 392 (Leitsatz)

[76] s. Tremml/Karger 1998 Rn. 625

[77] OLG Saarbrücken, OLGR 2001, 355 f.

748   Wird der Gaststätten- oder Gewerbebetrieb existentiell gefährdend durch **Baumaß-nahmen** (U-Bahn, Straßen-, Kanalbauarbeiten usw.) beeinträchtigt (z.b. keine Zu-fahrts-, Belieferungsmöglichkeiten), dann besteht grundsätzlich ein Ersatz- und Ausgleichsanspruch[78]. In Betracht kommen Ansprüche aus Amtspflichtverletzung, Delikthaftung, enteignendem oder enteignungsgleichem Eingriff sowie aus § 906 Abs. 2 Satz 2 BGB entsprechend. Hinzu kommen spezialgesetzlich ausgeformte Anspruchsgrundlagen nach den jeweiligen Landesstraßen- und -wegegesetzen[79]. Einigkeit besteht jedoch darin, dass nur **ganz erhebliche Betriebs-, Geschäfts-, Umsatzeinbußen** einen Enteignungs-Entschädigungsanspruch auslösen können; der Betrieb muß in seiner Existenz durch die Baumaßnahme bedroht sein[80], wobei die Grenze für alle in Betracht kommenden Anspruchsgrundlagen gleich gezogen wird[81]. Den gleichen Voraussetzungen und Maßstäben unterliegen auch Ersatz-Ansprüche bei Sperrung des Luftraumes (z.B. für Flugschule, Luftverkehrsgesell-schaft)[82].

Entschieden ist auch, dass in einen (landwirtschaftlichen) Gewerbebetrieb rechts-widrig durch den **Verordnungsgeber** eingegriffen werden kann (Milch-Garantie-mengen-Verordnung)[83]. Allerdings kommt ein Amtshaftungsanspruch mangels Drittschutzes bei Gesetzen und auch bei Verordnungen nur in seltenen Fällen in Betracht (s.o. Rn. 107 ff.); es greift dann aber der Anspruch aus enteignungsglei-chem Eingriff hier möglicherweise ein.

IX. Grundstücksnutzung (Landschafts-, Natur-, Wasser -, Denkmalschutz, Zuwegung)

749   Die **Naturschutzbehörden** müssen als Amtspflicht auch darauf achten, ob und wel-che Gefährdungen von Naturdenkmalen (Bäume, Steinformationen, Sumpfgebiete usw.) ausgehen und entsprechende Sicherungsmaßnahmen zum Schutz der Ver-kehrsteilnehmer ergreifen[84].

Im Bereich des Denkmalschutzes gilt grundsätzlich, dass die **Eigentumsbeschrän-kungen** grundsätzlich als **Sozialbindung des Eigentums (Inhaltsbestimmung)** entschädigungslos bleiben[85]. Davon unberührt bleiben Ausgleichs-, Entschädi-

---

[78] s. bereits BGH, NJW 1964, 198–200, jüngst OLG Hamm, OLGR 2003, 396–399; Berg-mann/Schumacher 2002 S. 449 ff.

[79] s. Rn. 519, 751

[80] OLG Koblenz, OLGR 2000, 457–459

[81] OLG Celle, VersR 1985, 992–994, OLG Koblenz, OLGR 2000, 457-459

[82] LG Marburg, NVwZ 1982, 154 f.; zu weitergehenden Ansprüchen des Gewerbetreibenden bei rechtswidrigen Eingriffen (Fluglotsenstreik 1973) s. BGHZ 69, 128 ff.

[83] OLG Köln, AgrarR 1994, 25–27 = OLGR 1993, 136 (Leitsatz)

[84] Bergmann /Schumacher 2002 S. 127 f. wollen (wohl zu weitgehend) den jeweiligen Eigentümer von Verkehrssicherungspflichten völlig freistellen

[85] eingehend zur Enteignung und Sozialbindung im Denkmalrecht Krohn 1993 S. 28 ff.; Aust/Jacobs/Pasternak 2002 Rn. 157

gungsleistungen auf spezieller fachgesetzlicher Grundlage für Eigentumsbeeinträchtigungen unterhalb der „Enteignungsschwelle" (hierzu s. die Strukturübersicht o. Rn. 453)[86].

Gleiches gilt für die Festsetzung und Ausweisung als Natur-, Wasser- und Landschaftsschutzgebiet.

(1) Entschädigungsansprüche (aus enteignendem Eingriff) greifen bei rechtmäßigen **750** Maßnahmen (Unter-Schutz-Stellungen, Nutzungs-, Zugangsbeeinträchtigungen usw.) dann ein, wenn die **Opfergrenze** überschritten wird. Dies ist der Fall, wenn dem Betroffenen die Rechtsbeschränkungen nach Dauer, Art, Intensität und Auswirkung nicht mehr zugemutet werden können[87]. Dies setzt eine wertende Betrachtung und Abwägung der gegenläufigen Interessen voraus. Fest steht damit aber zum einen, dass nicht jede Rechtsbeeinträchtigung zur Entschädigung führt und zum anderen aber auch, dass **jahrelange Nutzungsausschließungen** (z.B. durch Bodengrabungen, Unterschutzstellungen) wohl in jedem Fall entschädigungspflichtig sind.

(2) Die **Anliegerrechte**, im wesentlichen der Zugang/ die Zufahrt von und zur **751** Straße sind Teil des Grundeigentums (Art. 14 GG) und entsprechend geschützt[88]. Bloße Beeinträchtigungen (auch Umsatzeinbußen) durch **temporäre Bauarbeiten** u.a. sind grundsätzlich entschädigungslos hinzunehmen. Enteignend wirkende Maßnahmen, die zur Gefährdung der wirtschaftlichen Existenz (Gewerbebetrieb) dadurch führen, dass das Geschäft, die Tankstelle usw. wegen der Bauarbeiten (u.a. Straßen-, Kanal-, U-Bahnbau) längerfristig nicht erreicht werden kann, sind entschädigungspflichtig[89]. Gleiches gilt, wenn eine wirtschaftlich sinnvolle Grundstücksnutzung unmöglich gemacht wird. Die Beeinträchtigungen dürfen nicht zumutbar sein und von dem Betroffenen ein **Sonderopfer** abverlangen. Entschädigt wird demnach auch nur die Ertragseinbuße, die sich auf die Überschreitung der Zumutbarkeitsgrenze bezieht, also gerade nicht der gesamte Ertragsverlust[90].

Davon zu unterscheiden ist der darüber hinaus gehende fachgesetzlich angeordnete Ausgleich für Beeinträchtigungen unterhalb der Enteignungs- und Entschädigungsschwelle[91].

Zu Entschädigungen bei bloßer Beeinträchtigung der Zuwegung, der Zufahrtsmöglichkeit und der Nutzungsmöglichkeiten auf einem Grundstück und zu solchen bei Existenzgefährdung s. o. Rn. 519, 748 sowie die Regelungen in § 8 a Abs. 4–8 FStrG sowie z.B. in § 39 Abs. 2 – 5 LStrG Rheinland – Pfalz.

---

[86] f. Wasserschutzgebiete s. Breuer 2004 Rn. 882 ff.
[87] s. Rinne/Schlick 1997 I S. 35 f.; Krohn 1993 S. 37 ff.; Aust/Jacobi/Pasternak 2002 Rn. 597 ff. ; vgl. SchlHOLG, OLGR 2000, 71–74 (Fraßschäden durch Pfeifenten nach Einrichtung eines Naturschutzgebietes); s. auch o. Rn. 450
[88] Sauthoff Rn. 613 ff.; nicht dagegen das Recht auf Gemeingebrauch
[89] OLG Koblenz, OLGR 2000, 457–459 (Umsatzeinbußen bei Kanalbauarbeiten); s. auch Sauthoff Rn. 769
[90] anders, weitergehend : Schadensersatz bei Amtspflichtverletzung
[91] zu allem s. Aust/ Jacobs/Pasternak 2002 Rn. 695 ff. sowie die Übersicht o. Rn. 453

752 (3) In allen diesen Bereichen gilt für die Amtshaftung, dass Ersatzansprüche dann in Betracht kommen, wenn die eigentlich nur eigentumsbeschränkende Maßnahme (aus Sozialbindung) rechtswidrig ist, vor allem auf **falschen Tatsachenannahmen** beruht:

z.B.: ein Grabungsgebiet aufgrund Auswertefehler (spiegelverkehrtes Luftbild) zu weit erstreckt wird; das Denkmal kein solches ist (Ruinengrundstück); ein Naturschutzgebiet aufgrund Fehlbestimmung (geschützte Vogelgattung) zu weit festgelegt wird oder wenn anliegerbeeinträchtigende Bauarbeiten nicht ordnungsgemäß geplant und durchgeführt werden, z.b. eine mögliche Hilfszufahrt nicht realisiert wird oder die Bauarbeiten grundlos über Monate ruhen oder sonst ohne Grund verzögert werden[92]. In diesen Fällen greifen Ersatzansprüche aus Amtshaftung ein.

Beispiel:

nach BGH, VersR 1997, 709 – „Römervilla" –

Durch Rechtsverordnung wurde eine zum Bimsabbau anstehende Fläche wegen einer im Boden vermuteten „römischen Villenanlage" zum Grabungsschutzgebiet erklärt und dem Unternehmer deshalb der (weitere) Bimsabbau für mehrere Jahre nicht genehmigt.

Im Laufe des späteren gerichtlichen Verfahrens stellte sich heraus, dass wegen falscher Auswertung (spiegelbildliche Darstellung) der Luftbilder der Schutzbereich zu weit ausgedehnt worden war.

Es liegt in jedem Fall ein über eine bloße Sozialbindung hinausgehender Eingriff hinsichtlich der zu Recht in Anspruch genommenen Fläche vor und gleichfalls selbstverständlich erfolgte die Inanspruchnahme der „falschen" (zu weit ausgedehnten) Fläche rechtswidrig (Entschädigung aus enteignungsgleichem Eingriff und/oder Amtshaftung).

X. Kirchen und Religionsgemeinschaften

753 Die **Ausübung eines öffentlichen Amtes** (Art. 34 GG) kann auch im Handeln von öffentlich-rechtlichen Religionsgesellschaften (Kirchen mit öffentlich-rechtlichem Körperschaftsstatus) liegen[93]. Insoweit ist **nicht** Voraussetzung, dass staatliche oder vom Staat verliehene (hoheitliche) Gewalt ausgeübt wird. Letzteres ist aber bei den Tätigkeiten der Kirchen in den Bereichen Kirchensteuer und Friedhofswesen gegeben. Die Haftung nach § 839 BGB i.V.m. Art. 34 GG greift bei amtspflichtwidrigem Verhalten von Geistlichen und anderen kirchlichen Amtsträgern ein, soweit diese nicht rein fiskalisch (Beschaffungsgeschäfte, Baubetreuung) tätig werden[94]. Bei rein kirchlichen Binnenentscheidungen (u.a. kirchliche Disziplinarmaßnahmen,

---

[92] Aust /Jacobs/Pasternak 2002 Rn. 693

[93] so eindeutig die Rechtsprechung (zuletzt BGHZ 154, 54–64); zum Streitstand s. Butz, Anm. zu OLG Celle, DVBl. 1974, 44–46; zur Vertiefung s. Heinrich Wilms, Amtshaftung der Kirchen für Äußerungen ihrer Sektenbeauftragten, NJW 2003, 2070-2073

[94] BGH, NJW-RR 1989, 921 f. (Sicherheit eines Baugerüstes)

Festlegungen zu Glaubensfragen, Besetzung von Kirchenämtern) greift die (staatliche) Amtshaftung gleichfalls nicht ein[95].

Amtshaftung ist gegeben bei falschen schadensauslösenden **Auskünften** (aus Kirchenbüchern), auch bei Teilnahme der kirchlichen Amtsträger am Straßenverkehr (z.B. Fahrt zu einem Begräbnis). Gleiches gilt für **unwahre Äußerungen** (u.a. durch einen kirchlichen Sektenbeauftragten[96]) und den (sexuellen) Missbrauch von anvertrauten Kindern und Jugendlichen durch Geistliche. Auch insoweit tritt an Stelle der Haftung nach allgemeinem Deliktsrecht die Amtshaftung nach § 839 BGB i.V.m. Art. 34 GG[97], wobei dann die jeweilige Religionsgemeinschaft haftet, es sei denn, der kirchliche Amtsträger nimmt staatliche Aufgaben (z.B. Religionsunterricht in einer öffentlichen Schule) wahr[98].

XI. Polizei- und Ordnungsbehörden, Bundesgrenzschutz und Bundeswehr

Das Handeln dieser Behörden und Verwaltungsbereiche zur Erfüllung der gesetzlich übertragenen Aufgaben ist im Regelfall, **fast immer hoheitlich**, wobei es aber durchaus auch **fiskalische Tätigkeiten** dieser Stellen gibt (z.B. Beschaffung von Fahrzeugen und Büromaterial, Anmietung von Räumlichkeiten)[99].   **754**

(1) Haftungsrelevante Amtspflichten der Polizei bestehen vor allem in den Bereichen Straßenverkehr, Gefahrenabwehr, bei freiheitsbeschränkenden Maßnahmen sowie im Rahmen der Anwendung unmittelbaren Zwanges[100]. Besonders haftungsträchtig haben sich fehlende, mangelhafte Prüfungen der „Geeignetheit" (s.o. Rn. 307 f., 646) einer Maßnahme und grob fehlerhafte Abwägungen im Bereich der Verhältnismäßigkeitsprüfung erwiesen.[101] Darüber hinaus gilt, dass polizeiliches Handeln (Kontrollen, Überprüfungen, Kontrollstellen usw.) als solches für den Bürger klar und eindeutig erkennbar sein muß[102].   **755**

---

[95] etwas unklar Wilms a.a.O. (Fn. 93) S. 2071
[96] BGHZ 154, 54–64 = NJW 2003, 1308–1313; abweichend OLG Düsseldorf, NVwZ 2001, 1449–1453 (keine Hoheitsgewalt; weiter Raum auch für massive Kritik f.d. Kirchen); kritisch zu der BGH-Entscheidung Hinnerk Wissmann, Amtshaftung als Superrevision der Verwaltungsgerichtsbarkeit, NJW 2003, 3455–3457; zustimmend hingegen Wilms a.a.O. (Fn. 93); s. auch unten Rn. 761
[97] im gleichen Sinne Staudinger/Wurm, § 839 Rn. 712
[98] BGHZ 34, 20–23; OLG Celle, DVBl. 1974, 44 (jeweils : Haftung des Landes beim Einsatz eines Geistlichen im Religionsunterricht an öffentlichen Schulen, körperliche Züchtigung)
[99] vergl. LG Köln, VersR 1992, 701
[100] zur „Bagatellgrenze" s. OLG Koblenz, OLGR 1999, 463 (unfreiwilliger Aufenthalt auf Polizeiwache)
[101] OLG Karlsruhe, OLGR 2001, 216–218 (rw. Ingewahrsamnahme eines geistig behinderten Jugendlichen)
[102] Brandenburgisches Oberlandesgericht, OLGR 1996, 120–123 (rw. Schusswaffengebrauch an einer nicht wahrnehmbaren Zollkontrollstelle)

Zu beachten ist auch noch, dass im Bereich der Strafverfolgung (vs. Gefahrenabwehr) ein Drittschutz grundsätzlich nicht angenommen wird. Die Ermittlungstätigkeit und Strafverfolgung durch Polizei und Staatsanwaltschaft erfolgt ausschließlich im öffentlichen Interesse. Ersatzansprüche Dritter[103] können hierdurch
im Regelfall nicht begründet werden (zu Ausnahmefällen s. o. Rn. 646).

Weist die (Polizei-) Ordnungsbehörde einen Wohnsitzlosen in eine Wohnung ein,
dann besteht die Amtspflicht der Behörde nach Ablauf der Einweisungszeit die
Wohnung „freizumachen" und an den Eigentümer oder sonstigen Berechtigten zu
dessen Verfügung wieder (gereinigt) herauszugeben[104].

756   (2) Für Amts- und Staatshaftungsfragen im Bereich der Bundeswehr ist vor allem
die haftungsbeschränkende Norm des § 91 a SVG hervorzuheben, an der vielfach
geltend gemachte Ersatzansprüche (von Soldaten) scheitern[105].

---

§ 91 a Soldatenversorgungsgesetz (SVG)

Begrenzung der Ansprüche aus einer Wehrdienstbeschädigung

(1) Die nach diesem Gesetz versorgungsberechtigten Personen haben aus Anlass einer Wehrdienstbeschädigung oder einer gesundheitlichen Schädigung im Sinne der §§ … gegen den Bund nur die auf diesem Gesetz beruhenden Ansprüche. Sie können Ansprüche nach allgemeinen gesetzlichen
Vorschriften, die weitergehende Leistungen als nach diesem Gesetz begründen, gegen den Bund, einen anderen öffentlich-rechtlichen Dienstherrn im
Bundesgebiet oder gegen die in deren Dienst stehenden Personen nur dann
geltend machen, wenn die Wehrdienstbeschädigung oder die gesundheitliche Schädigung im Sinne der §§ ..... durch eine vorsätzliche unerlaubte
Handlung einer solchen Person verursacht worden ist.

(2) …

(3) Ersatzansprüche gegen andere Personen bleiben unberührt.

Eine über die gesetzlichen Versorgungsansprüche hinausgehende Haftung findet bei
Dienstunfällen von Soldaten nur bei vorsätzlichem Verhalten des schädigenden
Amtsträgers statt, wobei sich der Vorsatz **nicht** auf die eingetretene (körperliche)
Schädigung beziehen muß. Diese Haftungsbeschränkung gilt im übrigen in gleicher
Weise bei allen Beamten (46 BeamtVG)[106]. Auch die (fehlerhafte) ärztliche Be-

---

[103] gilt selbstverständlich nicht für den von einer Maßnahme Betroffenen, z.B. Festgenom-
menen

[104] Rinne/Schlick 1997 S. 1071 (mit Rechtsprechungsnachweisen)

[105] vgl. aber auch BGHZ 151, 198–204 = BGH-Report 2002, 771–773 (Haftung der BRD
(Bundeswehr) gegenüber zivilem Reinigungspersonal – Haftungsprivilegierung nach
SGB)

[106] s. BGH, NJW-RR 2004, 234 f.= BGH-Report 2004, 302 f. (gerade auch zur Ausnahme
(volle Haftung) bei „Teilnahme am allgemeinen Verkehr" – Glatteisunfall in Mittagspause)

handlung eines Soldaten kann einen Dienstunfall, eine Wehrdienstbeschädigung darstellen, wobei es für die Anwendbarkeit des § 91 a SVG keinen Unterschied macht, ob der Geschädigte durch Bundeswehrärzte und -personal oder durch hinzugezogene, beauftragte zivile Ärzte, Krankenhauspersonal behandelt wurde[107]. Eine persönliche Haftung des Schädigers greift in allen diesen Fällen wegen Art. 34 GG nicht ein[108]. Näheres zur Amtshaftung bei der Heilbehandlung von Soldaten – auch durch zivile Ärzte s. o. Rn. 612 ff..

Gegenüber (zivilen) Dritten bestehen Amtspflichten der Bundeswehrangehörigen regelmäßig dahingehend, Schäden und Beeinträchtigungen (z.B. Manöver, Rettungs-, Katastropheneinsätze) möglichst gering zu halten, zu melden[109] und später effektiv wieder zu beseitigen[110]. Gegenüber Anwohnern von Truppenübungsplätzen usw. besteht die Amtspflicht, genehmigte Schieß- und Überflugzeiten (Tiefflüge) einzuhalten[111] sowie bei Manövern nur die zugelassenen Wege und sonstige Bereiche zu nutzen[112]. Auch Waffenschauen und andere Bundeswehrpräsentationen sind hoheitliche Tätigkeit. Stürzt ein Besucher von einer an einen Panzer angelehnten und dann wegrutschenden Leiter, greifen Amtshaftungsansprüche ein[113]. Es gelten die ganz normalen Anforderungen an die Verkehrssicherheit bei geschaffenen Gefahrenlagen (s.o. Rn. 467 ff.).

XII. Produktsicherheit, -haftung

Durch das Gesetz über technische Arbeitsmittel und Verbraucherprodukte (Geräte- und Produktsicherheitsgesetz – GPSG)[114] wurde das Gebiet der „Produktsicherheit" neu geregelt, vor allem auch zahlreiche EG-Richtlinien u.a. in nationales Recht umgesetzt. Die (Amts-) Pflichten zum **Eingreifen staatlicher Stellen** wurden präzisiert und vor allem wurden die Regelungen hinsichtlich der „Veröffentlichung von Infor-

757

---

[107] BGHZ, 108, 230–236 = NJW 1990, 760 f.; BGHZ 120, 176–184 = NJW 1993, 1529–1531 sowie BGH, NJW 1992, 744 f. (jeweils Truppenarzt); OLG Koblenz, OLGR 2001, 73 f. (Behandlung im Bundeswehrzentralkrankenhaus); Brandenburgisches Oberlandesgericht, OLGR 2000, 88–90 (Behandlung durch zivilen Facharzt); s. auch Rinne/ Schlick 1997 S. 1065, 1178

[108] Heilfürsorge ist Wahrnehmung einer hoheitlichen Aufgabe: BGHZ 108, 230–236 = NJW 1990, 760 f. ; BGH, NJW 1996, 2431 f.; Brandenburgisches Oberlandesgericht, OLGR 2000, 88 – 90

[109] BGH, MDR 1996, 796 f. (Pflicht zur Meldung einer Waffenstörung – Maschinenkanone)

[110] Schleswig-Holsteinisches Oberlandesgericht, NJW 1966, 1269 f. (Straßenverschmutzung); z. w. Pflichten : Schleswig-Holsteinisches Oberlandesgericht, VersR 1996, 328–330 (Vorgesetzter hat d. Sammeln von Munition durch d. Soldaten zu verhindern)

[111] BGHZ 122, 363–372 = NJW 1993, 2173-2176

[112] BGHR BGB § 839 Abs. 1 S. 1 Stationierungsstreitkräfte 1 (manöverbedingte Überspülung einer Bahnlinie mit Schlamm)

[113] OLG München, OLGR 1998, 130

[114] Artikel 1 – Gesetz zur Neuordnung der Sicherheit von technischen Arbeitsmitteln und Verbraucherprodukten vom 6. Januar 2004 (BGBl. 2004 Teil 1 S. 2 ff.)

mationen" eingehend –wohl unter wesentlicher Berücksichtigung der einschlägigen Rechtsprechung – in § 10 GPSG konkretisiert.

Die Pflicht der Behörden, bei gefährlichen Produkten (s. §§ 4, 5 GPSG, vormals § 8 ProdSG) deren Hersteller zur Warnung zu veranlassen und gegebenenfalls selbst die Öffentlichkeit zu warnen, ist Amtspflicht. Eine **eingeschränkte Ersatzpflicht** greift bei **rechtmäßiger Inanspruchnahme Dritter** (nicht Hersteller, Einführer o.ä.) zur Abwehr einer gegenwärtigen erheblichen Gefahr ein (§ 8 Abs. 5 vormals §§ 8 Satz 3, 7 Abs. 3 ProdSG). Diese Haftung und Ersatzpflicht ähnelt der bei polizeilicher Inanspruchnahme von Nichtstörern. Daneben greift bei rechtwidrigem Verhalten, der Verletzung der gesetzlich festgelegten Amtspflichten hinsichtlich Produktsicherheit grundsätzlich die Amtshaftung nach § 839 BGB ein. Dies gilt sowohl zu Gunsten des durch ein (vermeidbar) gefährliches Produkt geschädigten Bürgers (Verbrauchers) wie auch für den Unternehmer, Hersteller, Einführer u.a., der durch rechtswidrige Maßnahmen (z.B. auf falscher Tatsachenbasis angeordnet) geschädigt wird. Das Geräte- und Produktsicherheitsgesetz hat die Amts-, Aufsichtspflichten konkretisiert und damit eine gewisse Handlungssicherheit erreicht[115]. Dies gilt vor allem für die „**Veröffentlichung von Informationen**", die in § 10 GPSG eingehend geregelt wurde. Hier finden sich ausführliche Festlegungen auch hinsichtlich Nutzung elektronischer Medien und dem geforderten Verhalten bei nachträglicher Feststellung der Unzutreffendheit der gegebenen Informationen. Insoweit kann § 10 GPSG als Zusammenfassung und Bestätigung der bisherigen Rechtsprechung zu den Amtspflichten bei staatlichen Warnungen u.ä.[116] angesehen werden. Allerdings sind die Pflichten von Behörden zur Information und ggf. Warnung der Bürger auch in diesem neuen Gesetz **nicht abschließend** geregelt, so dass in Situationen, in denen Rechtsgüter bedroht sind, stets auch auf die allgemeinen Grundsätze (s. u. Rn. 761) zurückgegriffen werden muß[117].

Zu beachten ist auch, dass (landesrechtliche) Spezialgesetze (z.B. WeinG) weitergehende Regelungen mit weitreichenderen Befugnissen festschreiben können.

Für die Produkthaftung von Kommunen u.a. für geliefertes Leitungs-, Trinkwasser, Heizungsdampf und Gas gelten die gleichen Bestimmungen und Anforderungen wie bei kommerzieller rein privater Belieferung durch Firmen[118].

---

[115] „Gesetz zur Neuordnung der Sicherheit von technischen Arbeitsmitteln und Verbraucherprodukten" vom 6. Januar 2004 (BGBl. 2004 Teil I S. 2 ff.) – recht eingehend zu diesem Problembereich Tremml/Karger 1998 Rn. 704 ff.; s. auch Ossenbühl 1998 S. 48 f.; zur neuen Rechtslage Thomas Klindt, Das neue Geräte- und Produktsicherheitsgesetz, NJW 2004, 465–471

[116] hierzu u. Rn. 761

[117] so wohl auch Tremml/Karger 1998 Rn.707

[118] hierzu vgl. Bergmann/ Schumacher 2002 S. 671 ff. – Haftung der Versorgungsunternehmen

XIII. Prüfungen, Prüfungsämter

Gerichtlich überprüft wurden bislang im wesentlichen (Staats-) Prüfungen im juristischen und medizinischen Bereich. Dabei ist auf der Grundlage der Rechtsprechung des BVerfG[119] von folgenden inzwischen wohl durchgängig gesicherten Pflichten der Prüfungsbehörden auszugehen: **758**

Es muss von dem **richtigen Sachverhalt** ausgegangen werden (die Tatsachen müssen stimmen); das richtige, für den Prüfungsfall **einschlägige Recht** muss korrekt angewandt werden (wichtig bei Rechtsänderungen mit Übergangsbestimmungen)[120]; **Verfahrensfehler** dürfen nicht begangen, voreingenommene Prüfer nicht eingesetzt werden[121], sachfremde Erwägungen dürfen in die Bewertung nicht einfließen und **allgemeingültige Bewertungsmaßstäbe** nicht verletzt werden.

Amtspflichten bestehen auch für die ordnungsgemäße Auswahl der Prüfungsfragen (z.B. multiple-choice-Verfahren)[122] und deren Bewertung sowie für den korrekten, möglichst **störungsfreien Ablauf der Prüfung** selbst[123].

Anspruchsgegner wird im Regelfall das betreffende Land als Träger der Prüfungsbehörde sein[124].

Zu beachten ist jedoch im Bereich der medizinischen und pharmazeutischen Prüfungen, dass die Prüfungsfragen nach einem Länderstaatsvertrag von einer Anstalt des öffentlichen Rechts (Institut für medizinische und pharmazeutische Prüfungsfragen – IMPP) zentral erarbeitet und gestellt werden und insoweit ausschließlich das Sitzland dieser Anstalt (Rheinland-Pfalz) passivlegitimiert ist[125], obwohl die Durchfallbescheide von den jeweiligen Landesprüfungsämtern erlassen und dort auch im Verwaltungsrechtsweg angefochten werden müssen. **759**

Trotz dieser Zuständigkeit von zwei unterschiedlichen Behörden, der Passivlegitimation des jeweiligen Landes im Verwaltungsrechtsstreit und stets der des Sitzlandes der o.g. Anstalt (Rheinland-Pfalz) im Amtshaftungsverfahren, muß es wohl dabei bleiben, dass auch hier Widerspruch und verwaltungsgerichtliche Klage die Verjährung des Amtshaftungsanspruchs unterbricht[126], obwohl die jeweiligen Streitparteien gerade nicht identisch sind[127].

Zu beachten ist hier noch, dass wegen der überragenden Sach- und Fachkenntnisse dieser Anstalt ein Berufen auf die **Kollegialgerichtsrechtsprechungsrichtlinie**

---

[119] BVerfG, NJW 1991, 2005
[120] BGH, MDR 1980, 38 f.
[121] s. BGH, VersR 1983, 489–491
[122] OLG Koblenz, NVwZ 2002, 764 f.
[123] nicht jede Lärmbeeinträchtigung stellt einen Mangel des Prüfungsverfahrens dar – die Chancengleichheit muss erheblich verletzt sein
[124] vgl. BayObLG München, NJW 1969, 846
[125] BGHZ 139, 200–214 = NJW 1998, 2738–2741; OLG Koblenz, NVwZ 2002, 764 f.
[126] grundlegend BGHZ 95, 238–246 = NJW 1985, 2324 f.
[127] das muss auch für den Fall gelten, dass die Anstalt im verwaltungsgerichtlichen Verfahren nicht beigeladen wurde; vgl. auch BGHZ 139, 200 ff., 205 ff. = NJW 1998, 2738 f.

(bei entsprechender verwaltungsgerichtlicher Entscheidung) zur Beseitigung des Verschuldensvorwurfs wohl regelmäßig ausscheiden dürfte (s.o. Rn. 150–156, 272).

XIV. Schulen, Fachhochschulen und Universitäten

760   Die Verkehrssicherheit von Schulen, Universitäten und anderen Ausbildungseinrichtungen muß gewährleistet sein. Diese Pflichten sind privatrechtlicher Natur[128]. Insoweit gilt uneingeschränkt das bereits oben (Rn. 493) Ausgeführte.

Für die Ablegung von Prüfungen gilt gleichfalls das bereits ausgeführte (s.o. Rn. 758). Amtpflichten bestehen bei Vorbereitung, Abnahme von Schul-, Diplom-, Doktorprüfungen[129] u.a. sowie bei der wissenschaftlichen Betreuung und Unterrichtung der Schüler, Studenten und des sonstigen wissenschaftlichen Nachwuchses.

Dass Schüler nicht geschlagen[130] oder vor der Klasse massiv bloßgestellt[131], ihnen keine gefährlichen Chemikalien zu unkontrollierten Selbstversuchen überlassen werden dürfen, bedarf eigentlich nicht der Erwähnung; es handelt sich jeweils um amtspflichtwidriges Verhalten[132]. Gleiches gilt bei Nicht – Einhaltung der Rechtsnormen, die Versetzungen, Schulentlassungen usw. regeln, wobei diese Bestimmungen z.T. auch zu Gunsten der Eltern drittschützend sind[133]. Zur **Haftungsbeschränkung im Schadensfall** von Lehrern und Schülern nach §§ 104 ff. SGB VII s. bereits oben Rn. 493[134].

Verstößt ein Hochschullehrer amtspflichtwidrig gegen das Urheberrecht (Kopien für Seminare), haftet für ihn das Land auf Schadensersatz[135].

Besonderes Augenmerk ist bei diesen Einrichtungen darauf zu richten, dass zwar eine ausreichende Aufsicht, was aber keine dauernde Überwachung bedeutet[136], ge-

---

[128] offen hinsichtlich der Einordnung Rinne/Schlick 1997 S. 1070

[129] OLG München, OLGR 1996, 17 f.

[130] OLG Celle, DVBl. 1974, 44 (Haftung des Landes für Ohrfeige durch katholischen Geistlichen bei Erteilung des Religionsunterrichts)

[131] OLG Zweibrücken, OLGR 1997, 145–148 (Lehrer verliest einen f. einen Schüler beleidigenden Brief vor der Klasse)

[132] OLG Frankfurt, OLGR 2001, 133 f.; OLG Hamm, ZfS 1993, 368 (jeweils auch zu den Grenzen und Beschränkungen – SGB VII und RVO)

[133] OLG Hamm, NJW 1997, 1512–1514 (Schulentlassung ohne vorherige Androhung)

[134] OLG Dresden, OLGR 2000, 249–251 (Schülerbeförderung); OLG Frankfurt, OLGR 2001, 133 f. (Ohrfeige); vgl. vor allem auch Martin Ebers, Haftungslücken beim Schadensersatz für Schulunfälle, NJW 2003, 2655-2657; Jörg Elsner, Haftungsausschluß nach SGB VII, ZfS 2000, 475-478

[135] BGH, NJW 1992, 1310–1312; vgl. auch OLG Hamm, OLGR 1997, 234 f. (Haftung des Landes, nicht der Universität); zur Haftung für Hochschulorgane s. MK-Papier § 839 Rn. 168

[136] OLG Düsseldorf, OLGR 1997, 287

währleistet ist[137], Möglichkeiten zur **sicheren Aufbewahrung** mitgebrachter privater Gegenstände besteht (Pause, Turnunterricht, Bibliothek, Seminar)[138] und Dritte (z.B. Schulnachbarn) nicht durch Schüler u.a. geschädigt werden. Es handelt sich hierbei um hoheitlich wahrzunehmende Tätigkeiten, um nicht trennbare Annextätigkeiten zur Unterrichtung der Schüler und Studenten[139].

XV. Staatliche Auskünfte, Warnungen, Hinweise und Empfehlungen

Mündliche und schriftliche Äußerungen staatlicher und kommunaler Behörden oder sonstiger öffentlicher Stellen gegenüber einzelnen Dritten oder auch der Öffentlichkeit sind in den letzten Jahren zunehmend problematisiert worden. Ein gewisser Schwerpunkt findet sich bei Auskünften, Zusicherungen und sonstiger Aussagen hinsichtlich der Bebaubarkeit und den weiteren Planungsabsichten für Grundstücke[140].   **761**

Die **Pressearbeit** staatlicher und kommunaler Stellen ist in den letzten Jahren häufiger, nicht nur aber auch unter Amtshaftungsgesichtpunkten problematisiert worden[141]. Hierbei sind die Pflichten zur Information der Presse, Öffentlichkeit und die Rechte der Betroffenen abzuwägen. **Warnverpflichtungen** können sich bereits aus gesetzlichen Festlegungen ergeben (z.B. §§ 8 Abs. 4, 10 Geräte- und Produktsicherheitsgesetz (GPSG) vormals § 8 ProdSG – s.o. Rn. 757).

Zu beachten ist auch noch, dass sowohl unterlassene (Warn-) Hinweise Ersatzansprüche auslösen können aber gleichfalls auch „zu weit" gehende (falsche Tatsachenbehauptungen, Beleidigungen usw.)[142]. Insoweit besteht für die Verwaltung auf

---

[137] Hanseatisches Oberlandesgericht, OLGR 1999, 190–192 (auch zu den Grenzen, 6-jähriges Kind); LG Hamburg, NJW 1992, 377 f. (Aufsicht auf dem Weg zum Schwimmunterricht); s. auch OLG Celle, OLGR 1995, 131 (Aufsichtspflicht ausschließlich für d. Schüler (dritt-) schützend) sowie OLG Hamm, NJW 1994, 3236 (Aufsichtspflicht besteht nur für die Schüler, nicht für Eltern, Gäste an Veranstaltungen usw.); zu weitergehenden Amtspflichten bei der Betreuung geistig behinderter Schüler s. BGH, NVwZ 1992, 92–94 (Beschädigungen des Schulbusses)

[138] BGH, NJW 1988, 1258 f. (mitgebrachte Sachen bei Elternversammlung); LG Heidelberg, VersR 1989, 1197 („Sicherung" der Klassenräume während der Pausen) ; anders bei mitgebrachten und beschädigten Büchern eines Lehrers VGH München, NVwZ 1998, 421 f. (mit angreifbarer Begründung)

[139] wozu auch die Betreuung von Diplomanten und Doktoranten gehört

[140] zu diesem Themenkreis s. eingehend o. Rn. 592

[141] s. auch die Beiträge in NJW 2004 Heft 7

[142] „Wahl zwischen Pest und Cholera" – Peter Knitsch, Die Rolle des Staates im Rahmen der Produktinformation, ZRP 2003, 113–119; zum Ehrenschutz (Widerruf, Unterlassung, Schadensersatz) allg., spez. auch zu Rechtswegfragen s. Werner Frotscher, Ehrenschutz im öffentlichen Recht, JuS 1978 S. 505–512 (m. einzelnen nicht unproblematischen Aussagen und Festlegungen); zu „Produktwarnungen" Bergmann/Schumacher 2002 S. 421 ff.

diesem Gebiet ein recht konfliktbeladener und amthaftungsrisikobehafteter Problembereich.

Auch hier wurden und werden die Konturen der Amtshaftung unter besonders intensiver und sorgfältiger Abwägung der gegenseitigen und –läufigen Interessen im Wesentlichen durch die Rechtsprechung festgelegt. Erst in neuerer Zeit finden sich Kodifizierungstendenzen (z.B. § 10 GPSG „Veröffentlichung von Informationen"), mit denen die o.g. Bewertungsgesichtspunkte verallgemeinernd festgeschrieben wurden.

Beispiel:

LG Göttingen, NVwZ 1992, 98 – 100 – Warnung – Heilquelle –

Nach Analysen eines anerkannten Labors fanden sich im Wasser der Heilquelle geringe Konzentrationen einer Kohlenwasserstoffverbindung. Dies teilte der Kreisdirektor auf Anfrage der Presse mit und fügte hinzu, dass weitere Untersuchungen und Bewertungen hinsichtlich einer Gesundheitsgefährdung durchgeführt werden. Diese führten dann in der Folgezeit dazu, dass keine Benzolverbindungen oder –rückstände nachweisbar waren. Der Kläger konnte das Heilwasser in der Folgezeit nur mehr stark eingeschränkt vermarkten. Er forderte 3 Mio. DM Schadensersatz aus Amtshaftung.

Das Landgericht hat die Amtshaftung ausgeschlossen und vor allem auf eine Interessenabwägung: Information über mögliche Gesundheitsgefahren (Verbraucherschutz) – Vermeidung einer Rufschädigung durch objektiv (unerkannt und unerkennbar) unzutreffende Tatsachenmitteilungen (Kläger) abgestellt.

Es hat weiter hervorgehoben, dass nur über den Stand der Untersuchungen informiert und vor allem auch auf die Vorläufigkeit des Gefahrenverdachts hingewiesen worden sei.

Das Handeln sei gerechtfertigt gewesen.

Entscheidend ist, dass nur wahre, zutreffende Tatsachen über Dritte mitgeteilt und der Öffentlichkeit zugänglich gemacht werden dürfen. Auf vorliegende Unsicherheiten (der Untersuchungsmethoden, -ergebnisse usw.) und ggf. die Vorläufigkeit der Bewertung, Einschätzung ist hinzuweisen. Stellt sich nachträglich eine Unrichtigkeit heraus, muß in jedem Fall richtig gestellt werden[143].

Unzulässige Mitteilungen von Behörden an Presse und die Öffentlichkeit über eine Person oder einen Gewerbebetrieb können eine Amtspflichtverletzung darstellen und Schadensersatzansprüche (u.a. auch Schmerzensgeld wegen schwerwiegender Verletzung des allgemeinen Persönlichkeitsrechts) begründen[144]. Dies betrifft vor allem strafrechtlich relevante Vorwürfe und bevorstehende entsprechende Ermittlungsmaß-

---

[143] OLG Düsseldorf, VersR 1982, 149 f.; s. auch die insoweit neue spez. Regelung in § 10 Abs. 5 GPSG

[144] LG Düsseldorf, NJW 2003, 2536-2542 = WM 2003, 1331-1343 (Mannesmann/Vodafone); hierzu vgl. auch die Beiträge in NJW 2004 Heft 7 – vor allem H. Becker-Toussaint, Schmerzensgeldansprüche Beschuldigter bei Medieninformationen der Staatsanwaltschaft, NJW 2004, 414-418

nahmen, zu denen der Beschuldigte (noch) nicht gehört wurde. Auch bei sachlich zutreffenden Erklärungen durch Behördenvertreter sind in besonderem Maße schutzwürdige Interessen des Betroffenen zu berücksichtigen[145]. Vor allem ist eine Prangerwirkung und plakative Unrechtszuschreibung („Käuflichkeit" usw.) zu vermeiden.

Hinsichtlich der **Schwere der Persönlichkeitsverletzung** spielen sowohl die Dauer, Anzahl der rechtswidrigen Mitteilungen wie auch deren Intensität und Qualität (Interview, weit gestreute Presseerklärungen, Erklärungen im/ über Internet-Portal, auf der homepage eines Justizministeriums usw.) eine entscheidende Rolle[146]. Werden nicht zutreffende, plakative, eine öffentliche Vorverurteilung fördernde Pressemitteilungen (privater Agenturen, Zeitungen usw.) auf die Internetseite einer Behörde (hier Justizministerium) ohne Klarstellungen, spezifische Distanzierungen o.ä. übernommen, dann entsteht regelmäßig in der Öffentlichkeit der Eindruck der inhaltlichen Billigung der getroffenen Aussagen, was zu einem Amtshaftungsanspruch führen kann (Eingriff in das Persönlichkeitsrecht, evtl. auch in den eingerichteten und ausgeübten Gewerbebetrieb)[147].

PRAXISTIPP! Werden auf einer eigenen **Internet-Seite (homepage)** fremde Inhalte, vor allem Pressemitteilungen (z.B. dpa) zur Verfügung gestellt, dann sollte zur Vermeidung einer Zurechnung dieser Inhalte mit entsprechenden Haftungsfolgen, eine klare, eindeutige und spezifizierte **Distanzierung** mit aufgenommen werden und deutlich ersichtlich sein.

Andererseits ist die **wahrheitsgemäße Mitteilung** von festgestellten erheblichen Missständen (fleischverarbeitendes Gewerbe, Nudeln, glykolhaltiger Wein, Kindernahrung, Trinkwasser usw.) in einem namentlich nicht genannten und für einen Außenstehenden nicht identifizierbaren Fleischverarbeitungsbetrieb u.a. rechtmäßig und kann weder Schadensersatzansprüche aus Amtspflichtverletzung noch Ausgleichsansprüche aus enteignendem oder enteignungsgleichem Eingriff auslösen[148]. Z. Teil wird auch noch weitergehend – wohl zu recht – vertreten, dass bei akuten und gewichtigen Gefahren- und **Bedrohungssituation** (insb. für die Volksgesundheit – z.B. durch BSE) durchaus die Mitteilung von Umständen, die die Identifizierung des entsprechenden Betriebes und seiner Produkte unschwer ermöglicht, durchaus rechtmäßig sei[149]. Auf diesen Gebieten der Produktwarnungen ist auch der geltend

---

[145] OLG Celle, OLGR 2004, 42–44; OLG München, NJW 1970, 1745 f.; OLG Hamm, NJW 1993, 1209 f. (jeweils Öffentlichkeitsfahndung); OLG Frankfurt, JZ 1974, 127–131 (wesentlich weiter: Beleidigung eines Hochschullehrers durch ASTA)

[146] LG Düsseldorf a.a.O.

[147] LG Düsseldorf a.a.O.

[148] OLG Stuttgart, OLGR 2002, 72–74 ; vorsichtiger noch OLG Stuttgart, NJW 1990, 2690-2694 (Birkel-Teigwaren); eingehend zur Rechtsprechung und Entwicklungstendenzen, auch zur Forderung nach einem „Verbraucherinformationsgesetz" Peter Knitsch a.a.O. (Fn. 142) S. 114 ff.

[149] OLG München, OLGR 2001, 78–80 (mit Betonung auf der Abwägung der gegenläufigen Interessen); zu entsprechenden Güterabwägungen vgl. auch die gesetzlichen Wertungen in §§ 8, 10 (Veröffentlichung von Informationen), 14 ff. des Gesetzes zur Neuordnung der Sicherheit von technischen Arbeitsmitteln und Verbraucherprodukten (BGBl. 2004 Teil I S. 2 ff.); s. auch jüngst OLG Stuttgart, OLGR 2002, 309– 313 = NJW-RR 2002, 1597-1601

gemachte Schaden regelmäßig schwer oder sogar kaum schlüssig darzulegen und zu beweisen. Der äußerungsbedingte Umsatzrückgang, Gewinnrückgang ist meist von dem wegen der bereits gegebenen Bekanntheit, Öffentlichkeit der tatsächlichen Umstände eingetretenen allgemeinen Umsatzrückgang nicht abgrenzbar[150].

Gleiche Grundsätze für die einzuhaltenden Amtspflichten gelten für Mitteilungen über und **Warnungen vor Sekten** und bestimmten Weltanschauungsgemeinschaften[151]. Hiernach dürfen dienstliche Informationen grundsätzlich nicht an private Dritte und die Öffentlichkeit gelangen, es sei denn, dass die Fakten gesichert sind und die Information notwendig zum Schutz von wichtigen Rechtsgütern der Gemeinschaft ist[152]. Warnungen (vor Sekten, anderen Gruppen und Organisationen) stellen immer das letzte mögliche Mittel dar und unterliegen daher gesteigerten Ermessensanforderungen; die Rechtspositionen der Betroffenen müssen besonders beachtet werden[153]. Zusammengefaßt können die Voraussetzungen für rechtmäßige staatliche Warnungen wie folgt werden:

Zusammenfassung (Skizze – wesentliche Gesichtspunkte):
– Staatliche Warnungen –
(1) nur **zutreffende Tatsachen** sind mitzuteilen (keine Vermutungen, Verleumdungen, plakative Wertungen usw.)
(2) sorgfältige **Abwägung der beteiligten Interessen** hinsichtlich:
a) „Ob" der Informationsweitergabe, der Warnung
b) „Wie" der Informationsweitergabe, der Warnung
– Adressatenkreis (einzelne Dritte, Öffentlichkeit usw.)
– Art der Mitteilung (Presse, Funk, Fernsehen, Internet, SMS auf Handy, Handzettel, örtliche Lautsprecherdurchsage usw.)
Je höherwertig das gefährdete Rechtsgut, je konkreter die drohende Gefahr, desto stärker darf durch Warnungen usw. auch in Individualrechtsgüter (Gewerbebetrieb, Persönlichkeitsrecht usw.) eingegriffen werden.
(3) Gesetzlich besonders geschützte Rechtsgüter des Unternehmens sind besonders zu würdigen und zu berücksichtigen (z.B. Urheberrechte, Patente, Geschäftsgeheimnisse usw.)
(4) Die Maßnahmen müssen erforderlich und vor allem auch geeignet sein; das Übermaßverbot ist strikt einzuhalten
(5) Wird eine **unzutreffende Information** herausgegeben, ist diese unverzüglich auf gleichem Wege richtig zu stellen (vgl. Regelung in § 10 Abs. 5 GPSG).

---

[150] OLG Düsseldorf, OLGR 1993, 322–324 (Kälbermastfutter, Hormonskandal); s. aber auch OLG Stuttgart, NJW 1990, 2690 ff. („Birkel-Urteil", 12 Mio. DM Schadensersatz aus Amtshaftung)
[151] vgl. auch BGHZ 154, 54 ff. (Sektenbeauftragter einer Kirche – besondere Sorgfaltsanforderungen); hierzu Heinrich Wilms, Amtshaftung der Kirchen für Äußerungen ihrer Sektenbeauftragten, NJW 2003, 2070-2073
[152] s. bereits BGHZ 78, 274-288
[153] BGHZ 154, 54, 60 ff.

Wenn geschädigte Bürger Ersatzansprüche wegen nicht (rechtzeitig) ausgegebener Wetter – Warnungen (Hagel-, Unwetterschäden usw.[154]) geltend machen, war die Rechtsprechung bislang recht zurückhaltend. Regelmäßig wurde der drittschützende Charakter der zu beachtenden Pflichten von Wetterdienst, Flugsicherung und vergleichbaren Institutionen verneint[155] und demnach eine Haftung abgelehnt.

Eine Ausnahme besteht wohl für den **Hochwasser-, Katastrophenschutz.** Hier hat der Bundesgerichtshof[156] eine Warnpflicht (Sirenen) bei drohendem Hochwasser zu Gunsten „der von den Auswirkungen der Katastrophe möglicherweise Betroffenen" angenommen und kommt so zu einer recht weiten und nur noch schwer abgrenzbaren Ersatzpflicht.

XVI. TÜV und andere Beliehene, Verwaltungshelfer und „Werkzeuge"

Soweit private Dritte staatliche Aufgaben zugewiesen erhalten, sie mit hoheitlichen Aufgaben „beliehen" werden, handeln diese **hoheitlich** und bei Amtspflichtverletzungen können Ersatzansprüche gegen die beleihende Körperschaft (meist das jeweilige Bundesland) bestehen[157].   **762**

(1) Beliehener Amtsträger beim **Technischen Überwachungsverein** (TÜV) und vergleichbarer Einrichtungen ist der einzelne Sachverständige, der im Rahmen der KFZ- Untersuchungen, der Kraftfahrprüfungen und bei Prüfungen von überwachungs- und genehmigungsbedürftigen Anlagen hoheitlich handelt (gesetzlich übertragene Aufgaben, u.a. §§ 21, 29 StVZO)[158]. Es haftet nicht der TÜV als Arbeitsgeber sondern das **Land**, das dem jeweiligen Sachverständigen die amtliche Anerkennung erteilt hat[159]. Gleiches gilt bei Durchführung der gesetzlich vorgeschriebenen Abgasuntersuchung (§ 47 a StVZO) durch private Kfz-Werkstätten. Kommt es hierbei z.B. zu pflichtwidrig verursachten Motorschäden, springt die nicht ordnungsgemäß verschlossene Motorhaube plötzlich auf und kommt es hierdurch zu einem (Unfall-) Schaden, haftet weder der einzelne Monteur, noch der Werkstattleiter oder Inhaber und auch nicht die „Werkstatt" (GmbH o.ä.), sondern es haftet die beleihende Körperschaft (Land)[160]. Für nicht durch hoheitliches Handeln   **763**

---

[154] z.B. Hagelschaden an anfliegenden Flugzeugen
[155] BGHZ 129, 17–22 = NJW 1995, 1828–1830 (Hagelwarnung)
[156] BGH, VersR 1994, 935–937; s. auch OLG München, OLGR 2003, 318–321 sowie I. Koutses, Schadensersatzansprüche nach der Hochwasserkatastrophe, MDR 2002, 1229 ff. (1232)
[157] grundlegend BGHZ 49, 108–117, zu der Gesamtproblematik „beliehene Dritte" s.o. Rn. 23 ff.
[158] BGHZ 122, 85–93 = NJW 1993, 1784–1786 (Begutachtung einer Druckbehälteranlage)
[159] BGH, BGH-Report 2003, 726–728; s. auch BGH, MDR 2001, 214 f. (weisungswidriges Aushändigen des Kfz-Briefs durch TÜV-Sachverständigen); OLG Köln, NJW 1989, 2065 f.
[160] OLG Schleswig, NJW 1996, 1218 f. = OLGR 1996, 84 f.; s. auch OLG Frankfurt, NJW 2003, 1465 f.

zugefügte Schäden (Fahrer bricht sich wegen Fußbodenglätte das Bein beim Bezahlen der TÜV-Gebühren) haftet der Verkehrssicherungspflichtige nach allgemeinen Grundsätzen[161].

Umstritten ist nach wie vor die **Reichweite des Drittschutzes** bei Vornahme der Kfz-Untersuchung durch den TÜV oder vergleichbare „beliehene" Unternehmen. Sicher zu sein scheint inzwischen, dass nach (grob) fahrlässig übersehenen Mängeln, die dann zu Lasten eines Dritten zum Unfall geführt haben, dieser Unfallgeschädigte Ersatz aus Amtshaftungsgesichtspunkten verlangen kann[162]. Dagegen sollen lediglich **Vermögensschäden** bei einem Käufer eines (mangelbehafteten) TÜV-geprüften Kfz nicht ersatzfähig sein[163].

Deutlich wird auch hier die bereits mehrfach beschriebene Tendenz: (a) **Ausweitung des Drittschutzes** bis hin zur Konturlosigkeit (hier: TÜV-Prüfung soll nicht nur die Sicherheit im Allgemeinen garantieren sondern diese dient auch dem Schutz eines jeden Verkehrsteilnehmers, der mit dem untersuchten Kfz irgendwie in Berührung kommt) und (b) **Beschränkung des Schutzes auf die höchsten Rechtsgüter** (Leib/Gesundheit und Leben) – kein Ersatz für allgemeine Vermögensschäden (u.a. entgangenen Gewinn) – Schutzzwecküberlegungen.

Geschützter Dritter ist bei dem (hoheitlichen) Ausstellen, Ausfertigen und der Herausgabe von Kfz- Briefen (für importierte Fahrzeuge) der Eigentümer, dies auch in seinen Vermögensinteressen[164].

764   (2) Für den **Schornsteinfeger** (Bezirksschornsteinfegermeister) gilt, dass er bei der Feuerschau, Feuerstättenschau (präventiver Brandschutz), im Bereich Immissionsschutz und im Rahmen der Baugenehmigung, Bauabnahme übertragene **hoheitliche Aufgaben** wahrnimmt, nach Amtshaftungsgrundsätzen verantwortlich und haftbar ist[165]. Allerdings ist er insoweit als **Gebührenbeamter** anzusehen, was dann zu keiner Haftungsüberleitung auf den Staat führt[166]. Der Schornsteinfeger haftet insoweit nach § 839 BGB selbst[167]. In den übrigen Tätigkeitsfeldern (Kehrarbeiten usw.) handelt er **privatrechtlich**[168].

765   (3) Beliehene sind auch die privaten **Flugsicherungsunternehmen**, die nach Auflösung der Bundesanstalt für Flugsicherung deren – hoheitliche – Aufgaben im Auftrag des Bundes (Haftungssubjekt) übernommen haben[169]. Gleiches gilt für die

---

[161] zu einem vergleichbaren Fall OLG Braunschweig, NJW 1990, 2629 f.
[162] OLG Koblenz , NJW 2003, 297
[163] BGH, NJW 1973, 458; OLG Düsseldorf, OLGR 1996, 17
[164] BGH, BGH-Report 2003, 727
[165] OLG Hamm, NJW 1972, 2088 – 2090; anders f. Prüfung Feuerlöschanlage durch Sachverständigen OLG Frankfurt, OLGR 2001, 161 f.
[166] s. auch MK-Papier § 839 Rn. 341
[167] BGH, MDR 1983, 732 (er kann nicht auf die Leistungen einer privaten Feuerversicherung verweisen)
[168] OLG Hamm, NJW 1972, 2088-2090
[169] zum Haftungsmaßstab und der vorherigen Rechtslage s. BGHZ 69, 128 ff. (Fluglotsenstreik 1973)

(Nach-) Prüfung der Lufttüchtigkeit (Verkehrszulassung) eines Luftfahrtgeräts (u.a. Segelflugzeug) durch einen genehmigten luftfahrttechnischen Betrieb[170]. Private Vereine (z.b. DRK) können im **Katastrophenschutz** öffentliche Aufgaben übertragen erhalten[171].

Als Beliehener ist wohl auch das private Labor anzusehen, das zur Durchführung von gesetzlich angeordneten „BSE-Tests" auf öffentlich-rechtlicher Vertragsgrundlage von staatlichen Stellen herangezogen wird[172].

(4) Von den Beliehenen sind die **Verwaltungshelfer** (Schülerlotsen, Hilfestellung beim Turnunterricht usw.) und „**Werkzeuge**", deren Verhalten der zur Aufgabenerfüllung berufenen öffentlichen Stelle zugerechnet wird, zu unterscheiden.   **766**

Beliehene haben einen **gesamten Aufgabenbereich** (z.B. durch Gesetz) zur eigenverantwortlichen Erfüllung übertragen bekommen.

Der **Verwaltungshelfer** (ziviler Arzt im Rahmen der sofortigen Unterbringung durch die Verwaltungsbehörde, **Abschleppunternehmer** zur Beseitigung einer Verkehrsgefahr[173] usw.) wird aufgrund privatrechtlichen Vertrages / Auftrags durch die Behörde nur punktuell und nach genauen Weisungen dieser tätig[174]. Die Abgrenzung der genannten Gruppen in hoheitliches Handeln eingegliederter Privatpersonen, Unternehmen ist noch umstritten:

Beispiel:

BGHZ 121, 161, 165 f. – Beamteneigenschaft –

Je stärker der hoheitliche Charakter der Aufgabe in den Vordergrund tritt, je enger die Verbindung zwischen der übertragenen Tätigkeit und der von der Behörde zu erfüllenden hoheitlichen Aufgabe und je begrenzter der Entscheidungsspielraum des Unternehmers ist, desto näher liegt es, ihn als Beamten im haftungsrechtlichen Sinne anzusehen.

Im Ergebnis sollten alle drei Gruppen (Beliehene, Verwaltungshelfer und „Verwaltungswerkzeuge") als **Beamte im haftungsrechtlichen Sinne** angesehen werden und damit der Amtshaftung unterfallen. Und – entscheidend – das Haftungssubjekt (Verantwortlicher) wäre dann in allen diesen Fällen einheitlich die jeweils beauftragende öffentlich-rechtliche Körperschaft (Art. 34 GG)[175]. Problematisch erscheinen lediglich die Fälle, in denen jenseits von Beleihungsverhältnissen private Unternehmer mit **großem Entscheidungsspielraum** zur Erfüllung öffentlicher Aufgaben

---

[170] BGHZ 147, 169, 173 f., erläuternde Anmerkung v. S. Kemm, EWiR 2002, 203 f.

[171] s. BGH, VersR 1994, 935–937 (Hochwasserschutz, Leitstelle im Katastrophenschutz)

[172] so wohl LG Stuttgart, Beschl. v. 8. Juli 2003 – 15 O 496/02 (Angestellte des Labors handeln als Amtspersonen)

[173] BGHZ 121, 161–168 = NJW 1993, 1258-1260

[174] Brandenburgisches Oberlandesgericht, OLGR 2000, 88–90 (Hinzuziehung eines zivilen Facharztes durch Stabsarzt bei Behandlung eines verletzten Soldaten)

[175] s.o. Rn. 21 – 29; wohl auch i.E. OLG Düsseldorf, DAR 2000, 333 f. (Müllentsorgung durch Firma); LG Stuttgart, Beschl. v. 8. Juli 2003 – 15 O 496/02 (BSE-Tests durch private Labors)

eingesetzt werden[176]. Relevant ist dies vor allem im (Tief-) Baubereich (Kanalisierung, Straßenbau, -reinigung, Müllentsorgung, Bau von Klär- und Abwasseranlagen[177]). Da diese Firmen weder als Beliehene, noch als weisungsgesteuerte Helfer oder Werkzeuge auftreten, kommt gegenüber geschädigten Bürgern allenfalls eine Haftung des Landes, der Gemeinde u.a. über § 831 BGB in Frage, die aber wiederum bei selbständigen Unternehmen ausgeschlossen ist. Insoweit besteht hier eine **schwer erklärbare Haftungslücke**, die manche über eine „Beleihungskonstruktion" oder die Heranziehung des Gedankens des § 278 BGB[178] schließen wollen. In vielen Fällen von Bauarbeiten wird zumindest für betroffene und geschädigte Grundstücksnachbarn die Entschädigungsvorschrift des § 906 Abs. 2 Satz 2 BGB eingreifen und ausgleichend wirken können[179]. Oft wird auch in diesen Fällen eine **eigene Amtspflichtverletzung** der beauftragenden Behörde hinsichtlich Auswahl und / oder Beaufsichtigung des privaten Unternehmens angenommen (**Organisationsverschulden**)[180].

PRAXISTIPP! Werden private Personen, Unternehmen ohne gesetzliche Aufgabenübertragung (Beliehene) oder ohne genaue Aufgaben-, Durchführungsanweisungen (Werkzeuge) zur Erfüllung öffentlicher Aufgaben jenseits des hoheitlichen „Kernbereichs" (Polizei, Verwaltungszwang usw.) eingesetzt, dann ist bei Pflichtverletzungen und Schäden nach der wohl (noch) überwiegenden Auffassung von der **privatrechtlichen Haftung** der Privatperson, des Unternehmens gegenüber dem geschädigten Bürger auszugehen.

Eine **Haftungszurechnung** der auftraggebenden öffentlichen Hand ist nur über §§ 278, 831, 906 Abs. 2 Satz 2 BGB möglich; ein **Organisationsverschulden** sollte stets mit bedacht werden.

Ergebnis: im Streitfall ist die unmittelbar schädigende Privatperson, das Privatunternehmen in Anspruch zu nehmen; eine **Streitverkündung** der auftraggebenden öffentlichen Hand ist je nach Fallkonstellation zu erwägen.

Achtung: ist der Unternehmer aber Beliehener, Werkzeug oder sonstiger „Beamter" im haftungsrechtlichen Sinn, scheidet eine Eigenhaftung regelmäßig aus.

---

[176] zu diesem Problembereich s. auch MK-Papier § 839 Rn.17 f., 137 f.; Rinne/Schlick 1997 S. 1066

[177] s. auch F. Ossenbühl, Anm. zu BGH, JZ 1994, 786 f.

[178] so wohl MK-Papier § 839 Rn. 18, 138 „Erfüllungsgehilfen"; ablehnend wohl Bamberger/Roth/Reinert, § 839 Rn. 14

[179] s.o. Rn. 449 ff.

[180] in einigen Fällen wohl auch aus Gründen der „Billigkeit" konstruiert; vgl. hierzu auch W.- R. Schenke, „Probleme der Unterhaltungs- und Verkehrssicherungspflicht auf öffentlichen Wasserstraßen", VersR 2001, 533 ff. (535) „großzügige Annahme eines Organisationsverschuldens"

XVII. Zivildienst

Handelt ein **Zivildienstleistender** pflichtwidrig und fügt er hierdurch einem Dritten   **767**
Schaden zu, dann haftet der Staat (Bundesrepublik Deutschland) hierfür grundsätzlich nach **Amtshaftungsgrundsätzen** (§ 839 BGB i.V.m. Art. 34 GG). Diese Haftung besteht unabhängig von der konkreten Art der ausgeübten Tätigkeit durch den
Zivildienstleistenden (Tätigkeiten, Fahrten als Rettungssanitäter, Hilfsdienste im
Krankenhaus, Altenheim oder Erziehungsbereich, Pflanz- und Reinigungsdienste
im Naturschutz, Betreuungstätigkeiten für Behinderte und Senioren usw.)[181] und
auch der Organisation, dem rechtlichen Charakter der Einsatz- und Beschäftigungsstelle (öffentlich-rechtliche Organisation, privatrechtlicher Verein, Stiftung oder
GmbH)[182]. Nach Vorstellung des Bundesgerichtshofs „überlagert" das Zivildienst-
verhältnis wohl auch eine noch so banale und sicher privatrechtliche Tätigkeit des
Zivildienstleistenden (Zeitungseinkauf für Seniorin usw.) und führt so auch in diesen Fällen bei schadensverursachenden Pflichtverletzungen zur Amtshaftung[183].

Weitgehend wird auch die **Subsidiarität** nach § 839 Abs. 1 Satz 2 BGB in diesen
Fällen durch den Bundesgerichtshof eingeschränkt. Der Staat haftet demnach **auch**
in den Fällen fahrlässiger Schadenszufügung, wenn der geschädigte Dritte liquide
Ansprüche gegen den privatrechtlichen Träger hat[184].

Amtshaftungsansprüche der Beschäftigungsstelle selbst gegen den Bund sollen
jedoch wegen des **kooperativen Zusammenwirkens** der beiden Bereiche ausgeschlossen sein, z.B. für den Fall, dass der Zivildienstleistende fahrlässig Eigentum
seiner Beschäftigungsstelle (z.B. Deutsches Rotes Kreuz) beschädigt[185]. Dies gilt
sogar bei einer grob fahrlässig begangenen Sachbeschädigung durch den Zivildienstleistenden (trunkenheitsbedingter Verkehrsunfall)[186].

---

[181] hier schließt der BGH wohl von dem öffentlich-rechtlichen Dienstverhältnis auf eine in
allen Fällen ausgeübte hoheitliche Tätigkeit, wobei er in BGHZ 118, 304, 308 explizit v.
Wahrnehmung privatrechtlicher Aufgaben ausgeht und dennoch zur Amtshaftung
gelangt; f. den Beamten im staatsrechtlichen Sinne verwirft er indes eine derartige
Schlussfolgerung; zu – nicht bestehenden – Regressansprüchen des KFZ-Haftpflichtver-
sicherers (Unfallverursachung durch Zivildienstleistenden) vgl. BGHZ 146, 385–391; s.
auch OLG Saarbrücken, OLGR 1999, 173 f. (Verkehrsunfall)

[182] BGH, MDR 2000, 955 f. (Pflegeheim in kommunaler Trägerschaft); BGH, NJW 1997,
2109 f. (Malteser Hilfsdienst); BGHZ 118, 304–311 = MDR 1992, 750 (DRK als
Beschäftigungsstelle)

[183] s. BGHZ, 118. 304, 308 f., wobei die abweichende Argumentation bei sonstigen Beamten
schon erstaunlich ist, soweit diese „rein fiskalisch" tätig werden, zu diesem Widerspruch
s. auch MK-Papier § 839 Rn. 164

[184] so jüngst BGHZ 152, 380–391 = BGH-Report 2003, 168–170; kritisch Itzel 2003, K 42

[185] BGHZ 87, 253–259 = NJW 1984, 118–120 (kein Drittschutz, Zusammenwirken von
Bund und Beschäftigungsstelle zur Erfüllung einer gemeinsamen Aufgabe); jüngst OLG
Köln, DVBl. 2001, 1776; zu der umgekehrten Situation (Ansprüche BRD gegen Beschäf-
tigungsstelle) vgl. BGH, MDR 1991, 227 f. – auch Rechtswegfragen, § 17 GVG; eine
Haftung des Zivildienstleistenden in Person ist gleichfalls ausgeschlossen

[186] OLG Hamm, OLGR 2004, 61 f. (schulmäßig zu den in Betracht kommenden Anspruchsgrundlagen; Hervorhebung der haftungsrechtlichen Gleichstellung von Zivildienst- und
Wehrdienstleistenden)

XVIII. Sonstige Verwaltungsbereiche (alphabetisch geordnet)

1. Amtsvormund, Amtspfleger, Jugendamt[187]

768   Amtspflichten ergeben sich für das jeweils zuständige **Jugendamt** aus §§ 55, 56 SGB VIII i.V.m. §§ 1791 b und c BGB zu Gunsten des Mündels[188]. Geschützt werden vor allem dessen Vermögen sowie zustehende Ansprüche (Unterhalt). Anspruchsgegner ist der jeweilige Träger (Körperschaft) des Jugendamtes (Gemeinde, Landkreis)[189].

Zu beachten ist die regelmäßig vorliegende **Anspruchsgrundlagenkonkurrenz** mit § 1833 BGB, der die Restriktionen des Amtshaftungsanspruchs nicht besitzt, mithin günstiger für Ansprüche des Mündels ist.

Ansprüche aus Amtshaftung (vor allem Rechtsanwaltskosten) kann aber auch der – vermeidbar – zu Unrecht in Anspruch genommene Putativvater (Namensverwechselung durch Jugendamt) geltend machen.

Das Jugendamt trifft auch die Amtspflicht, in Pflegeverhältnissen die tatsächlichen Umstände zum Schutz des Kindes (hier gegen Misshandlungen) regelmäßig zu überprüfen. Werden wegen fehlender oder nicht effektiv durchgeführter Überprüfungen die Misshandlungen des Kindes über Monate nicht erkannt, haftet für die Folgen / Schäden der Träger des zuständigen Jugendamtes (Schmerzensgeld)[190]. Für die Verwaltung bedeutet dies auch, dass dieser Bereich nachprüfbar (Dokumentation!) effektiv organisiert sein muß.

2. Bahn

769   Bei Rechtsgutverletzungen in Zusammenhang mit dem Betrieb von Bahnen (Schienen- und Schwebebahnen) greift regelmäßig die **verkehrsrechtliche Gefährdungshaftung** nach § 1 HaftPflG ein[191]. Nachdem hiernach auch Schmerzensgeld zu leisten ist und die Haftungshöchstgrenzen sich ganz erheblich erweitert haben (§§ 6, 9, 10 HaftPflG, s.o. Rn. 528), dürfte ein Großteil der Schadensfälle ausschließlich nach dieser Gefährdungshaftung abgewickelt werden können. Zu den Anforderungen an die Verkehrssicherung der Bahn und ihrer Anlagen s. bereits o. Rn. 511.

Amtshaftung scheidet beim Handeln der Bahn (Deutsche Bahn AG mit ihren Tochterunternehmen) und ihrer Bediensteten generell aus; sie handelte und handelt bei der Beförderung von Personen und Gütern **rein privatrechtlich**.

Zur eingeschränkten Haftung beim Handeln eines Beamten im staatsrechtlichen Sinne (Bahnbeamter) s.o. Rn. 477.

---

[187] s. Bergmann/Schumacher 2002 S. 393 ff.

[188] s. auch OLG Stuttgart, NJW 2003, 3419–3423 (Träger der (ortsnahen) Jugendhilfe lehnt rechtwidrig die Übernahme der Hilfeleistung ab)

[189] s. zu diesem Bereich auch Staudinger/Wurm, § 839 Rn. 682 – 685

[190] LG Stuttgart, Urteil v. 7. Februar 2003 – 15 O 276/02; nachfolgend, bestätigend OLG Stuttgart, OLGR 2003, 459-463

[191] weiterführend und eingehend Filthaut 2003 § 1 Rn.5 ff.

3. e-government, IT-/ EDV-Einsatz und -Netze

Politischen Vorgaben und technischen Möglichkeiten entsprechend werden zuneh- **770**
mend elektronische, informationstechnische Mittel und Wege zur Kommunikation
zwischen Bürger und Behörden/Verwaltungen/Staat eingesetzt. Dies betrifft die
Ummeldung von Wohnsitzen, Autos, Abgabe von Steuererklärungen, Antragstellung in Baugenehmigungsverfahren, Erhebung von Straßenbenutzungsgebühren
(Maut) und geht hin bis zur Antragstellung im Mahnverfahren und der rechtsverbindlichen – virtuellen – Einlegung und Begründung der Revision (BGH). Zum Teil
sind bereits elektronische Erklärungen/Zusicherungen der Verwaltungen in den Gemeindeordnungen der Länder geregelt. Dass es hierbei aufgrund verschiedenster
Umstände zu Fehlern und Schäden kommen kann, ist offensichtlich. Allerdings sind
gerichtliche Entscheidungen zu diesem neuen Bereich möglicher Amtshaftungsfälle
bislang nur in geringer Zahl ersichtlich[192].

Als **Amtspflichten** für die Stellen, die derartige Kommunikationswege eröffnen, ist
wohl festzuhalten, dass die eingesetzten IT-Mittel (Hard- und Software) ausreichend
getestet, erprobt sein müssen, die Grundlagen für den ordnungsgemäßen Betrieb von
IT-Anlagen (u.a. Datenschutz, Datensicherheit) eingehalten werden müssen und auf
besondere Situationen (Ausnahmefälle, Ausfall der Kommunikation, Virenbefall
usw.) professionell und angemessen reagiert werden muß. Entsprechend den Anforderungen im übrigen Bereich der Verkehrssicherungspflichten ist auch eine entsprechende **Dokumentation** der Einhaltung der erforderlichen Standards zu fordern. So
muß nachvollziehbar sein, wer welchen Antrag zu welchem Zeitpunkt gestellt hat
und was mit diesem elektronischen Eingang geschehen ist. Zu den Anforderungen
an die elektronische Dokumentation der Einhaltung von (Straßen-) Verkehrssicherungspflichten (Einsatzpläne, Kontrollbücher usw.) s. o. Rn. 530.

Diese Anforderungen gelten auch für den Fall, dass Teile der Aufgabenerfüllung
(z.B. Betrieb des IT-Netzes, Datenhaltung usw.) auf private Dritte übertragen wurden (outsourcing)[193].

Festzuhalten ist, dass es auf diesem neuen Gebiet behördlichen Handelns noch keine
abschließend festliegenden Anforderungen im Einzelnen gibt und sich Präzisierun-
gen, Konkretisierungen der gesetzlichen Anforderungen erst noch herausbilden
werden[194]. Eine allgemeine **öffentlich-rechtliche Gefährdungshaftung** besteht
jedenfalls (noch) nicht[195].

---

[192] LG Offenburg, NJW-CoR 1996, 56 (fehlerhafte EDV-unterstützte Festsetzung von Steu-
ervorauszahlungen); zu Aspekten des – geplanten – Mautsystems (Datenerhebung;
Ermittlung gestohlener LKW) s. Ulrich Göres, Rechtmäßigkeit des Zugriffs der Strafver-
folgungsbehörden auf Daten der Mauterfassung, NJW 2004, 195 – 198

[193] zu Problemlagen hierbei s. Claus D. Ulmer, IT-Outsourcing und Datenschutz bei der
Erfüllung öffentlicher Aufgaben, CR 2003, 701-707

[194] s. bereits D. Senoner, Amtshaftung für Automaten, Diss. München 1968 S. 80 ff. (Haftung – analog § 839 BGB ? – für Rechenautomaten, automatische Verkehrsregelung,
technische Hilfsmittel der Verwaltung)

[195] s. MK-Papier § 839 Rn. 139 f.; Erman/Hecker § 839 Rn. 40 – wohl keine Haftung bei Versagen technischer Einrichtungen

4. Forstverwaltung

771 Auch im Forstbereich finden sich haftungsrelevante Amtspflichten (s. bereits o. Rn. 736). So hat auch die **Forstaufsicht** die (drittschützende) Aufgabe, bei Schutzwaldpflanzungen (Schutz der Unterlieger vor Steinschlag, Geröll-, Lawinenabgang usw.) auf deren Funktionstüchtigkeit zu achten und vor allem auch zu kontrollieren, dass von diesen Schutzeinrichtungen selbst keine Gefahr ausgeht (morscher Baum bricht ab und rutscht auf unterliegende Straße, Hausansammlung)[196]. Für die Verkehrssicherheit, Abwehr von Gefahren in Gemeindewäldern ist grundsätzlich die Gemeinde verantwortlich, auch wenn der Revierdienst staatlichen Beamten überlassen wird[197].

Zum Schutz der Waldeigentümer besteht die Amtspflicht zur Festsetzung und Durchführung von effektiven **Abschussplänen, -quoten**, die übermäßigen Wildschaden verhindern[198].

5. Gemeinden

772 Der ganz überwiegende Teil der Amthaftungsfälle im kommunalen Bereich rührt aus Verletzungen der **Verkehrssicherungspflicht** her (s. eingehend hierzu o. Rn. 466 ff.).

Zu erwähnen sind hier noch die Pflichten vor und bei Vergabe öffentlicher Aufträge, insb. bei **Ausschreibungsverfahren**[199]. Durch Neufassung des Gesetzes gegen Wettbewerbsbeschränkungen (s. §§ 97 ff. GWB) ist hier der Primärrechtsschutz (Nachprüfungsverfahren mit Instanzenzug) deutlich verbessert worden, so dass Amtshaftungsverfahren eigentlich die Ausnahme bilden müssten[200]. Bei Ausschreibungen sind zahlreiche (auch haushalts- und europarechtliche) Vorschriften zu berücksichtigen, was bei größeren Vorhaben wegen der bestehenden rechtlichen Komplexität und des recht hohen Haftungsrisikos regelmäßig zur Einschaltung entsprechender Fachstellen führen sollte. Inzwischen ist wohl eine gewisse Konzentrationstendenz bereits ersichtlich.

Die Bürgermeister oder sonstigen Organe einer Gemeinde müssen sich zur Vermeidung eigener Haftung und auch zur Sicherung der Interessen der Gemeinde (§§ 31, 89 BGB) vor und bei Vertragsschluß (mit Bauträgern, Erschließungsverträge usw.) stets vergewissern, ob sie diese Verträge überhaupt wirksam abschließen können

---

[196] s. Tschersich, Der Waldbaum auf der Straße – amthaftungsrechtliche Problematik, VersR 2003, 172 ff., 173 f.
[197] zur Rechtslage in Rheinland-Pfalz BGH, VersR 1988, 957 f. – umfallende Nadelbäume
[198] BGHZ 91, 243 ff. (Haftung auch ggf. aus enteignungsgleichem Eingriff)
[199] hierzu Bergmann/ Schumacher 2002 S. 696 ff.; E. Trautner, Vergaberecht 2003: Feinjustierungen in vielen Details und einige Überraschungen, BADK-Information 2004 S. 6–18; C. Koenig/A. Haratsch, Grundzüge des deutschen und europäischen Vergaberechts, NJW 2003, 2637-2642
[200] w. Anspruchsgrundlagen bei fehlerhaften Ausschreibungen u.a. : c.i.c. sowie § 126 GWB; s. auch Trautner a.a.O. (Fn. 199) S. 15 sowie jüngst OLG Dresden, IBR 2004, 264

oder ob ggf. die Kommunalaufsicht, Aufsichtsbehörde eingeschaltet werden und genehmigen muß[201].

6. Justizvollzugsanstalten[202], Unterbringung

Die für die Vollzugspraxis und für die erstinstanzlichen Gerichte recht relevanten **773** Haftungsfragen aus diesem Bereich zeichnen sich dadurch aus, dass zum einen kaum obergerichtliche Entscheidungen vorliegen, ein Großteil der Verfahrens- und Rechtsfragen sich lediglich im Bewilligungsverfahren für Prozesskostenhilfe stellen und zum anderen in einem nicht unbedeutenden Teil diese Verfahren wohl oft lediglich zur „Unterstützung" von Eingaben und Beschwerden, Dienstaufsichtsbeschwerden genutzt werden[203].

Immer wieder treten Probleme in Zusammenhang mit der (zahn-) **ärztlichen Betreuung** auf. Hier ist festzuhalten, dass die gesamte von der Vollzugsanstalt zur Verfügung gestellte Gesundheitsfürsorge hoheitlich ist, mithin eine **persönliche Haftung des Arztes** (gleich ob beamtet oder zivil) in jedem Fall **nicht** gegeben ist. Insoweit kann auf das oben zur Behandlung von Soldaten Ausgeführte verwiesen werden (Rn. 612 ff.)[204]. Häufig sind auch Pflichtverletzungsvorwürfe in Zusammenhang mit der Habe und dem sonstigen Zelleninventar (Beschädigungen, Vernichtung, Vorenthaltung, „Verschwinden"). Hier ist den Anstalten anzuraten, eingebrachte Gegenstände – auch nach dem jeweiligen Zustand – genau aufzunehmen und sich diese Listen gegenzeichnen zu lassen sowie bei Zellendurchsuchungen, Verlegungen zumindest das **Vier –Augen – Prinzip** einzuhalten und entsprechende Protokolle zu fertigen. Weiter gilt, dass nicht alles, was für den betreffenden Bediensteten wertlos erscheint (Briefhüllen, zerrissene Fotos usw.), auch von dem Gefangenen so eingeschätzt wird. Eigentumsrechte sind **nicht wertabhängig.** Vor Beseitigung, Wegwerfen sollte die Einwilligung des Eigentümers (dokumentiert) eingeholt werden.

Offen ist wohl die Entwicklung und Einschätzung, ob die (sichere) Verwahrung und Unterbringung von (gefährlichen) Straftätern ausschließlich nur gegenüber, zum **Schutz der Allgemeinheit** erfolgt (so die bislang wohl ganz einhellige Meinung[205]) oder ob nicht auch Dritte (spätere Tatopfer bzw. deren Hinterbliebene) in den Kreis der durch die Amtspflichten (sichere Verwahrung, Verhinderung von Entweichen und Schädigung Dritter) Geschützten mit aufzunehmen sind. Eine gewisse Tendenz zu einem auch hier **erweiterten Drittschutz** scheint erkennbar zu sein[206].

[201] s. BGH, BGHR 2004, 298-301

[202] s. bereits auch oben Rn. 647

[203] auch in der Literatur finden sich nur wenige verbindliche Hinweise

[204] s. auch BGH, NJW 1996, 2431 f.

[205] OLG Bamberg, OLGR 1998, 20 f. (in Psychiatrie untergebrachter Straftäter)

[206] vgl. auch BGH, BGH-Report 2003, 866–868 (weiter Schutzbereich bei deliktischem Verhalten); enger wohl OLG Stuttgart, OLGR 2003, 463–466 (kein Schutz für spätere Betrugsopfer)

774   **Auskünfte** durch Justizvollzugsbedienstete sind ein besonders problematischer Bereich, denn ein Zuviel kann eine Rechtsverletzung zu Lasten des Gefangenen bedeuten, ein Zuwenig eine solche zum Nachteil eines berechtigten Dritten (z.B. künftiger Arbeitgeber eines Freigängers). Insoweit liegen nur Einzelfallentscheidungen vor[207]. Derartige Anfragen (z.B. nach Vorstrafen) sollten an die jeweilige Leitung gerichtet und von dort auch – schriftlich – beantwortet werden. Telefonische Mitteilungen außerhalb des internen Polizei- und des Vollzugsbereichs verbieten sich eigentlich von selbst.

7. Kraftfahrzeugzulassungsstelle

775   Diese Behörde hat vor allem auch darauf zu achten, dass eine ausreichende **KFZ-Haftpflichtversicherung** besteht. Diese Amtspflicht ist drittschützend, vor allem wirkt sie zu Gunsten der Unfallgeschädigten.

Weitere Amtspflichten bestehen darin, dass bei jeder Befassung der Kfz-Brief vorgelegt werden muß (Schutz des Eigentümers).

8. Mehrstufige, kooperative Genehmigungsverfahren[208]

776   Werden von einer (Genehmigungs-) Behörde weitere Behörden, Dienststellen usw. zu Stellungnahmen, fachlichen Auskünften usw. herangezogen und handeln diese Fachstellen amtspflichtwidrig (falsche Auskunft, unzutreffendes Gutachten usw.), dann besteht zum einen kein einen Amthaftungsausspruch auslösendes „Gegnerverhältnis" dieser Verwaltungsstellen untereinander (Voraussetzung für einen Amtshaftungsanspruch – s.o. Rn. 95 f.); innerhalb der zusammenarbeitenden Behörden, Verwaltungsstellen gibt es keinen Amtshaftungsanspruch[209].

Zum anderen gilt grundsätzlich, dass die nur helfende, zur Unterstützung herangezogene Behörde nach außen – dem geschädigten Bürger gegenüber – nicht in Erscheinung tritt, dieser sich nur gegen Maßnahmen der angesprochenen (Genehmigungs-) Behörde wehren kann. Allerdings ist dieser Grundsatz in den letzten Jahren – zunehmend – durchbrochen worden. So kann der durchgefallene Medizinstudent durchaus Ersatz von dem „hinter" dem zuständigen Landesprüfungsamt stehenden Institut für medizinische und pharmazeutische Prüfungsfragen verlangen (eingehend s. o. Rn. 759). Eine weitere Ausnahme hat der BGH jüngst festgelegt[210]. Danach sind die in einem Verwaltungsverfahren hinzugezogenen **Gutachterausschüsse** (Wertgutachten) bei Fehlern eigenständig aus Amtshaftung dem Bürger gegenüber zu Ersatz verpflichtet.

Auf diesem sich ausweitendem Gebiet des kooperativen Verwaltungshandelns sind zahlreiche (Haftungs-) Fragen noch ungeklärt[211]. Die Tendenz geht hier eindeutig in

---

[207] s. BGH, NJW 1991, 3027–3029 (eingeschränkte Amtspflicht)

[208] s. auch o. Rn. 586 (Einvernehmen, Gemeinde, Baurecht)

[209] BGHZ 148, 139–151 = NJW 2001, 2799-2802

[210] BGH, BGHR 2001, 231 = MDR 2001, 631

[211] z.B. Rolle im verwaltungsgerichtlichen Verfahren – Notwendigkeit der Beiladung?, Verjährungsunterbrechung durch Verwaltungsrechtsstreit gegen anderen Beklagten ?

Richtung Stärkung der Stellung des geschädigten Bürgers, gerade wenn fachlich kompetente Behörden nur unterstützend hinzugezogen werden.

Festzuhalten ist wohl als Fazit: ein eigenständiger Anspruch aus Amtshaftung gegen eine lediglich unterstützend herangezogene Behörde besteht in zwei Fallkonstellationen:

– die entscheidende (Genehmigungs-) Behörde ist rechtlich an die „Vorentscheidung" der zugezogenen Behörde gebunden, wie früher die Baugenehmigungsbehörde an das Einvernehmen der Gemeinde;
– die entscheidende (Genehmigungs-) Behörde ist fachlich, tatsächlich aufgrund der überragenden Kompetenz an das Votum der zugezogenen Behörde gebunden.

In beiden Fällen gilt, dass die entscheidende Behörde, die nach außen dem Bürger gegenüber tritt, wohl regelmäßig zwar amtspflichtwidrig, rechtswidrig handelt, jedoch ein unverschuldetes Handeln regelmäßig anzunehmen ist, eine Haftung aus Verschulden mithin nicht eingreift. Daher ist die zunehmende Etablierung eines eigenständigen Amtshaftungsanspruchs für den geschädigten Bürger gegen die „Behörde im Hintergrund" wohl nachvollziehbar, wegen Art. 19 Abs. 4 GG wohl auch erforderlich.

9. NATO-Truppen

Bei Schädigungen des Bürgers in Deutschland durch Mitglieder ausländischer NATO-Truppen (Manöverschäden usw.) gelten recht unübersichtliche, z.T. auch schwer auffindbare Normensysteme. Die Bedeutung dieses Haftungsbereichs ist allerdings wohl auch in Zusammenhang mit der Reduzierung der Truppenstärken in den letzten Jahren zurückgegangen. Insoweit soll das Haftungssystem lediglich in seinen **Grundstrukturen** und mit den Hauptproblempunkten hier dargestellt werden[212]. **777**

Nach den Festlegungen des **NATO-Truppenstatuts** haftet die Bundesrepublik Deutschland grundsätzlich für das Handeln in Deutschland stationierter ausländischer Truppenangehöriger wie für vergleichbares Verhalten von Bundeswehrangehörigen, also im Regelfall nach Amtshaftungsgrundsätzen (Art. VIII Abs. 5 NATO-Truppenstatut)[213].

Gesetzlich vorgeschrieben ist ein **fristgebundenes Verwaltungs-Vorverfahren** (Art. 6 ff. Gesetz zum NATO- Truppenstatut und zu den Zusatzvereinbarungen). Bei Kenntnis des Schadens und des Verursachers gilt eine Anmeldefrist von 3 Monaten, längstens jedoch 2 Jahre ab dem Zeitpunkt des Schadenseintritts bzw. ab Kenntnis von diesem.[214] Es handelt sich hierbei um **materielle Ausschlussfristen**, die unbe-

---

[212] zur Vertiefung: Bundesministerium der Finanzen (Hrsg.), Entschädigungsrecht der Truppenschäden, Bonn 1991
[213] s. Gesetzes- und Textsammlung „NATO-Truppenstatut und Zusatzvereinbarungen" (C.H.Beck)
[214] s. Art. 6 Abs. 1, 4 Gesetz zum NATO-Truppenstatut und zu den Zusatzvereinbarungen – auch Sonderregelung bzgl. fahrlässige Unkenntnis; zum Vorverfahren s. Entschädigungsrecht der Truppenschäden a.a.O. Rn. 40 ff.

dingt zur Vermeidung eines Anspruchsverlustes eingehalten werden müssen. Die Bundesrepublik Deutschland ist als **Prozessstandschafter** für den Entsendestaat der richtige prozessuale Anspruchsgegner.

In jüngster Zeit wurden in diesem Haftungsbereich folgende Fallkonstellationen entschieden[215]:

Die Bundesrepublik Deutschland hat keine rechtlichen Möglichkeiten, die Herausgabe von (unberechtigt) durch andere NATO-Truppen benutzte Liegenschaften, Grundstücke durchzusetzen, wenn diese für militärische Zwecke benötigt werden[216].

Als rein privatrechtlich wird das Handeln es zuständigen Personalsachbearbeiters gegenüber einem Zivilangestellten der US-Streitkräfte angesehen; eine Haftung der Bundesrepublik Deutschland greift demnach nicht ein[217].

10. Post

778 Das Handeln der privatrechtlich organisierten Nachfolgeunternehmen der Deutschen Bundespost (Postdienst, Postbank, Telekom) ist **rein privatrechtlich** zu bewerten. Lediglich bei **förmlichen Zustellungen** kommt nach dem Postgesetz hoheitliches Handeln und insoweit eine Amtshaftung in Betracht[218]. Die Post wird in diesem Bereich als Beliehene mit Haftungsbesonderheiten eingesetzt[219]. In den übrigen Bereichen findet Amtshaftung nicht (mehr) statt.

11. Versorgungsunternehmen (Kommunale Energie- und Wasserversorgung)[220]

779 Eine Haftung der Kommune als Trägerin eines Versorgungsunternehmens (Gas, Wasser, Strom, Fernwärme) kann sich im Schadensfall ergeben aus dem (Energie-) Lieferungsvertrag, aus dem Haftpflichtgesetz sowie aus dem Geräte- und Produktsicherheitsgesetz (GPSG), wobei im Falle der Gefährdungshaftung die Ersatzsummen regelmäßig begrenzt sind (s.o. Rn. 528).

---

[215] s. auch OLG Koblenz, OLGR 2002, 147

[216] BGH, BGH-Report 2003, 1317 f.

[217] OLG Frankfurt, OLGR 2003, 349-351

[218] Tremml/Karger 1998 Rn. 82

[219] zu den Besonderheiten hierbei – Haftung des Beliehenen ! – s. MK-Papier § 839 Rn. 163; Bamberger/Roth/Reinert § 839 Rn. 18

[220] s. BADK 2003, 43 ff.

3. Teil
Amts- und Staatshaftungsrecht in Europa

780 Das aus der DDR (modifiziert) übernommene **Staatshaftungsrecht in den neuen Bundesländern** hat in der Praxis nur geringe Bedeutung neben der Amtshaftung aus § 839 BGB i.V.m. Art. 34 GG. Als Modell einer unmittelbaren Staatshaftung wird es unter A. dargestellt.

Es folgen dann unter B. die Erläuterungen zu dem **gemeinschaftsrechtlichen Staatshaftungsanspruch**. Dieser unmittelbare Staatshaftungsanspruch auf europäischer Ebene weist im Gegensatz zu dem unter A. Gezeigten eine massive Ausweitungs- und verstärkte Anwendungstendenz auf. Er gewinnt gewaltig an Bedeutung für die Praxis der Verwaltungen und nachfolgend für Rechtsanwälte und Gerichte. Entsprechende Gerichtsentscheidungen nehmen stark zu. Mit der Ausweitung europäischen Rechts und dessen Durchdringung vieler Lebensbereiche tritt möglicherweise der gemeinschaftsrechtliche Staatshaftungsanspruch in der Praxis in einigen Jahren an die Stelle der herkömmlichen Amtshaftung. Zum Abschluß des 3. Teils werden unter C. an zwei weiteren Rechtsordnungen alternative Haftungsmodelle, -strukturen für Amts- und Staatshaftung exemplarisch aufgezeigt.

A. Staatshaftungsrecht in den neuen Bundesländern

I. Anwendungsgebiet und Grundzüge

Das Amtshaftungsrecht nach § 839 BGB i.V.m. Art. 34 GG gilt selbstverständlich **781** auch in den neuen Bundesländern (seit dem 3. Oktober 1990) als **vorrangiges Bundesrecht** uneingeschränkt.

Daneben bestand und (in einzelnen neuen Bundesländern) besteht noch eine **unmittelbare und verschuldensunabhängige Staatshaftung**[1].

Die Staatshaftung in der ehemaligen DDR war in der Verfassung festgelegt. Das Staatshaftungsgesetz der DDR formte eine originäre und verschuldensunabhängige Haftung „staatlicher Organe oder staatlicher Einrichtungen" aus. Das Staatshaftungsgesetz (der DDR) blieb für alle haftungsrelevanten Handlungen bis einschließlich 2. Oktober 1990 anwendbar (Altfälle)[2]. Aufgrund dieser Konstruktion (rechtswidriges Verhalten, kein Verschulden erforderlich) geht diese gesetzliche Regelung den Grundsätzen für eine Haftung aus enteignungsgleichem Eingriff vor[3].

Für die heutigen Fälle von Amts- und Staatshaftung gilt, dass das Staatshaftungsgesetz (der DDR) in den neuen Bundesländern nach dem **Einigungsvertrag** modifiziert[4] in einigen der neuen Bundesländer als **Landesrecht** fortgilt und grundsätzlich in Konkurrenz zu den bundesrechtlich geregelten Amtshaftungsansprüchen stand und steht[5]. Für das Handeln von **Bundesbehörden** gilt dieses Gesetz mangels Gesetzgebungskompetenz der Länder nicht.

Der sehr weit gefasste Haftungstatbestand des § 1 Staatshaftungsgesetzes hat folgenden aktuellen Wortlaut:

> **„Für Schäden, die einer natürlichen oder einer juristischen Person hinsichtlich ihres Vermögens oder ihrer Rechte durch Mitarbeiter oder Beauftragte staatlicher oder kommunaler Organe in Ausübung staatlicher Tätigkeit rechtswidrig zugefügt werden, haftet das jeweilige staatliche oder kommunale Organ."**

---

[1] Eingehend hierzu Ossenbühl 1998 S. 457 ff; Krohn 1993, S. 72 ff.; Bergmann/Schumacher 2002 S. 573 ff.; s. auch Pfab 1997 S. 29; Rudolf Schullan, Zur Staatshaftung in den neuen Bundesländern, VersR 1993, 283–287; Franz Cromme, Staatshaftung der Kommunalaufsichts- und Fachaufsichtsbehörden gegenüber Gemeinden, DVBl. 1996, 1230-1236

[2] s. BGHZ 127, 57; auch Pfab 1997 S. 29

[3] Thüringer Oberlandesgericht, OLGR 2002, 247–250 (249 f.)

[4] Haftung ohne Verschulden und ohne Beschränkung auf Verletzung drittschützender Normen – s. Wurm (2002) Rn. 19; enger wohl Bergmann/Schumacher S. 495

[5] BGH, BGHZ 142, 259 ff., 273-275; BGH, BGH-Report 2003, 800; Brandenburgisches Oberlandesgericht, VersR 1999, 1415 f.; eingehend Bergmann/Schumacher S. 492 ff. (auch mit zahlreichen weiterführenden Verweisen), 501; Krohn 1993 S. 72 f.; abweichend Schullan a.a.O. S. 286 f.

Haftungsfolge ist Schadensersatz, der nach § 3 Abs. 1 Staatshaftungsgesetz grundsätzlich in Geld zu leisten ist, wobei der Schädiger allerdings auch „**Naturalrestitution**" wählen kann.

Beschränkt ist dieser Anspruch[6] durch die Verweisungsklausel (Vorrang anderweitigen Ersatzes) nach § 3 Abs. 3 Staatshaftungsgesetz, die Schadensabwendungspflicht aus § 2 Staatshaftungsgesetz (Rechtsmittel-, Rechtsbehelfe) und die kurze, **1-jährige Verjährungsfrist** gemäß § 4 Abs. 1 Staatshaftungsgesetz.

Nach §§ 5, 6 Staatshaftungsgesetz muß der Anspruch vor Klageerhebung in einem gestuften **Verwaltungs-, Vorschaltverfahren** geltend gemacht werden.

II. Auslegungsfragen, Problempunkte

782 Es bestehen zahlreiche umstrittene **Auslegungsfragen**, deren Vertiefung jedoch von der Entscheidungserheblichkeit für eine konkrete Fallbearbeitung in Verwaltungen, durch Rechtsanwälte oder bei Gericht abhängig gemacht werden sollte, wobei diese Fragestellungen die forensische Praxis bislang recht wenig beschäftigt haben[7].

Daher sollen im Rahmen dieses Praxishandbuchs auch die noch offenen Fragen nur angerissen werden.

Umstritten sind im Wesentlichen folgende Punkte[8]:

- Haftung der Kommunen nur für staatliche Aufgabenwahrnehmung oder auch bei hoheitlicher Tätigkeit im Bereich der kommunalen Selbstverwaltung?
- Haftung der Kommunen auch für das Handeln von Gremien und nicht nur für das von Einzelpersonen[9], Haftung auch für Satzungen, Verordnungen?
- Haftung für zur Aufgabenerfüllung herangezogene selbständige Unternehmer?
- Haftung bei Versagen technischer Einrichtungen?
- Geltung für den Bereich des Straßenrechts?
- Verletzung einer „drittschützenden" Norm erforderlich?[10]
- Reichweite / Umfang des Vermögensschutzes
- Reichweite des Mitverursachungseinwandes
- Klageerhebung ohne vorherige Antragsstellung zur Verjährungsunterbrechung möglich (Vorschaltverfahren hierfür erforderlich[11])?
- Abschließende Regelung für enteignungsgleiche Eingriffe und Aufopferung durch das Staatshaftungsgesetz?[12]

---

[6] hierzu Krohn 1993 S. 90-94
[7] in dieser Einschätzung wohl ähnlich Ossenbühl 1998 S. 490 f.; zu Fällen s. Rinne/Schlick 1997 I S.41
[8] s. Krohn 1993 S. 75 ff; Bergmann/Schumacher S. 493 ff.; Pfab 1997 S. 30 ff.; Tremml/Karger 1998 Rn. 307 ff.; MK-Papier § 839 Rn. 91 ff.
[9] vgl. BGHZ 142, 259, 271 f.
[10] bejahend BGH, NJW 2003, 3699 – haftungsbegrenzendes Kriterium
[11] vgl. BGH, BGH-Report 2003, 800 sowie Rinne/Schlick 1997 I S. 42 f.; Krohn 1993 S. 95 f.
[12] bejahend Schullan a.a.O. S. 287

III. Heutige Bedeutung für die Rechtspraxis

Allerdings ist das Staatshaftungsgesetz (DDR) inzwischen für Berlin[13] und Sachsen   **783**
– als Landesrecht – **aufgehoben**, gilt in den anderen neuen Bundesländern (Mecklenburg-Vorpommern, Thüringen, Sachsen-Anhalt[14]) nur noch in **eingeschränkter
Form** (zum Teil Reduzierung auf Ansprüche wegen enteignungsgleichem Eingriff[15]), so dass in der Praxis für die hier interessierenden Haftungsfälle regelmäßig
die bundeseinheitliche Regelung zur Amts- und Staatshaftung allein entscheidend
sein dürfte. Die meisten der bislang entschiedenen (und veröffentlichten) Fälle betreffen Lebenssachverhalte aus der Zeit vor 1990[16]. Auch aus diesem Grunde soll es
mit dem obigen kurzen Problemaufriß und den weiterführenden Nachweisen sein
Bewenden haben.

---

[13] s. Gesetz zur Aufhebung des Gesetzes zur Regelung der Staatshaftung in der Deutschen
Demokratischen Republik vom 21. September 1995
[14] zur Rechtslage in Sachsen-Anhalt s. Bergmann/Schumacher 2002 S. 586 ff., Krohn 1993
S. 96–100
[15] s. Thüringer Oberlandesgericht, OLGR 2002, 247-250
[16] in dieser Einschätzung ähnlich Tremml/Karger 1998 Rn. 305

B. Staatshaftungsrecht und Europäisches Gemeinschaftsrecht

Der gemeinschaftsrechtliche Staatshaftungsanspruch

I. Entwicklung, Grundlagen und Anwendungsbereich

784   Die Amtshaftung nach § 839 BGB greift im Regelfall nur bei Verstößen gegen nationales Recht ein. Für schadensverursachende Verletzungen von Rechtsvorschriften der Europäischen Gemeinschaft wurde ein spezieller Haftungsanspruch entwickelt.

Dieser **gemeinschaftsrechtliche Staatshaftungsanspruch** ist nach grundlegenden Entscheidungen des Gerichtshofs der Europäischen Gemeinschaften (EuGH)[1] seit **Beginn der 90er Jahre** vermehrt in den Blickpunkt der Wissenschaft[2], nachfolgend dann der Rechtsprechung und Praxis geraten. Heute ist an diese vom EuGH geschaffene Anspruchsgrundlage für den europäischen Bürger in Deutschland stets dann zu denken, wenn ein schadensverursachender **Gemeinschaftsrechtsverstoß**, eine Verletzung primären oder sekundären Gemeinschaftsrechts (insb. von Verordnungen und Richtlinien), vor allem durch nicht fristgerechte, nicht vollständige oder fehlerhafte Umsetzung einer Richtlinie in innerstaatliches Recht zur Debatte steht[3].

Im Recht der europäischen Gemeinschaft finden sich Festlegungen zur Haftung für schadensverursachende, rechtswidrige Verstöße gegen Gemeinschaftsrecht in Art. 288 Abs. 2, Art. 10 EGV.

---

[1]   beginnend mit dem Urteil vom 19.11.1991 in der Rechtssache „Francovich" (Konkursausfallrichtlinie), NJW 1992, 165 ff.; vergl. w. Urteil vom 5.3.1996, NJW 1996, 1267 ff.; zu instruktiven Fällen s. Detterbeck 2000 S. 224 f. – Kampffmeyer, Francovich, Brasserie du Pêcheur, Lomas

[2]   vergl. nur Detterbeck 2000; Ossenbühl 1998 S. 492 ff.; Krohn 1993 S. 120 ff.; Pfab 1997 S. 99 ff. und jüngst Greb, Der einheitliche gemeinschaftsrechtliche Staatshaftungsanspruch in Deutschland als Teil des Europäischen Verwaltungsrechts, Diss. Mainz 2001; Brocke, Die Europäisierung des Staatshaftungsrechts, Diss. Münster 2002; Fuchs 2003 S.174 ff.; eingehend auch Rengeling/Middeke/Gellermann, Handbuch des Rechtsschutzes in der Europäischen Union, 2. Aufl. 2003 – vor allem § 37 Rn. 104 ff. sowie §§ 9, 33 – 38

[3]   vgl. BGHZ 146, 153 ff. sowie jüngst E.-O. Ruhle, H. Lattenmayer, Umsetzungsmängel bei Richtlinien, CR 2003, 733 – 737 – auch zu der sehr interessanten Frage, ob die direkte Wirkung von Richtlinien auch für ehemalige staatliche Behörden (Deutsche Bundespost usw.) und ihre privatrechtlich organisierten Nachfolgeunternehmen eingreift

Art. 10 EGV (Pflichten der Mitgliedsstaaten)

Die Mitgliedsstaaten treffen alle geeigneten Maßnahmen allgemeiner und besonderer Art zur Erfüllung der Verpflichtungen, die sich aus diesem Vertrag oder aus Handlungen der Organe der Gemeinschaft ergeben. Sie erleichtern dieser die Erfüllung ihrer Aufgabe.

Sie unterlassen alle Maßnahmen, welche die Verwirklichung der Ziele dieses Vertrages gefährden könnten.

Art. 288 EGV (Haftung der Gemeinschaft und der Bediensteten)

Die vertragliche Haftung der Gemeinschaft bestimmt sich nach dem Recht, das auf den betreffenden Vertrag anzuwenden ist.

Im Bereich der außervertraglichen Haftung ersetzt die Gemeinschaft den durch ihre Organe oder Bediensteten in Ausübung ihrer Amtstätigkeit verursachten Schaden nach den allgemeinen Rechtsgrundsätzen, die den Rechtsordnungen der Mitgliedsstaaten gemeinsam sind.

...

Danach gehört es zur Verpflichtung eines jeden Mitgliedstaates, die rechtswidrigen Folgen eines ihm zuzurechnenden Verstoßes gegen Gemeinschaftsrecht zu beheben und angerichtete Schäden zu ersetzen[4]. Der geschädigte Bürger kann sich auf diesen im Gemeinschaftsrecht fußenden Anspruch unmittelbar berufen; dieser tritt **neben** einen möglicherweise auch gegebenen Anspruch aus Amtshaftung nach nationalem Recht, wobei der Erlaß oder Nichterlaß von deutschen formellen Gesetzen, Rechtsverordnungen und Satzungen mangels Drittschutzes regelmäßig zu keinem Amtshaftungsanspruch nach § 839 BGB führt[5].

Beide Haftungsansprüche (nationaler und gemeinschaftsrechtlicher) bestehen nach ganz überwiegender Meinung nebeneinander; eine „Verschmelzung" zu einem **einheitlichen Staatshaftungsanspruch**, z.B. durch entsprechende gemeinschaftsrechtskonforme Auslegung, Erweiterung von § 839 BGB hat nicht stattgefunden und bedürfte wohl auch der normativen Ausformung[6].

Ist das Unrecht nicht einem Mitgliedstaat zuzurechnen sondern lediglich dem euro-   **785**
päischen Gemeinschaftsgesetzgeber oder der Gemeinschaft als solcher selbst, tritt

---

[4] Lenz/Borchardt/Lenz Art. 10 EGV Rn. 7, 12

[5] diese Normen – abstrakte Vorschriften – dienen nur dem allgemeinen Interesse – sehr str., s. BGHZ 125, 27,37; abw. wohl Pfab 1997 S. 138 f.; vgl. aber auch oben die Ausführungen zum Drittschutz bei Satzungen (Bauleitpläne) Rn. 568

[6] OLG Koblenz, OLGR 2004, 26-29; vgl. Lenz/Borchardt/Lageard Art. 288 Rn. 43; Ossenbühl 1998 S. 522 ff.; abw. wohl MK-Papier § 839 Rn. 102; s. auch Kluth (Fn. 35) S. 401 f.

eine **Haftung der Europäischen Gemeinschaft** – Eigenhaftung – ein (vertragliche, außervertragliche Haftung, s. Art. 288 Abs. 1, 2 EGV)[7].

II. Konkretisierung des gemeinschaftsrechtlichen Staatshaftungsanspruchs

786   Zur Begründung des gemeinschaftsrechtlichen Staatshaftungsanspruchs verweist der EuGH auf eine entsprechende Anwendung von Art. 288 Abs. 2 EGV und auch auf Art. 10 EGV. Zudem begründet er diesen entwickelten Anspruch mit dem Prinzip des Individualrechtsschutzes und dem Effektivitätsprinzip[8].

Neben diesen Festlegungen hat sich der Gerichtshof der Europäischen Gemeinschaften (EuGH) ab Beginn der 90 er Jahre in **zahlreichen Entscheidungen** mit Einzelfragen zur Ausformung und zur Durchsetzung des gemeinschaftsrechtlichen Staatshaftungsanspruchs befasst[9]. Er kommt zu einer **weiten Interpretation** des haftungsrechtlichen Anwendungsbereichs. Sowohl legislatives wie auch exekutives und judikatives Unrecht unterfallen dem geschaffenen Haftungsanspruch[10], wobei es gleichgültig ist, ob der Verstoß durch Handeln oder Unterlassen erfolgt ist[11].

Danach können folgende Leitlinien, Voraussetzungen und inhaltliche Bestimmungen für den gemeinschaftsrechtlichen Staatshaftungsanspruch festgelegt werden[12]:

Jeder Verstoß eines Mitgliedstaates gegen Gemeinschaftsrecht kann den Anspruch auslösen, wobei der Begriff des Verstoßes weit auszulegen ist und auch Unterlassen sowie legislatives Unrecht mit umfasst[13].

– Liegt kein einem Mitgliedsstaat zuzurechnender Verstoß gegen Gemeinschaftsrecht vor, kommt eine Haftung der Gemeinschaft selbst in Frage.

– Amtshaftungsansprüche und der gemeinschaftsrechtliche Staatshaftungsanspruch können selbständig nebeneinander bestehen.

– Die verletzte Norm des Gemeinschaftsrechts muß die Rechtsverleihung, Rechtszuweisung für den geschädigten Bürger bezwecken (Schutznormverletzung – Drittschutz)[14].

---

[7] s. Lenz/Borchardt/Lageard Art. 288 EGV Rn. 3-40; Detterbeck 2000 S. 204 ff.; Hans. D. Jarass, Haftung für die Verletzung von EU-Recht durch nationale Organe und Amtsträger, NJW 1994, 881-886, sowie Pfab 1997 S. 119 f.; Tremml/Karger 1998 Rn. 1202 ff. sowie Ossenbühl 1998 S.559 ff. – auch zur prozessualen Durchsetzung

[8] zusammenfassend Greb S.65 sowie Friedrich Schoch, Staatshaftung wegen Verstoßes gegen Europäisches Gemeinschaftsrecht, JURA 2002, 837 –841 (838)

[9] zu den diesen Entscheidungen zu Grunde liegenden Sachverhalten s. Brocke S. 4 ff.

[10] Fuchs 2003 S. 176 f.; zur Haftung für gerichtliche Fehlentscheidungen s. jüngst EuGH, NJW 2003, 3539-3544

[11] Lenz/Borchardt/Lageard Art. 288 Rn. 46

[12] s. bereits Krohn 1993, 121 f. (zum Diskussionsstand Anfang der 90er Jahre)

[13] Greb S. 15; Pfab 1997 S. 99, Tremml/Karger 1998 Rn. 1171 f.

[14] s. jüngst Ruhle/Lattenmayer a.a.O. (Fn. 3) S. 734 f.

– Es muß ein **hinreichend qualifizierter Verstoß** gegen das Gemeinschaftsrecht gegeben sein, wobei ein solcher regelmäßig in Fehlern bei gebundenen Entscheidungen sowie bei evidenter Überschreitung von Ermessensgrenzen vorliegt; gleiches gilt bei einem vorsätzlichen Verstoß oder einer gewollten Schadenszufügung[15]; die Grenzen der Befugnisse müssen offenkundig und erheblich, schwerwiegend überschritten, verletzt worden sein[16].

– Zwischen dem Verstoß gegen Gemeinschaftsrecht und dem Schaden muß ein **unmittelbarer Kausalzusammenhang** bestehen[17].

– Ein nachweisbares Verschulden ist bei diesem unmittelbaren Haftungsanspruch gegen den Staat **nicht** erforderlich[18].

1. Qualifizierter Verstoß

Besondere Bedeutung gewinnt das haftungsbegrenzende Tatbestandsmerkmal des **qualifizierten Verstoßes** gegen Gemeinschaftsrecht. Es handelt sich um ein normatives Merkmal, bei dem nach der Rechtsprechung folgende wesentliche Gesichtspunkte mitentscheidend sein sollen[19]:   **787**

- **Maß der Vorwerfbarkeit** des Verstoßes (Vorsatz, Fahrlässigkeit, Rechtsirrtum, Entschuldbarkeit, Ein-, Mehrdeutigkeit der verletzten Vorschrift, einer gefestigten EuGH-Rechtsprechung usw.)
- Umfang und Qualität des **Ermessensspielraums**, den die verletzte Vorschrift gibt (oder nicht gibt)
- Verhalten (Mitverursachung) von **Gemeinschaftsorganen** hinsichtlich des Verstoßes.

2. Drittschutz

Wird ein Staatshaftungsanspruch wegen nicht fristgerechter Umsetzung einer Richtlinie geltend gemacht, dann muß diese Richtlinie gerade das Ziel der **Verleihung von Rechten** an den einzelnen Bürger verfolgen und die inhaltliche Bestimmung dieser Rechtsposition muß sich aus der EU-Vorschrift selbst ergeben und nicht der Ausgestaltung des nationalen Gesetzgebers vorbehalten sein[20].   **788**

---

[15] Kriterien u.a.: offenkundiger, evidenter, erheblicher Verstoß, deutliches Fehlverhalten, Verstoß gegen gefestigte Rechtsprechung des EuGH, Entschuldbarkeit eines Rechtsirrtums, nicht (fristgerechte) Umsetzung einer Richtlinie u.a.; s. Tremml/Karger 1998 Rn. 1177; Greb S. 15 f., 83 ff., Brocke S.10 ff.; Ruhle/Lattenmayer a.a.O. (Fn. 3) S. 735; MK-Papier § 839 Rn. 100 c, 101

[16] Schoch a.a.O. S. 838; zusammenfassend Detterbeck 2000 S. 235 f.

[17] entspricht der Adäquanztheorie

[18] s. Fuchs 2003, S.177; Pfab 1997 S. 134; Greb S. 104 f.; Verschulden erlangt allenfalls Bedeutung bei der Prüfung des „qualifizierten Verstoßes"

[19] s. auch Lenz/Borchardt/Lageard Art. 288 Rn. 50–54; Detterbeck 2000 S. 236

[20] Fuchs 2003 S. 176 f.; Greb S. 8

Beispiel:

*Gegenstand des **Dillenkofer** – Verfahrens war die nicht fristgerechte Umsetzung der **Pauschalreise-Richtlinie** 90/314/EWG, durch die bei Konkurs des Reiseveranstalters Rückzahlungsansprüche und die Rückreise der Pauschalreisenden sichergestellt werden sollte. Die Kläger machten als Reisende Ersatzansprüche gegen die Bundesrepublik Deutschland nach einem entsprechenden Konkursfall ihres Veranstalters wegen nicht rechtzeitiger Umsetzung des europäischen Rechts geltend[21].*

3. Tatbestandliche Sonderfragen

789 Der so ausgeformte gemeinschaftsrechtliche Staatshaftungsanspruch ist als allgemeiner Rechtsgrundsatz im nationalen Recht **unmittelbar anwendbar**[22], bedarf somit keiner nationalen Umsetzungsmaßnahmen und tritt als Unrechtshaftung selbständig neben weitere (Amts-) Haftungsgrundlagen (z.B. § 839 BGB[23]), wobei der EuGH die Festlegung der Rechtsfolgen und die Durchsetzung des Anspruchs dem **nationalen Gesetzgeber** mit gewissen Vorgaben überlassen hat[24].

Noch nicht abschließend geklärt sind die Fragen, ob nicht realisierter **Primärrechtsschutz** den gemeinschaftsrechtlichen Staatshaftungsanspruch insgesamt zu Fall bringt oder sich dieser Umstand nur im Rahmen des Mitverschuldens auswirkt[25], ob das **Verweisungsprivileg** (§ 839 Abs. 1 Satz 2 BGB) gilt[26] und ob das **Spruchrichterprivileg** (§ 839 Abs. 2 Satz 1 BGB) auch beim gemeinschaftsrechtlichen Staatshaftungsanspruch sich haftungsbeschränkend auswirkt[27], wobei letzte-

---

[21] zum Verfahrensgegenstand und den Entscheidungen s. Brocke S. 236 ff.

[22] Greb S. 71

[23] Tremmel/Karger 1998 Rn. 32 etwas umstr. – zum Meinungsstand s. Schoch a.a.O. S. 839 f.; zu denken ist auch stets noch bei Menschenrechtsverletzungen an Art. 41 (vormals 5, 50) EMRK – Entschädigungsanspruch, „gerechte Entschädigung" – hierzu eingehend Ossenbühl 1998 S. 527 ff.; Jens Meyer-Ladewig, EMRK (Handkommentar) Art. 41 Rn. 1 ff. und jüngst (beachtlich) s. Jörg Gundel, Neue Anforderungen des EGMR an die Ausgestaltung des nationalen Rechtsschutzsystems, DVBl 2004, 17–27 – „überlange Verfahrensdauer", Art. 6, 13 EMRK sowie Hermann Gimbel, Einführung einer allgemeinen Untätigkeitsbeschwerde im Strafprozeß durch Gesetz, ZRP 2004, 35–37; s. auch OLG Celle, NJW 2003, 2463 f. (Unterbringung in Mehrpersonenzelle, Überbelegung, Menschenwürde)

[24] Ossenbühl 1998 S. 515 ff.; Pfab 1997 S. 145 f.

[25] offen gelassen in BGH, Urteil v. 9.10.2003 – BGH-Report 2004, 104-106 = NJW 2004, 1241-1243; BADK-Information 2003, 171-173; s. auch Detterbeck 2000 S. 246; wobei sicherlich ein Ersatzanspruch gegen die Gemeinschaft selbst (s. Rn. 785) den Amtshaftungsanspruch nicht entfallen lässt – s. Bergmann/Schumacher 2002 S. 606 f.

[26] ablehnend Detterbeck 2000 S. 244 f.; Brocke S. 163; Rengeling/Middeke/Gellermann/ Mankowski § 37 Rn. 130

[27] zur Frage der Haftung für judikatives Unrecht Greb S. 73 ff., 108 f.; Ossenbühl 1998 S. 513 f.; Detterbeck 2000 S. 245 f; Carsten Kremer, Staatshaftung für Verstöße gegen Gemeinschaftsrecht durch letztinstanzliche Gerichte, NJW 2004, 480–482; s. auch OLG Koblenz, OLGR 2004, 26-29

res inzwischen wohl zu verneinen sein wird (s. u. Rn. 790). Offen ist auch noch die Beantwortung der Frage nach der **Verjährungsfrist**[28] und der Beschränkung auf Schadensersatz in Geld (vs. Naturalrestitution, Folgenbeseitigung)[29] oder auch lediglich auf Ersatz materieller Schäden[30]. Gleiches gilt für die Beantwortung der Frage, ob „rechtmäßiges Alternativverhalten" sich auswirkt, ggf. im Rahmen des „qualifizierten Verstoßes" zu berücksichtigen ist.

Tendenziell bestehen keine durchgreifenden gemeinschaftsrechtlichen Bedenken gegen die entsprechende Anwendung dieser o.g. für den Amtshaftungsanspruch nach § 839 BGB geltenden Regelungen auch auf den gemeinschaftsrechtlichen Staatshaftungsanspruch[31].

4. Judikatives Unrecht (Gemeinschaftsrechtsverstoß)

Zunehmend an Bedeutung gewinnen wird wohl der haftungsbegründende Vorwurf, **790** eine Rechtssache rechtswidrig nicht dem EuGH vorgelegt und hierdurch gegen Gemeinschaftsrecht verstoßen zu haben[32]. Neben der Frage, ob in diesen Fällen bei entsprechender Prüfung durch die Instanzgerichte überhaupt ein qualifizierter Verstoß (s.o. Rn. 787) vorliegt, eine nachgehende verfassungsrechtliche Prüfung den „Schuldvorwurf" (innerhalb der Prüfung eines „qualifizierten" Verstoßes) entsprechend der Kollegialrechtsprechungs-Richtlinie entfallen lässt, ist die Frage entscheidend, ob eine entsprechende Anwendung von § 839 Abs. 2 Satz 1 BGB – Spruchrichterprivileg – als Ausdruck eines allgemeinen, auch europäischen Rechtsgrundsatzes auch auf den gemeinschaftsrechtlichen Staatshaftungsanspruch Anwendung findet, was anzunehmen ist[33]. Derartige Schadensersatzklagen erscheinen demnach sowohl aus Amtshaftungsgesichtspunkten wie auch auf der Grundlage des gemeinschaftsrechtlichen Staatshaftungsanspruchs als unbegründet. Hierbei ist allerdings zu berücksichtigen, dass der **EuGH** in einer recht neuen Entscheidung[34] wohl einen Staatshaftungsanspruch bereits bei einem (lediglich) **offenkundigen Verstoß gegen das Gemeinschaftsrecht** (u.a. offenkundige Verkennung der einschlägigen Rechtsprechung des EuGH) zubilligen will und damit Haftungsprivilegien für „judikatives Unrecht" (durch „letztinstanzliche Gerichte") wohl in Zukunft

[28] z.T. (wohl Mindermeinung) wird eine 5 jährige Verjährungsfrist nach EG-Recht angenommen, Greb S. 140, Brocke S. 165 f.; hierzu – ablehnend – Rengeling/Middeke/Gellermann/Mankowski § 37 Rn. 131

[29] f. eine Erweiterung Pfab 1997 S. 146, enger (wie § 839 BGB) Jarass aaO. S. 884

[30] s. Jarass aaO. S. 884

[31] in Einzelnen s. Brocke S. 15 ff., Pfab 1997 S.147 f.; Greb S. 100 ff., kritisch und zum Teil abweichend Greb S. 137 ff.

[32] hierzu OLG Koblenz, OLGR 2004, 26-29; eingehend auch Rengeling/Middeke/Gellermann/Mankowski § 37 Rn. 126 ff. – auch zu alternativen Lösungsansätzen

[33] s. zu diesem Problemkreis auch Ossenbühl 1998 S. 514; ablehnend insoweit Detterbeck 2000 S. 245 f.

[34] Urteil des EuGH in RS.C-224/01 vom 30.09.2003 (G. Köbler / Republik Österreich) – zit. nach EUROPA kompakt 2003, 170 f. – abgedruckt in NJW 2003, 3539-3544

entfallen[35]. Es gelten dann die allgemeinen Festlegungen (s.o. Rn. 786), nach denen die nationalen Gerichte den sich unmittelbar aus europäischen Rechtsvorschriften ergebenden Rechtschutz sicherstellen und sich bei Auslegung dieser Vorschriften möglichst nahe am Wortlaut, Zweck und dem verfolgten Ziel orientieren müssen[36].

Beispiel:

EuGH, NJW 2003, 3539[37] – Entscheidung durch letztinstanzliches nationales Gericht, offenkundiger Verstoß gegen Gemeinschaftsrecht –

Der Grundsatz, dass die Mitgliedsstaaten zum Ersatz von Schäden verpflichtet sind, die einem Einzelnen durch ihnen zuzurechnende Verstöße gegen das Gemeinschaftsrecht entstehen, ist auch dann anwendbar, wenn der fragliche Verstoß in einer Entscheidung eines letztinstanzlichen Gerichts besteht, sofern die verletzte Gemeinschaftsrechtsnorm bezweckt, dem Einzelnen Rechte zu verleihen, der Verstoß hinreichend qualifiziert ist und zwischen diesem Verstoß und dem dem Einzelnen entstandenen Schaden ein unmittelbarer Kausalzusammenhang besteht. Bei der Entscheidung darüber, ob der Verstoß hinreichend qualifiziert ist, muss ... prüfen, ob dieser Verstoß offenkundig ist. ...

III. Haftungs-, Rechtsfolgen

791　　Nach den Festlegungen des EuGH ist es mangels einer gemeinschaftsrechtlichen Regelung Aufgabe der einzelnen Staaten, die **Folgen des rechtswidrigen Handelns** zu beseitigen.

Hierzu gehören die Festlegung des Rechtsweges, die Bestimmung der zuständigen Gerichte, die Verfahrensgestaltung und die Ausgestaltung des Ersatzanspruchs[38].

Der nationale Staat hat hier einen **erheblichen Gestaltungsspielraum**; dieser muß allerdings die Rechte des EU-Bürgers effektiv und diskriminierungsfrei ausgestalten[39].

---

[35] zumindest bei rechtskräftigen letztinstanzlichen nationalen Urteilen; wobei insoweit wohl weitere Urteile des EuGH zur Klarstellung abzuwarten sind; s. auch Karl Eichele, Staatshaftung für Richter, BRAK-Mitt. 2003, 159–161, eingehend auch Winfried Kluth, Die Haftung der Mitgliedsstaaten für gemeinschaftswidrige höchstrichterliche Entscheidungen – Schlussstein im System der gemeinschaftsrechtlichen Staatshaftung, DVBl. 2004, 393–403; Waltraud Hakenberg, Zur Staatshaftung von Gerichten bei Verletzung von europäischem Gemeinschaftsrecht, DRiZ 2004, 113-117

[36] Lenz/Borchardt/Lenz Art. 10 EGV Rn. 5

[37] s. auch Carsten Kremer, Staatshaftung für Verstöße gegen Gemeinschaftsrecht durch letztinstanzliche Gerichte, NJW 2004, 480-482

[38] so wohl auch EuGH, NJW 2003, 3539, 3543 f., vgl. Jarass aaO. S. 882; damit wird in Kauf genommen, dass gleiche Sachverhalte in verschiedenen Staaten unterschiedlichen Prozessausgang haben können

[39] Greb S. 9

Für Deutschland gilt, dass der gemeinschaftsrechtliche Haftungsanspruch materiell und prozessual mit den bereits dargestellten Besonderheiten im Übrigen in gleicher Weise wie der Amtshaftungsanspruch behandelt wird.

Zum Teil wird auch vertreten, dass als Rechtsfolge nicht nur Schadensersatz in Geld zu leisten ist sondern wegen der unmittelbaren Staatshaftung **Naturalrestitution** geschuldet wird[40].

IV. Haftungssubjekte, Passivlegitimation

Vom Grundsatz ist von einer Haftung des jeweiligen Mitgliedstaates auszugehen.   **792**
Nach deutschem Recht (vergl. u.a. Gesetzgebungskompetenz) ist jedoch für die Umsetzung des Gemeinschaftsrechts oft nicht der Bund, sondern es sind die Länder zuständig und verantwortlich. Fraglich ist in diesen Fällen die Haftung des Bundes. Es besteht in der nationalen wie auch in der europäischen Rechtsprechung Einigkeit darüber, dass bei entsprechend qualifizierten Verstößen auch – und im Einzelfall auch nur – die nach der deutschen Rechtsordnung verantwortlichen Länder und Kommunen haften können[41]. Weiterhin ist davon auszugehen, dass sich die haftende Körperschaft u.a. für den gemeinschaftsrechtlichen Staatshaftungsanspruch nach den gleichen Kriterien bestimmen lässt wie bei einer Haftung nach nationalen Amtshaftungsgrundsätzen[42]. Eine ergänzende, additive Haftung des Staates (Bundesrepublik Deutschland) in allen Fällen eines Verstoßes gegen Gemeinschaftsrecht findet nach wohl überzeugender Auffassung nicht statt[43].

Liegt kein einem Mitgliedstaat oder einer seiner Körperschaften u.a. zuzurechnender Verstoß gegen Gemeinschaftsrecht vor, bleibt möglicherweise ein **Anspruch gegen die Gemeinschaft** selbst.

PRAXISTIPP! Ist für einen Gemeinschaftsrechtsverstoß nach nationalen Amtshaftungsgrundsätzen ein **Land, eine Kommune verantwortlich**, dann sollte diese Körperschaft und nicht – zumindest nicht ausschließlich – die **Bundesrepublik Deutschland** verklagt werden.

---

[40] so wohl Detterbeck 2000 S. 247; vgl. zum Meinungsstand Greb S. 105 f.
[41] Lenz/ Borchardt/Lageard Art. 288 Rn. 60; Rengeling/Middeke/Gellermann/Mankowski § 37 Rn. 119 f.; Brocke S. 169 ff., Pfab 1997 S.149 f.; wohl auch Detterbeck 2000 S. 247 f.; abw. Greb S. 141 f.: nur und stets der Bund
[42] so wohl auch Hans-Georg Dederer, Regress des Bundes gegen ein Land bei Verletzung von EG-Recht, NVwZ 2001, 258-265
[43] z.d. abweichenden, weitergehenden Ansichten (bzgl. Haftung der BRD) s. Ossenbühl 1998 S. 520 f.; Tremml/Karger 1998 Rn. 1201; Dederer a.a.O. S. 258 f.; Jarass a.a.O. S. 884

V. Verhältnis des gemeinschaftsrechtlichen Staatshaftungsanspruchs zu innerstaatlichen Haftungsansprüchen

793   Eigenständige, selbständige Bedeutung hat der gemeinschaftsrechtliche Staatshaftungsanspruch in Deutschland vor allem bei Nichtumsetzung sekundären Gemeinschaftsrechts durch Erlass eines **formellen Gesetzes** bzw. bei Nichtanpassung deutscher Gesetze an EG-rechtliche Bestimmungen, denn in diesen Fällen greift der Amtshaftungsanspruch nach § 839 BGB i.V.m. Art. 34 GG nicht ein[44]. Ähnliches gilt wohl nach einer neuen Entscheidung des EuGH (s.o. Rn. 790) für **gerichtliche Entscheidungen**, für die bei Verstößen gegen Gemeinschaftsrecht offensichtlich das „Spruchrichterprivileg" (entsprechend § 839 Abs. 2 BGB) nicht gelten soll. Es tritt eine **erweiterte Haftung** insoweit über den gemeinschaftsrechtlichen Staatshaftungsanspruch ein.

In allen übrigen Fällen, insbesondere wenn Gemeinschaftsrecht oder deutsches „Umsetzungsrecht" (von EG-Vorschriften) durch eine deutsche Verwaltung im Einzelfall (durch Erlaß eines Verwaltungsaktes) – rechtswidrig – angewendet wird, greifen **zusätzlich** Amtshaftungsansprüche ein (Fall der Anspruchsgrundlagenkonkurrenz).

VI. Prozessuale Fragen

794   Deutsche Gerichte müssen zum einen die volle Wirkung und Durchsetzbarkeit des gemeinschaftsrechtlichen Staatshaftungsanspruchs gewährleisten und die Rechte schützen, die das Gemeinschaftsrecht den Einzelnen verleiht[45].

Hinsichtlich **Rechtsweg** (ordentliche Gerichtsbarkeit, Art. 34 GG; § 40 Abs. 2 Satz 1 VwGO), **Zuständigkeit** (Landgerichte gem. § 71 Abs. 2 Nr. 2 GVG) und **Passivlegitimation** gelten die für den Amtshaftungsanspruch einschlägigen Vorgaben entsprechend[46].

Für die Beweislast ist wohl entscheidend, zu wessen Gunsten sich der jeweilige Tatsachenvortrag auswirken kann. So ist schadensausschließendes rechtmäßiges Alternativverhalten vom Bund bzw. vom Land (meist Beklagter) zu behaupten und zu beweisen, auch wenn dieses im Rahmen der Tatbestandsvoraussetzung „qualifizierter Verstoß" (Beweislast eigentlich beim geschädigten Bürger – Kläger) zu prüfen ist.

---

[44] s.o. Einleitung, abw. wohl Pfab 1997 S. 138

[45] BGH, Urteil v. 9.10.2003 – III ZR 342/02 (übersteigerte Anforderungen an die Vortragslast)

[46] EuGH, NJW 2003, 3543 f.; s. auch Tremml/Karger 1998 Rn. 1198; Pfab 1997 S. 150

VII. Zusammenfassung

Der **gemeinschaftsrechtliche Staatshaftungsanspruch** ist ein vom EuGH
entwickeltes Rechtsinstitut und stellt sich als **verschuldensunabhängige reine
Unrechtshaftung**, als unmittelbare Staatshaftung für legislatives, exekutives
und judikatives Unrecht dar.

795

Der gemeinschaftsrechtliche Staatshaftungsanspruch wird nach den Festlegungen
des EuGH im wesentlichen durch zwei Rechtsordnungen beeinflusst:

Der **Haftungstatbestand** mit seinen Einzelmerkmalen, d.h. die Voraussetzungen
der Haftung werden primär durch **Gemeinschaftsrecht** beeinflusst.

Die **Haftungsfolgen** und die Durchsetzung des Anspruchs richten sich andererseits
im wesentlichen nach **nationalem Recht**.

Haftungstatbestand – gemeinschaftsrechtlicher Staatshaftungsanspruch –:
- **hinreichend qualifizierter Verstoß** gegen Gemeinschaftsrecht (offenkundige und schwerwiegende Verletzung u.a.)
- **individueller Schutzzweck** der verletzten Norm
- **unmittelbare Kausalität** zwischen Normverletzung und Schaden

C. Amts- und Staatshaftung in anderen europäischen Staaten

796   Im Folgenden sollen **exemplarisch** die Regelungen der Amts- und Staatshaftung in einigen anderen Staaten im Überblick dargestellt werden, um so alternative und gegebenenfalls auch weiterführende mögliche **Haftungsmodelle** für das deutsche Recht zu skizzieren[1].

Zusammenfassend und dementsprechend stark vereinfachend ist festzustellen, dass ganz überwiegend die Amts- und Staatshaftung in Europa als **zivilrechtliche Deliktshaftung** ausgestaltet ist, die **verschuldensabhängige Haftung des Amtswalters** (Bediensteten) von der öffentlich-rechtlichen Körperschaft übernommen wird. Eine eigenständige und unmittelbare Staatshaftung ist die absolute Ausnahme. Die Haftung für legislatives Unrecht ist eher zurückhaltend ausgestaltet. Eine Haftung für verschuldensunabhängiges Unrecht (Erfolgsunrecht) findet nur bei besonderen Gefährdungslagen (Atomanlagen usw.), aufgrund spezialgesetzlicher Normen statt[2].

I. Englisches Recht[3]

797   Für die heutige Amts- und Staatshaftung im **englischen Recht** gilt, dass sowohl die Zentralverwaltung („die Krone") wie auch alle übrigen Teile der Exekutive nach allgemeinen Grundsätzen für rechtswidriges Verhalten in Anspruch genommen werden können[4]. Die Verwaltung haftet nach den – zivilrechtlichen – Grundsätzen der **verschuldensunabhängigen Geschäftsherrenhaftung** für rechtswidriges Verhalten ihrer Bediensteten oder sonstiger eingesetzter Hilfspersonen, soweit nicht sondergesetzliche Vorschriften (z.B. für Atomanlagen) Abweichendes regeln[5]. Diese Staatshaftung tritt im englischen Recht neben die persönliche Haftung des jeweils Handelnden[6].

In materieller Hinsicht haftet der Staat im Grundsatz nach Grund und Höhe nur **wie ein Privater aus Deliktsrecht**, regelmäßig lediglich auf Zahlung eines Geldbetrages. Ein Deliktstatbestand für hoheitliches Unrecht fehlt im englischen Recht[7].

---

[1] für eine eingehendere Beschäftigung mit den jeweiligen nationalen Regelungen wird auf die zitierte Literatur verwiesen; die Ausführungen können lediglich einen groben Überblick verschaffen; zur Staatshaftung in anderen europäischen Staaten s. Pfab 1997 S. 172–189 (Großbritannien, Frankreich, Österreich, Belgien, Dänemark, Griechenland, Irland, Italien, Luxemburg, Niederlande, Portugal, Spanien, Schweiz)

[2] s. auch Pfab 1997 S. 189

[3] eingehend U. Mayo, Die Haftung des Staates im englischen Recht – unter vergleichender Berücksichtigung des deutschen Rechts, Diss. Münster 1999

[4] zusammenfassend, auch zur historischen Entwicklung Mayo S. 220

[5] Pfab 1997 S. 173

[6] Mayo S. 220 f.

Wegen der Gleichstellung mit privaten Dritten bestehen Probleme bei der Haftung des Staates für Ermessensfehler. Zurückhaltung besteht bei der Haftung für Vermögensschäden. Die Zuständigkeit für Staatshaftungsklagen liegt bei den ordentlichen Gerichten.

Ausgeschlossen ist eine Staatshaftung im englischen Recht für sog. „acts of state" (Maßnahmen mit Bezug zu anderen Staaten) sowie für alle Handlungen der rechtsprechenden und auch der gesetzgebenden Gewalt (Parlamentsgesetze), wobei der gemeinschaftsrechtliche Staatshaftungsanspruch jedoch Geltung besitzt[8].

> **Zusammenfassung**:
>
> Das englische Recht kennt grundsätzlich kein spezifisches Amts- oder Staatshaftungsrecht mit entsprechenden Normen sondern es wird auf das **allgemeine Deliktsrecht** auf der Grundlage des common law zurückgegriffen, auch wenn es um Ersatzansprüche gegen den Staat geht[9]. Die Haftung des Staates ist vom Tatbestand und von der Rechtsfolge her – im Verhältnis zum deutschen Recht – eingeschränkt[10].

II. Französisches Recht[11]

Das **französische Amts- und Staatshaftungsrecht**[12] differenziert im wesentlichen   **798**
danach, ob der öffentlich Bedienstete eine Pflichtverletzung ohne jedweden **Bezug zum Dienst** vorgenommen hat (nur persönliche Haftung) oder eine Verbindung zu der Diensttätigkeit gegeben ist (persönliche Haftung des Bediensteten und solche des Staates). Eine Schuldübernahme durch den Staat mit entsprechender Haftungsfreistellung des Bediensteten im Außenverhältnis findet im französischen Haftungsrecht nicht statt. Eine mit § 839 Abs. 1 Satz 2 BGB vergleichbare Regelung besteht nicht.

Für Maßnahmen im politischen Bereich und für Akte der legeslativen Gewalt findet eine Haftung nicht statt.

---

[7] Mayo S. 221; Pfab 1997 S. 175
[8] Mayo S. 222, 224
[9] Brocke S. 51 ff.
[10] Pfab 1997 S. 175
[11] s.o. Rn. 9–11; Pfab 1997 S. 176 ff. (zusammenfassend)
[12] hierzu Sonnenberger/Autexier, Einführung in das französische Recht, 3. Aufl. § 7 S. 101 ff.
  sowie Hübner/Constantinesco, Einführung in das französische Recht, 4. Aufl. § 16 S. 121 ff.

Zusammenfassung:

Das französische Recht kennt **keine Sonderregelungen für Amts- und Staatshaftung**. Der Bedienstete haftet grundsätzlich neben dem Staat. Eine Verweisungsmöglichkeit auf Ansprüche gegen Dritte ist nicht gegeben. Für Rechtsetzungsakte besteht eine Haftung des Staates nicht.

4. Teil
Sonderfragen, Zusammenfassung und Ausblick

A. Materiell-rechtliche und prozessuale Sonderfragen

I. Schmerzensgeld

1. Frühere Rechtslage

a) Zivilrechtliche Haftung

§ 253 BGB (a.F.) schloss für Nichtvermögensschäden eine Geldentschädigung aus, **799**
soweit nicht eine solche durch Sondervorschriften vorgesehen war.

Sonderbestimmung war u.a.[1] § 847 Abs. 1 BGB (a.F.), der Anwendung fand auf alle
unerlaubten Handlungen des Bürgerlichen Gesetzbuchs, nicht aber auf andere Tatbestände wie z.B. im Bereich des HaftpflG, des StVG, des ProdukthaftG und weiteren mehr[2].

Schmerzensgeldansprüche konnten und können darüber hinaus nicht geltend gemacht werden, wenn sie durch **Versorgungsgesetze** ausgeschlossen sind[3].

Der Ausschluss von Schmerzensgeld im Rahmen der vertraglichen Haftung war
nach der Rechtsprechung unumstritten[4].

Bei schwerwiegenden Eingriffen in das **Persönlichkeitsrecht** gewährt(e) die Rechtsprechung Entschädigung in Geld für immaterielle Nachteile[5].

b) Öffentlich-rechtliche Haftung

Der auf Amtshaftung gründende Schadensersatzanspruch schloss den Ersatz imma- **800**
teriellen Schadens ein[6], wohingegen im Anwendungsbereich der allgemeinen entschädigungsrechtlichen Rechtsinstitute und vor allem auch dem der **Aufopferung**
die Rechtsprechung kein Schmerzensgeld zuerkannte[7].

Sonstige öffentlich-rechtliche und spezialgesetzlich normierte Ausgleichsregelun-
gen wie beispielsweise im Recht der polizeilichen und ordnungsbehördlichen Gefahrenabwehr[8] gewähren Schmerzensgeld, wenn das besonders vorgesehen ist[9].

---

[1] vgl. Palandt/Heinrichs, BGB, 61. A., § 253 Rn. 1
[2] vgl. Palandt/Heinrichs, BGB, 61. A., § 847 Rn. 3
[3] siehe oben Rn. 229 ff.
[4] BGHZ 52, 115/117 = NJW 1969, 1665 (§ 670 BGB)
[5] siehe oben Rn. 175
[6] oben Rn. 174
[7] oben Rn. 365; dazu kritisch Ossenbühl, S. 139-141
[8] oben Rn. 369 ff.
[9] oben Rn. 276

2. Neue Rechtslage

a) Zivilrechtliche Haftung

801   § 253 Abs. 1 BGB (n.F.) bestimmt, dass wegen des Schadens, der nicht Vermögens-schaden ist, eine Entschädigung in Geld nur in den durch das Gesetz bestimmten Fällen gefordert werden kann[10]. An die Stelle des bisherigen § 847 BGB (a.F.) ist – als gesetzliche Sonderbestimmung – § 253 Abs. 2 BGB getreten. Dieser lautet wie folgt:

> **Ist wegen einer Verletzung des Körpers, der Gesundheit, der Freiheit oder der sexuellen Selbstbestimmung Schadensersatz zu leisten, kann auch wegen des Schadens, der nicht Vermögensschaden ist, eine billige Entschädigung in Geld gefordert werden.**

Gegenüber dem bisherigen Rechtszustand liegt eine Änderung darin, dass die **sexuelle Selbstbestimmung** generell einbezogen ist.

802   Neu ist die Abkopplung des Anspruchs von den Voraussetzungen der unerlaubten Handlung. Die Zubilligung einer Entschädigung für Nichtvermögensschäden hängt nach neuem Recht ausschließlich von der Verletzung eines in § 253 Abs. 2 BGB (n.F.) genannten Schutzguts ab, selbst wenn die Haftung des Schädigers auf einer Gefährdungshaftung[11] oder der Haftung wegen Verletzung vertraglicher Pflichten beruht.

Einer Prüfung des Deliktsanspruchs bedarf es dem Grunde nach nicht mehr, wenn tatbestandlich ein Anspruch aus Gefährdungshaftung besteht. Anders ist es nur, wenn die Beschränkung des Anspruchs auf Höchstbeträge den Rückgriff auf das Deliktsrecht oder einen sonstigen Haftungsgrund erzwingt.

803   Die Einbeziehung vertraglicher Schadensersatzansprüche ist für die Gehilfenhaftung von Bedeutung, denn bei Pflichtverletzungen kommt es für den Schmerzens-geldanspruch nicht mehr auf § 831 BGB an; der **Entlastungsbeweis** ist zugunsten der Zurechnung des Gehilfenversagens abgeschnitten. Außerdem verringert die **Verschuldensvermutung** des § 280 Abs. 1 S. 2 BGB (n.F.) die Anforderungen an den Ausgleich immaterieller Schäden[12].

Nur Schäden, die durch ein nach dem **31. Juli 2002** liegendes Ereignis hervorgerufen worden sind, sind schmerzensgeldrechtlich nach der Neufassung zu bewerten. Dabei ist nicht auf den Eintritt der Rechtsgutverletzung, sondern auf das zum Schadensersatz verpflichtende Verhalten des Schädigers abzustellen, was vor allem für den Ausgleich von Folgeschäden bedeutsam ist[13].

---

[10]   vgl. zu solchen Sonderregelungen Münchener Kommentar/Oetker, § 253 Rn. 1

[11]   siehe Nachweise bei Münchener Kommentar/Oetker, § 253 Rn. 2

[12]   Münchener Kommentar/Oetker, § 253 Rn. 2

[13]   Münchener Kommentar/Oetker, § 253 Rn. 3

b) Öffentlich-rechtliche Haftung

Der neu gefasste § 253 Abs. 2 BGB hat in seinem Regelungsbereich für den Amts-   **804**
haftungsanspruch keine Änderung herbeigeführt[14].

Wegen der **dynamischen Verweisung** des § 62 S. 2 VwVfG[15] finden auf die Ersatzansprüche, die auf verwaltungsrechtlichen Verträgen beruhen und bislang der positiven Forderungsverletzung unterfielen, §§ 280 Abs. 1, 241 Abs. 2 BGB (n.F.) und
darüber hinaus § 253 Abs. 2 BGB (n.F.) Anwendung.

Im Übrigen sind die Bestimmungen auch im vorvertraglichen Bereich[16] und bei öffentlich-rechtlichen Nutzungs- und Leistungsverhältnissen, die nicht durch einen
Vertrag begründet worden sind[17], analog heranzuziehen.

Somit kann bei Verletzung der entsprechenden Rechtsgüter im Bereich **öffentlich-
rechtlicher Sonderverbindungen** ein Schmerzensgeldanspruch gerechtfertigt sein.

Fraglich ist, ob die Wertung des § 253 Abs. 2 BGB (n.F.) auch auf **Aufopferungs-**   **805**
ansprüche erstreckt werden kann. Hierfür spricht die Opferperspektive, die der Ver-
allgemeinerung des Schmerzensgeldanspruchs zu Grunde liegt[18].

Es bleibt abzuwarten ob die Rechtsprechung sich von ihrer früheren Betrachtung
löst[19] und diesen Schritt vollzieht.

II. Verjährung[20]

1. Frühere Rechtslage

Für die Verjährung von Amtshaftungsansprüchen galt die Fristbestimmung des   **806**
§ 852 Abs. 1 BGB[21].

Öffentlich-rechtliche Ansprüche, für die keine speziellen Verjährungsvorschriften
bestehen[22], verjährten nach § 195 BGB (a.F.) in 30 Jahren, so der Anspruch aus Enteignung, aus enteignungsgleichem Eingriff, aus enteignendem Eingriff sowie aus
Aufopferung und ebenso der Folgenbeseitigungsanspruch[23].

---

[14] oben Rn. 174
[15] oben Rn. 417; vgl. Kopp/Ramsauer, VwVfG, § 62 Rn. 6a und Einf. Rn. 9
[16] Stichwort: culpa in contrahendo
[17] oben Rn. 425, 426
[18] vgl. Däubler, Die Reform des Schadensersatzrechts, JuS 2002, 625/626; auch Dötsch,
      Öffentlich-rechtliche Schmerzensgeldansprüche, NVwZ 2003, 185/186
[19] vgl. die Darstellung bei Ossenbühl, S. 139-141
[20] es liegt nunmehr ein Referentenentwurf des BMJ vor (Stand: 9. März 2004), nach dem die
      in zahlreichen Spezialvorschriften bestehenden Verjährungsregelungen an das neue Ver-
      jährungsrecht des BGB angepasst werden sollen; das öffentliche Recht ist hiervon nicht
      betroffen
[21] oben Rn. 235 ff.
[22] vgl. dazu Palandt/Heinrichs, BGB, 61. A., § 194 Rn. 2
[23] siehe Nachweise bei Bamberger/Roth/Henrich, § 195 Rn. 18

Dieselbe Verjährungsregelung betraf Ansprüche aus öffentlich-rechtlichen Sonder-verbindungen[24].

2. Neue Rechtslage

a) Verfassungsrechtlicher Ansatz

807 Aus verfassungsrechtlichen Gründen sieht das Schuldrechtsmodernisierungsgesetz keine unmittelbare Übernahme der neuen Verjährungsregelungen nach dem Bürger-lichen Gesetzbuch in das öffentliche Recht vor[25], so dass fraglich ist, inwieweit die neuen Bestimmungen analoge Anwendung finden können.

Hierzu gibt es in der Literatur ein breites Spektrum unterschiedlicher Auffassungen, die die neue regelmäßige Verjährungsfrist von drei Jahren und wohl ebenso die Höchstgrenze von zehn bzw. dreißig Jahren für alle staatshaftungsrechtlichen An-sprüche heranziehen möchten[26].

b) Regelfrist

808 aa) Für Amtshaftungsansprüche gelten unmittelbar die neuen Bestimmungen[27].

bb) Die Anwendung des neuen bürgerlich-rechtlichen Verjährungsrechts im öffent-lich-rechtlichen Bereich ist umstritten

Für staatshaftungsrechtliche Ansprüche und insbesondere solche aus Enteig-nungstatbeständen sowie Aufopferung wird vertreten, dass diese nach neuem Recht in dreißig Jahren ab Entstehung verjährten, denn der Staat sei als Schuldner in be-sonderer Weise dem objektiven Recht und der Rechtsverwirklichung verpflichtet. Den Materialien zum Schuldrechtsreformgesetz sei nicht zu entnehmen, dass der Gesetzgeber die Verjährung öffentlich-rechtlicher Ansprüche reformieren und den Staat durch kurze Verjährungsfristen entlasten wolle[28].

Demgegenüber wird darauf verwiesen, dem geschädigten Bürger sei es **zuzumuten**, seinen Anspruch mit Kenntnis der erforderlichen Umstände zügig durchzusetzen. Nichts anderes gelte in den Fällen grob fahrlässiger Unkenntnis, wenn der Bürger also bei der Verfolgung seiner Interessen außer Acht lasse, was jedem hätte ein-leuchten müssen[29]. Da die in §§ 196, 197 BGB (n.F.) enthaltenen Verjährungsfristen

---

[24] BGH MDR 1978, 298 = VersR 1978, 38 (Kanalisation/Erfüllungsgehilfenhaftung)

[25] vgl. Kellner, Auswirkungen der Schuldrechtsreform auf die Verjährung im Staatshaftungs-recht, NVwZ 2002, 395/398 m.w.N. und insoweit zur Amtshaftung S. 399 m.w.N. in Fn. 59

[26] Heselhaus, Die Verjährung im Staatshaftungsrecht nach der Schuldrechtsreform, DVBl 2004, 411/412 m.w.N.

[27] oben Rn. 245 ff.

[28] Mansel, Die Neuregelung des Verjährungsrechts, NJW 2002, 89/91; vgl. auch Hesel-haus, Die Verjährung im Staatshaftungsrecht nach der Schuldrechtsreform, DVBl 2004, 411/416 ff.

[29] Kellner, Auswirkungen der Schuldrechtsreform auf die Verjährung im Staatshaftungs-recht, NVwZ 2002, 395/398 f.

Spezialvorschriften darstellten, seien diese nicht analogiefähig, so dass nur auf die Regelfrist des § 195 BGB (n.F.) zurückgegriffen werden könne[30].

Nach wohl h.M. und unter Heranziehung der Wertungen des § 54 BGSG und des – unwirksamen – § 13 Abs. 1 S. 1 StHG 1981[31] wird eine **Analogie des § 195 BGB** (n.F.) – allgemein – **für staatshaftungsrechtliche Ansprüche** befürwortet[32], so dass die Regelverjährung von drei Jahren auch für solche Ansprüche gilt. Dieser Auffassung wird hier gefolgt.   **809**

c) Höchstfristen

aa) Die kenntnisunabhängig laufende Höchstfrist von zehn Jahren ab Verletzungs-handlung folgt für die meisten Fälle der **Amtshaftung** aus § 199 Abs. 3 S. 1 Nr. 1 BGB (n.F.) unmittelbar. Die dreißigjährige Frist der Nr. 2 betrifft vor allem solche Amtshaftungsansprüche, denen (lediglich) reine Vermögensschäden zu Grunde lie-gen[33]. Zu beachten ist die Verjährungsregelung von dreißig Jahren im Falle der Ver-letzung immaterieller Güter nach § 199 Abs.2 BGB (n.F.).   **810**

bb) Auf Schadensersatzansprüche aus **öffentlich-rechtlichen Schuldverhältnissen** ist § 199 Abs. 3 S. Nr. 1 BGB (n.F.) analog anzuwenden. Fristauslösendes Ereignis ist die Pflichtverletzung.

Der Folgenbeseitigungsanspruch und der öffentlich-rechtliche Erstattungsanspruch verjähren absolut gem. § 199 Ab. 4 BGB (n.F.) entsprechend in zehn Jahren von ihrer Entstehung an; sie gehören nicht zu den Schadensersatzansprüchen.

Die Höchstfrist für Entschädigungsansprüche nach Enteignungsgrundsätzen und aus Aufopferung wird verschieden gesehen[34].

Sie dürfte dreißig Jahre betragen.

Die höchstrichterliche Rechtsprechung wird in allen Fällen für Klarheit zu sorgen haben.

III. Anspruchskonkurrenzen

1. Allgemeines

a) Konkurrenz in materiell-rechtlicher Sicht

Anspruchsnormen oder Anspruchsgrundlagen sind solche Vorschriften, deren Rechtsfolge vorsieht, dass ein anderer etwas tun oder unterlassen muss[35]. Der Gläu-   **811**

---

[30] Kellner a.a.O.

[31] Kellner a.a.O. S. 399

[32] Bamberger/Roth/Henrich, § 195 Rn. 18

[33] Staudinger/Wurm, § 839 Rn. 387

[34] vgl. Kellner, Auswirkungen der Schuldrechtsreform auf die Verjährung im Staatshaftungs-recht, NVwZ 2002, 399/400

[35] vgl. § 194 Abs. 1 BGB

biger kann den Anspruch als Rechtsfolge der Anspruchsnorm nur dann erfolgreich geltend machen, wenn die tatbestandlichen Voraussetzungen der Norm vorliegen und von ihm im Falle des Bestreitens bewiesen werden.

Anhand der unterschiedlichen tatbestandlichen Voraussetzungen kann sich ergeben, dass von mehreren Anspruchsnormen nur eine in Betracht kommt. Es können für ein konkretes Begehren des Klägers aber auch mehrere Anspruchsgrundlagen eingreifen. Dann ergibt sich die Frage nach den Anspruchskonkurrenzen.

Dieselben Lebenssachverhalte oder solche, die sich weitgehend decken, können materiell die Tatbestände verschiedener anspruchsbegründender Normen erfüllen. Es fragt sich dann, ob nur eine Norm zur Anwendung kommt oder mehrere Anspruchsnormen nebeneinander bestehen, und ob aus mehreren Anspruchsnormen für dasselbe tatsächliche Begehren mehrere Ansprüche entstehen oder, bei Inhaltsgleichheit, nur ein einziger Anspruch, der im Gesetz mehrfach begründet ist.

812 Bei der **Gesetzeskonkurrenz** verdrängt eine Anspruchsnorm die andere, so dass nur die erste zur Anwendung kommt (normenverdrängende Konkurrenz).

Das ist vor allem dann der Fall, wenn **Gesetzesspezialität** vorliegt, weil der in der verdrängenden Norm geregelte Fall ein Unterfall des Tatbestands der zweiten Norm ist. So verdrängen gesetzliche Entschädigungsregelungen im Polizei- und Ordnungsbehördenrecht als gesetzliche Nachbildung des Aufopferungsanspruchs und des Anspruchs aus enteignungsgleichem Eingriff diese Institute richterlicher Rechtsfortbildung[36].

Diese Verdrängung kann sich auch aus dem Zweck der verdrängenden Norm ergeben, so z.B. für die Anwendung des § 839 BGB im Verhältnis zu den allgemeinen Deliktsvorschriften des bürgerlichen Rechts[37].

Bei der **Anspruchsnormenkonkurrenz** liegt nur ein einziger materiell-rechtlicher Anspruch vor, der auf mehrere Anspruchsnormen – und sei es auch mit unterschiedlichen Voraussetzungen – gestützt werden kann (Mehrheit von Anspruchsgrundlagen).

Davon ist die echte **Anspruchskonkurrenz** zu unterscheiden, bei der mehrere materiell-rechtliche Ansprüche, die mit besonderen Funktionen verbunden sind, bestehen[38].

Im Regelfall ist aber bei Ansprüchen, die eine „Erfüllungsgemeinschaft" bilden, von einer bloßen Anspruchsnormenkonkurrenz mit einem einheitlichen Anspruch auszugehen.

---

[36] vgl. zum OBG Nordrhein-Westfalen BGHZ 72, 273/277 = NJW 1979, 36: Der abschließende Charakter der verfassungsgemäßen landesrechtlichen Regelung verbietet es dem Geschädigten, nach Verjährung seiner Ansprüche nach dem Ordnungsbehördengesetz auf das allgemeine Haftungsinstitut des enteignungsgleichen Eingriffs zurückzugreifen (Bauvoranfrage)

[37] siehe dazu Soergel/Vinke, § 839 Rn. 28, 29 m.w.N.

[38] keine Anspruchsidentität

Für den hier zu behandelnden Sachbereich sind im Wesentlichen bedeutsam die **normverdrängende Anspruchskonkurrenz** und die **Mehrheit von Anspruchsgrundlagen**.

b) Konkurrenz in verfahrensrechtlicher Sicht

Streitgegenstand ist der **prozessuale Anspruch**. Hierbei handelt sich nicht um ein subjektives gegen einen privaten Gegner gerichtetes Recht[39]. **813**

Er wird nach der Rechtsprechung des Bundesgerichtshofs bestimmt durch den **Klageantrag**, in dem sich die vom Kläger in Anspruch genommene Rechtsfolge konkretisiert, und den **Lebenssachverhalt** (Anspruchsgrund), aus dem der Kläger die begehrte Rechtsfolge herleitet[40].

Die Frage der Einheitlichkeit des Streitgegenstands ist u.a. von Bedeutung für die Würdigung des Prozessstoffs durch das Gericht unter allen rechtlichen Gesichtspunkten[41], die Rechtskraft[42], die Klageänderung[43] sowie die Zulässigkeit der Berufung[44].

2. Einzelne materiell-rechtliche Anspruchskonkurrenzen

a) Amtshaftungsanspruch

§ 839 BGB schließt die anderen allgemeinen **Deliktstatbestände des BGB** mit der Folge in sich ein[45], dass ein Beamter, der in Ausübung seines öffentlichen Amtes eine unerlaubte Handlung begeht, dadurch zugleich eine ihm dem Träger des Rechts oder Rechtsguts gegenüber obliegende Amtspflicht verletzt[46]. **814**

Da § 839 BGB einen Sondertatbestand der unerlaubten Handlung bildet, sind jedoch die **allgemeinen Vorschriften** der §§ 827, 828, 830 Abs. 1, 840, 842-853 BGB anzuwenden[47].

Soweit durch eine Amtspflichtverletzung zugleich der Tatbestand des § 836 BGB verwirklicht wird, gilt für das Verschulden die dort niedergelegte Vermutungsregel[48]; auch ist die in § 833 S. 2 BGB enthaltene Beweislastregelung heranzuziehen[49].

---

[39] Thomas/Putzo/Reichold, ZPO, Einl. II Rn. 11; vgl. BGH NJW 2001, 157/158 = MDR 2001, 168 (vorbeugende Unterlassungsklage)

[40] BGH a.a.O.

[41] BGH NJW 1996, 3151/3152 = MDR 1996, 1241 (Amtshaftungsanspruch und ASOG Berlin); BGH MDR 1993, 48/49 = VersR 1993, 185 (Amtshaftung/enteignungsgleicher Eingriff)

[42] BGHZ 117, 1/4 ff. = NJW 1992, 1172 (Tragweite der Rechtskraft eines Urteils)

[43] BGH NJW 1985, 1840/1841 = MDR 1985, 750 (Abschlagszahlung/Schlusszahlung)

[44] BGH NJW-RR 1996, 1276/1277 = BB 1997, 121 (Berufung/Weiterverfolgung des erstinstanzlichen Anspruchs)

[45] vgl. im einzelnen Soergel/Vinke, § 839 Rn. 28

[46] BGHZ 69, 128/138 = NJW 1977, 1875 (Fluglotsenstreik)

[47] RGRK/Kreft, § 839 Rn. 13 m.w.N.

[48] BGH MDR 1991, 228 = VersR 1991, 72 (Ablösung eines Regenfallrohrs von Autobahnbrücke)

[49] BGH VersR 1972, 1047/1048 (Dienstherr als Tierhalter)

Die Ansprüche des **Primärrechtsschutzes** haben grundsätzlich Vorrang. Solange der Schaden durch Ansprüche des Primärrechtsschutzes abgewendet werden kann und soweit er trotz Zumutbarkeit nicht abgewendet worden ist, scheidet ein Amtshaftungsanspruch gem. § 839 Abs. 3 BGB aus[50].

815 Schadensersatzansprüche aus Amtshaftung und Entschädigungsansprüche aus **enteignungsgleichem Eingriff** bestehen nebeneinander[51]. Derselbe Grundsatz gilt, wenn Amtshaftungsansprüche mit Ansprüchen aus Aufopferung oder aufopferungsgleichem Eingriff zusammentreffen[52].

Die **vertragliche** oder **vertragsähnliche** Haftung tritt gleichwertig neben die Amtshaftung[53] und gleichermaßen die **Gefährdungshaftung**[54].

Die Amtshaftung wird als verschuldensabhängige Haftung von der **Halterhaftung** des § 7 StVG ebenso wenig berührt wie umgekehrt die Haftung des Kraftfahrzeughalters durch die Haftungsüberleitung auf den Staat, da sie nur deliktisches Amtswalterhandeln erfasst[55]. Dagegen hat die verschuldensabhängige Haftung des Kraftfahrzeugführers nach § 18 StVG im hoheitlichen Bereich neben der Amtshaftung keinen Bestand; sie wird durch die Amtshaftung verdrängt[56].

Fraglich ist das Verhältnis zwischen Amtshaftung und **Folgenbeseitigung** im Hinblick auf § 839 Abs. 3 BGB. Sieht man die Folgenbeseitigung richtigerweise wegen des Rechtsschutzziels nicht als Rechtsmittel an, stellt sich die Konkurrenzfrage nicht[57].

Geht es um die Haftung der **EG** oder deren **Mitgliedstaaten** gilt die nationale Sekundärhaftung[58].

816 In allen den Fällen, in denen Ansprüche selbständig neben die Haftung aus Amtspflichtverletzung treten, ist für diese Ansprüche die **Einschränkung nach § 839 Abs. 1 S. 2 BGB ausgeschlossen**[59].

Für die Praxis ist zu beachten, dass der vorgetragene Lebenssachverhalt unter allen rechtlichen Gesichtspunkten zu würdigen ist. Stützt der Kläger seine Ansprüche z.B. lediglich auf Amtshaftung und ergeben sich die gleichen Ansprüche auch aus anderen Anspruchsnormen womöglich unter erleichterten Voraussetzungen, sind die Ge-

---

[50] Ossenbühl, S. 117, 118 m.w.N.

[51] BGHZ 136, 182/184 = NJW 1997, 3432 (Versagung der Genehmigung nach dem GrdstVG)

[52] BGHZ 63, 167/171 = JZ 1975, 533 (Feuerwehr/GoA/anderweitiger Ersatz)

[53] BGH NJW 1974, 1816/1817 = VersR 1974, 1102 (kommunaler Schlachthof)

[54] BGHZ 121, 161/168 = NJW 1993, 1258 (Abschleppunternehmer)

[55] Detterbeck/Windthorst/Sproll/Windthorst, § 11 Rn. 35 m.w.N.

[56] BGHZ 121, 161/168 = NJW 1993, 1258 (Abschleppunternehmer)

[57] ausführlich Detterbeck/Windthorst/Sproll, § 10 Rn. 58 ff., § 11 Rn. 31, 32; § 18 Rn. 3 ff.; Ossenbühl, S. 332

[58] vgl. Detterbeck/Windthorst/Sproll/Detterbeck, § 7 Rn. 10-12 m.w.N.

[59] BGHZ 63, 167/171 ff. = JZ 1975, 533 mit umfangreichen Nachweisen zu konkurrierenden Ansprüchen (Feuerwehr)

richte berechtigt und verpflichtet, den Prozessstoff in dieser Hinsicht tatsächlich und rechtlich zu würdigen[60].

b) Ansprüche aus Enteignungsgrundsätzen und aus Aufopferung

Enteignungsgleicher und **enteignender Eingriff** treten zueinander nicht in Konkurrenz, weil sie unterschiedliche Fälle betreffen. Der enteignungsgleiche Eingriff erfasst nur rechtswidrige, der enteignende Eingriff hingegen rechtmäßige Eingriffe.   **817**

Enteignungsgleicher und aufopferungsgleicher Eingriff richten sich auf Entschädigung. Sie können mit dem **Folgenbeseitigungsanspruch** in Konkurrenz treten, wenn dieser – ausnahmsweise – auf Geldersatz[61] gerichtet ist[62].

Für den allgemeinen Aufopferungsanspruch gilt der Grundsatz der **Subsidiarität**[63].

Spezialgesetzliche Entschädigungsregelungen, die sich als gesetzliche Konkretisierungen der allgemeinen Enteignungs- und Aufopferungsentschädigung darstellen, gehen nach dem Grundsatz der Spezialität den allgemeinen Rechtsinstituten vor[64].

IV. Rechtsweg und Zuständigkeiten

1. Amtshaftungsanspruch

Art. 34 S. 3 GG legt fest, dass für den Schadensersatzanspruch nach S. 1 und den Rückgriffsanspruch nach S. 2 der ordentliche Rechtsweg nicht ausgeschlossen werden darf. Diese Bestimmung wird als **spezielle Rechtswegzuweisung** zu den ordentlichen Gerichten qualifiziert[65].   **818**

Sachlich zuständig sind gem. § 71 Abs. 2 Nr. 2 GVG die Landgerichte erster Instanz.

2. (Formal-) Enteignung

Für Rechtsstreitigkeiten über die Höhe der Entschädigung sind gem. Art. 14 Abs. 3 S 4 GG die ordentlichen Gerichte zuständig. Dagegen sind für die Entscheidung über die Rechtmäßigkeit der Enteignung die Verwaltungsgerichte berufen[66]. Das gilt nicht für Verwaltungsakte nach § 217 Abs. BauGB. Hierüber entscheidet in erster Instanz die Kammer für Baulandsachen beim Landgericht (§ 219 BauGB).   **819**

---

[60] vgl. Staudinger/Wurm, § 839 Rn. 492 m.w.N.
[61] oben Rn. 413
[62] Ossenbühl, S. 333, 334
[63] siehe oben Rn. 358
[64] siehe oben Rn. 367 ff.
[65] BGHZ 43, 34/39 = NJW 1965, 442 (öffentlich-rechtlicher Vertrag); BVerwGE 37, 231/234 = MDR 1971, 605 (Verzugsschaden)
[66] Zöller/Gummer, ZPO, § 13 GVG Rn. 58

Hinzuweisen ist auf landesrechtliche Enteignungsgesetze, die, wie z.B. in Rhein-land-Pfalz, eigenständige Verfahrensregelungen enthalten und die Entschädigung ebenfalls der Kammer für Baulandsachen zuweisen[67].

3. Enteignungsgleicher und enteignender Eingriff, Aufopferung

820   Hieraus hergeleitete Ansprüche fallen gem. § 40 Abs. 2 VwGO in die Zuständigkeit der Zivilgerichte[68].

4. Ausgleichspflichtige Inhaltsbestimmungen

821   Nach der Neufassung des § 40 VwGO ist klargestellt, dass derartige Ausgleichsan-sprüche vor den Verwaltungsgerichten zu verfolgen sind[69].

5. Ausgleichsregelungen nach dem Verwaltungsverfahrensgesetz

822   Für Streitigkeiten über den Anspruch auf Festsetzung der Entschädigung nach Grund und Höhe gem. § 74 Abs. Abs. 2 S. 3 VwVfG ist der Verwaltungsrechtsweg gegeben und zwar auch in dem Fall, dass es sich in der Sache um eine Entschädigung wegen enteignenden Eingriffs oder Aufopferung handeln würde[70].

Der Ausgleichsanspruch nach § 48 Abs. 3 VwVfG wegen der Rücknahme eines rechtswidrigen Verwaltungsakts wird durch behördlichen Bescheid festgesetzt. Der Betroffene muss die Festsetzung notfalls mit einer Verpflichtungsklage erzwingen.

Schon hierdurch ist die Zuständigkeit des Verwaltungsgerichts begründet[71].

Wird ein rechtmäßiger begünstigender Verwaltungsakt widerrufen, ist für Streitig-keiten über die Entschädigung nach § 49 Abs. 6 S. 3 VwVfG der ordentliche Rechts-weg gegeben. Zuvor muss entsprechend § 48 Abs. 3 S. 5 VwVfG das behördliche Vorverfahren durchgeführt werden[72].

6. Recht der polizeilichen und ordnungsbehördlichen Gefahrenabwehr

823   Aus der Rechtsnatur der in diesem Bereich vorgesehenen Entschädigungsansprü-che[73] folgt die Zuständigkeit der ordentlichen Gerichtsbarkeit. Das ist landesrecht-lich z.B. geregelt in § 43 Abs. 1 OBG Nordrhein-Westfalen und in § 74 HS. 1 POG Rheinland-Pfalz.

---

[67] § 48 Abs. 1 S. 1 LEnteigG Rheinland-Pfalz
[68] vgl. Kopp/Schenke, VwGO, § 40 Rn. 61; Münchener Kommentar/Papier, § 839 Rn. 54
[69] vgl. – auf die frühere Streitfrage eingehend – Kopp/Schenke, VwGO, § 40 Rn. 61 m.w.N.
[70] Kopp/Ramsauer, VwVfG, § 74 Rn. 136; das Bundesverwaltungsgericht – BVerwGE 77, 295/297 f. = NJW 1987, 2884 hat die Frage nicht abschließend entschieden, ist jedoch von einem einfachgesetzlich normierten Ausgleichsanspruch ausgegangen, für den nach § 40 Abs. 1 S. 1 VwGO die Zuständigkeit des Verwaltungsgerichts begründet sei
[71] Kopp/Ramsauer, VwVfG, § 48 Rn. 4, 129
[72] Kopp/Ramsauer, VwVfG, § 49 Rn. 85
[73] oben Rn. 369

7. Öffentlich-rechtliche Schuldverhältnisse

Ansprüche Privater gegen die öffentliche Hand aus öffentlich-rechtlicher Verwahrung sind gem. § 40 Abs. 2 S. 1 VwGO vor den ordentlichen Gerichten geltend zu machen. Das gilt sowohl für den Anspruch auf Herausgabe der Sache als auch für Schadensersatzansprüche[74]. Von dieser Zuweisung nicht erfasst ist jedoch der Fall, dass der öffentlich Rechtsträger Ansprüche gegen den Bürger verfolgt[75].

824

Ausgenommen von der Zuweisung an die Zivilgerichte sind grundsätzlich Ansprüche auf Schadensersatz in Geld aus der Verletzung von Pflichten innerhalb eines öffentlich-rechtlichen Vertrages, auch wenn zwischen einem vertraglichen Anspruch und einem Amtshaftungsanspruch ein Sachzusammenhang besteht[76].

Nach der Rechtsprechung des Bundesgerichtshofs umfasst die Rechtswegzuweisung an die Verwaltungsgerichte auch Ansprüche wegen Fehlens oder Wegfalls der Geschäftsgrundlage und ebenfalls Erstattungs- und Bereicherungsansprüche als Kehrseite des Leistungsanspruchs[77].

Der Rechtsweg bei Ansprüchen aus einem öffentlich-rechtlichen Schuldverhältnis, das nicht vertraglich begründet worden ist, ist umstritten. Die Rechtsprechung nimmt überwiegend die Zuständigkeit des ordentlichen Gerichts an[78].

Umstritten ist die Rechtswegfrage auch, wenn es um Ansprüche aus **culpa in contrahendo** (jetzt § 280 Abs. 1 i.V.m. § 311 Abs. 2, Abs. 3 BGB (n.F.) geht.

Das Bundesverwaltungsgericht hat sich mittlerweile der Rechtsprechung des Bundesgerichtshofs angeschlossen und hält für Ansprüche aus Verschulden bei der Anbahnung oder dem Abschluss eines öffentlich-rechtlichen Vertrages aus Gründen, die typischerweise auch Gegenstand eines Amtshaftungsanspruchs sein können, die ordentlichen Gerichte für zuständig[79]. Soweit dagegen Ansprüche aus culpa in contrahendo **neben** Ansprüchen aus einem Vertrag erhoben werden, bleibt es bei der verwaltungsgerichtlichen Zuständigkeit[80].

Für sämtliche Klagen aus dem Beamtenverhältnis ist gem. §§ 126 BRRG, 40 Abs. 2 S. 2 VwGO der Verwaltungsrechtsweg eröffnet. Gleiches gilt nach §§ 32 WPflG, 59 SoldG für das Wehrdienstverhältnis und nach § 78 Abs. 2 ZDG i.V.m. § 32 WPflG für das Ersatzdienstverhältnis[81].

---

[74] differenzierend Kopp/Schenke, VwGO, § 40 Rn. 64

[75] Kopp/Schenke, VwGO, § 40 Rn. 67

[76] BGH NJW 1986, 1109 = MDR 1986, 651 (Erschließungs- und Folgelastenvertrag)

[77] a.a.O. S. 1110

[78] vgl. Nachweise bei Detterbeck/Windthorst/Sproll, § 22 Rn. 2

[79] BVerwG NJW 2002, 2894, 2895 = DVBl 2002, 1555 (Vorhaben- und Erschließungsplan)

[80] BVerwG DÖV 1974, 133/134 = NJW 1973, 2172 LS (Subventionszusage); zu allem auch Zöller/Gummer, ZPO, § 13 GVG Rn. 56, 61 m.w.N.

[81] vgl. Detterbeck/Windthorst/Sproll, § 22 Rn. 1 m.w.N.; Kopp/Schenke, VwGO, § 40 Rn. 75 ff.

8. Folgenbeseitigungsanspruch

825 Beim Folgenbeseitigungsanspruch handelt es sich um einen öffentlich-rechtlichen Anspruch, der vor den Verwaltungsgerichten geltend zu machen ist (§ 40 Abs. 1 VwGO).

9. Seuchenrecht

826 § 68 Abs. 1 IfSG ordnet die Zuständigkeit des ordentlichen Gerichts und § 72b TierseuchenG diejenige des Verwaltungsgerichts an.

10. Sonstige Bestimmungen

Im Übrigen ist zu verweisen auf die jeweiligen sondergesetzlichen Rechtsweg- und Zuständigkeitsregelungen.

V. Praxisüberlegungen im Vorfeld und bei der Durchsetzung von Ansprüchen gegen die öffentliche Hand

1. Inhalt des Anspruchs

827 Zu klären ist vorab, **welcher Anspruch** durchgesetzt werden soll.

Geht es um Schadensersatz aus Amtshaftung, ist **Naturalrestitution** ausgeschlossen[82].

Entschädigung nach Enteignungsgrundsätzen reicht zwar nicht so weit wie Schadensersatz, denn der Entschädigungsanspruch ist seiner Funktion nach darauf gerichtet, dem Eigentümer einen Ausgleich für das Genommene, die entzogene Vermögenssubstanz,[83] zu gewähren. Die Enteignungsgesetze gehen aber durchweg von einem vollen Ersatz aus, der sich nach dem **Verkehrswert** des Gegenstands bemisst; dies folgt schon unmittelbar aus Art. 14 GG[84].

Die Bemessung von Ansprüchen aus enteignendem oder enteignungsgleichem Eingriff lehnt sich an die bei der (Formal-) Enteignung gewährte Entschädigung an[85].

Zu sehen ist, dass im Rahmen des Genommenen, insbesondere bei **Substanzverletzungen**, zwischen Schadensersatz und Entschädigung kaum ein praxisrelevanter Unterschied besteht.

Sind Unrechtslasten zu beseitigen, kommt der Folgenbeseitigungsanspruch zum Zug.

---

[82] oben Rn. 170

[83] Staudinger/Wurm, § 839 Rn. 486; BGHZ 59, 250/258 = NJW 1973, 47

[84] Aust/Jacobs/Pasternak/Aust, Enteignungsentschädigung, Rn. 197 m.w.N.

[85] BGH NJW 1975, 1880

Ist Klageziel eine Restitution nach § 249 Abs. 1 BGB, kann das nur erreicht werden, wenn eine **nichthoheitliche Haftung** in Frage steht[86].

2. Anspruchsgrundlagen

Da eine Haftung aus verschiedenen rechtlichen Gesichtspunkten gerechtfertigt sein   **828**
kann, ist nach Anspruchsnormen und Rechtsinstituten zu suchen, die für den Anspruchsteller von den Voraussetzungen her (etwa keine Verschuldens- sondern Gefährdungshaftung) günstig sind und im Umfang weit reichen. Hierbei ist eine mögliche Anspruchskonkurrenz in Betracht zu ziehen.

Die Versäumung von Primärrechtsschutz, **rechtsvernichtende Einwendung** nach § 839 Abs. 3 BGB bzw. nach § 254 BGB, kann zum Anspruchsverlust führen.

Die Darlegung des Fehlens einer anderweitigen Ersatzmöglichkeit gehört hingegen zur Schlüssigkeit der Klage, so dass geprüft werden muss, inwieweit eine solche Möglichkeit besteht oder vorhanden war.

Hilfreich kann es sein, auf die **verschiedenen Anspruchsgrundlagen** auch gegenüber dem Gericht ausdrücklich einzugehen. In der Gerichtspraxis hat sich gezeigt, dass vor allem im Hinblick auf die Amtshaftung konkurrierende Ansprüche etwa aus § 906 Abs. 2 BGB entsprechend, aus den Polizei- und Ordnungsbehördengesetzen, aus dem Haftpflichtgesetz und aus öffentlich rechtlichen Benutzungs- und Leistungsverhältnissen, die von den Anspruchsvoraussetzungen her allesamt geringere Anforderungen als der Amtshaftungstatbestand stellen, schlicht übersehen werden.

Der Verjährung ist die gebührende Aufmerksamkeit zu widmen und der nach neuem Recht gegebenen Möglichkeit, die Hemmung der Verjährung durch Rechtsverfolgung herbeizuführen (§ 204 BGB n.F.).

3. Passivlegitimation

Klagen sind gescheitert, weil die „falsche" Körperschaft in Anspruch genommen   **829**
wurde.

Bei verwickelten Verhältnissen, wenn also mehrere Rechtsträger als Haftungssubjekte in Betracht kommen, kann der Versuch nichts schaden, sie zu Auskünften zu veranlassen, inwieweit aus ihrer Sicht eine Passivlegitimation begründet wäre. Ist die nach dem Rechtsstaatprinzip geschuldete Auskunft falsch, kann das eigenständige Ersatzansprüche auslösen[87].

Nicht übersehen werden darf schließlich, dass Ersatzansprüche ausgeschlossen sein können, soweit **Versorgungsgesetze** eingreifen.

---

[86] instruktiv BGH NJW 1993, 1799 (Gewässerunterhaltungslast/Gewässerausbau)
[87] vgl. Stein/Jonas/Roth, ZPO, 22. A., § 18 Rn. 4 im Hinblick auf Gerichtsstand und Vertretungsverhältnisse

4. Klage

a) Klageart

830 Befindet sich der anspruchsbegründende Sachverhalt (Schaden) bei Klageerhebung noch in der **Fortentwicklung**, so ist die Feststellungsklage (§ 256 ZPO) insgesamt zulässig, auch wenn der Anspruch bereits teilweise beziffert werden könnte[88].

Nicht zumutbar ist die Beachtung des Vorrangs der Leistungsklage, wenn der Kläger seinen Anspruch noch nicht oder nicht ohne Durchführung einer aufwändigen Begutachtung beziffern kann[89].

Das Feststellungsinteresse muss zwar bis zum Schluss der mündlichen Verhandlung vorliegen. Der Kläger ist aber in zweiter Instanz nicht gezwungen, zur bezifferten Leistungsklage überzugehen, wenn die Bezifferung nachträglich möglich wird[90].

In erster Instanz kommt es zeitlich auf den Abschluss der Schadensentwicklung in der Instanz und auf die Verzögerung der Entscheidung zum Grund an, wenn auf Leistung umgestellt würde[91].

Kann **Zukunftsschaden** entstehen, ist die Feststellung hierauf zu richten.

b) Beklagter

831 Kommen mehrere Körperschaften in Betracht, kann eine **Streitverkündung** prozessual (§§ 74 Abs. 3, 68 ZPO) und materiell (§ 204 Abs. 1 Nr. 6, Nr. 7 BGB n.F.) günstige Wirkungen herbeiführen.

Eine **Parteiauswechslung** in zweiter Instanz ist im Hinblick auf § 533 Nr. 2 ZPO problematisch[92]. Unbeachtlich dessen ist ein Parteiwechsel dann nicht rechtsmissbräuchlich, wenn z.B. alter und neuer Beklagter von derselben Behörde oder demselben Organ vertreten werden[93].

c) Zuständigkeit

832 Ist die Frage des Rechtswegs geklärt, ist die sachliche und die örtliche Zuständigkeit zu überprüfen.

§ 71 Abs. 2 Nr. 2 GVG ordnet, unabhängig vom Streitwert, die sachliche Zuständigkeit des Landgerichts für Amtshaftungsklagen an. Hierzu gehören nicht Ansprüche aus anderen Rechtsgründen z.B. gegen den Fiskus als Halter eines Kraftfahrzeugs. Im übrigen sind sondergesetzliche Regelungen zu beachten.

Die Ermittlung der örtlichen Zuständigkeit erfordert in Bezug auf den **allgemeinen** Gerichtsstand einen doppelten Schritt: Zuerst ist die sachliche Verpflichtung der haftenden Körperschaft herauszufinden. Sodann ist nach §§ 17 und 18 ZPO zu verfahren.

---

[88] BGH NJW 1984, 1552/1554 = MDR 1983, 1018; BGH VersR 1991, 788/789
[89] BGH NJW 2000, 1256/1257 = MDR 2000, 510
[90] BGHZ 70, 39 = NJW 1978, 210
[91] BGH LM § 256 Nr 5
[92] Zöller/Greger, ZPO, § 263 Rn. 19
[93] in Rheinland Pfalz die Ortsgemeinde im Prozess vertreten durch die Verbandsgemeinde

§ 17 Abs. 1 ZPO bestimmt für alle juristischen Personen des öffentlichen Rechts außer dem Fiskus[94], dass der allgemeine Gerichtsstand durch ihren Sitz bestimmt wird, d.h. regelmäßig, wo die **Verwaltung** geführt wird.

Nach § 18 ZPO kommt es für die Zuständigkeit für Klagen gegen den Fiskus auf den Sitz der Behörde an, die „berufen" ist, den Fiskus in dem Rechtsstreit zu vertreten. Für den Bund vertritt jeder Bundesminister innerhalb seines Geschäftsbereichs. Die Länder haben einzelne Vertretungsregelungen getroffen[95].

Die Angabe der Vertretungsbehörde gehört nicht zu den zwingenden Förmlichkeiten der Klage, so dass eine Frist auch dann noch gewahrt wird, wenn in der Klageschrift die Vertretungsbehörde unrichtig angegeben, die Klage aber noch innerhalb der Frist an die richtige Vertretungsbehörde weitergeleitet wird[96].

§§ 17, 18 ZPO lassen den **Wahlgerichtsstand der unerlaubten Handlung** unberührt.

Gem. § 17 Abs. 2 GVG entscheidet das Gericht des zulässigen Rechtwegs den **833** Rechtsstreit unter allen in Betracht kommenden Gesichtspunkten. Das bedeutet, dass das angerufene Gericht den Rechtsstreit umfassend entscheidet, soweit der zu ihm beschrittene Rechtsweg für einen Klagegrund zulässig ist. Die Vorschrift eröffnet somit eine **rechtswegüberschreitende Entscheidungskompetenz**. Ziel der gesetzlichen Regelungen ist es, in den Fällen, in denen ein einheitlicher **prozessualer** Anspruch auf mehrere, verschiedenen Rechtswegen zugeordnete auch tatsächlich und rechtlich selbständige Anspruchsgrundlagen gestützt wird, das angerufene Gericht zur Entscheidung über sämtlich Klagegründe zu verpflichten, sofern nur der Rechtsweg für einen von ihnen gegeben ist[97].

Die Ausnahme des § 17 Abs. 2 S. 2 GVG gilt aber nur **zugunsten der ordentlichen Gerichtsbarkeit**, so dass etwa Ansprüche wegen Enteignung oder Amtshaftung der Sondergerichtsbarkeit entzogen sind[98].

Die umfassende Sachkompetenz gilt nicht bei einer Mehrheit prozessualer Ansprüche (§ 260 ZPO).

Auf der Grundlage des prozessualen Streitgegenstandsbegriffs, der auf den einheitlichen Lebenssachverhalt abstellt und das prozessuale Ziel in den Vordergrund hebt, dürften Amtshaftungsansprüche, Ansprüche aus Enteignungsgrundsätzen und Aufopferung sowie sonstige Ausgleichsansprüche regelmäßig **einen prozessualen Anspruch** darstellen[99], auch wenn die Regelungen erkennbar unterschiedlich ausgestaltet sind[100].

---

94 vgl. Zöller/Vollkommer, ZPO, § 17 Rn. 3
95 vgl. die Nachweise bei Zöller/Vollkommer, § 18 Rn. 55 ff.; Stein/Jonas/Roth, ZPO, 22. A., § 18 Rn. 10 ff.
96 vgl. dazu Zöller/Vollkommer, ZPO, § 18 Rn. 5 m.w.N.
97 BGH NJW 1998, 825/826 = MDR 1998, 237
98 vgl. Zöller/Gummer, ZPO, § 17 GVG Rn. 9
99 vgl. BGHZ 147, 45/49 = NJW 2001, 1865; BGH NJW 1999, 3126/3127 = MDR 1999, 952
100 vgl. demgegenüber BGH BGH LM § 839 Ca Nr 87 (Aufopferung/Gefährdungshaftung/Amtshaftung); BGH MDR 1997, 1021 = VersR 1997, 1496 (Nachbarrechtlicher Ausgleichsanspruch/Deliktsanspruch)

Es ist der Empfehlung von Gummer[101] zu folgen, den Zivilrechtsweg zu beschreiten, Ansprüche auf Amtspflichtverletzung zu stützen und zugleich weitere materiell-rechtliche Ansprüche, die möglicherweise der Zuständigkeit der Verwaltungsgerichte unterliegen, mit überprüfen zu lassen.

---

[101] Zöller/Gummer, ZPO, § 13 GVG Rn. 56

B. Zusammenfassung und Ausblick

I. Zusammenfassung

Das Amts- und Staatshaftungsrecht ist Fallrecht. Aufgrund sich verändernder Le- **834**
bensverhältnisse, u.a. Zunahme des Einsatzes von Technik und IT-Verfahren, Gen-
Technologie und e-government, den sich verändernden rechtlichen Rahmenbedingungen, vor allem der starken Ausweitung der europarechtlichen Einflüsse, ist dieser Haftungsbereich einer nicht unerheblichen Dynamik ausgesetzt. Neben wohl gesicherten Bereichen (wie z.B. Verkehrssicherung, Beamten-, Baurecht) treten offene
Problemfelder in der Vordergrund[1].

Wesentliche, für die Praxis bedeutsame Fragestellungen erscheinen als nicht abschließend geklärt:

– In dem Bereich Auskünfte, Warnungen, Informationen durch Verwaltungsbehörden an den Bürger, die Presse und die Öffentlichkeit wird es wohl noch einiger
  Zeit und zahlreicher Entscheidungen bedürfen, bis abschließende, tragfähige und
  überzeugende Grenzlinien zwischen Individual-, Grundrechts- und Schutzinteressen des Einzelnen und den Informations-, Schutzinteressen der Allgemeinheit gefunden werden (s. o. Rn. 761).
– Die Frage des – sich ausweitenden – Drittschutzes von (amtspflichtbegründen-
  den) Normen, stets auch im Zusammenhang zu sehen mit anspruchsbeschrän-
  kenden Schutzzwecküberlegungen, ist gleichfalls nicht abschließend geklärt.
  Dies wird beides vor allem deutlich im „Altlastenbereich" – wer dort geschützter Dritter ist – und bei dem Eingreifen bzw. dem Unterlassen von Aufsichtsbehörden („Kommunalaufsicht" – s.o. Rn. 732). Denkbar wäre eine verallgemeinerungsfähige Ableitung aus der „TÜV-Rechtsprechung" dahingehend, dass jeder
  Bürger durch Amtspflichten geschützt wird, wenn es im Verletzungsfall zu
  Schäden an den höchstwertigsten Rechtsgütern, nämlich an Leib oder Leben bei
  ihm kommt.
– Gleichfalls erscheinen als überprüfungsbedürftig die bisherigen Festlegungen
  zum „Vertrauensschutz" als Tatbestandsmerkmal bei rechtswidrig begünstigenden Verwaltungsakten (vor allem im Baubereich – s. o. Rn. 582). Hier erscheint
  die z.Zt. vorherrschende Lösung angreifbar, dogmatisch wenig durchdacht und im
  Verhältnis zum Mitverschuldenseinwand nicht durchgängig begründbar.
– Einer abschließenden Klärung harren auch die Fragen der Zurechnung des
  Handelns privater Dritter (vom Schülerlotsen über den Abschleppunternehmer
  bis zum Straßenbaugroßbetrieb als Generalunternehmer für den Autobahnbau)
  für den Staat und auftraggebende Kommunen. Die bisherigen Konstruktionen
  über „Werkzeuge", Verwaltungshelfer, Beliehene bis hin zum haftungsrechtlich
  autonom handelnden Bauunternehmer erscheinen wenig stimmig und überzeu-

---

[1] s. Itzel 2003 K 42 sowie Itzel, Neuere Entwicklungen im Amts- und Staatshaftungsrecht –
Rechtsprechungsüberblick 2003, OLGR 2004 K 23 – K 26

gend[2]. Hier bedürfte es einer Klärung der Haftungsverantwortlichkeit, auch der Festlegung der Auswahl-, Überwachungs- und Kontrollpflichten von Staat und Gemeinden, dies vor allem auch unter Berücksichtigung zunehmender Privatisierungstendenzen infolge leerer Staatskassen. Eine Haftungsfreistellung des Staates durch Aufgabenverlagerung auf private Unternehmen (mit geringer Kapitalausstattung und hohem Insolvenzrisiko) ist und kann wohl nicht das Ziel von „Verwaltungsvereinfachungen" sein.

– Noch nicht abschließend geklärt ist auch der Einfluß europarechtlicher Vorschriften auf das Amts- und Staatshaftungsrecht in Deutschland. Festzuhalten ist zum einen, dass die Haftungsfragen in diesem Gebiet zunehmen[3]. Besonders im IT- und Telekommunikationsbereich werden wohl (zunehmend) EG-Richtlinien nicht ausreichend oder nicht fristgerecht umgesetzt werden, was zu Schadensersatzansprüchen führen kann[4]. Zum anderen werden die Entwicklungen, die der „gemeinschaftsrechtliche Staatshaftungsanspruch" nimmt und nehmen wird, vor allem in seinen Auswirkungen auf das nationale Recht, zu beachten sein. Dies gilt wohl gerade auch für die Fragen der Haftung für justizielles Unrecht (s.o. Rn. 790).

– Und nicht zuletzt ist die Frage der Reichweite des Subsidiaritätsprinzips (§ 839 Abs. 1 Satz 2 BGB) wohl nicht abschließend festgelegt. Dies betrifft vor allem die Bereiche des rechtswidrigen Handelns Zivildienstleistender (s.o. Rn. 767) und der Verletzung der Verkehrssicherungspflichten durch Staat oder Kommunen (s.o. Rn. 471).

– Die neu geregelte Gutachterhaftung (§ 839 a BGB) wird nach Umfang und Grenzen im Einzelnen zu klären sein. Insoweit besteht nicht unerheblicher praxisrelevanter Festlegungsbedarf (s.o. Rn. 665 ff.).

Zusammenfassend kann festgestellt werden, dass neben den oben skizzierten Problemfeldern ein Großteil der Fragen im Amts- und Staatshaftungsrecht geklärt erscheint (Umfang der Verkehrssicherungspflichten, Amtspflichten im Bau-, Beamtenwesen usw.), in Einzelfällen die Pflichten wohl ziemlich weit reichen (Baum-, Grabsteinkontrolle) und im Übrigen die Rechtskonkretisierung und damit auch Rechtsfortbildung über gerichtliche Entscheidungen sicherlich ein stabiles und akzeptiertes Instrumentarium der Gewährung von Rechtsschutz und -sicherheit darstellt.

---

[2] hierzu ganz instruktiv die Besprechung der Entscheidung des EuGH zum Vergaberecht für private Strafvollzugsanstalten in Spanien, IBR 2004, 85

[3] vgl. u.a. BGHZ 146, 153 – europarechtliche Festlegung von Gebühren für Fleischuntersuchungen, fehlerhafte Umsetzung in nationales Recht – mit den Nachfolgeentscheidungen z.B. BGH, Urteil v. 9.10.2003 – III ZR 342/02; Forderung nach einheitlichem Staatshaftungsrecht: Winfried Kluth, Die Haftung der Mitgliedstaaten für gemeinschaftsrechtswidrige höchstrichterliche Entscheidungen – Schlussstein im System der gemeinschaftsrechtlichen Staatshaftung, DVBl 2004, 393 ff., 402 f.

[4] zum gemeinschaftsrechtlichen Staatshaftungsanspruch s. oben Rn. 784 ff.; zu zwei bereits jetzt schon problematischen Umsetzungsfällen auf diesen Gebiet vgl. E.-O. Ruhle/H. Lattenmayer, Umsetzungsmängel bei Richtlinien, CR 2003, 733-737

II. Ausblick

Neben der Klärung der oben unter I. dargestellten offenen Problembereiche werden **835** mittelfristig wohl folgende Entwicklungen im Amts- und Staatshaftungsbereich, das Aufkommen nachfolgender Fragestellungen zu erwarten sein:

– Haftungsregelungen für den Einsatz technischer Anlagen, IT- Systeme usw.. Mit dem vermehrten Auf- und Ausbau technischer Kommunikations- und Informationsstrukturen in den Verwaltungen und dem Bürger gegenüber werden vermehrt Amtspflichten (und voraussichtlich auch deren Verletzungen) in den Blickpunkt geraten, die bislang eher zu vernachlässigen waren. Es fängt mit den nur noch elektronisch geführten „Straßenbegehungs- und Streubüchern", mit den sich hieraus ergebenden Beweisproblemen (z.B. nachträgliche „unsichtbare" Änderungen) an und setzt sich bis hin zu allen abrufbaren Daten hinsichtlich eines Bürgers fort. So ist besonders der sichere und geschützte Umgang mit Bürgerdaten als Amtspflicht anzusehen; das Datenschutzrecht gibt insoweit eindeutige Vorgaben[5]. Gleiches gilt für alle „virtuellen" Akte, d.h. für den gesamten Bereich des in Aufbau befindlichen elektronischen Rechtsverkehrs. Hier bietet sich eine gesetzliche Haftungsregelung zur Klarstellung und Vermeidung von Rechtsunsicherheit an.
– Der europäische gemeinschaftsrechtliche Staatshaftungsanspruch wird schnell auch für das nationale Amts- und Staatshaftungsrecht an Bedeutung gewinnen. Hier wird zu beachten sein, ob ersterer nicht schon bald letzteren nach Anwendungshäufigkeit und auch in der Ausgestaltung dominieren wird.

Abschließend bleibt festzuhalten, dass Amts- und Staatshaftung ein höchst dynamisches und fachübergreifendes Rechtsgebiet darstellt, das anspruchsvoll für alle Beteiligten ist. In diesem Haftungsbereich, der das Aufeinandertreffen der Interessen eines geschädigten Bürgers mit denen von Staat und Gemeinden regelt, ist stets auch darauf zu achten, dass der Interessenausgleich „gerecht" und vor allem für den Bürger einsichtig und nachvollziehbar, wenngleich auch nicht in allen Fällen von ihm gebilligt, erfolgt. Insoweit ist großer Wert auf interessenausgleichende Schlichtungsversuche (Mediation) und ausreichende Erläuterungen in gerichtlichen Verfahren zu legen, um eine größtmögliche Befriedung und Akzeptanz auf dem Gebiet der Amts- und Staatshaftung zu erreichen.

---

[5] zum Aspekt der Krankendaten (vor allem relevant bei hoheitlichem Handeln – s.o. Rn. 600 ff.), vgl. Franz-Josef Ortner/ Ivo Geis, Die elektronische Patientenakte, MedR 1997, 337–341

Anhang

Wichtige Entscheidungen des Bundesgerichtshofs zum Amts- und Staatshaftungsrecht

BGHZ 20, 290 – 301	Freiwillige Feuerwehr, hoheitliche Gewalt, Vorrechte bei Teilnahme am allgemeinen Straßenverkehr
BGHZ 34, 20 – 23	Religionsunterricht durch Geistlichen an öffentlicher Grundschule, Verantwortlichkeit des Staates für körperliche Züchtigungen (Amtshaftung)
BGHZ 49, 108 – 117	Der amtlich anerkannte Sachverständige für den Kraftfahrzeugverkehr übt bei den ihm gesetzlich übertragenen Tätigkeiten hoheitliche Befugnisse aus. Für Pflichtverletzungen haftet das dem Sachverständigen die amtliche Anerkennung verleihende Land (Amtshaftung).
BGHZ 60, 54 – 64	Verkehrssicherungspflicht für öffentliche Verkehrswege ist Amtspflicht; Haftung nach Amtshaftungsgrundsätzen; Reichweite des Subsidiaritätsprinzips bei Verletzung der Verkehrssicherungspflicht (mangelhafte Straßenbeleuchtung)
BGHZ 69, 118 – 128	Abwehranspruch wegen Fluglärms richtet sich nach nachbarrechtlichen Grundsätzen; Zurechnung aller Starts und Landungen
BGHZ 69, 128 – 144	„Fluglotsenstreik 1973" – rechtswidrige Eingriffe in den Gewerbebetrieb durch die streikähnlichen Handlungen der Fluglotsen (= Amtspflichtverletzungen)
BGHZ 78, 274 – 288	Nebenansprüche zum geltend gemachten Amtshaftungsanspruch (Auskunftserteilung u.a.) unterfallen der Rechtswegzuweisung nach Art. 34 Satz 3 GG; möglicher Eingriff in das Persönlichkeitsrecht einer Religions- und Weltanschauungsgemeinschaft durch Weitergabe von dienstlichen Informationen an private Dritte
BGHZ 79, 45 – 54	Entschädigungsanspruch für Fluglärm; Meßmethoden und Grenzwerte; zumutbare Schutzmaßnahmen; Lärmvorbelastung und deren rechtliche Auswirkungen
BGHZ 87, 253 – 259	Kein Ersatzanspruch der privaten Beschäftigungsstelle eines Zivildienstleistenden aus Amtshaftung, wenn dieser fahrlässig Eigentum der Beschäftigungsstelle beschädigt; fehlender Drittschutz beim Zusammenwirken verschiedener Stellen zur Erfüllung einer gemeinsamen Aufgabe
BGHZ 106, 323 – 336	Pflichtenumfang, Haftung und Drittschutz bei/ nach Überplanung von „Altlasten" (Ablagerung von Industrie- und Gewerbeabfällen, wilde Deponie auf ehemaligem Zie-

geleigelände); Schutz der Erwerber und Ersatz deren Vermögensschäden

BGHZ 108, 224 – 230 Haftung der Gemeinde und Umfang des Drittschutzes bei/ nach Überplanung von „Altlasten" (Mülldeponie in Tongrube); Schutz des Bauträgers

BGHZ 108, 230 – 236 Die ärztliche Behandlung von Soldaten durch Truppenärzte ist Wahrnehmung einer hoheitlichen Aufgabe und führt zur Amtshaftung der Bundesrepublik Deutschland.

BGHZ 113, 367 – 374 Geht von einer ehemaligen Deponie keine Gesundheitsgefahr aus, darf dieses Gebiet planerisch für Wohnzwecke ausgewiesen werden. Baugrundrisiken fallen grundsätzlich in die Verantwortungssphäre des Grundstücks – Eigentümers und nicht in die der planenden Gemeinde.

BGHZ 117, 363 – 374 Altlastenfall (Mülldeponie); Schutz auch der Bauträger, die bebaute und unbebaute Grundstücke für Wohnzwecke veräußern.

BGHZ 118, 304 – 311 Die Bundesrepublik Deutschland haftet für schädigendes Verhalten eines Zivildienstleistenden stets nach Amtshaftungsgrundsätzen. Dies gilt auch dann, wenn die Beschäftigungsstelle des Zivildienstleistenden rein privatrechtlich organisiert ist und ein „hoheitlicher" Charakter der Tätigkeit für den Geschädigten nicht erkennbar ist.

BGHZ 118, 368 – 374 Das Verweisungsprivileg (§ 839 Abs. 1 Satz 2 BGB) greift bei der Erfüllung der öffentlich-rechtlichen Straßenverkehrssicherungspflicht nicht ein. Gleiches gilt für den Fall der kommunalen Kontrolle und Überwachung der Einhaltung der Straßenreinigungspflicht, Räum- und Streupflicht durch die Anlieger. Auch insoweit kann sich die überwachende öffentlich-rechtliche Körperschaft nicht auf die Möglichkeit anderweitigen Ersatzes (Anspruch gegen den nichtstreuenden Anlieger) berufen.

BGHZ 120, 176 – 184 Truppenärztliche Heilbehandlungen können zu einer Wehrdienstbeschädigung führen (zahnärztliche Behandlung eines Berufsoffiziers); Amtshaftungsansprüche sind dann nach § 91 a SVG beschränkt.

BGHZ 120, 184 – 197 Die Kassenärztliche Vereinigung (Körperschaft des öffentlichen Rechts) hat die gesetzliche Verpflichtung (Amtspflicht), die zum Einsatz mit Notarztwagen im Rahmen des Rettungsdienstes erforderlichen Notärzte zur Verfügung zu stellen. Ein funktionsfähiges Rettungswesen ist ohne Mitwirkung von Notärzten nicht denkbar.

BGHZ 120, 376 – 386 Die ambulante Behandlung von Privatpatienten durch einen beamteten Arzt gehört nicht zu dessen Dienstaufgaben. Eine Haftung nach § 839 BGB findet nicht statt; das

	Verweisungsprivileg nach § 839 Abs. 1 Satz 2 BGB greift nicht ein.
BGHZ 121, 161 – 168	Bei Durchführung polizeilich angeordneter Bergungs- und Abschleppmaßnahmen (verunfalltes Kfz) handelt der privatrechtlich beauftragte Abschleppunternehmer als „Erfüllungsgehilfe" der Polizei, als Beamter im haftungsrechtlichen Sinne und das Land ist über Art. 34 GG der richtige Anspruchsgegner für den geschädigten Bürger.
BGHZ 122, 76 – 85	Enteignender Eingriff durch Fluglärm; zu den Voraussetzungen des Entschädigungsanspruchs und zu den bestimmenden Faktoren und Werten der Enteignungsschwelle.
BGHZ 122, 85 – 93	Haftung des Landes für TÜV-Sachverständigen (Beliehener); Begutachtung einer Druckbehälteranlage (Flüssiggaslager); Anordnung einer technisch überholten Maßnahme.
BGHZ 122, 363 – 372	Amtshaftungsanspruch nach militärischen Tiefflügen, bei denen massiv die zum Gesundheitsschutz festgesetzten Flugzeiten überschritten werden; Haftung nach dem Luftverkehrsgesetz
BGHZ 123, 102 – 106	Die öffentlich-rechtlich ausgestaltete Straßenverkehrssicherungspflicht bezieht sich auch zum Schutz der Anlieger auf die Standsicherheit von Straßenbäumen. Das Verweisungsprivileg (§ 839 Abs. 1 Satz 2 BGB) greift hier nicht ein.
BGHZ 123, 363 – 368	Fortführung der „Altlastenrechtsprechung" – Überplanung des Geländes eines ehemaligen Chemie- und Gaswerks; Beschränkung der Haftung aus Schutzzweckgesichtspunkten (gesunde Wohn- und Arbeitsverhältnisse)
BGHZ 128, 346 – 358	Zu den Amtspflichten des Vorsitzenden der Bundesprüfstelle für jugendgefährdende Schriften bei der Mitwirkung im Verfahren der Freigabe der veränderten Fassung eines bereits indizierten Bildträgers für Jugendliche durch die Freiwillige Selbstkontrolle der Filmwirtschaft (amtl. Leitsatz).
BGHZ 129, 17 – 22	Keine drittschützende Wirkung der Pflichten des Deutschen Wetterdienstes zu Hagel- und Unwetterwarnungen (unüberschaubarer und nicht individualisierbarer Kreis begünstigter Dritter)
BGHZ 129, 226 – 236	Bei Besetzungs- und Beförderungsentscheidungen hinsichtlich öffentlicher Ämter ist dem nichtberücksichtigten Konkurrenten rechtzeitig von der beabsichtigten Ernennung Mitteilung zu machen, um einen effektiven Rechtsschutz zu gewährleisten. Die öffentliche Körperschaft trifft eine gesteigerte Darlegungs- und Beweislast hinsichtlich der Korrektheit ihrer Auswahlentscheidung.

BGHZ 137, 11 – 27   Rentenversicherungsträger müssen auch bei Auskünften in familiengerichtlichen Verfahren (Versorgungsausgleich) die Angaben zu bestehenden Rentenanwartschaften zutreffend abgeben. Sie haften für den Schaden, der durch eine auf der falschen Angabe beruhenden Gerichtsentscheidung eintritt. Die Pflicht des Rentenversicherungsträgers besteht auch gegenüber den gerichtlichen Streitparteien (Ehegatten), diese sind geschützte Dritte.

BGHZ 140, 1 – 11   Nachbarrechtlicher Unterlassungsanspruch bei ortsunüblichen Geruchsbelästigungen

BGHZ 140, 380 – 390   Die Gemeinde hat bei der Planung und Realisierung der für ein Bebauungsgebiet erforderlichen Entwässerungslösung auch das aus Nachbargebieten ablaufende und im Plangebiet anfallende Oberflächen-, Niederschlagswasser zu berücksichtigen (Amtspflicht zum Schutz vor Überschwemmungen).

BGHZ 142, 259 – 278   Die Überplanung von bergschadengefährdeten Gebieten (Tagesbrüche) kann Amtshaftungsansprüche auslösen, da nicht nur bei „Altlasten" sondern auch bei unterirdischen, einbruchgefährdeten Hohlräumen und Stollen Leben und Gesundheit der im Plan- und Baugebiet arbeitenden und wohnenden Bevölkerung gefährdet wird.
Schutzwürdiges Vertrauen in die Festsetzungen des Bebauungsplanes entsteht grundsätzlich erst mit dessen Bekanntmachung.
Amtshaftungsansprüche und Staatshaftungsansprüche (nach Landesrecht) können konkurrieren.

BGHZ 146, 385 – 391   Keine Ausgleichspflicht der Bundesrepublik Deutschland gegenüber der regulierenden Haftpflichtversicherung, wenn ein Zivildienstleistender einen Verkehrsunfall mit Drittschäden schuldhaft auf einer Dienstfahrt verursacht.

BGHZ 147, 169 – 178   Die Prüfung der Lufttüchtigkeit eines Luftfahrtgeräts (Segelflugzeug) durch einen Sachverständigen eines genehmigten lufttechnischen Betriebes erfolgt „hoheitlich". Für den beliehenen Sachverständigen haftet die beleihende Körperschaft nach Amtshaftungsgrundsätzen.

BGHZ 148, 139 – 151   Eignungsuntersuchungen eines Beamtenanwärters durch ein Gesundheitsamt für ein anderes Bundesland stellen keine Amtshilfe dar und können auch unter Amtshaftungsgesichtspunkten keine Haftung auslösen, denn Gesundheitsamt und Einstellungsbehörde arbeiten gleichsinnig auf die Erfüllung einer gemeinsamen Aufgabe hin.

BGHZ 151, 198 – 204   Die Haftungsprivilegierung des § 106 Abs. 3 Fallgruppe 3 SGB VII greift beim Handeln von Beamten grundsätzlich nicht ein – fehlende Gefahrengemeinschaft (Verletzung ei-

	ner zivilen Reinigungskraft durch fahrlässig nicht ordnungsgemäß entsorgte Spritzenkanüle in Bundeswehr-Sanitätszentrum).
BGHZ 152, 380 – 391	Fügt ein Zivildienstleistender, der bei einer privatrechtlich organisierten Einrichtung (Behinderteneinrichtung) beschäftigt ist, einem der dort aufgrund eines Vertrages betreuten Behinderten fahrlässig einen Schaden zu, dann haftet sowohl die Einrichtung wie auch die Bundesrepublik Deutschland. Der Staat kann sich hier nicht auf die nur subsidiäre Haftung nach § 839 Abs. 1 Satz 2 BGB berufen.
BGHZ 153, 268 – 279	Ärztliche Behandlungsfehler im Rahmen eines Rettungsdiensteinsatzes sind nach Amtshaftungsgrundsätzen zu beurteilen. Der „Notarzt im Rettungsdiensteinsatz" haftet demnach nicht persönlich.
BGHZ 154, 54 – 64	Kritische Äußerungen eines Sektenbeauftragen einer öffentlich-rechtlich korporierten Religionsgemeinschaft über andere Personen und Unternehmen unterliegen besonderen Sorgfaltsanforderungen. Werden solche Äußerungen in Wahrnehmung kirchlicher Aufgaben abgegeben, liegt ein Handeln in Ausübung eines öffentlichen Amtes vor (Art. 34 GG).

Literatur

(Aufgenommen wurde hier nur die Literatur, die kapitelübergreifend von Bedeutung ist; spezielle Literaturstellen – auch Bücher –, die nur für einzelne Abschnitte von Bedeutung sind, werden im Erstzitat im jeweiligen Abschnitt nachgewiesen.)

Arndt, Herbert, Lerch, Klaus, Sandkühler, Gerd, Bundesnotarordnung, 4. Auflage 2000

Aust, Manfred, Jacobs, Rainer, Pasternak, Dieter, Die Enteignungsentschädigung, 5. Auflage 2002 (zit. Aust/Jacobs/Pasternak 2002)

Bamberger, Heinz Georg, Roth, Herbert, Kommentar zum Bürgerlichen Gesetzbuch 2003 (zit. Bamberger/Roth/Bearbeiter)

Barnstedt, Steffen, Gesetz über das gerichtliche Verfahren in Landwirtschaftssachen, 6. Auflage

Battis, Ulrich, Krautzberger, Michael, Löhr, Rolf-Peter, Baugesetzbuch, 8. Auflage 2002 (zit. Battis/Krautzberger/Löhr/Bearbeiter)

Bauch, Botho, Danckelmann, Bernhard, Kommentar zum Bundesleistungsgesetz, 2. Auflage

Baumgärtel, Gottfried, Handbuch der Beweislast im Privatrecht, 2. Auflage 1991

Baumgärtel, Gottfried, Beweislastpraxis im Privatrecht, 1996

Bayerlein, Walter, Praxishandbuch Sachverständigenrecht, 3. Auflage, München 2002 (zit. Bayerlein/Bearbeiter)

Bender, Bernd, Staatshaftungsrecht, 1971

Bergmann, Karl-Otto, Schumacher, Hermann, Die Kommunalhaftung, 3. Auflage (zit. Bergmann/Schumacher 2002)

Boehm-Tettelbach, Wehrpflichtgesetz mit Kriegsdienstverweigerungsgesetz (Loseblatt)

Breuer, Rüdiger, Öffentliches und privates Wasserrecht, 3. Auflage 2004 (zit. Breuer 2004)

Bundesarbeitsgemeinschaft Deutscher Kommunalversicherer, Haftungsrechtliche Organisation im Interesse der Schadensverhütung, 3. Auflage 2003 (zit. BADK 2003)

Czychowski, Manfred, Reinhardt, Michael, Wasserhaushaltsgesetz, 8. Auflage 2003 (zit. Czychowski/Reinhardt)

Detterbeck, Steffen, Haftung der Europäischen Gemeinschaft und gemeinschaftsrechtlicher Staatshaftungsanspruch, AöR 125, 202 – 256 (zit. Detterbeck 2000)

Detterbeck, Steffen, Windthorst, Kay, Sproll, Hans – Dieter, Staatshaftungsrecht, 2000

Diederichsen, Angela, Die Rechtsprechung des BGH zum Haftpflichtrecht, DAR 2003, 241–258

Dieterich, Hartmut, Baulandumlegung, 4. Auflage 2000

Erman, Bürgerliches Gesetzbuch, 11. Auflage 2004 (zit. Erman/Bearbeiter)

Ernst, Zinkahn, Bielenberg, Baugesetzbuch – Stand Oktober 2003 (zit. Ernst/Zinkahn/Bielenberg/Bearbeiter)

Eyermann, Erich, Fröhler, Ludwig, Verwaltungsgerichtsordnung, 11. Auflage 2000 (zit. Eyermann/ Bearbeiter)

Ferid, Murad, Sonnenberger, Hans Jürgen, Das Französische Zivilrecht, 2. Auflage, Band 2

Filthaut, Werner, Haftpflichtgesetz, 6. Auflage 2003 (zit. Filthaut 2003)

Fuchs, Maximilian, Deliktsrecht, 4. Auflage 2003 (zit. Fuchs 2003)

Geigel, Der Haftpflichtprozeß, 24. Auflage, Müchen 2004 (zit. Geigel/Bearbeiter)

Haug, Karl H., Die Amtshaftung des Notars, 2. Auflage 1997

Hübner, Ulrich, Constantinesco, Vlad, Einführung in das französische Recht, 4. Auflage

Itzel, Peter, Neuere Entwicklungen im Amtshaftungsrecht – Rechtsprechungsüberblick 2001, OLG-Report 2002, K 45–48

Itzel, Peter, Neuere Entwicklungen im Amts- und Staatshaftungsrecht – Rechtsprechungs-
    überblick 2002, OLG-Report 2003, K 39–42

Jarass, Hans D., Pieroth, Bodo, Grundgesetz, 7. Auflage

Kissel, Otto Rudolf, GVG, 3. Auflage 2001

Kleiber, Wolfgang, Simon, Jürgen, Weyers, Gustav, Verkehrswertermittlung von Grund-
    stücken, 4. Auflage 2002

Kodal, Kurt, Krämer, Helmut, Straßenrecht, 6. Auflage, München 1999 (zit. Kodal/Krämer/
    Bearbeiter)

Kopp, Ferdinand O., Ramsauer, Ulrich, Verwaltungsverfahrensgesetz, 8. Auflage 2003 (zit.
    Kopp/Ramsauer)

Kopp, Ferdinand O., Schenke, Wolf-Rüdiger, Verwaltungsgerichtsordnung, 13. Auflage 2003

Krohn, Günter, Enteignung, Entschädigung, Staatshaftung (zit. Krohn 1993)

Kühn, Wolfgang, Die Amtshaftung der Gemeinden wegen der Überplanung von Altlasten
    (zit. Kühn 1997)

Kunz, Eduard, Zellner, Gerhard, Opferentschädigungsgesetz, 4. Auflage 1999

Lauterbach, Herbert, Watermann, Friedrich, Unfallversicherung Sozialgesetzbuch VII,
    4. Auflage Stand Oktober 2003

Lenz, Carl Otto, Borchardt, Klaus-Dieter, EU- und EG-Vertrag – Kommentar, 3. Auflage
    2003 (zit. Lenz/Borchardt/Bearbeiter)

Marschall, Ernst A., Schroeter, Kastner, Fritz, Bundesfernstraßengesetz, 5. Auflage 1998

Maunz, Theodor, Dürig, Günter, Herzog, Roman, Grundgesetz, Stand Juni 2003 (zit. Maunz/
    Dürig/Herzog/Bearbeiter)

Maurer, Hartmut, Allgemeines Verwaltungsrecht, 13. Auflage 2000

Meyer, Dieter, Strafrechtsentschädigung und Auslagenerstattung, 4. Auflage 1997

Meyer-Goßner, Lutz, Strafprozessordnung, 47. Auflage

Meyer-Ladewig, EMRK – Handkommentar, Baden-Baden 2003

Münchener Kommentar, Bürgerliches Gesetzbuch, Schuldrecht Besonderer Teil, 4. Auflage
    2004 (zit. MK-Bearbeiter)

Ossenbühl, Fritz, Staatshaftungsrecht, 5. Auflage, München 1998 (zit. Ossenbühl 1998)

Palandt, Bürgerliches Gesetzbuch, 63. Auflage 2004 (zit. Palandt/Bearbeiter)

Patzelt, Georg, Verkehrssicherungspflicht – Umfassende Rechtsprechungsübersicht, 3. Auf-
    lage 2000 (zit. Patzelt 2000)

Pfab, Susanne, Staatshaftung in Deutschland, München 1997 (zit. Pfab 1997)

Reichsgerichtsrätekommentar, Das Bürgerliche Gesetzbuch, 12. Auflage 1989 (zit. BGB-
    RGRK- Bearbeiter)

Rengeling, Hans-Werner, Middeke, Andreas, Gellermann, Martin, Handbuch des Rechts-
    schutzes in der Europäischen Union, 2. Auflage 2003 (zit. Rengeling/Middeke/Geller-
    mann/Bearbeiter)

Rinne, Eberhard, Schlick, Wolfgang, Die Rechtsprechung des BGH zu den öffentlichrechtli-
    chen Ersatzleistungen, NVwZ 1997, 34–43 (zit. Rinne/Schlick 1997 I)

Rinne, Eberhard, Schlick, Wolfgang, Die Rechtsprechung des BGH zum Staatshaftungsrecht
    (Teil 1), NVwZ 1997, 1065–1077; (Teil 2) NVwZ 1997, 1171–1182 (zit. Rinne/Schlick
    1997)

Rinne, Eberhard, Straßenverkehrsregelungs- und Straßenverkehrssicherungspflicht in der
    amthaftungsrechtlichen Rechtsprechung des Bundesgerichtshofs, NVwZ 2003, 9–14 (zit.
    Rinne 2003)

Rotermund, Carsten, Die Haftung der Kommunen für die Verletzung der Verkehrssicherungs-
    pflicht, 2. Auflage (zit. Rotermund 1999)

Sauthoff, Michael, Straße und Anlieger, München 2003 (zit. Sauthoff)

Schlund, Gerhard H., Verkehrssicherungspflicht auf öffentlichem Grund, 2. Auflage (zit. Schlund 1993)

Seehusen, Schwede, Flurbereinigungsgesetz, 7. Auflage 1997

Soergel, Kommentar zum Bürgerlichen Gesetzbuch, 13. Auflage (zit. Soergel/Bearbeiter)

Sonnenberger, Hans Jürgen, Autexier, Christian, Einführung in das französische Recht, 3. Auflage

Spannowsky, Willy, Entwässerung der Baugebiete – Aufgabe und Verantwortung -, ZfBR 2000, 449–458 (zit. Spannowsky 2000)

Staudinger / Wurm, Kommentar zum Bürgerlichen Gesetzbuch mit Einführungsgesetz und Nebengesetzen, Buch 2 Recht der Schuldverhältnisse §§ 839, 839 a, 13. Bearbeitung 2002 (zit. Staudinger / Wurm)

Staudinger, Kommentar zum Bürgerlichen Gesetzbuch mit Einführungsgesetz und Nebengesetzen, 13. Bearbeitung (zit. Staudinger/ Bearbeiter)

Stein, Jonas, Roth, ZPO, 22. Auflage 2003

Stelkens, Paul, Bonk, Heinz Joachim, Sachs, Michael, Verwaltungsverfahrensgesetz, 6. Auflage 2001 (zit. Stelkens/Bonk/Sachs/Bearbeiter)

Stelkens, Ulrich, Verwaltungshaftungsrecht, 1998 (zit. Stelkens 1998)

Thomas, Heinz, Putzo, Hans, ZPO, 25. Auflage 2003 (zit. Thomas/Putzo/Bearbeiter)

Tremml, Bernd, Karger, Michael, Der Amtshaftungsprozeß, 1998 (zit. Tremml/Karger 1998)

Wolff, Hans J., Bachof, Otto, Stober, Rolf, Verwaltungsrecht Band 1, 11. Auflage 1999, Verwaltungsrecht Band 2, 6. Auflage 2000

Wurm, Michael, Neuere Rechtsprechung des Bundesgerichtshofs zur Amtshaftung im öffentlichen Baurecht, BADK- Information 2003 S. 152–159 (zit. Wurm 2003)

Zöller, Richard, ZPO, 24. Auflage 2004 (zit. Zöller/Bearbeiter)

Sachregister

(Schlagwort mit Angabe der Hauptfundstellen nach Randnummer)

Druck: Strauss GmbH, Mörlenbach
Verarbeitung: Schäffer, Grünstadt